Anonymous

Nord und Süd

Anonymous

Nord und Süd

ISBN/EAN: 9783744680776

Hergestellt in Europa, USA, Kanada, Australien, Japan

Cover: Foto ©ninafisch / pixelio.de

Weitere Bücher finden Sie auf **www.hansebooks.com**

Oktober 1905.

Inhalt.

Seite

Richard Schaukal in Wien.
    Kapellmeister Kreisler. Dreizehn Vigilien aus einem Künstlerdasein . . 1

August Friedrich Krause in Breslau.
    Carl Busse 33

Carl Busse in Friedrichshagen bei Berlin.
    Der Adler 52

Moeller van den Bruck in Paris.
    Der Excentrik. Eine Studie über die komische Figur unserer Zeit . . 54

Kurd von Strantz in Berlin.
    Die ungelöste deutsche Frage 66

Bertha Pogson in Hamburg.
    Lotus 86

J. Sadger in Wien.
    August von Platen. Eine pathologische Studie. I. 103

A. Rogalla von Bieberstein in Breslau.
    Reiseskizzen aus Norwegen 119

Paul Riesenfeld in Breslau.
    Psychologie des Rokoko 125

August Friedrich Krause in Breslau.
    Literarischer Monatsbericht. (Romane und Novellen.) 137

Bibliographie 140
    Meyers Grosses Konversations-Lexikon. Ein Nachschlagewerk des allgemeinen Wissens. Leipzig und Wien, Bibliographisches Institut.

Bibliographische Notizen 143

Übersicht der wichtigsten Zeitschriften-Aufsätze. 144

Hierzu ein Porträt: **Carl Busse.**
Radierung von Johann Lindner in München.

„Nord und Süd" erscheint am Anfang jedes Monats in Heften mit je einer Kunstbeilage.
Preis pro Quartal (3 Hefte) 6 Mark.
Alle Buchhandlungen und Postanstalten nehmen jederzeit Bestellungen an.

Alle auf den redaktionellen Inhalt von „Nord und Süd" bezüglichen Sendungen sind ohne Angabe eines Personennamens zu richten an die
Redaktion von „Nord und Süd", Breslau,
Siebenhufenerstr. 11, 13, 15.

Apollinaris

Jährlicher Versandt: **29,000,000** *Flaschen und Krüge.*

An unsere Abonnenten!

Die bereits erschienenen Bände von

„Nord und Süd"

können entweder in komplett broschierten oder fein gebundenen Bänden von uns nachbezogen werden. Preis pro Band (= 3 Hefte) broschiert 6 Mark, gebunden in feinstem Original-Einband mit reicher Goldpressung und Schwarzdruck 8 Mark.

Einzelne Hefte, welche wir auf Verlangen, soweit der Vorrat reicht, ebenfalls liefern, kosten 2 Mark.

Ebenso liefern wir, wie bisher, geschmackvolle

Original-Einbanddecken

im Stil des jetzigen Heft-Umschlags mit schwarzer und Goldpressung aus englischer Leinwand, und stehen solche zu Band CXV (Oktober bis Dezember 1905), wie auch zu den früheren Bänden I—CXIV stets zur Verfügung. — Der Preis ist nur 1 Mark 50 Pf. pro Decke. Zu Bestellungen wolle man sich des umstehenden Zettels bedienen und denselben, mit Unterschrift versehen, an die Buchhandlung oder sonstige Bezugsquelle einsenden, durch welche die Fortsetzungshefte bezogen werden. Auch ist die unterzeichnete Verlagshandlung gern bereit, gegen Einsendung des Betrages (nebst 50 Pf. für Frankatur) das Gewünschte zu expedieren.

Breslau.

Schlesische Buchdruckerei, Kunst- und Verlags-Anstalt
v. S. Schottlaender.

(Bestellzettel umstehend.)

Bestellzettel.

Bei der Buchhandlung von

bestelle ich hierdurch

„Nord und Süd"

begründet von Paul Lindau.

Schlesische Buchdruckerei, Kunst- u. Verlagsanstalt v. S. Schottlaender in Breslau.

Expl. Band:

Elegant broschiert zum Preise von M. 6.— pro Band (= 3 Hefte)
fein gebunden zum Preise von M. 8.— pro Band.

Expl. Heft:

zum Preise von M. 2.— pro Heft.

Expl. Einbanddecke zu Bd.

zum Preise von M. 1.50 pro Decke.

Wohnung: Name:

Um gefl. recht deutliche Namens- und Wohnungsangabe wird ersucht.

Nord und Süd.

Eine deutsche Monatsschrift.

Begründet

von

Paul Lindau.

Hundertfünfzehnter Band.

Mit den Portraits von:
Carl Busse, Emile Combes, Mite Kremnitz, radiert von
Johann Lindner in München.

Breslau
Schlesische Buchdruckerei, Kunst- und Verlags-Anstalt
v. S. Schottlaender.

Inhalt des 115. Bandes.

Oktober — November — Dezember.
1905.

Seite

Hans Benzmann in Berlin-Wilmersdorf.
    Grillparzer als Mensch nach seinem Tagebuch und seinen Briefen ... 421

Moeller van den Bruck in Paris.
    Der Excentric. Eine Studie über die komische Figur unserer Zeit .. 54

Carl Busse in Friedrichshagen bei Berlin.
    Der Adler 52

Dagobert von Gerhardt-Amyntor in Potsdam.
    Der 70. Geburtstag 271

Kurt Walter Goldschmidt in Charlottenburg.
    Rasse und Individualismus 201

Otto Hauser in Wien.
    Gedichte von Li-tai-pe. Aus dem Chinesischen übersetzt 266

Hermann Kienzl in Berlin.
    Mite Kremnitz. Eine Betrachtung ihrer Werke und ihrer literarischen Persönlichkeit 352

August Friedrich Krause in Breslau.
    Carl Busse 33
    Literarischer Monatsbericht (Romane und Novellen) 137
    dto.   dto.   (Lyrik) 279
    dto.   dto.   (Geschenk- und Jugendliteratur) 430

Franzes Külpe in Libau
    Ein Waldidyll 384

Hans Lindau in Berlin.
    Emile Combes 183

Johanne Madsen.
    Ida Sofie. Roman. Autorisierte Übersetzung von Mathilde Mann 147 293

Bertha Pogsen in Hamburg.
    Soëla 86

Inhalt des 115. Bandes.

Seite

Erika Reinsch in Wien.
    An eine sehnsüchtige Palme 219

Paul Riesenfeld in Breslau.
    Psychologie des Rokoko 125

A. Rogalla von Bieberstein in Breslau.
    Reiseskizzen aus Norwegen 119

J. Sadger in Wien.
    August von Platen. Eine pathologische Studie 103 222

J. von Schaeck.
    Kriegserlebnisse aus der Mandschurei. Übersetzt von E. von Loewenfels-Coburg 327

Richard Schaukal in Wien.
    Kapellmeister Kreisler. Dreizehn Vigilien aus einem Künstlerdasein   1

Albert Sergel in Rostock.
    Gedichte 419

W. Stavenhagen in Berlin.
    Feldmarschall-Leutnant Moriz Ritter von Brunner. Ein Gedenkblatt 211

Kurd von Strantz in Berlin.
    Die ungelöste deutsche Frage 66

    Die Camorra 238 388

Bibliographie 140 284 435
Bibliographische Notizen 143 288 440
Übersicht der wichtigsten Zeitschriften-Aufsätze 144 290 446

Mit den Portraits von:
Carl Busse, Emile Combes, Mite Kremnitz,
radiert von Johann Lindner in München.

Nord und Süd.

Eine deutsche Monatsschrift.

Begründet

von

Paul Lindau.

CXV. Band. — Oktober 1905. — Heft 343.

(Mit einem Portrait in Radierung: Carl Busse.)

Breslau
Schlesische Buchdruckerei, Kunst- und Verlags-Anstalt
v. S. Schottlaender.

Kapellmeister Kreisler.

Dreizehn Vigilien aus einem Künstlerdasein.

Ein imaginäres Portrait.

Von

Richard Schaukal.

— Wien. —

> ... Ich meine diejenigen, die Fremdlinge in der Welt sind und bleiben, weil sie einem höheren Seyn angehören und die Ansprüche dieses höheren Seyns für die Bedingung des Lebens halten.
> Lebens-Ansichten des Katers Murr nebst fragmentarischer Biographie des Kapellmeisters Johannes Kreisler in zufälligen Makulaturblättern, herausgegeben v. E. T. A. Hoffmann.

Erste Vigilie.

Kreisler an seinen Freund Theodor.

Mein teurer Theodor!

Ich habe mir mein Elixier bereitet — Du kennst die wundersame Mischung, die mir alle Lebensgeister beflügelt, meinen Mut anfeuert und die große Liebe aus den bleiernen Banden der Alltäglichkeit wachruft —, habe zwei Kerzen vor mich hingestellt, und nun will ich Dir schreiben, Du mein Einziger, Genosse meiner Jugend, meiner Träume und Ernüchterungen, Stern meiner Irrwanderungen, Leuchtturm meiner Brandung. Es ist lange her, daß ich Dir nicht von mir Nachricht gegeben habe. Ich könnte mich billigerweise auf die Zeitläufte berufen, auch auf mich selbst und meine niemals enden wollende Pilgerfahrt nach den kleinen Ankerplätzen bürgerlicher Behaglichkeit. Ich mag nicht. Ich huldige dem Grundsatze unerbittlicher Wahrhaftigkeit. Laß mich ihm wenigstens Dir gegenüber treu bleiben. Ich darf's sonst nicht allzu oft. Die Leute vertragen das nicht. Auch meine Frau — ich hab' sie schlafen geschickt, die Gute; sie hat doch ein erbärmliches Dasein an meiner

Seite, Gott besser's! —, auch meine Frau verträgt's nicht. Das heißt sie verträgt oder erträgt alles, was meiner Laune beliebt. Aber ich weiß, solche Offenheiten sind ihr wie blanke Rasiermesser. Es schaudert ihr vor dem glatten spiegelnden Glanz dieser grausamen scharfen Schneiden. Was willst Du? Sie ist mein Weib. Die Weiber wollen das Regelmäßige, das Selbstverständliche und die Dehors gewahrt wissen. Alle. Ach, alle. Die sogenannten genialischen unter ihnen ja auch. Es ist nur eine Revolte der Sinne, die sie den Anschein annehmen läßt, als sei dem anders. Denn an eine Revolte des Geistes glaub' ich bei Weibern nicht. . . . O, mein Theodor! Du ahnst nicht . . . ! Aber ich will ja beichten. Und vor allem erklären. Oder genügt es Dir, wenn ich Dir versichere, daß meine Liebe zu Dir, meine Treue nicht erkaltet, daß sie im Gegenteile gewachsen sind, daß ich mehr denn je an Dir hänge, mein Einziger?

Ich habe nicht geschrieben aus Unlust an mir selber, aus Verdruß an der Welt — was sich so Welt nennt —, an Gott, wenn Du die große Tournüre einer verzweifelnden Gebärde liebst. . . . Aber ich weiß ja, was Du liebst, mein Theodor. Ich weiß, Du Ruhiger, Gleichmäßiger, Wagrechter — es fließt mir in die Feder, das unsinnig-sinnige Wort —, Du liebst keine große Tournüre und keine kleine. Du liebst — ja, Du liebst Deine Frau, Deine Kinder — Du hast doch deren mehr bereits als den kleinen Johannes, meinen unbekannten blondgelockten Täufling und Namensvetter? —, Du liebst Dein wohlgegründetes, altersfestes Haus, die ragenden Baumkronen Deines stillen väterlichen Parks, Deine guten, schlanken Pferde, Deine Tätigkeit. . . . Liebst Du auch mich noch, den sprunghaften, bitteren, närrischen Vaganten? Ach Gott, mein Theodor, auch ich liebe die stillen Bäume meines Parks, meine Kinder, meine schlanken Pferde — Du weißt, ich erschaffe alles aus dem Nichts —, nur meine „Tätigkeit", nein, die liebe ich nicht. Ich könnte sie hassen, wenn sie für meinen Haß nicht zu klein, zu erbärmlich wäre. Meine Tätigkeit! Eine Lache! Sähst Du den Cidevant-Rat und Referenten einer hoch- und wohllöblichen königlichen Regierung, wie er, Notenhefte unterm Arm, den blankpolierten Türklopfer eines hochmütig über ihn weg mit glänzenden Fenstern in die Scheiben des Nachbars starrenden Hauses fallen läßt, daß er erdröhnt im behaglich geschmückten Flur, bis die Magd erscheint oder ein feister Sklave der Wohlgeborenen, die hier des Lehrers harren für Demoiselle Sophie oder Agathe, sähst Du ihn, wie er, den bekleckten Kittel über den fadenscheinigsten Frack gezogen, auf schwankendem Gerüste Feenpaläste pinselt oder höchst romantische glitzernde Wasserfälle für Oper und Schauspiel, sähst Du ihn, wie er, in Regen und Wind, den struppigen Kopf gegen den Anprall geneigt, davonstürmt am späten Abend aus dem warmen Kaffeehause, weil die Stunde des Orchesters bereits geschlagen hat, sähst Du ihn, mein Theodor, Du würdest ... nein, Du würdest nicht einmal lächeln, nicht wahr, denn es ist gar zu elend, wenn einer lächelt, der ruhig sitzt, über den, der da unten irgendwo ankämpft gegen allerlei hämische Gewalten der Niederungen, Zwerge von Gewalten, häßlich, dumm und abgeschmackt - wie das Leben, das Leben, mein Theodor! Bist Du etwa erstaunt, mich also lästern zu hören? Dünkt es Dir der Schatten einer lastenden Stimmung, die Sucht zur Übertreibung, wie Du damals in T. mein so ganz anderes Benehmen rügend deutetest? Eben dieses „andere" Benehmen bringt mich auf die Frage. Denn was war's sonst, was Dir - ich sah's ja deutlich, daß Du, je weiter der Abend fortschritt, je kühler, entfernter wardst, — das Zutrauen zu mir, die alte Bequemlichkeit mit mir so offenbar kränkte! Das „andere" Benehmen! Ich weiß, Du fandest mich damals arg verworren, trüb und von einer wie krampfig gespannten, unlauteren Lustigkeit. Ich sah durch Deine Stirne die abweisenden und entrüsteten Gedanken, wie sie, eine Schar von niedrig flatternden Wolken, heraufkamen. O, mein Theodor! Ich bin noch immer „anders", freilich ganz — anders. Ich kann toll sein fast bis zu völligem Selbstvergessen — f a s t: denn so arg hat's mich nie, kaum im taumelnden Emporstürmen, mit dem einer der Wein wohl begnaden mag. O, ich bin „anders"! Ich kann Fratzen schneiden, daß die Leute sich bekreuzigen, ich kann auch den ehrbaren Galantuomo mimen, daß mich unsägliche Hofrätinnen umarmen, ich kann ersterben in Bewunderung hochfürstlicher Begabungen und dito Kunstsinn, aber das „andere" schlägt wie eine Flamme aus mir heraus und blendet den nichtsahnenden Ankömmling plötzlich und sehr unpassender Weise. Übrigens aber bin ich ein armer Teufel von Musik- und Gesanglehrer, scharwenzle um den Monatslohn, den eine über derlei banale Datumssorgen erhabene Hausmutter arglos zur gebührenden Zeit vergißt, drille Meerschweinchen und Mondkälber, Kropfhühner und Weinbergschnecken, will besagen: Kaufherren- und Stadtvätertöchterlein und Basen zu gotteslästerlichen Halbstundendirnen der edlen Kunst, hasple schleimige Gespräche aus einem grinsenden Aufwartemaule und sitze mit hundsföttischen Dickwänsten und „Gönnern" vor gespendeten Abendschmäusen, schmeichle ihren Affenhirnen mit Zoten und singe behufs Erweichung ihrer überfüllten Gedärme zum Klimperkasten Travestien erhabener Gefühle. O, es ist ein Ekel!

Einmal aber in diese Öde, diesen Schlamm, diese lächerliche Unsal leuchtet ein Schimmer, lächelt, wie an die Kerkerwand goldener Sonnenstaub im schrägen Streifen arglos schwebend herein sich verirrt ... ja verirrt! Es ist nichts. Wolken gehen über die Sonne. Wieder liegt er im Dunkel, im feuchten Moderdunkel, der dumpfe Kerker, und den Gefangenen durchfröstelt's wie nach einer bangen Erscheinung. ... Mein Freund, Du hast ein Weib, drück' sie an Dein Herz, laß sie fühlen, daß Du ihrer bist, ganz, auch mit allen entfesselten Gedanken traumschwüler

Nächte, küß' Deine Kinder, die Kinder vor allem, die Kinder! Es gibt ja nur eine Liebe, eine einzige große, und ihr tiefster, wahrster Ausdruck ist die Liebe zum Kinde.... Meine kleine Cäcilia! Ich hab' sie nicht einmal sterben gesehen, konnte nicht einmal an ihrem Bettchen sitzen, die fiebernden magern Finger halten und den Schrecken des schattenden Todes wehren mit all der starken, ans Leben fesselnden Macht der Liebe! Sie ist gestorben, in der Ferne gestorben, zur Zeit, als ich wie ein zerprügelter Hund umherlief in den Straßen der Hauptstadt, mit den stieren Augen der Verzweiflung. O, mein Theodor, was wißt Ihr Sicheren, Ihr Seßhaften, Ihr Verankerten vom Elend!

Einen Freund fand ich damals — alle Unglückseligen sind Freunde! —, einen Lohnkutscher, der mich im Stalle schlafen ließ bei den Pferden, da ich, meiner Barschaft beraubt — ein Kerl hatte die Tischlade erbrochen und mir bis auf den letzten Heller das kärgliche Scherflein entwendet — hungernd und von Gram und Scham, ja Scham! gebrochen, weit draußen in der Vorstadt wie ein Tollhäusler im Zickzack durch die Straßen irrte, nächtlicherweile. Theodor, der Mann — grau war er schon, und seine ehrlichen Züge waren so vergilbt von Sonne und Wind wie ein welkes, knatterndes Blatt — der Mann hat mir, Genosse im Elend, von seines Kindes Tod erzählt. Einen Buben hatt' er, den einzigen, ein herziges Kind, vollbäckig, munter, hellen Auges, frisch und gelehrig in der Schule, der Liebling der Hausleute vom Torschließer bis zum Baron hinauf in der ersten Etage, der ihn, den Kleinen, jeden Tag sich kommen ließ und mit ihm plauderte, er und seine Frau, und ihn freundlich beschenkte mit allerlei Dingen, an denen die harmlose Neugierde eines unverdorbenen Kindes sich sättigt... Freund, ich muß Dir die Rembrandtsche Szenerie zu dieser Erzählung geben. Ich ausgestreckt im Stroh, das mir mit dem durchdringenden beizenden Geruche der von den Pferden genäßten Stellen wohligwarm doch um die erfrorenen Glieder sich schmiegte. Er vor mir, auf einem umgestürzten Tränktrog, tief und stämmig in hohen Wasserstiefeln hockend, angelehnt an den Standpfosten; darüber an einem Haken die kleine Stalllaterne mit mühsamer Flamme, die, vom Zugwinde hin und wieder gepackt, riesige Schatten umhersandte. Wenn ich aufsah, erblickte ich seine groben Hände vors Gesicht gedrückt, das gebeugt war, und den verbrannten Nacken. Und mit einer tiefen guten Vaterstimme hat er mir dieses grausame Schicksal berichtet, ohne Haß, ganz von fern schon und doch so hilflos noch wie damals, als sein ohnmächtiger Zorn losbrach.... Eines Tags kommt ihm sein Bub vom Lehrer, klagt über Hitze im Kopf. Legst Dich ins Bett, sagt er, morgen ist's gut. Und morgen wars Fieber da. Und der Armenarzt kommt und sieht's an durch die klaren kalten Brillengläser und nickt und sagt: Ja, ja. Und da war's der Scharlach. Und selbst hat er dann den Buben, der schon mit trüben Augen dalag und sich wie ein Stück Holz tragen ließ, hinauskutschiert ins Spital. Die Fahrt hat er sich nicht nehmen lassen, und täglich irgendwie hat er sich's ermöglicht, hinauszukommen, oft spät und atemlos, daß sie ihm die Tore nicht schlössen, und angefragt, wie's dem Anselm ginge. Und eines Tages ward ihm die Auskunft: heute früh 6 Uhr ist er gestorben. Aber die Leiche — denn eine Epidemie wär's — bekäm' er nicht. Und schon sei auch der Kopf vom Rumpf getrennt, denn die Ärzte brauchten die armen Leichen zum Studium. Wie er da gesucht hat, den Ärzten und der Verwaltung und seinem Herrgott! Und hat sich den verstümmelten Leichnam endlich gekauft, gekauft seinen Buben, seinen Anselm, seinen einzigen, ihn zu begraben! — Aber der Mann hat ihn doch b e g r a b e n dürfen! Wenn auch grausam war, was ihm auferlegt worden. M i c h hat ein Brief erreicht nach vielen Tagen, sie wär' tot. . . . Und ich hatte einen Stoß Noten auf dem Tisch. Die zertrümmerte Lade stand auf dem Sessel. Wie heute seh' ich's. Vor dem verstaubten Fenster hing ein verrauchter Vorhang. Drüben im Nebenhause, überm Hof, saß ein Schuster und klopfte. Und einer unten, beim Stiefelputzen, pfiff sich eins. Und die schönste Morgensonne stand über den schneeglitzernden Dächern. . . .

— — Die Kerzen flackern im Windzug. Du dürftest besser schließende Fenster haben. Aber dafür kannst Du nicht so wie ich die Katzen beobachten, wie sie auf den Dächern schleichen und scharwenzeln. Sie leben auf, die Tiere, unbeobachtet vom Menschen, wie sie sich wähnen. Es ist possierlich und wiederum kläglich. Machen sie ihre Kapriolen uns nach oder wir ihnen? Eine schöne weiße Katze kannt' ich. Sie ist aber seit heute verlobt. . . . Und der Kater war in seiner Art noch häßlicher als Dein Johannes. Nicht der Kleine, sondern der große Kleine, der mit den ironischen Mundwinkeln oder dem fatalen Zug oder den Satansecken. Neulich sagte mir eine Dame, eine Dame von Stand, — die haben die entsprechend solide Unverfrorenheit zu derlei Taktlosigkeiten —, man sollte mir eigentlich ein Extradouceur geben für meine unvergleichliche Unterhaltungsgabe. Schön gesagt, was? „Unvergleichliche" Unterhaltungsgabe ist übrigens sehr gut. Denn zumeist besteht die darin, daß ich die Leute — auch Damen von Stand sind darunter, wie Du aus obbemeldetem Beispiel ersiehst — ganz wunderbar veriere. Besonders im letzten Jahre veriert' ich sie, daß die Funken stoben. Es ist nur jammerschade, daß niemals ein oder der andere etwas davon merkt. Das war damals in P. doch anders. Du erinnerst Dich der unvergleichlichen Geschichte, die mir meine Verbannung eintrug? Wie ich sie alle karikierte, die ganze lächerliche Sippschaft, mit der ich mich doch so unvergleichlich unterhalten hatte! Gab's da zuerst ein Gekicher und Gelächter in den Ecken, wo der eine oder die andere stand, jedes ein Blatt in der Hand, jedes natürlich das Konterfei eines anderen! Aber als sie dann die Blätter untereinander tauschten! Und der Skandal darauf! Theodor, vornehmer Freund, ich glaube, Du warst auch empört, als Du's erfuhrst? War dies mein letzter Brief an Dich? Ja doch, denn es war derselbe, in dem ich Dir meine Vermählung meldete. Ich bin noch immer vermählt, Teuerster. Ich sag's nur, weil einem das doch im Leben Relief gibt. Übrigens fällt mir ein, daß ich Dir in diesem Briefe bereits von ihr Erwähnung tat. Sie ist älter geworden. Ich auch. Sie ist noch immer die seligtreue, stille, so leidige Natur. Ja, sie ist noch stiller geworden. Ich kann's ihr nicht verdenken. Manchmal, wenn ich mit der Kerze spät an ihr Bett trete, und das Licht huscht so über ihre Züge weg, — sie liegt da mit geschlossenen Augen, ganz ruhig hebt sich ihre Brust den einen Arm hat sie unter den Kopf geschoben —, da kommt's mir mehr als wunderlich vor, daß da meine Frau liegt. Wie wenn das so sein m ü ß t e! Es ist doch eine eigene Sache! Wie bin ich zu ihr gekommen? Eigentlich, eigentlich, — mein Beichtiger, Du darfst ja alles wissen —, war's ja doch so eine Art Resignation. Ich war aus schneeweißen Armen gefallen. Oder ich hatte mich ihnen entwunden.... Wie war's doch, Theodor? Du bist ja der „rettende Engel" gewesen damals.... Verzeih mir, wie recht hattest Du doch gehabt! Und trotzdem — nein, vergib, ich will diesen süßen Schatten bannen.... Die Kerzen zucken. Schwebt er uns Licht? Geister sollen's ja lieben. Sie wärmen sich daran.... — Ja, also meine Frau. Du kannst Dir nicht vorstellen, wie ich sie quäle. Nicht etwa leiblich. Noch weniger etwa aus der spaßhaften Laune der löblichen Eheherren, die unser Umgang sind hier auf Erden. Nein, so wie ein gutmütiger Sklavenhalter etwa. Ich halt' ihr Vorträge, manchmal stundenlang. Und ich weiß, ich spür's: alles hat einen Grundton: Ich, ich, ich. Was ich bin und was die andern sind. Und der liebe Ich hat's dann gut. Da sitzt sie mir dabei und mückst nicht. Dann wieder red' ich Tage hindurch kein Wort zu ihr. Oder bin halbe Tage lang fort. Nachts zumeist. Was sie da treibt, weiß ich nicht recht. Sie richtet mir meine Staatsgarderobe, sie sorgt fürs Essen mittags, wenn ich nicht außer Haus diniere bei Damen von Stand, Du weißt. Sie hört mir auch wieder zu, wenn mich's dann abermals hat. Und manchmal — haß' ich sie um ihrer Güte willen. Aber was sie mir e i g e n t l i c h ist, das weiß ich nicht. Sie hatte ein hübsches, liebes Gesicht und war mir immer gut gewesen. Ich kam zu ihr, Cora im Herzen, und saß bei ihr und hielt ihre Hand, und das tat mir wohl. Und ich glaube, weil sie mir so wohl tat, hab' ich sie geheiratet. Bei Dir war's anders.... Weißt Du, wie ich mir Deine Frau denke, die ich ja leider nicht die Ehre habe zu kennen — einmal hätt' ich sie haben können, aber ich versäumt's, geflissentlich, um Dir's nur zu sagen, ich ertrug's damals nicht, daß einer ein Weib hätte, das er liebte, das ihn liebte. Wie ich mir sie denke? Immer in Weiß. Und hoch und schlank und blond, aber nicht so dummblond wie unsere lieben Tee-Demoisellen sind, sondern tiefblond mit dem rötlichen Schimmer der Venezianerinnen. Seidenhaare. Kupferseide. Und eine wundervolle, feine, schmale, lange, blasse Hand. Und eine Ruhe, die voll verhaltener Musik ist. Und die klingt dann ganz leise, wie Mandolinen in einem Garten im Mondenschein, oder besser wie eine Harfe, die nur flüchtig zärtlich der Wind überhaucht.... Ist sie so, Deine Frau? Und ich denke mir dabei immer, es sei gar nicht d e n k b a r, daß man je so eine Frau „seine Frau" nennen könnte. Eigentlich aber glaub' ich, die Frauen sind immer ganz anders als „die Frau". Verstehst Du mich? O, mein Theodor. Es gibt nur e i n e Liebe. Die begehrt nicht. Begehrt denn die Liebe der Mutter zum Kind? Und es gibt ja nur e i n e Liebe. Die Liebe, die berauscht, die das Blut entzündet und die Augen trübt, die den Schlaf verscheucht und, kommt er endlich, schwer und gehässig wie ein Feind fast, die Träume vergiftet, das ist eine böse Liebe, eine falsche Liebe, eine schlechte Stiefschwester der echten, einzigen, die nicht nach Besitz begehrt. Und Eheliebe ist wieder ganz etwas anderes.... Sei mir nicht etwa bös' darum, Theodor. Das alles gilt nicht für Dich. Das gilt für Menschen mit dem fatalen Zug, für Menschen von „unvergleichlicher Unterhaltungsgabe". Womit ich wiederum um alles in der Welt nicht etwa gesagt haben möchte, Du wärst nicht unterhaltend. Aber man hat Dir doch noch kein Extradouceur dafür zugestanden? Tröste Dich übrigens, Deinem Johannes auch nur — bildlich. Wenn sie mir nur die ordinären Honorare pünktlich bezahlten, ich wollt' ihnen diese Bildlichkeiten gern verzeihen. Hast Du schon einmal Deinen Rock losgeschlagen, um Dir Brot zu kaufen? Entschuldige den schlechten Scherz. Ich wollte nur so ins Ungefähre hinein fragen, mich oder meinen Hausgeist, wie das tut. Ich war nämlich vor ein paar Tagen nahe daran. Aber das hat alles aufgehört. Jetzt herrscht Jubel in meiner Tasche. Ich bin nämlich auf dem besten Wege, ein großer Autor zu werden. Da staunst Du, was? Freilich, Du erinnerst Dich dabei vielleicht meiner jugendlichen Schriftstellerei, und, den Kopf schüttelnd, denkst Du: der Kerl, was der noch alles zu werden auf dem Wege sein kann! Aber ganz im Ernste. Ich bin mit einem wohlwollenden Manne — ich erhebe in diesem Augenblick das letzte Glas meines Elixiers auf sein irdisches und ewiges Heil — bekannt geworden, brieflich, heißt das, der mich bestimmt hat, dieses eine, mir gewissermaßen aus der Tasche abhanden gekommene Talent wieder aufzusuchen. Und da die Sache mir Geld zu tragen beginnt, will ich's pflegen. Wer weiß, was noch herauskommt. Vielleicht ein ganzer Dichter. Vorläufig wenigstens bringt's immerhin etwas Geld, und das genügt. Aber noch mehr habe ich zu verraten: ich habe auch geerbt. Errätst Du, von wem? Von der alten Tante in K., die nun auch gestorben ist und unter den Engeln jetzt die Laute schlägt. Denkst Du noch manchmal an sie? O, sie war der

Glanz meiner freudlosen Jugend! Und daß sie mir noch Geld ins Haus schickt, da sie längst modert, ist wirklich brav von ihr. Unvermutet kam's ja nicht. Im Gegenteile, ich hatte auf mehr gerechnet. Aber eigentlich kam's doch unvermutet, denn ich hatt's jetzt gerade nicht gewärtigt.

Immer heller wird der Balken, den mir der Mond ins Zimmer schiebt. Und die Kerzen — sie waren nicht gar hoch — sind bald zu Rande gebrannt. Da ich aber keine mehr zu Hause habe — der Reichtum ging zum großen Teile bereits in andere Hände über, elende Schergen der Schuldschaft — muß ich diesen Brief heute abbrechen. Gute Nacht, mein Theodor. Nun will ich wieder über das Rätsel nachsinnen, daß die Gute da drüben in der Dachkammer meine Frau ist. Und dazu brauch' ich noch ein Endchen Kerze. . . .

Zweite Vigilie.
Kreisler an seinen Freund Theodor.
Mein liebster Theodor!

Ich war heute den ganzen Tag in S— hof, wo ich drei junge Prinzessinnen in der Kunst des Gesanges unterrichte. Es sind gute Dinger alle drei, die älteste freilich fängt schon an, sich in die Hofluft zu recken, die hier ein wenig mit Surrogaten parfümiert ist. Ich habe ihr — in aller dem erhabenen Stande ihrer Wiege billigerweise einzuräumenden Devotion, heißt das — bereits einigemale die Kerze meines Hohns unter die erlauchte, übrigens entzückend retrousfierte Nase gehalten, sie schlug immer mit rosa Zuckerfingerchen nach dem bösen blauen Lichte. Aber im Ernste: es sind drei arme Seelchen, diese gezüchteten Stengelblumen, die man aus Für- und Obsorge nie in die helle frische Bauern- und Gottesluft stellt. Da kümmern sie in ihren bemalten Topfscherben heran, und ihre Tagesläufte sind in ein paar Lektionen und Ausfahrten erschöpft. Es reizt mich, diese im übrigen wundervoll graziös gezogenen Pflänzchen manchmal ganz leise unter den heiligen Sternenhimmel der Kunst zu führen, den Mantel der Prosa halt' ich mit schirmendem Arm über ihre unschuldigen Gefühlchen, die sich ja doch auf den Tod verkühlen könnten in der reinen Luft der ewigen Räume. Die jüngste ist mein Liebling. . . . Argwöhne nichts! Es kommt ja doch noch dazu, daß ich Dich an die Stelle führe, wo der Grabstein liegt, mit roten Herzensblumen umrankt! Die Jüngste, Prinzessin Klotilda, ist also mein Liebling. Sie hat nicht mehr und nicht weniger Talent als die Geschwister. Aber in ihrer Tonbildung liegt Seelenkindheit. Die zweite hat die meiste Routine, um mich so großartig auszudrücken. Sie hat nämlich einige Auffassung und ist daher leichtfertiger als die unsichere Kleine und die immer vergeblich, — vorläufig, heißt das, vergeblich, — diese ganze Unterweisung eines hergelaufenen Lehrers zu verachten bestrebte Älteste, Prinzessin Hedwiga. Die Fürstin-Mutter hatte mich heute — ein Sonntag — zum Speisen behalten. Sie ließ mich's vorher wissen. Der Regierende — er tut noch so — war über Land, das ist hier über Reich, gefahren zur Sauhatz. Der Kapuzinerprior, Pater Cyprianus aus dem nahe belegenen Kloster hatte die Schloßmesse gelesen. Er war mit zu Tische. Man aß auf schönem Tafelzeug und gediegenem Service — ich notiere das, weil's mir doch so angenehm auffiel — mit vieler Würde. Mich belustigten, wie immer Gravität ohne Sinn und Zweck, die durch Vollendung zu blenden bestimmten Gebärden des Tafeldeckers. Für diese Leute bedeutet unsereiner doch einen großen Tag. Sie geben sich dann so maßlos selbstbewußt — als Lakaien!

Mir schien das Ganze possierlich und doch ein wenig beängstigend: es hatte die Tafelrunde fast den Anschein einer Marionettentruppe. Ich selbst im besten Frack — der zweite ist „der schlechteste" — und leidlich gehaltenen Strümpfen (die Cour verlangt die Kniehose) tat wacker mit, ja, ich versteifte meine Gesten so, daß ich endlich gleichsam den Taktstock über meinen Bewegungen schwang. Regen war gefallen. Ein sehr animiertes Gewitter hatte sich ausgetobt. Im Parke rauschten die Wasser der Fontänen über die Sandsteinnymphen. Eine köstlich würzige Luft strich vom Gebirge her. Man trat auf die Terrasse. Prinzessin Hedwiga war ganz Hoheit, ganz Tradition. Ich hatte allen Humor eingebüßt. Eine unbeschreibliche Wehmut durchdrang mich. Und auf einmal war es mir, als ob aus den Augen der Jüngsten — ich hatte plötzlich bemerkt, daß diese großen Veilchenaugen mir schon lange gefolgt waren — mich meine kleine tote Tochter ansähe....

Abends war ich im „Krug". Da saßen die Stadtväter vor ihren Gläsern. Da saßen die Studenten vor ihren Steinkrügen. Es roch dumpf. Man zündete die Lichter an. Ich ging hinüber ins Kabinett zu den Schauspielern. Die Sopranistin, ein junges, blasses Ding mit mageren feinen Gelenken, sah mich an. Und wieder waren's die Augen meiner kleinen toten Tochter. Ob die Toten sich so ausruhen?

Nach dieser in Moll gehaltenen Einleitung — Mitternacht ist vorbei, der Wächter hat gerufen, die Türme der Paulskirche stehen wie zwei schlafende Riesen im Schatten, gerade segelt der Mond hinter ihnen vorbei — will ich zurück ins Leben, das immer Dur ist (wir geben die andere Tonart hinzu; sie ist nicht wahr, sie ist — mehr als „Wahrheit"). Ich habe Dir von der Erbschaft berichtet, die mir zugefallen ist. Sie soll mir — „sie" heißt mein karger Rest — helfen, von hier fort zukommen. Warum ich fort will? Mein liebster Freund, ich habe keine bestimmten Ziele. Aber daß ich fort will, fort muß, weiß ich.... Es hat neulich eine Verlobung stattgefunden, an der ich mich auch beteiligte. Damit war meine Rolle in einer kleinen Tragikomödie ausgespielt. Ich werte das Leben nicht nach den „Realitäten". Ich weiß mein Stichwort. Der Souffleur sitzt in der Ewigkeit — oder in mir. Ist's nicht

dasselbe? — Meine gute Frau wird unsern Hausrat bald verpackt haben.
Vielleicht verkauf' ich ihn auch zugunterlebt. Ich will noch nichts bestimmen. Es wird ja doch immer anders. Aber der Souffleur hat mir
vorläufig abgewinkt. Ich stehe jetzt hinter den Koulissen und warte ...
Heute kann ich's noch nicht sagen. Vergib diese Dir sicherlich mehr als
sonderbaren Akkordgriffe. Laß Dich die angeschlagene Stimmung nicht
verdrießen. Ich will Dich mit einem kleinen Allegretto versöhnen. Ich
will Dich unterhalten, vielleicht auch mich. Wie gesagt, Mitternacht ist
vorbei, und ich habe heute, da ich nicht gesonnen war, zu Hause noch etwas
zu unternehmen, mein Elixier nicht gebraut. Lasset uns denn den
goldenen Wein der Erinnerung schlürfen! Ich bin Dir noch so viel an
eigentlichen B e r i c h t e n schuldig, daß ich aufs Geratewohl dort beginne, wohin mich soeben meine Gedanken verführen. Ich will Dir
erzählen, wie ich nach jenem tollen Streiche mit den Karikaturen mein
Boot ans düstere Ufer der Verbannung legte. Erlaß mir die Schilderung des unsäglichen Nestes, in das mich löblicher Bekehrungseifer
verwiesen hatte. Ich denke mit Schaudern an diese zwei Jahre der geistigen
und physischen Ebnis. Laß mich Dir lieber eine flüchtige Silhouette
schneiden aus dem schwarzen Kreise, der das reuige — reuige? — Schaf
in seine Gewahrsam nahm. Argwöhnisch — Du kannst Dir's vorstellen
— ward der Gemaßregelte empfangen. Ich erfuhr, als ich mich bei dem
Präsidenten meldete, daß man gemessenen Auftrag hätte, mir sozusagen
das sündige Blut der Künstlertollwut bis auf den letzten heißen Tropfen
abzuzapfen. Und man begann. Ich sah den lieben langen Tag nur die
von Tabaksqualm angelaufenen Scheiben meiner Schreibstube. Man
hatte die erziehliche Absicht, mich unter Akten zu begraben. Zentnerweise
schleppte sie Ulrich, der Kanzellist, mir auf den wackligen Tisch am eisernen
Ofen. Der Präsident ließ sich's nicht nehmen, eigenhändig meine Ela-
borate mit den roten Strichen der besseren Einsicht zu verzieren. Er
hatte in mir — das war sonst seine Gepflogenheit — nicht einen Über-
hebling erst zu wittern: ich war gebrandmarkt ja bereits an ihn expediert
worden. Ein strafweise Versetzter! Mußt' er's nicht selbst wieder in allen
Knochen spüren, daß sein Ehrensitz nicht eben der erste des Reiches?
Er haßte mich sozusagen von Amts wegen. Er erfüllte eine Pflicht damit.
Wenn er mich zu sich berief, um die Lauge eines diabolischen, alle Tiefen
der fürwitzigen Natur seines Beisitzers aufzuwühlen geeigneten Hohnes
— so glaubt' er's — über meinen „Auffassungen" und „Ansichten" zu
verschwenden, geschah's mit dem erhebenden Bewußtsein der Obliegenheit. Ich muß ihm die Ehre geben, die er verdient. Ein scharfer Kopf,
ließ er sich nur durch seine Launen meistern. Aus seinen Schwächen
hatt' er ein System gefügt, in das er wie die Klinge in die Scheide
paßte. Er postulierte seine Übereilungen: so war's nach Sinn und zu
Zwecken dann geschehen. Dabei besaß er eine fast dichterische Kraft der

Selbsttäuschung. Er hielt sich wirklich manchmal für einen „väterlichen
Freund". Genug. Er bracht's zuwege, daß ich die Posse — eine elende
Posse, die blaue Flecken an Hirn und Herz für mich armen Hanswurst
darin bedeutete —, er bracht's zuwege, sag' ich, daß ich die Posse agierte.
Ich habe mich nicht ein einziges Mal unwillig gezeigt. Ich wollte m i r ' s
beweisen, daß ich's vermöchte. Es gelang. Und er, der auf dem straffen
Seile meines Willens, unahnend die Tiefe, wie ein Nachtwandler balan-
cierte, — ein Lockern des Strickes: er wäre hinabgestürzt — hielt sich für
einen die Lüfte beherrschenden Adler: So zwang ich ihn, sich zu ergeben.
Er mußt' mich, mußt' mich — er war zu weit gegangen; alle um uns
sahen's — knirschend l o b e n. Da hatt' ich ihn gewollt. Nun lenkt' ich
langsam ihn. Und wie er's nicht gemerkt hatte, daß ich ihn mit dem
Aufgebote aller Kräfte auf seinem Seil erhielt, so merkt' er's nicht, als
ich das Ende festband und einen breiten Gerüstbalken unterlegte. Ich
aber war erschöpft. Wenn ich des Nachts auch am Klavier auf den
Himmelstönen ins gelobte Land emporstieg — ich komponierte damals
einiges krause Zeug, das mir noch heute auf dem Halse liegt —, ich
ertrug's nicht länger, daß ich wie ein Lasttier mein besseres Ich so
fremden Zwecken — ach, wie fremden Zwecken! — hinopferte. Ich sagt's
ihm eines Tages. Ließ ihn wirbelnd fallen. Ich sagt's ihm ins Gesicht,
daß ich jetzt, da er glauben konnte, mich besiegt zu haben, da er wohl
anzunehmen gar sich unterfinge, ich hätte „eingesehen", nicht willens sei,
das triste Treiben fortzusetzen. Kaum daß er antwortete. „Am Ziele"
zeigt' ich ihm, daß er sich nicht von der Stelle gerührt, daß i c h, ich
a l l e i n ihn, solang' mir diese Täuschung beliebt, wie Christophor getragen hätte, einen wunderlichen Erlöser. Und mit ruhigem Herzen
schrieb ich meinen Abschied. So bin ich Musikant geworden. . . . Mit
welchen Hoffnungen bin ich ausgezogen! Ich hab' Dir jüngst ein kleines
Bild aus jenen ersten Tagen entworfen. Es war die Zeit, da fern
von mir meine kleine Cäcilia starb. Mein liebster Freund, jetzt, da ich
jahrelang die „Freiheit" ausgekostet habe, kann ich, beide wägend, sagen:
Sie sind gleich nichtig an Gewicht, die „Freiheit" und der „Dienst". In
sich selber trägt der Mensch seine Freiheit und seinen Dienst. Da können
die anderen nicht herein. Die äußeren Umstände sind so wesenlos!
Schatten, Nebeldünste, die sich lautlos bilden und lösen. Das Wesenhafte
ist in uns. Aber besitzen müssen wir uns. So sind wir frei
und — dienen. Wir und — uns. Alles andere ist eitel. Amen! Gute Nacht.

Dritte Vigilie.
Kreisler an seinen Freund Theodor.
Mein Theodor!

Ob Du wohl einmal in den Besitz dieser losen Blätter gelangst? Ich
sende sie Dir nicht einzeln, wie sie fallen — obwohl der erste Brief ganz

aus einer solchen Empfindung geboren ward —, denn zuvörderst vermeide ich derlei „pekuniäre Extravaganzen", wie meine Frau sagt, — die Gute, wie viele „pekuniäre Extravaganzen" vermeide ich n i ch t! —, und zweitens hätte das einmal begonnene Absenden vielleicht die Folge vereitelt, die mir jetzt dunkel vorschwebt. Du hättest entweder nicht geantwortet — nicht wahr, es ist auch dieser unwahrscheinliche Fall in Rechnung zu stellen? —, dann wäre sicherlich die Fortsetzung unterblieben. Oder Du hättest geantwortet, dann wäre dieser Korrespondenz sogleich ihr Zauber genommen worden: ich meine, Du hättest mich durch das Körperhafte des Adressaten an die Kette des Verkehrs gelegt, ich hätte nicht mehr so ganz aus mir herausgehen mögen, hätte in Rücksicht auf etwaige Mitleser oder Hörer mich in Zucht genommen, ja Dir selbst gegenüber oft vielleicht den „Briefschreiber" tragiert, wie das notwendigerweise die festgehaltene Beziehung zu einem Fragenden und hinwiederum Antwortenden mit sich bringt. Ich wende mich also an Dich, mein Theodor, wie an eine Traumgestalt. Ich bin Dir so viel besser, bin überhaupt besser, da ja Sündhaftigkeit doch nur eine Folge der bestehenden und bewußten Relationen ist. Ich sehe Dich andererseits doch immer vor mir, im hellgrauen Frack, tadelloser Chemisette und Bein über Bein geschlagen, die langen Unterschenkel in seidenen Strümpfen, den linken Arm auf der gepolsterten Lehne, die Hand leicht ans Ohr und an die Schläfe gelegt. Und ich habe das Gefühl, als zöge ich Dein besseres Selbst mit den Empfindungen herbei, die ich ihm weise. Eine Libation diesem feierlichen Augenblicke der stärksten Anrufung!

Zwei hohe Kerzen stehen zur Rechten und zur Linken meines Schreibebogens. Über mir tickt eine brave Wanduhr mit diskretem Pendelgang. Die immer etwas empfindlichen Beine sind in einen alten grünen Mantel gewickelt. Vor mir hängt an der sonst kahlen Wand ein Miniaturbildchen meiner Cäcilia. Eine Libation! Wieder eine recht extravagante Vergeudung! Sei's drum! Das nächste Glas führ' ich realeren Zwecken zu. Und nun krächze weiter, geduldige Feder, wie die selbstgefälligen Skribenten zu sagen pflegen, führe mich auf den Schnörkeln, die deiner schwarzen Spitze geheimnisvoll sicher entquellen, ins Märchenland der Worte! O, ihr Worte, ihr erbärmlichen und köstlichen Diener der Idee! Allmächtige und ohnmächtige, sinnlose und sinnvolle, kalte und glühende Worte. Immer muß man durch euer stählernes Spalier hindurch zur Erkenntnis, die doch am andern Ende wohnt, von wannen ihr herkommt! Ob einer denkbar wäre, der ohne Worte lebte? Nicht ein Stummer, denn der ist nur scheinbar ihrer Tyrannei entzogen, sondern ein Wortloser! Der die Welt ohne Worte begriffe und ohne Worte wieder aus ihr ginge ins größere Schweigen! — Ich möchte wohl einmal versuchen, trotz den Worten zu denken. Oder die Worte anders zu werten, als es uns ein für allemal von der Schule aufgetragen ward. Sie etwa so zu stellen, daß

sie leuchteten, oder sie fallen zu lassen, daß man ihren Fall, nicht ihre
Bedeutung vernähme. . . . Was ist doch die Musik für eine himmlische
Erscheinung. Sie kommt zu uns, eine echte Tochter der strahlenden
Räume, wo der Herr seine unendlichen Schöpfer- und Erhaltergedanken
denkt, — ohne Worte. Und obwohl sie herniedersinkt in unser, der
Menschen, armselige Sphäre der Zwecke und Vorstellungen, scheint sie
doch andererseits uns ganz eigenst zu gehören, als stiege sie herauf aus
unsern Tiefen. Aber es gibt kein Oben und kein Unten. Es gibt nur
in sich ruhendes Sein, und die Welt, so wie wir sie glauben, ist ein Aber-
glaube. Musik aber ist Atmen des beruhigten Seins, Musik ist nicht von
innen und nicht von außen, sie ist nur sich selbst gleich und zeitlos, obwohl wir ihrer durch die Zeit bewußt werden. Ich glaube, auch das
traumhafte stumme Blühen der Blumen ist Musik, und das Lächeln der
Kinder ist Musik und das Strahlen der Sterne. Sie ist die Seele
des Alls.

Und also bin ich Seelenkönig, ich letzter Seelenuntertan. Der Titel
„Musikdirektor" aber, mit dem man mich hier beehrt, seitdem ich beim
Theater war als Dirigent und Komponist, erscheint mir eine skurrile
Parodie auf mein Verhältnis zu meiner angebeteten Königin. Echt mensch-
lich ist er nur vom Herrscherstandpunkte gefaßt.

Laß Dir erzählen, wie ich hier „herrschte". Als ich die erste Oper
dirigierte, gab man mir nicht undeutlich aus den Bankreihen und Logen
zu verstehen, ich sollt's lieber bleiben lassen. Die Leute vermißten den
Fiedelbogen. Ich aber saß am Klavier. Das war ungewohnt und also
verwerflich. Dummerweise nahm ich mir die Sache so zu Herzen, daß
ich's aufgab. Nurmehr Proben leitete ich. Aber der Tag kam, da ich
von dieser selben Meute mit dem freudigsten Gebell sogar auf die Bühne
gejagt wurde. Ich hatte zum Namenstage der Fürstin ein Singspiel
verfaßt und vertont. Es war eine äußerst liebliche Allegorie. Die Familie
des Allergnädigsten war erschienen. Das Publikum freute sich schon im
voraus der zu gewärtigenden Rührszene, die auch nicht ausblieb. Vor
allem Volk küßte der Erlauchte die Hand seiner Amalia, als, umkränzt
von Genien, ihr Konterfei sich dem bewegten Hause von den Brettern
zeigte. Ich hatt's gemalt. Es war der Farben nicht gespart worden.
Besonders eine Perlenschnur war mir wohlgelungen. Man begehrte —
es sprach sich herum — den Maler, Dichter und Komponisten zu sehen.
Ich stand im Proszenium. Sie zerrten mich hervor. Jubelrufe er-
brausten. Ich verneigte mich gegen die Loge der Herrschaften. Prinzessin Hedwiga sprach über ihre Achsel weg mit dem Kammerherrn von K.
Ich hätte sie ermorden mögen. Und sie hatte ja recht! Es war eine
ganz unangebrachte Ehrung des Lieferanten. Wenn einer Maler ist,
Dichter oder Komponist, so tu' er, was er einmal nicht lassen kann, emp-
fange seinen Barlohn, vergüte sich seine Auslagen an Farbe, Feder,

Tinte, Papier und zerrissenen Saiten und belästige nicht den Käufer mit seiner menschlichen Erscheinung. Ich weiß nicht, ob mir Prinzessin Hedwiga diese Lehre zu erteilen geruhte, aber daß ich sie wie einen Peitschenhieb über meinem Herzen empfand, das kann ich Dir beschwören. Bedenke außerdem, daß ich kein zugereister Tenor, sondern der wohlbekannte, zu Fuße nach S--hof zu pilgern durch den Mangel einer schicklichen Chaise gezwungene Hauslehrer dieser jungen Dame war, und ermiß die Abgeschmacktheit meines Betragens, in Stiefeln und kaffeebraunem Rock die Szene zu betreten, wo kaum noch Jungfrauen und Genien höchst anmutig auf und nieder getrippelt waren! Die gnädig verstattete Huldigung des beifälligen Parketts hatte mich übrigens vollauf zu entschädigen für gehabte Mühe: ich erhielt nicht einen Denar an sonstiger Anerkennung. Gerührt durfte ich mich wieder entfernen. Ich tat's so gründlich, daß ich dem Theater überhaupt Valet sagte.

Vierte Vigilie.
Kreisler an seinen Freund Theodor.

Heute steht mir mit zudringlicher Lebhaftigkeit ein Moment aus meinem früheren Leben vor den Augen der Seele. Ich will ihm näher gehen, daß er mich segne oder weiche. Höre. Ich war ein junger Beamter noch und voll rastlosen Eifers nach Tätigkeit. Daß es nur — nur!! — die Kunst in mir war, die so laut pochte, ahnt' ich noch nicht. Ich ließ den drängenden Überschuß in die morschen Holzgefäße strömen, die mir damals -- war ich doch von väterlicher und mütterlicher Seite her ein Bürger, ein bürgerlichster Bürger -- Pflicht und Bestimmung heißen mußten, denn es wäre ja ein Frevel gewesen, an der Richtung meines vorgeschriebenen Weges, an seiner Unbedingtheit auch nur zu zweifeln. Ich tat's oft genug und schlug mir dann die „sündige" Brust. — Ich arbeitete mit einem wahren Fenereifer. Ich war an einen sympathischen Vorgesetzten geraten, der meinem lobenswerten Eifer willkommene Nahrung bot, Belehrung, Beispiel, Aufmunterung, freundlich-zielweisendes Urteil. Ich kam oftmals des Tages zu ihm gelaufen mit einem Akt, einer Satschrift, die ich als Entwurf zu bezeichnen die innige Bescheidenheit besaß, auf daß er mit seiner besseren Einsicht sie bemängle. Ich ließ mir von ihm das Konzept drei- und viermal umstoßen, ich grollte nicht einmal seiner Pedanterie, die sich nicht genug tun konnte an kleinlichsten Varianten des gewohnten Ausdruckes: ich war dankbar, ich war freudig, ich war gehobener Stimmung. Ich saß vom frühen Morgen bis zur sinkenden Nacht — kaum gönnte ich meinem leiblichen Begehren Pausen der Stärkung, nie der Erholung, ausgenommen die notwendigste eines bleischwer mich überfallenden Schlafes — an meinem Tische. . . .
Eines Tages berief mich ein Briefzettel in den Gasthof. Ein Universitätsfreund war auf der Durchreise in den Ort gelangt. Er hatte sich meiner

erinnert, ihn verlangte, mich zu sehen. Ich kam. Wenige Jahre hatten
ihn wesentlich verändert. Er reiste einer kleinen Truppe nach, die in
jenen Gegenden ein Schauspiel von ihm tragierte. Ich kannte sein
Schauspiel nicht, ich wußte wenig mehr von ihm selbst. Er saß mir
gegenüber. Die unansehnliche Gestalt trug sich in einer schönen freien
Haltung. Das scharfe kluge Auge war so treu und tief wie einst. Der
willenskräftige Mund schloß sich noch immer so fein wie eine Schale
hinter seinem hellen, kühnen Wort. Ich war einigermaßen beschämt.
Selbst wußt' ich's nicht, warum ich eigentlich errötete, ich fand steife
nichtsbesagende Phrasen statt der guten Wendungen, die sich sonst bereit
hielten. Ich war nicht Herr meiner selbst. Etwas Läppisches kroch aus
mir wie ein übler Geruch. Meine Stimmung, anfangs erregt, schlug
um in ein trübes Gegenteil. Ich fühlte mich beobachtet, spöttisch fast,
wie mir dünkte, sogar mit Mitleid. Mein Groll gegen mich warf sich
auf den, der meine Blößen so wehrlos sehen durfte. Da nahm er
meine Hand: Du armer Teufel! sagte er. Was plagst du dich ab, mir
zu scheinen, was du dir selbst nicht glaubst? Ich sehe in dich hinein,
durch dich durch. Versuche nicht mehr, dich zu verstellen. Sei ganz klein
und schwach und elend, wie du dich zu innerst ja doch empfindest! Ab-
hängiger! Sklave, der mit seinen Ketten prahlend spielt, sie trägt, als
wären sie Schmuck! Aber frohlocke! Du kannst sie abschütteln mit einem
Ruck. Um so leichter wird sich dein Arm strecken, dein jetzt so beladener
Nacken aufrichten. Ich kenne nicht die Stimmlauten der Unfreiheit. Aber
ich kenne die Wonne der Freiheit. Ich kenne und preise ihren blauen
Himmel wie ihre Wetterwolken, ihre herbe Schönheit. Ich liebe sie,
weil sie mich liebt. Du verkriechst dich jetzt vor ihr, weil du dich vor ihr
schämst. Sei du! Gib diese Enge auf und erahme, erfühle dich wieder!
Erwache! Wirf diesen Trödelkram von Sitte und Gepflogenheit von
dir! Gib deinen Kräften würdige Gegner! Ringe mit dem Engel! Du
wirst mir jetzt sagen, daß dich der Zwang bilde, daß er dich stähle, dich
deine Muße um so glühender umarmen lasse. Ich sage nein. Dein
Zwang ist Not, nicht spielende Wahl. Seelennot, erbärmliche Bequemlichkeit der Vorschrift. Du hast geduldet, daß sie dich in ein Gehäuse
sperrten, und lässest stolz dein Pendel schwingen hinter Glas. Zerbrich's!
Steig heraus! Wirf dich in die freie Luft! Schwimme! Was bedeutet
denn der „Erfolg" deiner Bestrebungen! Eine Kläglichkeit. Ein Nichts,
einen Schnörkel für Bürger und Bürgerinnen. Komm zu dir! Reib'
dir die verpichten Augen. Spring aus dem verkettenden Faulbett der
Verwandtensatzung. Reck' ihnen die Zunge heraus, ihnen, die täglich zur
festgesetzten Stunde sich in die Würde kleiden, an die der Schnitter und
sein Gevatter in der kleinen Mohrengasse glauben. Entsinne dich deiner
wahren Würde. Du bist ein Künstler. Laß dich selbst aus dir heraus!
Entbinde endlich dein verkümmertes Ich! — Und ich entgegnete ihm mit

allen Waffen des Philisteriums. Es sitzt ja nicht tief bei mir, aber ich bin immer Gegner einer ohne Rücksichten auf einen anderen Standpunkt vorgetragenen Meinung. Und du weißt, wie ich die „Grundsätzlichen" reize. Immer vermag ich „auch wieder so" zu sprechen. Damals, da jener „Weiß!" rief, donnert' ich „Schwarz!", und doch s ch r i e alles in mir „Weiß!".

Das turbulente Gespräch fiel mir heute ein. Warum? Beitrag zur Brückenschlagskunst im Reiche der Gedanken. Ich hatte im Theater wieder einmal sinnend das Publikum betrachtet, die Horde, an die wir Künstler, wie man uns mit Haß heißt (ja, es ist Haß und — Verachtung darin!), unser Bestes hergeben. Diese wogende Oberfläche, dieses schillernde Ungeheuer. Warum wir's ihm geben? Die Frage fiel mir schwer aufs Herz. Beifall begehren wir, eitle Affen, die wir sind. Und wir zürnen, wenn er ausbleibt. Das Publikum aber zollt ihn mit gleicher Freudigkeit Calderon und einer Affen- und Pudeltruppe. Was wünscht denn diese Menge? Nichts als Unterhaltung. Und die sich als Kenner geben, sind eigentlich die unleidlichsten. Kann denn einer, außer er sei wirklich von Uranfang wesensgleich, in uns hinein? S i e h t er nur in uns hinein?! Dies einerseits. Und wiederum: geben wir uns denn her, u n s, das, was ganz unser ist? Ein Widerspruch. Vorläufigkeiten, Ausflüchte, Stellvertretungen alles! Schon an den Mitteln liegt's, die uns zugemessen sind. . . . Dagegen aber die Hölle in uns, diese brandlodernde Hölle einer Künstlerseele! Dieses brodelnde Wogen von Welten, die sich wie in Abgründe in uns stürzen. Dieses Getöse von Verzückungen und Qualen! - Als ich das dachte, fiel mein Blick auf den Präsidenten des hiesigen Gerichtshofes. Er sah dem Treiben auf der Bühne gelangweilt zu. Und ich fühlte grauenhaft mit ihm die überlegene, böse Verachtung, die in ihm wuchs. Dabei, siehst Du, ist mir jener Freund eingefallen. Ist es nicht eigentlich zum Totlachen? Was für ein Wesen machen wir aus uns, und wie tief stehen wir in der Sozietät! Wir sind wahrlich Bürger eines unsichtbaren Reiches, oder besser: Tyrannen unsichtbarer Kastelle. Lächelnd geht man über uns hinweg zur zivilen Obliegenheit, die so viel solider erachtet wird. Ich denke an meine drei Prinzessinnen (Hedwiga übrigens legt seit neuestem ein verdächtiges Gebaren an den Tag. Ich weiß nicht. . . . Doch davon nächstens), ich dachte also an „meine" drei Prinzessinnen. Steh' ich — von persönlichen Gefühlen ganz abgesehen. . . . Achtung! Das Kapitel Hedwiga überzieht sich von innen heraus mit Glut -, steh' ich neben oder unter ihrem Gärtner, ihrer Verschließerin? Ich meine als Mitglied des bürgerlichen Zirkels. Und da rede mir einer von „Freiheit"! Ich habe sie ja jetzt vollauf. Und — leih Dein Ohr her, Bester — ich s e h n e mich nach dem Käfig des „Berufes". Ganz verstohlen sehn' ich mich. Und nur manchmal. Und verachte mich ganz entsprechend deshalb. Es ist ja auch kläglich. Jedoch — hörst Du meine Frau atmen? Hörst Du meine kleine Pendüle ticken? Das ist das Leben. Die Atemzüge dieser Schlafenden und die Atemzüge dieser Uhr. (Letztere freilich kann mein Erbe wieder aufziehen.) Die Kunst aber ist grauenhaft. Und wenn Du willst, ist das Leben grauenhaft. Grauenhaft sind diese Atemzüge. Wir verstehen den Zusammenhang nicht. Und die Kunst ist wie ein hängender Garten, von dessen Rand einer schwindelnd blickte, bis er ersah, daß der Garten mit einer entsetzlichen Geschwindigkeit stürze. Oder... steige. Es ist dasselbe. Ins Unendliche geht's. Und das hat einer in sich! Es ist entsetzlich. Mein Freund, danke Gott, daß Du mich nicht verstehst. Und wiederum: Dank ihm nicht und laß mich ihm danken, daß ich's ganz erfühle. Denn es ist doch furchtbar schön, entsetzlich groß! — Mir ist jetzt auf einmal, als hätte nichts Bestand. Ich klammere mich an den Tisch. Er versinkt mit mir. Es geht rasend schnell. Merkwürdig!... Halt!... Nein, noch nicht. Eine Traumerscheinung. Ein Wunder. Ich sehe auf einmal durch alle Namen und Begriffe hindurch. Wie gläsern ist alles.... Mir schwindelt... Da, Gott sei Dank, wieder die Atemzüge der Uhr. Tausend Weltjahre sind um. Ich bin um tausend Weltjahre älter geworden. Oder jünger. Sind das Gegensätze? Meinst Du? Ich versichere Dir, es gibt keine Gegensätze. Freilich in der Welt der Meinungen wohl. Aber diese Welt ist eine Topfscherbe oder eine Käserinde. Gott verzeih mir's, sie ist's! Und nun denke, Freund, denke, wie lächerlich! In dieser „Welt" soll sich die Kunst offenbaren! Ich lache laut. Die Kunst! Was kann da herauskommen? Es ist ja ein Witz, Aberwitz, Wahnwitz! — Meine Frau ist erwacht, aufgesprungen und im Nachtrocke zu mir geeilt. Ich habe ihr die Hand gestreichelt, und sie hat mich aufs Haar geküßt. Ganz leise. Dann ist sie lautlos wieder gegangen. Wir haben nichts miteinander gesprochen. Sie ist die zartestfühlende Gefährtin. Aber wir gehen nebeneinander, nebeneinander, und... auf einmal bin ich um tausend Welträume weiter. Oder um tausend Welträume zurück.... Ist es nicht wieder dasselbe? — O Theodor, wenn Du dieses wirklich läsest! Ob Du nicht um Hilfe riefest wie ein Ertrinkender?... Guter, nicht wahr, Du hast noch nie daran gedacht, daß man dem Fremdesten auf der Welt — dem Weib — sich am irdischesten verbindet? Nicht wahr? O, Du sollst es auch nicht. Du sollst nur selbstverständlich leben. Ich kann das nicht. Ich sehe überall entsetzliche Wunder, überall Abgründe. Keinen Schritt tu' ich, ohne Abstürze zu wagen, von deren Gräßlichkeit Du Dir keinen Begriff machen kannst. Denk an den Traum vom Fallen. Denk an den Traum vom Kriechen in Sackhöhlen, die sich verengern. Denk an den Traum vom Schwimmen unter meilenbreiten Brücken, die sich immer näher an die Oberfläche des Wassers herabsenken. Denk an den Traum vom be-

2*

wußten Toticin. Denk an den Traum vom Gefrieren. Doch, Du Lieber, Argloser, verzeih: wie sollst Du an Träume denken, die Du ja nicht kennst, nicht ahnst! —

Fünfte Vigilie.
Kreisler an seinen Freund Theodor.

Geliebter!

Was ist ein Mädchen! Nicht wahr? Und Du bist nicht einmal der Maßgebliche hierin. Denn Du mußt doch eigentlich hier die Ehemannsstirn in krause Falten ziehen und Kopf und Finger schütteln. „Immerhin"! Ach Gott, Theodor. Es ist nicht vonnöten! Schüttle nicht! Ich weiß, was ein Mädchen ist! Himmel und Hölle, Leben und Tod.... Nun ist es heraus. Endlich. Denn seit ich mich niedergesetzt, seit ich die Feder an das jeweils feine und wiederum rauhe Papier gestellt habe und mit ihr auf und ab gefahren bin über die Seiten nach dem Diktate der übervollen Seele, so lange schon wollt' ich's und wollt' ich's wieder nicht sagen. Nun ist's heraus. Ja, Theodor, ich liebe. Und lange bereits. Meine Briefe haben bisher Gerümpel abgeladen, Schutt von immer wieder einstürzenden Gebäuden, die ich anführte, um nicht in die Sonne zu schauen, weil sie blendet. Unbesieglich stieg sie immer wieder auf, nein, stand sie immer wieder da und strahlte mir ins Herz, das sich wand vor ihrer Allmacht. Ich liebe.... Ich liebe ein Mädchen, das mich nicht wieder liebt. Sie heißt Julia und ist die Tochter eines großen Hauses. Ihre Mutter hat mir, seit sie's gemerkt, ihr Wohlwollen entzogen, hat mir auf ein Haar das Haus verboten, das ich mir selber verbot, als sich meine Julia einem andern verlobte. Und was für einem andern! Erlaß mir die Schilderung des Ansatzes, der sich an ihrem blütenweißen Leibe nun heraufschuppen soll! Ein Wüstling, ein Schurke, ein Dummkopf, ein Elender! Nicht einmal leibliche Vorzüge besitzt der Schändliche. Aber — er ist reicher Leute Kind, ein Senatorsohn, selbst ein Anwärter auf bürgerliche Ehren und die wattierten Würden des fettigen Philisters. Madame aber braucht's. Sie hat übel gewirtschaftet. Das „große Haus" wankte, als der Werber eintrat.... Genug von ihm, genug von ihrer unleidlichen Mutter, einer alten Kokette, einer selbstgefälligen Dilettantin in allen „Künsten", einer dummfrechen „Gönnerin", einer geschminkten, üppigen, fleischbeladenen Vettel.... Von ihr, von ihr allein, der ich in diesen stummgeborenen Blättern Lebewohl sage, bis... ja, bis wir uns wiedersehen im höheren Dasein!...

Mein Freund, ich sage Dir, hebe keinen Stein auf, er würde erglühen in der Hand, die ihn schleudern will, er würde zu Blei werden und Dir den Arm aus der Schulter zerren. Du hast nichts zu tadeln. Du hast auch nichts zu verzeihen. Und wehe Dir, wenn Du mich bedauern wolltest! Von niemandem, auch nicht von Dir, laß' ich mich bedauern!...

Aber verachten auch nicht.... Freund, wo wohnt die Seele des Menschen? Sieh, dieses Mädchen, dessen Inneres erfüllt war von der Musik der Sphären, gibt ihren Leib an einen Trunkenbold und Zotenjäger. Dieses Mädchen, dessen ganze Erscheinung Rhythmus atmet, Harmonie ausströmt, wird sich von seinen lahmen Lenden vielleicht ein Kind schenken lassen, das aus dem Paradiesgarten der Kunst die zehrende Sehnsucht und aus der Höhle des Lasters die Müdigkeit als Morgengaben empfängt. Und seiner Seele kränkelndes Leben wird sein wie das stumme Leiden eines vom Jäger geflügelten Vogels. Gott aber sieht dem zu und bleibt verhüllt.... Ich stand wohl hundertmal hinter Julien, wenn sie auf dem Flügel sich begleitete, und sah, wie ihre weiße Seele taubengleich sich in die reinen Lüfte der seligen Höhen erhob. Dann, wenn ich feuchten Auges ihr leise die Hand drückte und langsam, langsam die Stunden der Welt sich einfanden mit ihrem grauen verpflichteten Gange, dacht' ich oft an meine Frau, die in der Kammer nähend über meinen Hemden saß. Und ich fühlte, es gibt nur e i n e Wirklichkeit für mich: die hängenden Gärten der Kunst. Denn all das andere ist nicht von der Kraft, die nur s i e gibt, der Schwingenkraft, die uns befreit.... Hier steht ein Mädchen, sie heißt Julia W., trägt ein weißes schlichtes Kleid und das dunkelbraune Haar in einen losen Knoten gewunden im Nacken, an den Füßen hat sie leichte Kreuzbandschuhe; neben ihr ein Mann von einigen Dreißig, mit struppigem Haupthaar und einer bleichen, faltigen Fratze, klein und dürr, heißt Johannes Kreisler und steigt in Stulpenstiefeln und einem abgeschabten kastanienbraunen Frack täglich aus der ehelichen Schlafstube im Dachboden, Notenhefte unterm Arm, auf die Straße hinab, wo die Höferweiber ihren Kram feil halten und rauchende Fuhrwerker Würfel spielen; und dieses Mädchen und dieser Kapellmeister und Musikdrittler für taschengeld-behaftete Konrektorstöchter fliegen stundenlang eng aneinander geschmiegt im strahlenden Äther der wahren Liebe.... Wo wohnt die Seele des Menschen? Wo hat meine kleine Cäcilia die ihre gelassen, da sie Fremde hinunterlenkten in ihre schmale Grube. Schwingt sie mit im Weltraum, den wir „Raum" nennen, da wir „Räumlichen" nur Räume fassen können, und der vielleicht in uns selbst ist? ...

Wie ist es möglich, daß wir auf den Leichnam unseres Menschentums in Stunden der Vergöttlichung durch die Kunst wie aus Jahrbillionenfernen hinabsehen — und dann mit eins wieder in dem Zimmer mit den gelben Tapeten stehen, wo Goldlack in weißen Töpfen auf dem Fensterbord gereiht ist und ein Kanarienvogel singt, der höchstens acht Jahre zu leben hat, singt mit einer jubelnden Stimme, die seine kleine Brust zu sprengen droht? Und das Mädchen und der Kreisler gehen abends jedes in sein Bett, sie in ihr weißes, unter den Musselinvorhängen in der Erkerstube, er in sein wackliges in der finstersten Ecke seiner Be-

hausung, wo die Dachsparren sich verkreuzen, und neben ihm liegt das
Weib, das ihm die kleine Cäcilia geboren hat, die jetzt schon in der
Ewigkeit flattert mit den zitternden Flügeln der Gottesliebe. . . . .
Freund, wir sind Schatten eines höheren Schauspiels, und manchmal
träumen wir unser wahres Sein. Es ist gefährlich, davon zu reden. . . .
Die Stille schwingt um mich. Die Geister wölken sich über mir. Ein
Schauder faßt mich vor der Unendlichkeit Gottes und der Kunst. . . .

Sechste Vigilie.
Kreisler an seinen Freund Theodor.

Warum wir Klügeren, Höhergearteten uns so viel lieber und besser
auch mit dem gemeinen Mann unterhalten als mit den Gebildeten,
unserem eigentlichen Publikum? Lieber mit Jägern und Fischern,
Kutschern und Lastträgern als mit Professoren und Beamten, gar mit
Schöngeistern und Blaustrümpfen? Ich wenigstens, wenn ich in eine
Gesellschaft gerate, von der ich zuvor weiß, man werde sehr gescheit sein
und äußerst belehrsam, gar die sogenannten „anregenden" Gespräche
führen, bin übelgelaunt, einsilbig oder, genötigt, mich vernehmen zu
lassen, unwirsch und grob-paradox, widerspruchsvoll und überhaupt un-
leidlich. Besonders die Damen, die „geistige" Unterhaltung lieben, sind
mir in der Seele verhaßt. Ich könnte sie auf der Stelle erdrosseln, wenn
sie mich langsam mit ihrem Redeseim einzuspinnen beginnen, aus dem
es eben kein Entrinnen gibt als Totschlag oder höchst unschickliche Flucht.
Das Totschlagen wäre überhaupt in so vielen Fällen gesellschaftlicher
Belästigung weitaus bequemer. Da muß man denn, da man's leider
ja doch nicht sich leistet, auf Finten sinnen und unterweilen, in Seelen-
angstschweiß gebadet, festhocken, und fühlt, wie man runzlig und fahl
wird, öd' in Herz und Magen, wie die Finger anschwellen und sich heiß
mit Blut füllen, wie die Beine schwer werden und einschlafen, der Rücken
sich krümmt und schmerzt, die Ohren sausen, der Schädel brummt, der
Haß wächst, sich bäumend wächst, eine von Höflichkeit gleißende Schlange.
Dagegen mit Fischern, Arbeitern, Gärtnern, was für eine Lust zu leben!
Man steht hinter ihnen, sieht ihrem Werk zu, das sich behaglich abspinnt,
das ihre Muskeln spielen macht, all ihre Sinne bannt, sie auflöst in
der Betätigung und sie eins werden läßt mit der Natur, der sie dienen.
Man sitzt so beruhigt bei ihnen, fühlt sich so sicher, die Brust wird weit,
der Kopf hell, das Herz gut. Man fragt nach dem und dem, erhält kurze
oder behäbig spulende Antwort, wird nicht weiter beachtet, muß nicht
Blicke aushalten, die gespannt sind wie Drahtseile von Aug' zu Aug', ist
ganz unbefangen im Gehaben, wittert nicht Eitelkeitsfallen, bangt nicht
vor Selbstschüssen der ekelhaften „Konversation", träumt wohl ab und
zu, läßt gar ganze Stunden hinrinnen wie weichen leisen Sand, ist
glücklich. Und erst Kinder! Welche Wonne, mit Kindern zu leben, sie

zu beobachten bei ihren Spielen, ihrem Tätigkeitseifer, nicht etwa sie zum Stocken zu bringen, sondern einzutreten, ungefährdet, ohne Scheu zu erwecken, in ihre lieblichen Kreise, unter den Blumenhallen ihrer lauteren Worte hindurch einzutreten in ihr himmelhochragendes und erdesicheres Reich, sie zu begleiten auf ihren steten Pfaden, die keine Brustwehren haben und sich mit eins in Wolkenblau verwandeln. Kinder, selige Kinder, euer Heim ist lustig, leicht und doch ehrlich gewachsen! Euer Atem ist rein, eure Augen sind hell, eure kleinen Hände sind stark und treu.

Eltern, ehret eure Kinder, auf daß ihr lange lebet und es euch wohlergehe auf Erden! Ehret den Frieden eurer Kinder, ihren Frohsinn und vor allem ihren Schmerz! Der Schmerz des Kindes ist Urweltschmerz, tiefster, schmerzendster Schmerz der Kreatur. Da könnt ihr euch eurer Kinder erst wert erweisen. Wert, wert! Jetzt könnt ihr euch eure Kinder zu ver dienen trachten! Geduld, leise Güte und Auftun aller Pforten, die in den Frieden eines wahren Herzens führen, das sind die Regeln, deren Befolgung man von euch als rechte Gottestugend fordern darf. Erfüllt ihr eure Pflichten, eure größten Pflichten, Eltern, die ihr Kinder in die Welt setzt, als wäre euch das anders als unter der Last dieser gewaltigsten Pflichten verstattet? Ihr, die ihr zu lieben vorgebt und euren angestachelten Sinnen nicht verbietet, ein Kind zu zeugen, wißt ihr, was ihr auf euch nehmt? — Glaubst Du, Theodor, daß meine Liebe zu Julia so rein war, daß ich dies alles dumpf und wie hinter Nebeln fühlte, immer fühlte, wenn ich sie so recht aus tiefster Seele ansah mit den Blicken der ewigen Liebe? Und immer und überall in jedem Weibe, das mir etwas bedeuten will, das wie ein Auge sich auftut nach dem Paradiese, erblick' ich meine Cäcilia! Es ist ein schöner, tiefer Gedanke der Katholiken, der Heiligenglaube. Jeder Mensch hat wirklich seinen Schutzpatron. Und hinter dem einen Weibe, das ich liebe in wechselnder Form, — immer und ewig ist es die e i n e, sie, die meiner seligsten, traurigsten Sehnsucht verklärte Züge trägt, — steht der Schutzpatron, meine Cäcilia im weißen Sterbehemdchen, und hat ein Amt von Gott und ist von seinem Glanz umgeben wie ein Cherub und doch so vertraut mir wie ein Vöglein, wie eine liebliche Blume des Frühlings. Ich bete zu meiner kleinen Heiligen. Ich weiß es, sie hat einen hohen und schönen Beruf, in ihr bin ich bei Gott.

Siebente Vigilie.
Kreisler an seinen Freund Theodor.

Kennst Du die Empfindungen, die einem durch alle Fibern schießen, der mit blanken Schuhen in eine Lache gestelzt ist? Er haßt die Welt, er verwünscht sich und sein Schicksal. Und tiefgebeugt, vergrämt, mit düsteren Gedanken setzt er seinen gebotenen Gang fort. Und Menschen, die durch die Örtlichkeit, die Lage ihrer Behausung gezwungen sind, einen großen Teil des Lebens tagtäglich mit dem Straßenkot in Listen und schweißtreibenden Qualen zu kämpfen, werden frühzeitig alt, verlieren die gute Gesichtsfarbe und allen Lebensmut, mißhandeln ihre Opfer — Frau, Kinder, Schüler, — und verachten sich selbst so unsäglich, daß sie der allgemeinen Achtung endlich wohl auch verlustig gehen.

Kennst Du ferner die Empfindungen dessen, dem das Rasiermesser, die Bartseife, der Streichriemen den Dienst versagen? Er bearbeitet seine gereizte Haut mit unterdrückter Wut, notdürftig bewahrter physischer Geduld, sein Gesicht blutet bald aus zahllosen kleinen Wunden, und die hartnäckigen Stoppeln stehen unentwegt. Er ist für den ganzen Tag ausgeschlossen aus dem Kreise der unbefangen Fröhlichen, sein Werk lastet schwer auf ihm, tausendmal streicht die Hand mißmutig prüfend, endlich in zuckender Verzweiflung über das geschundene Kinn, er ist geneigt, bösen Einflüsterungen, hämischen Vermutungen Raum zu geben, seine Feder kratzt, der Himmel scheint trüb, der Briefbote bringt Unglücksnachrichten. Oder soll ich Dich an die Gefühle mahnen, die dem Eilfertigen das Blut aufpeitschen, wenn ihm — der Zeiger rückt geharnischt vor, ein Wartender, eine Wartende ringt die Hände — Suche auf Suche mißlingt des Unentbehrlichsten, Dich den Angstschweiß wieder neben lassen, der Dir aus allen Poren brach, wenn Du, aufblickend zum Stadtturm, Dich als Kind der Schulverspätung, als Jüngling des versäumten Stelldicheins, als Mann der sonst peinlich vermiedenen Dienstesvernachlässigung unentrinnbar schuldig finden mußtest?

Sieh, Freund, von solchen Dingen hängen wir ab. Von solchen Dingen machen wir uns abhängig. Ist man einmal der livrierte Sklave solcher erbärmlicher Häßlichkeiten, dann wachsen sie ins Grenzenlose, sie überwölben Deinen Himmel, sie belasten Deinen unruhigen Schlaf, sie summen in Deinen Ohren, umringen spottend Deine bebenden Finger, lauern hinter jeder Straßenecke Dir auf und fallen über Dich her wie die Gläubiger über den aus der abendlichen Vermummung stolpernden geheßten Schuldner...

Achte Vigilie.
Kreisler an seinen Freund Theodor.

Wem gehört die Kunst? Wir sind ihre demütig-stolzen Statthalter und Verwalter auf Erden, unsere Untertanen sind alle von Adel, wie der roi soleil ist jeder einzelne der Satrapen umgeben von den herrlichen Edelleuten der Kunst. Aber was für ein armseliges Gefühl beschleicht den Tyrannen in der Einsamkeit seiner gläsernen Wände, inmitten seiner strotzenden Gärten, die den berauschendsten Duft ausatmen! Wie denk' ich dieses herzfressende Gefühl, das ihn schüttelt, wenn er hinausblickt durch die gläsernen Wände des prangenden Schlosses — über dem Portale thront die mächtige Krone der Kunst — und die Hunderttausende sieht, die vorübereilen, ohne den Prachtbau auch nur zu ahnen? Ein sonderbares Reich, das eingebaut ist in die Welt der andern und mit ihr auch nicht das geringste gemein hat. Was ist Wirklichkeit? fragt der bleiche Statthalter, und seine Frage widerhallt in den himmelanstrebenden Räumen des Palastes. Wem gehört die Kunst? Wer ist Richter über die Wagschalen, die beständig schwanken? Auf der einen alles, was Leben heißt: Frau und Kind, Amt und Notdurft, Wolken und Wind, Regen und Sonnenschein, Lerchenschlag und Amselruf, Lumpen und Schmutz, Karossen und Lakaien, Könige und Minister, Soldaten und Kellner, Haushunde und Kammerzofen, Hedwiga und Julia — auf der andern Gedichte in majestätisch schreitenden Strophen, Lieder voll wundersamer Klänge, Töne und Farben, Marmor und Erz, zu Leibern und Säulen geformt, Tragödien und Heldenmären.... Da seh' ich den Politiker. Ihm dünkt die Welt ein heftig bewegter Haufen von Meinungen, er hört die schrillen Notrufe der Bedürfnisse, vernimmt die anmaßenden Drohungen der Gegner. Rastlos betätigt er sich in Fragen der Volksgesundung, und den Folgen des Mißwuchses, der Gewitter- und Wasserschäden sucht er durch Anleihen vorzubeugen. Im Kreise der Gleichgesinnten erhebt er die schwellende Rede, seine Augen leuchten von den Errungenschaften der neuen Zeit, denen er Bahn brechen hilft durch das Gestrüpp der Abermeinungen. Und er erwägt im Rate der Bernieuen Krieg- und Friedensschlüsse, er ersinnt Gesetze gegen den Wucher und tritt fordernd vor den Herrscher, dem Gedanken Freiheit der Äußerung zu erwirken. Neben ihm an der Kirchenschwelle, über die er zu feierlichem Hochamte im Mantel der Würde einzieht, hockt der Bettler. Sein Anliegen ist auf das Nächste gerichtet. Er will einen Teller warmer Suppe, bittend streckt er die abgemagerte Hand dem Heller entgegen, den der sorgfältig in Krause und Kragen Gekleidete ihm in den durchlöcherten Filz wirft.... Dort die Amme, die ihre von Muttermilch strotzende Brust verdingt und dumpf brütend Lieder der mit Akazien bepflanzten Dorfstraße ans Ohr des schläfrigen Säuglings flattern läßt, einer reichen Kaufmannsgattin Einzigen.... Der Krieger, in hohen Stiefeln und behängt mit Feld- und Ehrenzeichen, schreitet er stolz im Trupp der Heimgekehrten. Gleichen Schritt läßt er dröhnend auf dem Pflaster erschallen, sein verwegenes Auge sucht hinter den Gardinen den Mädchenkopf, der sich errötend vor den breiten Heldenschultern ins Dunkel des Alkovens flüchtet.... Wie nenn' ich euch alle, die ihr die Welt zu besitzen meint und ihren Sinn nicht fühlt, wie ich ihn besitze? Nenne ich euch Arme oder Verschwender, Unselige oder Geweihte? Du Bettler, du Mann des Gerichtes, du Schreiberknecht im speckglänzenden Röcklein, du Staatskanzler mit dem Orden aller Weltländer auf der eingesunkenen Brust, du Weib des Gastwirts, die du hinter dem Schanktisch täglich die schmutzigen Groschen zählst und den verstaubten Käse schneidest, die Gläser im Spülwasser schwemmst, du Bauer hinterm Pflug ohne Kenntnis der

Lettern, die dir den Psalm von der Mauer der Sonntagskirche nennen,
du Karrenfuhrmann, der du den Mist schaufelst aus den pesthauchenden
Grüften der Höfe, wer seid ihr? Seid ihr Schatten meine Wände
entlang, oder bin ich ein Schatten an euren? Ihr kennt mich nicht. Ich
aber kenne euch. Meine Stätte ist nicht von eurer Welt. Aber eure
Welt ist das Material meines Reiches. Ich bin die Besonnenheit. Ich
bin ein Teil der Weltseele, die euch erschafft. Und wenn ihr mich be-
dauert, der ich einem Ziel nachhange, das ihr töricht und unnütz scheltet:
ich bemitleide euch nicht. Ich weiß um euch, ich rufe euch heran, ich stoße
euch von mir, wie es mir beliebt. Und in meinem Palaste bin ich einsam,
und euer Vorüberhasten kann ich verhängen mit farbigen Stoffen und
starken Zauberworten. . . . Bis ich wieder unter euch heraustrete und
ihr an mich stoßet, der ich ein Mensch bin wie ihr, Sohn einer Mutter
und Vater eines Kindes, das eure Schulen besucht und dem ich unter
den Söhnen oder Töchtern eurer Lenden den Gespielen wähle. . . .
Kunst, dein Zauber heißt Freiheit. Was vermögen eure Besorgnisse
und Gefahren, Freuden und Ängste über mich, wenn sie mich ruft!
Ich bin unter euch und auch nicht. Ich bin eine Flamme, die ihr
zucken machen, aber nicht töten könnt. Löscht mich aus, arme Nachtwächter
des Irdischen, tutet euren Abendsegen der Verdauung! Ich bin von
Gottes Gnaden: Ihr habt keine Gewalt über mein unsterbliches Teil.
Glaubt ihr, ihr schenkt Unsterblichkeit? Glaubt ihr, ihr schenkt Nachruhm?
O Erbärmliche, euch schenkt man meinen Ruhm, der wie eine Gloriole
über eurer armen Zeitlichkeit steht! Wie die Sonne strahle ich über
Gerechten und Ungerechten, eure Schriftgelehrten aber legen die Karte
meines Systems an. Niemals erkennt ihr mich, nie! Ich bin einsam
wie ein Löwe unter den Menageriewärtern. Schlagt mich tot mit Eisen-
stangen und hängt das Fell an eure schmierigen Wände. An mein
Afrika gelangt ihr nie, das ich in mir trage und das weiter lebt, über
mich hinaus, wie Gott weiter lebt über Kreuz und Dornenkrone und
Grablegung. Sie hatten einen Stein gewälzt vor das Grabgewölbe.
Er aber schob ihn weg, ohne einen Finger zu rühren, durch die Kraft
seines Geistes.

Neunte Vigilie.
Kreisler an seinen Freund Theodor.

Über die verfluchte schlechte Laune! Wie bin ich ihr untertan, dieser
Spinnwebhere, dieser Blutsaugerin! Kennst Du das? Du bist in der
besten, der Arbeitsstimmung, der seligen Empfindung von Kraft und
Maß und Sicherheit, der großen reinen Werkweihe. Da kommt Dir
einer. Einer der hundert „Freunde", die einen ärger malträtieren als
die blutunterlaufensten Feindesmasken. Er fragt, ob er Dich störe. Die
gotteslästerliche alberne Frage! Natürlich! Immer! Besonders einen

wie mich, der von Amts wegen beständig perturbiert ist, der doppelt Buch
führt im vollgeräumten Schädel, zwei bis sechzehn Spulen immer in
Tätigkeit hat, zumindest in „latenter". Also, es kommt der Elende mit
der elenderen Frage. Was sollst Du tun? Ihm an die Gurgel springen?
Nein. Du verziehst Dein Gesicht zur lieblichsten Willkommensfratze und
murmelst „jovial": Nein, nein, durchaus nicht! Nicht im mindesten!
Im Gegenteil! Nun beginnt er Dich zu rädern. Langsam. Qualvoll.
Dir steigt in allen Gefäßen der brausende Ichor. Dir ist, als seist Du
schon unter den Krallen der Höllengeister. Allmählich fühlst Du, wie
die Kraft sich erweicht, wie sich schmelzend, rinnend, rieselnd Dein menschliches Wesen, Dein besseres Ich von Dir löst, wie Du stumpf und matt
und schließlich bleiern wirst. Beraubt, gebrandschatzt, nackt, winselnd
kriechst Du unter die schmutzige Decke der Gemeinheit. Vernichtet liegst
Du da, und nur das Zucken Deiner mißhandelten Nerven verrät Dir,
daß Du einst wa r st. . . . Dann geht ̓der Mörder. Sorglos, arglos,
vielleicht fröhlich. Drückt Dir noch die Hand: „Auf Wiedersehen!" Es
gibt solche geborene Henker. Ich hatte einen Amtsbruder, damals in der
Zeit meiner löblichen Knechtschaft, der das Handwerk aus dem Grunde
verstand. Er war die lederne Selbstverständlichkeit selber. Jedes seiner
zahllosen Worte kam als totes Kind zur Welt! Keines hatte auch nur
einen Funken Leben. Er hatte eine Art. Redebrei aus seinem Munde
zu schleimen, daß man sich hätte sofort erhängen mögen. Dabei war er
von einem geradezu heroischen Wissensdurste, beständig nach geistigen
Erfahrungen aus. Kennst Du diese unsäglichen „Gebildeten", für die
die Nachschlagebücher, diese Trödelkramladen der seelisch Entarteten, ge-
rüstet sind? Sie haben keinerlei Beziehung zum Lebendigen, sie sind
von Meinungen angefüllt wie Kehrichttonnen und massakrieren Dich mit
Kompilationen von Einzelheiten. Sie verachten die „ungeistige" Menge
und sind tausendmal nichtswürdiger als ein Floßknecht, der nie eine
Schreibtafel gesehen hat. Sie sind neugierig wie Beschließerinnen und
„denken" unausgesetzt wie eine automatische Pumpe. Sie ticken wie eine
rostige Schlaguhr und hören über dem Minutentappen die Zeit nicht.
So ein Barbar hatte mich ein volles Jahr hindurch zum nächsten Nachbar.
Er ist stundenlang auf meinen Nerven zermalmend auf und ab geschritten,
auf und ab wie eine Schildwache. Dabei war er freundlich wie ein
Butterblümchen und rosig wie eine Kinderwange. Er wird's „weit bringen
im Leben", denn er ist ein „Gebildeter" und ein „Strebender". Und
ich konnt' ihn gar nie ärgern. Denn ihm unterhielt alles Er war ein
Auswurf der Menschheit! . . . Ich habe mir einigermaßen meine üble
Laune weggeschrieben. Sie ist in den Kerl hineingegangen wie in Brot-
teig. . . . Gleich steigen lieblichere Bilder herauf. Der Morgen gestern
im Park von S hof, ein Morgen wie ein Jüngling von unserm Jean Paul,
taufrisch, würzig, funkelnd, quellklar. Ich war früh aufgebrochen, meiner

Lieblingsschülerin, der jüngsten von den drei Prinzessinnen, selbst einen Rosenstrauß zu hinterlegen. Ich habe solche Anwandlungen. Ob sie ihn dann etwa erhält, ist mir gleichgültig. Es genügt mir, daß ich ihn hintrug in dem Gedanken, daß er sie von mir zu grüßen bestimmt sei. Ein sonderbares Abenteuer. Ich habe ihn der Ältesten gegeben, Prinzessin Hedwiga. Ich habe die Kleine verraten an ihre unwürdigere Schwester. Versteh mich. Die Kleine ist ein Kind, noch ohne Arg. Wer ist „würdig" neben einem unversehrten Kinde!... Hedwiga ist kein Kind mehr. Sie ist ein Weib, dunkelprangend wie die Granate....

Zehnte Vigilie.
Kreisler an seinen Freund Theodor.

Der Morgen graut.... Mich fröstelt. Heute, nein, gestern war Hochzeit. Juliens Hochzeit. Ein Hurra dem Brautpaare!... Ich war den Abend mit den Schauspielern. Wir haben getollt bis zum Tagesgrauen. Ich war der Tollste. Mein Witz knallte wie die Champagnerpfropfen bis an die Decke des verräucherten Kabinetts.... Nun bin ich müde. Will zu Bette gehen. Unten rührt sich der Markt. Drollig. Lauter weiße Wagenplachen. Und der feine silbergraue Nebel um die Türme.... Julia soll sehr blaß gewesen sein. „Wie ein Engel." Nochmals, ein Hurra dem Brautpaar! Ich habe das Haus der Brautmutter nicht betreten seit dem Verlobungstage.... Einen dicken Strich unter eine Epoche. Der Mensch lebt weiter. Immer weiter. Es hat nichts auf sich.... Ich bin müde.... Wie ruhig meine Frau atmet! Ich will mich leise an ihre Seite legen und schlafen wie einer, der seine vier, fünf Flaschen im Leibe hat. Verhülle Dein Antlitz, Theodor, mit Deinen Spitzenmanschetten.... Die Sonne zögert herauf. Alles ist in ein unwahrscheinliches Violett getaucht. Unwahrscheinlich ist auch dieses Vogelgezwitscher von allen Dächern. Unwahrscheinlich ist das Leben überhaupt. „Gute Nacht!"...

Elfte Vigilie.
Mein Theodor!

Gestern hat mir einer seine Begeisterung über die Rätsel der Sternenwelt nicht verhehlen zu dürfen geglaubt. Er belehrte mich auf Grund frischer Erkenntnisse — Erfahrungen aus einem öffentlichen Vortrage — über die Fernen und Tiefen des Raumes und seine Wunder. „Wie klein ist der Mensch," rief er aus, „dem Unermeßlichen gegenüber! Nicht einen Wurm, ein Millionstel eines Staubkorns darf er sich, demütig, vernichtet, in sich selbst zurückgescheucht, bezeichnen!" Ich meine, einerseits hätte der Mensch nicht erst der gelegentlichen Wissenschaft von den Planeten not, sich so zu erkennen. Andererseits aber: Wie groß ist der Mensch trotz den verwirrenden Sternenscharen! Was sollen ihm mathematische Annäherungsrechnungen da, wo er durch die lebendigste Anschauung

Herr sein kann aller Wunder der unergründlichen Welt! Nicht durch Fernrohre und mit Winkeln und Zirkeln gelangt er an das ewig Unerforschliche, aber durch das Ewige in ihm selbst. Edlerer Genosse der Sterne, schwingt er sich über die Sphären ihres kalten Glanzes hinauf, hinaus ins Unendliche. Wer das Wesen der Kunst tief erbebend erfühlt hat in seiner Seele, der erkennt das Unendliche ohne Bangen. Kunst ist nicht irgend eine Betrachtungsweise der Welt. Kunst ist seltsam gesteigertes, nein, nicht gesteigertes, im Wesen geändertes Erleben. Man könnte sie auch ein Sterben nennen.... Freilich, sie haben auch ihre Kunst, die Tausende und Abertausende, die sie begreifen als einen leisen Kitzel ihres stumpfen Alltags, als eine beschwingtere Saite auf der mißtönenden Geige ihres irdischen Seins. Aber diese Kunst stammt von drüben nicht. Sie stammt aus dem Tag und leidet, unterwürfig, wie sie ist, an seinen kläglichen Bedürfnissen und Nöten. Die Kunst, die ich meine, hat göttlichen Ursprung. Wie wenn man, ohne einen Schnitt in seinen Leib zu tun, einen Menschen umkrempeln könnte gleich einem Handschuh, also daß sein Innerstes zum Äußersten würde, wie wenn die mathematische Kurve plötzlich — theoretisch — in ihr Gegenteil umschnappte, ist der doch eigentlich über jeden Vergleich erhabene Zustand, den ich im Sinne habe. Es gibt keinen Übergang in die Kunst, sondern ihr Erscheinen ist ein aufzuckender und dann gebreiteter Moment, der mit euren erstaunlichen Lichtjahren wertet und über ihnen wertet. Sie ist da und doch nicht da. Man wird ihrer nicht eigentlich inne und hat sie plötzlich. Ein Umkrempeln ohne Einschnitt. Ein rasendes Gegensatz-Denken, ein Taumel, der zur höchsten Klarheit sich beruhigend weitet. Eine blitzartige Erleuchtung, die in anderen Regionen wie erfroren anhält. Ein Heraustürmen aus allen Dimensionen, mit denen das Leben der Erde, das Leben der von der Sonne beschienenen Erde, rechnet. Der Künstler geht aus seinem Leben in die Kunst, wie Gestalten in den Spiegel und wieder aus ihm gleiten, ohne Bemühen, ohne Willen. Nichts haben seine Sinne damit zu schaffen, nichts seine Vernunft, diese feiste Sklavenhalterin der Erfahrungen. Die Kunst ist ihm eine unfaßliche und doch vertraute Erfahrung jenseits aller Erfahrungen, ein entsetzlicher und paradiesischer Raum über und unter allen Räumen. Sie ist zeitlos und ganz unbeweglich. Zitternde Starrheit. Donnernde Stille. Sie hat keine Grenzen. Und sie ist wahr. O, sie ist viel wahrer noch als das Lächeln der Kinder, das Duften der Blumen, das Weben der geräuschlosen Lüfte, das unaufhörliche Rieseln des Lichtes. Sie ist noch viel wahrer, denn sie wohnt ganz an Gott, in Gott selbst. Ja, Gott selbst ist der Künstler, wenn ihn die Gnade wie mit Schwingen von Welten- und überweltenbreite und der Stärke von Schöpfungstagen erhebt über sein Los, als das des Menschen, des Geschöpfes. Und darum wandelt er unerkannt unter den andern, der er heimatlos ist in ihren Gehegen.

Seine wahre Heimat ist über allem Denken und Zielen. Keinen Vater kennt er und kein Kind. Aus dem Uranfange stammt er und ins Urende geht er, das der Anfang ist. Nicht die Erscheinung sieht er, sondern ihre ewigen unheimlich-heimlichen Spiegelbilder. Und darum sind seine Worte, die so vielen andern schon für ihre Zwecke genügten, nur ein schwacher elender Abglanz der Urworte, der Urworte, die seine Seele vernimmt aus den Höhen und Tiefen des flammenden Schweigens, das mächtiger ist als alle herrschenden und zerstörenden Menschenworte. Und wer sie nicht vernimmt, die Schwingungen dieses unerhörten Schweigens in und hinter seinen, des Menschen, unzulänglichen Worten, der hat nie noch Kunst erfahren in seiner bemitleidenswürdigen, blind und taub geborenen Seele. Er aber versteht trotz allen Worten die Seele seiner Geschwister, der großen Einsamen, die vor ihm wandelten im Endlichen und heimisch waren im Unendlichen wie er. Wenn heute Platon auferstünde und mit mir redete in seiner Sprache eines Griechen der besten Zeit, da wären so viele Hindernisse des Erkennens, er fände sich nicht in meine Gegenwart, ich nicht in seine Vergangenheit, aber sein Unsterbliches redete und redet mir noch verständlich und brüderlich, und auch er verstünde, könnte er mich erfahren, wie ich ihn erfahre, mich und mein Ewiges, während unser Zeitliches einander gegenüber säßen wie die Einwohner durch Meere getrennter Küsten. Das ist das Geheimnis der großen Kunst, daß sie immer dieselbe ist, ob unter Ägyptern und Medern oder unter Deutschen und Romanen. Sie hat immer nur e i n e n Inhalt: sich selbst. Es gibt keine Stufenfolge, keinen Höhenunterschied in diesem Reiche, keine Berge und Täler, keine Nacht, keinen Tag. Das Reich der Kunst ist nur sich selbst gleich und in wundervollem Gleichgewicht schwebend, ohne zu ruhen, ruhend, ohne zu grenzen; keine Atmosphäre über Gebieten der Nähe oder der erreichbaren Ferne, sondern eine nur mit dem Künstlersinn zu fassende Gegend des Geistes, die ewig unsichtbar, unhörbar bleibt dem Unberufenen. Er hat s e i n e Kunst, die Kunst des Flachlandes, der Höhlen und Schlünde oder der Spitzen und Riffe. S e i n e Künstler erkennen einander wohlwollend und schmähen die Künstler des unsichtbaren Reiches. S e i n e Künstler sind mehr oder minder geübte Kenner und Berichterstatter des Erlebens, die Künstler der a n d e r n Welt sind wie die Engel um den Thron des Allerhalters, deren Dasein nur brausendes Lob und Preis ist und keine Gegenwart.

Ohne auf ein Pochen zu warten, öffnet sich dem großen Künstler seine Heimat. Aber sie verschließt sich dem Drängen. Ihre Luft ist leicht zu atmen und doch wie aus lauter Feuer: sie kann verzehren. Arm im Geiste nur darf der Künstler sie erreichen. Der „Geist" ist ihr Feind und sie sein ewiger Widersacher. Viele hat sie schon vernichtet am frevelnden Geiste und tief unter den Menschen hinabgestoßen ins Brütend-Vegetative des Idioten. O, sie ist eine Gefahr und eine Süßigkeit ohnegleichen! Nie kommt einer anders aus ihrem Bereich als geblendet, verstoßen. Nie aber gelangt einer zu ihr, der ihr Wesen nicht längst tief in der eigenen Brust trug. Sie wohnt im Künstler wie er in ihr. Es gibt kein Hüben und Drüben. Sie ist Freiheit. Sie ist Schrankenlosigkeit. Sie ist Allgegenwart und Allwissenheit. Sie ist in Gott, von Gott, Gott! Jeder Mensch kann einmal ihr Rauschen hören, denn ihr Wesen ist wie Tod und Werden, kein Übergang, sondern ein Augenblick von Ewigkeitsdauer. Sie ist in jeder großen Liebe. Sie ist in jedem entsetzlichen Leiden. Sie ist im Erwachen des Kindes wie im Auslöschen des Sterbenden. Aber der sie nicht in sich trägt, vernimmt wohl einmal ihr verstörendes Rauschen, aber er hat sie nicht. Keine wahnsinnige Ergreifung kann sie ihm verbünden. Doch das Rauschen der Kunst ist über den gemeinsten Stirnen wie ein Leuchten von Gottes Mantel.

Unfehlbar ist die große Kunst. Und unverkennbar sind ihre Zeichen. Eine Quellen verkündende Rute gleichsam trägt der Künstler mit sich, die ihm ihre mütterliche Anwesenheit verrät. Darum ist nur der Künstler fähig, das Kunstwerk zu begreifen, das Kunstwerk, diesen im Menschendasein zur Form gewordenen, in der Luft der Menschen erstarrten Hauch der andern Welt. Plötzlich, aus einer durch keinen Trennungsstrich abgeschiedenen Region fällt der Stein- und Aschenregen der Werke. Sie sind da, wenn sie Schwere bekommen diesseits des unsichtbaren Grenzstrichs. Denn jenseits haben sie keine Schwere. Dort leben sie in der Heiterkeit der Ungeborenen. Und darum klagt aus jedem großen Kunstwerk eine unendliche Trauer. Es ist Heimweh nach den Sphären der heiteren Unschwere. Die Menschen jedoch reihen die trauernden Werke an die blöde lachenden Werke der anderen, die, die nicht trauern vor Heimweh. Und sie gehen an ihnen entlang, — rechts und links sind sie gereiht, Echtes neben Unechtem, Göttliches neben Kannibalischem — und erkennen die trauernden Werke nicht. Das ist der Fluch des Künstlers, daß er ewig hinab muß ins dröhnende Unterreich der Mitteilung, wo das Leben, das beschwingte, von Gott glühende Leben seiner Gnade, erkaltet. Sieh, wie klein ist der Mensch, und wie unendlich groß kann er sein! Keine eitle Menschendemut vor kurzatmigen Forschergebnissen, aber unendliche Künstlertraurigkeit vor dem allumfassenden Ewigen.

Zwölfte Vigilie.
Kreisler an seinen Freund Theodor.
Liebster!

Ein Traum ist heute zu mir gekommen, glühend wie die flammendste Abendröte. Und es muß nun Abend werden.... Höre, Du lautloser Vertrauter meiner Seele, Du weiße, stumm thronende Herme des Friedens der andern Welt, aus der ich Selig-Unseliger verstoßen bin: Hedwiga, Prinzessin Hedwiga Karoline Antonia Margarete von Waldenmark und zu Sengenstein, Tochter des bis vor kurzem noch regierenden Fürsten, hat sich dem Johannes Kreisler geschenkt, ehemaligem Kapellmeister, zur Zeit vazierend, Lehrer auf sämtlichen im Gebrauch stehenden und einigen außer Gebrauch gekommenen Instrumenten, Prinzessin Hedwiga, die rabenhaarige, blauäugige, hohe, abweisende, unerreichbare, hat sich Johannes Kreisler geschenkt, sich an seinen Hals geworfen, trunken, aller Sinne beraubt und übermächtig.... Ein Traum. ... Wie es kam? Ich weiß es selbst nicht.... Es ist Nacht. Stundenlang bin ich umhergeirrt auf den Feldern, ohne Hut — er liegt irgendwo im Park zu S-hof —, der Sturmwind ist, meine Brust vergeblich zu kühlen gewillt, jausend immer wieder gegen sie gestoßen wie ein wütender Vogel.... Ist das wirklich meine Frau da drinnen in der Dachkammer? Ist das der Tisch, unter dessen linkes vorderes Bein ich vor Wochen ein Stück von einem harten Buchdeckel geschoben habe, weil er immer so scheußlich wackelte? Und dies dort.... O, meine Cäcilia! Dich habe ich verraten! Ja dich, dich nur, du Inbegriff meiner himmlischen Liebe, denn diese irdische zehrt an dem Marke meiner Gebeine, ein wüster Brand, sie haucht mit trockener Hitze aus meinem Halse, sie hat an meinen Händen alle Adern wie Stränge hervorgetrieben, aber meine Seele schluchzt.... Ich weiß nicht, wie es kam. Ich fand sie im Park, einsam in der Dämmerung. Die Bank leuchtete im verfrühten Mond aus dem dunkeln Grün der Taxushecken. Ich wollte grüßend an ihr vorbei. Mir war so seltsam weh zumute. Eine Ahnung schnürte wie ein Krampf mein Herz. Sie rief mich an. Und ich weiß, daß bald eine Bitterkeit in mir heraufstieg, die wie ein Nebel sich um mich ausbreitete, eine fürchterliche Bitterkeit meiner geheimsten Tiefe. Wie in Wolken floß sie aus mir, gegen meinen Willen. Und es müssen harte, grausame Worte gewesen sein, die ich der Prinzessin sagte, wilde, kochende Worte, die sich rasend steigerten zu blinder Wut gegen die andere Welt, die mich wie einen tollen Hund mit Hussa und Peitschenhieben gehetzt hatte, bis mir die Kraft erlahmte in den Knieen und ich zusammenbrach.... Ich weiß nichts mehr von meinen Worten als diesen häßlichen und gehässigen Eindruck giftiger Dämpfe, die um mich quollen, quollen, daß ich wie außerhalb der Welt stand, ein fletschender Verbannter. Und dann brach sich mit eins der Haß, die Wolke zerriß. Weinend — wer hat mich jemals weinen gesehen! — stand ich wieder auf dem Boden meines Schicksals, wie ein Schiffbrüchiger, wenn sich die Verzweiflung ihm löst, auf dem nackten Felsen, an den ihn die mitleidlose, schwarz schäumende donnernde Woge geschleudert hat.... Und da lag sie an meinem Halse, da rief mir diese ferne Stimme Worte voll Liebe ins Ohr, da drängte sich dieser blutwarme Leib, dieser Leib eines königlichen jungen Tieres, an mich an, bebend vor Inbrunst, schauernd im Taumel einer rasenden Leidenschaft.... Sie hat sich mir hingegeben wie getrieben von einem Orkan.... Verzogen hatte sich der Himmel. Der Donner rollte dumpf fernehin. Und im Widerscheine ungewissen Wetterleuchtens erblickte ich manchmal dieses totenbleiche Gesicht im Kranze der aufgelösten schwarzen Haare.... Dann stieß sie mich von sich, daß ich taumelte. Ihr weißes loses Nachtgewand erraffend flog sie davon.... Und ich bin durchs Gebüsch gestampft wie ein Trunkener, über Zäune gestiegen und in die Wälder gedrungen, krachend durch Astwerk und stürzend über Wurzeln und Blöcke.... Warum dieses? Warum diese unwahrscheinliche Szene, gräßlich-schön wie ein Mord beim Schwelen von Pechfackeln, diese stumme verzweifelte Orgie kranker, geknechteter, sich bäumender und verblutender Sinne! Ich habe einer Fremden in Hohn und Haß mein Innerstes gezeigt, zuckendes Fleisch meines Herzens hab' ich ingrimmig unter die hochmütigen Marmorbogen dieser tiefen brütenden Augen empor gehalten, und mit einem Male hab' ich einen wunderbaren Körper genossen wie ein Panther.... Warum das?... Hier sitz' ich, eine einzige Kerze flackert neben mir, mein Schatten züngelt an der Wand hinauf. Die Nacht ist um mich wie die lautlos sich schließenden Wände einer Gruft.... Ich sehe sie immer noch, diese Augen, die wie Edelsteine waren, und eine gräßliche Kälte rieselt plötzlich von meinem Herzen aus durch alle Adern.... Die Hand an der Stirne sinn' ich. Wie ist das Leben unheimlich und unergründlich! Julia in den Armen eines siechen Wüstlings, Hedwiga an meiner, des Musiklehrers, Brust! Und drüben die Atemzüge meiner Frau.... O, Park von S—hof! Jetzt geht der Sturm durch deine beschnittenen Laubwände. Die weißen Göttinnen in ihren grünen Nischen frösteln. Und eine Prinzessin sitzt aufrecht in ihrem Bette und starrt in das Dunkel hinaus voll Entsetzen, das näher schleicht mit tausend schleimigen kalten Polypenarmen.... Mein Theodor, das Leben hat Tiefen, über die man sich nur schaudernd bückt. Unten hockt der Tod und schweigt mit gesenktem Schädel. Plötzlich hebt er das Haupt und grinst dich gräßlich an....

Dreizehnte Vigilie.
Kreisler an seinen Freund Theodor.

Mein Theodor!.... Es ist lange her, daß ich diese Blätter in Händen hatte. Sie sind irgendwo in einem der zwei, drei schwarzen hölzernen Koffer gelegen, die mich über die Grenze begleiteten.... Ich habe heute meine erste Oper (ich meine die erste von mir komponierte und auch gedichtete Oper) dirigiert. Sie hat „rauschenden Beifall" gefunden...! Als ich mich einmal – es war vor dem dritten Akte – von meinem Platz aus umwandte und in dieses verdunkelte Haus sah, all diesen seltsam bleichen Gesichtern in die schwarzen Augenhöhlen und hoch hinauf bis unter die hart an die Köpfe der zu oberst gedrängt Stehenden herabhängende Decke, kam mir ein Gedanke von entschieden humoristischer Färbung: Wenn jetzt eine Flamme durch den Vorhang schösse, prachtvoll stürmend, breit wie ein roter Vorhang selbst, eine wundervoll verheerende Flamme, vor der kein Entrinnen wäre, und plötzlich auflloderte Gebälk und Dach und krachend die Decke einstürzte und alles begrübe, die fremd zusammengeströmten und hier aneinander gereihten Menschen, mich und die lärmenden Instrumente...!

Meine Oper erzählt in tönenden Farben und farbigen Tönen — die Worte sind unzulänglich, wie Worte immer — mein Leben. Es sind fünf Bilder. Alle angenehm spannend für den gemütlichen Bürger. Aber das letzte ist voll entzückenden Schauders. Freilich nicht eben für diese Sperrsitzhäftlinge, obwohl sie, mitgerissen von einem flackernden Orchester, Beifall gejohlt haben. Mein Leben. Und ich selbst, Geschöpf und Schöpfer, mit dem Taktstock es beschwörend aus den Tiefen des Traumes, der Leben heißt, ins grelle Licht der Rampen. Eine entsetzlich lustige Komödie. So verhöhne ich mein Leben und sein Schicksal, zwinge es vom Dirigentenpulte aus immer wieder, sich zähnefletschend ins Geleise zu schieben und sich abzuwälzen, rasend, wenn ich mag, schleichend, wenn ich höhnisch-barmherzig zögere. Den letzten Akt aber lasse ich sich ausbluten vor meinen Tyrannenblicken, sich winden, daß jede Spanne Weges, die sein qualendurchbebter Leib ächzend zurücklegt, dunkel purpurn gefärbt ist aus einem sterbenden Herzen.

Hör' ihn, diesen letzten Akt. Es ist ein Inhalt voll rapider Geschehnisse, aber ich koste sie manchmal schlürfend, das Zeitmaß verzögernd in teuflischer Wollust. . . . Hedwiga hat sich im Schloßteich ertränkt. Kreisler aber muß fliehen, eh' das Gerücht emporwächst zur Rachefurie. Sein getreues Weib und er verlassen in einem Bauernwagen, unter der Plache verborgen, nächtlicherweile die Stadt. Ein paar Kisten bergen ihre Habe. . . . Da, über einen klobigen Stein, stürzt das Gefährt. Alles rumpelt durcheinander. Aus dem Schlafe auftaumelnd klammert sich die Frau an die Seitenstützen, fällt, die Koffer kollern schütternd auf sie, und eine scharfe Kante trifft ihr tödlich die Schläfe. . . . Mit einer Leiche fährt Kreisler ins neue Leben. . . .

Ich erhebe mein Glas. Es ist mein Elixier. Heil Dir, Theodor, Geborgener, geruhig auf gerudertem Floße Treibender! Ein Unsteter grüßt Dich, ein lächerlich Versprengter. Alle haben sie ihn allein gelassen in diesem tollen Leben. Kind und Frau und Freund, Julia und Hedwiga, das seltsame Doppelgestirn, das verzehrend über seinem Wege erstrahlte. Nur eine nicht, sie, die ich verwünsche wie ein gepeitschter Sklave, die ich anbete wie ein Heide seinen basaltenen Götzen, sie, die mir eine Heimat schenkt voll Sternenglanz und Abendfrieden und wieder in eine eisige Fremde sich wandelt, drohend mit Schlünden und Stürzen, sie, die wie eine Kristallglocke ist über diesen schäbigen Wirklichkeiten, tönend von den Schwingen riesiger Engel, die um Gott kreisen, hallend von den Atemzügen des Weltalls, die Ewige, Unerreichbare, Wahnsinn träufelnde, Seligkeiten verschenkende, Eine, Allgegenwärtige, Unnennbare: die Kunst!

Carl Busse.

Von

August Friedrich Krause.

— Breslau. —

> „Ich bin kein schmachtender Werther,
> Noch bin ich jung, noch lieb' ich
> die blitzenden Schwerter;
> Viel Feind' und viel Ehr'!"

In einem Essay schrieb Carl Busse einmal: „Das erste Buch eines Autors ist das entscheidende. Entweder der Dichter erweist sich sofort als König und nimmt den Thron ein, oder er ist eben kein König von Geburt... Auch der geborene Lyriker kann gewiß seine Lieder später übertreffen, aber sie sind es, die seinen Namen festlegen und begleiten bis in die spätesten Tage." Ich will hier nicht untersuchen, ob diese Sätze zu Recht bestehen; mir will scheinen, es hieße den äußeren Erfolg zum ersten und alleinigen Wertmesser einer Dichterpersönlichkeit machen, wollte man sie ohne Einschränkung anerkennen. Dazu wissen wir ja doch alle, was für einem Schicksal gerade Erstlingsbücher oft ausgesetzt sind und wie gerne sie in den Redaktionen, in den Kaufläden der Sortimenter achtlos beiseite gelegt werden, weil eben kein klangvoller, anerkannter Name auf dem Titelblatt zum Lesen lockt. Doch bei Busse war wohl die eigene Erfahrung Erzeuger dieses Gedankens.

Die natürliche, noch naive Frische, das jugendliche, unbekümmerte Drauflosgängertum, die schwärmerische, überquellende Begeisterung seiner ersten Verse hatten Carl Busse die Herzen vieler erobert, die für Jugend und Sonne und Sehnsucht und Schönheit sich noch Sinn bewahrt hatten. Es war kein außergewöhnlicher, beispielloser Erfolg, der ihm zuteil wurde, wie ihn etwa die ganz unkünstlerische Johanna Ambrosius davontrug oder später Anna Ritter, — seine Verse ernteten eine wohlverdiente, volle, herzliche Anerkennung, die eine Ermunterung zu fernerem Aufwärtsringen darstellte, wie sie selten einem Dichter wird.

Freilich kühlte sich, wie das natürlich ist, die Begeisterung später ab. Das übermäßige Lob — Erich Schmidt hatte zum Beispiel dem jungen Dichter zugerufen: „Morituri te salutant, Carl Busse," — forderte Widerspruch heraus, und man nannte seine Poesie ärgerlich Sekundanerlyrik, in der Meinung, sie damit völlig abzutun und unmöglich zu machen. Was aber ein Schimpf sein sollte, war in Wirklichkeit ein Lob.

Jugend, viel frischfröhliche überquellende, bald himmelhochjauchzende, bald zu Tode betrübte Jugend ist in Busses erstem Gedichtbuch. Das war es ja eben, was so viele heraushörten, was ihnen das Herz warm und die Augen leuchtend machte: das Bild der eigenen Jugend stieg wieder vor ihnen auf mit Klang und Sang, ein Schelmenlied auf den Lippen, Sonne im Haar und Übermut, ach so viel Übermut in den Blicken. Und darum eben gewannen sie das Buch lieb.

„Ich wirble jauchzend meinen Hut
Hoch in die Luft, die schattenlose,
Der Sommer rollt in meinem Blut,
Und mich berauscht die junge Rose."

Die Welt scheint ihm so sonnenschön voll Blau und Gold, der weiße Flieder winkt wie Frauenbrüste, aus lichtdurchtränkten Weiten dringt ein weiches Hirtenlied, und überall ist ein wunderbarer, sinnverwirrender Duft, daß er im Übermut seines Jugendgefühles sich selbst zuruft:

„Nun juble hell, du Glückspoet,
Du lerchenfroher, weltenfrommer,
Ein heißer Kuß sei dein Gebet
In diesem vollen Liebessommer."

Sein Blut ist rot und heiß. Allen Mädchen guckt der Recke unter den Hut, steigt ihnen nach, wenn sie ihm gefallen, reißt sie in seine Arme, küßt und liebt sie — so ganz nach Jungenart. Darum ist sein Merkspruch gar nicht so seltsam:

„Wunderbar
Ist ein Zopf von blondem Haar
Und am wunderbarsten dann,
Hängt ein frecher Backfisch dran."

Getreulich berichtet er uns darum von allen seinen „Lieben", mögen sie Elfa oder Hedwig oder Otti oder sonstwie heißen, es wird uns keine geschenkt. Ohne Scheiden und Meiden geht es natürlich dabei nicht ab, und sein junges Herz wird schwer davon, es überkommt trostlose Bangigkeit und ein wehes Einsamkeitsgefühl, die nach all dem Glück und Lachen doppelt wirksam sind.

Ganz nach Jugendart, als hätten die Hühner ihm alles Brot weggepickt, läßt er den Kopf hängen und weiß nichts mehr von dem Glück, das er genossen, und weiß nichts mehr von den sonnigen Tagen. Gleich erscheint ihm die Welt öde und schwarz und trostlos, da zieht der Herbst auf kalten Winden über die Wälder und Felder, und „in herbstlich-graue Wolkenkutten hüllt sich der Himmel überm Land". Dann hat er, wie die Jugend das so tut, gar allen Mut und alle Lebensfreudigkeit verloren.

> „Die letzte Hoffnung sank in Scherben,
> Das letzte Licht will untergehn,
> So geh auch du, mein Herz, zu sterben,
> Der Herbstwind pfeift, — auf Wiedersehn!"

Ach ja, und „die Waffe winkt schon von der Wand", die ihm Trost und Frieden geben soll. Das ist sentimentaler Überdrang und Überschwang der Jugend, die im Glück gleich oben hinaus und in den Himmel, und die im Schmerz gleich sterben will. Und morgen — da naht plötzlich ein neues Glück, weiß der Himmel, woher, daß es ihm die Brust schier zersprengt und er mit Juchhei den Hut in die Luft wirft. Gleich ist der Todestrübte von gestern wieder der Übermut von vorgestern, der alle Mädel, die ihm über den Weg laufen, küssen möchte. Auf einmal ist sein Blut wieder jung und rot, und das Herz darf wieder im Glückstakt schlagen. Und fragst du nach dem neuen Glück, woher es sei oder was es sei, ja, du lieber Gott, er selber sagt's ja nicht, aber man kann sich's denken. Wie heißt es denn in seinen „Neuen Gedichten", als Jugendlust und Jugendeselei ihm schon bewußt geworden waren?

> „Stieß mein Kopf den Himmel ein, War ich dann wo angerannt,
> Konnt' mir's grade passen,   Brummte mir der Schädel,
> Glaubte wunder was zu sein,   Ach und die bewußte Wand —
> Hans auf allen Gassen!   Meistens war's ein Mädel."

Alle diese Naivitäten, die Lust, der Schmerz, die Todestraurigkeit und wieder Lust kommen bei Busse so frisch und grad' und echt heraus, daß jeder, der nur den guten Willen zum Verständnis hat, es fühlen muß, wie ernst es ihm damit ist. Über dem ganzen Buche liegt ein naturherber Hauch von Übermut, Kraftbewußtsein, überschwenglicher Sentimentalität, von Unreife und echtester Poesie. Fürs Reifsein und Weisesein und Abgeklärtsein sind 20 Jahre auch noch kein Alter. Das darf man nie vergessen bei Beurteilung dieser Jugendgedichte.

Doch finden sich auch schon Ansätze zur Weiterentwickelung. Aus seinen jugendlichen Schmerzen und Enttäuschungen, die ihm und uns heute klein erscheinen, gehalten gegen die große Lebensnot, gewinnt er manchmal Ewigkeitsstimmungen, und dann gelingen ihm schlichte, ergreifende Lieder, wie das „Auf der Reise":

> „Das kann nicht anders werden,   So laß das Glück denn treiben,
> Wir wandern alle ja,   Das ist nun einerlei,
> Sind Gäste nur auf Erden   Wir dürfen doch nicht bleiben
> Und für die Reise da.   Und gehn uns stumm vorbei.

> Und wandern müd' und leise,
> Am Schuh zerreißt das Band,
> Und suchen auf der Reise
> Das große Vaterland."

Bujies zweiter Gedichtband brachte den meisten seiner Verehrer eine Enttäuschung. Der Dichter war in den drei Jahren reifer und ernster geworden. Er hatte seine Jugendtorheiten, sein Jugendglück, seine Jugendschmerzen erkannt und schämte sich ein wenig ihrer — wie der oben zitierte Stoßseufzer beweist. Darum fehlte den „Neuen Gedichten" jenes jugendfrische Temperament, jene harmlose Naivität, die an den ersten Gedichten so entzückte. In des Dichters Fühlen hatte sich, unbewußt und ungewollt, die Reflexion eingeschlichen und raunte ihm in seine schönsten Verse hinein. Die Zeit des Blühens war vorüber, es war Frühsommer geworden, und wenn er an den Bäumen die Früchte sah, hörte er's heimlich in sich fragen: „Welche Frucht wirst du wohl tragen?" Er genoß Schönheit nicht mehr unbekümmert und in fröhlichem Glauben, er w u ß t e: „Jeder Schönheit tiefster Grund birgt immerdar nur Schutt und Scherben!" Nur in düsterschweren Sommernächten, wenn die Rosen schon den Park röten, war ihm, „als ob das Glück mit großen goldenen Schwingen herniederschwebt im Blau der seligen Nacht". Dann kamen wohl Jugenddrang und Jugendübermut wieder, sein kecker fröhlicher Mut und seine lodernde Leidenschaft brachen aufs neue durch, und er fand wieder die alten Töne.

Aber dieser Jugendübermut klingt schon recht bewußt, und bewußt klingt auch sein Paß:

> „Trutz unterm Hut,
> Am Schläger Blut,
> Im Herzen brausender Jugendmut —
> Das ist mein Paß, und der Paß ist gut!"

Darum mag man nicht so recht daran glauben. Das Feuer seiner Leidenschaft ist gedämpft, seine Jugend ist gebrochen und müde — gebrochen und müde gemacht von der Sehnsucht. Der Sehnsucht . . . wohin? Der Sehnsucht . . . wonach? Er hätte es selbst nicht zu sagen gewußt, würde ihn jemand gefragt haben. Bald war es die ferne, liebe Heimat, die ihn lockte und rief, wo die Sterne, ach, so viel goldener leuchteten, als anderswo; bald war es die Liebe, die ihm Glut und Sehnsucht in das Blut gab, nicht die Liebe, die er schon hundertmal im Arme gehalten hatte, eine andere Liebe, eine Traumliebe, die er nur sah im „Sonntagsheimweh seiner Träumerstunden", und die seine Seele mit seltsamen Wonnen und Schauern erfüllte; bald war es der stille Schnitter mit der blanken Sense, dem seine Seele zitternd entgegendrängte. Bald war es die Welt, die er sehnend suchte, bald Gott, nach dem er schrie, wie das Kind nach seiner Mutter schreit, und der sich dennoch nirgends von ihm finden ließ; bald war es das eigene Ich, das, ihm fremd geworden, er mit Schauern und Bangen in der Seele suchen mußte.

Und doch war es dies alles auch wieder nicht!

Die Sehnsucht, für die er keinen Namen wußte, kam ihm mit dem jungen Frühling und dem neuen Blute, sie machte ihm die Seele schwer in schwülen Sommernächten, und gab ihm bange Träume, wenn im Herbst die Luft so seltsam blaß wurde und die Störche schon längst ihren Wanderpfad suchten.

Wie kam ihm diese Sehnsucht ins rote, heiße Blut?

Jeder Sonnensucher erlebt eine romantische Periode, da seine Seele ihren inneren Schwerpunkt verloren hat, da er nicht die Welt in sich trägt, sondern sich in der Welt sucht, da einzig nur sein Gefühl ihm die Welt beseelt und belebt. In dieser romantischen Periode seines Lebens stand Busse in jener Zeit, da er seine „Neuen Gedichte" sang. Seine Sinne, weil sie bewußt arbeiteten, hatten sich verfeinert und verschärft, sie witterten hinter allen wirklichen Dingen fremdes Leben und fremde Welten. Nach ihnen ging seine Seele suchen Tag um Tag und Nacht um Nacht. So wurde die Sehnsucht wach in seinem Herzen und raunte ihm ihren Sang ins Ohr am Bett in schlaflosen Nächten und machte seine Tage müde.

Da seine Sehnsucht all das tausendfältige Leben, das ihm größer und freier und seliger deuchte, denn dieses leidbeschwerte wirkliche Leben, nicht in dieser Welt zu finden wußte, und da der Körper seine Seele an diese Erde und in ihre engen Horizonte bannte, wurde die eine, die große Sehnsucht in ihm wach, in der alle anderen Sehnsüchte zusammenflossen: bar aller hemmenden Leiblichkeiten in überirdischen Räumen seine Entdeckerstraßen ziehen zu dürfen. Er vertröstet seine suchende, sehnende Seele auf diese selige Zeit:

„Frei von Falsch und Fehle, Die dir lockend nahn, Suche, liebe Seele, Singend deine Bahn.

Bald nach kurzer Mühe Und erfülltem Lauf Nimmt uns Morgenfrühe Frischer Firnen auf.

Über morsche Särge Ziehn einst ich und du Still dem ew'gen Berge Der Verheißung zu."

Er kennt den Gesang der Verklärten, den seine Sehnsucht oft im Traum gehört hat, und er weiß ihn für uns in Rhythmus und Reim zu fügen.

Nun wissen wir, warum ein ganzer Zyklus in seinen „Neuen Gedichten" „Vom Sterben" handelt und warum der Dichter diesem Abschnitt das Motto setzte:

„Und wer, wie ich, so große Sehnsucht trägt,
Wie sollte der nicht an das Sterben denken?"

Durch diese müde, entnervende Todessehnsucht kommt eine weiche, verträumte Sentimentalität in das Buch, die eben so echt ist wie sein Todesverlangen in seinen ersten Gedichten, von dem sie sich freilich wesentlich unterscheidet. Die Todesgedanken, mit denen der unglücklich Liebende sich herumschlug und die so schnell vor einem neuen, sonnigen Glück davonflogen, waren nichts weiter als Überdrang der Jugend. Im Gegensatz zu ihnen genoß er erst voll sein Glück und seine jugendliche Kraft. Die Todessehnsucht in den „Neuen Gedichten" dagegen quillt herauf aus den Tiefen eines lebens-, weil wirklichkeitsmüden Herzens.

Das war natürlich auch die Zeit, in der ihm bewußt wurde, daß er seinen Kinderglauben auf den staubigen Straßen durch die Welt verloren hatte und den er nun suchen mußte in dunklem Drange. Noch im ersten Bande betet er jugendlich naiv: „Allewiger, Gewalt'ger, laß auch mich ein großer Dichter und ein König werden." Jetzt weiß er Gott nicht zu finden und schreit sich die Seele wund nach ihm. Wohl setzt er sein Ich als Schöpfer und weiß, daß die Welt wurde mit ihm und vergehen wird mit ihm — aber auf die Dauer kann diese Täuschung ihn nicht befriedigen. Da schrecken ihn Träume: aus Weib und Wollust sieht er den Tod grinsen, und die deutsche Marseillaise schreckt ihn auf aus Sinnentaumel und sündiger Lust. Da sucht er unbewußt in dunklem Drange, weil er Gott nicht zu finden weiß, den Weg zurück zur Natur, als wäre dort Frieden und Gott.

So ernst und rein und groß auch dieses Streben ist, man muß zugeben, daß in ihm sich ein Stadium erster Entwickelung, keine Reife darstellt. Die Frische und Naivität, die überquellende Begeisterung, die holde, jugendliche Lust am Augenblick sind verschwunden — Müdigkeit und Sehnsucht und das Bewußtsein: „Jeder Schönheit tiefster Grund birgt immerdar nur Schutt und Scherben!" sind an ihre Stelle getreten, aber vollen Ersatz in Abgeklärtheit und Reife konnte der Dichter naturgemäß noch nicht geben. Darum eben hat dies Buch — das von vielen nicht als ein Buch der Entwickelung, sondern als ein Buch der Erfüllung erwartet wurde — so lebhaft enttäuscht, enttäuscht bis zum Irrewerden an Busses Begabung.

Ganz und gar anders gab sich Busse in seinem nächsten, fünf volle Jahre später erschienenen Gedichtbande: „Vagabunden. Neue Lieder und Gedichte." Der Dichter, der sehnsuchtsvoll über unserer Erde Wirklichkeiten hinausgriff in die fremden Zonen unirdischer Welten, hatte keinen Sinn mehr für des Lebens heiteres Lachen und seine bunten Freuden. Seine müde, von tausend ungekannten Sehnsüchten erfüllte Seele sah um alle Farben des Lichtes die schwarzen Flöre des Schmerzes und des Leides hangen. Er ist im innersten Grunde sentimental, und da er so wenig Glück hat, weiß er, wie es tut, glücklos zu sein, und er bittet für andere, ihnen ihr bißchen Glück nicht zu rauben:

„Erblüht ein Knösplein dir im Wind,   Und tritt ein Bettelkind hinzu,
Küßt's in den hellen Sonnenschein,   Weich nicht mit rauhem Wort zurück —
Und wo im Land zwei Liebste sind,   Bedenk, ein jedes braucht wie du
Laß sie ein Stündlein glücklich sein!   Sein bißchen Glanz, sein bißchen Glück."

    Nun auf einmal steht seine Seele wieder dem Leben und allem Glanz offen; die Freude am Leben ist wieder in purpurnem Rausch über ihn gekommen, und sein alter, toller Übermut sprudelt und jauchzt in seinen Versen. Wir wissen nicht, wie diese Wandlung seiner Seele geworden ist. Es mag ein innerliches Reifen gewesen sein. Seine gesunde, erdkräftige Seele hat aus sich heraus gar bald alle Weltschmerzelei überwunden und alle Sehnsucht nach unirdischen Welten; sie fühlt sich ganz als ein Teil dieser Erdenwelt und läßt sich damit genügen. In Liebe gibt der Dichter sich wieder dem Leben und seinen Schönheiten hin. Seine im guten Sinne sinnliche Natur hielt es nicht lange in den Dämmerbezirken einer unwirklichen Sehnsucht aus, wo in den Zweigen ein müdes Weinen ist, wo alles Licht und alle Freude aufdringlich zu wirken scheint. Er mußte wieder keck in das Leben hineinspringen und jauchzen dürfen: „Hier bin ich, seid so gut und nehmt mich, wie ich bin!" Herz und Augen und alle Sinne stehen ihm wieder offen für alle Pracht der Welt.

    Auch mit der Liebe hält er's wie früher. Sie tanzt und singt ihm durch alle Adern auf den heißroten Wellen seines Blutes, das noch immer jung und feurig ist. Und doch nicht wie früher. Heute mag er sich nicht mehr mit einem Mädel begnügen. Statt der müden, weinenden Todessehnsucht, die sich nur mit Efeu und Immergrün zu schmücken wagte, brennt eine andere Sehnsucht ihm im Herzen, die ihr Haupt mit glühenden Rosen umlaubt: alle Schönheit in brünstiger Glut umfangen, alle Mädchenmünder im weiten deutschen Reich küssen, um alle weißen Nacken seinen Arm schlingen zu dürfen.

    Es klingt wie wilde, ungesättigte Sinnlichkeit und ist doch nicht bloß Sinnlichkeit und ist doch vor allem unersättlicher Durst nach Leben und der Schönheit dieser wunderschönen Welt. Schönheit ist seine Inbrunst, schier eine wehe Inbrunst, weil sie gar so brennt und nicht zu bändigen ist.

    Das Leben, mit dem der junge Sausewind keck um die Wette lief und weinte, wenn es ihn schlug, das schlimme Leben, das dem weichen, empfindsamen Romantiker manche böse Wunde schlug, das Leben, das er auch jetzt noch in seinen Umarmungen schier erdrücken möchte, ist ihm wie eine Geliebte: indem er ihm die volle Liebeskraft seines Herzens weiht, überwindet er es. Busse weiß:

„Jeder Stunde gut zu sein,
Lebensfülle froh zu fassen
Und die Blicke wandern lassen
Weit in Lust und Welt hinein!"

Dieser Spruch seines Freundes Ludwig Jacobowski ist die köstlichste Lebensweisheit. Und darum auch darf er kühn von sich behaupten:

„Unsterbliche Jugend durchläutet mein Lied,
Und stürmend ergreif' ich die Stunde,
So bleib' ich, wie rasch die ergriffene flieht,
Mit dem brausenden Leben im Bunde!"

So wurde aus ihm ein Mann, dessen Herz sich jeder Fröhlichkeit hingibt, die sich ihm bietet, und der sich weder beim Mädel, noch beim Wein von Moralphilistern die Freude vergällen läßt. Davon geben auch seine übermütigen, feuchtfröhlichen Zecherlieder Zeugnis. Es ist ein Übermaß gesunder Lebenskraft in ihm, das sich in der Liebe, beim Wein und mit dem Schläger in der Hand austoben muß, soll's ihm nicht das Herz zersprengen. Wir denken an seinen „Paß", den er sich in den „Neuen Gedichten" ausstellt, und sehen, wie damals schon diese Entwickelung in ihm im Keim vorhanden war. Auch heut noch ist seine Devise:

„Mein ist der Kampf — die Jugend — und die Kraft!"

Und doch ist ein Unterschied zwischen dem Dichter der „Vagabunden" und dem zwanzigjährigen Stürmindiewelt, der unbekümmert seine jauchzenden Lieder in die Lüfte sang. Der rannte plan- und ziellos alle Straßen und Stege der Welt auf und ab, glücklich über die blühende Sonne und die bunten Blumen und die blitzenden Farben, in denen die Welt lachte. Der reife Mann weiß, was er will. Und das adelt ihn. Der fröhliche Sinn und die Begeisterungsfähigkeit der Jugend einen sich in ihm mit einer klaren, gefestigten Weltanschauung. In seiner Seele lebt nicht nur ein starkes Gefühl für Schönheit, sondern auch für Größe. Drei seiner fünf Zeitgedichte, die der Band bringt, sind Bismarck gewidmet, dem gewaltigen, fast ins Übermenschliche geredten Heros des deutschen Volkes, dem kleine Seelen, weil sie kurzsichtig sind und zu seiner Größe noch immer nicht hinaufblicken können, auch wenn sie sich auf die Zehen stellen nicht, den schuldigen Zoll der Verehrung weigern. Es glüht eine jugendheiße und doch klare, bewußte, von Liebe und Dankbarkeit getragene Begeisterung für den größten Mann des neunzehnten Jahrhunderts in diesen Strophen. Ein zornig Donnerwetter läßt er auf den Reichstag der Jahre 1893 bis 1898 herabsausen, der Bismarck seiner Zeit Huldigung und Ehre zum achtzigsten Geburtstage versagt hat. Wohl stehen die Zeitgedichte den andern des Bandes an künstlerischem Wert nach — die Tendenz trägt eine gewisse Reflexion hinein, die sich nicht ganz durch das starke Gefühl bewältigen läßt. Trotzdem sind sie uns lieb als Zeugnisse eines tapferen, von Begeisterung durchglühten Mannesherzens, das kniebeugend alles Große verehrt, aber trotzig und unverzagt vor keinem Feinde sich beugt.

So beweist gerade dieser Band, wie der Dichter gereift, wie er eine Individualität geworden ist. Aus dem Ichtum seiner jungen Tage, da er glaubte, die Welt sei nur um seinetwillen so bunt und prächtig und alle Mädel nur um seinetwillen so schön, da er sich den Teufel um Schmerzen und Glück anderer sorgte, hat er sich ein Herz gerettet, das sich nicht bloß die alte Begeisterung zu wahren gewußt hat, das sich auch in Liebe den Mitmenschen öffnet und ihre Schmerzen mit fühlt. Schon in den „Neuen Gedichten" sahen wir den Keim dieser Entwickelung: die eigenen Schmerzen, die eigene Glücklosigkeit hatten ihm die Augen geöffnet für Lust und Leid anderer. Noch klingt seine Mahnung etwas sentimental und schmachtend: „Bedenk, ein jedes braucht wie du sein bißchen Glanz, sein bißchen Glück!" Jetzt äußert seine Liebe sich anders. Nicht, daß er ein paar Bettelpfennige seinen Brüdern hinwirft, damit sie sich armselige Speise kaufen können, — diese ärmliche Liebe läßt er Armeren am Geist — er fühlt sich als ein guter Hirt, der seine Hirtenfeuer anfacht, daß sie, weithin lodernd, seinen verirrten Brüdern Stern und Ziel seien, „daß sie jeden tief in Nacht Verirrten gastlich weisen zu der Tür des Hirten".

> „Heil'ge Feuer hab' ich angefacht,
> Kohlen schürft' ich aus dem tiefsten Schacht.
> Sieh, ein dunkler Bergmann ist der Schmerz,
> Nieder fuhr er und durchgrub mein Herz.
> Und nun halten diese jungen Hände
> Ew'ge Fackeln, große Liebesbrände.
> Die da frierend gehn auf dunklen Wegen,
> Allen trag' ich meine Glut entgegen,
> Geb' sie hin und neig' und schäme mich,
> Und ich frage: Bruder, wärmt es dich?"

Schier seine ganze Entwickelung, wie ich sie hier darzustellen versucht habe, liegt in einem der letzten Gedichte beschlossen, die der Band bringt, und das „Reif" überschrieben ist.

Nur selten noch geht des Dichters Seele zurück in die Gärten der alten Sehnsucht. Aber eine gesprungene Glocke tönt doch fort und fort in seinem Herzen nach mit wehem Ton. Den Ton tragen wir alle wohl in der Brust. Er verbindet die schrillen Dissonanzen unseres gegenwärtigen Lebens mit den süßen Melodien der Jugend und den feierlichen Harmonieen der Ewigkeit: es ist die Sehnsucht nach der Heimat ... nach der irdischen und nach der ewigen. Die Zeit, da wir noch ganz, unbewußt ganz Gefühl waren, da wir noch in der Welt ganz aufgingen und die Welt noch ganz in uns unterging, da die Einheit von Welt und Ich uns noch nicht zerschlagen war durch den grausamen Zerstörer Verstand

— jene Zeit ist unser schmerzlichstes Glück und unsere ungestillte Sehnsucht, eine Sehnsucht, der erst Erfüllung wird, wenn die Fesseln der Leiblichkeit von uns werden abgestreift sein. Für Jugend und Ewigkeit findet Busse stille, ergreifende Töne. Die Erinnerung zaubert ihm alles selige, übermütige Glück seiner Jugend wieder vor die Seele und treibt ihm eine wehmütige Träne ins sinnende Auge. Und seine Sehnsucht denkt der Zeit des großen Sabbaths, da er mit den Scharen der Verklärten in ewigem Glanz schweben wird, und still bittend drängt sich eine Frage auf seine Lippen:

„O großer Sabbath . . . Meinem Herzen
Ward Kampf und Not der Welt zuhauf —
Wann leuchten mir die ew'gen Kerzen?
Ich bin ein Pilger — nehmt mich auf.

Führt mich empor in euren Reigen
Und löst die letzte Bürde mir —
O laßt mich schlummern, laßt mich schweigen
Und so wie Frieden sein wie ihr!"

Wenn Kampf und Not und Bürde und Sorge hinter ihm bleiben und er hinausflieht in den Frieden der Natur, die ihm schon immer eine Erlöserin war und der darum stets seine volle Liebe gehört hat, dann spürt er etwas von dem Frieden jener seligen Höhen, von denen herab ihm die Lichter der ewigen Herberge leuchten. Busses sensible Seele steht allen seinen und feinsten Stimmungen der Natur offen; mit feinsten Sinnen weiß er sie in sich zu saugen, mit ihnen und durch sie zu wachsen und sie virtuos wiederzugeben. Ich halte Busse für einen unserer feinsten gegenwärtig lebenden Stimmungskünstler. Er hat etwas von dem Blute Storms in sich, ohne dessen Gewalt der Suggestion ganz zu erreichen, ohne dessen fein verästeltes Empfinden ganz zu besitzen. Die Fülle und Gnade der Natur macht ihn voll Demut und still; still sieht er „durch ein Gewirr von Zweigen ins goldene Licht". Und die Nacht, seine neue Mutter, nimmt sein unruhvolles Herz in ihre Friedenshände und trägt's dem Himmel zu.

Als Busses erste Gedichte erschienen, wurden sie mit Begeisterung und Freude begrüßt, manche Kritiker konnten sich nicht genug tun in Lobeserhebungen, und ich weiß manchen, der auch in ihm wieder einmal den in den achtziger und neunziger Jahren so heiß ersehnten, oft entdeckten Heiland der Literatur sah, der unserer Lyrik neue Bahnen weisen werde. Das ist Busse nicht, und Einsichtige, die sich nicht blenden ließen durch äußeren Glanz und Wohlklang, wußten das damals schon; denn es muß wahr sein: Busse ist in erster Linie ein rein formales Talent. Darum überraschte und bestrickte in seinen ersten Gedichten neben der jugendlichen Glut die weiche, klingende Melodik der Sprache, der betörende Reichtum seiner Bilder, die prächtige Stimmung, die er oft allein schon durch die

Stellung der Worte, durch eine Alliteration, einen Binnenreim oder ähnliche Kunststücke zu erzielen oder doch wenigstens zu erhöhen wußte. Einfachheit ist nicht die Sache seiner Jugend, wenn er auch in einzelnen seiner Gedichte ihr bewußt entgegenstrebte. Wenn wir genau zusehen, bemerken wir, daß eine Reihe seiner Stimmungsbilder, besonders in seinen „Sommerliedern", wenig mehr sind, als blendend gemalte Virtuosenstückchen. Sie sind nicht aus einheitlicher Stimmung entstanden, sondern aus einzelnen, aneinandergereihten, freilich scharf gesehenen Beobachtungen, die nur durch Reim und Rhythmus zusammengehalten werden. Versucht man dieses Band zu lösen, so flattern sie auseinander. Es liegt das nicht bloß daran, daß dem jugendlichen Geiste Konzentration und Beschränkung fehlen, daß er ungestüm und etwas wahllos nach allem hascht, was um ihn in Farben glüht, in Tönen klingt. Dr. Alfred Biese schreibt in seinem 1896 erschienenen Buche über „Lyrische Dichtung und neuere deutsche Lyriker", daß in Busse „der kombinatorische Verstand mächtiger ist als die Phantasie, daß die kühle Beobachtung und das glänzende Formtalent die vorherrschende Triebfeder ist, nicht das ursprüngliche, wurzelechte Empfinden, das alles einzelne als Seele durchdringt und zusammenfaßt," und fügt hinzu, Busse selbst habe sich dazu bekannt.

Das eminente formale Talent verführte den Dichter dazu, nicht bloß alles in Verse zu bringen, was ihn bewegte, ohne darauf zu achten, ob sich sein Gefühl geklärt und vertieft habe, sondern auch alles in Verse zu bringen, was er beobachtete — darum entstanden eine Reihe von Gedichten, meistens Naturbildern, die in Wort und Wortklang wohl suggestiv wirken, die aber, wenn man sich von diesem äußeren Zwange frei macht, alles innerlich Zwingende, alle tieferen Wirkungen vermissen lassen, weil sie eben nicht unter dem Zwange einer starken Empfindung entstanden sind. Man nehme von den ersten drei „Nächte" überschriebenen Gedichten, welches man wolle, und zerlege sie in die einzelnen Beobachtungen: der Vögel Sonnenlieder starben, der weite Abendhimmel dehnt sich, die Luft wird stiller und wärmer, kaum, daß das Surren eines Ligustersschwärmers herüberdringt. Das ist alles. Drei, vier Vorstellungen — keine Empfindung — nur äußerliche, durch Worte geweckte Suggestion. Solcher Gedichte macht ein Formtalent wie Busse in einem Tage mindestens ein halbes Dutzend, und im Monat bringt es einen stattlichen Gedichtband zusammen.

Man hätte recht, Busse als einen Macher zu verwerfen, wenn er nur solche, der geringeren ästhetischen Einsicht der Jugend und der Verführung durch ein virtuoses Talent anzurechnende, Gedichte gemacht hätte — dann hätte man aber den anfänglichen Enthusiasmus hübsch zu Hause lassen können — man hätte noch viel mehr Recht dazu, wenn er auf dieser Stufe seines Könnens geblieben wäre. Aber man muß gestehen: er hat

— wie an der Entwickelung seiner Weltanschauung und seines Empfindungslebens — auch an der Entwickelung seiner Technik ehrlich gearbeitet und ist weiter gekommen. Bis in seinen neuesten Gedichtband hinein hat er freilich sich von der blendenden Rhetorik seiner Jugend noch nicht ganz befreien können. Aber schon in den „Neuen Gedichten" finden wir neue Klänge — schlichte, einfache, ergreifende Lieder voll feinen Wohllauts. Das blendende Wortgepränge tritt zurück, die Empfindung tritt mehr hervor, umschließt das Gedicht, macht es einheitlich und wahr, durchströmt es mit einem inneren Rhythmus, der tiefer wirkt, als die blendende Wortrhetorik. So erscheinen uns seine Lieder inniger und beseelter. In manchen freilich, besonders wieder in seinen Naturstimmungsbildern, fällt uns eine gewisse Kühle, eine Entferntheit von dem Objekt auf, die beweist, daß der Dichtung das Zwingende fehlt.

Busse hat sich an mancherlei Vorbildern gebildet, ... Vorbilder, die ihm Ehre machen: Storm, Liliencron, Schönaich-Carolath. Wie stark der Dichter der „Sphinx" auf ihn eingewirkt hat, beweist nicht nur die Widmung seines ersten Gedichtbandes, er sagt es gelegentlich auch einmal selbst: „Ein halbes Kind noch, weltfremd, das Herz übervoll und todeinsam, saß ich in einem kleinen, polnischen Landstädtchen und las, las, las. Da fiel mir ein Buch in die Hand: Tauwasser. Und an diesem Tage habe ich die Fäuste geballt und geschluchzt und gezittert, und die Tauwasser und Frühlingsstürme gingen auch über das Knabenherz, und in überströmendem Danke hätte ich dem Poeten, der dies Buch geschrieben, die Hände küssen mögen. Kein Dichterwerk, das mir je so das tiefste Herz durchschlagen. Von demselben Schönaich-Carolath verschaffte ich mir dann alles. Seine Gedichte kannt' ich auswendig, seine ‚Sphinx‘ habe ich mindestens zwanzigmal gelesen. Der erste kritische Versuch des Siebzehnjährigen trug als Überschrift den Namen dieses Dichters, den damals wenige kannten. Über ein halbes Dutzend Aufsätze und Essays habe ich in den folgenden Jahren wieder und wieder über ihn veröffentlicht. Vor mein eigenes erstes Gedichtbuch habe ich in Dankbarkeit und in Erinnerung an die reinsten und schönsten Jugendstunden seinen Namen gestellt. Und manches Gedicht aus diesen Anfängen zeigt, wieviel ich von ihm gelernt habe."

Und blättern wir diesen Gedichtband durch, da finden wir ein Gedicht: „An Theodor Storm", das in die Zeile ausklingt:

„Ich hab' dich so geliebt!"

Überall verspüren wir den Einfluß dieser beiden Dichter, manchmal erscheint Busse so stark unter ihrem Bann, daß man meint, er hätte ihnen nachempfunden und nachgedichtet. Da ärgere ich mich heute noch immer, wenn ich Busses „Neue Gedichte" zur Hand nehme, über das eine, das er „Schicksal" überschrieben hat und das immer an Storms unvergleichlich schlichtes, tief ergreifendes Gedicht: „Lose" erinnert; auch „Zwei Freunde" im ersten Gedichtband hat Stormschen Ton. Weniger aufdringlich ist der Einfluß Liliencrons zu spüren, weil die Art dieses lyrischen Plastikers dem lyrischen Stimmungskünstler doch ferner lag. Der Ton des „Bruder Liederlich" freilich ist dem Empfänglichen nicht eher aus dem Ohre gegangen, bis er seinen „Bruder Liederlich" auch gedichtet hatte — „Lumpacivagabundus" geheißen, weicher, lyrischer natürlich und darum weniger realistisch, kräftig urwüchsig und nicht so prächtig im Ton.

Das sind aber doch nur äußere Einflüsse, jugendliche Nachdichtungen, die dem Reifen nicht immer wieder aufgemutzt oder gar zum Vorwurf gemacht werden sollten; denn bei Äußerlichkeiten ist Busse nicht stehen geblieben — er hat sich an diesen Meistern gebildet, bis er ganz ein Eigener geworden war und seine Weise gefunden hatte. Man hört sie ja schon zuweilen aus den Jugendgedichten heraus, schüchtern manchmal, als schäme sie sich vor den prächtigen Melodieen der andern, manchmal burschikos laut, als müsse sie sich durch Schreien Geltung verschaffen. In den „Neuen Gedichten" aber hat der Dreiundzwanzigjährige schon eine fein abgetönte, diskrete Weise gefunden, die ans Herz greift, die ihm zugehört, wenn sie auch geworden ist unter dem Einflusse des Dreigestirns: Storm, Schönaich-Carolath und Liliencron. Das Charakteristische dieser eigenen Melodie ist die Einfachheit.

Es macht sich da — und tritt besonders im letzten Gedichtbande hervor — noch ein anderer Einfluß geltend, einer, den man nicht unterschätzen darf. Vielleicht durch das Studium der Romantiker, über deren einen: „Novalis", er seine Doktordissertation geschrieben hat, eine tiefgehende, an den Lebensnerv der Dichtungen Hardenbergs rührende Untersuchung, vielleicht aber infolge seines Suchens und Ringens um Einfachheit und schlichte Innigkeit geriet Busse auf das Volkslied. Von ihm hat er viel gelernt, ihm dankt seine Form die Reife und Fülle, die wir an einigen seiner letzten Gedichte bewundern. Dieser Weg muß ihn zum Ziele führen, zur letzten Höhe seiner lyrischen Kunst. Volksliedklänge umschmeicheln schon unser Ohr, wenn wir die „Neuen Gedichte" lesen. Freilich zeigt der Dichter sich noch abhängig von diesem seinem letzten und größten Meister, der auch der Meister aller Großen war. Doch die Einfachheit, die wir in diesen Liedern oft finden, ist nicht allein dem Einfluß Storms zuzuschreiben. Bewußt weiter entwickelt erscheint sie in den besten Gedichten der Vagabunden; manchmal in einer Zeile nur, manchmal nur in ein paar Worten erfreuen uns Klänge, die aus Zeiten stammen, da unser Volk noch schönere Lieder sang als die modernen Gassenhauer.

Man hat kein Recht, Busse mit etwas verächtlichem Achselzucken als „Nachempfinder" abzutun. Er ist in seiner Lyrik kein Großer, kein Offenbarer und Erlöser, keiner von denen, die neue Wege suchen ferner gesteckten Zielen der Entwickelung zu. Aber sein fleißiges Streben, seine innerlich selbständige und frohe Natur, sein heller Sinn und seine Begabung haben ihn dennoch im Laufe der Entwickelung zu einem Eigenen gemacht, an dessen Melodie man sich freuen kann. Er ist auch keiner von den Literaturdichtern, die in ihrer Erklusivität nur von wenigen verstanden werden, er wird seine stärksten Wirkungen im Volke ausüben wie Anna Ritter. Es gilt von ihm, was er von dieser Dichterin einmal sagte: „Es wird nicht nur Hunderte von sehr feinen Geistern geben, die sich achselzuckend von diesen Versen abwenden, es wird auch Hunderte geben, die sie darüber hinaus als Durchschnittsware verspotten werden." So ist es ihm geschehen — wenn Busse freilich auch auf einem bedeutend höheren geistigen Niveau als Anna Ritter steht. Avenarius, ein scharfer Gegner, hat ihn einmal einen Verwerter genannt, „ein sauberes, angenehm lyrisches Gesellschaftstalent, einen Nachempfinder der Ursprünglichen". Gewiß ist er ein Verwerter, wie andere es vor ihm auch waren. Aber ist es nicht auch viel, dem Volke die eigenen Gefühle aus der Seele heraus zu singen, ihm in Lied oder Erzählung zu verdolmetschen, was in ihr schluchzt und singt? Busses Lyrik ist Volkslyrik im besten Sinne des Wortes, und wenn man auch ein feiner Kopf ist und im Herzen feiner und komplizierter fühlt als das Volk — man muß sich so viel Gerechtigkeitsgefühl zu bewahren wissen, daß man auch denen ihr Recht gibt, die zwar schlichter und einfacher, dafür aber auch kraftvoller, gesünder und fröhlicher sind. Nicht allein der geistige Gehalt macht den Dichter, auch die Echtheit der Empfindung. Wer dem Volk sein Herz bringt, kann sich auch genug tun.

Die Großen bleiben einsam, weil sie auf Höhen stehen und nach Gipfeln klimmen. Die aber in den Tälern und Ebenen wohnen und wie die Lerchen des Himmels ihre Lieder singen, daß jung und alt und alle, die ein offenes, empfindungstiefes Herz haben, sich daran freuen können, denen blüht des Volkes Dank.

* * *

Schwerer und langsamer als die Entwickelung des Lyrikers vollzog sich die Entwickelung des Erzählers Busse. So lang auch die Reihe seiner Prosaerzählungen ist, die er bereits veröffentlicht hat, es findet sich doch keines darunter, das ganz reine Wirkungen auslöst. Es ist wahr, das deutsche Volk bezahlt, selbst wenn es sie gerne und viel liest, seine Liederdichter schlecht, und wenn ein Dichter leben will — wer wollte ihm das verübeln? — muß er Prosa schreiben, ob er's kann oder nicht. So findet sich unter den Busseschen Romanen und Erzählungen manche Brotarbeit, mit der man nicht allzu streng ins Gericht gehen darf. Einige seiner Arbeiten hat der Dichter darum auch nicht erst in Buchform erscheinen, bei anderen sich nur sehr schwer bewegen lassen, sie unter seinem Namen herauszugeben.

Die begeisterungsfähige, temperamentvolle Jugend, der die Empfindungen überströmen vor Fülle und Gewalt, ist rein lyrisch veranlagt, und ich kenne keinen jungen Erzähler, der nicht mehr Lyriker als Epiker wäre. Erst im Laufe der Entwickelung des Menschen reift das Erzählertalent langsam heran und zeitigt treffliche Früchte. Auch wenn er nicht der geborene Lyriker gewesen wäre, als den wir ihn kennen gelernt haben, hätte der junge Busse als lyrischer Erzähler begonnen. Vielleicht nicht in dem Maße. Seine ersten Versuche in der Prosakunst sind reine Lyrik. Schon die Titel verraten es: „In junger Sonne", „Träume". Lyrische Skizzen nennt er sie selbst.

Auch dem Erzähler Busse war die Stimmung alles, und die Menschen erschienen ihm nur wert dargestellt zu werden, soweit sie die Stimmung eines Natur-, eines Weltausschnittes verlebendigten oder ergänzten. Alles übrige dieser Menschen, ihr Trum und Tran, Gewordensein und Werden, blieb ihm höchst gleichgültig. Er war wie ein Maler und träumte in Farben und Duft. Alle Plastik fehlte ihm. Alle Wirklichkeiten blieben ihm ferne — nicht daß er sie haßte, er war nur ein junger, seliger Träumer und kannte sie nicht und wollte sie nicht kennen, weil sie Dissonanzen in seine Harmonien trugen. Wohl gibt es in seinen Dichterträumen auch Schmerzen und Entsagungen, aber keine Lebensnot. Und er träumt von blanken, blühenden Frühlingstagen und von duftschweren, hellen Sommernächten, da des Mondes bleicher Glanz über dunklen Rosen liegt, und von stillen, sonnigen Herbsttagen, von Kinderglauben und von Mädchenglück, von blonden Mädchenköpfen und wunderroten Mädchenlippen, und von Wehmut und Entsagung, von Erinnerung und Tod. O, das ist alles so wirklich und lebendig in seinen Träumen, eben die Wirklichkeit und Lebendigkeit der Träume ist in ihnen, über der ein seltsamer Hauch der Unwirklichkeit und Entferntheit liegt und in der eine Glut lebt, die nach außen Kühle und Stille ist. Und das träumte er auch noch, als er schon längst wußte, „daß die schönen Königstöchter aus Thule genau so mythisch sind wie unschuldige Balleteusen". Man höre, wie er träumt: „Eigentlich ist es meine alte Liebe, und oft habe ich es mir vorgestellt, in meinen tiefen Träumen, von denen kein Mensch etwas weiß. Es müßte ein Mädchenkopf sein, mit blonden, flatternden Haaren und mit Augen, so groß und blau, daß es nichts gäbe, womit man sie vergleichen könnte. Vielleicht sollte sie Gretchen heißen — ich weiß es nicht; aber ich weiß, daß sie mich lieben müßte mit aller Kraft ihrer jungen Seele und die beiden Arme um meinen Hals schlingen, daß sich die losen Ärmel aufstreiften am rechten und am linken. Dazu sollte sie lachen, und das müßte klingen und tönen wie entfernte Glocken, die sich in weiten Wäldern brechen, und ihr Mund sollte leuchten und brennen wie das Abendrot. Was Wunder, wenn sie dann mein Liebstes wäre; denn sie würde ja so gut sein, so schön und so fromm, wie die Königstochter im alten Märchen."

Ja, so träumt er. Aber manchmal ist es, als ob er im Halbschlaf liege und seine Träume wüßte, und er verspottet sie mit leiser Ironie, weil er sich ihrer schämt, und kann doch nicht von ihnen lassen und muß weiter träumen von Königinnen und Pagen und Herzoginnen und süßen Mädeln, Schönheitsträume, Sommerträume, Jugendträume, Mädchenträume, von Lieben und Sterben und Sehnsucht und Glück. Und er weiß, daß diese Träume sein Glück sind und daß sein Herz eine Sehnsucht haben muß, eine Kammer im Schloß des Lebens, zu der ihm der Schlüssel fehlt, durch deren Fenster die bunte Schar seiner Träume klettern und „drinnen spielen kann mit goldenen Kugeln und allen Wundern der Welt."

Aber dann weiß er wieder plötzlich, daß Träume entnerven, und er stürzt sich hinein in das schöne, lachende grausame Leben. Da geschieht es denn wohl auch einmal, daß einer seiner Träume Wirklichkeit wird und ihm ein Bild gelingt voll jugendlicher Kraft und voll Reichtum überströmenden Gefühls, wie die kurze Liebesepisode seines Witold in dem Roman: „Ich weiß es nicht!" Da gewinnt er auch plastische Kraft und Sinn für die Wirklichkeit. Aber doch nur, weil die Wirklichkeit so schön und so ganz durchsättigt ist von einem vollen, brausenden Gefühl und weil sie so ganz Erlebnis ist. Sobald er aus dem gedämpften Licht seiner Träume in die junge Sonne des Erlebens tritt, wird er ein anderer, freierer, und hat Kraft, die aus dem Stein Menschen schlägt, und hat Glut, sie zu beseelen.

Hier ruhen die ersten Anfänge seiner Weiterentwicklung als Erzähler. Aber es sind nur Anfänge. Seine Charakteristik, so sehr er sich auch müht, bleibt im wesentlichen doch nur Schablone, und seine Darstellung hat oft — wenn er schildert, ohne vom Gefühl fortgerissen zu werden — etwas Unlebendiges, weil sie nur Beobachtung an Beobachtung fügt und sie nicht zusammenknetet und ein plastisches Gebilde daraus schafft. Es ist charakteristisch für seine Erzählerweise, daß er so viel mit Farben arbeitet. So reich auch seine Palette an Farbennuancen ist — sein Bild liegt flach auf der Leinwand und springt dem Leser nicht lebendig entgegen. Als bester Beweis diene die Schilderung des Fronleichnamsfestes in der Geschichte einer Jugend: „Ich weiß es nicht."

So leicht die lyrischen Skizzen und seine Träume auch aufs Papier geworfen erscheinen, man merkt ihnen doch oft das Bemühen an, leicht, duftig, zart, von goldenem Licht und Silbermondstrahlen und schwerem Duft durchwoben zu sein. Und in der „Geschichte einer Jugend", in dem Roman: „Ich weiß es nicht", offenbart sich das Streben des jungen Künstlers, ein feines, intimes, erschütternd wirkendes Seelengemälde zu schaffen. Wenn ihm seine Absicht auch mißlungen ist, denn der Roman ist auf psychologischen Unmöglichkeiten aufgebaut, so ehrt ihn doch die jugendliche Kühnheit, mit der er sich an einen Stoff von seltener Herbigkeit und Spröde macht — er, der junge lyrische Dichter. Interessant ist, wie er seiner Aufgabe gerecht zu werden versucht und dennoch — trotz alles krampfhaften Bemühens, immer wieder in seine Eigenart zurück verfällt. Er versucht, sein Problem psychologisch zu motivieren und die Entwickelung psychologisch durchzuführen. Als er aber merkt, daß sein Rüstzeug doch noch zu gering, sein dichterisches Darstellungsvermögen zu schwach ist für seinen selbstgewählten Stoff, da wird er so allmählich wieder ganz der alte Busse der „Gedichte" und erzählt die Geschichte einer Jugendliebe, voll prächtiger Poesie, voll intimen, entzückenden Reizes, und erzählt die Episode einer echten, rechten Sekundanereselei, so wunderbar echt und mit so viel Überschwang des Gefühls, als wäre Witold Bialla, der Held dieses Romans, nicht mehr der stille Grübler, der unter einem furchtbaren Zwang steht, sondern Carl Busse, der Jugendfrohe, der lustige Tolle und Übermütige.

Solange der Dichter mitten in seinem Lebenskreise bleibt, wirkt er echt, und darum ist ihm auch die Gestalt des jungen Fritz — in den „Jugendstürmen" — gut gelungen, obgleich seine schon reifere Kraft auch das in diesem Roman dargestellte Problem noch nicht ganz gezwungen hat; und darum gelang ihm „Röschen Rhode", wieder die glücklich wehmütige Geschichte einer jungen Liebe. Darum gelang ihm vor allem auch die Gestalt des Buckligen in eben dieser Erzählung, die einem schon verstorbenen jungen Dichter unserer Tage nachgebildet ist. An den Gestalten der Erinnerung kräftigt sich des Lyrikers schwache Charakterisierungskunst, und je weiter wir seine Entwickelung verfolgen, um so mehr sehen wir, wie er in die ihm fremde Schaffensart hinein wächst, so daß ihm in seinem letzten, noch nicht als Buch erschienenen Roman: „Die Referendarin", den ich seines harmlosen Problems und der Wiederholung alter, schon etwas abgebrauchter Motive wegen nicht für die beste Prosaerzählung Busses halte, Gestalten frei schaffender, von Erinnerungen unabhängiger Phantasie gelingen, wie der prächtige Assessor Buttche, der plastisch, aus kernigem Material herausgearbeitet, vor uns steht und ungleich besser gelungen ist als der doch etwas konventionell burschikose Referendar Peter Körner, der Träger der Handlung.

Unter Busses Gedichten finden wir eine Reihe Lieder, die ganz erfüllt sind von der Sehnsucht nach seiner Heimat und einem süßwehen Glück der Erinnerung.

„Mit Kränzen und Wunden nach vielen Jahren
Bin ich in meine Heimat gefahren."

Und er bringt von dieser Fahrt nicht nur Augen mit, die still und friedlich sind — auch ganze Bücher Geschichten, in denen seine Heimat lebt mit allem Zauber ihrer Wälder und Felder. Und das sind seine besten Erzählungen da wird es lebendig um uns von Menschen, echten, lebenskräftigen, die nicht bloß Schablone oder Fläche sind, wie in seinen Jugendgeschichten, die plastisch vor uns stehen mit ihrer Eigenart und ihrer vollen Seele. Noch tragen freilich die Dörfler von der Posenschen Grenze, die wir in dem schmalen Büchlein: „In der Grenzschenke" kennen lernen, so prächtig sie auch herausgearbeitet sind, so stark auch der Erdgeruch der Heimat durch diese Geschichte weht, die Zeichen der Jugend und Unfertigkeit ihres Schöpfers zur Schau. Anders die „Schüler von Polajewo". Das ist ein prächtiges, ein reifes Buch — in dem der starke Heimatsinn des Dichters zur Gestaltung kommt. Das Milieu der Kleinstadt weiß er in echt künstlerischer Weise wiederzugeben. Polajewo . . . „das ist ein kleines Städtchen im Osten des Reiches, ein stilles Städtchen, das dunkle Wälder und fischreiche Seen begrenzen. Ihren besonderen Charakter erhält die Stadt durch Überreste polnischer Vergangenheit. Die Polen sind noch heute dort in der Mehrzahl, und kleine Reibereien bleiben nicht aus. Da erhielt das Städtchen nach dem deutsch-französischen Kriege ein Gymnasium. Da jeder Einwohner von den Schülern einen Vorteil zu ziehen hoffte, so waren die Herren Gymnasiasten bald die unbestrittenen Herrscher von Polajewo und Herren der Situation. Bis es gar zu toll wurde und die Behörden der zügellosen Wildheit des Schülerlebens ein Ende bereiteten." Aber nicht dieses fängt, wie der Verfasser selbst gesteht, das Buch ein: „Es führt lieber zu den stillen Kämpfen und Schicksalen jener Zeit, die der Knabe ahnend mit ansah, und die dem Auge des Mannes sich erst ganz entschleierten. Die alten Schmerzen werden wach und die alte Liebe, in beides aber schlägt die große Uhr des Gymnasiums hinein und läutet die Glocke, die jeden Morgen und jeden Mittag zur Pflicht rief."

Die erste und zugleich die beste Novelle des ganzen Bandes: „Der Dieb", erzählt die schlichte, aber ergreifende Tragödie eines armen, kleinen Gymnasiasten, dessen Mutter, die ihn ängstlich zu schützen versucht hatte vor allen Wunden, die das grausame Leben der empfindlichen Kinderseele hätte schlagen können, tot, dessen Vater ein Säufer ist. Die Einfachheit der Darstellung und des Stils erhöht die künstlerische Wirkung wesentlich. Die ergreifende Schlichtheit und Unkompliziertheit, die feinen, ins Einzelne gehenden psychologischen Motivierungen erinnern an die ergreifenden Wildenbruchschen Kindergeschichten, die mit dieser Zusehens zu den besten ihrer Gattung gehören. Durch Lieb und Leid führt uns der Dichter — wir erleben zwei schwere stille Tragödien und lernen eine prächtig gezeichnete Menschenfigur: Tante Fine, kennen, sehen die Schüler sich raufen mit den Polen zu des Vaterlandes und ihres alten Heldenkaisers Ehre und freuen uns mit an der jugendlichen „schlag"fertigen Begeisterung und der kühnen Trotzigkeit dieser Jungens. Es zeugt für die Stetigkeit der Aufwärtsentwickelung Buises, daß die beiden besten Novellen des Buches auch die jüngsten sind.

Aus dieser selben Erinnerung an Heimat und Kindheit und glückliche Zeit sind eine nicht unbeträchtliche Zahl der Geschichten und Skizzen

geboren, die der Dichter unter dem Titel „Federspiel. Westliche und
Östliche Geschichten" vereinigt hat. Auch sie verleugnen nicht die aufwärts führende Entwickelung der Technik. Eine bunte Reihe von Gestalten zieht an uns vorüber — nicht alle sind scharf umrissen, nicht jede
redet zum Herzen, aber ein paar vergißt man nicht. Und das sind gerade
die, die auf heimatlichem Boden stehen. Es ist wahr — es ist manche
Feuilletonware in diesem etwas stillos zusammengestellten, höchst un-
gleichen Buche. Aber um einiger Menschen willen, die uns darin begegnen, können wir das wohl vergessen.

Und soll ich noch ein Wörtlein vom Kritiker und Literarhistoriker
Busse sagen? Ich meine fast, das ist nicht nötig. Busses schmiegsame,
fein empfindende Seele weiß sich nicht nur einzuleben in die feinsten
und verästelten Gedanken- und Empfindungsgänge einer Dichterseele, sie
weiß auch den Entwickelungsgängen der Gesamtliteratur nachzuspüren
und sie in klarer, lebendiger Darstellung an uns vorüber zu führen. So
verdanken wir seinem Fleiß und Können das prächtige, die Gestalt der
Dichterin fein und markant herausarbeitende Buch über die Droste, so
verdanken wir ihm auch die gut geschriebene Einleitung zu seiner Anthologie: „Neuere deutsche Lyrik" und seine „Geschichte der deutschen Dichtung
im neunzehnten Jahrhundert".

Lyriker und Erzähler und Kritiker einen sich in der Persönlichkeit
Busses — wie das ja auch nicht anders sein kann. Und diese Persönlichkeit, zwar keine bedeutende und überragende, aber eine kluge, weit-
sichtige, fein empfindende, der man meist gern begegnet, ist in sich gefestigt,
kraftvoll, gesund bis in den innersten Kern hinein, willensstark und
glaubensfreudig und kampfesmutig. Mit frohem Blick, im Herzen einen
unverwüstlichen Optimismus, sieht er in das bunte, lebensvolle Gedränge
der Welt und sieht überall ein bißchen Sonne und ein bißchen Glück.
Busse ist noch jung und seine Entwickelung noch nicht abgeschlossen. Einige
äußerlich gänzlich unscheinbare, aber von einem geheimen Rhythmus durch-
bebte Lieder seines letzten Gedichtbandes weisen die neue, weiterführende
Linie. Vielleicht daß viele, die in hellem Unmut sich von ihm gewandt
haben, weil er im Fron der Tage manches schuf, was dem und jenem
und ihm und mir nicht gefiel, noch einmal glauben lernen.

Der Adler.

Von

Carl Busse.

— Friedrichshagen bei Berlin. —

Auf einer Felswand, seinem Horste nah,
Saß braun und struppig, mit gequälten Augen,
Ein kranker Adler.

        Hoch durch ew'gen Raum
Und ew'ge Stille war er einst gezogen.
Noch schlief das Tal, doch lag schon Morgenlicht
Auf eines Bergwalds grünem Wipfelmeere,
Des Rauschen nicht zu seiner Höhe drang.
So schwamm er kühn, mit ausgelegten Schwingen,
Durch frühen Glanz, und wenn er jählings wohl
Sich niederschraubte, . . . sausend stürzte . . . stieg,
Trug siegreich er in königlichen Fängen
Willkomm'nen Raub. —

        Doch da geschah es ihm,
Daß sie durch List ihn fingen. Zornig schreiend,
Hoch aufgesträubt des Nackens Federsaum,
Warf er sich rastlos an des Käfigs Gitter
Und schlug sich wund. Oft wechselte der Mond,
Bis er sich fügte. Duldsam auf der Stange
Saß er viel Jahre dann im Vogelhaus.
Besiegt, begafft, derweil die Berge blühten.

Er schrie nicht mehr. Er duckte sich. Er saß. —

Einst aber kam der Freiheit goldner Tag
Für ihn noch einmal. Seine Schwingen trugen
Ihn mühsam vorwärts bis zur Felsenwand,
Wo flügermattet er sich niederhockte,
Als wenn's die Stange seines Käfigs wär'.

Der Adler.

Mürrisch, verdrossen, mit zerschlissenen Federn
Saß er so fröstelnd, seiner Freiheit fremd.
Indes den Raub die mächtige Genossin
Allein zum hochgetürmten Horste trug.

Da traf ihn einst, in einer Mittagstunde,
Ein fremder Ruf. In seinem Nest begrüßte
Die junge Brut zum ersten Mal das Licht.

Und sieh: Er horcht. Er schauert. Seine Flügel
Lüften sich zitternd. Lichter zucken auf
In seinen Augen, und der Flugentwöhnte
Stürzt von der Felswand ab mit gellem Schrei.
Sieghaft und selig. Seine mächtigen Schwingen,
Die weithin klaftern, brausen in neuer Kraft.
Sie tragen ihn! Er schwebt! Er schwebt und steigt!
's ist für die Brut — die soll ihn schreien hören
Und fliegen sehn!

   Schon wiegt er kreisend sich
Und ruht sich aus auf unbewegtem Fittich
In ewiger Stille und in ewigem Raum.
Um sein Gefieder trieft in goldenen Wehen
Der Mittagsglanz. Es ringt sich jubelnd frei
Die matte Brust in sonnigen Äthermeeren —

Nun, Blitze, zuckt! Zerschellt an Felsen ihn!
Schütz des Gebirgs, triff ihn ins trunkne Herz!

Es weiß die Brut, er selber weiß es wieder,
Ob er auch stürzt: ein Adler ist er doch!

Der Excentrik.
Eine Studie über die komische Figur unserer Zeit.
Von
Moeller van den Bruck.
— Paris. —

Wenn früher eine sogenannte komische Figur aus dem Kulturleben eines Volkes erstand und bei seinen Festen oder auf der Bühne erschien, so war die Schaffung — wenigstens für die Nachwelt — immer ein sehr einfacher Proceß. Es gab nur zwei Möglichkeiten. Entweder hatte man es mit einer freien Phantasiefigur zu tun, die irgend ein Symbol ausdrückte. Oder es war irgend ein Typus des öffentlichen Lebens genommen und, bei naturalistischer Abhängigkeit vom Modell, auf seine Karikatur gebracht worden.

Diesen Unterschied muß man festhalten: er ist grundsätzlich, geht durch alle Zeiten, und auf eine der beiden Möglichkeiten, die er zuläßt, wird deshalb auch wohl wieder die komische Figur unserer Zeit zu bringen sein: der Excentrik.

Dazu dürfte gut sein, sich erst einmal den Unterschied an zwei Beispielen aus früherer Zeit zu vergegenwärtigen.

In Griechenlands dionysischen Tagen, damals, als die Nationalgröße in Kultur und Kunst erst noch in der Vorbereitung rang, hatte man zur komischen Figur den Satyr, das Mischwesen von Bock, Affe und Mensch. Der war der schwärmenden Thyrsosschwinger exaltirter Ausdruck — und nicht etwa ihre parodistische Nachbildung, war vielmehr eine ganz selbstständige Figur, gehoben aus dem tollen und tollenden Geiste der bakchischen Kulte und ihren orgiastischen Sinn verbildend. Plastisch empfangen mochte seine Figur sein in den Delirien des Rausches, gleich einem Kunſtwerk, oder auch ſo, wie der religiöſe Ekſtatiker — in einer Weiſe, die man hinterher „mythologiſch" nennt — ſich ſeine Götter ſchafft. Der Satyr wurde ſozuſagen das komiſche Kunſtwerk des unmittel= baren griechiſchen Lebens ſelbſt, ſoweit es unter Dionyſos' Herrſchaft ſtand.

Später dann, als das große Zeitalter für Griechenland gekommen, aber auch ſchnell wieder verrauſcht war, als ſich im Beſonderen aus dem Satyrſpiel die große Ariſtophaneskomödie entwickelt hatte und man nunmehr in der kleinen nacharistophaniſchen, der Menanderkomödie, die beginnende Auflöſung der helleniſchen Kultur nicht allzu ernſt mehr nahm, da ſtand auf der Bühne, als Repräſentant dieſer Auflöſung gewiſſermaßen, eine zweite komiſche Figur, die des Paraſiten — des Preſſers und Freſſers. Wie von der alten, ſchönen, großen, ausſchweifenden Begeiſterung nur die Aus= ſchweifung geblieben, wie an die Stelle der bakchiſchen Philoſophie die bloß epikureiſche getreten war, ſo hatte ſich der ſchwelgende Satyr zum ſchlemmen= den Paraſiten gemodelt ... und der war nun einfach der Straße ent= nommen, war die Nachbildung eines Menſchenſchlages, der beſonders häufig geworden und auf den man im Leben alle Augenblicke ſtoßen mochte ... war die Nachbildung und zugleich die Zerzerrung, Uebertreibung, Ver= größerung; denn man verſah ja den Paraſiten mit einem Bauch, an dem jeder Freſſer der Wirklichkeit zerplatzt wäre, und vor das Geſicht bekam er eine Maske von ſo gebunſenen Linien und in ſo ſcheußlicher Bemalung, daß ſie wahrhaftig ſchon die Maske der beginnenden Verweſung und Zer= ſetzung ſelbſt war.

Wohin gehört nun der Excentrik?

Iſt er von des Satyr Geſchlecht?

Oder iſt er von des Paraſiten Art?

Kommt er wie der Paraſit aus dem Leben und hat man da ſchon einmal Formen geſehen, von denen man mit Beſtimmtheit ſagen könnte: ja, hier iſt das Vorbild, hier iſt die Vater= oder auch nur die Patenſchaft des Excentrik? Oder kann man ihm eine ſolche naturaliſtiſche Entſtehung nicht nachweiſen und lebt er nicht von der bloßen parodiſtiſchen Imitation einer allgemein gekannten Zeitfigur? Iſt er alſo nicht Kopie, wie der Paraſit? Sondern Phantaſie, wie der Satyr?

Nun, auf den erſten Blick und in manchen Details, etwa denen der Kleidung, ſcheint der Excentrik ja zweifellos dem modernen Leben ent= nommen. Er trägt eine Hoſe, Weſte, Rock. Wir auch — wenn auch ge= rade keine, die in allen Regenbogenfarben grell und bunt geſtreift oder wie ein Schachbrett großkarriert ſind. Aber immerhin, es iſt Hoſe, Weſte, Rock. Doch daß er ſie trägt, daß er ſie ſo trägt, wie er ſie trägt, ſoll das nun die Trageweiſe verſpotten, die bei irgend einer Zeitfigur heutzu= tage üblich, auffallend und beſonders kennzeichnend iſt? und welcher Zeit= figur? Daß der Excentrik ſich überhaupt eines zeitlichen Um= und Gegen=

standes als Requisit oder Trik bedient, soll das nun umgekehrt wieder, in der Wirkung auf dieses Publikum von Zeitgenossen, Erinnerungen an das äußere Leben wecken? und welche Erinnerungen? Ja, wo wäre wohl das äußere Leben heute so grotesk, wie es der Excentrik ist?

* * *

Da kommt zum Beispiel Little Tich mit den Langschuhen auf die Bühne gestockert, Little Tich, das bekannte zwerghafte und schiefwinklige Männchen mit dem roten Riesenkopf, das an seinen Füßen, oder vielmehr als Füße, ein paar Stiefel hat, die mehr als die Hälfte seiner ganzen Persönlichkeit messen .. und auf diesen unverhältnißmäßigen Dingern geht er, richtet sich auf ihren Spitzen steil in die Höhe und läßt sich wieder fallen, springt mit ihnen umher, tanzt und verrenkt sich — durch all das wahre Stürme von Heiterkeitsausbrüchen über die Reihen des Publikums jagend.

Aber wenn wir nachsinnen — nein, eine solche Verschrobenheit der Erscheinung und des Gebahrens läßt sich nimmermehr auf unsere zwar sehr gegensätzliche, aber doch nach außen hin immer graue, steife, nüchterne Oeffentlichkeit zurückführen. Diejenigen unter unseren lieben Zeitgenossen, die uns komisch berühren, tun dies — wie Alle, die sich heutzutage irgendwie „hervortun" — in einer ganz persönlichen Weise. Und noch nie hat Jemand einen Little Tich der Straße getroffen, der dort einen stehenden und allgemeingiltigen Typ ausmachte. Noch nicht einmal ein Detail ist typisch an dem, den wir auf der Bühne zu sehen bekommen. Die Langschuhe könnten ja vielleicht eine Parallele zu einer gewissen Gigerlbeschuhung nahelegen, wie sie zwar eigentlich nur in den „Fliegenden Blättern" getragen wurde, wie sie aber nichtsdestoweniger in der Vorstellung des Volkes lebendig ist: sodaß denn der Little Tich etwas wie die parodistische Imitation des modernen Gigerltypus darstellen würde. Doch wenn man seinen Kapriolen zuschaut und sich Rechenschaft über ihre eigentümliche Wirkung zu geben sucht, findet man, daß man die Langschuhe ausschließlich als solche im Auge hat und ganz und gar nicht das Gigerl, das man sich zu ihnen „denken" könnte. Diese ganze Wirkung ist sogar fast eine abstrakte, insofern sie nämlich die Wirkung eines konkreten Nonsens ist, könnte man sagen, einer unvernünftigen Tatsache, kurz einer solchen Ungeheuerlichkeit, die im Bezirke des Konkreten, im leibhaftigen Leben kein Mensch, die selbst ein Gigerlmensch nicht auf sich nehmen würde, weil eben die Langschuhe überhaupt das Gegenteil von allem Menschlich=Zulässigen und Möglichen sind.

Etwas in uns ruft aus: wie kann nur ein Mensch auf so eine Idee verfallen! ein Mensch wie wir! mit unserer Vernunft begabt!

Aber daß er dann doch darauf verfallen ist, der ganze Abstand zwischen aller Realität und dieser maßlosen und irrsinnigen Phantastik, das ist es dann, was uns zum Lachen bringt und was überhaupt die Wirkung, nicht nur des Little Tich, sondern eines jeden Excentriks trifft.

Beim Parasiten, mit dem eine Zeitfigur auf ihre Ulkform gebracht erschien, war der dicke Bauch das Mittel, um den betreffenden Zweck zu erreichen. Beim Little Tich dagegen sind die langen Füße, die dem dicken Bauche entsprechen würden, kein Mittel, sondern der Zweck selbst, sind sich Selbstzweck, beziehungsweise sind dem Effekt Selbstzweck, der in ihnen ruht.

Und das gilt wieder, mit allen Folgerungen, die man ziehen muß, über den Little Tich hinaus von der ganzen Gattung. Der Excentrik hat nie einen Nebenzweck der Tendenz, sondern es ist immer Komik aus erster Hand, die mit ihm über die Bühne tollt, Komik, die immer nur sich selbst will, und deren Wesen es gerade ausmacht, daß sie sich selbst will.

Anders wäre auch die immense Variabilität der Gattung weder möglich noch erklärbar. So aber, da der Excentrik sich an kein bestimmtes Modell bindet, können die Details ganz kreuzverschieden hergeholt sein, und er kann sie zu den allerentgegengesetzten Figurationen brauchen. Man erinnere sich nur, daß es Excentriks giebt, die starrend ruppig auftreten, und solche, die fabelhaft elegant kommen; und zwar ohne daß die Wirkung — dies ist das Entscheidende — eine dem Wesen nach andere würde, vielmehr stets die allgemein excentrikhafte bleibt. Es ist wie bei den Satyrn: die mögen sich auch einst mit allem Möglichen behangen haben, mögen bald mehr Bock, bald mehr Affe und Waldmensch, bald mehr wirklicher und beinahe schon schöner griechischer Mensch gewesen sein und drückten doch immer nur die eine, selbe, eben die allgemein satyrhafte Weltanschauung aus; indeß der Parasit seine persönliche, presserische und fresserische Lebensauffassung mehr als Rolle mimte und in dieser so fest umrissen dastand, daß eine Variante auch gleich wieder eine ganz andere komische Figur — wie sie ja neben ihm noch vorkam — etwa einen Bramarbas ergeben hätte.

Man wird sich also wohl entschließen müssen, da der Grund für die Wirkung des Excentrik nun einmal nicht in einer derartigen Nachbildung und dann Uebertreibung eines leicht der Lächerlichkeit anheimfallenden Objektes zu sehen ist, einen subjektiveren Grund für sie anzunehmen, einen ähnlich subjektiven wie beim Satyr, der — man halte den Unterschied immer fest — statt schwärmenden Menschen nachgebildet zu sein, selbst urbildhaft aus schwärmendem Zeitgeist erstand.

Man wird analog sagen müssen, daß der Excentrik bereits im Publikum eine excentrikhafte Stimmung antrifft, daß er dort eine Spannung entlädt, eine Art von Daseinsbetrachtung auslöst, die einen Teil, eben den humoristischen, von der allgemeinen Weltanschauung der modernen Menschheit bildet . . und daß ein solcher Humor zum mindesten die primären und primitiven, sozusagen die Lebenselemente des modernen Humors überhaupt aufweisen, ja, mehr noch, daß er vielleicht sogar einige, vielleicht sogar wesentliche Elemente fassen dürfte, die die Grenze des Lebens schon überschritten haben und bereits wirkliche Kunstelemente sind.

* * *

Auf jeden Fall wird es notwendig, zunächst einmal der Entstehung des Excentriks aus dem Leben nachzugehen.

Man kann ohne Weiteres niederschreiben, daß er aus dem amerikanischen Leben kommt, genauer noch, daß er vom amerikanischen Neger abstammt, daß der Nigger es war, der sich eines Tages als kompletter Excentrik entpuppte, sowohl in seinen Grimassen, in seinen Kostümen, wie in den Poemen und Melodieen, mit denen er seine Exaltationen begleitete.

Der Nigger ist der „wilde Mensch", der. allein aus allen Naturvölkern, die mit der modernen Civilisation in plötzliche, unmittelbare Berührung kamen, an der Einwirkung dieser Civilisation nicht zu Grunde ging. Er war ihr nervisch gewachsen mit ihren Großstädten und der ganzen metropolitänen Aktivität, die der moderne Mensch zu beiden Seiten des Oceans mit einem Male von sich verlangte, mit ihren Eisenbahnen und Dampfschiffen und dem ganzen Rapidverkehr, mit ihrem gesteigerten Industrialismus und seinen tausend Erfindungen, und nicht zuletzt noch mit ihren Sensationen und Stimulantien, ihren Differenzierungen des täglichen Genußlebens. All dem unterwarf er sich mit zäher Klugheit, wurde brauchbares Glied der modernen Gesellschaft und behauptete sich dabei noch als Rasse.

Ja, man könnte sogar sagen, daß der Nigger unserer Kultur auch in ihren geistigen Werten gewachsen war — indem er es nämlich fertig brachte, diese gar nicht an sich herankommen zu lassen. Der Yankee bekam von unseren geistigen Werten, wie sie uns in Europa Philosophen und Poeten in die Welt schrieben, zwar bewußt auch noch nicht allzuviel zu spüren. Aber das wollte für den Yankee wenig besagen; denn dafür, daß seine Welteinsicht vorläufig ohne philosophisches System, sein Gefühl ohne dichterisches Metrum blieb, durchdrang ihn unsere Lebensanschauung, wie wir sie uns in Europa schwer zu erringen hatten, unbewußt umso stärker und selbstverständlicher . . durchdrang ihn als Einzelwesen wie als Allgemeinheit mit der Verbreitung eines großen Lebensgefühles, mit jenem Vitalismus und Energismus, die heutzutage ganz von selbst überall umgesetzt werden, wo moderne Menschen schaffen. Das Schaffen aber traf ja gerade Niemanden mehr, als den amerikanischen Menschen, diesen nervigen, in dem das Wort vom Uebermenschen einen praktischen Sinn erhielt; und der Nigger hätte deshalb in ihm, zumal im Verhältniß zur eigenen angeborenen Ungeistigkeit, schon ein höheres, ein geistiges Vorbild haben können, wenn er nur zu erfassen vermocht hätte, daß hinter dem scheinbaren Civilisationsmaterialismus des Yankee sich in Wahrheit ein ungeheurer Kulturidealismus verbarg. So aber nahm sich der Nigger den amerikanischen Menschen nur rein stumpfsinnig zum

Vorbild: er machte den ganzen Proceß, der hüben wie drüben die Geburt der neuen Lebenseinheit, eben der neuen Kultur bedeutete, vollauf mit — aber rein physiologisch. In gewisser Weise, kann man sagen, wurde er sogar der moderne Mensch par excellence — aber bloß mit seinen Muskeln. Seiner Moral nach verstand er es wie Keiner, er, der nie eine falsche zu überwinden gehabt, sich vollständig jenseits von Gut und Böse zu stellen — aber die neue Moral war bei ihm bloß eine Magenmoral, und die Konsequenzen gingen ihm nicht durch die Seele, denn die hatte er nicht. Mit Schläue wußte sich seine Lebensauffassung allen Errungenschaften anzupassen, die aus dem Chaos der Umgestaltungen als fertig emporgeworfen wurden — aber er besaß nicht eine Spur von Weltanschauung, mittelst deren er jene Errungenschaften für sich hätte umwerten können in eine Welt des irgendwie Geistigen, des Sittlichen oder des Schönen, wie wir das tun.

Und der Nigger empfand das Manko auch. Er begriff, daß der weiße Mann da etwas besitzen mußte, einen geheimnißvollen und unsichtbaren Schatz, der ihn ihm, dem schwarzen Mann, ewig überordnete. Er begriff natürlich nicht genau, was es war: daß es die große Vergangenheit war, aus der uns unsere Bildung zuströmt, von der wir unser Wissen haben, von der uns die Kunst kommt, in der all unsere Ethik, all unsere Religion wurzelfest liegt.. die Vergangenheit, die zugleich immer wieder unsere beste Entwicklungsbürgschaft ist, weil sie uns verpflichtet, das, was wir überliefert bekamen, den nachmarschirenden Generationen noch vermehrt, bereichert und in's immer Größere gesteigert weiterzugeben. All das verstand der Nigger nicht, der selbst traditionslos war und nur seiner Gegenwart lebte, ohne Kulturinstinkt noch Kulturideal; und daß man mit Kultur, oder was er in der Kultur nur sah, mit äußerer Arbeit einen Gedanken an die Menschheit zu verbinden vermag, daß die Menschheit als Ganzes diesen Gedanken immer mit ihr verbunden hat und auch heute wieder mit ihr verbindet, blieb ihm selbstverständlich erst recht fremd. Für den Nigger war Arbeit nur dazu da, um geleistet und dann belohnt zu werden: So drang er in das Innere unserer vieltausendjährigen Entwicklung nicht vor, sondern blieb das rohe Geschöpf, das für unsere Schätzung tief unter uns stehen mußte.

Aber gerade das Bewußtsein, nicht als vollzählig zu gelten — trotzdem er als bürgerlicher Mensch offiziell vollzählig geworden — reizte den Nigger. Und deshalb suchte er nun mit Gewaltsamkeit, dem weißen Manne gleich zu werden — natürlich nur im Aeußeren, da das ja das Einzige war, was er an ihm sah. Doch dieses Aeußere paßte wohl zu uns, die wir es uns geschaffen, aber es paßte nicht zu dem Nigger. Und außerdem verstand er selbst dieses Aeußere noch nicht einmal richtig, konnte es auch nicht richtig verstehen, da er ja seine inneren Voraussetzungen nicht kannte, und griff daher bei der Anwendung auf seine schwarze Person immer in der fürchterlichsten Weise daneben.

Hierzu kam noch ein Anderes: ganz bewußtes Mißverständniß nämlich, und absichtliche Verzerrung alles dessen, was ihm zu verstehen doch manchmal gelang. Gemeine Naturen, die vor ungemeinen stehen, vor solchen, denen sie sich in irgend einer Weise unterlegen fühlen, pflegen den Ausgleich weniger dadurch herzustellen, daß sie zu ihnen hinanstreben, als dadurch, daß sie dieselben zu sich herabzuziehen, sie irgendwie klein und fehlerhaft zu machen suchen. Der Nigger, die gezähmte Bestie, war nun eine gemeine Natur: und so spürte er möglichst nach Schwächen des Europäers aus und gab ihm, wenn er welche entdeckte, mit grinsender Schadenfreude möglichst in diesen Schwächen wieder — auf welche Weise er dann wohl zeigen zu können glaubte, daß er, der schwarze Mann, doch noch ein ganz anderer Kerl sein müsse, als der weiße, wenn der solche Schwächen hatte, sich so und so albern benahm, sich dann und dann so lächerlich machte ... und der Nigger übertrieb, verdrehte und verrenkte diese Schwächen noch, um nur ja darzutun, daß es mit dem Europäer bezw. Amerikaner sogar gar nichts sei, wenn man nur einmal hinter ihn gekommen wäre; wobei er aber natürlich heimlich noch voller Hochachtung vor ihm bleiben konnte.

Auf jeden Fall war die Gleichberechtigung von Schwarz und Weiß das, was der Nigger fixirt wissen wollte .. und der Abstand von Schwarz und Weiß das, was er immer nur fixirte.

Und auf jeden Fall entstand aus diesen Beiden, natürlichem Mißverhältnis zur anderen Rasse und einer schiefen Nachahmung, künstlichen Verzerrung derselben, jene hochkomische Erscheinung des amerikanischen Lebens: der Niggerexcentrik, an dessen Habitus aus Mangel an ästhetischem Sinne unsere europäische Kleidung nicht erfaßt war, der ein Hohn schien auf jede Harmonielehre der Farben, der, statt seinen schwarzen Krauskopf diskret unter einem Hute zu verstecken, einen riesigen Uncle-Sam-Cylinder darauf stülpte, der es für unumgänglich nötig hielt, an allen zwanzig Fingern möglichst viele und dicke Parvenüringe zu tragen .. und so fort. Er entstand aus dem amerikanischen Leben ganz von selbst, als Figur der Straße zunächst, dann aber auch schon in bewußten „Kunst"äußerungen durch schreienden Song und verrenkten Dance, im schwarzen Familienkreise vielleicht, bei Festlichkeiten, auf kleinen Bühnen — wo und wann es nur immer galt, sich gegen den Europäer herauszustellen.

* * *

Von diesem Niggerexcentrik stammt dann der Variétéexcentrik ab; und zwar nicht nur äußerlich und mittelbar, sondern es ist auch, wie man sehen wird, eine gewisse innere Beziehung zwischen dem Verhältnis da, in dem der Variétéexcentrik zu uns, zu seinem Publikum steht, und jenem anderen, das der Niggerexcentrik, überhaupt der Nigger, zum Yankee und Europäer hatte .. eine Beziehung, die erst ermöglichte und dazu berechtigte, formale Werte vom Niggerexcentrik zu übernehmen.

Darauf wird man vielleicht einwenden, daß dann, wenn der Variété=
excentrik vom Niggerexcentrik sogar nicht nur diese formalen Werte, sondern
auch noch ein gewisses Inhaltliches entlehnt hat, bei seiner Entstehung die
Imitation doch eine Rolle gespielt haben muß? Sicherlich! aber nur die
Rolle der Natur, ohne die es überhaupt keine Entstehung giebt! Der
Satyr war auch nicht vom Himmel auf die griechische Erde gefallen,
sondern trunkene Phantasie mochte seine Gestalt an Gebilden des Landes
gesehen haben: das Geheimniß der Haine, die Schatten, Schemen und Ge=
sichter im Buschwerk, die sich bildeten, wenn ein Wind in der Dämmerung
hindurchfuhr, erzeugten seine Gestalt im heißen Menschenauge — worauf die
Menschen hinwiederum, die trunkenen Winzer und Hirten, diese seine Ge=
stalt annahmen. Und ganz ebenso, wie die späteren Darsteller dieser
Satyrungeheuer, leiteten die Darsteller der Niggerungeheuer ihre Figur ab
von einem Material, das sie vorfanden und das hier nur nicht trunken
und traumhaft erschaut wurde, sondern zum Unterschiede einmal lebendig
und leibhaftig da war. Aber eine Imitation im eigentlichen Sinne ist
deshalb der Variétéexcentrik noch lange nicht. Dazu fehlt vor Allem das
Moment der Absicht, fehlt die Tendenz einer Imitation. Denn unser
Excentrik, wie wir ihn kennen und wie er für seinen Teil den Humor der
Zeit ausmacht, will seinerseits ja nicht etwa die Aeußerungsformen des
Niggers wiederholen, will einen Nigger nicht imitiren und parodiren. Oh
nein, der Nigger geht ihn, nachdem er von ihm Alles genommen, was ihm
als Requisit oder Trik dienlich sein könnte, nachdem er sich von ihm hat
aufmerksam machen lassen auf die Lachwirkung toller Couleuren und Linien,
gar nichts mehr an und seine Aufmerksamkeit wird einzig und allein dem
Europäer zugewendet. Den will er verhöhnen .. oder vielmehr, da er sich ja
nicht an einen bestimmten Typus bindet, er will die europäische Lebensauffassung
und Weltanschauung verhöhnen. Und zu diesem Zwecke kann er sich zunächst
und unter Anderem der Aeußerungsformen des Niggers bedienen, kann von
ihm ableiten, weil der dasselbe gewollt, nur ohne zu verstehen, um was
es sich bei dem ganzen Europäertum eigentlich handelt.

Der Excentrik dagegen versteht es. Er wird nicht gerade ein be=
sonderer Zeitphilosoph und Zeitpsycholog sein, aber er hat doch sozusagen
den „Tik" der Dinge heraus und kennt das, was man „den Humor
davon" zu nennen pflegt. Humor jedoch ist schon Wissen, Einsicht in's
Lebensgefüge, Erkenntniß von Zusammenhängen. Wer Humor hat, steht
schon in irgend einer Weise über dem Leben. Und der Excentrik im Be=
sonderen steht so über der durchschnittlichen Mittelschicht der Menschheit, die
sein Publikum ist, wie der Nigger noch darunter stand, der bornirte
Nigger, der nur humoristisch wirkte.

Freilich muß man zunächst an das amerikanische Publikum, an die
Mittelschicht specifisch amerikanischer Menschheit denken: darnach erst wird

man für die ganze civilisirte Menschheit und das Verhältniß des excentrischen Humors zu ihr verallgemeinern dürfen.

Amerika, Nordamerika, ist das Land, wo Faust und Fleiß, Intellekt und Energie des europäischen Menschen in verhältnißmäßig kürzester Frist das Neueste, Kühnste, Größte schufen, was in diesen Kulturläuften überhaupt schaffbar war. Eine wahre Wut, Neues erstehen zu lassen, Dinge möglich zu machen, die bis dahin unmöglich geschienen, ging dort durch das ganze letzte Jahrhundert. In Europa lernten wir diese Wut ja auch kennen, in Deutschland etwa in der Gründerzeit, aber bei uns stand sie zunächst auf einer schwindelhaften Basis und war Parvenuwut. In Amerika dagegen war sie richtiger Piniereifer und organisch durchaus berechtigt: durch die körperliche Konstitution des Amerikaners, durch die Ausgedehntheit der Dimensionen, die er völlig spielraumfrei vor sich sah, und durch Anderes mehr. In Amerika, wo kein Neues auf ein Altes geklebt, wo das Neue vielmehr ganz selbstständig aus dem Boden geschlagen wurde, konnte man so recht sehen, wie durch die moderne Civilisation die alte Erde wieder einmal ein ganz anderes Antlitz erhielt und wie Menschen mit einem ganz veränderten Daseinsglauben an das Werk ihrer Zeit gingen. Deshalb konnte auch das Bewußtsein, daß die Zeit, in der Solches sich bereitete, eine wahrhaft bedeutende sei, konnte die Ueberzeugung, in einem wahrhaft großen Abschnitt Menschheitsgeschichte geboren zu sein und zu leben, in Amerika weit allgemeiner und vertiefter werden als bei uns, die wir noch immer an vergangenen Zeiten zu schleppen haben und immer nur in einzelnen verwegenen Geistern zu einer Erkenntniß des neuen Zeitwillens kommen. In Amerika dagegen drückte sich dieser Zeitwille in jedem Einzelnen aus und ging mächtig durch die Masse, und Keiner war, der ihn nicht täglich in irgend einer Weise an sich selbst verspürte — wenn er nicht gerade noch „von gestern" war, was aber eben in Amerika kaum vorkommt. Im Gegenteil, Aller Nerven sind dort „auf morgen" gespannt, und der Gedanke an die Zukunft, an die beständige Umsetzung in Gegenwart und Zukunft, herrscht vollständig, beschäftigt jeden Kopf und verdichtet sich in der Allgemeinheit zu dem stolzen Gefühl: wir Amerikaner wollen Alles! und wir können auch Alles, was wir wollen! es kann nichts aufkommen bei uns oder in der Welt an Gedanken, Plänen und Absichten, was nicht alsbald auch schon durchgesetzt, was ausgeführt und erreicht sein wird! Durch uns ist der Menschheit wieder einmal gezeigt, daß tatsächlich Alles menschheitsmöglich ist.

Auf diesen Kulturenthusiasmus des Amerikaners und die mit ihm verbundene persönliche Fixigkeit, die Rapidität, mit der eine Idee aufgenommen und alsbald auch schon verwirklicht wird, reagiert der Humor des Excentriks. Der Excentrik zeigt gleichfalls, daß „Alles menschheitsmöglich ist" — namentlich das Unmögliche. Und er zieht dazu seine Demonstrationen nur herüber aus dem Bereich des Seriösen in das des Komischen und läßt sie dort auswachsen zu einer Possenreißerei, die von einem wahren Irrsinn des menschlichen Handelns überhaupt ist.

Warum lachen wir, wenn ein Excentrik sich ein Streichhölzchen an seinen Bartstoppeln anzündet?

Wir denken im Augenblick gar nicht daran, daß die Bartstoppeln ja künstliche sind und zur Reibfläche wohl präparirt; uns verblüfft nur die Tatsache als solche, an deren Möglichkeit wir bis dahin überhaupt nicht gedacht haben, uns verblüfft, daß etwas, was uns sonst Unmöglichkeit hätte scheinen müssen, Möglichkeit geworden. Der Kerl hat ja Recht, sagen wir uns, warum soll man, wenn man keine Streichschachtel zur Hand hat, sich ein Streichhölzchen nicht einfach an der Backe, an den Bartstoppeln anzünden können? und überhaupt, warum soll man nicht solche Streichhölzer erfinden, mit denen man nur irgendwohin zu fahren braucht — und es ist schon Feuer da? man muß bloß darauf kommen! aber möglich ist's durchaus, denn es ist ja Alles möglich, wie wir hier wieder einmal an einem schlagenden Beispiel gesehen!

Das Ueberraschende also, die Einsicht, die wir gewinnen, daß auch das Ausgefallenste, auf das ein Menschenkopf nur verfallen kann, immer noch eine Kehrseite hat, die dem Verwirklichbaren zugewandt ist, die Verkehrung des Unvernünftigen in ein scheinbar Vernünftiges, ja sogar äußerst Praktisches, zum mindesten in das Allereinfachste und Allernächstliegende: das macht den Humor des Excentriks aus, der immer in irgend einer Weise die Frage beantwortet, warum soll man etwas nicht so und so machen können?

Und immer beantwortet der Excentrik — wie bezeichnend! — die Frage positiv. Denn es kommt nie vor, daß ein Excentrik auf keinen Ausweg verfiele: im Gegensatz zu unserem „Dummen August" der 70er, 80er Jahre, der auf „deutsche Michel"-Gefühle im Publikum reagirte und immer auf das Einfachste und Nächstliegende nicht verfiel, oder, wenn doch, zu spät darauf verfiel und überhaupt Alles falsch machte. Ja, man kann sagen, daß ein Excentrik um so excentrischer ist, in je kürzerer Zeit er auf möglichst viel verfällt und ihm möglichst viel gelingt: so will es der praktische Sinn des Amerikaners, für den es ein Negatives nicht giebt und der nur den Effekt der Dinge anerkennt. Der Mensch ist dazu da, um über die Dinge zu siegen, das ist das Leitmotiv seines Lebens, und es ist zugleich — das Leitmotiv der Kunst des Excentriks.

Damit hängt zusammen, daß es — ebenfalls sehr bezeichnend! — keinen toten Excentrik giebt. Pierrot beispielsweise, diese komische Figur einer untergehenden Zeit, fand eigentlich erst im Tode den Sinn seiner leidenden Gestalt. Die handelnde Gestalt des Excentriks dagegen, dieser komischen Figur einer jung aufsteigenden Zeit, überwindet auch den Tod. Sein Körper scheint wie immun zu sein: es giebt nichts, was man nicht mit ihm anfangen könnte. Das eine Mal donnert ein schwerer Amboß hammer auf seinen Schädel nieder: der Excentrik grinst nur. Das andere Mal wird ihm ein Wasserkrahn in den Leib gestoßen und dieser ganz gemütlich ausgepumpt: der Excentrik grinst nur. Und wenn er, wie in einer häufig gezeigten tollen Scene, vor den Augen des Publikums von einem zweiten Excentrik regelrecht geviertelt, ja wenn die einzelnen, selbstverständlich vorgetäuschten Stücke in einem brennenden Hause mitverbrannt wurden: am Schlusse liefen sie selbsttätig wieder zusammen, von da ein Arm, von dort ein Bein, von da der Kopf, von dort der Rumpf, und setzten sich durch eine geschickte Illusion zu dem ersten Excentrik wieder zusammen, an dem der zweite vorher seine Operationen so fröhlich geübt hatte: mit fürchterlichem Gebrüll schüttelten sich die beiden Gegner schließlich die Hände und verbeugten sich vergnügt grüßend vor dem verblüfften Publikum. Es war der grimmigste Hohn auf den Mord, den man je gesehen, und eine vollständige Aufhebung seiner Tragik.

Das Letztere, daß der Excentrik auf Negativ-Wertiges im Menschenleben wenigstens indirekt eingeht, ist dabei das Wesentliche. Täte er es nicht, bestätigte er den Menschen nur einfach in seinen Leistungen der Kraft und Geschicklichkeit, so würde er noch nicht komisch wirken und nichts weiter sein als irgend ein stumpfsinniger Athlet oder Jongleur. So aber kommt Gegensätzlichkeit, die ewige Mutter des Humors, in seine Leistungen, und es zeigt sich, daß er neben dem vitalen „Tik" der Dinge auch noch sozusagen einen moralischen heraus hat.

Denn wenn der Excentrik vor die Rampe tritt, so weiß er ja ganz genau, daß im Leben jedes Einzelnen da vor ihm nicht Alles so ist, wie der Betreffende es wohl möchte, weiß, daß auch der amerikanische Mensch manchmal verspüren muß, wie bei allen Vervollkommnungen, die die Menschheit sich schafft, immer noch ein Rest bleibt und wie alle letzte Vollkommenheit sich ewig schmerzvoll als unerreichbar erweist, und daß der Grund hiervon eben im Menschlichen liegt, in jenem Allzumenschlichen, das auch der Yankee in seiner Natur hat, obwohl es sonst eine Ueberwindernatur ist. Der Yankee will von dieser Möglichkeit, daß auch seine Kraft unter Umständen einmal versagt, freilich zunächst nichts wissen, weil es nicht zu ihm paßt, und er darf auch nichts von ihr wissen, weil ihn das lähmen würde. Und doch erfährt auch er sie täglich in ihrer leibigen aber unabänderlichen Wahrheit, muß täglich auch er sehen, wie er in diesen denkbarsten Gegensatz zu sich selbst, Widerspruch mit sich selbst und seinem ganzen Wesen dadurch gerät, daß er etwas doch nicht in Realität umzusetzen vermag und daß sein Wille und das, was er mit ihm durchzusetzen sucht, ein Verschiedenes sind; sodaß dann die Menschen des XX. Jahrhunderts, die Alles können, andererseits doch wieder gar nichts können und die Bezwinger des Größten oft gerade im Kleinsten versagen und ihnen eigentlich Alles vorkommen müßte, wie ein riesengroßer Unsinn.

Daß der Excentrik auf diese Diskrepanz reagirt, in der Alles beschlossen liegt, was für den amerikanischen und darüber hinaus für jeden modernen Menschen negativwertig und damit unerhört ist, daß er so reagirt, wie er reagirt, daß er mit dieser Diskrepanz zu versöhnen sucht, aber nicht etwa dadurch, daß er tröstend darüber hinwegbringt, sondern dadurch, daß er sie gar nicht ernst nimmt, als solche gar nicht gelten läßt, indem er jedes Negative principiell, und wäre es mit den gewaltsamsten Mitteln, zum Doch-Wieder-Positiven umkehrt: darin liegt dann das letzte Geheimniß seiner Wirkung.

 Und ich denke, es liegt schon ein Symbol darin, daß wir uns Alle merken können: wenn wir so sehen, wie das Wesen von menschlichem Tun und menschlichem Erreichen einfach vertauscht werden kann. Der Excentrik ist nun einmal eine komische Figur, die uns Alle angeht, die damit, daß sie unser Aller Lebenslustigkeit in sich faßt, auch an unser Aller Lebensernsthaftigkeit rührt. Man muß ihn nur ein wenig — ernst nehmen. So ernst, wie die Griechen der Aristophaneszeit ihren Satyr nahmen, dessen letztgeborener Enkel er ist. Dann wird der Excentrik auch von der Volkshalbkunst aus, in deren Sphäre er geboren ward und noch immer steht, weiter wirken können auf die Volkskunst der feineren, der geistigeren Geister. In der modernen Karikatur hat er das ja auch bereits getan, die ganz von seinen sinnvoll-unsinnigen Farben und Linien ist. Aber man denke an die moderne Komödie! Sie steht noch aus, wir haben, abgesehen vom konventionellen Lustspiel, kaum mehr als die naturalistische Posse — wir haben auf jeden Fall keine Komödie, die so scharf, ausfahrend und zeitrepräsentativ wäre, wie etwa in der modernen Karikatur der Stil T. T. Heines umfassend zeitsatirisch ist. Nur in den Ansätzen zu ihr, etwa in denen, die aus Frank Wedekinds excentrischer Vicesmoral kamen, ist etwas von dem Wesen unserer komischen Figur zu spüren, die uns so zeitcharakteristisch zeigt, wie die menschlichen Dinge auch auf dem Kopf stehen können, obwohl sie eigentlich auf den Beinen stehen sollten, und wie sie auf diesen Beinen so ganz unbegreiflicherweise manchmal gar nicht stehen wollen. Gelänge es, diese Auf-dem-Kopf-steh-Technik des Excentriks, diese blutige Parodie all unserer Ideale, diese Tragikomik modernen Menschentums und damit der eigentliche Ausdruck modernen Humors, mit aristophanischem Esprit und aristophanischer Phantasie auf das Theater zu übertragen — wir würden mit einem Schlage die moderne Komödie bekommen. Und in der Durchdringung und Beeinflussung der Kunst kann ja auch schließlich der letzte Sinn, der eigentliche Beruf der komischen Figur einer Epoche nur bestehen: auch ihr Zeitliches will zu einem Ewigen hinaufgeläutert werden.

———

Die ungelöste deutsche Frage.
Von
Kurd von Strantz.
— Berlin. —

Das Wort vom gesättigten Deutschland, das Bismarck mit berechtigtem Stolz, aber gar zu persönlich gelassen aussprach, hat schon zu Lebzeiten an Gültigkeit verloren, als sich die Flämen in Belgien und die unterdrückten Deutschen im Donaureiche mit wachsender Ungeduld und endlich erwachter Tatkraft regten. Eigentlich konnte unser größter Staatsmann nur seine Befriedigung mit dem von ihm erreichten Ergebnis meinen, fand doch schon der Siegespreis des Frankfurter Friedens gerechtfertigten Widerspruch. Die Heeresleitung mußte den Verlust von Befsert (Belfort) beklagen, dessen Verbleiben bei Frankreich ein Loch in unsere südwestliche Verteidigungsstellung riß. Der Vaterlandsfreund sah darin aber die Aufgabe des elsässischen Sundgaues, dessen Südteil mit Mömpelgard noch bis in die napoleonische Zeit hinein, wenngleich unter französischer Oberhoheit, württembergisch geblieben war. Auch leuchtet es ihm nicht ein, daß wir den größeren Teil von Lothringen dem Erbfeinde überließen, obschon es feststand, daß die dort herrschende französische Sprache nur ein fremder Firnis auf altdeutschem Volksboden war*). Ferner ließ sich Deutschland den edelsten Schmuck der alten Kaiserkrone, die reichen Niederlande, entgehen, die Kaiser Max wieder enger ans Reich gebracht hatte. Südflandern, Artrecht, Südhennegau und Kammerich waren alte deutsche Reichslande, die erst Ludwig XIV. zugleich mit dem Elsaß vom deutschen Mutterlande losriß.

---

*) Bismarck wollte sich noch zu Ferrières mit Straßburg allein begnügen, wie er Malet als Beauftragtem der englischen Regierung amtlich versicherte, vgl. Malet, Shifting scenes or memories of many men in many lands (die Erinnerungen des ehemaligen Berliner Botschafters sind höchst lesenswert).

Aber der Schritt von 1866 hatte wohl die Anjou-Guise, also Capetinger, die den lothringischen Herzogshut geerbt hatten, aus dem übrigen Deutschland als Nachfolger der nur auf ihre Hausmacht bedachten Habsburger entfernt, jedoch mit ihrem Reiche auch fast ein Viertel unseres Volkstums im Rahmen des seligen deutschen Bundes aus der näheren Volksgemeinschaft gestoßen. Das deutsch-österreichische Bündnis, das Bismarck schon in Nikolsburg vorbereitete, lieferte den Beweis, daß er die Fortsetzung des völkischen Zusammenhangs beider Staaten für nötig hielt, wie er auch die Einverleibung des Bundesvertrages in die beiderseitigen Verfassungen wünschte. Der schlaue Magnar Andrassy verstand es, sich letzterem Wunsche zu entziehen, nachdem er dank Beusts Preußenhaß schon sein engeres Vaterland von der Wiener Herrschaft losgelöst hatte. Gerade in Ungarn unterdrückte jedoch der magyarische Chauvinismus der Minderheit bereits unser Volkstum, das Bismarck nicht schützte und eben wegen des Bundesverhältnisses auch kaum vor weiterer Vergewaltigung bewahren konnte, zumal Andrassy selbst außerhalb seines Leithalandes wohl aufrichtig deutschfreundlich war.

Aber auch innerhalb der Pfähle des neuen kleindeutschen Reiches ist die deutsche Frage, die seit den Befreiungskriegen die mitteleuropäische Welt bewegte, noch keineswegs vollkommen gelöst. Der alte Bund war eine Staatenvereinigung. Seine Glieder waren mit einer formellen Scheinsouveränität bekleidet, die sie erst in der Gestalt der fürstlichen Libertät von Kaiser und Reich gewonnen und schließlich von Napoleons Gnaden oder dank des Wiener Kongresses ohne Unterordnung unter ein Oberhaupt errungen hatten. Die Kleinstaaten waren überhaupt als selbständige Gebilde von europäischer Geltung nicht lebensfähig; die Mittelstaaten konnten notdürftig die Staatsbedürfnisse befriedigen, mußten aber dem Ausland gegenüber in Streitfragen stets bei einer der beiden deutschen Großmächte unterkriechen. Ein trostloses Bild deutschen staatlichen Lebens!

Auch die heikle Frage der übrigen deutschen Außenlande, von denen Belgien erst dem General Bonaparte kurz vor der Jahrhundertwende überlassen wurde und zwar auf germanischem Friauler Boden im Frieden zu Campo Formio vom 17. Oktober 1797, hat eine unliebsame Verschärfung empfangen, seitdem mit französischer Hülfe die früheren österreichischen Niederlande sich wieder gewaltsam vom Norden trennten, wie dieser einst sich vom spanischen Süden schied. Nur rettete der protestantische Norden dadurch seine altdeutsche Freiheit, während die Französlinge des Südens eigentlich ihr deutsches Vaterland in französische Hände spielen wollten und das orléanistische Königtum des Sohnes Louis Philippes lediglich an dem Widerspruch der Großmächte scheiterte. Doch mußte bezeichnenderweise der internationale Koburger seine Tochter heiraten. Die französischen Neigungen Leopolds II. erklären sich wohl daraus genügend. Die vermeintlich edlen Patrioten des angeblich bedrückten Belgiens waren keineswegs hochgesinnte Empörer wider die holländische Fremdherrschaft, sondern gewöhnliche Parteigänger Frankreichs, um das Werk Ludwigs XIV. weniger mit französischer Waffenhülfe, als mit dem rollenden Franken zu vollenden. Die Vaterlandsliebe dieser abtrünnigen Flamen und Wallonen, deren letzterer Name verwelscht bedeutet und die keine Franzosen trotz ihres schlechten patois sind, war daher weniger berechtigter germanischer Freiheitsdurst, als echt deutsche Fremdenliebe zu dem Nachbarreich, das sie in der Revolution und unter dem korsischen Kaisertum vergewaltigt und bis aufs Blut ausgesogen hatte. Klingender Lohn und kostenlose Ehren würden ihnen nicht gefehlt haben. Es ist Tatsache, daß die Pariser Klubs 1830 eine französische Partei in Belgien ins Leben gerufen haben, die, zu einem aufrührerischen Kongreß vereint, amtlich die Einverleibung ihres Landes oder im Ablehnungsfall die Wahl des Herzogs von Nemours als französische Sekundogenitur beim französischen Minister der auswärtigen Angelegenheiten, dem General Sebastiani, forderte. Der französische König verzichtete nur ungern auf diese Gebietserweiterung. Doch Preußen drohte sofort mit der wirksamen Unterstützung der oranischen Verwandten, so daß auch England den Mut zum schroffen Widerspruch fand, obwohl ihm die volksverräterischen Französlinge, zum Teil frühere französische Offiziere oder gar französische Untertanen der ehemaligen Niederlande, die französisch geblieben waren, wie Gendebien aus Givet, Antwerpen für das Zugeständnis der französischen Besitznahme boten. Ja selbst Preußen sollte mit Luxemburg im alten Umfang, also mit dem heutigen belgischen Anteil entschädigt werden, das freilich ganz hochdeutsch war und ist.

Der Starrsinn des Oraniers und die Schwäche des preußischen Königs führten schließlich die Unabhängigkeit der Südniederlande herbei, aber als französischer Nebenstaat, obschon die wallonische Minderheit sich bloß auf ein Viertel der Gesamtbevölkerung belief. Die neue staatliche Selbstständigkeit bedeutete nur die Unterdrückung des vorwiegenden Niederdeutschtums zugunsten nicht etwa der kleinen wallonischen Minderheit, die geistig und politisch weit hinter dem wohlhabenden und handeltreibenden Flämentum zurückstand, sondern einer Zahl im französischen Solde unter dem Nimbus des so schmählich gestürzten Kaiserreichs stehender Franzosenfreunde, deren Bildung und Erziehung eine durchaus französische gewesen war, wie das ja auch in Deutschland zur gleichen Zeit noch üblich war. Daher empfanden ja auch die katholischen Flamen nicht die volkliche Schmach, die ihnen mit einer durchaus französischen Verwaltung angetan war. In dieser Zeit des nationalen Stumpfsinns war das ruhmreiche Gedächtnis der Sporenschlacht ausgelöscht, wo die deutschen Flandrer die französische Ritterschaft auf dem Brachfeld von Cortryk in den Sand streckten. Die undeutschen Regierungen der Burgunder und Habsburger hatten das deutsche Volksempfinden ertötet. Trotz Befreiung vom französischen Joch waren die Südniederlande, soweit sie überhaupt nicht französisch geblieben und in erweitertem Maße, wie der einspringende Winkel von Givet, zum erneuerten

Bourbonenreiche bank deutscher Waffenhilfe geschlagen waren, nunmehr in noch schlimmerer Weise an das Franzosentum gekettet. Die kleinstaatliche Zerrissenheit Deutschlands hatte die bisherigen österreichischen Niederlande dem deutschen Bunde nicht erhalten können, sondern es dem um die Besiegung Napoleons und die Befreiung auch nur der holländischen Stammlande gänzlich unverdienten Oranier ermöglicht, das Reichsband selbst des Erzstifts Lüttich zu zerschneiden und unter scheinbarer deutscher Oberheit über Luxemburg in völliger Unabhängigkeit die südlichen Landschaften zu erwerben, was seinen großen kriegerischen Ahnen nicht gelungen war. Deutschland zahlte diese reichliche oranische Zeche.

So verlor der neue König der Niederlande eigentlich nichts bei dem belgischen Aufstand, worauf er einen Anspruch seines Hauses hätte gründen können. Aber wir Deutsche mußten der friedlichen Eroberung eines neuen Staates seitens Frankreichs müßig zuschauen, nachdem das deutsche Schwert ihm 15 Jahre früher das Land endgültig entrissen hatte.

Der staatliche Zusammenhang der allemannischen Bauernschaften in den Alpen bis zum langen See (Lago Maggiore) mit dem Reich ist zwar 1648 geschichtlich zerrissen, aber die Alpenbauern hatten sich eigentlich nur der Gewalt der habsburgischen Grundherren entzogen, die freilich zugleich deutsche Kaiser waren. Die fürstliche Hauspolitik trieb diese freiheitsstolzen Oberschwaben aus dem Reichsverband, obschon sie sich durchaus als Deutsche weiter fühlten und nur selbst die Herren geworden waren. Als aristokratische Gebieter ihrer Untertanenlande am Genfer See, im Jura und jenseits des Gebirgskamms im Tessintal und im Veltlin schalteten sie durchaus wie treue Reichsglieder, die die verwelschenden Landschaften den Herzögen von Savoyen und Mailand entrissen und somit bis zum Untergang der alten Eidgenossenschaft dem Deutschtum leidlich erhielten. Freilich die vornehmen Berner Stadtgeschlechter standen auch unter dem Banne der französischen Erziehung ihrer Zeit und leisteten dadurch der Anlehnung an Frankreich Vorschub. Die Bourbonen brauchten zur Bekriegung Deutschlands Soldaten, und die Schweiz fürchtete die Rückkehr der österreichischen Herrschaft. So fanden sich in den Heeren Condés und Turennes ober- und westdeutsche Reisläufer zusammen. Schweizer und deutsche Regimenter aus den wehrlosen Krummstabslanden bildeten den Kern des französischen Heeres, das unser Vaterland verwüstete und nacheinander die oberschwäbische Freigrafschaft Hochburgund, das Elsaß, Lothringen und die südlichen Niederlande dauernd vom Reiche losriß.

Während der Jura und das Waadtland noch deutsch regiert wurden, litt freilich unter dem preußischen Königstum als Fürsten von Neuenburg unser Volkstum. Die bisherige französische Herrscherfamilie hatte absichtlich das Gebirgsländchen verwelschen lassen, und der erste preußische König änderte nichts daran. Die Neuenburger stellten sogar eine förmlich französische

Truppe mit entsprechender Befehlsgebung zum preußischen Heer, die bis zum Verlust des Fürstentums den Ersatz des Gardeschützenbataillons bildete. Bezeichnenderweise lag dem preußischen Könige mehr an der Aufrechterhaltung der veralteten ständischen Verfassung, bei der die Regierungsgewalt in der Hand weniger reichgewordener und geadelter Bürgerfamilien, wie der Pourtelés und Rougemont, lag, als an dem Besitz Neuenburgs selbst, wo der königliche Gouverneur nur eine bedeutungslose Ehrenstellung einnahm. Die verwelschten Westschweizer hatten gerade hier das alte angestammte Deutschtum am frühsten vergewaltigt. Als mit französischer Hülfe und trotz der üblen Erfahrungen der Revolutions- und napoleonischen Kaiserzeit, wo die Schweiz gleich dem übrigen Europa die Melkkuh für die Erpressungen Frankreichs sein mußte, hauptsächlich die welschen Untertanenlande die staatliche Umgestaltung der Eidgenossenschaft unter Aufzwingung der französischen Sprache in dem schon volklich nur allzu weltbürgerlich durchseuchten Lande erreicht hatten, konnte Neuenburg nur durch Gewährung einer Volksvertretung gehalten werden, wie sie die Volksbewegung in Preußen selbst dem Könige abgetrotzt hatte, obschon die angebliche Reaktion unter Manteuffel diese neue Verfassung als berechtigt anerkannt und gegen unverständige Angriffe geradezu verteidigt hat. Die Besetzung Basels und Schaffhausens hätte die Schweiz zur Herausgabe Neuenburgs mit Sicherheit bewogen, da selbst die Scheelsucht Österreichs und Badens den Truppendurchzug bewilligt hatte und auch Napoleon III. dem gerechtfertigten Verlangen Preußens nicht widerstand. Statt aber mit Truppenmacht die schweizerischen Erblande zurückzugewinnen, ließ der König die lediglich um ihre eigene politische, durchaus französisch gehandhabte Macht besorgten Royalisten den verunglückten Putsch im höfischen Einverständnis zum Entsetzen des doch amtlich verantwortlichen und natürlich durchaus unbeteiligten Ministerpräsidenten*) anzetteln. Nunmehr konnte Napoleon als Wohltäter Preußens auftreten und die Schweiz in ihrem Raube schützen, indem er sie zur Auslieferung der gefangenen Königlichen veranlaßte.

Das lediglich auf die Beschirmung eines einzelnen Standes gerichtete Verhalten Friedrich Wilhelms IV. mußte den Riß zwischen Deutschland und der demokratischen Schweiz noch mehr erweitern und Frankreich von neuem zum Retter der Eidgenossenschaft stempeln, eine Geschichtsverdrehung, die schon die Welschschweizer beim Sturz des ersten Korsen mit Erfolg verbreitet hatten. Der widerwärtige und unnatürliche Deutschenhaß der oberschwäbischen und deutsch-burgundischen Schweiz ist dadurch geschichtlich

---

*) Wie der Poschingersche III. Band der auswärtigen Politik Preußens 1850—58 (Berlin 1902, Mittler) aus dem politischen Nachlaß Manteuffels ergibt, der des Ministers staatsklugen Standpunkt beurkundet, entweder kraftvoll loszuschlagen oder den Austrag der Frage bis zu einer günstigen internationalen Lage zu verlagen. 1866 und 1870 hätte die Schweiz Neuenburg bedingungslos herausgeben müssen.

erklärlich. Die Parteipolitik geht eben den vaterlandslosen Deutschen stets über das eigene Volksbelangen im Gegensatz zu Frankreich, das ohne diese deutsche Zerrissenheit wertvolle Perlen seines Länderbesitzes missen würde. Wir dürfen daher bei dieser Geschichtslehre uns nicht verhehlen, daß die Zukunft der Schweiz nur die Wahl hat zwischen französischer Aneignung oder Rückkehr zum alten deutschen Mutterland. Unter den Augen des neuerstandenen kleindeutschen Reichs verwelscht die Schweiz tagtäglich mehr. Schon ist in diesem kurzen Zeitraum das Unterwallis dem Franzosentum erlegen und im volklich deutschen Waadtland werden die zahlreichen einwandernden Deutschschweizer, ja sogar die Reichsdeutschen mangels deutscher Schulen zu Franzosen. Wir sehen also die deutsche Frage in den Alpenlanden eine bedrohliche Form annehmen, da wir eine Stärkung des welschen Erbfeindes weder dulden noch auch volklich und kriegerisch auf die Dauer ertragen können. Eine verwelschte Schweiz, wozu alle Anzeichen, ebenso wie in Belgien, bestehen, ist aber Frankreichs natürlicher Bundesgenosse. Daß auch Italien Fetzen allemannischen Volksbodens jenseits des Monte Rosa, sowie im Tosatale und das ganze Veltlin, das Laharpe 1815 willig an Österreich zur Abrundung des Mailänder Besitzes überließ, friedlich an sich gebracht hat, sollte nicht in Vergessenheit geraten, wo es in Friaul und Südtirol teils politische Eroberungen gemacht, teils sprachlich rastlos fortschreitet und bald die Kammhöhe des Brenners erreicht hat.

Italien forderte 1866 außer Venetien noch Südtirol und Triest als Siegespreis, was Bismarck kurz ablehnte, da diese Landstriche zum Bundesgebiet gehörten und somit deutsch wären. Österreich dankt also jedenfalls die Erhaltung Trients seinem damaligen deutschen Widersacher. Die adriatische Hafenstadt war außerdem wirtschaftlich eine Lebensfrage, da der habsburgische Kaiserstaat auf diesen Zugang zum Meer angewiesen ist, den das ungarische Fiume oder die dalmatischen Küstenplätze nicht ersetzen können. Wir sprechen daher trotz der fortschreitenden Verwelschung Triests diesen Hafen als südlichsten deutschen Besitz und Sektor zur Levante an.

Noch in den Wahlkapitulationen der luxemburgischen Kaiser bis Sigismund wird die Wiedergewinnung des Herzogtums Lombardei gefordert, wozu noch das ganze festländische Venetien gehörte. Die Belehnung italienischer Machthaber lehnten daher die Kaiser bis Karl V. ab, der leider mehr an die habsburgische Hausmacht als an das Reich dachte, als er Mailand zurückeroberte. Damals war es volklich trotz der italienischen Verkehrssprache noch deutsch und galt als deutscher Volksboden*).

Doch dürfen wir diese bajuvarischen Lande unter österreichischer Herr-

---

*) Vergl. die Dissertationen: Magelmacher, Visconti und König Sigismund 1413–1431; Sauerbrod, die italienische Politik König Sigismunds bis zum Beginn des Konstanzer Konzils; Maling-Sammler, Karl IV. v. Lützelburg.

schaft, die freilich im größten Teil Friauls seit 1866 erloschen ist, vorläufig nicht auf die gleiche Stufe mit den sonstigen deutschen Außenposten stellen, solange wir noch an der Annahme festhalten müssen, daß das Donaureich noch ein deutscher Staat ist und deutsche Pflichten zu erfüllen hat. Wir wenden uns deshalb zunächst nach dem Nordosten Europas.

Der Verlust unserer Staatseinheit zum Vorteil eines kleinstaatlichen unabhängigen Fürstentums hat das alte Reich nicht allein um sein einst mächtigstes Herzogtum im Westen gebracht — das ursprüngliche Lothringen reichte vom Ozean bis zu den Südausläufern der Vogesen —, sondern im Osten auch den Kern des Ordenslandes erst in polnische und schwedische, schließlich moskowitische Hand fallen lassen. Schlimmer war es aber, daß sich die deutsche Rückeroberung des anfänglich germanischen Osteuropas nicht unter dem Schirm des Reichsadlers vollzog, nachdem die Kraft des Ordensstaates schon längst gebrochen war. Drei Millionen Deutsche leben auf russischem Boden bis nach Sibirien hinein und die Mehrzahl in festgeschlossenen Siedelungen. Die ¼ Million Balten bilden nur einen Bruchteil der deutsch-russischen Bevölkerung und weisen bloß in den Städten nationale Niederlassungen von Bedeutung auf. Freilich sind die lettisch-estnischen Hintersassen keine Slawen und müssen im Russentum schlimmere Feinde ihres Volkstums erkennen als in den Deutschen, die ihre Sprache und Eigenart geschont haben. Deshalb war es ein schwerer, echt deutscher Fehler, da die Polen die Letten Litanens mit Erfolg versäumt haben. Von der Ostsee bis zum Schwarzen Meer zieht sich ein breiter Ring deutscher Bauernschaften und beträchtlicher städtischer Niederlassungen hin, der besonders in Polen ansehnlich ist. Die Grenzstriche sind häufig deutscher, als auf der preußischen Seite. Im eigentlichen Polen wohnen allein eine Million Deutscher, gegen die sich auch die gegenwärtige, mehr nationale als soziale Aufruhrbewegung in Rußland richtet. Eine so starke Volkszahl können wir nicht aufgeben, obschon gerade die obersten Schichten wegen ihrer Stellung als Beamte und Offiziere leider schon ziemlich verrußt sind. Die Zerstreuung erschwert den Anschluß an das deutsche Mutterland, der sich nur in der Weise zu vollziehen vermag, daß in die baltischen Lande und den verbindenden polnisch-litauischen Landstrich von Samogitien unsere Volksgenossen zurückströmen und die slawische Bevölkerung zwangsweise vor ihnen weichen muß. Eine Berichtigung der polnischen Grenze, die uns kriegerisch wie volklich schädigt, ist dabei nicht zu vergessen. Diese nationale Abrechnung dürfte sogar friedlich erfolgen, wenn dann Rußland Galizien zufällt, von dem freilich der deutsche, einst schlesische Nordwestteil abzutrennen ist. Das Deutschtum ist diese Polen gern los und kann dann Rußland allein die Aufrichtung des erträumten Polenreiches überlassen. Vielleicht ist es nützlich, darauf hinzuweisen, daß selbst das eigentliche Polen nur zur Hälfte aus wirklichen Polen besteht, da Litauer und Ruthenen gar keine Landsleute der Schlachtschizen sind. Wir würden auch unsere unbotmäßigen Polen gegen deutsche

Rückwanderer austauschen können, wie ja im bescheidenen Maßstabe die preußische Ansiedelungskommission für Posen und Westpreußen bereits solche Deutschrussen ansiedelt. Auch hier stehen wir also vor einer ungelösten nationalen Frage.

Wir müssen uns nochmals nach Westen wenden, um an den Rheinmündungen mit Betrübnis ein sprachlich stark unter französischem Einfluß stehendes deutsches Außenland zu finden, das sich freilich seine Mundart erhalten, aber seine Sprache zum eigenen Schaden allzu sehr vom Mutterland abgeschlossen hat. Außer Schwedisch ist keine deutsch-germanische Sprache, abgesehen von dem neuzeitlichen englischen Mischmasch, so von Fremdwörtern verunziert, wie Holländisch. Ja selbst die Sprachlehre und der Satzbau sind vom Französischen beeinflußt worden. Sind die Südniederlande schon allzu sehr verwelscht, so würde das Los des Nordens das gleiche sein, schlösse er sich nicht gleich den Flämen an die alte Heimat nach den trüben Erfahrungen der französischen Vergewaltigung an. Aber von den unverhohlenen französischen Neigungen Hollands bis zur Deutschfreundlichkeit ist leider bei dem deutschen Sondersinn dieser zähen Küstenbewohner noch ein weiter Weg. Freilich der nationale Begriff Deutschlands ist erst 1870 wieder hergestellt, nachdem das deutsche Volk 1815 um seine Freiheit und Einheit betrogen worden war. Denn die klugen Oranier zogen den Hauptnutzen aus der dynastischen Quacksalberei des Wiener Kongresses. Dankbarkeit für die Rettung aus der französischen Not war nicht ihre Sache. Aber auch ihre neuen Untertanen, die ihre frühere republikanische Unabhängigkeit verloren hatten, waren nicht erkenntlicher. Tatsächlich leben die oberen Gesellschaftsklassen Hollands noch im Zeichen des 18. Jahrhunderts, wo Französisch in Sprache und Erziehung Trumpf war. Das Salongeschwätz ist noch heute französisch. Politisch ist nur eine geringere Besserung eingetreten. Während Frankreich seit den spanischen Freiheitskämpfen die holländischen Generalstaaten angegriffen und auch öfters erobert hat, wird stets dem unschuldigen Deutschland die gleiche Absicht untergeschoben, obwohl es sich die Entfremdung dieses reichen Tochterlandes ohne Gegenwehr hat gefallen lassen. Höchstens unsere frühere Gleichgültigkeit können uns die friesischen Brüder vorwerfen. Doch jetzt würde ihnen der starke Arm der größten festländischen Kriegsmacht nicht fehlen. Als jüngst ein harmloser Postvertrag der beiden Nachbarländer erwogen wurde, hat sich gerade der Generaldirektor der niederländischen Post anscheinend auf Grund der Statistik gegen jede engere Verbindung ausgesprochen, obschon jene nur den Vorteil Hollands dartun. Freilich folgte ihm die Amsterdamer Handelskammer, in der die alliance française mächtig ist. Das belgische Antwerpen ist deutscher als das holländische Amsterdam gesinnt. Der letzte Prinz von Oranien, d. h. der Kronprinz, war ein völliger Pariser geworden. Die Angst vor England für seine Kolonien und die Furcht vor Wiederholung der Eroberung des Mutterlandes können allein das vereinsamte und machtlose Holland an seine nationale Pflicht gemahnen und es dadurch vor gänzlicher Vernichtung bewahren*).

20 Millionen Deutsche wohnen jedoch in diesen deutschen Außenlanden, die dem kleindeutschen Reiche als Bollwerke vorgelagert sind. Mehr als ein Drittel der Reichsbevölkerung, die infolge der polnischen Beimischung nicht einmal durchgehend deutschen Stammes ist, beträgt die Zahl der entfremdeten deutschen Brüder in diesen kraftlosen Kleinstaaten, die bloß von der Gnade der Großmächte leben und nur unserer Macht die Aufrechterhaltung ihrer zweifelhaften Selbständigkeit verdanken. Sie sind eben die gleichen Kleinstaaten außerhalb des Reiches, wie einst im seligen deutschen Bunde die Mittelstaaten, die sich auf ihre europäische Bedeutung so viel einbildeten, obwohl nur Österreich und Preußen diesem Größenwahn den Schein der Berechtigung liehen. Die Neutralität Belgiens und der Schweiz wird keine Einverleibung, noch selbst einen gewaltsamen Truppendurchmarsch hindern. Daher denken beide Schutzstaaten Europas auch selbst an ihre Verteidigung und werden auf die Dauer kaum bei Miliz oder gar Werbesystem bleiben können, was sie auch selbst wohl fühlen. Aber zum Gefühl ihrer deutschen Abstammung und der Notwendigkeit des Anschlusses an das Mutterland gegenüber den großen Einheitsstaaten sind sie bisher noch nicht gelangt. Wir selbst sind zu zurückhaltend aus schwächlichen Bedenken vor der Eigenart dieser Stammesgenossen, die jedoch Franzosen und Russen in keiner Weise geschont haben.

Im Entscheidungskampf des Deutschtums wider Russen und Romanen auf dem Festland und wider das Angelsachsentum über See wird es von weittragender Bedeutung sein, ob wir um ein Drittel stärker an reinen Volkselementen sind oder durch deren Zahl die Reihen unserer Widersacher stärken. Wirtschaftlich müssen wir im Besitz unserer großen Strommündungen am Weltmeer und der Alpenpässe sein und können uns nicht den Zugang durch schwache Nachbarn versperren lassen, deren Land in die Gewalt unserer Volksfeinde fallen wird, falls wir es nicht schützen. Die Staatseinheit unseres Volkes ist so lange nicht hergestellt, als diese Außenlande im Verein mit dem Donaugebiet nicht wieder im großen Reichsverband stehen, wozu die bündischen Formen des Reiches besonders geeignet sind. 1866 glaubten wir den Dualismus des alten deutschen Bundes zugunsten Preußens entschieden, als wenn nicht die Österreicher und die Deutschungarn auch von unserem Blute wären und wir im Donautale bis zum Schwarzen Meer den althergebrachten Einfluß aufrechterhalten müßten, den beim etwaigen Zerfall des Donaureiches Rußland gewinne.

---

*) Der jüngste Arbeiterausstand zeigt bei aller Tatkraft der Regierung doch die Schwäche dieses von seiner Handelshöhe gesunkenen Staatswesens. Nordborneo hat es trotz Rechtsverwahrung England überlassen müssen, während Bismarck diese ihm angebotene Erwerbung allzu rücksichtsvoll ablehnte.

Gerade jetzt erkennen wir den alten Machtbereich der deutschen Ostmark, deren innere Kraft keineswegs zu unterschätzen ist und lediglich auf dem deutschen Volkskitt beruht. Übrigens müssen wir unter Hinzurechnung der slawisierten und italienisierten Deutschen den deutschen Bruchteil des Habsburgerreiches auf mindestens 16 Millionen schätzen, die bisher den Rest der Bevölkerung beherrschten und auch geistig noch leiten. Wir sehen also, daß in Mitteleuropa noch die größere Hälfte (36 Millionen) der Volkszahl des Deutschen Reiches außerhalb der schwarz-weiß-roten Pfähle steht und somit ein reichliches Drittel aller europäischen Deutschen selbst die notdürftige Staatseinheit des kleindeutschen Reiches Lügen straft, da man bei solchem Zahlenverhältnis nicht von einer deutschen Staatseinheit reden kann. Die Franzosen sind staatlich geeint, denn die Wallonen und Westschweizer sind keine Franzosen, sondern verwelschte Deutsche, wie ihre französisch gewordenen Stammes=brüder in Hochburgund, Lothringen und den französischen Niederlanden*).

Ohne die deutsche Vorherrschaft im Donaureich fehlt der habsburgischen Monarchie die Daseinsberechtigung, da sie sich sonst in ein Länderbündel ohne festen Zusammenhang auflösen würde. Für die Ansprüche der haupt=sächlichsten Verfechter der Selbständigkeit der einzelnen undeutschen Volks=splitter in Österreich-Ungarn ist die Tatsache maßgebend, daß Kossuth selbst zur Zeit einer strafferen deutschen Regierung im Gebiet der Stefanskrone ganz harmlos auf den Abfall der Bevölkerung von 15 Millionen für magyarische Sonderzwecke rechnete und dem italienischen Minister Lamarmora wohlweislich verschwieg, daß nur die damals kaum 5 Millionen betragenden Magyaren als Feinde des Kaiserhauses anzusehen seien, denen eine über=wiegende Mehrheit von Rumänen, Kroaten und Deutschen als dessen treue Anhänger gegenüberstand. Jetzt ist dank des Liebesdienstes des Sachsen Beust die maßlose Forderung der Magyaren staatsrechtlich erfüllt, da die Staatsverfassung nach magyarischem Muster und Willen zugeschnitten und die unbeholfene Sprache wirklich zur Staatssprache erhoben ist. Das Gegenstück bildet das Auftauchen eines tschechischen Staates, dessen Verwirklichung in Frankreich schon ernsthaft behandelt wird und zu politi=schen Kannegießereien den willkommenen chauvinistischen Anlaß gibt. In der nationalistischen Pariser „Revue" finden sich regelmäßig Aufsätze über die tschechische Literatur, deren Hauptträger die echten Wenzelssöhne Jungmann, Zeyer und Kronbauer sind, wie die Politiker Rieger, Gröger und Herold doch wohl auch kein Tröpflein Slawenblut aufzuweisen haben. Be=kanntlich nährt sich auch das Magyarentum von deutschem Lebenssaft, da wohl eine volle Million deutscher Abtrünniger äußerlich zu Magyaren geworden ist. Diese minderwertigen Völkerschaften haben gerade seit dem Ausgleich von 1867, der das unterworfene Ungarn zum gleichberechtigten Staat im

---

*) Kurd von Strauß, Das verwelschte Deutschtum jenseits der Westmarken des Reiches. Berlin und Leipzig 1902, Fr. Luckhardt. 2. vermehrte Auflage.

Gesamtreich machte, unserem Volkstum den erheblichsten Abbruch getan. Das deutsche Schwert hat die Donauebene den Türken entrissen. Der Türkenpfennig und ein Reichsaufgebot waren eine ständige Hülfe für die kaiserlichen Heere. Die Magyaren bildeten dabei die Nebensache, wie sie auch nur ein Volksstamm unter den anderen im Donautale sind. Ja sie fochten häufig auf der stammverwandten osmanischen Seite.

Geradezu lächerlich ist jedoch die slowenische Unabhängigkeit. Die slowenische Schriftsprache ist ein Erzeugnis deutscher Sprachgelehrten voller deutscher Lehnworte. Trotzdem hat sie im friauler Küstenland und Krain tatsächlich die herrschende deutsche Sprache fast verdrängt, obwohl jeder gebildete Slowene der deutschen Rede mächtig ist. Im Lande des böhmischen Staatsrechtes ist das Deutschtum sogar bereit, in eine völkische Teilung des Sprachgebietes zu willigen und damit die Gleichberechtigung der tschechischen Mundart anzuerkennen, was unserem Volkstum zur geringen Ehre gereichen würde. Die älteste deutsche Universität im deutschen Prag ist national in zwei Hochschulen gespalten und das goldene Prag tatsächlich eine tschechische Stadt geworden.

Regieren in der Hälfte jenseits der Leitha die Magyaren unter offener Unterdrückung des Deutschtums in unbestrittener Weise, so bilden im andern Reichsteil die Polen das Züngelein an der Wage und beuten die Steuerkraft Österreichs für die Mißwirtschaft Galiziens aus. Die Tschechen halten dagegen die Regierung in Atem und nutzen die Uneinigkeit der parteizerrissenen Deutschen vorteilhaft für sich aus. Das Bündnis mit dem kleindeutschen Reiche beruht aber lediglich auf der Volksgemeinschaft und der wirtschaftlichen und politischen Sendung der Ostmark in Südosteuropa, die ein loderes slawisch-magyarisches Staatenbündel nicht vollführen kann. Wir müssen ein deutsches Habsburgerreich im eigenen Interesse schirmen und stützen, ein slawisches wird aber unser schlimmster Feind und bedeutet den Zerfall Österreichs. Wir erwarten den Fortbestand des alten deutschen Staates, können uns aber nicht verhehlen, daß bei der nationalen Schwäche der deutschen und der undeutschen Gesinnung der leitenden ultramontanen Kreise auch ein slawisch-magyarischer Staatenbund entstehen kann, den unser Schwert vernichten muß, sollte er ins Leben treten. Sonst haben wir im Osten nur an den Rumänen eine Stütze wider das übermächtige Slawentum, und doch bekämpft gerade das Magyarentum die ungarischen Rumänen, die auch der Deutschungar nicht zielbewußt unterstützt. Der alte deutsche Dualismus besteht also munter fort und bedarf sogar unseres Schutzes, solange die Ostmark sich ihres deutschen Berufes gewiß bleibt. Aber die deutsche Einheit in staatlicher Beziehung ist noch ein unerfüllter Traum. Ob der Bundesstaat, der Deutsches Reich heißt, den endlichen Eintritt unserer Staatseinheit erleichtert und dadurch die fortdauernde Kleinstaaterei national rechtfertigt, ist vielleicht nicht gänzlich in Abrede zu stellen, wenn die Einfügung aller deutschen Außenlande sich auf dem Wege der Unterordnung unter das Reich bei Fortdauer der inneren Selbständigkeit ermöglichen ließe, was bei Holland, Belgien und der Schweiz wohl der Fall sein könnte. Ein Ausgleich mit Österreich müßte aber dann noch gefunden werden, und eine Wiederholung von 1866 ist nicht ausgeschlossen, falls nicht unser Volkstum bald zur unbedingten Herrschaft gelangt, die eine innigere Verbindung mit der Ostmark herbeiführen muß.

Bismarck hat in einem Briefe vom 12. Juli 1867 an seinen vortragenden Rat, den späteren Botschafter von Keudell, wörtlich geschrieben:

„Die Erhaltung des österreichischen Staates liegt meines Erachtens in unserem Interesse, wenn sie irgend mit unserer Existenz verträglich bleibt."

In Befolgung dieses Gedankenganges hat er ein Jahrzehnt später das deutsch-österreichische Bündnis geschaffen, obschon bereits damals widerdeutsche Interessen im habsburgischen Reiche erfolgreich in die Staatsleitung eingriffen. Der deutsche mitteleuropäische Völkerverein vom Belt bis zur Adria, vom Wasgenwald bis zu den Karpathen und dem Eisernen Donautor steht und fällt mit dem deutschen Charakter unseres Bundesgenossen. Wir wünschen keine Angliederung rein deutscher Teile der Ostmark, während in den gemischten Bezirken Millionen unserer Stammesbrüder dem slawisch-magyarisch-welschen Verderben preisgegeben wären. Nur im vollen Umfang kann Österreich erhalten oder muß von uns aufgesogen werden, was wir in absehbarer Zeit gar nicht begehren. Die Deutschen Österreichs und Ungarns sind der feste Kitt, der die Schöpfung der Habsburger zusammenhält und uns die treue Bundeshülfe gewährleistet. Zerstört die Regierung dieses Bindemittel, dann ist es unsere Volkspflicht, das Deutschtum bis zur unteren Donau auch gewaltsam zu schirmen. Rußland und Frankreich können wir mit fremden Brocken abspeisen, so daß sie die Tschechen und die Magyaren sicherlich im Stiche lassen. Galiziens Aufgabe wäre ein prächtiger Bissen für die Moskowiter und eine Erlösung für den übrigen Staat. Unser Sieg ist also gesichert.

Aber wie sieht es bei uns im kleindeutschen Reiche selbst aus? Lorenz *) gibt recht unerfreuliche Aufschlüsse über die frühere rheinbündische

---

*) Ottokar Lorenz, Kaiser Wilhelm und die Begründung des Reiches 1866—71. Jena 1902, G. Fischer. Sein Standpunkt, Kaiser Wilhelm zum Träger der Handlungen zu machen, die Bismarck vollführt oder angeregt hat, ist verfehlt. Daß König Wilhelm in Ems nur scheinbar selbständig gehandelt hat, ist jedem Kenner der Bureaukratie klar, da sich nicht nur ein vortragender Rat des Auswärtigen Amtes, sondern auch der Pariser Gesandte bei ihm befanden und Bismarck persönlich die Hohenzollernsche Kandidatur förderte. Beim Empfang der Emser Depesche war Bismarck bekanntlich schon im Kriegsrat mit Moltke und Roon begriffen, während der König sich noch nicht klar darüber war, daß nunmehr der Krieg unvermeidlich war und daher seine Berater schon ihre entsprechenden Maßnahmen trafen. Nach fürstlicher Auffassung mag ja der ein Schriftstück vollziehende Herrscher als Schöpfer eines Werkes gelten, nach geschichtlicher und politischer Anschauung fällt dem geistigen Urheber das Verdienst zu. So irrt auch Lorenz, wenn er glaubt, daß der Major

Gesinnung Bayerns trotz der Bundesverträge nach 1866 und deren reichsschädliche Betätigung bei Begründung des neuen deutschen Staates. Württemberg war nicht besser; Badens scheinbare Selbstlosigkeit wurde durch den Umstand bedungen, daß es der napoleonischen Gnade einst mehr als die Vervierfachung der kleinen Markgrafschaft auf Kosten seiner Mitstände verdankte — es stieg von 62 Quadratmeilen auf 278 — und stets die Rückforderung der badischen Pfalz seitens der angestammten Wittelsbacher fürchtete. Übrigens wünschte der Minister Jolly trotzdem den elsässischen Zuwachs, den freilich sein Gebieter ablehnte. Der Darmstädter Preußenhaß betrübte selbst die englische Prinzeß Alice. Hessen wurde durch den Korsen um das Dreifache seines ursprünglichen Gebietes vergrößert und schielte 1866 offenkundig nach Frankreich, wo es wohl einen neuen Wohltäter in dem Neffen des ersten Napoleon zu finden hoffte. Daß die süddeutschen Dynastien mit rühmlicher Ausnahme Badens bloß ihren Eigennutz in bedauerlicher Selbstüberschätzung ihrer Bedeutung für das große Vaterland, dessen Unglück seit der Stauferzeit sie waren, im Auge hatten, ist menschlich erklärlich, wenn auch national verwerflich, aber auch nicht weiter verwunderlich, wenn man bedenkt, daß schon im 15. Jahrhundert ein bayerischer Herzog mit Frankreich wider das Reich anbandelte, also Reichsverrat trieb. Jedoch auch die Mehrheit der Bevölkerung, jedenfalls aber deren Vertreter in den Kammern standen aus blindem Preußenhaß und durchaus unberechtigtem Stammestrotz hinter ihren Fürstenhäusern, der württembergische Demokrat Arm in Arm mit dem bayerischen Ultramontanen. Neubayern konnte sich nicht einmal auf die Wahrung stammlicher Eigenart berufen, da der bayerische Stamm sich gegenüber den Franken und Schwaben jetzt in der Minderheit befindet. Geradezu widersinnig war und ist es noch heute, daß selbst die ehemals Reichsunmittelbaren zur bayerischen Krone hielten, die sie doch ihrer Selbständigkeit mitten im Frieden und nur mit Hülfe des Auslandes beraubt hatte. Der sonst so verlästerte, hier aber berechtigte Familienstolz war diesen Geschlechtern ganz geschwunden im Glanze der napoleonischen Königskrone Bayerns.

Bismarck hat offen erklärt, daß er in den Novemberverträgen Bayern und Württemberg, also schon mitten im siegreichen Kriege, so weitgehende und die Reichseinheit durchbrechende Zugeständnisse hätte machen müssen, weil sonst der Abfall Bayerns unter Anschluß an Österreich und damit der Bund mit Frankreich zu gewärtigen gewesen und Württemberg den Nachbarn gefolgt wäre. Zu all dem Raub der Rheinbundszeit forderte Bayern noch eine weitere Gebietserweiterung, besonders Weißenburg, obwohl es

---

v. Versen als höflicher Vertrauensmann mit Bucher nach Spanien gesandt wurde. Er hatte vielmehr in Südamerika gekämpft, kannte auch altspanische Verhältnisse und war der Landessprache kundig, weshalb er zum Begleiter des Diplomaten bestimmt wurde.

seistand, daß selbst Preußen nichts für sich haben wollte. Da der Kriegsminister Pranckh erst 1869 die vertragsmäßige Neubildung der kläglichen Heeresverfassung bei dem Widerstande der sogenannten Patrioten durchsetzte, war die Kriegstüchtigkeit der bayerischen Truppen bei aller Tapferkeit der Mannschaften und Pflichttreue der Offiziere doch nur eine ziemlich mäßige, was natürlich nur in der mangelnden Ausbildung lag. Die Deutschen der oben gedachten Außenlande waren freilich zum Teil nicht weniger undeutsch gesinnt. Die Liberalen Österreichs, die jetzt die festen Stützen des Bündnisses sind, und die Züricher, deren gegenwärtige Deutschfreundlichkeit angenehm von der französischen Fremdenliebe der Berner absticht, wünschten den napoleonischen Adlern offen den Sieg. Ja am Tage der Kaiserverkündigung in Versailles hatten die bayerischen Kammern noch nicht ihre Zustimmung zu den überaus günstigen Verträgen auf Kosten des Reiches gegeben, die erst 3 Tage später das Ministerium mit äußerst geringer Mehrheit, eigentlich nur durch Stimmenthaltung einiger reumütiger sogenannter Patrioten, erreichte.

Angesichts dieser geschichtlichen Entwicklung müßte man annehmen, daß die beiden süddeutschen Königreiche, Regierung wie Volk, allen Grund hätten, durch eine besondere Reichsfreundlichkeit jene schweren, nationalen Sünden zu sühnen, da nunmehr ein Zweifel an ihrer patriotischen Gesinnung im allein echten deutschen Sinne nicht gestattet ist. Bei dem deutschen Sondergeist, dem auch die unheilvolle dynastische Zersplitterung entsprungen ist, ist man ja mit Recht geneigt, das schwache Volksgefühl einer früheren Zeit milder zu beurteilen, zumal in dieser dynastischen Anhänglichkeit noch ein Stück altdeutscher Mannentreue zu erblicken ist, der wir die monarchische Gesinnung unseres Volkes danken. Aber leider hat der Ausbau des Reiches noch unter Bismarck eher Rückschritte in der Richtung der Staatseinheit gemacht, als daß er das Band des Reiches enger um die Einzelglieder geschlungen hätte. Der alte Kaiser wollte ein kaiserliches Heer haben, noch heute ist der unabhängige Oberbefehl im Frieden Bayern gewahrt. Bismarck glaubte an die Erkenntlichkeit der bevorzugten Bundesstaaten, die ihm wider den Willen der übrigen Regierungen und des ganzen Volkes diese unverdienten Vorrechte dankten. Er hat sich getäuscht. Die Reichseisenbahn scheiterte. Die Reichsversicherung sah völlig unnütze Landesversicherungsämter neben der Reichsstelle erstehen. Das Reichsgericht führte nicht die Aufhebung des obersten bayerischen Gerichts herbei, das sogar fast verfassungswidrig nach der Geltung des bürgerlichen Gesetzbuches fortbesteht.

Es läßt sich nicht leugnen, daß selbst im bescheidenen Rahmen des Reiches die deutsche Frage noch nicht eine befriedigende Lösung gefunden hat. In Württemberg steht der König allein inmitten einer widerspenstigen demokratisch-klerikalen Mehrheit in seinem Bestreben nach innigeren Beziehungen zum Reiche, die sich militärisch in Form eines Austausches der Offiziere zwischen Preußen und dem schwäbischen Bundesstaat unter Beförderungsvorteilen für das kleinere Kontingent anbahnen. Trotzdem wird auch in diesem kleinen Heeresteil über die Verpreußung gescholten, die ihm sogar Freistellen im preußischen Kadettenkorps eingetragen hat. Bayern ist noch völlig vom Reiche, das militärisch doch nur durch die preußische Vormacht vertreten werden kann, abgeschlossen und wacht eifersüchtig über seine Sondereinrichtungen; nur zum Artillerielehrgang in Jüterbog hat es sich bequemen müssen. Bekanntlich hat nachträglich aus Betriebsnöten der Gedanke einer Reichsbahn auch Anhänger im partikularistischen Süden gefunden. Doch widerstrebt dort natürlich wieder Bayern. Der preußische Eisenbahnminister weist aber jetzt auf seine höheren Überschüsse hin, die dem Staatshaushalt unentbehrlich sind, und ist nur noch zur Eisenbahngemeinschaft unter preußischer Leitung bereit. Also Preußen ist nunmehr selbst aus durchaus berechtigten wirtschaftlichen Gründen zur Betonung des partikularistischen Standpunktes übergegangen. Die zugestandene Betriebsmittelgemeinschaft, die wirtschaftlich freilich geboten ist, war ein politischer Fehler Preußens, dem sonst aus Not die übrigen Staatsbahnen anheimfallen mußten. Aber die Anstandspflicht der preußischen Eisenbahngroßmacht erklärt das Entgegenkommen.

Den scharfen Augen des Auslandes, das als Feind unsere staatliche Zwietracht mit besonderer Schadenfreude betrachtet, ist natürlich dieser noch fortdauernde Gegensatz der Vormacht wider den südlichen Sondergeist nicht entgangen. In der gedachten Pariser „Revue" erörtert ein Aufsatz mit der bezeichnenden Überschrift „les doux Allemagnes" die bajuvarische Reichsverdrossenheit und lobhudelt den Wittelsbachern als den wahren Trägern deutscher Gesittung und Kunst gegenüber der preußischen Unbildung. Man rechnet eben in Paris noch stark auf die keineswegs ausgestorbene rheinbündische Gesinnung gewisser nicht ganz einflußloser Kreise. Die persönliche Unbeliebtheit des Kaisers gerade in Bayern verleiht den „patriotischen" Quertreibereien sogar einen gewissen Schein von Berechtigung. Daß Preußen Bayern vor der österreichischen Einverleibung zu wiederholten Malen unter dem alten Fritz und Friedrich Wilhelm II. selbstlos gerettet und ihm auf dem Wiener Kongreß den rheinbündischen Raub gelassen, es 1866 allzu sehr geschont und 1870 unverdientermaßen verhätschelt hat, ist natürlich heute vergessen. Wir müssen aus dieser Tatsache die Lehre ziehen, daß solche Rücksichten übel gelohnt werden und der deutschen Staatseinheit auch der trotzige Sondersinn der lediglich dynastischen Bundesstaaten unterzuordnen und tatkräftig zu bekämpfen ist.

Die nachbismarckische Schwäche gegen das Welfentum hat sogar in Braunschweig einen neuen Nährboden künstlich erzeugt und selbst den beiden letzten Kurfürsten von Hessen einen Heiligenschein in den Augen einer sogenannten Rechtspartei verliehen. Die Hoffnung, Braunschweig nach bismarckischer Absicht zum Reichsland zu machen, ist durch dynastische Rücksichten fast vereitelt worden, da Preußen kumberlandfreundlicher als das eigene Land gewesen ist, dessen Meinung doch den Ausschlag geben muß; denn was geht Deutschland der Thronanspruch eines englischen Prinzen an? Die Passivität des Prinz-Regenten hat erfreulicherweise die Tatkraft des tüchtigen braunschweigischen Ministeriums nicht beeinflußt und es vielmehr mit anerkennenswerter Geschicklichkeit verstanden, die bundesstaatliche Selbständigkeit des Landes einerseits voll zu wahren und doch den Umtrieben der Anhänger der erbberechtigten Dynastie kraftvoll entgegenzutreten. Freilich ist gerade in dieser braunschweigischen Frage der reichsfeindliche Standpunkt noch nicht überwunden, als ob die deutschen Landschaften schlechthin Gegenstände des fürstlichen Erbrechts gleich eines privaten Gutsbesitzes wären. Das Herrscherhaus, das die Welfenlegion auf französischem Boden ausrüstete, hat die Daseinsberechtigung im Vaterland verwirkt. Die anbauernde Rücksicht auf die persönlichen Gefühle der Erbansprecher, die menschlich wohl zu verstehen und zu achten sind, schädigt das volkliche Interesse des Reiches und wirkt daher staatsfeindlich. Deutschlands Unglück war und ist die Kleinstaaterei, deren Grund das Aufkommen regierender Geschlechter wider Kaiser und Reich ist.

Stein hat in der Zeit des höchsten nationalen Aufschwunges bei Besiegung des korsischen Eroberers es als selbstverständlich angenommen, daß die Dynastien, die um ihrer eigennützigen Selbsterhaltung willen zum Schaden Deutschlands zu Frankreichs Bedienten herabgesunken waren, der Einheit des Vaterlandes geopfert wurden; die übrigen hatte Bonaparte selbst vom deutschen Boden gefegt. Preußen sollte den Norden, Österreich den Süden erhalten, aber ein Reichstag beide Hälften einen. Der nationalen Erhebung folgte die völlige Zerrissenheit des Vaterlandes in souveräne europäische Staatengebilde, deren Zwerghaftigkeit freilich den Spott des Auslandes herausforderte. Aber noch 1870 schlug der Großherzog Peter v. Oldenburg in einer Denkschrift neben einer einheitlichen Reichsregierung ein fürstliches Oberhaus vor, dem auch die Mediatisierten angehören sollten. Er glaubte noch an deren deutsche Gesinnung als Opfer ihrer partikularistischen mächtigeren Standesgenossen. In dieser Gestalt würde freilich der hohe Adel Deutschlands ein wertvoller Bestandteil seiner Verfassung und eine ganz andere Körperschaft als das gegenwärtige englische house of lords sein, in dem Eisenbahnunternehmer, Spinner und Bankherren mit verliehenen alten Adelstiteln den täuschenden Schein einer Adelsoligarchie erwecken, die bloß eine Plutokratie, ein Geldadel zum Teil übler Spekulanten ist. Wohl dachte der Großherzog Peter nicht an die Aufgabe der eigenen Landesverwaltung, aber der Schwerpunkt des Fürstentums lag dann in der parlamentarischen Stellung. In dem Staatenhaus sollten die Bundesfürsten selbst sitzen, während der Bundesrat eigentlich nur eine verbesserte Auflage des Bundestages ist, der ja auch eine Gesandtenversammlung war. Obwohl er Träger der Souveränität im Reiche ist, erscheint sachlich seine Macht herzlich gering. Seine Tätigkeit ist eine lediglich

lich formale, die wirkliche Arbeit wird in den Reichsämtern und den einzelstaatlichen Ministerien geleistet. Der Herzog von Koburg war damals sogar bereit, sein Ländchen an Preußen oder das neue Reich abzutreten.

Bekanntlich ist der Grundsatz der sogenannten Legitimität nirgends mehr als von den Fürsten selbst mißachtet worden. 1803 haben die heutigen Dynastien ihre geistlichen und weltlichen Standesgenossen mit Hülfe des beutelüsternen Auslandes ihrer Länder beraubt und in dieser Fürstenrevolution bewiesen, daß stets Macht vor Recht geht. Dies sollten sich die Welfen merken. Aber was damals zum Vorteil einzelner Fürstengeschlechter geschah, darf jedenfalls mit größerem Recht zum Segen eines einheitlichen Reiches wiederholt werden, falls die Wohlfahrt des ganzen Volkes es heischt. Das monarchische Gefühl ist durch die Fürstenrevolution schlimmer beleidigt worden, als dies die Republikaner von 1848 in gutem Glauben zum Heile ihres Volkes taten. Dabei hatten sie die Entschuldigung, daß die Kleinstaaterei Deutschland aus der Reihe der europäischen Mächte gestrichen hatte. Nur eine starke Monarchie, wie sie allein Preußen-Deutschland darstellt, hat Lebensfähigkeit und stützt die monarchischen Einrichtungen, die im Zerrbild unserer Kleinstaaten das monarchische Gefühl untergraben müssen. Dabei war die Fürstenrevolution geschichtlich doch gerechtfertigt, da sie die lächerlichsten Staatsgebilde beseitigte. Stein gehörte selbst zu den Beraubten, zugunsten des Herzogs von Nassau-Usingen, eines gar kleinen Gebieters. Er billigte den Verlust seiner reichsritterlichen Unabhängigkeit, aber nicht um ein Untertan dieses Kleinfürsten zu werden, sondern zum Aufgehen im Reiche unter preußischer Spitze. Selbst einem Bismarck ist dieses notwendige Werk noch nicht gelungen und somit die deutsche Frage sogar im Innern noch nicht gelöst.

Doch wir wollen nicht undankbar sein und mit Genugtuung anerkennen, daß der Sinn der Fürstenfamilien sich patriotisch gewandelt hat und die regierenden Häupter jetzt sämtlich reichstreu sind. Die Eigenheiten des heimgegangenen Fürsten Reuß ä. L. konnten nicht ernst genommen werden, wie sehr sie auch das monarchische Bewußtsein des Volkes schädigen mußten. Welches Unglück aber die deutsche Kleinstaaterei bedeutet hat, ergibt der kühle Bericht des weltbürgerlichen Goethe, der darin jedoch bloß ein Kind seiner Zeit und seines Volkes war, in seiner Schilderung des Feldzuges im Herbste 1792, wo das waffengewaltige Deutschland dem parteienzerrissenen Frankreich gegenüberstand. Nicht die Witterung, sondern abgesehen von der kläglichen Kriegführung des Herzogs von Braunschweig die Selbstsucht der deutschen Fürsten, insonderheit die Eifersucht Österreichs und Preußens im Kampfe um den polnischen Knochen, trieb die Verbündeten nach der unnützen Kanonade von Valmy zum schmählichen Rückzug und besiegelte den Untergang des alten Reiches.

Goethes folgende Worte bedürfen keiner Erläuterung in ihrer plastischen Klarheit. Er schreibt:

„Ein französischer General, Lafayette, Haupt einer großen Partei, vor kurzem Abgott seiner Nation, des vollkommensten Vertrauens der Soldaten genießend, lehnt sich gegen die Obergewalt auf, die allein nach Gefangennahme des Königs das Reich repräsentiert; er entflieht, seine Armee, nicht stärker als 23000 Mann, bleibt ohne General und Oberoffiziere, desorganisiert, bestürzt.

Zur selbigen Zeit betritt ein mächtiger König (von Preußen), mit einem 80000 Mann starken verbündeten Heere den Boden Frankreichs. 2 befestigte Städte (Longwy und Verdun), nach geringem Zaudern, ergeben sich. Nun erscheint ein wenig gekannter General, Dumouriez; ohne jemals einen Oberbefehl geführt zu haben, nimmt er, gewandt und klug, eine sehr starke Stellung; sie wird durchbrochen, und doch erreicht er eine zweite, wird auch daselbst eingeschlossen und zwar so, daß der Feind sich zwischen ihn und Paris stellt. Aber sonderbar verwickelte Zustände werden durch anhaltendes Regenwetter herbeigeführt; das furchtbare alliierte Heer, nicht weiter als 6 Stunden von Chalons und 10 von Rheims, sieht sich abgehalten, diese beiden Orte zu gewinnen, bequemt sich zum Rückzug, räumt die zwei eroberten Plätze, verliert über ein Drittel seiner Mannschaft und davon höchstens 2000 durch die Waffen und sieht sich nun wieder am Rheine. Alle diese Begegnisse, die an das Wunderbare grenzen, ereignen sich in weniger als sechs Wochen, und Frankreich ist aus der größten Gefahr gerettet, deren seine Jahrbücher jemals gedenken."

Bedenkt man, daß Goethe erst nach den Befreiungskriegen im Jahre 1820 diese schwunglosen, jeder vaterländischen Begeisterung und Trauer baren Zeilen niederschrieb, so kann man daraus auch den Tiefstand des Volksgefühls unserer führenden Geister nachempfinden, da der Verächter des Nibelungenliedes, Verehrer Homers, der Hellenist Goethe, doch keineswegs mit seiner so wenig deutschen Geschichtsauffassung vereinzelt dastand und jedenfalls die Gesinnung der kleinen Höfe treffend aussprach. Nur Deutschland konnte das Unglück haben, in seinem größten Dichter keinen nationalen Sänger zu besitzen.

Die Lösung der deutschen Frage kann auch nur bei der Gesamtheit des Volkes liegen; die großen Erwerbsstände des Gewerbes, des Handels und der Landwirtschaft sind die berufenen Bürgen einer Staatseinheit, die der Verkehr und die Interessenverteilung gebieterisch heischen. Der deutsche Handel überflutet jetzt schon die Reichsgrenzen, geschweige daß er die Landesgrenzen beachtet. Aber er bedarf einer festen Grundlage in Zeiten der Not, die ihm selbst das mächtige kleindeutsche Reich nicht gewähren kann. Der Welthandel ist national gebunden, und die Verkehrsfreiheit wird überall durch nationale Schranken gehemmt. Je größer also ein völkisches Wirtschaftsgebiet ist, desto stärker muß sich der nationale Gewerbfleiß entfalten. Der deutsche

Handel Mitteleuropas umfaßt eben unsern alten Volksboden. Ist etwa der deutsche Kaufmann in den Vereinigten Staaten ungehindert, und errichtet nicht der englische Imperialismus ungewohnte Zollmauern gegen das Ausland, das fast mit Deutschland identisch ist? Der deutsche Handel hat also ein Lebensinteresse an der deutschen Staatseinheit, wie seufzt er unter der Vielköpfigkeit der Eisenbahnverwaltungen! Also nicht Welthandel, sondern nationaler Verkehr, der sich die Welt erobert, muß die künftige Losung des wagemutigen deutschen Kaufmanns und Schiffers sein.

Die doch vielmehr an die Scholle gebundene Landwirtschaft hat den Wert des großen Vaterlandes auch bereits erkannt. Bezeichnend ist daher der Widerstand des ultramontanen Teils des rheinischen Bauernvereins und der partikularistischen bayerischen Bauernverbände wider eine einheitliche Organisation, die der äußerlichen Staatseinheit entspricht. An unserer Küste ist andererseits die Neigung für Kaiser und Reich gerade außerhalb Preußens erfreulicherweise in stetem Wachsen begriffen, und die Hansastädte wie Oldenburg wetteifern in dieser Richtung. In Mecklenburg-Schwerin ist dagegen wohl die überlieferte Preußenfreundschaft noch größer als die neuere Reichsgesinnung. Das Welfentum in Strelitz dürfte besonders nach dem Heimgang des greisen Großherzogs das gegenwärtige Geschlecht nicht überleben. Aber auch dort wird nicht eine doch immer einseitige Parteipolitik, sondern eine treue Reichspolitik aller Stände das Heilmittel sein. Ein einheitliches Wirtschaftsgebiet setzt trotz alles Geredes vom Welthandel und Weltfrieden einen festgefügten Einheitsstaat auf völkischer Grundlage voraus. Daher anglisieren die englischen Yankees rücksichtslos die 20 Millionen Mitbürger deutschen Geblüts, und ihnen sind in Südafrika die Engländer selbst gegenüber dem burischen Niederdeutschtum sogar mit roher Waffengewalt gefolgt. Kluge Professoren glaubten das Zeitalter der Nationalitäten erstorben und redeten nur von sozialen Aufgaben. Trotz aller sozialdemokratischer Anmaßung sind wir erst im Beginn eines weltbewegenden Nationalitätenstreites, der die Kämpfe um wirtschaftliche und gesellschaftliche Fragen überdauern wird. Stets hat sich die Entwicklung der Welt um die Völker selbst gedreht, wie wichtig auch die innere Gestaltung des Wirtschaftslebens gewesen ist. Doch das wirkliche Dasein des Volks hat immer in der Wahrung seiner Eigenart, in seinem Volkstum bestanden. Ohne staatlichen Rahmen kann aber ein Volk nicht lebensfähig bleiben. Schon sind uns wichtige Gliedmaßen von unserem Volkskörper getrennt, deren Abnahme den gesunden Blutumlauf unseres Volkstums bereits schwer geschädigt hat. Nur in der Wiedervereinigung ist eine dauernde Genesung zu erblicken. Auf ihr ruht unsere höhere Wohlfahrt und damit das Heil aller Volksschichten, was jeder deutsche Mann beherzigen soll, mag er den Fürstenhut oder den Arbeitskittel tragen. Natürlich läßt sich unser unseliger geschichtlicher Werdegang nicht so bald und gründlich in nationale Bahnen lenken. Aber schon die Erkenntnis der bisherigen unheilvollen Entwicklung ist ein Zeichen der Besserung.

Da das kleindeutsche Reich doch die völkliche Grundlage des Deutschtums ist, so sind auch die letzten Reichstagswahlen nicht bedeutungslos, soweit sie die nationale Gesinnung der Bevölkerung widerspiegeln. Die wirtschaftlichen Fragen bestimmten ja scheinbar das Gepräge des Wahlkampfes. Aber das Ergebnis ist auch nationalpolitisch beachtenswert. Der partikularistische Turm des Zentrums steht unverändert und eher noch verstärkt trotz der unzeitgemäßen Aufrollung der Jesuitenfrage durch den Reichskanzler. Die deutschfeindliche Kirche, die den Geist der Zwietracht in das deutsche Reich seit seiner Gründung vor mehr als tausend Jahren wohlbedachtermaßen gesät hat, ist eine gefährliche Macht in unserem Staatsleben geblieben. Der erwartete Sieg der blinden, begehrlichen Menge in der Gestalt der mehr aufrührerischen, als sozialen Demokratie muß ebenfalls den nationalen Sinn schwer betrüben, da der deutschen Sozialdemokratie im Gegensatz zu den ausländischen Genossen das wahre Volksgefühl abgeht. Die weltbürgerliche Schwärmerei und der grobe Materialismus als bloße gemeine Magenfrage ertöten jedes nationale Empfinden. Der Rückgang der nationalen Bewegung trotz der kolonialen Bestrebungen und des Alldeutschen Verbandes, die noch keine feste Wurzel im Volke selbst geschlagen haben, ist jedenfalls unverkennbar und nicht erst bei den Reichstagswahlen hervorgetreten.

Ultramontanismus und Sozialdemokratie sind grundsätzliche Widersacher jeder völklichen Erhebung und ihre vermeintliche nationale Mauserung nur ein Trugbild, da sie sich dadurch selbst vernichten. Der Vaterlandsfreund muß aber unserem Volkstum die erforderliche Eintracht wünschen, die das Volk allein zur Durchführung der noch ungelösten nationalen Frage befähigt. Die kirchliche und die soziale Strömung sind bei ihrer ausgesprochen undeutschen Färbung nur gefährliche Trennungsgewalten, die die deutsch fühlenden Gemüter verwirren und von nationalen Gedanken absichtlich ablenken. Die österreichische Slawenpolitik ist eng mit der klerikalen Herrschaft verbunden und erklärt daher die Deutschfeindlichkeit dieser Richtung. Nur in Belgien ist die Kirche flämenfreundlich gesonnen, weil der republikanische Liberalismus französisch schillert. Aber diese Übereinstimmung mit der niederdeutschen Bewegung ist doch nur ein Erzeugnis kirchlicher Staatskunst, die bei einem klerikalen Frankreich sofort französenfreundlich werden würde. Der deutsche Patriotismus hat stets auf schwachen Füßen gestanden. Hoffen wir, daß unser kleines Reich endlich diese völkliche Schwäche beseitigt und dem ganzen, bisher so zerrissenen Volkstum endlich die ersehnte Staatseinheit verschafft, die wir seit Karl V. und der Kirchentrennung verloren haben.

Soëla.

Von
Bertha Pogson.
— Hamburg. —

ack Eversley reitet, in tiefe Gedanken verloren, durch die sonnendurchglühten Pampas. Vor ihm treibt der Gaucho die Reitpferde, die den Transport an die Küste begleitet haben und jetzt dem heimatlichen Rancho zustreben. Der einförmige Schrei, mit dem der Bursche die Tiere anspornt, ist der einzige Laut, der die unendliche Stille unterbricht. Die Luft ist lind und erfüllt vom würzigen Duft der Fichten, die in dunklen, unabsehbaren Wäldern die nahen Felsabhänge bedecken. Hin und wieder kreist ein Raubvogel hoch über den schneebedeckten Gipfeln der Berge — sonst ist, soweit das Auge reicht, kein lebendes Wesen zu entdecken; nichts stört den einsamen Reiter in seinen Träumereien. — —

Seit achtzehn Monaten lebte Jack Eversley jetzt draußen, auf seinem Rancho in Argentinien, ganz nahe an der Grenze von Chile. Weit von seinen Lieben, von den Freuden und Vergnügungen seiner Heimat. Kein Klub, kein lukullisches Diner am Sonntagabend im Carlton oder auf der luftigen Terrasse des „Star and Garter" in Richmond, — kein Golf, kein Kricket — kein Theater — nicht einmal eine Singspielhalle, — nichts! Nichts von all den Freuden der Metropole, aber auch nichts von den Leiden, die sie so häufig im Gefolge haben. Er hatte sie ausgekostet, diese Freuden, reichlich, — zu reichlich vielleicht, obgleich eigentlich nie ein Lebemann, im landläufigen Sinne des Wortes, gewesen war. — Wie weit lag das jetzt alles hinter ihm, wie klein erschien es im Vergleich zu den mächtigen Bergen, den gewaltigen Tannenriesen, in deren Mitte er jetzt lebte; wie wenig wert der Verdrießlichkeiten, die er sich so häufig selbst bereitet hatte durch Genußsucht und Leichtlebigkeit, vielleicht auch mal durch seine Leichtgläubigkeit. Immer wieder hatte der Vater ihm aus der Klemme geholfen; geduldig, ermahnend, wie seine Art war. Nur das letzte Mal — der große Krach im Klub, wo er Jim Eden so zugerichtet hatte, daß er sich wochenlang nicht blicken lassen konnte, weil er es gewagt hatte, die Unberührtheit der kleinen Nelly von der Alhambra, Jacks Freundin, anzuzweifeln. Und gerade an dem Abend war sie mit dem fabelhaft reichen Cretin, Lord Charles Venford, nach Monte Carlo abgedampft, was am nächsten Tage die Spatzen von den Dächern pfiffen. Der Alte mußte natürlich alles bezahlen, die Brillant tiara, das Perlhalsband, den kostbaren Ring und all die andern Sachen und Sächelchen, die Jack seiner „künftigen Gattin" geschenkt hatte. Daß der Spott zum Schaden nicht ausblieb, dafür sorgten die vielen guten Freunde; im Klub konnte er sich nicht mehr zeigen, im Haus war er seiner üblen Laune wegen nicht zu ertragen.

Da konnte man's dem Vater nicht verargen, daß ihm die Galle endlich überlief, und daß er Jack, der sich hinter seinen Idealismus und seinen Glauben an die Menschheit zu verschanzen suchte, nicht gerade mit Kosenamen belegte: „Du gehörst nicht in anständige Gesellschaft, du verstehst nicht mit vernünftigen Menschen umzugehen! Du bist ein dummer Junge! Solch blödsinnige Streiche zu machen! Da hört ja alles auf. Dein Pferd hat mehr Verstand als du!"

„Jedenfalls ist es mir lieber, als alle meine sogenannten guten Bekannten, jedenfalls verkehre ich lieber mit meinem Ajar, als mit einem Charles Venford. Ich hab' sie alle satt, die öden Kerle, ich will nichts mehr von ihnen; ich will weg, weit weg von euch allen und eurer eselhaften Überkultur, die solch Gelichter züchtet."

Das Resultat dieser Unterredung war, daß Jack Eversley vier Wochen später nach Argentinien segelte, um dort mit der Summe, die der Vater ihm noch einmal bewilligt hatte, einen Rancho zu kaufen und sich der Pferdezucht zu widmen. Ein abenteuerliches, freies Leben hatte er sich immer gewünscht; Pferde liebte er leidenschaftlich; das Klima war gut, das Land wild und romantisch — da hatte er ja alles, was er brauchte.

Sein Rancho lag in einem Talkessel an der argentinischen Seite der Kordilleren, ganz nahe am Gebirge.

Er hatte sich sein Haus, eigentlich war's nur eine Lehmhütte mit zwei Zimmern, soweit es ging, ganz wohnlich hergerichtet. Freilich bestand die innere Ausstattung nur aus einem roh gezimmerten Holztisch, vier ebensolchen Stühlen, einem Bücherbrett und seinen Koffern. Aber auf dem steinernen Kaminsims standen in schlichten Rahmen die Bilder seiner Lieben und viele kleine Andenken an die Heimat, und vor länfig hatte er noch eine Anzahl Bücher, die noch nicht einmal aufgeschnitten waren. Für die Pferde hatte er einige gewandte Gauchos und für seine persönliche Bedienung einen jungen Spanier aufgetrieben. Auch fanden sich auf den benachbarten Ranchos ein paar einigermaßen erträgliche Europäer, mit denen er, hie und da, bei einer Flasche Whisky, ein paar Stunden verplauderte. So weit war alles gut, und er wäre ganz zufrieden gewesen, wenn er nur nicht so sehr unter der Einsamkeit seines Heims gelitten hätte. Ja, einsam war's, verdammt einsam, besonders an den langen Abenden. Um sieben Uhr ward's dunkel, plötzlich, fast ohne Dämmerung; immer konnte er doch nicht Whisky trinken oder lesen, da saß er denn untätig, rauchte eine Pfeife nach der anderen und hing seinen Gedanken nach. Er war zu sehr an lustige Gesellschaft gewöhnt. Trotz — oder vielleicht zum Teil wegen seiner vielen tollen Streiche war er in London allgemein beliebt gewesen, besonders die Frauen hatten für ihn geschwärmt, ihn unsagbar verwöhnt und verhätschelt. Und er hatte sie dankbar geliebt, immer — viele — — und da er es stets war, der abbrach, weil ihn keine je freiwillig aufgab, hatte er auch an sie geglaubt, unwandelbar — bis Nelly ihm denn doch ein wenig die Augen geöffnet hatte. Aber sie war ja immerhin nur eine, die andern waren alle gut und zärtlich und treu; sie waren sogar seine Freundinnen geblieben, wenn er sie nicht mehr liebte. Groß, schlank, mit wettergebräuntem Teint, blondem Haar und Schnurrbart, träumerischen blauen Augen, war er ein Mann, der den Frauen wohl gefährlich werden konnte. Dazu besaß er die Gabe, in jeder, mit der er gerade sprach, ob sie nun siebzehn oder siebzig Lenze zählte, die Überzeugung zu wecken, daß sie die einzige sei, deren Meinung für ihn in Betracht käme, und mit dieser Überzeugung zugleich hielt er siegreichen Einzug in die willig geöffneten Herzen. Dabei war er nicht etwa ein berechnender Frauenjäger. — Nein, in animierter Unterhaltung mit einer anregenden Frau empfand er, was er zeigte, und je weniger er seine Gefühle verbarg, desto sicherer entzückte er. Das war ihm eben eigen. Und nun mußte er ganz ohne sie fertig werden, die eine so große Rolle in seinem Leben gespielt hatten, mußte seine Zeit allein oder mit ziemlich rauhen Gesellen verbringen, die von ganz anderem Schlage waren, wie er selber. Es war doch oft verzweifelt schwer, und seine Stimmung litt arg darunter.

„Sie müssen sich 'ne eingeborene Frau nehmen, Eversley, 'ne kleine niedliche gelbe, mit schwarzen Kohlenaugen; die ist hier ja billig zu haben und leicht wieder los zu werden," rieten die Züchter von den andern Ranchos. Aber das mochte er nicht. Pfui! So etwas war er nicht gewöhnt. Ohne Zuneigung, ohne den gewissen elektrischen Funken, der bei der ersten Begegnung von einem Individuum zum andern überspringt, der ihn freilich in den Londoner Drawingrooms und Theaterfoyers so leicht und so häufig entzündet hatte, erschien ihm das Weib nicht begehrenswert.

Ohne Liebe hätte er sich keine zur Gefährtin erwählen können. Sich so ein kleines, kaum entwickeltes Geschöpf von den Eltern kaufen, sie sich zu eigen machen, um sie dann, wenn er sie satt hatte, hinaus zu jagen, zurück zu ihrem Stamm,   nein! Er war kein Phantast, wie sein Vater behauptete, auch kein „himmelblauer Idealist", wie ihn die Freunde im Klub zu betiteln pflegten, aber dazu hatte er denn doch   trotz Nelly — zu viel Respekt vor dem Weibe als solchem, dazu fehlte ihm die erforderliche Brutalität. So blieb er denn allein auf dem einsamen Rancho, viele lange Monate. Die einzige Abwechselung in seinem eintönigen Leben boten die weiten Ritte an die Küste, wo er den Transport der gezähmten und zugerittenen Pferde persönlich überwachte. In den Hafenstädten traf er ja viele Europäer, aber das wüste Treiben, dem sie dort frönten, das unmäßige Trinken und Kartenspielen sagte ihm nicht zu, und er war stets ganz froh, wenn er endlich, nach wochenlanger Abwesenheit, sein Haus wieder durch die Büsche schimmern sah. Dann fing das Zähmen und Zureiten wieder an, auch schoß und jagte er viel, und so verging fast ein Jahr, wenn auch nicht im Fluge, so doch im ganzen erträglich. —

Da wurde er krank. Ein schwerer fieberhafter Lungenkatarrh warf ihn aufs Schmerzenslager, von dem er sich fast zwei Monate lang nicht wieder erheben konnte. Jetzt wurde er sich in krassester Weise der gänzlichen Verlassenheit seiner Lage bewußt. War's früher einsam und langweilig, so war's jetzt unerträglich. Pedro, sein spanischer Diener, war anstellig und willig und sogar einigermaßen sauber gewesen, solange das Auge seines Herrn über ihm gewacht hatte. Aber jetzt, wo Jack krank und hülflos darnieder lag, brach bei dem Kerl die ganze, seiner Rasse eigentümliche Faulheit hervor. Alles verkam im Schmutz. Das immer wiederkehrende tägliche Hammelfleischgericht, das ihm während der Krankheit als Brühe verabreicht wurde, hatte ihn schon in gesunden Tagen nicht sonderlich gereizt! Seinem durch das Fieber empfindlich gemachten Gaumen widerstand es bis zum Ekel. Keine zarte, weiche Hand legte sich ihm tröstend oder gar liebkosend auf die Stirn, kein kühlender Trunk wurde ihm mit freundlichem Zuspruch an die Lippen gehalten. Er lag allein in seinen Fieberträumen, die ihm wieder und wieder die Gestalten seiner Heimat vorspiegelten; am häufigsten die pikante, liebreizende seiner einstigen Freundin Nelly. Lächelnd und tändelnd saß sie auf seinem Bettrand, legte ihm kühlende Kompressen auf die heiße Stirn und hielt ihm köstlich saftige Erdbeeren und Pfirsiche an die Lippen. Aber wenn er erwachte, wenn die holden Bilder verschwunden waren, in fieberfreien Stunden, traf sein Blick nichts als die öden, grauen Wände, die rohgezimmerten, kunstlosen Möbel, die weißgetünchte Decke. Nichts, was das Auge erfreuen, die Gedanken eines Leidenden ablenken konnte. Und alles war mit einer dicken, grauen

Staubschicht bedeckt, so dick, daß er von seinem Lager aus nicht einmal die Bilder seiner Lieben auf dem Kaminsims unterscheiden konnte. Doch er war viel zu müde, viel zu apathisch, um Pedro den Befehl zu erteilen, daß er sie reinigen sollte. Da schloß er lieber die Augen wieder und träumte weiter. Der Bursche lebte jetzt ein herrliches dolce far niente. Den ganzen Tag lag er auf der Schwelle in der Sonne, „den Señor behüten und pflegen", wie er sagte, in Wahrheit natürlich faulenzend und Whisky trinkend. Und immer geschmackloser und fader wurde die Hammelfleischbrühe, immer staubgrauer das Zimmer. Ein Arzt wäre nur mit großer Mühe und sehr erheblichen Kosten zur Stelle zu schaffen gewesen, und im übrigen hatte Tom Garnett, der Besitzer des nächstgelegenen Ranchos, der von Zeit zu Zeit mal vorsprach, erklärt, daß ärztliche Hilfe nicht erforderlich sei. Er brachte allerlei Tränke und Pillen, die ihm selbst, wie er behauptete, in ähnlichen Fällen Heilung verschafft hatten, empfahl Ruhe und Geduld, schüttelte lächelnd und verständnisinnig den Kopf zu Pedros Krankenpflege und sagte jedesmal beim Fortgehen: „Sie müssen sich doch 'ne eingeborene Frau nehmen, Eversley, es wird Ihnen schon nichts anderes übrig bleiben. So ist's ja die reine Sauwirtschaft, damn it! — Sollen mal sehen, wie die kocht, da schmeckt's anders. Den gottverfluchten Hammel halten Sie jeden Tag für'n anderes Vieh, und, wenn Sie krank sind, die Pflege! Besser als 'ne Krankenschwester mit 'nem Diplom! Na, ich gucke nächstens mal wieder 'rein, ta, ta, old man, — bessern Sie sich!"

Endlich wendete sich der Zustand. Das Fieber wich, die Kräfte kehrten allmählich zurück. Jack konnte aufstehen und bald wieder umhergehen. Als er sich in seinem Hause umgesehen, seinen zusammengeschrumpften Vorrat an Zigarren und Whisky bemerkt und den verwahrlosten Zustand des ganzen Ranchos konstatiert hatte, verabfolgte er erst Pedro eine schallende Ohrfeige und hätte sich dann im Gefühl seiner Schwäche am liebsten einmal ordentlich ausgeweint. — Zuletzt war er aber doch so weit, daß er wieder mit der Flinte über der Schulter in den Bergen umherstreifen konnte, und der erste selbsterlegte Fasan, den ihm Pedro freilich durch seine Kochkunst, soweit es möglich war, verpfuschte, mundete ihm, wie es nur je ein vom französischen Chef in London bereitetes Mahl getan hatte.

Zur Arbeit fühlte er sich noch nicht kräftig genug, im Hause mochte er nicht sein, so trieb er sich denn tagelang einsam umher. Auf einer dieser Wanderungen, schon auf dem Heimwege und kaum zwei Meilen von seinem Rancho entfernt, glitt er auf einem moosbewachsenen Stein aus und verrenkte sich den Fuß. Anfangs hoffte er sich noch bis nach Hause schleppen zu können, aber bald wurde der Schmerz im Fußgelenk so heftig, daß er zusammenbrach und jeden Versuch, sich fortzubewegen, aufgeben mußte. Es gab kein Mittel, Pedro eine Nachricht zu senden, wenn nicht der Zufall einen Fußgänger oder Reiter des Weges führte; da blieb ihm denn nichts übrig, als sich, wenn auch nicht gerade gottergeben, in sein Schicksal zu fügen. Er lagerte sich im weichen kurzen Pampasgras, bettete den schmerzenden Fuß, so bequem es ging, und hoffte, da er dicht am Wege auf freier Wiese lag, daß man ihn vor Anbruch der Dunkelheit dort finden würde. Die Sonne des späten Nachmittags brannte heiß vom wolkenlosen Himmel. Jack war weit und lange umher gelaufen, da fielen ihm die Augen zu, seine Gedanken verwirrten sich, und so sehr er auch dagegen kämpfte, — er verfiel in festen Schlaf.

Wie lange er so gelegen haben mochte, wußte er nicht, als ihn ein leises Geräusch, ein Rascheln, in seiner Nähe plötzlich erweckte. Noch schlafbefangen rieb er sich die Augen und blickte verwirrt umher. Stechender Schmerz im Fußgelenk brachte ihm seine Lage bald wieder zum Bewußtsein, und mutlos, im Gefühl seiner Hülflosigkeit richtete er sich ein wenig auf. Da traf sein umherschweifender Blick ein unerwartetes Bild. Keine fünf Schritte von ihm entfernt hockte ein junges Indianermädchen und blickte ihm unverwandt ins Gesicht, aus großen, mandelförmigen kohlschwarzen Augen.

Sie war klein und zierlich von Gestalt und merkwürdig hell von Hautfarbe, kaum dunkler als eine Spanierin. Ihr fein geschnittenes Gesicht mit der zierlichen Nase war von seidenweichem, pechschwarzem Haar umrahmt, das ihr in zwei schweren Zöpfen den Rücken herabhing. Zwischen die einzelnen Strähne der glänzenden Flechten waren silberne Ketten geflochten, die, hin und her gewunden, die beiden Zöpfe miteinander verbanden. Sie trug das einzige Gewand, das die Frauen ihres Stammes bekleidet, die Chuba; ein viereckiges, handgewebtes dunkelblaues Tuch mit einer schmalen grellroten Kante, das, unter der linken entblößten Brust herumgeführt, einmal um den Körper geschlungen, bis zu den Knien reichte, die schlanken Beine und die nackten Kinderfüßchen der jugendlichen Trägerin freilassend. Hals und Arme, wunderbar weich und ebenmäßig in der Form, waren mit Silberschmuck fast überreich bedeckt; in den zierlichen Ohren hingen große, rechteckige silberne Ohrringe. Vorn unter der nackten linken Brust war das Gewand von einer silbernen Nadel, deren Kopf ein Halbmond bildete, zusammengehalten. So saß sie da, die Ellbogen auf die hochgezogenen Knie, das Kinn in die Hände gestützt, und starrte auf Jack Eversley mit großen traurigen Augen, aus denen Schmerz und Mitgefühl zu sprechen schien. Dem wurde dabei ganz sonderbar zumute. Das war ja wie ein Bild — seltsam lieblich, fremd und doch anziehend. Überrascht wollte er aufspringen und sich der kleinen Patagonierin nähern, aber der schmerzende Fuß ließ es nicht zu, und mit leisem Stöhnen sank er wieder zurück. Da kam Leben in die reglose Mädchengestalt. Langsam glitt sie ihm näher und sprach mit leiser, wohllautender Stimme Worte, die er nicht verstand. Als sie dies bemerkte, suchte sie, offenbar mühsam, ein paar spanische Brocken zusammen und fragte, ob der Señor sich verletzt habe, ob sie helfen dürfe? Jack bejahte und deutete auf seinen Fuß. Nun machte sie sich daran, streifte behutsam und fast ohne ihm wehe zu tun, Stiefel und Strumpf von dem verletzten Fuß, nahm sein Taschentuch, das er ihr reichte, schlüpfte ins Gebüsch, kam mit einer Handvoll grüner, kühlender Blätter zurück, legte sie geschickt auf die schmerzende Stelle und band das Taschentuch darüber. Dann häufte sie Moos und dürre Blätter zu einer Art von Kissen zusammen, auf das sie fürsorglich, fast zärtlich den Kopf des Verletzten bettete, strich ihm mit weicher, kühler Hand über die Stirn und setzte sich, ihre frühere Stellung einnehmend, ihm wieder gegenüber. Jack war während der angenehmen Prozedur in eine höchst behagliche Stimmung geraten. So zarte Hände hatten ihn nicht berührt, so schöne Augen hatten ihn nicht angesehen, seit — Herrgott im Himmel, wie hatte er nur die ganze Zeit so vegetieren können! Er lächelte ihr zu und dankte ihr in seinem besten Spanisch. Da wich der melancholische Ausdruck aus ihren Augen, ihr kleines Gesicht strahlte, sie murmelte: „Buenito Señor — me gusta mucho —" und dann sah sie ihm wieder schweigsam und unverwandt ins Gesicht.

„Wie heißt du, Kind?" fragte Eversten, mehr um ihre Stimme zu hören, als weil ihn ihr Name interessierte.

„Soëla, Señor, Soëla," eigenartig wohllautend klang der Name von den Lippen der kleinen Wilden. Jack versuchte, sie weiter zum Sprechen zu bewegen, aber sie schwieg und verharrte in ihrer hockenden Stellung, die großen Augen immer auf ihn gerichtet. So verging ungefähr eine Viertelstunde. Jack zog die Uhr. Zwei Stunden lag er nun schon da, und niemand war vorüber gekommen, der ihn nach seinem Rancho hätte bringen oder von dort aus einen Wagen hätte schicken können. Bald mußte die Dunkelheit hereinbrechen — heut kam sicher niemand mehr des Weges. Was sollte nur werden? Die Nächte waren empfindlich kalt, und wenn er, so bald nachdem er endlich genesen, auf freier Wiese liegen blieb, würde er sicher von neuem erkranken.

Da endlich sprach Soëla wieder: „Will der Señor in unseren Kamp kommen? Soll Soëlas Mutter den schönen Señor gesund pflegen, daß sein armer Fuß ihn wieder tragen kann?"

So ähnlich fragte sie. Jack überlegte schnell. Hier konnte er nicht liegen bleiben. Er wußte, daß die Indianer in dieser Gegend den Europäern nicht feindlich gesinnt waren, Soëlas weiche Berührung und geschickte Hilfeleistung verhießen ihm gute sachgemäße Pflege, da war's unter den gegebenen Verhältnissen wohl das beste, den Vorschlag des Mädchens anzunehmen. So bejahte er denn die Frage.

Sie sprang auf und huschte davon, in schnellen zierlichen

Gazellensprüngen. Nach wenigen Minuten kam sie wieder, gefolgt von einem herkulisch gebauten jungen Indianer. Nachdem der Bursche ein paar halb spanische, halb patagonische Begrüßungsworte gemurmelt und Soëla erklärt hatte, daß er ihr Bruder sei, hob er Eversley wie eine Feder auf die Schulter und marschierte mit ihm davon, während Soëla, die an seiner Seite ging, den kranken Fuß vorsichtig mit ihren Händen stützte. Der Indianer trug Eversley ungefähr tausend Schritt den Weg entlang, dann bog er seitwärts in ein Dickicht und setzte seinen Weg fort, der immer bergan, durch dichtes Gestrüpp und niedriges Gehölz führte. Endlich machte er Halt in einem Indianerkamp, dessen Eingang durch schützendes Dickicht vor den Blicken zufällig des Weges ziehender Fremder verborgen war. Der Kamp bestand aus zehn bis zwölf Hütten aus Fichtenstämmen, sehr sauber und kunstvoll mit Bambus durchflochten und mit dürren Blättern und einer Art Lehm an der Außenseite bedeckt. In eine dieser Wohnstätten trug der junge Indianer seine Last. In der Mitte der peinlich sauberen Hütte brannte ein Feuer, um das im Kreise mehrere Indianer, Männer und Weiber, hockten. Ein altes Weib erhob sich — Eversley erfuhr später, daß sie Soëlas Mutter und kaum dreißig Jahre alt war — sprach leise und schnell mit dem Burschen, der Eversley trug, und wies dann auf ein Lager aus Stroh und Fellen, auf das der Indianer den Verletzten behutsam bettete. Nun machte sich die Alte mit dem kranken Fuß zu schaffen, rieb ihn mit allerhand Salben und verband ihn gewandt und mit großer Geschicklichkeit. Dann kauerte sie sich wieder beim Feuer nieder. Die Familie schien gerade ihr abendliches Mahl beendet zu haben. Soëla fragte ihren Gast, ob er hungrig sei, und als er bejahte, brachte sie ihm eine Schale mit einem Gericht, das aus Hammelfleisch, Kartoffeln und allerlei Gemüsen hergestellt zu sein schien. Es war sehr wohlschmeckend und Eversley leerte die Schale mit Behagen, während Soëla ihn aufmerksam und anscheinend erfreut beobachtete. Man hatte ihr offenbar die Pflege des Fremden überlassen, und sie widmete sich mit großer Anstelligkeit und voller Hingabe ihrem Schützling, sah ihm jeden Wunsch an den Augen ab, noch ehe er ihn äußern konnte, rieb, knetete und verband seinen Fuß, machte ihm sein Lager so bequem wie nur möglich und saß, wenn sie nicht um ihn beschäftigt war, in seiner Nähe, leise Melodien vor sich hinsummend und ihn aus ihren dunklen Augen ansehend. So vergingen drei Tage. Jack hatte sich so an Soëlas Fürsorge, an ihre vielen kleinen Aufmerksamkeiten gewöhnt und sich ihrer Pflege mit so viel Wohlbehagen überlassen, daß ihm die Zeit wie im Fluge vergangen war. Sein Fuß war jetzt wieder beweglich und brauchbar, und gegen Abend des dritten Tages wollte er den Heimweg antreten. Aber, so widerwillig er gekommen war, so wenig trieb es ihn fort. Der Gedanke, daß er morgen wieder allein mit Pedro auf dem

Rancho hausen sollte, verstimmte ihn, und er ertappte sich darauf, daß er bei seinen Gehversuchen fast wünschte, sein Fuß möge noch nicht so gänzlich schmerzlos sein, wie er es in Wirklichkeit war. So rüstete er sich denn am Nachmittag zum Aufbruch, durchaus nicht übermäßig eifrig. Der alten Indianerin hatte er ein reichliches Geldgeschenk gemacht und dem jungen Burschen seinen ganzen Vorrat an Tabak gegeben; nun blieb ihm nur noch übrig, Soëla zu danken und ihr Lebewohl zu sagen. Er fand sie vor der Hütte, zusammengekauert in der Sonne sitzend, in ihrer Lieblingsstellung, die Ellbogen auf die Knie und das Kinn in die Hände gestützt; so wie er sie zuerst gesehen hatte: ein Bild von seltsam fremdartiger Lieblichkeit.

Ihre Augen blickten finster und waren so schwarz, daß die Iris sich nicht von der Pupille unterschied; sie seufzte wie in schwerem Kummer. In Eversley regte sich beim Anblick ihrer Trauer ein seltsames Gefühl. War es möglich, daß dieses wilde Naturkind seinetwegen, weil er fortging, litt, daß ihre Sorgfalt für ihn, ihre liebevolle Pflege menschlich warmem Empfinden entsprang? Daß sie dabei nicht nur an die Belohnung gedacht hatte? Er trat zu ihr.

„Soëla," sagte er, sanfter und zärtlicher, als er beabsichtigte, „liebe kleine Soëla, ich muß jetzt weiter, heim auf meinen Rancho. Ich danke dir für deine Pflege, für deine Güte, ich werde dich nicht vergessen."

Er griff in die Tasche, zog eine Goldmünze heraus und hielt sie ihr entgegen. Da faßte sie plötzlich seine Hand, drückte sie leidenschaftlich erst gegen ihre Stirn, dann an ihre Brust, sah Jack mit einem glühenden Blick in die Augen und flüsterte: „Nimm Soëla mit, Señor, Soëla will gute kleine Frau sein für weißen Señor. Soëla will alles tun für schönen klugen Señor; kochen und pflegen und sehr, sehr lieben!"

Jack lief es heiß durch die Adern.

Das Mädchen war wunderschön in seiner wilden Aufregung, und wie flehentlich sie bat! — Da war's ja, was er so lange entbehrt hatte, ein anmutiges weibliches Wesen, das ihm gefiel, das sich ihm anbot im Impuls, aus uneigennütziger Zuneigung. Was wußte sie, die wilde Pampasblume, davon, daß man ihr Benehmen in London shocking finden würde, was wußte sie überhaupt weiter, als daß es sie zu ihm zog, instinktiv mit elementarer Gewalt! Und plötzlich fühlte er, daß er sie heiß begehrte, daß sie ihn anzog, wie er sie. — — Er wäre ja ein Narr gewesen, wenn er diese Gelegenheit, sein ödes Dasein zu verbessern, nicht ergriffen, wenn er dies schöne, wilde Kind sich nicht zu eigen gemacht hätte. — Sie machten es ja alle so, seine Nachbarn und Berufsgenossen, hierzulande, nur daß sie nicht so zartfühlend und wählerisch waren wie er, daß sie nicht so lange warteten. Ja, ja — er wollte sie mitnehmen, sich von ihr pflegen und verhätscheln, sich von ihr lieben lassen — er wußte plötzlich, daß es ihn beglücken würde. Während diese

Gedanken ihm blitzschnell durch den Kopf jagten, war die Alte aus der
Hütte getreten. Sie neigte sich über ihre Tochter und richtete eine Frage
an sie, die diese schnell beantwortete. Dann wandte sich Soëla an
Eversley:

„Die Mutter sagt, ich darf mit schönem Señor gehen, wenn der
Señor dem Vater ein Pferd und der Mutter zwei wollene Decken
schenkt."

So war denn die Entscheidung gefallen. Die Eltern waren willens,
das Mädchen liebte ihn — er zögerte nicht länger.

Er versprach das Pferd, die Decken und sagte Soëla, er wolle sie
mitnehmen.

Die stieß einen lauten Jubelschrei aus und sprang mit einem großen
Satz in die Hütte. Nach wenigen Minuten kam sie zurück, mit einem
Bündel in der Hand, gefolgt von ihrem Bruder. Sie erklärte Eversley,
daß ihr Bruder sie zu dem Rancho des Señor begleiten würde, um
dort die Geschenke in Empfang zu nehmen. So zogen sie denn fort.

Soëla trippelte mit ihren nackten Füßen neben Jack, der ihre Hand
gefaßt hielt; der Bruder folgte ein paar Schritt hinterdrein. Bald
war der Rancho erreicht. Ein starkes, schon zugerittenes Pferd und
zwei rote wollene Decken, die dem jungen Indianer aus Eversleys
Vorrat am besten gefielen, wurden ihm übergeben, und ohne viel Worte,
mit kurzem Kopfnicken für Soëla schwang sich der Bursche auf die Stute
und ritt davon. — —

Nun begann ein neues Leben auf dem Rancho. Soëla übernahm
die Führung des Hausstands mit einer Energie, deren ein europäisches
Mädchen von vierzehn Jahren — so alt war jetzt Soëla — nicht fähig
gewesen wäre. Sie wusch und reinigte, sie kochte vorzüglich und nähte
geschickt, alles mit kätzchenhafter Geschmeidigkeit, Sauberkeit und Grazie.
Eversley war wie neugeboren. Wenn er mittags heimkam, flog ihm
Soëla entgegen, mit leidenschaftlicher Zärtlichkeit warf sie sich ihm an den
Hals, und wenn er ihr dann liebevoll übers Haar strich, sie an sich zog
und zärtlich „Mi Hija" sagte, schien sie überreich belohnt für alle Mühe.
Sie sprach bald ziemlich geläufig spanisch — sie hatte im Verkehr mit
Pedro ihre paar Brocken so bereichert, daß sie sich bequem verständlich
machen konnte. Jack hatte sie auch allerlei kleine englische Sätze gelehrt,
und wenn sie „My darling Señor" sagte, klang das so drollig und
herzig, daß er es nicht um alle pikanten Phrasen seiner Londoner lady-
friends hätte missen mögen. Er hatte ihr viel von seiner Heimat und
seinen Jugenderinnerungen erzählt, und es war erstaunlich, wie schnell
sie alles auffaßte und zu begreifen schien, wenn sie sich mit ihm freuen,
mit ihm leiden konnte. Dem Boten, der die europäische Post brachte,
lief sie weite Strecken entgegen und kam dann atemlos und keuchend
in vollem Lauf zurück, schon von weitem die Briefe aus Jacks Heimat

schwenkend. Wenn sie sie ihm dann strahlenden Blickes ausgehändigt hatte, saß sie regungslos, während er sich in das Lesen seiner Briefe versenkte, und fragte endlich teilnahmsvoll, ob „im Kamp" in London alles wohl und glücklich sei. Jack beobachtete mit freudigem Interesse, wie ihre Seele zu erwachen, wie ihr ganzes Wesen von ihm erfüllt schien. Mehr und mehr legte sie die Gewohnheiten ihrer Rasse ab, mehr und mehr paßte sie sich den seinen an. Fast täglich bereitete sie ihm Überraschungen. Einmal, er hatte ihr am Abend vorher von der Geselligkeit in seiner Heimat erzählt und wie schön und kostbar sich dort die Frauen für die gemeinsamen Mahlzeiten schmückten, trat sie ihm am Abend mit einem Blumenkranz in ihrem recht geschickt frisierten Haar entgegen. Ein anderes Mal hatte sie für die Bilder seiner Angehörigen hübsche kleine Rahmen aus Tannenzweigen und Beeren angefertigt, den Kaminsims reich mit Blumen geschmückt und die Bilder, in den neuen Rahmen, mitten zwischen diese bunte Pracht gestellt. Sie aß und trank jetzt fast so manierlich, wie Jack selbst, und ihm schmeckte das mit ebensoviel Geschick, wie Hingebung und Liebe bereitete Mahl, bei dem ihm, wenn nicht etwa ein Nachbar es teilte, Soëla mit sonnigem Lächeln und heiterem Geplauder gegenüber saß, ganz anders, als früher Pedros fade Kocherei. Nur wenn er von der Zukunft, von seiner Rückkehr nach England sprach, überzog sich ihr Gesicht mit Wolken des Kummers, und es kam wohl vor, daß sie dann plötzlich aufsprang und wortlos hinaus stürzte. Deshalb vermied auch Eversley dies Thema nach Möglichkeit; mochte er doch selbst nicht an eine Trennung von der kleinen Soëla, die ihm täglich mehr ans Herz wuchs, denken. —

Dann — nach einigen Monaten — wurden ihre Bewegungen schwerfälliger — sie sprang nicht mehr umher wie sonst, sie war voller, üppiger geworden, und allmählich erkannte Jack, daß sein kleiner Liebling nicht mehr das Kind war, als das er sie gefunden hatte; er wußte, daß sie bald Mutter sein würde. Ein Gefühl schwerer Verantwortung überkam ihn. Daran hatte er nicht gedacht, diesen Umstand hatte er, leichtsinnigerweise, nicht in seine Berechnung gezogen, als er, einer augenblicklichen Empfindung folgend, Soëla zu sich genommen hatte. Er war sich wohl bewußt, daß er, nach des Landes Sitte, ihr gegenüber zu nichts verpflichtet war, daß er es machen konnte wie die anderen Europäer, die in solchem Fall gewöhnlich das Mädchen vor der Geburt des Kindes, mehr oder minder reich beschenkt, zu ihrem Stamm zurückschicken, wo sie dann, als „gute Partie", eines Stammesgenossen Squaw wurde. Aber Eversley konnte das nicht fertig bringen. Kein Mensch — so sagte er sich — ist schließlich anderen Rechenschaft schuldig, über seine Moral, über das, was er für erlaubt oder unerlaubt hält, sobald es sich um Angelegenheiten handelt, die nur ihn selbst betreffen, die keinen anderen schädigen oder beeinträchtigen. Aber es hat auch keiner das Recht, sich den Folgen seiner Handlungen, sich seinen Verantwortlichkeiten zu entziehen — sie aus Feigheit oder Bequemlichkeit von sich zu wälzen, selbst wenn er sich dabei nicht von den vorgeschriebenen Grenzen der hergebrachten Sitte oder Moral entfernt.

Ein Kind ins Dasein zu rufen, ist aber wohl die schwerste Verantwortung, die ein Mann auf sich laden kann, wenigstens ein denkender, ein einigermaßen feinsinniger Mann. Wie immer die Mutter beschaffen sein, woher sie auch stammen mochte, das Kind war Blut von seinem Blut, es war sein Kind, sein Nachkomme. Es war moralisch berechtigt, dieselben Ansprüche an seinen Vater zu stellen, die ihm ein feierlicher Bund seiner Eltern, in der englischen Landeskirche geschlossen, gewährt haben würde.

Die äußeren Verhältnisse konnten daran nichts ändern, konnten seine Verantwortlichkeit nicht verringern. Ihm lag die heilige Pflicht ob, sein Kind zu einem brauchbaren Mitglied der menschlichen Gesellschaft zu erziehen, nichts konnte ihn von der schweren Gewissensschuld befreien, die ihn treffen würde, wenn es, durch Mangel an Erziehung, durch schlechte Einflüsse verdorben, als Pferdedieb am nächsten Baume aufgeknüpft, sein verlorenes Leben enden würde. Darüber halfen keine Sophistereien hinweg, je mehr er grübelte, je mehr befestigte sich diese Überzeugung in ihm. War er gedankenlos und leichtsinnig gewesen, als er sich mit der Patagonierin vereinigte, gewissenlos und schlecht wollte er nicht werden. — —

Er blickte jetzt mit ganz anderen Augen auf Soëla wie früher. Sie war ihm nicht mehr nur die anmutige Gefährtin, die ihm durch ihre Grazie, durch ihre tausend kleinen Künste sein einsames Dasein erhellte. Er sah in ihr das heilige Gefäß, das das bewahrte, was von ihm bleiben würde, wenn er selbst längst vergangen; ein Glied in der unendlichen Kette der Generationen, die leben und vergehen müssen, damit, wenn jede ihre Pflicht dahin erfüllt, daß sie die kommende der früheren gegenüber zu verbessern sucht, im steten Wechsel, in dem sich alles ewig erneut, einst das Ziel erreicht wird, wonach seit Jahrtausenden die Menschheit unbewußt strebt — Vollkommenheit. Für dieses Ziel soll jeder wirken, der sich über den Zweck klar geworden, zu dem ihm die kurze Spanne Zeit, in der er atmet, gewährt ist. Wer das nicht tut, ist pflichtvergessen, versündigt sich auf Generationen hinaus.

So philosophierte Eversley. Mochten ihn die andern phantastisch nennen — ihn mit der Naivität seiner 23 Jahre necken, ihm war's egal, und er war fest entschlossen, die hohen Anforderungen, die die Zukunft an ihn stellen würde, nach besten Kräften zu erfüllen. Er beschäftigte sich jetzt mehr und anders als vorher mit Soëla; er suchte in ihr die Mutterliebe zu wecken, er sprach zu ihr von den Pflichten, die ihrer warteten. Sie ging in ihrer leichten spielerischen Art auf alles ein und war zärtlich und hingebend wie immer. Wenn sie von der Zukunft redete, was nach Jacks Begriffen nur äußerst selten und stets nur auf seine Anregung geschah, — war sie doch selbst noch fast ein Kind, entschuldigte er sie — so sprach sie immer von einem Mädchen. Sie schien überhaupt nicht mit der Existenz eines Sohnes rechnen zu können. Einmal lief sie zum Kamin, stellte sich vor das Bild von Jacks jüngerer Schwester, einer schönen hellen Blondine, sah es lange an und sagte: „So soll Soëlas Tochter aussehen — so schön — und reicher weißer Señor wird sie kaufen."

Jack hörte ihr lächelnd zu. Er versuchte nicht ihr europäische Begriffe über Liebe und Ehe auseinander zu setzen, dafür war sie doch wohl noch nicht reif. Und schließlich, sprach sie nicht in ihrer Unschuld nur das aus, was manche weiße Mutter, beim Anblick der jungen Tochter, wenn auch halb unbewußt, empfindet: „Wenn sie nur schön wird und begehrenswert, damit ein reicher Mann sie kauft," — ach nein — „heiratet," sagt man in Europa.

So ließ er sie ruhig schwatzen. Es würde schon alles von selbst kommen, wenn nur das Kind erst da war, ob Mädchen oder Knabe, durch seine Existenz allein würde es sich sein notwendiges Teil Liebe erobern, dafür sorgte schon die weise, allgütige Natur.

Wie sich alles gestalten würde, darüber war er sich selbst noch nicht klar, darüber sprach er auch mit ihr noch nicht, aber so viel stand fest, er wollte seinem Kinde ein guter Vater werden, und auch die kleine Mutter mit dem zärtlichen Herzchen nicht kalt verstoßen.

So gingen die Monate hin. Soëlas Stunde kam näher. Sie wollte die Geburt des Kindes nicht auf dem Rancho erwarten, sie wollte vorher zur Mutter in den Kamp, so wie es ihre Stammesgenossinnen in ähnlichen Fällen zu tun pflegten. Sobald sie wieder genesen, nach wenigen Tagen, wollte sie dann auf den Rancho zurückkehren.

Jack war's zufrieden, er hätte ja doch nicht gewußt, was er in solcher Lage anfangen sollte. Zudem mußte er, gerade um die kritische Zeit, einen Viehtransport an die Küste begleiten. Es ließ sich nicht anders einrichten — geschäftliche Abschlüsse verlangten es.

So war er denn davongeritten, nach zärtlichem Abschied von seiner kleinen Soëla, die ihm vom Tor des Ranchos aus noch lange nachgeblickt hatte. —

Sechs Wochen war er fort gewesen, und jetzt auf dem Heimritt zog die Vergangenheit an ihm vorüber. Lange verweilten seine Gedanken bei den Ereignissen der letzten Monate, und je mehr er sich seinem Ziel näherte, je lebhafter stand ihm alles vor Augen.

Das Kind mußte, seiner Berechnung nach, jetzt drei Wochen alt sein. Keinerlei Nachricht hatte ihn erreicht — Soëla konnte ja nicht schreiben —

aber er hoffte sie gesund und munter auf dem Rancho vorzufinden, ihr
Kind im Arm, ihr Gesicht verklärt von Strahlen der Mutterliebe. Jack
war immer ein großer Kinderfreund gewesen; er schreckte nicht, wie viele
Männer, vor der Gebrechlichkeit des Säuglings zurück, — im Gegenteil,
die gänzliche Hülflosigkeit solch kleinen Wesens rührte ihn, zog ihn an.
Und so war, während er dem Gaucho und den Reitpferden folgend, in
tiefes Sinnen verloren, dem heimatlichen Rancho zuritt, das mächtigste
Gefühl in ihm das der freudigen Erwartung.

Auf dem langen, einsamen Heimritt hatte er hin und her gedacht und
überlegt. Er wollte versuchen, Soëla mehr und mehr zu bilden, — sie
war ja so anstellig, so hübsch. Sie hatte so viel Herz, so viel Gemüt
— hätte sie ihn sonst so zu lieben vermocht — warum sollte sie sich
nicht die nötige Kultur aneignen können, um später nach Jahren, wenn
er reich genug war, um unabhängig vom Vater ein eigenes Heim zu
gründen, — mit ihr, als seine rechtmäßige Gattin — ja, als seine Gattin,
sein Leben in Europa zu teilen? Man würde sie für eine Kreolin
halten, und bei der Lebensweise, die sie führen sollte, würde sie nicht
so schnell verblühen, wie die Frauen ihrer Rasse hier draußen —
und wenn selbst — was täte es, bei seinem Weibe, bei der Mutter
seines Kindes!

Je mehr er sich der Heimat näherte, je wärmer wurde ihm ums
Herz. Je fester sein Entschluß, je freudiger seine Erwartung. Mit Ungeduld ersehnte er den Moment, wo er sein Weib — so nannte er Soëla
jetzt in seinen Gedanken, sein Kind — in die Arme schließen würde. Wie
es wohl aussah? Ob es ein Junge — ein Mädchen war? Ihm war's
egal, es war sein Fleisch und Blut — er würde es erziehen nach seinen
Ideen, fürs praktische Leben, aber im Glauben an die Menschheit. Später
dachte er dann Mutter und Kind in eine Hafenstadt zu bringen, sich mit
Soëla trauen zu lassen und sie dann beide eine Zeitlang in einer ihm
bekannten englischen Familie einzuquartieren, wo sie das Wesen eines
englischen Haushaltes kennen lernen sollten. So sann und plante er,
sich immer mehr dem Rancho nähernd. — — Jetzt ist er an der Um-
zäunung angelangt. Ein Gaucho öffnet die Gitterpforte und ergreift
die Zügel des Pferdes. Jack springt aus dem Sattel und eilt nach dem
Hause. Da kommt auch schon Soëla herausgelaufen; genau so schön,
so mädchenhaft — genau wie früher. Mit einem lauten Jubelschrei fliegt
sie ihm an den Hals. Er schließt sie in die Arme mit ganz anderer, viel
innigerer Zärtlichkeit als früher, und während er ihre Lippen küßt und
ihr schwarzes Haar streichelt, ist sein Herz von guten Vorsätzen und hin-
gebender Liebe für sein kindliches Weib erfüllt. Soëla scheint ganz
außer sich vor Wiedersehensfreude. Sie hüpft um Jack herum, sie führt
ihn ins Haus, zieht ihm die schweren Reiterstiefel aus und leichte Schuhe
an; sie küßt und herzt ihn immer wieder.

Dann — als sich die erste Aufregung ein wenig gelegt hat, zieht Jack sie sanft an sich und fragt:

„Und unser Kind, Mi Hija? Ich bin geeilt, soviel ich konnte — aber der Weg war schlecht — es ist doch spät geworden, und nun schläft es wohl schon?"

Soëla sieht ihn mit großen verwunderten Augen an. „Das Kind, darling Señor? Das Kind will bueno Señor sehen?"

„Ja, Liebling, so schnell wie möglich, ich weiß ja noch gar nichts. Daß du wieder munter und wohlauf bist, sehe ich zu meiner Freude, liebes, kleines Mütterchen. Was ist denn angekommen — ein Junge oder ein Mädchen?"

„Ein Junge!" ist die einsilbige Antwort. Ein Sohn also! Jack fühlt ein heißes Würgen in der Kehle. Vergessen ist alles, die vielen Meilen, die ihn von der Heimat trennen, der wilde Völkerstamm, dem die Mutter entspringt, die illegitime Geburt. — Nur ein Gefühl erfüllt ihn übermächtig. Er ist Vater — Vater eines Sohnes, den er sich da draußen in der Wildnis zum lieben Gefährten heranziehen wird, für den schon jetzt, noch ehe er ihn gesehen hat, sein Herz in warmer Liebe schlägt.

Soëla hätte ihm den Sohn entgegenbringen können — aber er darf nicht zu viel von ihr verlangen; ihr Volk macht wohl nicht so viel Wesens von der Geburt eines Kindes — sie wird schon lernen — er wird sie lehren, all die kleinen zarten Züge der Gatten- der Elternliebe.

„Laß mich ihn sehen, unsern Sohn, komm, führe mich zu ihm, schnell Kind."

„Das geht nicht, darling Señor," sagte Soëla. Jack fühlt die Enttäuschung in sich aufsteigen. Hat sie das Kind etwa im Kamp gelassen? Wie ist das möglich? Sie muß es doch pflegen, ihm die Nahrung geben, das kann doch nur sie. — —

„Warum geht es nicht, Soëla, ich habe doch das Recht, mein Kind zu sehen!"

„Er ist ja tot, kleiner Junge," sagt Soëla sehr ruhig, während sie seine Hände streichelt.

„Tot!" Jack ist wie vom Blitz getroffen. Tot! Sein Kind, für das er so viel Pläne geschmiedet, so gute Vorsätze gefaßt hat! Tot! So bald vergangen das kleine Wesen, das kaum geatmet hat! Sanft und liebevoll schlingt er den Arm um sie.

„Armes Herzchen, arme, kleine Soëla, was mußt du gelitten haben beim Tode deines Söhnchens! Und ich war nicht bei dir, konnte dir nicht helfen, dich nicht trösten."

Er kann kaum weitersprechen.

„Wie ist denn das geschehen, was ist ihm zugestoßen? Ist er schon krank zur Welt gekommen?"

„Er war nicht krank?"
„Nicht krank?"
„Nein, ganz gesund."
„Wieso ist er denn gestorben? — Sprich doch, Soëla!"
„Soëla hat ihn ertränkt — im Fluß, beim Kamp — eh' darling Señor wiederkam. Er so viel geschrieen. Soëla wollte wiederkommen auf Rancho. Ging doch nicht mit Junge."
„Soëla!"
„Er hätte weißen Señor gestört. Er war ja doch kein gut. War ja weißer Junge. Mögen sie nicht in Kamp. Was soll Soëla mit Junge anfangen, wenn Señor nach England zurückreist. Mädchen wäre besser gewesen, Mädchen hätte Soëla behalten und später schönem reichem Señor verkauft. Junge kauft kein Señor! Besser tot! Viel besser!"
Jack ist starr vor Entsetzen, die Sprache versagt ihm, aber er packt das Mädchen, schüttelt sie und stößt sie voller Ekel von sich. Das ist ihre erwachende Psyche! Das ist das Geschöpf, das er sich zum Weibe, zur Mutter seines Kindes erziehen wollte! Großer Gott! Wie furchtbar!
Als Soëla in seine zornfunkelnden Augen sieht und seine harte Hand an ihrer Schulter fühlt, zum ersten Male in rauher Berührung, stößt sie ein winselndes Gehenl aus und duckt sich mit angstverzerrtem Gesicht zusammen, als erwarte sie Schläge. Da packt Eversley das Mitleid mit dem armen Heidenkind. War es nicht schließlich der traditionelle weiße Señor, der es ihr unmöglich erscheinen ließ, mit einem Kinde zu ihm zurückzukehren. War es nicht der Kulturmensch, der, um nur nichts zu entbehren, in diesen Naturkindern die Habsucht nährt, bis sie, des besseren Lebens, der Geschenke wegen, die er ihnen bietet, alles vergessen? Bis selbst der natürlichste aller Instinkte, die Mutterliebe in ihnen erstirbt, — war es nicht der bueno Señor, so wie er hier draußen bekannt ist, der dieses Mädchen zur Mörderin gemacht hat? Er versucht mit feuriger Beredsamkeit, ihr klar zu machen, welch schändliches Verbrechen sie begangen hat. Aber vergebens. Sie sieht ihn scheu und furchtsam an und sagt nur immer wieder halb trotzig:
„Señor böse! Señor nicht mehr lieb haben Soëla. — Weißer Junge kein gut — besser tot. Soëla weiß das."
Da kriecht ein widriges, kaltes Gefühl der gänzlichen Ernüchterung in ihm auf. Er kann nicht einmal mehr Zorn gegen sie empfinden. Alles, was er für sie gefühlt hat, ist jäh erstorben — nur ein Gedanke ist noch in ihm rege: Weg muß sie — hinaus aus seinem Leben — sofort, die Wilde mit Instinkten, grausamer als die der Tigerin, deren äffische Gabe, sich anzupassen, er für die Regungen ihrer nach Bildung lechzenden Seele, deren wilde Sinnlichkeit er für Liebe gehalten hatte. Nur weg mit ihr, nur sie nicht wieder berühren, nur um alles in der Welt nicht wieder das Weib in ihr sehen! -

Er sagt ihr, daß sie gehen muß, noch heute, jetzt sofort zurück in ihren Kamp. Da heult sie und schreit und will sich an ihn klammern, und Jack kann sich das Rätsel nicht erklären, daß sie für ihn so warm empfinden soll, die kaltblütig ihr Neugeborenes wie eine Ratte ersäuft hat, weil es ihr im Wege war, weil es nicht dazu dienen konnte, ihre Habsucht zu befriedigen.

Um ihre Gedanken von sich abzulenken, packt er die Geschenke aus, die er für sie mitgebracht hat. Seidene Tücher, silberne Ketten, bunte Fingerringe und vielfarbige wollene Decken.

Kaum hat Soëla diese Herrlichkeiten erblickt, als sich ihr Schmerz in laute Freude und Bewunderung verwandelt.

„Das alles darfst du behalten, Soëla, wenn du jetzt gleich in euren Kamp zurückgehst und nie wieder hierher kommst. Hast du verstanden?"

„Bueno, darling Señor; Soëla sehr freut sich, Soëla geht gleich. Ganz schnell! So viel Geschenke! Soëla kann jetzt Häuptlings Squaw werden!"

Und sie rafft alles zusammen, während ihre Augen vor Habgier funkeln; in ihrer freudigen Aufregung vergißt sie ganz, von Eversleu Abschied zu nehmen; nur einen Gedanken hat sie: daheim im Kamp ihre Schätze zu zeigen. Und so geht sie, Jack fröhlich zulächelnd, und sagt noch im Fortgehen:

„Guter Señor, nicht mehr böse, Soëla ganz recht — Soëla weiß doch besser, weißer Junge viel besser tot."

August von Platen.
Eine pathologische Studie
von
J. Sadger.
— Wien. —

I.

„Mein trauriges Leben
Ist noch immer von Dir ein einziger langer Gedanke."

„Wenn ich aufstehe des Morgens, so hat mich Dein Bild erweckt, wenn ich mich schlafen lege, so wiegt mich Dein Bild in Träume. Wenn ich all meine Sinne vor Dir zuschließe, Du lebst noch im dunklen Bewußtsein." . . . . „Du bist schön wie der Rosenbusch, wenn alle Knospen brechen. Wohltätige Blitze wirft Dein Auge wie das Wetterleuchten in der Sommernacht. Dein Angesicht blüht in den lebhaften Farben der Jugend." . . . . „O, daß ich den Staub von Deiner Sohle küssen dürfte! Du hast meine Seele zerrissen, meine Seele mir geraubt und ließest mir nur den Körper, die träge, entsetzliche Last. So vegetiere ich lebenssatt und unglückselig fort." Diese Worte rühren nicht von einem glühenden Jüngling her, der sehnend nach seinem Mädchen verlangt, sondern sind von einem Mann an einen anderen Mann gerichtet, von einem 22jährigen Dichter an einen gewöhnlichen Durchschnittsmenschen, mit dem er noch keine Silbe getauscht, ja, dessen nähere Bekanntschaft zu machen, er trotz einer reichlichen Gelegenheit sich sorgfältig gehütet hatte. Was August von Platen im Leben wie im Dichten eine ganz besondere Färbung verleiht, sind seine mann-männlichen Herzensneigungen. „Warum kann ich nicht lieben, warum macht nicht irgend ein Mädchen Eindruck auf mich!" klagt er seinem Tagebuch, und ein andermal wieder in französischer Sprache: „Warum hat die Vorsehung mich derart geschaffen! Warum ist es mir ein Ding der Unmöglichkeit, Frauen zu lieben! O, warum muß ich so unheilvolle Neigungen nähren, die niemals erwidert zu werden vermögen!" Unser Dichter war sich des „Ungeheuer-Unabänderlichen" seines Zustandes vom ersten Erwachen der Erkenntnis ab stets auf das schmerzlichste bewußt. Als Stiefkind des Glückes, als Schwerbelasteter hat er ja ohnedem wenig zufriedene Stunden genossen. Und was ihm an solchen die neidischen Götter etwa noch ließen, das wurde zumeist durch jene konträre Sexualempfindung ihm bitter verdorben.

Damit solch abnorme Geschlechtsempfindung zustande komme, ist, wie wir jetzt wissen, zweierlei nötig: eine schwere Belastung, i. e. eine besondere Gehirnanlage, und dann zum zweiten spezifische, wiederholte Sexualeindrücke frühester Jugend. An beiden Momenten mangelt es nicht in dem Leben Platens.

Zumal die schwere Heredität steht durch seine Abstammung wie durch die Fakten des späteren Lebens über dem Zweifel. Vom Vater des Dichters wissen wir freilich so gut wie gar nichts. Denn daß er Offizier und Oberforstmeister gewesen, zwei Frauen und acht Kinder gehabt und im 83. Lebensjahre an Altersschwäche gestorben ist, das sind ganz dürftige äußere Taten, aus denen auch nicht das geringste zu schließen. Viel wichtiger und bedeutungsschwerer erscheint, was uns von der Mutter vermeldet ist. Der Gräfin Platen war eine vortreffliche Erziehung geworden. Zwei Jahre scheinen besonders nachwirkend gewesen zu sein, die beiden nämlich, die sie mit ihrer jüngeren Schwester in einer Schweizer Pension verlebte. Ihr Lebelang zehrt sie an dieser Erinnerung, steht mit einer Reihe von Pensionsfreundinnen in ununterbrochener Korrespondenz und pflegt mit denselben eine geradezu schwärmerische Freundschaft. Ich kann mich des Gedankens kaum erwehren, daß auch die Gräfin, ganz wie ihr Sohn, vornehmlich gleichgeschlechtlich fühlte, und vielleicht ist der „männlich starke Charakter", den die Baronesse von Seefried ihr nachrühmt, auch dahin zu deuten. Jedenfalls geht eine Anzahl äußerer merkwürdiger Züge auf jene Lausanner Pensionszeit zurück, die leidenschaftliche Lektüre französischer und englischer Autoren vor allem, dann ihr gewöhnlicher Diskurs in drei verschiedenen Idiomen, und endlich die unausgesetzte Beschäftigung mit ihren Briefen, die sie tagebuchartig registriert und auszieht. Wir wissen, daß solche und ähnliche Neigungen später auf ihren Sohn übergingen. Nun besitzen wir aber auch Kenntnis von weiteren wichtigen Symptomen, die eine schwere Belastung der Gräfin unzweifelhaft dartun. Ich betone hier gar nicht das körperliche Belastungszeichen der schwachen und schließlich erblindenden Augen, obgleich sich dasselbe zum Teile dann auch bei dem Dichter findet, dem obendrein noch eine leichte Neigung zum Schielen eignet.

Bedeutsamer dünken mich die wunderlichen Launen der alternden Gräfin. Von jeher zurückgezogen lebend, ward sie in ihren letzten Jahren geradezu menschenscheu. Bloß ihren Jugendfreundinnen schrieb sie noch viele und bogenlange Briefe, die aber zum Teile schon recht konfus sind. Und wie sie vollends im mündlichen Verkehre gewesen, das malt eine Freundin ganz charakteristisch: „Wunderlich war ihre Redeweise, die sich stets in drei Sprachen bewegte: französisch, deutsch und italienisch. Ihre Gespräche hatten den Fehler, zu abspringend zu sein; sie wechselte allzu rasch den Gegenstand derselben und kam, wie man zu sagen pflegt, vom Hundertsten ins Tausendste. So kam es, daß ihr Umgang, wie ihre Korrespondenz trotz eines sehr interessanten und vielseitigen Stoffes etwas Ermüdendes hatte."

Aus all diesen einzelnen Zügen erhellt das Bild einer schwer belasteten Frau, die ihren Sohn originär unselig begabte. Auch daß die Gräfin nicht bloß abgöttisch an jenem hing, sondern seine Erziehung fast ausschließlich leitete, scheint mir verhängnisvoll gewesen zu sein. Verhängnisvoll darum, weil diese ausschließlich mütterliche Leitung nicht bloß eine Reihe von Tugenden weckte, wie des Knaben Freimut, lautere Wahrhaftigkeit und ähnliche Vorzüge, vielmehr auch allerlei schlimme Anlagen, oder diese zum mindesten nicht unterdrückte. So erzählt uns der Dichter, er sei schon in der frühesten Kindheit „sehr böse" gewesen. Noch zehn Jahre später zog ihn sein Bruder mit seinem damaligen Eigensinn auf. Das Tagebuch meldet diesen „starren Eigensinn" dann ferner aus Platens Kadettenjahren und später bei vielen Anlässen noch, ja der Dichter selber bezeichnet ihn einmal als seinen Hauptfehler.*)
Es hat ohne Zweifel die Mutter verabsäumt, diesem angeborenen Belastungssymptom mit entsprechender Festigkeit entgegenzutreten. Auch sonst noch dünkt mich des Knaben Erziehung nicht unbedenklich. Er lernte zum Beispiel Lesen und Schreiben um vieles zu früh, und die Mutter war obendrein noch bemüht, ihrem August durch allerlei Geschichten und Verse, die sie ihm vortrug, Geschmack an Dichtungen einzuimpfen. Mit leider nur allzu gutem Erfolge. Denn der Knabe beginnt bald lieber zu lesen, als kindlich zu spielen, obwohl es an Spielzeug ihm keineswegs mangelt. Er liebt es, mit Erzählen beschäftigt zu werden und kindlichem Spiel nur dann zu obliegen, wenn auch sein Geist dabei reichlich zu tun kriegt. Wenn solches Gehaben die Mutter auch manchmal mit Sorge erfüllt, gemeinhin muntert sie ihren Knaben zum Dichten und Reimen geradezu auf, ja weiß sich nicht wenig mit dessen literarischer Fruchtbarkeit. Und führte damit dem Keime der

---

*) Im 6. Lebensjahr macht der Dichter eine sehr langwierige Krankheit durch, bei welcher die Ärzte ihn schon aufgegeben hatten. Ob diese Erkrankung das Großhirn betraf und sekundär dann etwa den Charakter beeinflußte, das läßt sich leider nicht mehr eruieren.

Ruhmsucht und Selbstüberschätzung, der in dem Hereditarier ohnehin schlummerte, frühzeitig kräftigste Nahrung zu. „Es ist bloße Nachahmungssucht, kindische Langeweile, die mich zum Dichter machte!" bekannte Platen in Würzburg noch, und ein andermal wieder: „Hätte ich nie Dichter gelesen, so würde ich schwerlich einer haben werden wollen!"

Einen Hereditarier hieß ich just vorhin unseren Dichter, denn daß er es war, beweist eine Unzahl von Lebensäußerungen. Zunächst, um nur eine der schwersten zu nennen, hat er sich fast niemals glücklich gefühlt. Beständiger Trübsinn, melancholisches Brüten, ja Ekel am Dasein gab weitaus am häufigsten den Grundton seiner Stimmung ab. „Stets muß man kämpfen wider das Leben," klagt er im 23. Jahre, und als er bald darauf seine Kinderfrau sieht, entschlüpft es ihm bitter: „Bei Gott, ich war fast immer unglücklich, seitdem sie mich nicht mehr auf den Armen getragen!" So glücklos fühlte sich August von Platen in jenen seligen Jugendjahren, die bei normalen Menschen sonst stets ganz unbesiegbar freudegeschwellt sind. Er zählte noch nicht 21 Jahre, da schrieb er ins Tagebuch: „Wenn ich mich auch von Zeit zu Zeit ermanne, immer häufiger werden die Rückfälle in eine tiefe Melancholie, und Gedanken des Todes und Selbstmordes beherrschen mich fast ausschließlich." Und wenige Monde später: „Das Glück ist nicht für uns Menschen!" Man darf wohl behaupten, daß er nur in einzelnen Momenten der Liebe die Wonne des Daseins wirklich empfand, sein ganzes übriges Leben jedoch als Knabe, als Jüngling, als werdender und als gereifter Mann melancholisch, unglücklich, unselig vegetierte.[*)] Eine solche lebenslängliche Schwermut ist, wie wir jetzt wissen, ein ganz untrüglich-konstantes Stigma schwerer Belastung. Sie würde, selbst völlig vereinzelt stehend, meine Diagnose genügend erweisen.

Nun gibt es jedoch eine ganz beträchtliche Reihe von Symptomen, die jene Behauptung noch wesentlich stützen. Jener untilgbare, beständige Trübsinn ist schließlich doch bloß ein Einzelsymptom der angeborenen Gehirnerkrankung. Er ist nur ein Zeichen, daß die Körpergefühlsphäre krankhaft verändert ist, was ja das Substrat der Belastung bildet. Weil aber solch ein Belasteter dann sich selbst im Großhirn peinlich empfindet,

---

[*)] An der Hand des Tagebuchs läßt sich fast ohne Lücke verfolgen, wie August von Platen stets trist und glücklos und todverlangend sein Leben verbrachte. Um nur zwei Pole herauszuheben, schalt Gustav Jacobs den Kadetten bereits ob der „Lamentationen," wie er Platens Unzufriedenheit mit seiner Lage nannte, und mit 32 Jahren resümiert der Dichter einen Lebensabschnitt: „Blicke ich auf die drei Jahre zurück, die dies Buch umfaßt, so habe ich eher Ursache zu seufzen, als mich zu freuen. Was auch das Leben äußerlich darbieten mochte, so war ich eigentlich durchhin unglücklich." Und nur einer solch unseligen Natur wird sich der entsetzliche Aufschrei entringen: „Ist nicht das beste Sein ein beständiges Leiden? In den leichtesten Stunden fühlt sich das Leben doch immer als eine Art von Last!"

drum wird er auch seines Daseins nicht froh und trachtet wie Platen der
Lebensbürde sich möglichst zu entledigen. Die Sterbensehnsucht und die
Selbstmordneigung, die daraus entspringen, sind keineswegs aber die
einzigen Versuche der Selbstentäußerung. Man kann sich des Ichs auch
dadurch entledigen, daß man es gar nirgends warm werden läßt, so daß
die peinliche Empfindung desselben nicht Zeit hat, so recht aus Bewußtsein zu dringen. Wer das eigene Selbst stets neu und neu zu verknüpfen imstande ist, wird freilich niemals Tiefe gewinnen, doch wird
er auch andererseits niemals sein Ich bis zu absoluter Unleidlichkeit
fühlen. Darum ist der Assoziationswiderwille, die Furcht vor dauernder
Verknüpfung des Selbst beim schwer Belasteten immer zu finden. Er
meidet die Festlegung seines Ichs wie das höllische Feuer, und geht's
schon nicht anders, so stürzt er sich lieber auf tausenderlei Dinge, die
Zerstreuung gestatten, als auf ein einzelnes bestimmtes Objekt, das ihn
zwänge, für lange Anker zu werfen. „Multa, non multum!" das
ist der Wahlspruch vieler Belasteter.

Wie leuchtend strahlt der vorgenannte Symptomenkomplex aus
Platens Leben! Was hat dieser Dichter nicht alles gelernt und alles
versucht, bis er sich am Ende dahin entschloß, überhaupt nichts zu
machen! Wie schwankt er von einem Berufe zum anderen, wie zahllosen Studien gibt er sich hin, wie rastlos ändert er schließlich auch selbst
den Ort seines Weilens, nur damit die Dauerverknüpfung unmöglich!
Mit zehn Jahren ward er zum Kadetten gemacht, mit vierzehn zum
Pagen. Wenn ein Edelknabe an die Hochschule zog, gewährte der
König ein Jahresstipendium. Das dachte auch Platen anfangs zu nützen,
doch mit einer selbst die Mutter verblüffenden Schnelligkeit änderte er
plötzlich den ganzen Lebensplan und wird Offizier, trotz alles Abratens
von Freunden und Bekannten. Über seine Motive sprach sich der Dichter
ganz freimütig aus. Es war nicht etwa die Freude am Soldatenstande,
denn das Glück einer stäten Berufserfüllung, das kannte unser Dichter
überhaupt gar niemals. Es war ganz einfach der riesige Urlaub, das
monatelange Faulenzendürfen, was ihn so unwiderstehlich lockte. „Jener
Stand, wußte ich, würde mir mehr Muße geben als jeder andere," bekennt er ganz offen, und wenn dann Platen noch außerdem beifügt:
„Er würde mich instand setzen, die Welt zu sehen," und später als
weitere Vorzüge noch das Weilen in der Hauptstadt sowie die große
Bibliothek hervorhebt, so waren das bestenfalls Hilfserwägungen. Kaum
ist der Dichter Offizier geworden, so regen sich schon Zweifel an der
Richtigkeit des gewählten Bernfs, und er notiert mit innerer Zustimmung den Rat der Freunde, sich ganz und rein auf die Wissenschaft
zu werfen. Tatsächlich hat der Leutnant von Platen eine jammervolle
Rolle gespielt. Nicht bloß, daß er dienstlich ganz sonderbare Stückchen
aufführt, die des Obersten Mißtrauen gegen den Versschmied natur-

gemäß wesentlich schärfen mußten, so hat er auch weder mit den Kameraden noch mit seinen Pflichten sich abfinden können. Selbst die im Unmaß betriebenen Studien geben seiner Seele keinen Inhalt mehr. Er kennt nur eine einzige große Sehnsucht: die Sehnsucht nach Urlaub und Urlaubsverlängerung. „Wie ich mich wohl fühle," schwelgt der diensttuende Dichter einmal, „seitdem ich Hoffnung habe, die freie Natur eine Zeitlang ungestört zu genießen, seitdem ich einem traurigen Schlendrian entronnen, jenen bunten Rock, jenen tatenlosen Degen von mir warf, vermag ich kaum zu schildern."

Doch jeder Urlaub nimmt einmal ein Ende, selbst wenn man in allen Verlängerungskünsten ein Virtuos ist, und so muß auch Platen ins Joch zurück, das ihm je länger je peinvoller wurde. Nun heckt unser Dichter die seltsamsten Projekte aus, sein Schicksal zu wenden. Wie so viele Belastetete vor ihm und nach ihm ergreift ihn plötzlich die Sehnsucht nach Amerika. In Philadelphia möchte er Sprachmeister werden, die lästige Bürde des Adels abwerfen und Glück und Existenz sich selber aufbauen. Er hätschelt diesen Plan recht lange und warm, was freilich keineswegs noch etwas tollere Pläne hindert. Es ist noch das mindeste, daß eine briefliche Schilderung Italiens ihn bis zu heißen Tränen rührt und tiefe Sehnsucht, unendliches Verlangen nach jenem Dorado seine Brust aufwühlen. Schon weit phantastischer mutet uns Platens Absicht an, im Gefolge der englischen Kronprinzessin nach Persien zu gehen, zumal er ja dort auch nicht das geringste zu suchen hatte. Am tollsten jedoch ist des Dichters häufig auftauchender Plan, an einen fremden Ort zu ziehen, dort eines der „edleren Handwerke" zu lernen und sein fürderes Dasein in Stille zu verbringen. „Es wird auch am Ende meine einzige Aussicht sein," schreibt Platen ernsthaft.

Da plötzlich taucht ihm die Möglichkeit auf, durch königliche Gunst studieren zu können und Diplomat zu werden, was Platen anfangs mit Feuer aufgreift. Es hat ja bereits das Wechseln an sich einen Reiz für den assoziationsscheuen Dichter. Doch kaum soll es ernst mit der Änderung werden und droht eine neue bestimmte Karriere, ein bestimmtes, kontrolliertes, planmäßiges Studium, so häufen sich alsbald Bedenken und Hemmungen. Ein Ziel zu erreichen, werde Jahre kosten, dann tut es ihm leid um die 4 bis 5 Monate jährlichen Urlaubs, die ihm als Leutnant zugestanden hatten. Und endlich weiß er sich kaum zu entscheiden, was schlimmer wäre: der Exerzierplatz oder ein Stoß von Akten. „Was will auch der Mensch und womit wäre er zufrieden!" so jammert er unschlüssig. Doch da zwingt des Königs Entscheidung ihn zu dem neuen Berufe, und Platen bezieht die Universität in Würzburg. Nicht lange dauert's, so hält es unser Dichter für „durchaus erforderlich", nach Italien zu gehen, weil dies zur Vollendung seines „Odoaker" notwendig wäre, der in Wirklichkeit aber gar niemals zustande kommt.

Für jenes Unternehmen gedenkt er selbst seine Gage zu verpfänden und sich durch Herausgabe seiner Gedichte den Rest des Reisegeldes zu verschaffen. Dann packt ihn wieder ein neuer Gedanke: er wolle sich ganz dem Forstwesen widmen, das besser für ihn tauge, denn alles andere. In Erlangen endlich reist der Entschluß, dem unerträglich gewordenen Jus samt aller Diplomatenkarriere zu entsagen und fortab bloß den Natur- und historischen Wissenschaften und allem voran der Poesie zu obliegen. Diese neuen Pläne halten nun freilich nicht allzulange vor. Denn bald darauf will er an die bayerische Akademie der Wissenschaften kommen mit wenig Arbeit und sicherem Gehalt. Dann sucht er wieder Verlängerung seines Stipendiums nach, um mit Ruhe in Paris orientalische Studien treiben zu können, und endlich gedenkt er mit einem Freunde ein philosophisch-ästhetisches Journal zu edieren. Man sieht, an Projekten mangelt es nicht und an unfruchtbaren Veränderungsgelüsten. Nur wirklichen Zweck- und Zielarbeiten und jeder beruflichen Bindung geht er mit wahrem Entsetzen weit aus dem Wege.

Das zeigt sich, als ihm die Wahl gestellt wird, entweder zum Regimente zurückzukehren oder aber in den Zivildienst zu treten. Zwar wird er auf Schellings Betreiben hin mit Weh und Ach und vieler Beschwerde ein Hilfsarbeiter an der Bibliothek, aber trotz der Begünstigungen, die ihm vom Direktor ausgewirkt wurden, hat er jenes wirkliche Arbeitenmüssen dem König von Bayern niemals vergeben. Erlösung von seinen Berufsbeschwerden eine Zeitlang zum mindesten brachte die Gnade des neuen Herrschers, der ihn für drei Jahre mit Beibehaltung der Leutnantsgage und ohne Beschränkung des Orts beurlaubt. Als dieser Urlaub jedoch zu Ende und man Platen von oben ein Staatsamt nahelegt, wird er ob solcher Zumutung wütend: „Ich habe den König um Unterstützung gebeten, und dieser möchte mir gern ein Amt mit Geld, aber kein Geld ohne Amt geben. Aber ehe ich mich zu einem Kanzlisten hergebe, gehe ich lieber in ein Kloster; denn ich will lieber die Hora singen, als in einem Bureau sitzen. Ich habe mich lange genug in der Erlanger Bibliothek mißbrauchen lassen!" Auch ein glänzendes Angebot, mit einem Gehalt von 2500 Talern jährlich ein Theaterjournal herauszugeben, wies er zurück und motiviert diesen Schritt der Mutter gegenüber äußerst lakonisch: Ayant d'autres affaires, que de rédiger une gazette, je l'ai refusé. In Wirklichkeit waren diese „anderen Geschäfte" nichts als das Bedürfnis, nach Herzensbelieben reisen zu können. Erfüllung auch dieses Verlangens brachte die Ernennung zum Mitglied der Akademie, durch welches Scheinamt er 500 Gulden jährlich bezog, nebst 360 anderen Gulden von seiner Offiziersgage. Nun hatte er endlich sein langerichtetes Lebensziel erreicht, nichts arbeiten und frei reisen zu dürfen, ohne sich um den Unterhalt sorgen zu müssen.

Vielleicht wird mancher hier einwenden wollen, daß Platen allerdings ein arger Projekten- und Träumeschmied war, daß aber von einem Faulenzertum nicht die Rede sein könne. Man wird mit einem Scheine von Recht auf die ungeheure Arbeit hinweisen, die Platen in jüngeren Jahren geleistet. Nun ist es ganz richtig, daß er als Leutnant wie als Student unglaublich vieles gelernt und gelesen hat. Auf der einen Seite befleißigte er sich der Naturwissenschaften, vor allem der Botanik, auf der anderen nicht bloß der klassischen Sprachen, sondern beinahe aller europäischen Idiome. Er liest und dichtet Portugiesisch und Spanisch, beherrscht Italienisch, Französisch und Englisch mit der nämlichen Sicherheit wie Schwedisch und Dänisch, ja er beginnt selbst Böhmisch, Türkisch und Arabisch und bringt es im Persischen zu hoher Vollendung. Hierzu noch die ganz maßlose Lektüre in all diesen Sprachen, sowie eine Reihe von anderen Studien und vielen Gedichten, und das alles in wenige Jahre gepreßt, das scheint doch fürwahr von exorbitantem Fleiße zu zeugen. Und doch ist dies alles nur Scheinbetätigung oder im besten Fall, wie bei den Sprachen, Befriedigung eines ihm angeborenen Talents. Denn Platen war stets ein besonderer Meister im zweck- und ziellosen Lernen und Schaffen. Mit all dem unmäßigen Studieren und Lesen hat er nicht das mindeste Bleibende geleistet oder auch nur zu leisten und schaffen versucht. Ihm war das Lernen so vieler Dinge nicht Mittel zum Zweck, sondern Selbstzweck geworden, darauf berechnet, seiner Assoziationsideen, dem Stigma der Belastung, vollauf zu genügen. „Meine einzige Zuflucht ist anhaltende Beschäftigung," schrieb er einmal ins Tagebuch, und ein andermal wieder: „Wollte Gott, ich könnte meine Tätigkeit nur nach einer Seite richten!" Nur wenn er sich in zahllose Studien vergrub, dann konnte er hoffen, sich selbst zu entfliehen. Es gibt eine Form der Faulenzerei, die überall nippt, ja selbst herzhaft nascht und doch gar nirgends was Rechtes leistet. Als Platen auf den Diplomaten studiert, da hört er gleichzeitig juristische, naturwissenschaftliche, historische, philologische und vor allem und hauptsächlich philosophische Kollegien, und das alles, obgleich er obendrein noch das Gymnasialabiturium nachtragen mußte und die viele Lektüre auch keineswegs aufgab. Gerade die Maßlosigkeit all dieses Tuns ist für den Belasteten hochcharakteristisch. Denn erschöpfend betrieb er kein einziges Studium, zweckdienlich auch nicht die ganze Lektüre. Wenn Platen etwas aus tiefster Seele hassen konnte, so war es berufliche Gebundenheit. „Ich habe den Grundsatz," schrieb er bereits im 19. Lebensjahre, „mich von allem Zwang, den drückende Verhältnisse uns anlegen, soviel möglich zu entledigen, soviel möglich meine Würde als freier Mensch zu behaupten," und an Fugger analog, jeder Beruf sei geeignet, die lebendige Individualität zu ersticken. Worauf es ihm also hauptsächlich ankam, war durchaus nicht etwa das blanke Nichtstun, vielmehr nur einzig der

Mangel an Zwang, etwas Vorgeschriebenes tun zu müssen. Nur keine Verpflichtung, kein Arbeitspensum, kein bestimmtes Ziel und bestimmte Aufgabe, da hielt unser Dichter gar niemals Stand, das verbot der Assoziationswiderwille des schwer Belasteten. Er konnte ganz unnütz hunderterlei lernen, das ihn zerstreute, und dennoch das eine, was er sollte und mußte, perhorreszieren. Daraus ergibt sich die Paradoxie, daß man aus lauter Beschäftigungsscheu unendlich fleißig, aus purer Unmöglichkeit, irgendwo dauernd sich einzuhaken, ganz maßlos tätig zu scheinen vermag.

Kann man Platens Verhalten in deutschen Gauen vielleicht noch geschäftigen Müßiggang heißen, als bloße Berufsscheu noch etwas beschönigen, mit dem Betreten italienischen Bodens wird unser Dichter geradezu arbeitsscheu. Denn wenn ein 29 jähriger Mann den Rest seines Lebens von Stadt zu Stadt, von Provinz zu Provinz fliegt, sich einfach begnügt, Gemälde zu begucken, gelegentlich noch ein wenig zu dichten, und vielfach selbst dies wenige nicht, wenn er König und Verleger aufs grimmigste anpumpt und zum Danke in seinen Briefen beschimpft, dabei aber jeder wirklichen Leistung in weiter Umkreisung scheu aus dem Wege geht, so kann ich einen solchen nicht anders heißen. Man wende mir ja nicht das Dichten ein, dessen Pflege sich Platen hier gänzlich ergeben. Denn abgesehen davon, daß er in Italien überhaupt nicht viel schuf und vor allem nur wenig von bleibendem Werte, so ist zu bedenken, daß kraftvolles Dichten und Berufserfüllung sich sehr wohl vertragen. Für Schiller und Goethe, Lessing und Grillparzer hat wirkliches Arbeiten wenigstens nie ein Hemmnis für das Dichten gebildet. Unser Platen jedoch hat seit dem Verlassen der Universität jede Zumutung einer nutzbringenden Arbeit fast als Beleidigung des Genius empfunden. Was in Deutschland wie in Welschland all sein Verhalten ganz gleichmäßig lenkt, ist einzig und allein die Assoziationsscheu des schwer Belasteten. Nur daß sie drüben hauptsächlich in der Form maßlosen Lernens und Lesens auftritt, in Italien jedoch als akuter, ruhloser Reise- und Wandertrieb.

Allerdings war der Reisetrieb nicht etwa erst in Italien aufgetreten, vielmehr schon im jungen Platen lebendig, der großenteils deshalb so schwer vom Militärstande schied. Bot doch ein Kriegszug wie 1815 dem mittellosen Leutnant die einzige Möglichkeit, sich Welt und Leute anzusehen. Aber selbst in seinen beschränktesten Zeiten hat er seiner Wanderlust mindestens dadurch zu frönen gesucht, daß er tagtäglich durch mehrere Stunden Spaziergänge machte. Zwischendurch gab es ferner nicht bloß alljährlich größere Touren über Tage und Wochen, sondern vielfach auch ganz erkleckliche Reisen, wie z. B. in die Schweiz, nach Österreich und Böhmen, Salzburg und Venedig und einmal auch eine größere Rheinfahrt. Ihn konnte plötzlich der Drang überfallen, nach irgend einem Ziele zu reisen, ein andermal konnte der nämliche Trieb bis zu einer unglaublichen Hitze anschwallen, dann aber auch wiederum das Wanderfieber ihn dort wegscheuchen, wo er gerne länger behaglich geweilt hätte. Am 19. Dezember 1821 schreibt er an Fugger: „Meine Sehnsucht nimmt immer mehr zu als ab, und, wenn ich nicht vergehen soll, so muß ich künftige Osterferien nach Ostfriesland laufen, und wenn ich mich hinbetteln müßte." In Wirklichkeit war er gar niemals dort und ist trotzdem nicht zugrunde gegangen. Von Bonn hingegen, wo er eine Reihe ganz seltener persischer Drucke fand, trieb es ihn weg. „Wie gerne hätte ich dabei verweilt!" schrieb er ins Tagebuch, „aber mein Unstern trieb mich fort, und ich stieg in den Wagen." Und bald darauf ähnlich: „Eine Art von Wohlgefühl empfand ich doch, als ich das schöne Heidelberg gestern verließ, ein Wohlgefühl, das mich immer überfällt, sooft ich mich irgendwo aufraffe und mich wieder in der frischen Natur und auf meinen eigenen Beinen befinde." Freund Fugger, der ihn am besten kannte, hat einst erklärt, „daß Stillsitzen jenem am wenigsten fromme," auch halte er Platens längeres Weilen an demselben Orte für „nicht ganz zuträglich". Als er dem Dichter nun einmal vorhält: „Da du dich doch in manchem, was die Menschen erfreut und bewegt, zu den Entsagenden rechnest, so ziemt dir ja eine rastlose Wanderschaft," da trifft dies Blitzwort Platen ins Herz. „Das ist nur zu sehr aus meiner Seele gegriffen." erklingt seine Antwort, „eine rastlose Wanderschaft wäre eigentlich die wahre Bestimmung meines Lebens, und ich sehne mich darnach sogar im Winter. An bedeutenden Orten längere Zeit zu bleiben und dort zu studieren, sodann aber den Stab weiter zu setzen, dies wäre eigentlich, was mich allein glücklich machen könnte. Denn ein ruhiger bleibender Zustand ohne Häuslichkeit muß über kurz oder lang immer unerträglich werden." Mit dem längeren Weilen und fleißigen Studieren an manchen Orten ist's freilich in Italien nicht allzuweit her. Denn mehr als höchstens wenige Monate blieb er wohl nirgends, und wirklich studiert hat er vollends gar nicht. Gewöhnlich zieht er von Ort zu Ort, ohne lange zu rasten, sehnt sich in Rom fort nach Neapel, in Neapel nach Rom, im Süden nach dem Norden und vice versa, oder späht am Ende wohl gar noch aus, daß er den oder jenen Ort noch nicht kenne, und nützt dies zum Vorwand neuerlichen Reisens. „Wenn mich nicht irgendwo die Menschen fesseln," schrieb er in Neapel, „so werde ich wohl so leicht keine bleibende Stätte finden!" und im Jahre darauf: „Es scheint, daß das Reisen für mich eigentlich die zuträglichste Lebensart ist." Nicht umsonst ist dieses „eine wahre Arznei für ihn", denn dadurch vermag er am besten dem eigenen Ich zu entfliehen, das ihm mit jedem Jahre drückender wurde. Ist doch alles rast- und ruhelose Jagen im Grunde nichts anderes als Assoziationsschen und Ausfluß der schweren Belastung des Dichters.

Nun gibt es aber in Platens Leben auch solche Zeiten, da er vieles Reisen nicht mehr verträgt, weil er schon allzuviel äußere Objekte mit seinem Ich infiziert und belastet hat. Er ist zum Beispiel auf einer Fahrt nach Wien begriffen, wo ihm reiche orientalische Schätze winken, die Bekanntschaft Hammers und durch Freundesvermittelung auch anderer interessanter Männer. Da plötzlich packt ihn ein heißes Verlangen nach völliger Einsamkeit, so daß er auf der Stelle seine Schritte kehrt und in Altdorf zu überwintern beschließt. Vor sich selbst motiviert er den jähen Umschwung ganz dürftig damit, daß er sich sammeln und konzentrieren müsse, auf wenige Arbeiten und Studien beschränken. Nun ist aber diese Sehnsucht nach Einsamkeit nicht etwa bloß ein Einzelphänomen, das einmal und nicht wiederum auftritt, vielmehr zu allen Zeiten lebendig, dieweil es eine Form der Assoziationsscheu. Schon als Knabe war Platen verschlossen und in sich gekehrt, als Offizier und Student ganz außerstande, den Anschluß an seine Kameraden zu finden, und selbst einem Lebenskünstler wie Bülow erscheint sein Wesen so strenge und abschreckend, daß er es nicht wagt, ihn anzureden. „Meine Freunde ausgenommen, lebe ich eigentlich gar nicht mit den Menschen," bekennt der 20jährige Dichter. Nun darf man aber beileibe nicht wähnen, daß ihn zum Sonderling erst sein psychosexuales Empfinden, seine Geschlechtsbesonderheit formte und eichte. Denn lange bevor er sich anders weiß als die übrigen Menschen, steckt er bereits voller Absonderlichkeiten und heißt schon als Page einfach „der Narr". Es läßt sich nicht leugnen, daß er dieses Beiwort in Laienaugen, die von schwerer Belastung und ihren Konsequenzen ja gar nichts wissen, vollauf verdiente. Wenn er z. E. später in Würzburg mit einem Efeukranz um den Hut in den Straßen spazieren geht, wenn er schlechtweg außerstande ist, sich in Gesellschaft zu bewegen, wenn er stumm und geistesabwesend dasitzt, auf direkte Fragen eine ganz verkehrte Antwort gibt, wenn der Anblick einer Karte ihn gähnen macht, und er sich selber das fünfte Rad am Wagen fühlt, dann begreift man, daß Perglas ihn „einen närrischen Menschen" schilt und ein andermal für einen Sonderling hält, der die Welt aus Herzensgrunde hasse. Fürwahr, es steckt eine starke Dosis schlagender Wahrheit im Schimpf jenes Gegners, der ihn ein „ganz verunglücktes Geschöpf, einen Menschen," betitelt, „der in die Welt hineindämmert." Muß Platen selber doch einmal bekennen: „Ich bin und bleibe ein unnützer Mensch!"

Man wird in jenen Zügen unschwer die Assoziationsscheu als treibend erkennen, als jenes schwere Belastungsstigma, das alle die Schrullen vortrefflich erklärt. Verständlich wird aber durch dieses Motiv noch eine Anzahl fernerer Symptome. Ich habe oben schon ausgeführt, wie wenig Platen ein Gesellschaftsmensch war. Doch dieses Übel geht noch viel weiter. Knigges oft gelesener „Umgang mit Menschen" entreißt dem

Dichter das bittere Geständnis: „Diese Kunst, fühl' ich wohl, fehlt mir am meisten. Nicht einmal mit meinen Freunden weiß ich umzugehen, geschweige mit anderen," was er acht Jahre später noch dahin ergänzt: „Es fehlt mir an Lebenskunst, und ich stoße oft wider Willen selbst diejenigen vor den Kopf, denen ich am meisten wohl will." Den Kameraden und Freunden gegenüber gab er sich stolz, empfindlich und launisch, und dies im Verein mit seinem Jähzorn, mit Eigensinn und Rechthaberei mußte notgedrungen jedweden abstoßen. Daß er empfindlich und launisch war wie ein hysterisches Mädchen, von störrischer Kindesart, ein wahrer „ritroso" und nach Engelhardts Ausspruch ein richtiges Kind im Guten und Bösen, ist für den Belasteten hochcharakteristisch. Er mußte ja launisch und wetterwendisch sein und heute verdammen, was er gestern vergöttert, wie zum Beispiel Professor Wagner gegenüber. Denn hätte er jemals anders gehandelt und anders empfunden, dann hätte er auch mit seinen Lustgefühlen an irgend ein Ding sich festhalten müssen, just das also müssen, was der Assoziationswiderwille verbot. So aber entsprach dieser jähe Wechsel von Liebe und Haß gerade seiner „weichen, unfesten Gemütsart, die so schnell von allem hingerissen ward".

Interessanterweise kann dieser Fehler der Assoziationsschen sogar die Maske der Tugend vornehmen, also förmlich moralische mimicry. So schildert unser Dichter sich selbst vortrefflich: „Ich freute mich vormals über mein friedfertiges Gemüt, und daß ich niemand oder nur augenblicklich hassen könne; aber wenn ich darüber nachdenke, so scheint es mir, daß eine **strafbare Schwäche und Liebe zur Bequemlichkeit das Motiv jener sanften Gesinnung sei. Es gehört eine gewisse Seelenstärke dazu, um hassen zu können."** Läßt sich der Assoziationswiderwille, dem jede Festlegung in Liebe und Haß ein Greuel scheint, durchsichtiger malen? Aber Platens Scheu vor dem eigenen Ich schlägt selbst im Kleinsten, Alltäglichen vor. Aus lauter Unmöglichkeit eine noch so geringe, doch stets sich wiederholende Arbeit zu leisten, mißachtet er Kleidung und Äußerlichkeiten weit mehr als billig und sträubt sich hartnäckig, das Whistspiel zu lernen, was für die Gesellschaft ihm doch so nötig war. Ja selbst die gewöhnlichen Lebensgeschäfte lernt er nur unvollkommen und schwer, so daß er zum Beispiel ohne Freundeshilfe nicht einmal imstande ist, einen Buchhändler auch nur anzufragen, ob dieser sein Verleger werden wolle. Ein Mangel an nötiger Lebensgewandtheit, der sich noch dadurch arg kompliziert, daß Platen gleich zahlreichen Hereditariern an mathematischem Stumpfsinn leidet. Nicht nur daß ihn schon als jungen Kadetten „die mathematischen Wissenschaften am wenigsten ansprechen," weil er „für dieselben keinen Kopf besitze," so vermag er auch später mit seinen Bezügen nie recht zu wirtschaften und fühlt sich sowohl durch den König von Bayern, wie durch

Cotta beknausert, trotzdem er doch beiden erst die Möglichkeit dankt, in Italien jahrelang reisen zu können.

Mich dünkt der Assoziationswiderwille selbst dort lebendig, wo man ihn am wenigsten vermuten möchte. So habe ich oben schon ausgeführt, wie maßlos der Dichter in allem war, im Lernen, im Lesen und, wie ich jetzt noch hinzufügen kann, im Lieben, in der Ruhmsucht und in der Wertung des eigenen Ichs. Obgleich sich gewiß da noch andere Motive hinzugesellen, ja vorherrschend sind, so läßt sich der Anteil der Assoziationsschen doch nicht verkennen. Wenn Platen zum Beispiel einmal ausruft: „Lektüre und ewig Lektüre! Es scheint fast, ich lebe nur, um zu lesen!", ein andermal wieder: „Wie andere Zerstreuung auf Zerstreuung, so muß ich Arbeit auf Arbeit häufen, wenn ich anders einige Zufriedenheit genießen soll!" und dennoch und trotzdem ergänzen muß: „Ich tue mir an keinem Tage genug!", wenn er lange von Liebe zu Liebe taumelt und den Freund halb bis zum Wahnsinn begehrt, wenn er sich durch Jahre in Ruhmsucht verzehrt und in Beurteilung des eigenen Ichs jeden Maßstab verliert, so scheint mir da immer ein heimliches Wissen, eine unbewußte Charaktererkenntnis den Brand zu schüren. Die Wissenschaft nämlich, daß keine Empfindung und keinerlei Tun Bestand haben würde, daß jedes, auch das mächtigste Feuer über kurz oder lang verschwelen müsse, dieweil dem Dichter die Dauerverknüpfung einfach unmöglich. Darum sucht unser Platen durch möglichste Intensität zu ersetzen, was ihm an Beharrlichkeit notwendig abging.

Der Hauptgrund für dieses Verhalten jedoch liegt um vieles tiefer: in der ganz unseligen Gehirnanlage des schwer Belasteten. Weil des Dichters Körperfühlsphäre von Haus aus abnorm empfindet und weit über den Anstoß hinaus reagiert, darum kommt es notwendig zur vorgeschilderten Maßlosigkeit. Darum braust unser Platen oft so heftig empor, daß ihn selber schaudert, versetzt ihn die Aufführung von „Treue um Treue" wie der Druck der Ghaselen in eine Aufregung, die kaum noch zu schildern ist, darum machen ihn kleine, unschwer zu beseitigende Mißlichkeiten gleich tief unglücklich, und zwar oft selbst minimale Druckfehler, und darum erscheint er schließlich zuweilen so haltungslos traurig, daß es die Freunde ganz gespenstisch anmutet. Wie selten ist es ferner, daß ein schwer Belasteter sich selber zutreffend einschätzen kann! Das wird allerdings nach dem vorhin Gesagten wohl niemand befremden. Denn wer sich im Zentrum des psychischen Ichs, in der Körperfühlsphäre abnorm empfindet, der muß ja naturgemäß sich selbst sei es über- oder unterbewerten. Diesem Schicksal entging nun auch Platen nicht. Er hat bis zum ersten Druck der Ghaselen unendlich wenig Selbstvertrauen gehabt, unzählige Male an seinem Können verzweifelt und allem Dichten für immer entsagt. Fast auf jeder Seite der Tagebücher sind davon reichlich Proben zu finden. „Ich kann einmal nicht höher fliegen, als meine Kraft reicht." — „Ich verspüre nichts in mir, was eine besondere Gabe der Natur verriete. Lange Übung in Vers und Reim von früher Kindheit auf und die Gewohnheit, den Dingen ihre poetischen Seiten abzusehen, machen noch keinen Poeten. Der Geist ist willig, aber die Kraft gering." — „Wenn man seinen Namen nicht bis zu den unsterblichen Sternen emporheben kann, so ist es besser, gänzlich unbekannt im Gewühle des gemeinen Haufens unterzugehen." — „Die Poesie habe ich ganz aufgegeben; ich betrachte meine Verse als meine Jugendsünden." So schreibt er nicht lange vor seinen ersten Publikationen. Doch kaum erblüht der geringste Erfolg, so schießt der eben noch so zage Dichter weit übers Ziel, weit über alle Schranken hinaus. Mit tausend lechzenden Ohren saugt er Lobsprüche ein, woher sie auch kommen. Er zitiert umständlich jeden Zeitungsschmierer, hat eine närrische Freude am Lob und nennt im Tagebuch alle mit Namen, die seinen Vorlesungen beigewohnt hatten. Wie schneidend und stolz weist er hingegen ein jedes absprechende Urteil zurück, wie ergießt er sich in Versen und grimmigen Briefen wider seine Kritiker, wie rüpelt er selbst seine Mutter an, als sie ihm einmal den Beifall weigert! Und in welch überschwenglichen Verzückungslauten schwärmt er nunmehr von seinen Poesien! Über die schalen Wortwitze des „gläsernen Pantoffels" urteilt er selber: „eine unbesiegbare Heiterkeit des Lebens sei über sie ausgegossen," die Behandlung des Stoffes in den „Abassiden" sei „einfach homerisch" und „die Liga von Cambrai" enthalte „vielleicht die großartigsten politischen Gedanken, die jemals über Venedig ausgesprochen worden." Kritik seiner Werke ist ihm ein Greuel, er will sie höchstens in Versen gestatten, nie aber in nüchterner, hausbackener Prosa. Und als er „die verhängnisvolle Gabel" schrieb, wird er nicht müde, dem Vater wie den Freunden stets wieder zu versichern, sie sei ein ganz unsterbliches Werk von einer sprachlichen Schönheit, wie man sie im Deutschen bislang nicht gehört, mit ihr beginne eine neue Epoche, nicht bloß in seinem poetischen Leben, sondern schlechtweg im deutschen Schrifttum überhaupt. Nimmt man hinzu, daß er sich nächst Klopstock und Goethe einmal den größten deutschen Lyriker nennt, daß es ferner sein Lieblingsgedanke ist, der erste deutsche Dramatiker zu werden, trotzdem er gar nie ein Drama zu wirklichem Leben erschaffen, so wird man Platens Selbstüberschätzung annähernd würdigen. Und man wird das Pathologische dieser Erscheinung um so eher begreifen, wenn man sie zusammenhält mit seiner gewaltigen Unterbewertung in früheren Jahren. Wenn Pfeufer einmal von des Dichters „wahrer und nicht erheuchelter Bescheidenheit" spricht, die Späteren hingegen von seiner „ganz unerhörten Selbstüberschätzung", so haben sie alle beide vollkommen recht. Ist doch beides lebendig im selben Individuum, im selben Gehirn, nur zu auseinanderliegenden Zeiten. Und beides wird möglich, weil

Platens Körpergefühlsphäre nicht fähig ist, sich selbst normal, sich selber
zutreffend richtig zu empfinden.

Die angeborene Erkrankung derselben, d. h. die Belastung, hat aber
noch weitere Konsequenzen, die bisher so gut wie noch gar nicht gekannt
sind. Ich meine das häufige senium praecox, das vorzeitige Altern
von schwer Belasteten. Daß mindestens ein Teil der Körpergefühlsphäre
auch bestimmte Ernährungsfunktionen besitzt, ist durch die Pathologie
der cerebralen Kinderlähmung längst schon erwiesen. Es wird dadurch
auch sofort plausibel, daß eine spezifische Gehirnerkrankung, die der
schweren Belastung zugrunde liegt, im Lauf der Jahrzehnte zu einem
vorzeitigen Altern führt, mag sie auch an sich nicht mächtig genug sein,
um gleich von vornherein trophische Störungen sichtbar zu setzen. Nach
meiner Erfahrung ist durchschnittlich etwa das 30. Lebensjahr als Anfang
des senium praecox zu rechnen. Was nun speziell unsern Dichter betrifft, so wird er hellstrahlend durch das Wort von Mendelsohn-Bartholdy
gezeichnet: „Graf Platen ist ein kleiner, verschrumpfter, goldbebrillter,
heiserer Greis von 35 Jahren; er hat mir Furcht gemacht." In jenem
noch jugendlichen Alter demnach, da andere sich erst in der Vollkraft
fühlen, erscheint unser Dichter Fremden als Greis, als kleines, ver-
schrumpftes, kurzsichtiges Männchen. Aber auch an psychischen Alters-
zeichen gebricht es uns nicht, wenn wir seinen Lebenslauf sorgfältig
prüfen. Schon das ist auffällig, daß Platen, welcher erst mit 25 Jahren
vor die Öffentlichkeit tritt, doch schon mit 33 abschließen will. So leicht
verzichtet man nicht auf Lorbeeren, sofern man nur fühlt, sie noch zu
verdienen. Aber freilich verspürt unser Dichter gar wohl das Nachlassen
seiner poetischen Kraft in den letzten Jahren, und es vergeht oft Monat
um Monat, ohne daß er auch nur das geringste leistet. Und noch viel
früher beklagt er sich schon, er sei nicht mehr fähig, so rasch und so
viel wie ehedem zu lesen, er schleppe einen Band oft lange herum, um
ihn voll zu genießen; ja später bemerkte er sogar mit Entsetzen, daß
er in Venedig nicht mehr so schaulustig sei wie vordem. Am aller-
bedenklichsten dünkt es mich aber und den Eintritt des Alters am
meisten beweisend, daß auch seine Liebe zu Freunden erlischt. Nach
German, den er mit 27 Jahren begehrt, folgt höchstens noch Kopisch,
sonst knüpft er im besten Fall Augenblicksfreundschaften. Man darf
von Platen also dreist behaupten, bald nachdem er das Land seiner
Sehnsucht erreicht, sei er als Mensch wie nicht minder als Poet ganz
fertig gewesen. Während Goethe in Italien sich völlig gesund schaut
und Kraft und Ruhe für immer erringt, begräbt unser Platen im
nämlichen Lande sein Mannes- wie sein Dichtertum ganz.

Und noch ein Zufall trifft ihn daselbst, der Platens Belastung auch
für den Stumpfsinn genügend erweist: ein veritabler epileptischer Anfall. Die Ursachen freilich, die dem Dichter selber als solche gelten, sind

wenig bedeutsam. Denn weder das winterliche Klima in Rom, noch der viele Genuß von Wein und Kaffee kann mehr als höchstens auslösend sein, der wahrhaft entscheidende, wirkliche Grund ist die Disposition des Hereditariers. Wenn Platen bereits am Tage vorher so reizbar ist, daß ein Freundesscherz ihn zu Tätlichkeiten bringt, wenn er kurz vor dem Anfall in eine unfaßbare Hitze gerät, verworren spricht und Halluzinationen sieht, wenn er plötzlich bewußtlos unter Streckkrämpfen hinstürzt und nach jenem Vorfall einige Tage hindurch einer grenzenlosen Melancholie verfällt, so beweist dies nicht bloß den epileptischen Anfall (beiläufig bemerkt den einzigen, der uns vermeldet ist), sondern damit auch klar die schwere Belastung.*)

*) Unser Dichter war körperlich wenig bedacht, eine zarte, hagere, gracile Erscheinung, und hat sich auch nie abhärten gelernt. In Italien beschert ihm jeder Scirocco darum Zahnschmerz und Katarrh der oberen Luftwege, der kalte Winter in München hinwiederum einen Rheumatismus der linken Hand, welcher erst nach Monaten Schwitzbädern weicht. In frühester Jugend will Platen ferner ein Brustleiden überstanden haben. Auch später, als ein Freund an Tuberkulose verstirbt, wähnt er sich dem nämlichen Übel verfallen, ein Glauben, in welchem ihn Auswurf und Magerkeit, sowie Kongestionen zu Brust und Kopf noch wesentlich stärken. In diesen beiden letzteren Symptomen, in seiner Reizbarkeit und endlich in dem „nervösen" Magen erkennen wir heute ganz deutlich Zeichen der Angstneurose. Am meisten fühlt Platen seine „Nervosität" nach jenem epileptischen Anfall in Rom. Von geringerer Bedeutung ist die chronische Obstipation des Dichters, deren Folgen sogar seine „Nerven" ungünstig beeinflussen konnten. Was endlich Platens 13tägige Todeskrankheit betrifft, so scheint nach den überlieferten Symptomen und der von den Ärzten gestellten Diagnose (Unterleibsentzündung) eine Bauchfellentzündung (Perityphlitis) dem Leben des Dichters ein Ende gesetzt zu haben.

(Schluß folgt.)

Reiseskizzen aus Norwegen.
Von
A. Rogalla von Biberstein.
— Breslau. —

Das Land der Mitternachtssonne des Nordkaps, der ins Meer hinabhängenden Gletscher und der Fjorde muß man besuchen, wenn heller Sonnenschein sich in deren smaragdgrünen Fluten spiegelt, der Sommer den unendlich langen nordischen Winter mit seinen Schnee- und Eismassen vertrieb, und wenn die Bevölkerung, durch die Unbill des Klimas nicht mehr gehindert, ihren Hauptberufszweigen, der Seeschiffahrt, dem Fischfang und dem spärlichen Ackerbau, nachzugehen vermag, und daher im Hochsommer, wo noch alles im frischesten Grün prangt und Hitze den Touristen dort fast nie belästigt. Allein auch im Winter, wo Fels, Wald, Fjord, Fluß und Bach von Schnee und Eis starren und sich auf den Höhen von Frognersaeter bei Christiania die hochinteressanten nordischen Wintersportspiele entwickeln, besitzt Norwegen für den sich für diese interessierenden Touristen und Sportsman einen besonderen Reiz.

Dem in neuerer Zeit meist üblichen Reisewege per Dampfer von Hamburg nach Christiania, Bergen, Trontheim und zum Nordkap ist, obgleich er die herrlichsten Bilder der Küste und ihrer Fjorde in ihrer alpinen Großartigkeit zur Anschauung bringt, für den, der auch das Innere des Landes kennen zu lernen wünscht, der Weg durch die Landschaften von Skien, Telemarken, Stavanger-, Hardanger- und Sognefjord, Romsdal und Trontheim vorzuziehen. Denn eine Tour in Norwegen bietet auch in dessen Innerem hohes Interesse, und zwar ist der Juli als der dort am meisten regenfreie Monat für den Besuch seines Innern die geeignetste Zeit.

Der nur zweistündige Seefahrt erfordernde, bequemste Reiseweg vom nördlichen Deutschland nach Norwegen ist, abgesehen von dem per Dampfer von Hamburg nach Christiania, der über Warnemünde, Gjedser und von dort per Bahn über Kopenhagen nach Helsingör und über Helsingborg und Göteborg nach Christiania und von hier weiter ins Innere des gewaltigen Gebirgslandes. Vor kurzem wurde überdies die neue Dampffähre zwischen Warnemünde und Gjedser in Betrieb gesetzt und dadurch die dortige Überfahrt noch günstiger gestaltet. Diese Route gestattet zugleich, Kopenhagen zur interessanten Zwischenstation zu machen, während, wenn man dazu Göteborg wählen würde, der Aufenthalt in diesem allerdings stattlichen, landschaftlich schön gelegenen, sehr betriebsamen Hafenort weit weniger Anziehendes bietet. Sehr angenehm für die Abkürzung der Reise ist, daß ein speziell für Touristen im Sommer eingelegter Schnellzug Christiania in etwa 13 Stunden von Kopenhagen aus zu erreichen ermöglicht.

Soviel landschaftlich Schönes die Bahnfahrt durch die prächtigen Buchenwaldungen der Ostküste Seelands bietet, so wenig gewährt dieselbe an der Küste des Kattegat und im westlichen waldarmen Schweden. Sie wird daher angenehm unterbrochen durch die kulinarisch vortrefflich versorgten größeren schwedischen Eisenbahnstationen wie Ed und Legnered, in welchen bei genügend langem Halten das Mittagmahl eingenommen wird. Nicht weit von Frederikshald, der historisch berühmten Feste, bei deren Belagerung Karl XII. 1718 nicht, wie man glaubte, von einer Pistolenkugel seiner eigenen Leute, sondern durch ein dänisches Geschoß fiel, passiert die Bahn die norwegische Grenze und den nicht unwichtigen südlichsten Grenzfluß, die Tistedalself, den Norwegen an dieser Stelle nebst dem Glommen neuerdings zu befestigen begann, durchquert alsdann das holzindustriereiche, hübsch gelegene Sarpsborg mit seinem bedeutenden Wasserfall und erreicht durch eine vielfach wald- und felsbedeckte, jedoch auch anbaureiche Zone in etwa 3½ Stunden die Landeshauptstadt Christiania.

Dieselbe ist nach wiederholten sie einäschernden Bränden am Nordende des gleichnamigen, schönen, 13 deutsche Meilen ins Land einschneidenden Fjords völlig modern und verhältnismäßig großartig angelegt und bildet mit ihren 170 000 Einwohnern das Handels-, Schiffahrts- und Verkehrs-Zentrum Norwegens. Zwar ist das landschaftliche Panorama Christianias prächtig, jedoch mit demjenigen Stockholms nicht zu vergleichen, und bietet die Stadt, der mit Ausnahme der Konsuln die zahlreichen diplomatischen Vertreter der fremden Nationen und das Leben, welches der königliche Hofhalt in einer Residenz stets mit sich bringt, fehlen, bei weitem nicht das belebte Bild der schwedischen Hauptstadt. Nur in der Hauptverkehrsader, der Karl-Johann-Straße und an dem von Handelsschiffen stets stark besuchten Hafen, den ein gelungenes Standbild des dänischen Nationalhelden Tordensksjöld ziert, entwickelt sich dasselbe, und zahlreiche, der Personenbeförderung dienende kleine Dampfer vermitteln hier beständig den Verkehr mit den zahlreichen Ortschaften am Christiania Fjord. Auf scharf nach Süden vorspringender hügelartiger Landzunge blickt hier am Hafen die alte Feste Akershus, ein Häuser- und Wallkonglomerat buntester Mischung und, nur mit einer Salutbatterie ausgestattet, ohne jeden heutigen militärischen Wert, auf das Gewimmel am Hafenquai hinab, und ihre baumbeschatteten Wälle bilden eine beliebte Promenade und Aussichtspunkte für die Fremden, während eine völlig veraltete zweite Batterie mächtiger gußeiserner auf dem Flaggenbastion rückwärts gegen die Stadt gerichteter Geschütze andeutet, daß die Zitadelle zur Zeit der dänischen Herrschaft eventl. als Zwingurj gegen Christiania zu dienen bestimmt war und vermocht hätte. Heute aber bedecken Bäume und dichtes Gesträuch die äußere Wallböschung der Flaggenbatterie, über welcher das blaue Kreuz der norwegischen Flagge im roten Felde beständig weht, und gestatten kaum mehr einen Ausblick auf die tief unten liegende Stadt. Amphitheatralisch erhebt sich diese mit ihren breiten Straßen und Plätzen und mehreren Villenvierteln um den Kern der alten Stadt, die Zitadelle Akershus, und die letztere bildet mit der Kommandantur und sonstigen Militärgebäuden, sowie einem Parade- und Exerzierplatz das militärische Zentrum derselben. Wir sahen die ersten norwegischen Soldaten, große, schlanke, kräftige, blonde Leute, wie es schien Artilleristen in dunkelblauer Uniform, sehr lässig betriebene Säbelfechtübungen vornehmend. Dieselben wurden mit einem so geringen Maß von Energie ausgeführt, daß es schien, als wenn die Mannschaft fest davon überzeugt sei, doch nie in ihrem Leben praktischen Gebrauch von ihnen machen zu müssen. Was die Beschaffenheit der Uniform betraf, so mußten wir, obgleich uns sehr wohl bekannt, wie weit unsere Exerziergarnitur vom Ideal einer einwandfreien Uniform entfernt ist, gestehen, daß es dringend geboten schien, die gesamten Uniformen jeder Truppe schleunigst zu „Spindler" zu schicken.

Welchen Unterschied aber bot das tadellose Aussehen der Matrosen und Kadetten eines gerade in Christiania weilenden deutschen Kriegsschiffes zu der äußeren Erscheinung der norwegischen Mannschaft, obgleich diese eine sehr stattliche, große und kräftige ist und sich am folgenden Sonntag in den Straßen auch besser uniformiert präsentierte. Der Kommandant der Zitadelle und Christianias, ein hochgewachsener Stabsoffizier, unterbrach das militärische Stilleben derselben keinen Moment durch seine gerade erfolgende Rückkehr von einem Morgenspazierritt auf einer vor das erste Jahrzehnt längst hinter sich habenden englischen Fuchsstute, und sein sehr stark ergrautes Haar deutete an, daß in der norwegischen Armee ganz andere Dienstaltersverhältnisse bestehen müssen wie in anderen Heeren.

Christiania besitzt mit Rücksicht auf den in günstigen Jahren sehr starken Touristenverkehr und denjenigen der Landeshauptstadt überhaupt eine beträchtliche Anzahl guter, nicht teurer Hotels, unter denen namentlich das an der belebten Hauptstraße, der Karl Johann Gade, und am Eidsvolds-Platz gelegene Grand Hôtel und andere elegante, meist überfüllte Karawansereien für die Touristen bilden. Die Sehenswürdigkeiten der Hauptstadt sind verhältnismäßig unbedeutend. Sie bestehen in dem auf hoher Terrasse gelegenen stattlichen, jedoch architektonisch ganz unbedeutenden königlichen Schloß mit dem davorstehenden Reiterstandbilde Karl Johanns, des ersten Königs von Norwegen aus dem Hause Bernadotte, und dem geräumigen hübschen Schloßpark, dem Kunst- und Industriemuseum mit den in seiner Nähe aufgestellten 1880 ausgegrabenen beiden Wikinger-Schiffen, sowie in einer sehr bemerkenswerten Volksküchenanstalt, in welcher täglich etwa 2000 Kostgänger zum Preise von ca. 30—50 Pfg. gespeist werden. Dagegen ist die landschaftliche Lage Christianias prächtig, und bieten die in seiner Umgebung gelegenen Aussichtspunkte von Holmekollen, Frognersaeter und Schloß Oskarshall herrliche Ausblicke. Der erstere namentlich gewährt einen solchen auf Christiania und seinen Fjord und wird mit seinem im nordischen Stil gehaltenen komfortablen Hotels vielfach zur Sommerfrische benützt, während der zweite, auf welchem 1890 in der offenen Halle das Festmahl für Kaiser Wilhelm bei dessen Besuch Norwegens stattfand, eine der schönsten Rundsichten des Landes bietet. Schloß Oskarshall auf der Labegaardshalbinsel schön gelegen, ist von Christiania in fünfzehn Minuten per Dampfer zu erreichen und durch Lage und Rundsicht vom Turme aus bemerkenswert, sein Inneres aber, obgleich einige historische Erinnerungen enthaltend, zeigt außer mehreren guten Landschaften nichts von der sonstigen Pracht fürstlicher Schlösser und wirkt in dieser Hinsicht geradezu enttäuschend. Der Schwamm sitzt in den Mauern und Wänden des Schlosses, und sein Inneres ist vernachlässigt.

Christiania ist, wie erwähnt, mit Ausnahme seines Hafens und weniger Straßen und Plätze eine nicht gerade allzubelebte Stadt, deren Eigenart in der Architektur seiner vielfach im nordischen Stil gehaltenen Villenviertel und im ernsten Gebaren der Bevölkerung, der strengen Sonntagsruhe, sowie dem Verbot des Verabreichens von Spirituosen während derselben hervortritt. Ältere geschichtliche Monumente weist sie infolge der erwähnten Brände, außer den genannten selbst in Darstellungen der Gemäldegalerie des Museums wenig oder gar nicht auf; allein die Hauptstadt bildet den belebten Konzentrationspunkt für die Handels- und Geschäftswelt Norwegens, dessen Haupterzeugnisse allerdings nur in Bauholz, Heringen, Hafer, Bier, Eis und Schwefelhölzern und dessen Haupteinfuhrartikel in Christiania in Roggen, Kolonialwaren, wollenen Geweben, Baumwolle, Fleisch, Speck, Steinkohlen, Maschinen ꝛc. bestehen. Zwei bis drei Tage genügen für den, der nicht eingehendere Studien zu machen beabsichtigt, zur bequemen Besichtigung der Hauptstadt und ihrer nahegelegenen Aussichtspunkte und Umgebung.

Christiania bildet den Ausgangspunkt für die fast unzähligen Reisetouren, die nach dem Innern Norwegens unternommen werden können, und eine der beliebtesten unter denselben ist, abgesehen von der bereits erwähnten Küstenfahrt, diejenige über Skien, den Endpunkt der von Christiania ausgehenden Westbahn, über den Nordsjö und die sich anschließenden Wasserläufe durch Telemarken nach Odde und Bergen, und von dort über Thalheim, Laerbarsören, Tagernes, Odnes und Randfjord nach Christiania zurück. Sie bildet eine Reise mit der Bahn, dem Dampfer und mit der Karriolpost, namentlich aber mit der letzteren, dem primitiven, aber praktischen Beförderungsmittel Norwegens, dessen Benutzung etwas an die der Mailcoachs der schottischen Hochlande erinnert. Die Mitführung eines wasserdichten Regenmantels ist in regnerischer Jahreszeit bei ihr unerläßlich, und einige Kenntnis der Landessprache, um sich mit dem Kutscher, in der Regel einem halbwüchsigen Jungen, verständigen zu können, sehr wünschenswert. Im übrigen wird in den Hotels und auf den Stationen vielfach Deutsch verstanden und hie und da etwas Englisch gesprochen.

Die an einem heiteren August-Morgen von uns angetretene etwa sechsstündige Eisenbahnfahrt nach Skien führte uns durch den angebautesten, verkehrsreichsten und wohlhabenditen Teil Norwegens, über größtenteils prosperierend: Städte, darunter den sehr belebten, hübsch gelegenen Holzhandelsplatz Drammen, das Seebad Holmestrand, den Walfisch- und Robbenfängerplatz Tönsberg, das Schwefel- und Eisenbad Sandefjord und das prächtig gelegene fabrikreiche Laurvik am gleichnamigen Fjord. Zahlreiche schöne Fichtenwälder und Tunnels wechseln während der Fahrt mit schönen Ausblicken auf den Christianiafjord, den die Bahn jedoch unweit Tönsberg verläßt, um sich dem Sandefjord und Laurvikfjord zuzuwenden. Bei Skien, einer kleinen, sehr fabrikthätigen Stadt, erreichten wir die Skien-Elf und den nach Dalen bestimmten Dampfer, und hier begann am Nachmittag des Tages, an dem wir Christiania am Morgen verlassen, die Hauptour durch die Seereiche und die kanalisierten Wasserläufe des südlichen Telemarkens. Noch war der Anbau an den Ufern derselben ein ziemlich häufiger, allein schon während der vielstündigen Fahrt über den Nordsjö trat er mehr und mehr zurück, um schließlich an den Ufern des Bandaksvand- sees ganz spärlich zu werden. Die Landschaft war von beständig wechselnder großer Schönheit, und unser kleiner, jedoch komfortabel ausgestatteter Dampfer glitt auf breitem, dunklem und stillem Wasserspiegel beständig zwischen „schroffen Fichtenhöhen" dahin. Das einfache, aber leidliche Mittagsmahl wurde bald nach der Abfahrt in der Kajüte serviert. Bei den zahlreichen Schleusen der die Seen verbindenden Wasserläufe, die an diejenigen des Göthakanals erinnern, stieg ein Teil der Reisenden aus und legte kürzere Strecken während des Durchschleusens auf bequemen Pfaden zu Fuß zurück. In angenehmer Unterhaltung vergehen die langen Stunden der Fahrt, und ein norwegischer Schiffskapitän belehrt uns während derselben, daß die umliegenden Gebirgslandschaften mächtige Erzlager, namentlich Eisenerz enthalten, eine Mitteilung, die durch die jüngste Nachricht von der Auffindung derartiger Lager bei Stavanger bestätigt ward, daß ihr Abbau jedoch und selbst ihre Mutung, trotz der nahen den Transport begünstigenden Wasserstraße, bis jetzt unversucht blieben, da schon die Mutungs- und Schürfungsarbeiten in diesen Einöden außerordentlich kostspielig sind und es überdies an Arbeits- und namentlich Kapitalskräften in dem menschenarmen und nichts weniger als reichen Norwegen fehlt und auch von der Regierung sehr wenig zur Förderung des Bergbaues geschieht. Auch besitzt das Eisen der dortigen Lager, soweit sie bekannt sind, in der Regel einen Zusatz von Titanit, einem Metalle, das erst durch einen noch unermittelten Läuterungsprozeß ausgeschieden werden muß, um das Eisen für die Zwecke seiner Benutzung geeignet zu machen. So liegen hier und anderwärts in Norwegen ungehobene Erbschätze und wahrscheinlich Eisen genug, um die ganze Welt damit zu versorgen, allein die fördernden Kräfte fehlen.

Kurz vor der Eisenbahnstation Dalen erhob sich der Mond über die anliegenden Berg- und bestrahlte hier ein an den Wasserspiegel des Rheins am Lurleifelsen erinnerndes Bild mit seinem Glanze, und mit Recht bemerkte ein mitreisender Engländer, dem wir Feuer für seine Zigarre anboten: „Beautiful, indeed very splendid!" Erst nach mehrstündiger Fahrt bei Dunkelheit erreichten wir Dalen und sein großes komfortables Touristenhotel, dessen holzgetäfelte, hübsche, von elektrischem Licht tageshell erleuchtete Räume uns um ½ 11 Uhr nachts gastlich aufnahmen. Ein an jedem Fensterkreuz der oberen Schlafzimmer angebrachtes Rettungsseil erinnerte uns an die Feuergefahr der Holzbauten Norwegens, der bereits, wie noch jüngst das Hotel von Stalheim, so viele seiner Städte und Häuser zum Opfer fielen, ohne daß man bis jetzt in dem an massivem Baumaterial so reichen Lande zum Steinbau geschritten wäre, da die Unkosten desselben zu groß sind und Bauholz in Hülle und Fülle vorhanden ist und auf den hohen „Fjelden" der Gebirge selbst vielfach ungenützt verdirbt. Nach eilig servierter Abendmahlzeit begab man sich bald zur Ruhe, und am anderen Morgen um 9 Uhr harrte die Karriolpost oder die „Stolkarre", ein nur mit einem Pferde bespannter Karren mit zwei Vordersitzen und einem Rücksitz für den Kutscher, unserer Abfahrt. Wer allein in Norwegen reist, thut gut, dieses primitive Beförderungsmittel zu benutzen, da die nicht immer vorhandenen zweispännigen Kaleschen für den einzelnen unverhältnismäßig kostspielig sind. Allerdings bieten dieselben besseren Schutz gegen Sonne und Regen, welch letzterer, wie bemerkt, in Norwegen im August sehr häufig ist. Allein auf dem Karriol kann man sich durch ein für die Mitführung unerläßliches, wasserdichtes Regencape ähnlich dem, das die norwegische Polizeimannschaft trägt, schützen, indem man gleichzeitig das Spritzleder des Karriols über den Unterkörper hinaufzieht.

Bei prächtigem Sonnenschein und warmem Wetter verließen wir zur genannten Stunde das gastliche Dalen, und fort ging's im flottesten Trabe unseres den Shetland-Ponies ähnelnden kleinen, norwegischen Pferdes auf der sehr guten Straße im Bornedal-Elftal entlang, wo die immer großartiger werdende Landschaft am Börtevandsee bald nahezu alpinen Charakter annahm. Meilenweit war kein Haus, keine Ortschaft oder sonstige Ansiedelung sichtbar und zeigte sich kein lebendes Wesen. In herrlichen, hochstämmigen Fichtenwaldungen oder an See- und Bachufern entlang gleitet die Fahrt dahin, keine Wildfährte, kein Wild wird bemerkbar, das Gefühl, in einer Einöde zu reisen, überkommt uns, und wir müssen uns mit dem Bewußtsein, daß die anliegenden „Fjelder" an Lebewesen Bären und Luchse und die Seen zahlreiche Lachse, Forellen und Äschen bergen, begnügen. In dem schön gelegenen im nordischen Schweizerstil gebauten Hotel von Börte hielten wir einstündige, für Mann und Pferd notwendige Mittagsrast und trafen hier eine ziemlich zahlreiche Gesellschaft, bestehend aus sich lebhaft unterhaltenden Berlinern, sowie stummen Engländern und Norwegern. Nördlich von Börte wird die Landschaft noch großartiger, jedoch zugleich öder und wilder und der Weg weit beschwerlicher, und an felsblockdurchsetzten Wasserfällen, reißenden Bächen, schimmernden Seeflächen und den Felswänden des Grungedal vorüber führte die Fahrt nach dem über 2000 Fuß hoch gelegenen Botten. Hier langten wir bei völliger Dunkelheit, von zwölfstündiger Fahrt stark durchschüttelt, abends 1/210 Uhr an. Die Temperatur war auf 8° gesunken, und der kühle Nordwind pfiff um das leicht aus Holz gebaute Stationswirtshaus. Ein abermals eilig eingenommenes Nachtmahl mahnte uns an frühen Aufbruch für den folgenden Morgen. Schon vor 8 Uhr nahm uns die „Stolkarre" wieder auf und brachte uns auf noch steileren Wegen durch immer wilder werdende Regionen, deren Bergspitzen hier noch im August mit Schnee bedeckt find, in sehr beschwerlicher, jedoch ebenso interessanter Fahrt nach Station Hörte, wo wir weit früher als tags zuvor schon am Spätnachmittag eintrafen. Der nächste Tag führte uns über die Wasserscheide zwischen Nordsee und dem Skagerrak in das berühmte herrliche Tal von Odde, das mit den Schneefeldern der Folgefond im Hintergrunde eine der prächtigsten Szenerien Norwegens bildet.

Es kann nicht im Rahmen dieser Skizze liegen, eine auf mehrere Wochen berechnete Tour durchs Innere Norwegens eingehend zu schildern und so vielfach bekannte schöne Partien desselben wie die mit ihrer Umgebung in die Gletscherregion hineinreichenden von Odde und des Sörfjord, Samlen und Hardanger-Fjord rc. zu beschreiben, da wir mit ihr nur ein Bild von der Art, wie man in südlichen Norwegen reist, und von der Landeshauptstadt und einem der besuchtesten Teile des Landes zu geben beabsichtigen. Überdies veranlaßte uns das unausgesetzt sehr wechselnde und mit Ausnahme einzelner Tage regnerische und kühle Wetter, unsere Tour sehr abzukürzen und früher als beabsichtigt nach Christiania zurückzukehren. Von hier aus unternahmen wir darauf weitere Ausflüge und gewannen wir neue Gesichtspunkte für die Beurteilung des nordischen Reiches. Nächst dem gewaltigen Eindruck seiner hohen landschaftlichen Schönheit und demjenigen der großen Armut seiner inneren, gebirgigen Distrikte wurde uns der Aufschwung, in welchem die Hauptstadt Christiania, sowie die südlichen und übrigen wichtigsten Häfen und sonstigen Küstenplätze, ungeachtet der durch Überspekulation namentlich in Bauten vor einigen Jahren eingetretenen Krisis, begriffen sind, deutlich erkennbar und daher verständlich, wie die Volksvertretung des nur 2¼ Millionen Einwohner zählenden, bei einem Jahresbudget von nur 102 Millionen Kronen, armen Landes sich in Hinblick darauf, daß in Christiania der meiste Wohlstand des Landes und dessen wichtigsten Regierungs- und Privatetablissements konzentriert sind, in jüngster Zeit zur Herstellung ausgedehnter Befestigungsanlagen auf der Ost- und Südfront der Hauptstadt an dem wichtigsten Grenzfluß des Glommen entschloß und bei Fredericsten, der Bergfeste bei Fredericshald an der Tistedal Elf, vor einigen Jahren damit begann und sie neuerdings vollendete. Die Besorgnis vor einer eventuellen russischen Aggression bildete angeblich den äußeren Anlaß zu diesen Befestigungsanlagen, da man annahm, dieselbe werde sich nicht bloß auf die nördlichen Gebiete der Nordland- und Lappland-Provinz, zur Gewinnung eines stets eisfreien Hafens in unmittelbarer Nähe des atlantischen Ozeans, sondern zur Überwältigung Norwegens mit einer Landungsoperation bei Christiania auch auf die Landeshauptstadt erstrecken, die militärisch vorteilhaft nur östlich derselben auszuführen sei. Auf der 18 deutsche Meilen langen Linie des Glommen und der von ihm durchströmten Seen wurden daher Befestigungsanlagen in Gestalt gut armierter Panzertürme angelegt und an dem starken Fluß- und Seeabschnitt der Tistedal Elf, wie erwähnt, auf dem Fredericsten, sowie bei Sarpsborg, Oesje, Bro und Stongsvinger errichtet. Der Befestigungslinie schließt sich nördlich die leicht zu verteidigende des „Vormen" und des ca. 12 deutsche Meilen langen Mjösensees an, so daß die Verteidigung Christianias gegen einen südlichen und östlichen Angriff an einem ihr sehr günstigen starken Geländeabschnitt stattzufinden vermöchte. Der Glommen, ein stark strömender mächtiger Fluß, von etwa der Breite der Mosel, besitzt überall die militärische Wassertiefe; allein die zu verteidigende Strecke ist, wie erwähnt, etwa 18 deutsche Meilen lang, so daß das Durchstoßen eines numerisch überlegenen Angreifers, ungeachtet ihrer mehrfachen Seenbildung, keineswegs ausgeschlossen ist. Diese immerhin starke Verteidigungsfront ist jedoch, wie jetzt feststeht, namentlich gegen Schweden gerichtet, und ihrer Anlage lagen als innerster nicht zugestandener Beweggrund die Sonderungsbestrebungen zugrunde, die in Norwegen wie schon früher in der Flaggenfrage und der der Konsularvertretung nunmehr mit der völligen Lostrennung von Schweden zum Ausdruck gelangten. Ob man sich aber im norwegischen Storthing über die materiellen Konsequenzen der Anlage einer so ausgedehnten Befestigungslinie nicht nur für die Finanzen des Landes, sondern auch für die Truppen- und Schießübungen, welche eine gründliche Vorbereitung zur Verteidigung und die Ermittelung ihrer gefährdetsten Angriffsstellen durch Feldmanöver erheischt hätte, völlig klar gemacht hatte und etwa glaubte, mit der Gesamtkriegsstärke des norwegischen Heeres von etwa 82 000 Mann, von der jedoch eine ganze Anzahl Besatzungen fester Plätze abgehen, die 18 deutsche Meilen lange Linie mit Sicherheit halten zu können, bleibe dahingestellt. Wie es scheint, betrat Norwegen mit seinen jüngsten Rüstungen auch in den Nordlandsprovinzen eine Bahn, die nicht recht im Verhältnis zur Lage seiner Finanzen, die keine Überschüsse ergeben, stand. In richtiger Erkenntnis dieser Verhältnisse trat daher einer der politischen Hauptführer des Landes, Björnson, jüngst von neuem mit seinem Vorschlag einer permanenten Neutralisierung der nordischen Länder hervor. Wäre dieselbe schon früher erfolgt, so hätte es, meint er, für Deutschland keine Eile gehabt, die dänische Sprache in Nordschleswig zu unterdrücken, und für Rußland keine Eile, Finnlands Verfassung zu zerbrechen und russische Truppen dorthin zu schicken. In der Tat gewinnt man in dem, wie gesagt, nur 2¼ Millionen Einwohner zählenden und trotz eines Aufschwungs noch armen Lande den Eindruck, als wenn die Rüstungen und Befestigungen desselben zur Verteidigung gegen den Angriff einer Militärmacht wie Rußland, ungeachtet seiner von der Natur sehr begünstigten Verteidigungsfähigkeit, vergebliche Bemühungen seien, und daß für ein Land, von dem für Rußland und etwa England nur ein eisfreier Hafen nahe am nordatlantischen Ozean, das im übrigen jedoch für keine andere Macht überhaupt begehrenswert ist, die Neutralitätserklärung den besten Entschluß bilden würde. — Eine Reise in dem an herrlichen Landschaftsbildern so unerschöpflichen und politisch und sozial interessanten Lande wird zwar stets einen besonderen Reiz besitzen; allein auf ein wichtiges sie belebendes Moment muß man bei ihr verzichten, nämlich auf irgendwie hervorragende und namentlich architektonisch schöne und bemerkenswerte Baudenkmale, wie sie in Italien, Spanien, Frankreich, am Rhein und anderwärts in schönen Kirchen und Domen, in Schlössern, Palästen, Burgen und Klöstern repräsentiert sind, und überhaupt auf jene Fülle bekannter und großer geschichtlicher Erinnerungen, die andere Länder so hochinteressant und anziehend machen.

Psychologie des Rokoko.

Vortrag, in der Freien Wissenschaftlichen Vereinigung an der
Universität Heidelberg gehalten

von

Paul Riesenfeld.

— Breslau. —

Es gibt eine Auffassung der Kunstgeschichte, die in der Kunst nichts anderes sieht, als eine Übersetzung des Lebens in die Bildsprache und die jeden Stil als Ausdruck der herrschenden Zeitstimmung begreiflich zu machen versucht. Wer wollte leugnen, daß das eine fruchtbare Betrachtungsweise ist?" Mit diesen Worten beginnt Heinrich Wölfflin den letzten Abschnitt seines schönen Buches über „die klassische Kunst". Die meisten Kunsthistoriker haben in der Überzeugung von der Fruchtbarkeit jener Anschauungsart die künstlerischen Erscheinungen als Reflexe der Zeitseele betrachtet und dadurch nach der Behauptung Shakespeares gehandelt, der in der Kunst „den Spiegel, die abgekürzte Chronik ihrer Zeit" sieht. Es darf wohl als durchaus verständlich vorausgesetzt werden, daß jede Periode der Weltgeschichte ein eigenes Seelenleben hat, ebenso wie in der Brust einer jeden Persönlichkeit, die mit den Äußerungen ihres Lebens am Aufbau einer historischen Epoche beteiligt ist, bestimmte psychische Regungen pulsieren. Wenn es nun mein Ziel ist, Ihnen die Kunst des Rokoko anschaulich und ihr intimes Wesen nachfühlbar zu machen, so muß ich die Beschaffenheit des Bodens untersuchen, in dem die lichten, leichten Duftblumen der Rokokomalerei wurzeln. Meine Aufgabe besteht also in einer Zeichnung der Silhouette eines Seelen- und Zeitbildes, in dem Versuche einer Psychologie des Rokoko. Die Kunstprodukte selbst sollen hierbei nur eine sekundäre Stellung einnehmen.

Was bedeutet das Wort Rokoko? Man leitet es von dem französischen Ausdruck rocaille her, einer Bezeichnung für muschel- und kristallartige Gebilde zur Belebung der Innenarchitektur. Dem Stamm roc entspricht dann durch die Wiederholung der letzten beiden Buchstaben und den Nachschlag des o der Schößling Rokoko. Schon dieses Lautgebilde ist, wie sehr viele durch den Sprachpsychologen leicht auffindbare Worte solcher Art, der Ausdruck für etwas Spielendes, Tändelndes, graziös Schäferndes: In ihm prägt sich also der Charakter des Stils aus. Wir beobachten hier wieder die Erscheinung, daß die künstlerischen Stile von der Architektur ihre Namen erhalten. Auch wenn wir von Rokokomusik, gotischen Körperbewegungen, barocker Poesie und dergl. reden, gebrauchen wir also die zur Charakteristik der Baustile dienenden Worte. Die Architektur ist eben die primäre, fundamentierende Kunst, die alle künstlerischen Äußerungsmittel bestimmt. Hierauf weist auch folgender Satz Wölfflins hin: „In den Räumen, die es sich schafft, in der Bildung von Decken und Wänden sagt ein Zeitalter so genau wie in der Stilisierung seines Körpers und seiner Bewegung, was es sein möchte und wo es Wert und Bedeutung suche." Versuchen wir zunächst in der Rokokoarchitektur die Seele jener Zeit und einen Anhalt dafür, wo man damals Wert und Bedeutung suchte, zu erblicken. Sehen wir zu, ob uns die damalige bildende Kunst, ebenso wie schon die Bezeichnung Rokoko die Wesensart des Stils andeutet, psychologisch etwas zu sagen weiß.

Das Rokoko bildet die vom baulichen Organismus losgelöste Dekoration, das Ornament, zu einem eigenen, selbständigen Stile aus. Daher beschränkt es sich meist auf die Innenarchitektur, die dekorative Kunst und das Kunstgewerbe. Während die Fassaden meist schlicht bleiben, lösen sich die architektonischen Linien des Bauinnern in freie, oft unverbundene Kurven auf; besonders bei den Bauwerken J. A. Meissoniers (1693 bis 1750) weichen die symmetrischen, struktiven Formen zugunsten eines die Wände und Decken überwuchernden leichten Rahmenwerks aus kapriziös zierlichen, mit bizarren Windungen und Schnörkeln sich verästelnden Linien. Welchen Rückschluß auf die Seele des Zeitalters Ludwigs XV. und auf die Wesensart der französischen Kulturmenschen jener Zeit gestatten uns diese Erscheinungen?

Wir werden vermuten dürfen, daß, ebenso wie an die Stelle der früheren strengen Flächengliederung durch Pilaster und Säulen eine launige Arabeskentändelei trat, auch die Menschen von damals die Fesseln streng struktiv gegliederter Lebensformen durch die Lust an ungebundener Bewegungsfreiheit ersetzt haben. Die Rokokomenschen müssen, wenn die Kunst ein Ausdruck ihrer Stimmungen sein soll, nicht mehr wie vorher in einer pomphaften Schablonenlast, in einer gespreizten und bedrückenden Etikette, sondern im Streben nach der Verwirklichung eines tändelnden, tänzelnden, spielerischen Lebensdranges Wert und Bedeutung gesucht und das Dasein selbst als Arabeske, als Illusion und Dekoration aufgefaßt haben. Solche Vermutungen werden durch die Rokokomalerei bestätigt, in der sich, wie Goeler von Ravensburg sagt, die ganze Periode mit ihrem ungebundenen, genußfreudigen Leben in einer ideal-phantastischen und sinnlich-graziösen Richtung spiegelt. Betrachten wir nur einmal mit flüchtigen Blicken einige der bekanntesten Bilder Watteaus, des ersten Vertreters der Rokokomalerei und eines der allerfeinsten Farbenpoeten. La vraie gaité; ein Bauernpaar t a n z t vor einem Wirtshaus. La danse champêtre; der Tanz; der Ball; das Konzert; das Theater-Liebesfest; l'amour paisible; la leçon d'amour; assemblée galante; das t a n z e n d e Hirtenpaar, dem ein alter Schäfer die Musik macht, während im Hintergrunde eine Dame sich s c h a u k e l n läßt; „die Schaukel" ist auch der Titel eines anderen Bildes im Besitze des deutschen Kaisers und erscheint noch auf manchem dieser Gemälde als wesentliches Motiv; denn sie fügt sich als Erregerin einer wiegenden Bewegung ganz in das Rokokomilieu, in dieses feine Gespinst zarter, mattfarbiger, leicht vibrierender, sich elegant schaukelnder und umschlingender Fäden. Beliebte Darstellungsobjekte sind kindliche Belustigungen, wie B a l l s p i e l, Blindekuhspiel, Bogenschießen u. a. Auf alle diese Beschäftigungen paßt der Titel eines Watteauschen Bildes, das also der Repräsentant der meisten Rokokoszenen ist; es hat den Namen „Der Zeitvertreib".

Der Schauplatz solcher Zeitvertreibungen befindet sich fast immer im F r e i e n, und seine Lage in Gottes freier Natur entspricht ja den freiheitlichen Tendenzen nach Form- und Fessellosigkeit, nach beschaulicher Naivität und ungebundener Natürlichkeit. Hier sehen wir köstliche Schäferidyllen auf grünem Anger, da „fêtes galantes" in prachtvoller Parklandschaft, dort anmutige „déjeuners sur l'herbe". Und wieder kann ein Gemälde Watteaus als Vertreter einer ganzen Gruppe gelten; es ist unter dem Namen „Ländliches Vergnügen" bekannt. Watteau hat fast keine Szene ohne Einbeziehung in Wald oder Feld dargestellt, und auch seine Nachfolger haben der Rokokogeneration in der Landschaft einen Tummelplatz für ihr genußfrohes Sichausleben, ihr kindliches Dahinträumen und liebenswürdiges Gespiele geschaffen. Ebenso kommt in der Architektur, von der wir ausgingen, diese Naturfreudigkeit zum Ausdruck. Es gelangen nämlich allerhand Naturformen, Blumen, Jagdstücke, Muschel-, Korallen-, Felsen- und Tropfsteingebilde als charakteristische und deshalb besonders wichtige baustilistische Details zur Verwendung; die Baukunst verwertet hier also S y m b o l e d e s N a t u r l e b e n s. Den Zusammenhang der Erscheinungen werden Sie vielleicht noch besser verstehen, wenn ich darauf hinweise, daß nicht viel später ein großer Prophet des 18. Jahrhunderts, ein Dolmetscher der geheimsten Seelenregungen in seiner Rasse und Gesellschaft, Jean Jacques Rousseau, die Sehnsucht seines Zeitalters in die berühmten Worte faßte: „Retournons à la nature!" Das Streben nach Natur und Natürlichkeit, das brünstige Verlangen nach Freiheit und ins Freie hinaus macht sich auf einigen Bildern in scheinbar belanglosen und darum nicht genug beachteten Einzelheiten bemerkbar; dazu rechne ich die wiederholte, als Ausdruck der Freiheitslust interessante Szene des Fliegenlassens eines Vogels. Wir sehen mehrere Male, wie einem von zarter Hand geöffneten Käfig an einem langen Bande ein Vogel entflattert, der den eng einschließenden Käfig also ebenfalls mit dem Aufenthalt in der freien Luft vertauscht. Darin erkenne ich wieder ein Symbol der Zeitseele, wie denn überhaupt die ganze Rokokokunst als ein Gleichnis der Zeitstimmung aufzufassen ist. Unsere Beobachtungen werden uns daher erst ganz verständlich werden, wenn wir zur Erklärung dieser Zeitstimmung in einem kurzen historischen Exkurs den Erscheinungen auf ihren wirklichen Grund geben.

„Das Zeitalter Ludwigs XIV. war ein stolzes, steifes, bombastisch ruhmrednerisches Zeitalter. Nur die Galavorstellung liebte man, die bedeutsame Gebärde, den repräsentativen Glanz." Der Regisseur dieser Paradekultur, der Roi soleil, erschrak aber zuletzt selbst vor seiner Gottähnlichkeit. „Seine unglücklichen Kriege, seine Geldverlegenheiten, die Todesfälle in der königlichen Familie — alles stimmte ihn düster. Die Mode, lustig zu sein, sei abgekommen, ist die ständige Klage, die durch die Briefe der Elisabeth Charlotte geht. Eine langweilige, von oben aufgedrungene Frömmigkeit, ein pfäffischer Geist lastete auf dem Lande. Da starb der große König, und die Gesellschaft atmete auf. Kein kopfhängerisches griesgrämiges Muckertum brauchte man mehr zu heucheln, brauchte nicht mehr hinter den Fächern zu gähnen. Alle Lebenslust, bisher in einem Käfig eingeschlossen, atmete auf."

Das Wort Käfig im letzten Satze dieses der wundervollen Zeitanalyse Richard Muthers entnommenen Abschnittes erinnert wieder an die Darstellungen der aus ihren Gefängnissen in die lichte Luft fliegenden Vögel und an den Anfang eines für das damalige Stimmungsleben und Kunstschaffen sehr charakteristischen Rokokoliedes: „Sieh meinen feinen Flügelstaub, ich flattere und fliege." Ein Dichter aus der Epoche Ludwigs XIV. hätte das nicht sagen können, denn damals war alle Freiheit gebunden, alle Einfachheit und leichtbeschwingte Lebensempfindung hinter Europens übertünchter Höflichkeit, die Seume in einem seiner Gedichte beklagt, verborgen. „Und denkt man sich in diese Welt auch die Menschen hinein, diese Herren mit der wallenden Perücke und dem goldgestickten Rock, diese Damen mit der hohen Fontange und dem starren Seidenkleid, die in langem strahlenden Cortège über den blankgebohnten Boden schreiten, da erkennt man, wie wahr und machtvoll diese Kunst den Geist der Epoche spiegelt." Es ist die Kunst des Barock, ein pomphaft sich spreizender, dem Leben der damaligen Aristokratie Frankreichs entsprechender, dicker und oft greller Aufputz eines mißverstandenen, langweiligen Klassizismus, dessen ein- und gleichförmige Steifheit und Kälte gleichsam unter einem eitel sich bauschenden Theatergewand lebendig und warm werden sollten. Das Barock ist die große Oper unter den Stilen, die königliche Hofoper im théâtre paré. In seiner Loge sonnt sich der Sonnenkönig und zieht die seinem Geschmack untergebenen Darsteller, also die Barockarchitekten und -Maler, an Drähten auf der Kunstbühne herum. Selbst die Natur muß sich, wie zum Beispiel im Park von Versailles, dem Willen des Herrschers beugen. „Die geradlinigen Wege, die scharf geschnittenen Laubwände, die steif-feierlichen Rondelle — alles bringt zum Ausdruck, wie trotzige Ungebundenheit Zucht und Regel annimmt." Auch diese Erscheinung benutzt Muther zur Charakteristik des Barockgeistes in dem glänzend geschriebenen Kapitel über das Zeitalter Ludwigs XIV.; er schließt seine Ausführungen mit den folgenden Sätzen: „Der feierliche Pomp des Barock hat seinen Gipfel erreicht. Nach dieser Seite war ein weiterer Schritt nicht möglich. So erscheint der Louis quatorze-Stil nicht nur als natürliches Produkt seiner Zeit. Er war auch die notwendige Vorstufe für das, was nun erfolgte. Man mußte erst am Wuchtigen, Imposanten sich abgesehen haben, bevor auf das Grandiose das Graziöse, auf die Deklamation die Delikatesse, auf das Erhabene das Elegante, auf das Zeremonielle das Zierliche, auf das Barock das Rokoko folgen konnte." Das Erscheinen des Rokoko auf dem Schauplatze der bildenden Kunst ist also auch eine Folge des allen kulturellen Äußerungen immanenten Gesetzes der Reaktion. Der Umschwung ins Gegenteil von allen vorangegangenen Formen macht sich mit dem Beginn der Rokokozeit überall geltend. Das starre Antlitz schematischer Geradheit lebt unter graziösem Lächeln auf, die prätentiös aufgeblasenen Gebilde nehmen eine verfeinerte, anmutig bewegte Gestalt an, die großspurig ausfahrenden Kurven verwandeln sich in leichte, bieg- und schmiegsame Schnörkel, in ein elegantes Arabeskengeplauder, das gleichsam ein Sinnbild des Lebens in der Rokokowelt ist. Der Zeitgeist erhebt seine Stimme nicht mehr zu dröhnenden Tiraden, sondern singt delikat abgetönte Koloraturen und spricht sich leise in leichten Feuilletons aus. Man liebt nicht schwere Formeln, sondern feine Formen: man lebt nicht systematisch, sondern aphoristisch. „Rings nur Welle und Spiel. Was je schwer war, sank in blaue Vergessenheit." Der das gesagt hat, war selbst ein großer Feind des Systems und ein großer Freund des Aphorismus: Friedrich Nietzsche. Seine Worte sind zwar nicht auf das Rokoko bezogen, können aber sehr wohl zu dessen Charakterisierung verwendet werden. Ebenso dürfte man eins der herrlichen Bekenntnisse Zarathustras behandeln, wenn der darin mitschwingende heroische Unterton zum Schweigen gebracht werden könnte. „Auf, laßt uns den Geist der Schwere töten! — Ich habe gehen gelernt: seitdem lasse ich mich laufen. Ich habe fliegen gelernt: seitdem will ich nicht erst gestoßen sein, um von der Stelle zu kommen. Jetzt bin ich **leicht**, jetzt **fliege** ich, jetzt sehe ich mich unter mir, jetzt tanzt ein Gott durch mich! —— Mein A und O ist es, daß alles Schwere leicht, aller Leib **Tänzer**, aller Geist **Vogel** werde." Schon die hervorgehobenen Worte, deren vom Dichter natürlich nicht beabsichtigte Beziehung zum Rokoko wir jetzt auch psychologisch verstehen können, fordern zu einem Vergleiche zwischen der Empfindungs- und Gedankenwelt Nietzsches und der des Rokoko heraus. Das tertium comparationis besteht in dem **potenzierten Lebensgefühl**. Man wird sich aber hüten müssen, eine andere als diese Übereinstimmung und ihre Konsequenzen festzustellen zu wollen. Der Dichter des Zarathustra zimmerte sich mit seiner in unerreichbare Höhen gerichteten Phantasie eine Welt voll ganz großer, heroischer, **barocker** Naturen zurecht, während die Rokokoleute ihren Tendenzen eine um vieles schmächtigere, zärtlichere, sensiblere und nervösere Gestaltung schufen. Der moderne „Ja- und Amensager" und der Rokokomensch: beide sind edle, exklusiv aristokratische Wesen, die jenseits von Gut und Böse, fern vom grauen Alltag eine zauberhafte Traumwelt mit ihren verkörperten Idealen bevölkern. Deshalb bezeichne ich das Rokoko als die Kunst der aristokratisch individuellen, graziös freien Weltflüchtlinge. Die epitheta characteristica des Rokoko heißen sinnlich-graziös und ideal-phantastisch. Man wollte damals den dunklen, eisernen, dem Rost Nahrung bietenden Lebensring vergolden und mit einigen matt leuchtenden Perlchen den aufgeputzten Reif besetzen. Statt des Werktags sollte Sonntag sein. Man wollte sich vor dem so einförmig verlaufenden Alltag retten in eine Eremitage, wo des Lebens sonst ernst durchfurchtes Gesicht schelmische Kindergrübchen und jungfräulich holdselige Fältchen zeigte, wo das Leben ein Traum, wo „des Lebens Prosa vom Zauber des Märchens umwoben" war. Das Wort Märchen ist deshalb hier am rechten Platze, weil es auch zu dem stofflichen Inhalt der Rokokobilder so gut paßt. Mit dem Begriff Märchen verbinden wir die Vorstellung von etwas Spielerischem, Einfältigem, Kindlichem, Unwirklichem, die der Sehnsucht jener Zeit, alles Reale zu fliehen oder mit einem aus Phantasiefäden gesponnenen Flor zu verkleiden und zu dekorieren, durchaus entspricht. „Wir spielen immer, wer es weiß, ist klug." Dieses Bekenntnis, das Schnitzler seinem famosen „Paracelsus" in den Mund legt, hätte der Wahlspruch der Rokokogeneration sein können. Prüfen wir seine psychologische Richtigkeit wieder an einigen Beispielen kultureller und künstlerischer Erscheinungen.

„Der Herzog-Regent eröffnete 1716 wieder die italienische Komödie, und dieses Komödiespielen war seitdem ein wichtiger Teil im Vergnügungsprogramm der vornehmen Welt. Mit Bällen, Theatervorstellungen, musikalischen Abendgesellschaften und besonders mit Masken-

selten vergeht die Zeit. Nicht nur die Schauspieler der Comédie française, der Comédie italienne und der Oper wurden häufig ins Palais Royal befohlen. Selbst die Seiltänzer galten als salonfähig. Die jungen Herren nehmen bei ihnen Unterricht.*) Die Damen studieren mit den Schauspielern die Stücke ein, die sie auf ihrer Privatbühne aufführen. Es war so lustig, bot so viel Stoff zu niedlichen Intrigen und galanten Erlebnissen, den bunten Flitter des Pierrot und der Colombine zu tragen." Daß man alles das aus dem Geiste des Rokoko heraus psychologisch erklären kann, soll wieder durch Worte bewiesen werden, die Nietzsche auf etwas ganz anderes bezog, aber ebensogut zur Erklärung der uns beschäftigenden Erscheinungen hätte verwenden können. Ich las sie in einem seiner Briefe an Frau Geheimrat Ritschl, die Gattin seines Lehrers in der Philologie. „Aber vielen Menschen ist die Wahrheit in dieser Harlekinjacke unkenntlich. Uns nicht, die wir kein Blatt dieses Lebens für so ernst halten, in das wir nicht den Scherz als flüchtige Arabeske hineinzeichnen dürften. Und welcher Gott darf sich wundern, wenn wir uns gelegentlich wie Satyrn gebärden und ein Leben parodieren, das immer so ernst und pathetisch blickt und den Kothurn am Fuße trägt?" Zahllose Rokokogemälde bilden Belege für diese prächtigen Worte und neue Beweise dafür, daß die Kunst eine getreue Dienerin ihrer Herrin Kultur ist. Mit einem Male tauchen aus der ewig wechselnden Flut der Kunst alle jene Bilder auf, als deren Repräsentanten nur einige wenige genannt werden sollen. Watteau malt viele Theaterbilder, Theaterliebesfeste und Szenen aus der Komödie wie „Die Liebe auf der italienischen Bühne" und „Die Liebe auf der französischen Bühne", er porträtiert Schauspieler und Schauspielerinnen, malt la Finette und Gilles, zwei Theaterfiguren, zeigt uns die vornehme Gesellschaft im Bühnengewand, im Kostüm der Harlekins und Pierretten, malt Maskenzüge, Kostümbälle und allerhand galanten Mummenschanz; Lancret läßt einmal die Hautevolee an einem Jahrmarktsrummel teilnehmen und sich an den Tänzen und Possen der Gaukler belustigen. Entspringen nicht alle diese Theaterfestivitäten, musikalischen und Tanzunterhaltungen, die Kinder- und Komödienspiele der Sucht, den wahren bittern Kern des Lebens mit der bunten, schmackhaften Hülle des Ideals zu umgeben? Sind nicht alle diese Masken- und Märchenbilder Symbole für das heiße Verlangen, alles Reale zu maskieren, zu verkleiden, zu verstecken? Sind es nicht Sinnbilder für die Begierde, das graue Dasein schön zu färben, das Wirkliche unwirklich zu machen oder in einen von Feenhand gefertigten mystischen Schleier zu hüllen, damit man unter ihm die seltsamsten Erscheinungen vermuten und die delikatesten Reize sich vortäuschen durfte?

---

*) Das zeugt wieder für das Streben, sich möglichst elastisch, frei beweglich und graziös zu machen.

Wie hieß es doch in dem Zitat? „Kein Blatt des Lebens halten wir für so ernst, in das wir nicht den Scherz als flüchtige Arabeske hineinzeichnen dürften." Die Blätter des Lebensbaumes werden im Herbste welk; darum wollte man in Lust und Liebe ewigen Lenz haben und mit Arabeskengirlanden den Lebensbaum dicht behängen, um es nicht mitansehen zu müssen, wenn etwa ein Reif in der Frühlingsnacht fiel und das junge, grüne Laub frösteln ließ. Man spielte Verstecken mit dem Leben, man spielte immer. Man spielte mit besonderer Vorliebe Schäfer und Schäferin; feine Herren und Damen verkleideten sich als Hirten und Hirtinnen, um aus einem psychologisch leicht verständlichen Reaktionsbedürfnis ein idyllisches Leben, ein arkadisches, bukolisches Tändeln sich als wirkliche Zustände zu suggerieren. Darum hat Alwin Schulz recht, wenn er sagt: „Watteau hat meines Wissens zuerst die . . . . unter der überbildeten Gesellschaft der Höfe so hoch geschätzten Schäferidyllen, die in ihrer fingierten Unschuld einen so bedeutenden Kontrast gegen die wirklich vorhandenen Sitten bildeten, zum Gegenstand der bildenden Kunst gemacht." Wir finden also hier die Bestätigung dafür, daß die anakreontisch primitive Welt des Rokoko ein künstlich bereitetes, süßes Gegengift gegen die dem Rokoko vorangegangene blasierte Überkultur und die reale Weltordnung ist; sie existierte nur in der Einbildung jener Generation, war nur eine angenehm betäubende Fiktion, die bloß im graziösen Spiel den Schein der Wirklichkeit gewann und in dieser Form von feinbegabten Malern in künstlerischer Gestaltung festgehalten wurde. So entstehen die vielen pastoralen Genrebilder, die besonders Watteau, Boucher und Fragonard geschaffen haben.

Der Freude am Unwirklichen, Fabelhaften, Vor- und Außerweltlichen entsprechen die zahlreichen meist französierten und der Rokokostimmung künstlich angepaßten mythologischen Darstellungen, unter deren Malern außer den bereits angeführten Künstlern noch Natoire genannt sein soll. Dahin gehört auch die Fülle der primitiven Fabelwesen, der Saturn, Silene, Tritonen und Nymphen und der Bewohner des in der Kinderphantasie lebendigen Märchenlandes. Daß das Kind selbst eins der beliebtesten Darstellungsobjekte wurde, erklärt sich also auf ganz ungezwungene Weise. Die Vorstellungen von Freiheit und Seligkeit, von Unschuld und Einfältigkeit, von knospenhaftem Lebensgefühl und süßer Narretei, von Tanz und Spiel fanden ihre Verkörperung im Wesen des Kindes. Oft, wie besonders bei Natoire, ist auch das Kind ein mythisches Geschöpf; es hat Flügel angenommen und ist als Putto oder Amorette Träger der erotischen Empfindungen, die in der Atmosphäre des Rokoko geheimnisvoll wirken. Das Flügelkind spielt gleichsam die helle, leicht verzierte Oberstimme in der Rokokosinfonie, aus der uns als Grundtöne Liebe und Sehnsucht beständig entgegenklingen.

Liebe und Sehnsucht ziehen wie liebliches Geläute leise durch unser

Gemüt, wenn wir uns am Anblick der von Watteaus Meisterhand verherrlichten „Insel der Cythere" ergötzen. Watteau hat zweimal die Einschiffung nach Cythera und einmal die Ankunft auf der Zauberinsel gemalt, die auf noch vielen anderen Liebesbildern als Schauplatz der Vorgänge gedacht ist. Sie ist in sagenhafte Regionen entrückt, in den Kreis der ionischen Inseln, wo einst Sappho und Anakreon ihre von Sehnsucht und Liebe trunkenen Lieder dichteten. Auf dem im Traume verlorenen Eiland soll Aphrodite abgestiegen sein; ihr und dem Gotte Adonis, der Liebe und Sehnsucht, der Schönheit und Jugend, waren dort Kultusstätten geweiht. Ist es also nicht ganz erklärlich, daß Watteau gerade an die Insel der cytherischen Venus dachte, als er den intimsten Gefühlen und durstigsten Begierden der zeitgenössischen Gesellschaft Raum schaffen wollte. Wir werden die Stimmung, der sich diese berühmtesten Rokokobilder entbanden, vollends nachempfinden, wenn wir uns daran erinnern, daß dem Rokoko der Trieb nach Verschleierung des alltäglichen Weltbildes und nach Idealisierung des nüchtern Materiellen immanent war. Die Gemälde der Cythera sind nun der schönste und bedeutungsvollste Ausdruck dafür. Jene Insel ist das Ziel köstlichster Träume, ein Dorado, in das die schweifende Phantasie von der nimmer rastenden Sehnsucht geleitet wurde; sie ist das fernste Fata Morgana-Gebilde, das nur im weitesten Gedankenflug erreichbare, in Märchendämmerung eingesponnene Paradies des Rokoko. Damit die psychologische Kette sich allmählich zusammenschließen kann, soll als neues Glied die Literatur eingefügt werden. — Damals hatten sich die romanhaften Liebesgeschichten schon eingebürgert und entsprachen ebenso dem Geiste des Rokoko wie die Abenteuerromane und die in alle Sprachen übertragenen Robinsonaden, deren Erscheinen gerade in Watteaus Zeit fällt. Robinson war der erklärte Liebling des Leserpublikums, ganz besonders aber eine Gestalt nach dem Geschmack der französischen Aristokratie. Er war ein kulturloser, primitiv einfältiger Mensch auf einem unkultivierten, märchenhaften Eiland in nebuloser Ferne, weitab von der eklen Fabrikware, die man die tägliche Wirklichkeit nennt. Eine feinere Form dieser Robinsoninsel ist die zaubervolle Cythera, ein Schlaraffenland, wo sich Adonis mit Venus begattet, wo Sehnsucht, Liebe, Lust, Jugend und Schönheit sich verbünden, wo man flüstert und flirtet, spielt und träumt, tanzt und tändelt, wo ewig der Lenz lächelt, der die Lotophagen des Rokoko in Wunderblumenduft einhüllt, mit Girlanden aus Rosenknospen umschlingt und mit den paradiesischen Gaben seines reichen Füllhorns beschüttet. Cythera ist ein legitimes Kind des Zeitgeistes, seine Wiege das Rokoko, dessen Psychologie, wie wir fanden, auch durch die Literatur bereichert wird. Sehen wir nun noch nach, wie die Musik im Rahmen des Rokoko sich ausnimmt und ob auch ihr Wesen dem Rokokocharakter der Schwesterkünste damals geähnelt hat.

Daß die Tonkunst in jenen Tagen große Geltung haben mußte, ist ja ganz klar. In einem Zeitalter der Grazie und Liebe, der Träume und Schönheit, der Weltflucht in arkadische Idylle und Märchenländer, im Zeitalter der Entmaterialisierung und ideellen Verklärung der Wirklichkeit, im Zeitalter des Singens und Fabulierens, des Spielens und Tanzens mußte die r h y t h m i s c h e Kunst der Musik, die zugleich die t r a n s c e n d e n t a l s t e und spirituellste aller Künste ist, eine sehr willkommene Ausdrucksvermittlerin sein. Der Rokokomensch besaß in der Musik eine getreue Mitarbeiterin an der Entäußerung seiner zarten, unbegrenzten S e h n s u c h t, wie überhaupt seines ganzen so überaus fein nuancierten Seelenlebens. Da Sie vielleicht diese Begründung als ausgeklügelt und den Anschluß dieses der Musik gewidmeten Teiles an die vorangegangenen Ausführungen als gezwungen bezeichnen werden, gebe ich einem der berufensten Kunst- und Kulturphilosophen, Hippolyte Taine, das Wort zu meiner Verteidigung: „Das hochgespannte, verfeinerte Empfinden, das unbestimmte, maßlose S e h n e n ist es, an das die Musik sich wendet, und sie ist vollkommen dafür geeignet; keine Kunst ist wie sie in der Lage, diese Mission ganz zu erfüllen." Der Charakter der Rokokomusik bestätigt die in ihrer Verallgemeinerung so törichte Behauptung Hanslicks, daß die Tonkunst nichts anderes als eine Arabeske oder eine Art tönender, sich bewegender Geometrie sei, die nur durch sich selbst existiere, nur sich selbst enthalte und sich selbst ausdrücke. Schon das zur Charakterisierung dieser Musik verwendete Wort Arabeske lehrt uns eine Beziehung zum Wesen des Rokoko überhaupt erkennen. Und in der Tat ist die Rokokomusik nur ein dekoratives Tonspiel, das allein die Lust in Tönen zu fabulieren zum Ursprung und Zweck hat.

Wie fest die Musik im fruchtbaren Boden des Rokoko wurzelte, bestätigen uns wieder zahllose Gemälde. Schon der Klangcharakter der dargestellten Instrumente ist mit der Wesensart des Rokoko vereinbar. Die nennenswertesten Tonwerkzeuge sind nämlich die wohllautreiche, traumvoll elegische Flöte, die in süßer Klangschönheit schwelgende Violine, die leise girrende Mandoline und Gitarre. Die vielen pastoralen Idylle gewährten ja besonders der Hirtenflöte und Pansspfeife, die Liebes-, Gesangs- und Tanzszenen gaben den anderen Instrumenten Existenzberechtigung auf den Bildern. Auch musikalische Utensilien, wie z. B. Notenbücher, finden in manchen Gemälden Verwertung. Schließlich sei noch erwähnt, daß der für das Rokoko charakteristischste Tanz, das Menuett, malerisch verklärt wird. Der Schöpfer des unter dem Titel „Das Menuett" bekannten Bildes in St. Petersburg ist wieder Antoine Watteau. Mit der Persönlichkeit dieses höchst eigenartigen, phänomenal begabten Mannes werden wir uns jetzt befassen müssen, um auch das Letzte, Geheimste, das scheinbar Unergründliche in der Rokokoseele enträtseln zu können.

Watteau war der Sohn armer Leute, ein häßlicher, schwindsüchtiger

Mensch, ein flämischer Deklassierter, der dem Treiben der feinen Gesellschaft in Paris als Fremdling gegenüberstand; er war eine sich zurückhaltende, verbitterte Natur; wo alles zu lieben und sich zu belustigen schien, blieb ihm nur die Sehnsucht; wo alles von Schönheit gelabt erschien, blieb er ein Schmachtender. Wie etwa ein Bettler durch das Gitter eines verzauberten Gartens all die gleißenden Herrlichkeiten der vornehmen Welt neidisch betrachtet, nur von fern mit den Augen die seltenen, ungeahnten Schönheiten trinkt und nur dadurch den Durst seiner Sehnsucht stillt, so beobachtete Watteau mit seinem feinen Gesichtssinn die wundersamen Erscheinungen des Rokokolebens, dessen delikate Farben er auf der Palette seiner Phantasie mischte, um sich eine Bilderwelt zu schaffen, die seiner eigenen so ganz und gar nicht entsprach, ihm aber wenigstens eine fernere, schönere vorgaukelte und seiner brünstigen Traumbegierde Nahrung gab. Watteaus Reich ist nicht von dieser Welt. Was Schiller von Klopstock sagte: „Er zieht allem, was er behandelt, den Körper aus, um es zu Geist zu machen," das darf man auch auf das Oberhaupt der Rokokomaler anwenden. Watteaus Kunst bewegt sich im Irrealen, Immateriellen, Ideellen, Utopischen. Sie ist nicht der Abdruck seines Lebens, sondern der Ausdruck dafür, wie sich das Leben in seiner Sehnsucht gestaltet. Das festzustellen halte ich für sehr wichtig, weil wir daraus abermals erkennen, daß der elusische Charakter der Rokokokunst einer bewußten Selbsttäuschung, einer illuminierenden Suggestivkraft der damaligen Generation entspringt. Alles ist Komödienschönheit, Kinderspiel, Märchentand, kurz: ein Arabeskengewinde auf der grauen, fahlen Fassade des Lebens. Der Rokokomensch fühlte das auch allzu deutlich und schmerzhaft. Darum erscheint fast allenthalben sein leichter, froher Sinn gekünstelt und in trübem Lichte, angekränkelt von der Blässe seiner Gedanken und einer mühsam verhaltenen Schwermut. So beobachtet zum Beispiel Alwin Schulz, daß Watteaus Gestalten nicht so munter und fröhlich wie etwa Ostades Bauern aussehen; „sie haben selbst beim Spielen und Kokettieren einen traurigen Zug in den Gesichtern." Schulz begnügt sich mit dieser Bemerkung, aber wir, die wir psychologisch vorgegangen sind, kennen jetzt die Ursache jener Erscheinung. Der Rokokomensch mußte im Hinblick auf seine illusorische Schönheitswelt mit Goethes Faust sagen: „Welch' Schauspiel! Aber, ach! ein Schauspiel nur!" Noch ein anderes Faustwort durfte er als Selbstbekenntnis benutzen: „Die Sorge nistet gleich im tiefen Herzen, dort wirket sie geheime Schmerzen, unruhig wieget sie sich und störet Lust und Ruh'; sie deckt sich stets mit neuen Masken zu ...." Die Psychologie des Maskenlebens im Rokoko, die bereits in den Kreis unserer Betrachtungen gezogen wurde, gewinnt durch Goethes Verse eine vertiefte Bedeutung. Man verbarg eben unter Larven die trauervoll fühlende Brust, inszenierte Spiele, Komödien und Maskeraden, um sich noch einmal nach Herzenslust ausleben zu können. Denn bald verlöschen die Moccoli, bald ertönen dumpfe Signale zur Verkündigung des Aschermittwoch. Dieses Gefühl, daß „die Herrlichkeit der Erden muß Staub und Asche werden", lastete wie ein Alpdruck auf den Gemütern der Rokokomenschen. Dafür gibt es bildliche Belege in hinreichender Anzahl. Lancret hat einmal „Die Kindheit" dargestellt. Ein kleines, junges Geschöpf sitzt in argloser Unschuld auf einem Fahrkessel, den ein heranwachsendes Paar fortrollt. Die kindlich holdselige Einfalt zieht von dannen, das ernste Leben wird dann seine faltenreiche Stirn zeigen.

Aus alledem ersehen wir, daß damals die Ahnung von etwas Unheilvollem in der Luft lag, das fast unbewußte, aber dennoch regsame Vorgefühl eines Endes mit Schrecken. Der französische Adel des Rokoko fühlte sich langsam dahinsiechen; in seiner nervösen Empfindsamkeit und hypersensiblen Schwäche spürte er, daß der seligen Götter Ende heraufdämmerte. Darum wollte man noch einmal mit fast erkünsteltem Durst aus dem Becher der Freude und Freiheit trinken, bevor er ausgetrocknet wurde, noch einmal auf der Bühne eines Schlaraffentheaters sich an der Schönheit des Scheins berauschen, ehe die gebieterische Wirklichkeit alle Fabellust ins Joch spannen und davonjagen ließ. Vor dem Geiste der französischen Revolution verschwindet der Elfenspuk des Rokoko. Eine neue Generation tritt auf: nüchtern, rationalistisch, materiell, plebejisch und brutal. Mit beiden Beinen steht der Demokrat gespreizt auf dem festen Boden der Praxis. Sein Reich ist von dieser Welt. Die Aristokraten des Rokoko waren feine Artisten, Ästheten, Gourmands, Lebensdilettanten, gleichsam ätherische Wesen, also M e n s c h e n mit Nervenkultur, die neuen Herren aber sind utilitaristische L e u t e mit Masseninstinkten.

Wo man einst in süßem Tändeln Vögel in die blaue Freiheit fliegen ließ und wo man selbst wie ein feiner Schmetterling von Blume zu Blume im Garten des Rokoko flatterte, da läßt sich gegen das Ende des Jahrhunderts der große rote Vogel des Proletarismus nieder: ein dräuendes Gespenst, das mit seinen krallige Flügeln das entweihte Paradies des Rokoko umspannt. Hätte Zarathustra damals gelebt, so hätte er einen Nekrolog auf das Rokoko mit einem ihm von Nietzsche in den Mund gelegten Satz schließen können: „Ihr guten Tänzer, nun ist alle Lust vorbei!"

Literarischer Monatsbericht.*)
Von
August Friedrich Kranse (Breslau).
Romane und Novellen.

Lubliner: Frau Schubels Tochter — Hegeler: Flammen — Heubner: Das Haar der Berenike — Keller: Das letzte Märchen — Seeliger: Nordnordwest — Viebig: Naturgewalten — Stegemann: Daniel Junt — Krüger: Gottfried Kämpfer.

Es will scheinen, daß dem Niedergang der modernen dramatischen Produktion sich ein Aufsteigen unserer Roman= und Novellenliteratur gegenüberstellt. Dafür sprechen nicht einzelne hervorragende Erscheinungen auf diesem Gebiet, das beweist vielmehr der gegen früher zweifellos höhere Durchschnittswert. Der moderne Roman sucht neue Wege. Noch ist er zumeist psychologischer Natur und wird es auch bleiben, aber er verliert sich nicht mehr in Tüfteleien und Spitzfindigkeiten, in nuanciertesten Gefühlen und Gefühlchen, die von einem müden, kraftlosen Willen kaum zusammengehalten werden. Der moderne Roman hat an Kraft und Plastik gewonnen und bringt Menschen, die wieder Körper und rotes Blut und eiserne Muskeln haben. Diese Reaktion gegen eine lebensuntüchtige, hypersensitive, romantische Kunst war notwendig, um der Entwicklung neue Bahn zu schaffen. Nun mag sie die neue Form mit weitschauendem, über dem Boden der Heimat sich erhebendem Geist, mit großen Gedanken erfüllen, dann werden wir einer Blütezeit unserer epischen Prosadichtung nicht mehr fern sein.

Dieser Roman freilich kann auf dem Pflaster der Großstadt ebenso gedeihen, wie auf der weichen Ackerkrume des platten Landes, wie auf dem Felsenboden und in der dünneren Luft der Berge. Nur muß der Dichter es verstehen, seine Menschen aus ihrem Milieu, aus den Bedingungen ihres Lebens und ihrer Luft erwachsen zu lassen. Das scheint mir Hugo Lubliner in seinem Roman „Frau Schubels Tochter" (Breslau, Schlesische Verlagsanstalt v. S. Schottlaender) geglückt zu sein. Es wird ein altes Problem, in diesem Buche behandelt: die Enttäuschung einer geistig tüchtigen, charaktervollen Frau, die ihre Liebe einem schenkte, der sie nicht wert war. Es ist wahr: das Problem ist etwas skizzenhaft und oberflächlich behandelt, manchmal haftet der Verfasser zu sehr; aber seine Menschen sind in ihrem äußeren Gehaben, in ihrem innersten Fühlen ganz in der Welt gesehen, die sie gebildet hat. Nichts wird beschönigt, aber auch wenig übertrieben. So ist ein Buch entstanden, das der Leser gern zur Hand nehmen und befriedigt weglegen wird.

Gleichfalls ein Eheroman ist das neueste Werk von Wilhelm Hegeler: „Flammen" (Berlin, Egon Fleischel u. Co.). Über dem viel gelesenen letzten Roman Hegelers, dem „Pastor Klinghammer", lag eine gewisse Kälte, hervorgerufen durch anscheinende Interesselosigkeit des Dichters seinem Helden gegenüber, die sich naturgemäß auch dem Leser mitteilte. Ich habe den Verdacht, daß Hegeler diesen Roman schuf, nicht um

---

*) Um einem aus dem Kreise unserer Leser vielfach geäußerten Wunsche zu entsprechen, werden wir vom vorliegenden Hefte ab regelmäßig einen „Literarischen Monatsbericht" (abwechselnd über Romane und Novellen; Dramen; Lyrik u. s. w.) bringen. D. Red.

des Menſchen Klinghammer, ſondern um ſeiner Tat und ihren Folgen willen. So iſt eine aufs äußerſte ſpannende Handlung entſtanden, auch ein Menſch voller Blut und Leben, aber keiner, dem wir nahe treten, den wir lieb gewinnen können. Trotz aller Kraft und Leidenſchaftlichkeit der Darſtellung bleibt das Intereſſe ein rein äußerliches. Kein Mitleben. Kein Warmwerden. Dieſen ſchweren Mangel des letzten Romans bringt uns Hegelers neueſtes Werk friſch zum Bewußtſein. Seine „Flammen" ſchlagen uns ins Herz. Aller Kampf vollzieht ſich in dieſem Roman innerlich. Kein Äußerliches, kein wildes Aufbegehren, nichts Brutales, nichts Lautes und Aufdringliches iſt in dieſem Buche. Nicht aus der Handlung erwächſt die Spannung und aus rein ſtofflichem Intereſſe, ſondern aus einem intenſiven Mitfühlen mit den Menſchen, die uns gleichermaßen durch ihr Leid nahetreten, als auch durch die reine und edle Menſchlichkeit, mit der ſie ihr Schickſal auf ſich nehmen. Und doch geht auch durch Hegelers Werk ein Riß, der es macht, daß wir auch dieſen Roman noch nicht als vollendet werten können. Unter den Händen iſt dem Dichter der Träger der Handlung, der Privatdozent Grabaus, entglitten, und an ſeiner Stelle iſt die ſtille, ſtarke und große Perſönlichkeit der Marie-Luiſe zum Mittelpunkt geworden. Auf ſie hat Hegeler alle ſeine Liebe geworfen — ſie hat darum auch unſere ungeteilte Liebe. Und der zerriſſene, unglückliche Grabaus, der ſein Schickſal nicht zu tragen weiß und faſt unter ihm zerbricht, verſcherzt ſich ſelbſt das Intereſſe, das wir ihm entgegenzubringen bereit ſind. Es iſt keine Kraft in ihm. Auch die Nebenfiguren erſcheinen faſt alle etwas übertrieben, ein wenig lukriert und laſſen in ihrer Geſtaltung gerechtes und kluges Maß vermiſſen, daß es faſt den Anſchein hat, dem Dichter habe an einer Geißelung geſellſchaftlicher Zuſtände für Augenblicke mehr gelegen, als an harmoniſcher Ausgeſtaltung ſeines Problems. — Ganz ab von aller Wirklichkeit ſcheint das Schaffensgebiet eines Dichters zu liegen, dem ich zum erſtenmal begegne. Unter dem Titel: „Das Haar der Berenike" hat Rudolf Heubner ſoeben einen Band Novellen veröffentlicht (Breslau, Schleſiſche Verlagsanſtalt v. S. Schottlaender), die eigentlich keine Novellen ſind, ſondern nur Stimmungsbilder. Heubner iſt ein Schönheitsſucher, aber er ſucht die Schönheit fernab vom Treiben der Welt, fernab vom Leben und den Menſchen und findet ſie nur in Licht und Farbe und Duft. Sein Charakteriſtikum iſt das Maleriſche. Man höre die Titel einzelner Stücke: „Val petroja", „Hochzeit in Tirol", „Villen in Lovrana", „Das tote Dorf" — wir ſehen Bilder, wenn ſie genannt werden. Bilder ſind auch alle ſeine Stimmungsbilder, meiſt Landſchaftsbilder. Das Charakteriſtiſche der Landſchaft ringt in ihnen nach Ausdruck, und Menſchen werden nur inſoweit behandelt, als dieſes Charakteriſtiſche in ihnen ſich offenbart. (Ein einziges Stück: „Hochzeit in Tirol" ſcheint dagegen zu ſprechen. Aber man achte einmal darauf, wie charakteriſtiſch im Titel das Geſchlechtswort fehlt. Der Verfaſſer ſieht in den Bauern nur das Typiſche; ſie ſind ihm der Ausdruck der Landſchaft, keine Eigenlebigen, deren Individualleben er enthüllen will. So erweiſt Heubner ſich wohl als Künſtler, aber nicht als Dichter. Seine Sprache iſt fein, nüanciert, farbenreich und voll Melodie, aber ihr fehlt alle Plaſtik.

Von Paul Keller iſt wieder ein neues Buch erſchienen: Als ich den Titel las: „Das letzte Märchen" (München, Allgemeine Verlagsgeſellſchaft) meinte ich, der Dichter, der mir in ſeinem Roman „Waldwinter" doch ſeine Weſensart und ſein Können verkannt zu haben ſchien („Heimat" habe ich nicht geleſen), hätte ſich zurechtgefunden und auf das beſonnen, was ihm liegt. In ſeinen beiden Novellenſammlungen „Gold und Myrrhe" finden ſich Stücke, die in ihrer beſonderen Art und in ihrem Stil an Anderſenſche Märchen erinnern. Keller wurde unter den Händen alles lebendig, der Schulkrant und der Schultorniſter und was es ſonſt noch ſein mochte, und die Dinge gewannen ein ſo perſönliches und ganz aus ihrer Eigenart heraus gewachſenes Leben, daß man voller Erwartungen ſein durfte, als der Dichter nun ein Märchenbuch, ein wirkliches Märchenbuch erſcheinen ließ. Bedenklich konnte nur ſtimmen, daß das dicke Buch ein einziges Märchen ſein ſollte. Aber man konnte nicht wiſſen! Seine Kraft konnte weiter reichen, als zu erwarten war — er befand ſich ja auf eigenſtem Gebiet. Ich will es von vornherein geſtehen: ich bin gänzlich enttäuſcht worden. Es ſind prächtige Stellen in dem Buche, es werden Töne angeſchlagen, die an die innerſte Seele rühren und die Bilder leibhaftig machen, wir ſind reich und arm in einem, da wir Kinder waren. Kapitel wie „Marilaporta" ſchaffen dauernde Erinnerungen. Und doch: als Ganzes iſt das Werk einfach unmöglich. Man ſchafft nicht Märchen, indem man einfach Verhältniſſe der Oberwelt in die Unterwelt verſetzt, ihnen etwas Märchenzutaten beifügt und alles verkleinert, damit das Unwirkliche aus dem Gegenſatz der geſchilderten Verhältniſſe zu unſerm Erdenleben erwächſt. Wer das Unwirkliche nicht aus sich heraus lebendig machen kann, wer nicht versteht, aus der Verschmelzung des Endlichen mit dem Unendlichen das Märchenhafte zu gewinnen, der sollte keine Märchen schreiben. Meller hätte es können, aber er hat es sich zu leicht gemacht. Er mag das selber gefühlt haben, darum schrieb er die an sich prächtige Rechtfertigung „An die Verwunderten". Er hätte sie nicht nötig gehabt, wenn er seinen Stoff bewältigt hätte. Da dies aber nicht geschehen ist, hilft sie auch nichts.

Auch ein anderer schlesischer Dichter Ewald Gerhard Seeliger hat mich enttäuscht. Es machte mich schon stutzig, daß Seeliger sich in seiner Finkenwerderschen Fischergeschichte „Nordnordwest" (Berlin, Egon Fleischel u. Co.) ein Milieu wählte, das ihm durch ein paar Jahre Hamburger Aufenthalt kaum vertraut genug sein konnte — nicht so vertraut wenigstens, wie sein schlesisches Milieu. Doch Seeliger ist scharfer Beobachter. Daher ist ihm auch gelungen, äußeres Gehaben, Leben und Treiben der Finkenwärder Fischer plastisch vor uns hinzustellen. Ich kenne weder die Leute noch ihr Milieu, kann ich nicht entscheiden, ob er richtig gezeichnet hat; eben aber, weil ich es nicht kann, weiß ich, daß er mir ihr Innerstes nicht lebendig gemacht hat. Vielleicht aber ist das die Folge eines anderen Fehlers. Seeliger scheint, ich schließe das nicht bloß aus der verhältnismäßig großen Anzahl der Bücher, die er in einem Jahre herausgeworfen hat — sehr schnell, infolgedessen auch etwas flüchtig zu arbeiten. Seine Phantasie ist reich und wirft ihm immer neue Beute an die Ufer, daß er sich kaum Zeit nimmt, seine Stoffe richtig zu verarbeiten. Hier liegt für ihn eine große Gefahr. Seeliger hat das Zeug, ein tüchtiger Menschengestalter zu werden, meine, es kann ihm darum wenig daran liegen, nur ein fruchtbarer Unterhaltungsschriftsteller zu sein.

Solche Menschengestalter sind zwei andere Dichter, von denen ich jetzt zu reden habe. Clara Viebig führt uns in ihrem Novellenbande „Naturgewalten" (Berlin, Egon Fleischel u. Co.) wieder in ihre Heimat, auf die kahlen, rauhen Höhen der Eifel und des Venn. Alle ihre Menschen wachsen, wie ich das schon in dem Artikel ausführte, den ich vor zwei Jahren in dieser Zeitschrift veröffentlichte, aus dem Boden ihrer Heimat und tragen das Vulkanische der erloschenen Krater in ihrer Brust. Es sind prachtvolle Menschen, wahr bis in die letzte Ecke ihres Wesens, und weil man sie verstehen lernt, lernt man auch mit ihnen fühlen. Die gleiche Erfahrung macht man mit den Gestalten des Elsässers Hermann Stegemann in seinem Roman „Daniel Junt" (Berlin, Egon Fleischel u. Co.). Ich weiß nicht, ob Stegemann schon Prosaarbeiten veröffentlicht hat; sollte das nicht geschehen sein, würde er mit diesem Meisterwerk begonnen haben. Stegemann behandelt in seinem „Daniel Junt" eine Kohlhaasnatur, die sich ganz auf sich stellt und ihr Recht aus der eigenen Brust heraufholt. „Mein Sach!" ist das Wort, das er jedem entgegensetzt, der wider ihn ist. Aus diesem alten Widerstreit zwischen subjektivem Recht und objektivem Recht ergibt sich der kraftvolle Kampf, den dieses Buch erfüllt. Stegemann hat eine eigene, knappe Art, Menschen darzustellen, er versteht es, sie gegeneinander zu setzen und aus der Verschiedenheit ihrer Wesen den Konflikt zu entwickeln. Dazu stellt er sie vor einen düstern, wetterschwangeren Zeithintergrund, von dem sie sich noch kraftvoller und eigenartiger abheben. „Daniel Junt", den Roman Stegemanns, halte ich für eines unserer besten und echtesten Heimatbücher, es ist das Elsaßbuch, das die wiedereroberte Provinz auch für die deutsche Kunst gewonnen hat.

Einen herrnhutischen Bubenroman nennt Hermann Anders Krüger sein Buch: „Gottfried Kämpfer" (Hamburg, Alfred Janssen) und widmet es den deutschen Jungen und ihren Schulmeistern. Es ist die Geschichte einer Kindheit, wie Otto Ernsts „Asmus Sempers Jugendland" — ohne Zweifel ein großes Stück eigener Kindheitsgeschichte des Dichters. Nicht bloß, weil die Art dieses Knaben und die Art des Dichters wie sie aus allem spricht, sich prächtig decken, daß nirgends ein Riß und nirgends ein Zwiespalt zwischen Wollen und Können erscheint; nicht bloß, weil alles Geschehen mit der wundervollen Echtheit des Erlebnisses dargestellt wird, sondern auch weil dem Buch die Fehler solcher Selbstbiographien abhaften. Dem Dichter sind die eigenen Erinnerungen alle lieb, er mag keine missen; es fehlt ihm die Objektivität, von ihnen das zu sondern, was für andere weniger Interesse besitzt. Darum wird uns kaum etwas geschenkt, und das Buch ist über Gebühr stark geworden. Gegen den Schluß hin erhebt sich die Darstellung und gewinnt an Kraft und Größe, daß der letzte Eindruck, mit dem man von dem Buche scheidet, der denkbar beste ist. Krügers Roman ist keiner von denen, die auf die Menge wirken werden — aber er ist einer, der von jedem gelesen werden sollte, der Freude an Schlichtheit, Wahrheit und Kraft sich zu bewahren gewußt hat.

Illustrirte Bibliographie.

Meyers Großes Konversations-Lexikon. Ein Nachschlagewerk des allgemeinen Wissens. Sechste, gänzlich neubearbeitete und vermehrte Auflage. Mit mehr als 11 000 Abbildungen im Text und auf über 1400 Bildertafeln, Karten und Plänen, sowie 130 Textbeilagen. Band I—IV. Leipzig und Wien, Bibliographisches Institut.

Bei der neuen Ausgabe eines Werkes wie des Meyerschen Konversations-Lexikons rühmend hervorzuheben, daß alles getan ist, um sie auf der Höhe der Zeit zu halten, hieße wirklich Eulen nach Athen tragen. Das Werk würde nicht in solch hohem Grade ein Geistesschatz des deutschen Volkes geworden sein, wenn dem nicht so wäre. Dem im Vorwort ausgesprochenen Grundsatze gemäß, daß „das Konversations-Lexikon auch den Geist und die herrschende Strömung der Zeit, in der es entstanden ist, widerspiegeln soll," treten Naturwissenschaft und Technik stark in den Vordergrund; daneben ist in den Artikeln staatswissenschaftlichen und sozialpolitischen Inhaltes dem speziellen Bedürfnis unserer Tage ausreichend Rechnung getragen. Zum Beweise sei nur darauf hingewiesen, daß der „Arbeiterfrage" allein 11 Spalten gewidmet sind, abgesehen von den ebenfalls umfangreichen Artikeln über „Arbeiterversicherung", „Arbeiterwohnungen" (mit 3 Tfln.),

Zeus im Gigantenkampf (Pergamon). Nach der Ergänzung von Tondeur.
Aus Meyers Großem Konversations-Lexikon, 6. Auflage. (Verlag des Bibliographischen Instituts in Leipzig und Wien.)

„Arbeitseinstellung", „Arbeitslohn" u. s. w., oder auf die trefflich informierenden Ausführungen über „Banken". Bei diesem Prinzip, vornehmlich die Gegenwart zur Geltung zu bringen, ist es nur zu leicht erklärlich, daß auch so mancher Name auf literarischem oder politischem Gebiete als besonderer Artikel Aufnahme gefunden hat, dem nur eine ephemere Bedeutung zukommt und der aus späteren Auflagen sicher wieder verschwinden wird. Gleichwohl wäre zu erwägen, ob nicht richtiger überhaupt nur solche Personen und Dinge berücksichtigt werden sollten, denen aller Wahrscheinlichkeit nach eine längere, beständigere Bedeutung gesichert ist, zumal jede Ausgabe des Lexikons für gewöhnlich ein dauerndes Besitztum ihres Erwerbers darstellt. — Bei alledem sind die Geisteswissenschaften keineswegs zu kurz gekommen. Und gerade in unserer von praktischem Realismus durchtränkten Zeit gereicht es zu ganz besonderen Verdiensten, wenn ein für das größere Publikum bestimmtes Werk

Demeter (Wandgemälde zu Pompeji).
Aus Meyers Großem Konversations-Lexikon, 6. Aufl.
(Verlag des Bibliographischen Instituts in Leipzig und Wien.)

Kanne. Italien. Renaissance.
Aus Meyers Großem Konversations-Lexikon, 6. Auflage. (Verlag des Bibliographischen Instituts in Leipzig und Wien.)

so wie dieses auch die idealen und humanistischen Kenntnisse nach Gebühr würdigt, fördert und weiteres Interesse für sie erweckt. Um hier nur ein Fach, die Archäologie, herauszugreifen, so ist es mit Freuden zu begrüßen, daß über Dinge wie das Mosaik „Alexanderschlacht", wie die „Aristionstele", die „Artefilasschule", die Ruinen von „Bessä", die „Dareiosvase" in eigenen Artikeln Aufschluß erteilt wird, daß unter „Aginetische Kunst" die Giebelgruppen von Ägina eingehendere Behandlung erfahren. Wir würden gern auch einen Artikel: Bügelkanne gefunden haben, da diese für die mykenische Epoche der griechischen Kultur so charakteristische Gefäßgattung doch über den Kreis der Fachgelehrten hinaus Interesse verdient. — Auch den „schärfsten Waffen der wissenschaftlichen Kritik" kann der Inhalt des Konversations-Lexikons standhalten. Ohne Verletzung des wohlberechtigten Grundsatzes, nur das Sichere, Festbewiesene zu geben, sind z. B. auf den Gebieten der Altertumskunde und Kunstgeschichte die neuesten Ergebnisse der wissenschaftlichen Forschung verwertet, ist die Fachliteratur bis auf die jüngste Zeit (zum Teil bis in das Erscheinungsjahr des betr. Lexikon-Bandes hinein) verfolgt und eingetragen (bei „Ägypten", „Augustus", „Babylonien", „Chios", „Delphi" u. s. w.) Es ist nur weniges, was wir vermißt haben. Die für die älteste Geschichte des östlichen Mittelmeeres und somit für die ganze Kultur- und Kunstgeschichte geradezu epochemachenden kretischen Ausgrabungen des letzten Dezenniums haben uns mit zwei Schriftarten, einer mehr linearen und einer reinen Bilderschrift, bekannt gemacht; und wenngleich sie noch nicht entziffert sind, steht doch schon so viel fest, daß wir nunmehr die bisherigen landläufigen Ansichten über die Entstehungsgeschichte unserer Buchstaben einigermaßen modifizieren müssen. Das ist wichtig genug, um der kretischen „Bilderschrift" neben der ausführlich besprochenen indianischen wenigstens Erwähnung zu tun, und es wäre vielleicht gar nicht überflüssig gewesen, auch einige dieser kretischen Bilderzeichen oder einen mit Bilderschrift versehenen Siegelstein in Abbildung beizufügen. Nicht minder sind die kretischen Funde wohl geeignet, den Glauben an die Abstammung der älteren griechischen Kunst und Kultur aus dem Orient (vergl. „Architektur", „Bildhauerkunst") etwas ins Wanken zu bringen. Von uralten Haus- bezw. Palastanlagen auf griechischem Boden kennen wir jetzt zwei verschiedene

Moschee in Cordoba. Begonnen 786.
Aus Meyers Großem Konversations-Lexikon, 6. Auflage. (Verlag des Bibliographischen Instituts in Leipzig und Wien.)

Systeme: das der Paläste von Knossos, von denen der erste in sehr frühe Zeit zurückreicht und denen die Burg von Mykenai näher steht, und dasjenige des Palastes von Tiryns mit dem Megaron, das den Ausgangspunkt des griechischen Tempels bildet und dessen Grundtypus schon in der II. Schicht von Troja erscheint und noch in der VI. Schicht daselbst wiederkehrt. Auch die von Dörpfeld freigelegte prächtige Burgmauer dieser VI. Schicht von Troja war wohl der Erwähnung und Bekanntgabe für weitere Kreise wert. Überhaupt ist im Vergleich zu Schliemann, dessen Verdienste dadurch keineswegs geschmälert werden sollen, Dörpfeld zu sehr in den Hintergrund gerückt; erst durch des Letzteren Forschungen haben Schliemanns Funde insbesondere in Troja ihren wissenschaftlichen Abschluß erhalten. Und sollten auch Dörpfelds Ergebnisse über den alten Athenatempel, die Enneakrunos, das Theater zu Athen noch nicht als genügend gesichert gelten (vgl. „Athen"), so haben sie doch für die Topographie Athens die wertvollsten Anregungen gegeben. — Aus den weiteren, vortrefflichen Ausführungen über die „Bildhauerkunst der Griechen" wollen wir namentlich die Charakteristik der attischen und der peloponnesischen Schule hervorheben, sowie das, was über die Veränderungen gesagt ist, welche in der bildenden Kunst der Griechen durch den Einfluß des peloponnesischen Krieges hervorgerufen worden sind. Bei der „Alexandrinischen Kunst" konnte die Ähnlichkeit mit der Moderne, und zwar mit der modernen Realistik, noch schärfer betont werden, und mehr als alle Worte würde eine Tafel mit Abbildungen alexandrinischer Kunst- und Kunsthandwerkserzeugnisse diese hochinteressante Tatsache vor Augen führen. Auch) zu „Alexander d. Gr." würden wir die Wiedergabe eines der besseren Bildnisse des Königs wünschen, zu „Athene" lieber irgend eine der Kopien der Athena Parthenos des Pheidias, auf Tfl. II der „Bildhauerkunst" noch eine oder andere der archaisch-griechischen Skulpturen. (Gerade diese kleinen Wünsche mögen am besten zeigen, wie sehr das Bilder-, Tafel- und Kartenmaterial selbst den strengsten Anforderungen gerecht wird. — Band IV schließt mit dem Worte „Differenz" ab; einen Bericht über die bisher erschienenen weiteren 6 Bände (Bd. X bis „Kimono" reichend) behalten wir uns vor.

S. B.

Bibliographische Notizen.

Der russisch-japanische Krieg. In militärischer und politischer Beziehung dargestellt von Immanuel, Hauptmann, zugeteilt dem Großen Generalstab, Lehrer an der Kriegsakademie. — Zweites Heft, mit sieben Zeichnungen und einer Übersichtskarte. — Berlin, Richard Schröder.

Dem an dieser Stelle (Dezember v. J.) besprochenen 1. Heft ist nunmehr als Fortsetzung das 2. Heft gefolgt. Dasselbe enthält die nachstehenden Kapitel: „Die ersten Angriffe der Japaner auf Port Arthur, das Seegefecht bei Tschemulpho, die sonstigen Ereignisse zur See im Anfange des Krieges, die Angriffe der Japaner gegen Port Arthur zur See, die Mobilmachung und die Landungen des japanischen Heeres von Anfang Februar bis Ende April 1904, die Mobilmachung und der Aufmarsch des russischen Heeres bis Ende April 1904, die Schlacht am Jalu, die beiderseitigen Heeresbewegungen von Anfang Mai bis Anfang Juni die Schlacht bei Kiutschou, die Kriegslage Anfang Juni 1904." Außerdem ist ein Verzeichnis der Karten und des Quellenmaterials beigefügt. —

Auch dieses Heft zeichnet sich durch äußerst klare, gewandte und anziehende Darstellung aus. In sehr richtiger Erkenntnis hat der Verfasser seit dem Erscheinen des ersten Hefts (Juni v. J.) einen längeren Zeitraum vergehen lassen, um durch sorgfältige Abwägung des verschiedenen eingegangenen Quellenmaterials ein möglichst zuverlässiges und abgeklärtes Bild der Ereignisse auf dem Kriegsschauplatze zu liefern. Manches bleibt freilich auch jetzt noch nicht ganz aufgeklärt; Folgerungen und Lehren zu ziehen, muß, nach erfolgter vollständiger Klarlegung, der Zukunft vorbehalten bleiben.

K.

Der Stein der Weisen. Illustrierte Halbmonatsschrift für Haus und Familie. Unterhaltung und Belehrung auf allen Gebieten des Wissens. Wien u. Leipzig, A. Hartleben.

Von der bereits rühmlichst bekannten Halbmonatsschrift liegen die Hefte 21—24 vor, und schließt mit letzterem Heft der 17. Jahrgang ab. Diese Hefte enthalten wiederum recht interessante Aufsätze aus dem Gesamtgebiet der exakten Naturwissenschaften (Astronomie, Physik und Chemie, Medizin und Physiologie, Anthropologie, Geologie, Zoologie, Botanik und Mineralogie). Von einzelnen der größeren Aufsätze seien zur Orientierung nachstehend die Themata angeführt: „Die Entwickelung der Mathematik, ein Schritt zur Lösung des Flugproblems, vom großen Wasser, das vegetabilische Pergament, leuchtende Pflanzen, aus dem arabischen Beduinenleben, Obstveredlung, Selenographisches, das Ultramikroskop, Alpenstraßen, die Tierschutzfrage, Juwelen des Pflanzenreichs, das Hochschulwesen im Mittelalter, von der kanadischen Pacificbahn, Entwickelung der Sprachwissenschaft im 19. Jahrhundert, Amateurphotographie." — Jedem Heft ist eine naturwissenschaftliche Rundschau beigegeben, die viele recht interessante Notizen aus den verschiedenen naturwissenschaftlichen Gebieten bringt. Die Hefte 21 und 23 enthalten außerdem eine besondere Beilage „Kleine Mappe", Heft 22 eine solche „Aus der weiten Welt". Dem Heft 24 ist das Inhaltsverzeichnis für den Jahrgang angeschlossen. Zahlreiche gute Abbildungen dienen zur Erläuterung des Textes. — Die Halbmonatsschrift, die in den 18. Jahrgang tritt und für die inhaltlich eine Erweiterung sowie größere Ausgestaltung vorgesehen ist, sei hiermit allseitig bestens empfohlen.

K.

Ecce Mater! Roman von Ruth Bré. Leipzig, Felix Dietrich.

Es ist ein Tendenzroman, infolgedessen darf man keine literarischen Anforderungen an ihn stellen. Daß der Staat seine weiblichen Untertanen mit anderem Maß mißt als seine männlichen, ist leider nur zu wahr. Aber ich fürchte, dieser Roman wird trotz der Verve, mit der die Verfasserin ihre These vertritt, nichts daran ändern, denn er ermangelt der künstlerischen Wahrheit.
M. Kr.

Aus Suomi-Land. Erzählungen von Anselm Heine. Berlin W., Concordia, Deutsche Verlags-Anstalt, Hermann Ehbock.

Fein gestimmte Erzählungen aus Finnland, — und zwar aus dem Finnland, das unter dem russischen Druck leidet, — also traurige und inhaltsschwere Geschichten. Ein guter geschliffener Stil, und dies vor allem: Augen, die verstehen, die Natur zu sehen, — diese seltsame Klingende, sehnsüchtige, wehmütige Natur Finnlands. O. G.

Michel Kohlhas. Ein Trauerspiel in 5 Akten von Gertrud Prellwitz. Freiburg i. Br., Friedr. Ernst Fehsenfeld.

Der Versuch, die Kleistsche Novelle in ein Trauerspiel zu verwandeln, ist nicht neu. Schon 1828 schrieb Gotthilf August v. Maltitz eine Tragödie „Hans Kohlhas". G. Pr. hält sich im allgemeinen an die bekannte Erzählung, modelt aber einzelne Personen um, z. B. den Junker Wenzel von Tronka und Lisbeth, die Frau des Kohlhas, läßt die von Kleist selbst als überflüssig bezeichnete Zigeunerin weg, fügt zwei neue Frauengestalten: Frau v. Tronka und Gunhild v. Waldburg hinzu und erhebt den Titelhelden zu einem Charakterbilde deutscher Volksart, zum deutschen Michel.
N.

Der Herr des Lebens. Zwei Aufzüge. **Die Rächerin.** Drei Szenen. Von Oskar A. H. Schmitz. Stuttgart, Verlag Axel Juncker.

In seiner schönen Sprache ist eine wohlgefügte Knappheit, in seiner Technik sicheres Stilgefühl. O. G.

Vor Tagesanbruch. Gedichte von Norah Schmidt. Berlin, Harmonie-Verlag.

Der kleine Band Gedichte ist nicht ohne Talent geschrieben; freilich ist das Talent kein originelles, kein bahnbrechendes. Die junge Dichterin, deren Bildnis beigegeben ist, schöpft aus keinem starken Born, aber ihr persönliches Durchschnitts-Erleben verwandelt sich für sie in Verse. Einige erinnern durch Ausbrüche wie „Blasse Schwester", „Was hat man dir angetan" und „Die Blüten duften und neigen zu mir ihr Blumengesicht" stark an bekannte deutsche Dichter.
M. Kr.

Gelänt durch die Stille. Gedichtkreise von Friedrich Kurt Benndorf. Berlin, Harmonie-Verlag.

Es sind Gedichte ohne Reime; manche sind stimmungsvoll, und der Reim hätte ihnen sicher noch mehr Klang gegeben; viele scheinen mehr Aphorismen als Gedichte. Das Einfache und Natürliche der Rede kunst fehlt ihnen durchgehend, ein wenig Manieriertheit fällt unangenehm auf.
M. Kr.

Übersicht der wichtigsten Zeitschriften-Aufsätze.

Alt-Irlands Sagenliteratur, Aus. Von Bela Prillipp. Nord und Süd. Heft 342, September 1905.
Belgische Dichterplejade, Die. Von Otto Hauser. Literarische Warte VI, 11 (August 1905).
Bennigsen. — Aus den Briefen Rudolf von Bennigsens. Mitgeteilt von Hermann Oncken. XIII. Deutsche Revue 30, August 1905.
Bernauer, Agnes, im Lichte der neuesten geschichtlichen Forschung. Von Christian Meyer. Westermanns Monatshefte. 19, 12 (September 1905).
Blum, Hans. Lebenserinnerungen. II. Nord u. Süd. Heft 342, Sept. 1905.
Brackel, Ferdinande Freiin von. Von F. M. Hamann. Literarische Warte. VI, 9 (Juni 1905).
Entwickelung der Geisteswissenschaften und die Zukunft der Universitäten, Die. Von Promachos. Das freie Wort V, 7. u. 8. (Juli 1905).
Farbenwerte und Farbenwirkungen in Kunst und Natur. Von Dr. Schloltmann. Deutsche Rundschau 31, 11 (August 1905).
Gervinus. Ein Gedenkblatt von Prof. Eugen Wolff. Bühne und Welt. VII, 18 (Juni 1905).
Goethe. — Bei Goethe auf der Gerbermühle. Aus dem Tagebuche von August Kestner. Das literarische Echo VII, 22 (August 1905).
— **Der Zweikampf bei Goethe.** Von K. Ohlert. Die Grenzboten. 64, 29 u. 30 (9). und 27. Juli 1905.
Die Grossstadt, das Naturgefühl und die Landschaftskunst. Von Eugen Kalkschmidt. Die Kunst. VI, 11 (August 1905).
Hammonia literata. Aus dem Engern. Literaturbilder aus deutschen Einzelgauen. XIX. Von Heinrich Spiero. Das literarische Echo. VII, 19 (Juli 1905).
Hartleben, Otto Erich. Von Max Behr. Literarische Warte. VI, 9 (Juni 1905).
Keller, Albert von. Von Erich Felder. Nord und Süd. Heft 342, September 1905.

Bibliographische Notizen.

Keller, Gottfried. Von Dr. Alois Wurm. Literarische Warte VI, 11 (August 1905).
Kunstkritik, Die Schatten der. Von Hermann Kienzl. Deutsche Revue 30, August 1905.
Kurz. — Erinnerungen an Hermann Kurz. Von Isolde Kurz. Deutsche Rundschau 31, 11 (August 1905).
Lagerlöf, Selma. Von Kurt Walter Goldschmidt. Nord und Süd. Heft 342 (Sept. 1905).
Lenbach, Franz von. Von Joseph Popp. Hochland II, 11 (August 1905).
Lingg, Hermann von. Von Richard Braungart. Literarische Warte. VI, 11 (August 1905).
Negermärchen. Von Paul Arfert. Die Grenzboten. 64, 30 (27. Juli 1905.)
Oberländer, Adolf. Von Karl Voll. Westermanns Monatshefte. 49, 12 (September 1905).
Pariser Komische Oper, Die. Von Carl Hagemann. Bühne u. Welt VII, 20 (Juli 1905).
Peter der Grosse. — Eine Gesandtschaft Peters des Grossen in Hannover und Braunschweig (1709—10.) Von Adolf Hess. Die Grenzboten 64, 28 u. 29 (13. u. 20. Juli 1905).
Pecci, Joachim. Von Otto Kaemmel. Die Grenzboten 64, 32 (10. August 1905).
Rätsel, Das. Von Artur Bonus. Kunstwart. 18, 21. (August 1905).
Rodbertus, Karl, der Begründer des wissenschaftlichen Sozialismus in Deutschland. Zu seinem hundertsten Geburtstage. Von Georg Stamper. Westermanns Monatshefte. 49, 12 (September 1905).
Strindberg. — August Strindbergs Schriften. Von Dr. A. Lohr. Literarische Warte VI, 9 (Juni 1905).
Theater. — Aufgaben des modernen Theaters. Von Carl Hagemann. Kunstwart. 18, 21 u. 22 (August 1905).
Tschaikowsky, P. J. Von Eugen Zabel. Deutsche Rundschau. 31, 11 (August 1905).
Über psychologische Motive in der Malerei und über die modernen Wandlungen des Kunstgeschmackes. Von Prof. Dr. E. Nachimann. Deutsche Revue 30, August 1905.
Überschätzung französischer Kunst in Deutschland, Die. Von Moeller van den Bruck. Kunstwart 18, 22 (August 1905).
Whistler. Von Harry Graf Kessler. Kunst und Künstler III, 11. (August 1905).

Eingegangene Bücher. Besprechung nach Auswahl der Redaktion vorbehalten.

Boelitz, Martin, Frohe Ernte. Noch einmal Verse. Minden, J. C. C. Bruns' Verlag.
Brackel, Ferdinande Freiin von, Mein Leben. Mit zwölf Kunstdruck- und zwei Handschriftbeilagen. 1.—3. Aufl. Köln a./Rh., J. P. Bachem.
Craig, E. Gordon, Die Kunst des Theaters. Übersetzt und eingeleitet von Maurice Magnus mit einem Vorwort von Harry Graf Kessler. 2. Aufl. Berlin, Hermann Seemann Nachfg.
Croce Crucioli, Sorrisi e lacrime. Teramo, Prem. tip. Economica 1905.
Flaubert, Gustave, Die Versuchung des heiligen Antonius. Deutsche Übertragung von Felix Paul Greve. Minden i. Westf., J. C. C. Bruns' Verlag.
Francé, R. H. Das Leben der Pflanze. I. Abteilung: Das Pflanzenleben Deutschlands und der Nachbarländer (vollst. in 26 Lief. Lex.-8 mit 350 Abbild. und 50 Tafeln und Kart.) 3.—6. Lieferung, Stuttgart, Kosmos, Gesellschaft der Naturfreunde (Geschäftsstelle: Franckh'sche Verlagshandlung).
Freimark, Hans, Anderes und Drittes. Skizzen und Studien. Leipzig, Verlag des „Harmonium", Zeitschrift für Hausmusik.
— Bunte Lieder. Leipzig, Verlag des „Harmonium".
Friedrich, Johann, Sonnenschule. Ein Wiener Probejahr. 3. Aufl. Leipzig, Hermann Seemann Nachfolger.
Gaal, Georg van, Allgemeiner deutscher Muster-Briefsteller und Universal-Haus-Sekretär. 13. umgearbeitete Auflage. Lfg. 10, 11, 12, 13. Wien. A. Hartlebens Verlag.
Goethes sämtliche Werke. Jubiläums-Ausgabe in vierzig Bänden. 39. Band. Schriften zur Naturwissenschaft I. Teil. Stuttgart, J. G. Cottasche Buchhandlung Nachf.
Guttzeit, Johannes, Der Verblödung-Spiegel. Untersuchungen über unsere moralischen Krankheiten. Eine Vorschule der Wiedergeburt. II. Band. Verlehrtentum. Neue, wohlfeile Ausgabe. Wohlau, Selbstverlag des Verfassers.

Haberlands Unterrichtsbriefe für das Selbststudium lebender Fremdsprachen etc. Englisch. Kursus I. Brief 2—5. Leipzig, E. Haberland.
— für das Selbststudium lebender Fremdsprachen etc. Französisch. Kursus I. Brief 2 bis 5. Leipzig, E. Haberland.
Handels-Hochschul-Nachrichten. Zentralblatt der Handelshochschulen des In- und Auslandes. Herausgegeben in Verbindung mit hervorragenden Fachgelehrten von Dr. Albert Ludwig Stange. 1905. No. 23. Festnummer für die Cölner Handels-Hochschule. München, Verlag der Handels-Hochschul-Nachrichten.
Idel, Wilhelm, Irmgard von Berg. Dramatisches Gedicht. Zweite, wohlfeile Ausgabe. Elberfeld, A. Martini & Grüttefien.
Kosmos, Handweiser für Naturfreunde, herausgegeben von Kosmos, Gesellschaft der Naturfreunde, Stuttgart. 1905. Band 2. Heft 4, 5 u. 6. Stuttgart, Verlag des Kosmos Gesellschaft der Naturfreunde.
Kunstschatz, Der. Die Geschichte der Kunst in ihren Meisterwerken. Mit erläuterndem Text von Dr. A. Kisa. Lieferung 9, 10, 11, 12. Berlin, Wilh. Spemann.
Kuprin, A., Das Duell. Ein russischer Militärroman. Einzige autorisierte Übersetzung von Adolf Hess. Stuttgart, Deutsche Verlags-Anstalt.
Ludwig, Dr. Ph. C., Über Ferienheime für kaufmännische Angestellte. Bad Harzburg, Rud. Stolle.
Luther, Arthur, Goethe. Sechs Vorträge. Jauer, Oskar Hellmann.
Mann, Heinrich, Professor Unrat oder das Ende eines Tyrannen. Roman. München, A. Langen.
Miessner, Wilhelm, Der Andere. Novellen. Zeichnungen von Arthur Gratz. Minden, J. C. C. Bruns' Verlag.
Mutterschutz. Zeitschrift zur Reform der sexuellen Ethik. Herausg. von Dr. phil. Helene Stöcker. Berlin-Wilmersdorf. I. Jahrg. Heft 2. Frankfurt a. M., J. D. Sauerländers Verlag.

10*

Naturwissenschaftliche Jugend- und Volksbibliothek. Bändchen XVII.—XXII. Illustriert. Regensburg, Verlagsanstalt von G. J. Manz.

Orient, Der christliche. Monatschrift der Deutschen Orient-Mission. VI., 7. Heft. Juli 1905. Grosslichterfelde, West, Deutsche Orient-Mission.

— Monatschrift der Deutschen Orient-Mission. VI., 8. Heft. August 1905. Grosslichterfelde, West, Deutsche Orient-Mission.

Platzhoff-Lejeune, Eduard, Lebenskunst. Zwölf Studien aus dem Vorhof der Philosophie für Gebildete. 1. Reihe. Stuttgart, Strecker & Schröder.

Reuter, Fritz, Aus der Franzosenzeit. Wie ich zu 'ner Frau kam. Ins Hochdeutsche übertragen von Heinrich Conrad. Stuttgart, Robert Lutz.

— Aus meiner Festungszeit. Ins Hochdeutsche übertragen von Heinrich Conrad. Stuttgart, Robert Lutz.

Rundschau, Deutsche, für Geographie und Statistik. Unter Mitwirkung hervorragender Fachmänner herausgegeben von Prof. Dr. Friedr. Umlauft. 27. Jahrgang. Heft 12 (Schlussheft). Wien, A. Hartlebens Verlag.

Sohkopp, Eberhard von, Kameruner Skizzen. Berlin, Winkelmann & Söhne.

Schumann, Walter, Leitfaden zum Studium der Literatur der Vereinigten Staaten von Amerika. Giessen, Emil Roth.

Simplicissimus-Kalender für 1906. München, A. Langen.

Stein der Weisen, Der. Illustrierte Halbmonatschrift für Haus und Familie. Unterhaltung und Belehrung aus allen Gebieten des Wissens. 18. Jahrgang 1905. Heft 13. Wien, A. Hartlebens Verlag.

Tiedemann, Adolf von, Aus Busch und Steppe. Afrikanische Expeditionsgeschichten. Mit 57 Textillustrationen von R. Hellgrewe. Berlin, Winkelmann & Söhne.

Unus, Walther, Schülertagebuch. Berlin, Hermann Seemann Nachfolger.

Vierordt, Heinrich, Ausgewählte Dichtungen. Mit einem Vorwort von Ludwig Fulda. Heidelberg. Carl Winter.

Waetzoldt, Wilhelm, Das Kunstwerk als Organismus. Ein ästhetisch-biologischer Versuch. Leipzig, Dürr'sche Buchhandlung.

Weichbrodt, Felix, Sünden des 20. Jahrhunderts oder Es lebe die Korruption! Eine moderne Kreuzzugsrede. Werdohl i. Westf., Wilhelm Scholz, Verlagsbuchhandlung.

Wiener, Oskar, Das hat die liebe Liebe getan. Ein Liederbuch. Titeltapete und Sinnbild von Richard Teschner. Minden, J. C. C. Bruns' Verlag.

Wilde, Oscar, Dorian Grays Bildnis. Deutsch von Felix Paul Greve. 3. Aufl. Minden in Westf., J. C. C. Bruns' Verlag.

Verantwortlicher Redakteur: Dr. Sylvius Brud in Breslau.
Schlesische Buchdruckerei, Kunst- und Verlags-Anstalt v. S. Schottlaender, Breslau.
Unberechtigter Nachdruck aus dem Inhalt dieser Zeitschrift untersagt.   Übersetzungsrecht vorbehalten.

Émile Combes

Nord und Süd.

Eine deutsche Monatsschrift.

Begründet

von

Paul Lindau.

CXV. Band. — November 1905. — Heft 344.
(Mit einem Porträt in Radierung: Emile Combes.)

Breslau
Schlesische Buchdruckerei, Kunst- und Verlags-Anstalt
v. S. Schottlaender.

Émile Combes

Nord und Süd.

Eine deutsche Monatsschrift.

Begründet

von

Paul Lindau.

Band. — November 1905 — Heft 344.
(Mit einem Porträt in Radierung: O m   n be)

Breslau
 sche Buchdruckerei, Kunst- und Verlags-Anstalt
v. S. Schottlaender.

Nord und Süd.

Eine deutsche Monatsschrift.

Begründet

von

Paul Lindau.

CXV. Band. — November 1905. — Heft 344.
(Mit einem Porträt in Radierung: Emile Combes.)

Breslau
Schlesische Buchdruckerei, Kunst- und Verlags-Anstalt
v. S. Schottlaender.

Ida Sofie.

Roman

von

Johanne Madsen.*)

I.

it den Blumen des Frühlings, den milden Lenzwinden und dem fröhlichen Lerchengezwitscher war ein bisher ungekanntes Sehnen, ein großes, schwellendes Verlangen nach Glück über Ida Sofie gekommen.

Sie, die älteste Tochter des Kornhändlers Blaase und seiner Gattin, Frau Julie, der ehemaligen Schauspielerin, wußte eigentlich selber kaum, was das Leben so urplötzlich für sie in Bereitschaft halten sollte. Ihr Sehnen konzentrierte sich nicht auf bestimmte Dinge an bestimmten Orten. Bald träumte sie von langen Reisen in ferne Länder, wo die Luft von Sonne zittert, bald stürzte sie sich über Bücher, Schauspiele, Rollen.

Die Finger in den Ohren, studierte sie die Rollen in ihrem Zimmer vor dem alten, weißlackierten Gartentisch, der einzigen Erinnerung an den verkauften Landsitz der Familie. Die Tragödie ließ sie liegen und wählte mit Vorliebe solche Komödien, in denen seidene Schleppen über das Parkett großer Säle rauschen; wo von funkelnden Prismen, geschliffenen Kristallen, viel Blumenduft und großer Liebe die Rede war. Unglück und Kummer langweilten sie. Die beiden Gäste kannte sie nur zu gut aus ihrem trübseligen Heim.

Sie überhörte sich die Rollen, während sie gleichzeitig vor dem Spiegel über der Kommode in dem Genuß schwelgte, neue Frisuren auszuprobieren.

Sie war stolz auf ihr Haar. Es war stark und dick, wechselnd in der Farbe mit flimmernden Lichtern wie aus Gold gewoben.

---

*) Autorisierte Übersetzung aus dem Dänischen von Mathilde Mann.

„Das Haar ist schön. Und die Augen sind höchst interessant mit ihrer grauen Farbe und dem Blau in dem Weißen, und dabei sind sie rund wie auf einem Heiligenbild. Die Nase ist gerade. Der Mund groß. Das Kinn ganz hübsch mit seiner Kluft. Sonst aber ist nichts Bemerkenswertes an deinem Gesicht, mein Kind!"

Die Figur pflegten die Leute ja zu bewundern, obwohl sie ein wenig schmächtig war.

Und dann spielte sie Komödie.

Das Sofa war ihr das Gebirge in Ibsens Stücken, in den französischen wurde ihr das Buch zum Fächer. Sie lächelte und lachte, erbleichte, errötete und erwachte dann infolge irgend eines Lautes von dem angrenzenden Flur her zur Wirklichkeit und zu der Unordnung des Zimmers.

„Ich habe Talent von Mutter geerbt! Aber was nützt das, wenn ich nicht zur Bühne gehen darf!"

Um zu sehen, ob da nicht doch noch ein Hoffnungsstrahl war, holte sie die Karten hervor und fing an wahrzusagen.

Sie legte Sterne. Sie legte Sonnen. Aber die Antworten waren immer finster und unglückverheißend.

Und sie sank in Verzweiflung zusammen, denn sie wollte so gern glücklich sein.

„Es muß eine Veränderung geschehen! Irgend etwas muß geschehen." ——

Aber der Frühling verging und auch der Sommer. Es wurde Herbst mit dunklen Tagen und strömendem Regen.

Und es war, als habe das Leben die zwanzigjährige Ida Sofie vergessen.

II.

Die Fensterscheiben auf Kristianshavn flammten in den letzten Strahlen der ersterbenden Herbstsonne auf, die in zuckenden Wogen von der Stadt herübergeflutet kamen und sich nach Amager zu verloren.

Es wehte stark. Der Wind fuhr lärmend die Overgade entlang. Er kräuselte das grünliche Wasser des Kanals, strich über die Börnebus-Brücke, sauste unter dieselbe und spielte aufgeregt zwischen ihren Pfeilern. Er wirbelte Straßenstaub zu dichten Wolken auf und zerriß die welken Blätter der zerzausten Bäume in den alten Höfen ringsumher.

Bei Blaases war es still, kein Laut, keine Unterhaltung, kein Lachen.

Mit schwerem Herzen saßen die fünf Töchter zusammengekauert im Wohnzimmer.

Irgendwo im Hause schlug eine Kuckucksuhr fünf hastige Schläge. Sie hörten den bestimmten Ton, mit dem der Vogel seine kleine Tür schloß, so klar und deutlich, als hätten sie darunter gesessen.

Aus dem Hofe stiegen viele verwirrende Laute auf: das Pfeifen der Winde, dröhnende Holzschuhschritte, dumpfes Fallen schwerer Kornsäcke und das ewige Surr, Surr, Surr einer fleißigen Maschine. Das Wasser des Kanals plätscherte unten vor den Fenstern. Man konnte das Geschrei spielender kleiner Kinder in dem angrenzenden Armenviertel schwach erkennen.

Es fing an zu dunkeln in dem großen Wohnzimmer mit den einfachen Fenstern und den vielen Ecken und Winkeln. Die Möbel waren mit Seide bezogen und vergoldet, aber verschlissen und verschossen. Sie standen da als Zeichen des Wohlstands entschwundener Zeiten, als noch Wagen mit Kutscher und Diener jeden Abend den Torweg sperrten, als Frau Blaase noch gesund, bewundert und gefeiert war, und der Name ihres Mannes in der Handelswelt einen goldenen Klang besaß.

Das Hausmädchen Birthe schlich auf Socken im Eßzimmer umher und deckte den Mittagstisch ab. Sie gab auf jeden silbernen Löffel acht, damit er nicht gegen das Porzellan klirrte. Birthe, deren Nähe sich gewöhnlich durch ein starkes Schluchsen und ein gelles Singen verriet, öffnete und schloß die Büfettür ganz geräuschlos.

Eine dumpfe Ruhe lag über dem ganzen Heim. Sie waren alle wie von Müdigkeit gelähmt, jetzt nach den mannigfaltigen Gemütsbewegungen des Tages.

Frau Blaase hatte, wie so oft bei dem Wechsel der Jahreszeiten, einen Anfall ihrer immer wiederkehrenden Geisteskrankheit gehabt. Sie kannten das ja übrigens so gut: zuerst Gebet und Gesang und Offenbarungen des Herrn Jesu, dann der eigentliche Ausbruch der Krankheit mit Selbstmordversuchen.

Im Schlafzimmer verhandelte Herr Blaase mit dem Hausarzt und der Krankenpflegerin, die in aller Eile herbeigeholt war, um zu entscheiden, ob es nötig sei, daß seine Frau wieder in eine Anstalt gebracht würde. Er wollte es ja so ungern. Man einigte sich dahin, daß man mit dem Professor sprechen und auf Besserung hoffen wollte.

So hinterlistig schleichend war der Anfall gekommen. Frau Blaase hatte es verstanden, die Aufmerksamkeit ihrer Umgebung durch angespannt beherrschte Ruhe einzululen.

So wie heute morgen. Still und natürlich hatte sie am Klavier gesessen und die bald sanften, bald traurigen Melodien gespielt, die sie selber komponierte.

Ida Sofie hatte in ihrem eigenen Zimmer den Tonschwall gehört, der in Wellen mit einem Schrei hoch oben im Diskant ausklang, dann folgte ein klingendes Potpourri, träumerische Pierrot- und Pierrette-Melodien, deren Töne scherzten, lächelten, lachten — —

Ein plötzlicher Knack!

Der Klavierdeckel wurde hart zugeschlagen. Der Stuhl schleifte über den Teppich, und Schwester Inger war zu ihr hereingestürzt und hatte um Hilfe gerufen, die Wange dunkelrot von einer heftigen Ohrfeige.

„Ida Sofie!" hatte sie geschrien, „Mutter muß krank sein. Sie ist so aufgeregt. Sie liegt neben dem Fenster auf den Knien und betet und weint. Ach Gott, komm doch!"

„Rufe die Tante!" hatte Ida Sofie geantwortet. In der Hast, hinaus zu kommen, hatte sie den Tisch umgestoßen. Sie stürzte über die Diele und riß die Wohnstubentür auf.

Die Mutter hörte nichts. Ihr Gesicht war weiß. Die Augen starrten gläsern. Bald sang sie Bruchstücke von Gesangbuchversen, bald bewegte sie die Lippen in murmelndem Gebet.

Plötzlich blitzte ein Messer durch die Luft.

„Mutter!" schrie Ida Sofie und stürzte auf sie zu.

Sie hatten gekämpft, die Blicke ineinander gebohrt.

„Mutter, du bist krank!"

„Laß mich los!"

„Mutter, du weißt nicht, was du tust!"

Das Gesicht hatte auf einmal einen angestrengt lauschenden Ausdruck angenommen. Die Hand hatte sich von dem Messer gelöst.

„Hörst du, es läuten die Glocken in der Luft? Sie kommen und gehen mit dem Brausen des Windes. Jetzt werden sie stärker! Tausend Glocken läuten vor meinen Ohren. Ida Sofie! Der Herr ist nahe!"

Inger war vor der Tür stehen geblieben, zusammengebeugt, die Finger in den Ohren, um nicht zu hören und doch zu helfen.

Aber im selben Augenblick war sie schon draußen in der Küche und rief der Tante und den Mädchen zu, daß die Mutter krank sei, und Ida Sofie sich allein mit ihr im Wohnzimmer befinde.

„Eine von euch muß sofort den Herrn vom Kontor holen!" sagte Fräulein Oktavie, die verstand, beinahe ehe die Worte gesagt waren. Jensen vom Speicher muß Doktor Hamstrup holen."

Die Mädchen rannten, Jensen kam vom Speicher, der Doktor wurde geholt.

Ida Sofie hatte sich zu ihren Schwestern in die Wohnstube gesetzt. Frau Blaases Toben ging in ein leises Jammern über. Es endete mit einer völligen, körperlichen und geistigen Erschöpfung.

„Bist du hier, Ida Sofie?" fragte Herr Blaase in der Wohn=
stubentür.

„Ja, Vater."

„Deine Mutter hat plötzlich ein solches Verlangen, dich zu sehen. Du mußt zu ihr hineingehen, kleine If."

„Ach, nein, bleibe bei uns," baten die Schwestern.

„Ihr braucht euch nicht zu fürchten, Kinder, Mutter ist ganz ruhig. Der Doktor sagte, das Schlimmste sei für diesmal überstanden."

Er setzte sich zu ihnen, nahm die beiden Kleinen bei der Hand, sah über die gebeugten Häupter hinweg und seufzte.

Es fiel Ida Sofie auf, wie müde und traurig er in der letzten Zeit geworden war. Sie schlang die Arme um seinen Hals und küßte ihn auf ihre eigene, heftige Weise. Aber es war, als merke er es nicht.

„Ihr armen kleinen Kinder!" flüsterte er vor sich hin.

Da saßen die beiden Kleinsten, Karen und Ellinor. Sie weinten leise und putzten sich die Nase. Da war die sechzehnjährige Inger; sie war so bleich und angegriffen, daß man jeden Augenblick eine ihrer Ohnmachten befürchten mußte. Die ruhige Ellen hatte rote Augen vom Weinen. Hinter sich hatte er seinen Augapfel, die leicht bewegte Ida Sofie, deren Gesicht vor Gemütsbewegung zitterte.

„Sei nicht bange, kleine If." sagte er beruhigend, als sie lautlos auf den Flur hinausglitt.

Schon im Eßzimmer hörte man vom Schlafzimmer her ein schweres, schnarchendes Stöhnen.

Es war halbdunkel da drinnen. Die Fenster hoben sich hell von der Dunkelheit ab. Die Tante war in ihrer gewöhnlichen, eifrigen Weise um das Bett beschäftigt. Die Krankenpflegerin, die für heute fertig war, zog ihren dünnen, langtailligen Mantel an und suchte nach ihrem Hut, um zu gehen.

„Man ist ja leider nicht sein eigener Herr. Man muß die Zeit innehalten, so gern man auch wollte. So, da haben wir ja das Fräulein, nach dem Sie sich eben noch so sehnten," flüsterte sie und schielte zu Frau Blaase hinüber, die im Halbschlummer balag.

Dasselbe einförmige Stöhnen tönte vom Bett her.

„Weiß der liebe Gott, jetzt schläft sie schon wieder!" murmelte Frau Nielsen. Ein verwundertes Lächeln entblößte eine Reihe stark plombierter Zähne, deren Gold in der Dunkelheit schimmerte wie lauter Leuchtkäfer.

„Ich sehe ihn," stöhnte die Kranke. „Ich kenne ihn, den Göttlichen mit der Dornenkrone um die weiße Stirn und den allleidenden Augen —"

Sie erhob sich schwerfällig, stützte den Kopf in beide Hände und starrte lange vor sich hin. Das verblühte Gesicht mit den schönen Zügen war erdfahl, und die Lippen mit den bläulichen Schatten in den Mund= winkeln waren ganz farblos. Das kurzgeschnittene, an den Schläfen kreideweiße Haar umgab in wirren Strähnen den Kopf. Das Untergesicht verzog sich hin und wieder wie bei einem plötzlichen Schmerz. Die Stimme war monoton und schleppend.

„Sterben!" sagte sie stöhnend. „Von allen den nagenden Gedanken befreit werden. — Ich hasse euch alle miteinander! Ich hasse die Kinder!" schrie sie plötzlich wild und schlug die Hände über dem Kopf zusammen. „Ein Streichholz an das Ganze gehalten, ein Nu, und das Haus würde zusammenstürzen."

„Diese ewigen Zwangsvorstellungen," flüsterte Frau Nielsen und knüpfte kopfschüttelnd einen Schifferknoten in ihr Halstuch.

Fräulein Oktavie Blaase fürchtete, daß Ida Sofie zu viel hören könne. Sie huschte mit noch größerer Hast als gewöhnlich umher.

„Dies ist nichts für dich! Geh' hinaus."

„Ist Ida Sofie da?" fragte Frau Blaase und hielt in ihrem Gähnen inne.

„Vater sagte, du wolltest mit mir sprechen."

„Ja, das ist recht. Komme hierher an das Bett. Laß mich dich ansehen, meine kleine Herzens=Ida! Noch näher heran, ganz dicht!"

Ida Sofie gehorchte mechanisch.

„Ich bin müde. Leg mir die Hand unter den Rücken. Du bist so blaß. Ich glaube, du zitterst. Du fürchtest dich doch nicht vor deiner eigenen Mutter? Geweint hast du wohl auch? — — Du sollst nie wieder weinen!"

„Ruhig, Fräulein. Rühren Sie sich um Gottes willen nicht!" schrie Frau Nielsen und stürzte herzu. Die Kranke, die die ganze Zeit lieb= kosend die Hand über den Kopf der Tochter hatte gleiten lassen, zwang sie mit einer blitzschnellen, erdrosselnden Bewegung zu sich in's Bett hinunter.

Ein sonderbarer Frostschauer breitete sich von Ida Sofiens Kopf über den Nacken hinab aus und machte sie halb gefühllos, so daß sie kaum merkte, wie sie nach und nach aus der heftigen Umarmung befreit wurde. Sie wußte gar nicht, wie ihr war, bis sie auf dem braunen Wachstuchpuff im Eßzimmer saß.

Auf dem Kupferstich über ihr feierte Christus das heilige Abendmahl mit seinen zwölf Jüngern.

Sie weinte krampfhaft, den Kopf gegen die kalte, blanke Wand ge= stützt. Nach und nach verfiel sie in einen traurigen Stumpfsinn, der nur von Zeit zu Zeit durch kleine, schluchzende Seufzer unterbrochen wurde.

„Ach Gott," flüsterte sie. „Wie doch alles hier bei uns ist!"

Sie erhob den Kopf und starrte in das Zimmer.

Es war groß, dunkel und hoffnungslos.

„Die andere Pflegerin sollte gegen sieben Uhr zur Ablösung kommen, sie muß also bald hier sein. Sollte es sich aber in die Länge ziehen, so rufen Sie das Bureau nur an. Die ersten Nächte werden wohl schlimm. Herr Gott, wie es hier in der Welt geht. Daran dachte man nicht, als man so im Theater saß und über sie und diesen Ernst weinte!"

Frau Nielsen und die Tante gingen durch das Zimmer auf den Flur hinaus.

„Jetzt ist sie reif fürs Irrenhaus, und er hat sich schon längst er= schossen! Wie kam das eigentlich, Fräulein Blaase?"

„Da sitzt eins der Kinder!" flüsterte die Tante.

„Ja, das ist allerdings nichts für die Ohren so eines kleinen Schatzes!

Will der kleine Schatz den Herrn Vater grüßen und sagen, ich käme morgen wieder?"

Frau Nielsen strich freundlich über die Nase des „kleinen Schatzes" von unten nach oben und setzte die Unterhaltung draußen auf dem Flur fort, ein wenig angestrengt infolge der gebeugten Stellung, die sie beim Anziehen der Galoschen einnehmen mußte.

„Wissen Sie was, dieser Pastor Sommer, das ist ein prächtiger Mann. Und dabei faßt er einen so sanft an. Das tut gut bei Trübsal und Prüfung. Das hebt so!"

Frau Nielsen fühlte mit der Zunge nach einem schmerzenden Backenzahn, sagte Adieu und ging.

„Sitzest du noch und läßt den Kopf hängen?" schalt die Tante, die auf ihrem Rückweg in das Schlafzimmer an das Büfett stürzte, um Medizin und Glas zu holen. „Du lebst immer in Extremen. Heute morgen sangest und trällertest du, jetzt heulst du. Du solltest uns lieber ein wenig helfen. Ich muß mich beinahe zu Tode arbeiten!"

Sie rasselte aufgeregt mit einer umgefallenen Flasche auf einem der Borte und stürzte zu der Schwägerin hinein, ohne daß Ida Sofie auch nur den Kopf erhoben hätte.

Da klopfte sie jemand auf die Schulter und veranlaßte sie, aufzusehen.

„Bist du es, Carsten!" rief sie aus und trocknete die Augen.

Daß der Vetter auch gerade jetzt kommen mußte, wo sie am liebsten allein sein wollte. Konnte er denn nicht in seinem Hospital bleiben? Er kam ja fast täglich hierher!

Im Grunde war es häßlich, ihn nicht freundlich zu empfangen. Er war so gut und brav. Da stand er breit und schön und sah sie mit seinen klaren, blonden Augen an.

Es schmerzte ihn offenbar, sie weinen zu sehen.

„Mutter ist wieder krank geworden," flüsterte sie.

„Aber darum brauchst du doch nicht so zu weinen. Es ist kalt hier. Komm mit mir zu den anderen in das Wohnzimmer. Aber liebste Ida Sofie, so trockne doch jetzt die Augen ab! Du schüttelst den Kopf? Willst keine Vernunft annehmen? Nur weinen und weinen?"

„Alles ist so traurig. Ich kann es nicht mehr aushalten," sagte sie hinter den Händen hervor.

„Aber so schlimm ist es doch gar nicht. Ich begegnete eben Onkel auf der Treppe. Er sieht die Sache nicht so ernst an."

„Aber das tue ich!"

Er mußte über sie lachen, wie sie dasaß und sich in ihrem Elend verhärtete. Die Augen waren blank und rot. Und das Haar, das sie zu ihrer Pariser Frisur, wie sie es nannte, aufgesteckt hatte, warf einen krausen, lächerlichen Schatten an die Wand.

„Laß uns einen Spaziergang machen, Cousine If! Das Wetter ist herrlich, so frisch, so recht, wie du es gerne hast. Ich will auch den ganzen Weg über mit dir vom Theater reden. Du sollst sehen, die Luft wird dir gut tun."

"Heute nicht! Ein andermal. Mein Gott, Carsten, du mußt doch sehen können, daß du nichts für mich tun kannst. Ich will am liebsten in Ruhe sein."

Er lächelte nachsichtig. Sie lief in ihr eigenes Zimmer. Das lag nach dem von Speichern und Packhäusern umgrenzten Hof hinaus. Die kahlen Eschen neigten sich im Winde.

Sie warf sich auf das Sofa, bohrte das Gesicht in die Polster und lag ganz still da, die Hände gegen die Augen gepreßt.

"Ida Sofie!"

Inger stand in der Tür. Das rotbraune Haar umwogte den Kopf.

"Ich bin hier!"

"Gott sei Dank," seufzte Inger und tastete sich nach dem Sofa hin. Ida Sofie erhob sich und machte ihr Platz neben sich.

"Carsten ist eben weggegangen!" flüsterte Inger mit demselben halb eigensinnigen, halb tränenerstickten Ton in der Stimme. "Es ist so trübselig bei uns im Wohnzimmer. Vater und Tante sprechen von Krankheit und Geldangelegenheiten. Ach, wenn wir doch nur alle tot wären!"

"Ich will nicht tot sein!" rief Ida Sofie heftig aus. "Ich will mein Leben erst anfangen. Geh, rück von mir ab! Du zerknitterst mein Kleid! Du quälst mich zu Tode mit deinen melancholischen Augen."

Jeder Nerv in ihr war erregt. Ihre Hände zitterten. Ihr Herz hämmerte.

"Geh, sage ich!".

Inger legte betrübt den Kopf in ihren Schoß. Sie verstand kein Wort von dem Ganzen.

"Jeder Mensch muß doch ein Anrecht auf das Glück haben. Ich verlange meinen Anteil, um weiter leben zu können. Ich habe nie etwas anderes als Kummer gekannt. Es fing damit an, daß Mutter sich in den Schauspieler Ernst verliebte. Ihr wart noch zu klein, um es zu verstehen. Ihr spieltet, wenn Mutter fort war. Ihr schliefet, wenn sie des Abends vom Theater nach Hause kam. Aber ich hörte die Szenen im Wohnzimmer. Gott weiß, wie oft ich bis spät in die Nacht hinein in meinem Bett gesessen und gelauscht habe! Ich saß da und zitterte am ganzen Leibe und weinte. — —

Zuweilen fragte Vater mich aus. Er wollte wissen, ob Ernst hierher käme, wenn er nicht zu Hause war. Ich log. Ich fürchtete mich so. Vater ist so heftig.

Und dann den Abend, als die Nachricht kam, daß Ernst sich auf dem Theater erschossen hatte, und Mutters Wahnsinn zum erstenmal ausbrach.

— — Seither ist es Schlag auf Schlag gekommen. Vaters Spekulationen schlugen fehl. Das Landhaus wurde verkauft!

Jetzt ist etwas mit Hoppe u. Co. in Hamburg los. Auch denen sind wir Geld schuldig. Wie soll das werden? Bald sind wir oben auf, bald sind wir tief unten. Der Schein muß bewahrt werden. Es ist zum Verzweifeln!"

Inger legte den Arm um Ida Sofiens Hals. Der Kopf sank auf ihre Schulter.

Ida Sofie merkte es nicht.

„Resignieren? Nie! — — Ich will sehen, daß ich mich im Leben vorwärtsbringe!"

Inger wurde auf einmal schwer und kalt. Ida Sofie sah, wie sich eine fahle Blässe über ihr Gesicht ausbreitete.

„Inger! Du darfst nicht ohnmächtig werden!" rief sie angsterfüllt.

Ingers Körper war starr und gefühllos.

„Das Leben!" summte es in Ida Sofiens Ohren. „Das Glück!"

Sie stellte die gewöhnlichen Wiederbelebungsversuche an.

III.

Fräulein Mercedes Willemoes, die Tochter des Hofjägermeisters auf Rygensholm, war unerwartet zu Besuch gekommen.

Jetzt saß sie dadrinnen im Wohnzimmer, fein und niedlich in der eleganten schwarzen Tuchtoilette mit Persianerbesatz. Auf dem hellblonden Kopf trug sie eine kleine Toque, die deutlich erzählte, daß die junge Dame soeben aus dem Ausland zurückgekehrt sein mußte. Die Muffe, ein grüner Kolibri in einem Meer von gelben Spitzen, baumelte graziös an einer dünnen Perlenkette hin und her.

Tante Oktavie saß still und ganz vernichtet von so viel vornehmer Pracht da. Sie glich einem verwundeten Krieger mit dem Taschentuch, das sie infolge eines unerschütterlichen Aberglaubens immer stramm um die Stirn band, wenn sie ihre „General-Kopfschmerzen" hatte.

Karen und Ellinor standen Arm in Arm mitten im Zimmer und flüsterten. Von Zeit zu Zeit stießen sie sich an und begruben die kichernden Gesichter in der Schürze, was gar nicht geeignet ist, um eine ältere Schwester zu ermuntern, die glühend wünscht, daß ihre Familie sich vorteilhaft ausnehmen soll. Ellen war nicht zu Hause. Inger aber saß neben Ida Sofie und verschlang jedes Wort von der Unterhaltung, die die beiden jungen Mädchen über ihre gemeinsame Schulzeit führten.

„Liebste Ida Sofie, wie du den ersten Tag aussahst, als du in der Schule warst, das vergesse ich nie im Leben —" sagte Mercedes Willemoes, die viel lachte. „Aber reizend warst du mit dem zu kurzen, grünkarierten Kleid und den bloßen Armen. Die Frisur war aber doch das allerbeste.

Dein Haar war mit Wasser gekämmt. Und dann die Manschetten mit dem Spitzenbesatz! Du warst wunderschön!"

„Was für Unsinn wir zusammen machten. Wie reizend warst du gegen mich!"

„Wie gern ich hierher zu euch kommen mochte! Es war so ungeheuer interessant. Deine Mutter, die ihre Rollen in ihrem Zimmer übte, so daß man sie schon von weitem schluchzen und morden hörte! Und die Kornböden und die großen Speicher! — — Wir amüsierten uns hier viel besser als in den Kindergesellschaften bei uns. Und in den Ferien, auf dem Gut, ließ uns die selige Mademoiselle nie aus den Fingern. Wie lange das alles her ist! Vier ganze Jahre habe ich mich um dieser Gesangstunden willen im Ausland umhergetrieben. Aber jetzt mußt du zu mir nach Nygensholm hinauskommen. Das mußt du mir versprechen!"

Fräulein Oktavies Gastfreiheit trug allmählich den Sieg davon über den Schrecken, den ihr der Besuch eines so vornehmen Gastes wie Fräulein Mercedes Willemoes eingejagt hatte.

„Denk doch nur, wenn sie den Tag gekommen wäre, wo es so schlimm mit Frau Blaase aussah," flüsterte sie Birthe zu, während sie eine der feinen Kristallschalen mit Obst füllte. „Was weiß so ein Mädchen von Kummer und Elend? Der Hofjägermeister vergöttert sie. Sie kann alles haben, worauf sie nur mit dem Finger zeigt. Und Geld haben sie wie Heu! Von der Mutter hat sie schon ein ganzes Vermögen. Jetzt will sie einen Karneval auf ihrem Gut veranstalten! Und Ida Sofie soll dabei sein. Und der Herr sagt natürlich gleich ja!"

„Fräulein Ida Sofie lebt für gewöhnlich ja auch so still. Und jung ist man ja nur einmal," sagte Birthe. Birthe hatte eine Leidenschaft für Kaffee und Verlobungen.

Tante Oktavie setzte die Erfrischungen auf den Tisch im Wohnzimmer.

„Und dein Vetter?" fragte Fräulein Mercedes, während sie fleißig Nüsse knackte. „Er hat ja ein so gutes Examen gemacht, nicht wahr?"

„Ja natürlich. Alles, was Carsten tut, das macht er gut."

„Ausgenommen den Hof. Darauf versteht er sich absolut nicht, sonst hätte er dich schon längst überreden müssen, dich mit ihm zu verloben. — Weißt du noch, als sein Vater, der Konsul, uns mit auf den Schulball nach Herlufsholm genommen hatte und Carsten dir eine Tasse kochenden Thee den Rücken hinuntergoß? Du weintest. Und er, der so schrecklich verliebt war, wußte nicht aus noch ein. Wie prächtig er war!"

„Das ist er noch, die personifizierte Güte. Er hat nur einen Fehler: er ist so verzweifelt wenig spannend."

Die beiden jungen Damen wollten sich zu Ingers Kummer, die den Vetter sehr bewunderte, vor Lachen ausschütten über diesen seinen Mangel.

„Dann bleibt es also dabei, daß du zum Karneval kommst und einige

Tage auf Rygensholm bleibst. Du sollst mir Komödie vorspielen. Wir haben so viel miteinander zu reden!"

Fräulein Mercedes verabschiedete sich. Draußen auf der Diele stieß sie auf Frau Nielsen, die huldselig grüßte. Sie hatte den Hofjägermeister gepflegt, als er im Herbst krank war. Mercedes küßte Ida Sofie und eilte die Treppe hinab, mit einem winzigen Spitzentaschentuch winkend und mit einem imponierenden seidenen Unterrock rauschend.

Ida Sofie aber saß staunend in der sonnendurchschienenen Wohnstube, die noch den Duft des feinen Veilchenparfüms und die Schallwellen munterer Worte und silbernen Lachens barg.

Dann schlich sie lächelnd über Treppen und Gänge nach dem großen, dunklen Kontor des Vaters hinüber, um die Beschaffung eines chinesischen Kostüms zu ermöglichen, denn daß sie in einem solchen auf dem Karneval erscheinen wollte, hatte sie sofort beschlossen.

— Je näher der Tag heranrückte, um so verständnisloser schüttelte Fräulein Oktavie den Kopf über die fieberhafte Unruhe, die sich Ida Sofies bemächtigt hatte. Und als sie an dem Morgen des Tages, an dem das Fest stattfinden sollte, einen kleinen chinesischen Fächer auf einer der Speisekammerborte entdeckte, geriet sie völlig außer sich.

„Der Teufel hole den Trödel!" sagte sie und stürzte in das Wohnzimmer, um sich nach Ida Sofie umzusehen und sich zu vergewissern, daß diese ihre Pflicht tat.

Da drinnen aber harrten ihrer noch größere Überraschungen. Dichter Staub bedeckte alle blanken Flächen, die Teeblätter, mit denen der Teppich gereinigt werden sollte, lagen in großen, feuchten Haufen auf der Erde. Die Tulpen zwischen den Doppelfenstern ließen matt die geschwollenen Köpfe hängen.

„Ida Sofie, wo bist du?"

Ida Sofie antwortete nicht. Sie ging der Tante am liebsten aus dem Wege, wenn diese heftig war. Tante Oktavie wurde so erschreckend häßlich, wenn sie schalt. Schön war sie übrigens niemals mit den kurzsichtigen Augen und dem vom Zahn der Zeit mit Runzeln gezeichneten Gesicht. Und wie viel man auch bat, wollte sich die Tante nie ein wenig herausputzen lassen. Die Kleider mußten nach ganz bestimmtem Schnitt, ohne Halsquerber gearbeitet werden. Das Haar trug sie im Netz. Und dann das Sammetband, das sie um den Hals trug! Ida Sofie mußte den beiden Kleinen zugestehen, daß dies Band der Tante eine gewisse Ähnlichkeit mit Ingers Katzen, Franz und Eigil, verlieh.

Die beiden Kleinen waren im Grunde ganz witzig und sehr aufgeweckt.

„Darf ich mir wohl die Frage erlauben, womit in aller Welt du jetzt die Zeit totschlägst?" Die Tante donnerte gegen Ida Sofiens Schlafstubentür.

„Ich probiere mein Kostüm an," ertönte eine sanfte Stimme.

„Das hast du schon den ganzen Morgen getan."

„Es ist auch wunderschön. In einem Augenblick komme ich und zeige es dir," sagte Ida Sofie so mutig, daß die Tante, durch diese neue Taktik überrascht, unwillkürlich schwieg und sich entfernte.

Ida Sofie stand in ihrem Zimmer und streichelte die Seide mit schonender Hand. Sie drückte sie an sich und ließ sie im Tageslicht aufblitzen. Sie hüllte sich in das Gewand, schlang die lange Schärpe um ihre Taille und fing an, sich im Takt zu ihrem Gesang zu wiegen. Das Haar, das mit rosenduftender Brillantine mißhandelt war, stand zu einem goldigen Knoten gedreht, steif in die Höhe.

Vetter Carsten war wie gewöhnlich auf seinem Wege vom Hospital heraufgekommen, um sich nach der kranken Tante umzusehen. Er stand im Wohnzimmer und klatschte in die Hände, als Ida Sofie in leisen Schwingungen hereingetanzt kam.

„Wie gefällt es dir, Carsten? Mache ich es gut?"

„Senke den Blick! Der Kopf ist nicht schlaff genug. So! Jetzt ist es ausgezeichnet. Ob du eine ganz korrekt durchgeführte chinesische Prinzeß bist, weiß ich nicht. Reizend bist du aber, weiß Gott!"

„Sind die Ärmel nicht drollig? Und betrachte das Zeug einmal genau. Es sind große, erhabene, grünlichblaue Buketts in der Seide. Teuer ist es nicht gewesen. Ich habe es geradezu gefunden."

„Diese bewunderungswürdige Eigenschaft pflegt den Einkäufen der Prinzessin ja eigen zu sein," sagte Carsten. „Du scheinst dich heute überhaupt deines Lebens zu freuen. Das ist etwas ganz anderes als neulich abend, du weißt wohl noch."

„Fange nun, bitte, nicht wieder davon an! Schweig!" bat sie und machte eine abwehrende Bewegung mit der Hand, so daß die weiten Ärmel durch die Luft sausten. „Jetzt will ich mich amüsieren. Ich will Revanche für mein Stillleben haben!"

„Könntest du nicht endlich etwas Vernunft annehmen!" sagte die Tante. „Da liegt die ganze Wäsche von sechs Wochen, die eingefeuchtet und gerollt werden muß."

„Ja, jetzt will ich hingehen und mich umkleiden. In zwei Minuten bin ich wieder hier."

„Glaub' nur ja nicht, daß sie kommt," rief die Tante aus und seufzte verzweifelt, während Ida Sofiens Singen über die Diele herüber ferner und ferner klang.

„Du solltest Ida Sofie nicht so hart anfassen. Sie sollte ihren Willen haben und Schauspielerin werden. Hast du den Ausdruck in ihrem Gesicht gesehen, als sie tanzte? Sie ging so ganz in ihrer Rolle auf, daß ich überzeugt bin, sie hat in dem Augenblick geglaubt, daß sie wirklich eine Chinesin sei. — Übrigens finde ich, daß die Anregung, die ihr eine so keine Zerstreuung bietet, der beste Beweis dafür ist, welch armseliges Leben sie führt."

Fräulein Oktavie sah ärgerlich vor sich hin mit gerunzelter Stirn und beleidigtem Mund.

„Ich kann noch immer hören, wie sie da draußen auf dem Gang herumtrippelt." sagte sie bitter.

Carsten lachte laut auf und öffnete die Tür.

„Cousine!" rief er. „Prinzessin!"

Ein gelber Schatten, weiße Arme, grünlichblaue Blumen, raschelnde Ärmel, tanzende Füße in dem dunklen Gang — —

„Halte auf, Ida Sofie! Du ziehst dir den bitteren Zorn deiner Tante zu. Denk' an die Eisenbahnfahrt nach Rygensholm heute nachmittag. Wenn du dich jetzt ermüdest, wirst du ja so blaß, und du behauptest ja, daß dich das nicht kleidet. Ich prophezeie dir einen Sturm, wenn ich gegangen bin, denn eben marschiert Tante Oktavie nach dem Trockenboden hinauf, ihre Haussklaven in geschlossenem Trupp hinter ihr!"

„Du alter Vetter Vernunft!" Wie ein goldiger Blitz glitt sie an ihm vorüber.

„Du unverbesserliche Mamsell Naseweis!" Er fing sie ein.

„Du zerknitterst mich, Carsten. Sieh nur, wie du mein schönes Kostüm ruinierst. Jetzt muß ich mich umkleiden. Komm zu mir herein und sage mir Adieu, wenn ich fertig bin."

„Jetzt bin ich in Ordnung!" rief sie nach einer Weile durch die Tür und ließ ihn hereinkommen. „Setze dich in den Lehnstuhl an den Tisch, das ist das Bequemste. Hier hast du Zigaretten und einen Aschenbecher."

Carsten sah sich mit Wohlbehagen um. Er hatte das Zimmer der Cousine gern. Es war so gemütlich mit den alten Möbeln, die sie da hineingestellt hatte. Den Teufel dort über dem Sofa hatte er ihr geschenkt. Jetzt zu ihrem Geburtstag sollte sie eine Empire-Uhr und Eau de Verveine haben, das sie immer gebrauchte. Er konnte das auch jetzt spüren. Es schwebte in der Luft vermischt mit dem Geruch von Brennspiritus und verbranntem Haar.

„Warum ist die Tür zu dem Zimmer deiner Mutter eigentlich abgesperrt?" fragte er.

Ida Sofie stand am Fenster und sah eifrig hinaus.

„Es ist eine Vorsichtigkeitsmaßregel. Mutter hat es selbst gewünscht. Wenn sie krank ist, kann man ja nie wissen — —"

„Wonach siehst du eigentlich so eifrig?"

„Komm hierher, Carsten! Stell' dich dahin, so! Du mußt dich ein klein wenig bücken. Und nun sieh auf!"

„Ich glaube wirklich, du kannst einen Schimmer des Sundes sehen."

„Ja, Carsten. Und da draußen sehe ich den schwachen Rauchstreifen eines Dampfers. Wäre ich doch an Bord! Das Schiff fährt vielleicht in ferne Lande. Ach du! Wie ich mich nach der Sonne sehne! Sie zu sehen, sie zu fühlen! Zu wissen, daß sie immer da draußen stünde und strahlte und leuchtete, so daß sie, sobald man die Laden öffnete, sich stauberfüllt ins Zimmer drängte — — Ich liebe die Sonne und alles, was hell ist. — — Mir wird ganz schwer ums Herz, wenn ich an soviel Herrlichkeit denke."

Wie geblendet hielt sie die Hand schirmend vor die Augen.

„Wenn wir statt der Sonne das Wort Glück setzten," sagte Carsten.

„Und meine Chrysanthemum, die rot-gelben, die du mir neulich versprachst?"

„Sie sollen hergeschickt werden, ehe du gehst. Adieu, Ida Sofie, viel Vergnügen!"

„Danke, Carsten."

„Ida Sofie, sag' mir doch ordentlich Lebewohl," bat er. „Ich habe eine Ahnung, daß es lange währt, ehe ich dich wiedersehe."

Ida Sofie reichte ihm die Hand. Sie lächelte unglaublich gleichgültig.

IV.

Die Stimmung war sehr angeregt auf dem Karnevaldiner in Rygensholm.

Jetzt, ehe die Quadrillen beginnen sollten, wurde unter allgemeiner Heiterkeit Kaffee im Gartensaal getrunken.

An den weißlackierten Wänden entlang hatten sich lachende und plaudernde Gruppen gebildet. Aus den Fensternischen ertönte ausgelassenes Lachen. Die jungen Mädchen saßen in einer Reihe auf dem Fensterbrett. Ihre Herren waren ausgelassen und amüsant. Sie machten derb den Hof und erlaubten sich, allerlei Scherz und Kurzweil zu treiben.

Ein verirrtes Lamm fuhr, mit Schleifen, Bandrosetten und Schellen geschmückt, scheu zwischen den verschiedenen Gruppen umher. Es wurde überall mit Geschrei und Gelächter empfangen. Und es stürzte weiter mit allen den klingenden Schellen, ohne auf seine anmutige Herrin, Fräulein Mercedes, zu achten.

Sie war Précieuse ridicule mit kühn dekolletierter Fischbeintaille, Schönheitspflästerchen auf Hals und Wangen und hochfrisiertem Haar. In der Hand trug sie einen bandumwundenen Hirtenstab. An ihrem Arm hing ein mächtiger Hut mit Rosen. Es hatte einen stürmischen Jubel hervorgerufen, als sie nach Tische singend, das Lamm hinter ihr her trippelnd, aus dem Garten gekommen war.

„Haltet es an!" sagte sie jetzt.

„Wer das Lamm anhält, soll uns vortanzen!" riefen die Herren.

Das Lamm schlüpfte bähend von dem einen Ende des Saales nach dem anderen, steckte den Kopf hinter die Gardinen, war ganz verwirrt, weil es nirgends eine Zufluchtsstätte finden konnte, gab plötzlich sein Vorhaben auf und sank ermattet und schnaufend vor Ida Sofie nieder.

„Das Lamm hat die Prinzessin erkoren, daß sie uns vortanzt!" jubelte man ringsumher.

„Dann hat das Glück ein Ende," näselte Ida Sofiens Tischherr, ein Mephistopheles in Rot und Gold mit einer Hahnenfeder, der kleine, nicht mehr ganz junge Kammerjunker Rosenwinge, der sich über sie gebeugt hatte und sie durch seine Stangenlorgnette fixierte. Der Kammerjunker hatte bei Tische reichlich getrunken. Seinen beißenden Witz hatte er längst aufgegeben, die Stimme klang lallend. Er redete gelinden Unsinn.

„Sie müssen Ihre Dame freigeben, lieber Kammerjunker," sagte Mercedes.

„Tanzen Sie!" tönte es um Ida Sofie herum.

„Tanzen Sie!"

„Sie werden nicht umhin können, liebes Kind! Bei Gott, Sie können nicht umhin!" sagte der Hofjägermeister, der an sie herangetreten war.

Er war prächtig zu schauen in der purpurfarbenen römischen Kaisertoga. Das Gesicht strahlte von Liebenswürdigkeit und Anstrengung. Der Hofjägermeister war so vergnügt, daß das Fest gelungen war. Er ging von einem Gast zum anderen und bat, man möchte sich amüsieren.

Und so amüsierten sie sich alle.

Und der Hofjägermeister am allermeisten.

Ida Sofie sah sich ein wenig ängstlich nach Rettung um, fühlte aber sehr wohl, daß es keine gab. Sie war nach allen Seiten hin von einer bunten, lebenden Mauer eingeschlossen, an allen Seiten umwogt von einem schimmernden, fremdartigen Schwarm. Da waren starke Farben, lächelnde Gesichter und weiße Arme. Blumen streuende Frühlingsgöttinnen, stattliche Hofkavaliere, Pierretten, bunte Harlekins drängten sich um sie und sagten, sie solle tanzen.

„Fange nur an, sonst kommst du vor den Quadrillen nicht mehr dazu," flüsterte Mercedes.

„Ja, jetzt will ich tanzen!" sagte Ida Sofie entschlossen.

Sie fing mit kleinen Pas und unmerklichen Schwingungen an. Man sah kaum, daß sie tanzte.

Nach und nach aber erweiterte sich der Kreis der Umstehenden. Sie zogen sich an die Wände des Saals zurück. Ihre Blicke hingen an der sich lächelnden, sich wiegenden, goldgelben Prinzessin.

Der Schimmer der Wachskerzen an den Kristallkronen lag, von roten Schirmen gedämpft, weich auf den feinen Umrissen der Mädchengestalt. Ein kleiner tropischer Vogel hackte seinen scharfen Schnabel in die raschelnden seidenen Falten der Brust, als suche er Schutz in den blassen, grünlichblauen Blumenbuketts. Die Ärmel glitten an den weißen Armen in die Höhe, die weich und zart von Form waren. Sie verschlangen das Licht. Die Augen der Tänzerin starrten unter den lässig gesenkten Lidern gleichgültig in die Luft. Da war kein Lächeln, kein Zittern, kein Widerschein von Erregung in dem blassen Antlitz.

Sie machte eine plötzliche Wendung, sah auf, senkte den Fächer und hielt in ihrem Tanze inne.

Ach, Herr im Himmel!

Da stand er vor ihr, ganz dicht, schwindelnd dicht, groß und schmächtig, in dem flaschengrünen Rock mit dem Spitzenjabot und den strahlenden Diamantknöpfen.

Sie hatte ihn schon bei Tische gesehen. Sein bleiches, markiertes Gesicht hatte sofort ihre Aufmerksamkeit erregt. Das Gesicht vergaß man nie wieder. Die Augen waren dunkel, der Mund fein und bartlos.

Und das Lächeln, das sah sie jetzt. Ach Gott, das Lächeln!

Ihre Augen wurden groß und staunend entzückt. Wie eine plötzlich zum Leben erwachte Bildsäule vornübergebeugt, die Hände auf der Brust gefaltet, starrte sie geblendet in sein Lächeln.

Denn das Lächeln hatte es ihr angetan.

Das machte sein Antlitz so strahlend hell. Es lag fein, unbarmherzig spottend um den Mund. Es war im Blick, zugleich befehlend und zitternd milde, zugleich hart und doch bezaubernd sanft.

Man fand darin die Verheißung auf ein tausendfältiges Glück.

Dann wurde es plötzlich dunkel um sie her, als erlösche jedes blitzende Licht im Saal. Denn sein Lächeln war verschwunden. Er betrachtete sie aufmerksam forschend, wandte sich nach Mercedes um und sprach eifrig mit ihr.

Ida Sofie schwindelte es plötzlich.

Es fiel ihr auf, wie fein, zierlich und klein seine Hand in dem goldverzierten Handschuh war.

Das Ganze war wie ein Traum.

———

Die Quadrille war vorüber.

Ida Sofie saß allein in einem der kleinen Kabinette. Die Hände mit den vergoldeten Nägeln lagen schlaff in ihrem Schoß.

Man tanzte im Gartensaal. Das Geräusch und das Lachen drangen zu ihr herüber. Sie hörte Schritte über den Fußboden und die spielenden Töne einer in die Ewigkeit fortgesetzten Polka.

Sie war todmüde. Ein Weinen im Halse, starrte sie finster vor sich hin. Sie fand die Lichter blendend und die Welt hart.

Der Kopf schmerzte ihr, die Augen brannten. Sie lehnte sich in das Sofa zurück und stützte den Nacken gegen den Rand. Aber es war unmöglich, auch nur eine Minute Ruhe zu finden.

Aus dem Speisesaal an der anderen Seite des Ganges ertönte lautes Klirren von Silberzeug und Gläsern. Die Dienstboten gingen aus und ein. Sie redeten gedämpft. Einer von ihnen summte eine Melodie vor sich hin.

Aber das alles war viel besser als diese ewige Polka.

„Hören Sie doch auf mit dieser ekelhaften Melodie!" rief sie aus und hielt heftig die Hände vor die Ohren. Gleich darauf versank sie wieder in die frühere, mutlose Stellung.

Wenn sie nur begriffe, weshalb sie ihn abgewiesen hatte, als er, nachdem sie getanzt hatte, kam, um sich ihr vorstellen zu lassen. Wenn sie nur begriffe, weshalb sie gesucht hatte, ihn zu meiden. Ihr Herz hatte doch vor Spannung beinahe aufgehört zu schlagen, sobald sie ihn nur in seiner Nähe gefühlt hatte.

Sie hatte sich in eine Ausgelassenheit ohne Zweck, ohne Ziel hineingearbeitet. In einem Augenblick war sie der Mittelpunkt eines gaffenden Publikums geworden. Sie hatte ausgelassene Dinge gesagt, sie wußte nicht mehr was. Sie war immer forcierter, immer fieberhafter geworden.

Und während dieser ganzen Zeit hätte sie ihr Leben dafür gegeben, wenn sie ihn hätte zurückkehren sehen — — — —

Das also war er, von dem man auf Rygensholm so oft gesprochen hatte, Treben Fabricius, der musikalische Gutsbesitzer von Meilgaard, der Enkel der Geheimen Konferenzrätin, die sie als Kind in den Ferien hatte auf Visite kommen sehen in der Staatskutsche mit Gesellschafterin und Diener. —

„Der schöne Fabricius!"

Das tugendhafte Kopenhagen beschäftigte sich so viel mit ihm wegen seiner extravaganten Gewohnheiten. Man erzählte von einigen kleinen, ausländischen Sängerinnen. Man erzählte so viel. Sie glaubte es nicht. Es war ja eine der nationalen Eigenschaften, gleich jeden mit Schmutz zu bewerfen, der sich auch nur einen Zoll breit über das gewöhnliche Niveau erhob.

„Du wunderbarer Fabricius! Du könntest nichts tun, als was schön und gut ist. Ich könnte vor dir in den Staub niederfallen und dich anbeten."

Ingers bleiches Gesicht stieg plötzlich vor ihr auf. Eine unbegreifliche Sehnsucht nach der Schwester ergriff sie. Sie zog die Gardinen zurück und legte die Wange gegen die eiskalte Fensterscheibe.

„Du wunderbarer Fabricius!" flüsterte sie.

Kohlschwarz breitete sich der Park unten vor den Fenstern aus. Der Himmel war voll von leise schimmernden Sternen.

Und dann stand er plötzlich in der Türöffnung mit leicht gesenktem Haupt.

Er sprach mit ihr. Er fragte sie lächelnd nach diesem und jenem und wiederholte seine Fragen.

12*

Sie sah, daß sich die Lippen bewegten. Sie hörte, daß er sprach, erfaßte aber den Sinn der Worte nicht.

„Mademoiselle Chrysanthème!" sagte er und forderte sie mit einer Handbewegung auf, auf dem feuervergoldeten Rokoko-Kanapee unter dem Fenster an seiner Seite Platz zu nehmen.

„Ja, das Leben ist lauter Gesang und Tanz für so ein kleines Mädchen!" rief er aus.

Er saß vornübergebeugt da, die Arme auf die Kniee gestützt. Er wand unter den Spitzenmanschetten die schmalen Hände, als wolle er sie abtrocknen.

Sie fühlte instinktmäßig, daß er die Stimme dämpfte, als fürchte er, sie einzuschüchtern.

„Das Leben ist nicht immer so leicht, nicht für mich! Ich finde, das Leben ist schwer zu leben."

„So?" fragte er interessiert.

Er runzelte die Brauen, sah aber nicht auf. In die brausenden Spitzen seines Jabots waren ununterbrochen Rosengirlanden mit ausgenähtem Grund eingestreut.

„Das Leben ist völlig unüberkommlich!" entfuhr es ihr. „Es ist, als tappe man in Jber Finsternis und zöge an einer Kette, um die Stelle zu finden, wo der Ausgang ist. Man kann nicht. Das Ganze geht in einem ewigen, trübseligen, rätselhaften Ring."

„Von der fröhlichen Chinesin ist jetzt ja nichts mehr übrig als das goldgelbe Gewand, die blauen Buketts und der kleine, hackende Vogel," sagte er ermunternd, als wolle er ein betrübtes, unvernünftiges Kind trösten. „Aber um so größer ist die Freude für den, der imstande ist, eine so niedergeschlagene junge Prinzessin davon zu überzeugen, daß das Leben wirklich viel Glück in sich birgt. Um so größer ist die Ehre für den, der sie der Herrlichkeit der Erde entgegenführt und ihr die Augen für die Melodien des Lebens erschließt."

Sie hatte sich erhoben und sah ihm lachend in das Gesicht. Es zitterte neckisch um ihren Mund. Die grauen Augen wurden schwarz.

Wunderschöne Augen hatte sie! Und wie der Kopf angewachsen war. Und der gerade, schlanke Rücken hinter der strammen Seide! Der Hals breitete sich blendend weiß, stark pulsierend zu beiden Seiten unter dem gelben Bund des Gewandes aus.

„Lassen Sie mich vorüber," bat sie, als er mit neckischem konventionellem Widerstand die Türöffnung versperrte.

Er schüttelte nur abwehrend den Kopf.

„Lassen Sie mich vorüber!" wiederholte sie halb empört, halb erschrocken.

Er rührte sich nicht.

„Ich will hinaus. Ich will in den Saal und tanzen!" rief sie, durch seinen beharrlichen Widerstand erregt, aus.

Ohne eigentlich zu wissen, was sie tat, lief sie gegen ihn an, um sich mit Gewalt den Weg zu bahnen.

Sie sah ihn dabei an. — — — Sie hielt inne, sank in die Kniee. — Einer jeden ihrer Bewegungen entfuhr ein leiser, klagender Seidenlaut.

Er hob sie fürsorglich aus der zusammengesunkenen Stellung auf. Ihre Hände behielt er in den seinen.

„Montag kommen Sie ja mit Hofjägermeisters zu uns nach Meilgaard zum Diner. Dann ladet meine Großmutter, die Geheimrätin, Sie ein, zu uns zu kommen, wenn Sie von Rygensholm fortgehen. Sie müssen Ja sagen, Fräulein Blaase, Sie müssen zu uns kommen, ehe Sie nach Hause reisen. Versprechen Sie mir das!"

Er sprach eindringlich, ernsthaft.

„Ja!" flüsterte sie tonlos. Die Augen waren geschlossen. Das Gesicht schimmerte weiß in dem Lampenschein. Da auf einmal fing es an, um den Mund zu zucken, hinter den Wimpern zu zittern. „Es ist ja, als sollte ich mich für Zeit und Ewigkeit verschreiben!" rief sie halb lachend, halb weinend aus.

„Verzeihen Sie mir! Ich sehe, ich habe Sie erschreckt," sagte er und gab ihre Hände frei.

Die Musik im Tanzsaal war, ohne daß sie es gehört hatten, verstummt.

„Zum Souper! Zum Souper!" rief man.

Der Kammerjunker kam hereingeschlendert.

„Der Herr Gutsbesitzer im Tete-a-tete!" rief er aus. „Ein kleines Idyll! Ich ziehe mich zurück!"

„Du bist betrunken, Rosenwinge!" sagte Fabricius.

„Ja, das weiß Gott!" räumte der Kammerjunker näselnd ein.

Aus dem Eßzimmer, das in eine Hölle verwandelt war, hörte man einen immer wachsenden Lärm.

Die Gesellschaft begab sich zu Tische mit einem Standal, der der Mächte der Finsternis würdig war.

V.

Es war, als wolle der Regen nie wieder aufhören.

Einmal an einem dämmernden Morgen hatte er angefangen, in heftigen, kurzen, trommelnden Schauern zu fallen. Er nahm zu an Kraft, je mehr die Nacht dem Licht wich, bis er um Mittag in einem feinen Schleier über dem Herrenhaus, den Wirtschaftsgebäuden und dem Garten von Meilgaard lag.

Es wehte nicht. Da war auch nicht die geringste Bewegung in der Luft zu spüren. Es regnete nur, und zwar ohne Aufenthalt. Es nahm kein Ende.

Die kupfergrünen Türme des Herrenhauses streckten zierlich die feinen Spitzen durch den Nebel.

Sah man über die Treibhäuser hinweg nach dem „Pavillon", so verschwammen Himmel und Erde ineinander: eine graue Linie, die in die Ewigkeit überging.

Die Thujas in steifen Gruppen unten auf dem Rasenplatz hart an dem gewundenen Lauf des Kanals glänzten kohlschwarz vor Nässe.

Rosen mit Regen in den Kelchblättern rahmten in langen Beeten die Gänge des Gartens mit duftenden Mauern ein, die unter dem schweren Fall der Tropfen rot und gelb herabzuflattern begannen.

Der herbstlich bunte Wein des Mauerspaliers am Pavillon fiel auf den Erdboden und auf die kleinen, niedrigen Rokokobänke, die ganz verschwanden unter dem weichen, rotgoldigen Blätterteppich.

Ganz oben an der schwarzgetäfelten Marmortreppe des weißen Hauptgebäudes duftete es stark nach Reseden. Dieser Duft erfüllte die Luft des Gartens überall. Es wurde nur oben an der Terrasse durchdringender und deutlicher.

Und der Regen strömte auf den mit Hypotheken belasteten Hof herab, an dem die Fabriciusse seit Jahrhunderten gezehrt hatten. Hier wohnte der letzte des Geschlechts, Herr Treben. Hier hielt er Hof.

Der Boden war längst verpachtet. Herr Treben hatte sich nie mit der Bewirtschaftung des Gutes befaßt. Er war nur mit seiner Musik und seinem Vergnügen beschäftigt.

„Süßling! Kleiner Süßling!" rief die Gesellschafterin, Fräulein Hagenstedt, die in der offenen Gartentür stand.

Sie lockte und tat lieblich, um den russischen Mops der Geheimkonferenzrätin zu bewegen, die Terrasse zu verlassen und in den Gartensaal zu kommen.

„Süßling erkältet sich draußen im Regen, in all den nassen Blättern. Komm! Komm! Komm! Sei ein lieber süßer Schatz!"

Süßling schielte heimtückisch zu ihr hinüber, rührte sich aber nicht. Der „Schatz" lahmte am rechten Vorderbein, weshalb sein Gang schwerfällig und watschelnd war. Sein gestutzter Schwanz war von Natur reichlich mit unbehaarten Warzen ausgestattet. Der Mops verbreitete einen strengen Geruch, was indessen seinen Reiz für seine demütige Bewunderin nicht verringerte.

„Ja, dann bekommt der Schatz seinen bösen, abscheulichen Husten, und dann muß er am Ende gar sterben. Er weiß ja, was der Doktor von ihm gesagt hat, als er das letzte Mal krank war. Aber der Schatz will seinen bösen Husten ja nicht haben. Er kann es nicht übers Herz bringen zu sterben. Denn er weiß, daß wir dann alle weinen würden. — — Bei Gott im hohen Himmel! Er rührt sich nicht vom Fleck!"

rief das Fräulein aus. Sie griff nach dem Klingelzug, der aus bunten Glasperlen genäht war. Und der Diener Herr Hansen kam herein.

Hansen bekam sofort einen Anfall von ehrerbietig-bienernder Verwunderung über Süßlings Klugheit und mußte dann die Tadellosigkeit seiner ausgeschnittenen Schuhe opfern und einen Sprung auf die Terrasse wagen. Er rächte sich dadurch, daß er den Hausgott in den Schwanz kniff. Der Hausgott fuhr wütend auf ihn ein, er drehte die Augen im Kopf und versuchte, mit seinen elenden Zahnstummeln durch die weißen Handschuhe zu beißen. Bellen oder blaffen tat er nicht. Kein Mensch erinnerte sich je einen anderen Laut von ihm gehört zu haben als das verbissene, wütende Knurren, womit er sich über sein aus Sahnebonbons bestehendes Dessert zu stürzen pflegte.

„Du mußt nicht böse sein, kleiner Zuckerhund! Das ist nicht gut für dich!"

Fräulein Hagenstedt setzte sich auf einen niedrigen Stuhl und rief und lockte das Tier. Sie hatte eine sanfte Stimme, eine weiche Figur und eine winzig kleine Nase zwischen Hängebacken, die wie Rosen glühten.

„Ei, so komm, komm in dein Lusthaus, denn das willst du ja doch nur." Zierlich hob sie das Kleid in die Höhe und ließ den Hund darunterschlüpfen.

Süßlings „Lusthaus" befand sich unter den warmen Röcken der Gesellschaftsdame Hagenstedt.

„Jetzt sitzt er gut!" rief Hansen aus.

„Und warm, mein Schatz. Man kann nichts dazu sagen, daß er die Wärme liebt, so von Gicht geplagt, wie er ist. Er soll bis zu Tisch sitzen bleiben. Es wird wohl bald gegessen."

„Es wird gleich geschellt."

„Wenn die Gesellschaft doch nur aus den Treibhäusern zurückkommen wollte. Der Herr hat den Damen Blumen für das Haar versprochen."

Hansen verschwand. Die alte Geheimkonferenzrätin kam mit der Masseuse Ringholm aus dem blauen Kabinett, wo sie jeden Tag vor Tische einige geheimnisvolle Strapazen vollführten.

„Das linke Bein nehmen wir heute nachmittag vor," sagte die Masseuse. „Dann bekommt der Arm noch eine tüchtige Behandlung, und wir machen den Beschluß mit Frau Geheimrätins gewöhnlicher Rückenbiegung."

Die Ringholm ließ die Hände im Takt in der Luft massieren. Die Daumen waren im Laufe der Zeit durch die Arbeit entwickelter und breiter geworden, als schön und natürlich war.

„Dann muß der Hund jetzt wohl mit Kampfer eingerieben werden. Wo ist der kleine Hund?"

Süßling fauchte wie ein Rasender unter den Röcken.

„Sei nur ruhig! Sie können dich nicht kriegen," flüsterte Fräulein

Hagenstedt und richtete sich auf, bereit, den täglichen Kampf aufzunehmen.

„Der Schatz sitzt in seinem Lusthaus. Das Lusthaus ist nun einmal seine kleine Freistätte."

„Warten Sie bis heute abend, oder überschlagen Sie heute einmal. Der Kampfergeruch ist abscheulich. Soll das arme Wurm durchaus eingerieben werden, so schieben Sie es noch ein wenig hinaus. Jetzt schellt es! Und wo ist die Jugend?" fragte die Geheimrätin.

„Der Herr denkt nicht an das Diner! Er ist so eifrig beschäftigt, die Damen zu schmücken," sagte Fräulein Hagenstedt. Zwei Zornes=Rosen stiegen in die Wangen und vermischten sich mit den Rosen der Krankheit.

„Regen Sie sich nur nicht auf, meine Liebe! Die Jugend muß ein wenig Kurzweil haben."

Die Geheimrätin duldete nicht die leiseste Kritik, wo es sich um den Enkel handelte.

Die Gnädige war eine schöne, alte Dame mit falschen kohlschwarzen Hängelocken, die das feine Gesicht, das infolge von Massage und Pflege keine einzige Falte hatte, im Kranz umgaben. Die Nase wölbte sich mit hochadeliger Biegung. Der Mund war ein wenig scharf in den Linien geworden. Das Kinn war aber noch so schön wie gemeißelt.

Die Gnädige trug ein festgeknöpftes, strammsitzendes Seidendamast= kleid. Dazu weiße Strümpfe mit schwierigem Strickmuster und Schuhe mit hohen Absätzen und silbernen Spangen. An beiden Daumen saßen Diamantringe mit großen Steinen.

„Hansen muß hingehen und die Jugend suchen. Die Jugend ist am Ende nach der Aussicht gegangen."

Auf der Aussicht war keine Jugend. Nur eine Schar schreiender Krähen.

Hansen kam mit nassen Füßen und unverrichteter Sache zurück.

„Dann ist die Jugend noch in den Treibhäusern! Hansen muß noch einmal schellen. Aber stark! freilich ist es langweilig, sehr langweilig, am unangenehmsten aber ist es für die Gesellschaft selbst. Wenn die Jugend die Essenszeit nicht inne hält, muß sie die Potage kalt verzehren."

„Der Herr erzählt, Frau Geheimrätin wollen Fräulein Blaase bitten, hierher zu kommen, wenn sie von Rygensholm fortgeht. Aber das ist wohl nur Scherz? Das kann doch Frau Geheimrätins Absicht nicht sein?"

„Warum nicht? Natürlich bitte ich das niedliche Mädchen. Die Mutter, die Schauspielerin ist eine geborene Lerche, wie Sie sich wohl erinnern. Mit der Großmutter der Kleinen habe ich seinerzeit viel Kurz= weil getrieben. Und ich liebe nun einmal die Jugend! Die Jugend bringt Leben!"

„Ja, weiß Gott!"

„Viel Leben, Fräulein Hagenstedt."

„Jetzt sind sie da!" meldete die Masseuse und sprang mit einem gymnastischen Sprung von ihrem Platz am Fenster. „Hansen, Hansen, den Schal und Regenschirm der Frau Geheimrat! Die Frau Geheimrat geht auf die Terrasse hinaus."

„Und Fräulein Hagenstedt will nicht mit?"

Die Gesellschafterin sah mit vorwurfsvollen, wehmütigen Augen auf.

„Ich kann mich nicht vom Fleck rühren! Der Schatz sitzt ja unter meinen Röcken."

Das war ein Lachen und Winken von der Gesellschaft her, sie kamen von den Treibhäusern herübergelaufen, die Köpfe vor dem Regen gebeugt.

„Nein, wie herrlich es hier nach Reseda duftet!" rief Ida Sofie aus und blieb vor einem der Beete stehen.

Fabricius war sogleich neben ihr.

„Da stehen Sie und schlagen mit den Armen wie ein ausgelassener Vogel mit den Flügeln. Sie sollen Reseda haben."

„Die Jugend erkältet sich!" rief die Geheimrätin warnend von der Terrasse herunter.

Fabricius pflückte und pflückte die duftenden Stengel.

Die andern waren die Treppe ganz hinaufgekommen. Unter Lachen und Kreischen schlugen die Damen den Regen von den Garnierungen der seidenen Kleider.

„Da!" flüsterte Fabricius und reichte Ida Sofie die Blumen, während er sie unverwandt betrachtete.

„Danke!" sagte sie und sah auf.

Sie lächelten beide. Es war, als kämen sie einander in diesem Augenblick so nahe.

Mercedes stand oben auf der Terrasse. Sie beobachtete sie die ganze Zeit. Dann beugte sie sich plötzlich herab und küßte die Geheimrätin auf die Wange.

„Ja, ja, mein Kind!" sagte die Gnädige milde.

„Die Potage! Die Potage!" rief sie laut.

Ida Sofie lief an die Treppe. Es tropfte schwer von den Zweigen. Der Regen legte sich wie klare Perlen über den Hals.

Fabricius schlenderte mit auffallender Langsamkeit hinter ihr drein. Als er in den halbdunklen Gartensaal kam, öffnete Hansen die Flügeltüren nach dem Eßzimmer. Der Kronleuchter an der Decke war angezündet. Der lange, blumengeschmückte Tisch strahlte von Silber und Kristall.

Süßling kam aus seinem warmen Luithaus herausgekrabbelt. Er schielte mißtrauisch die Gesellschaft an, die ihn mit Jubel empfing.

„Fort mit dem Köter!" sagte Fabricius.

„Herr Fabricius müssen nicht so hart mit dem Schatz reden," sagte die Hagenstedt beleidigt. „Wenn die Herrschaften Süßling nicht leiden mögen, so geht Süßling lieber seiner Wege. Er mag niemandem lästig sein."

„Necke ihn nicht, das arme Wurm, er ist sehr bissig!" sagte die Geheimrätin und stellte sich an die Spitze der langen Reihe von Paaren, auf der gichtschwachen Seite von Hansen unterstützt. „Er hat schon von vornherein genug gegen die Jugend. Die Sache ist die, daß Fräulein Hagenstedt ihn durch zu viel Wärme verwöhnt. Er begnügt sich nicht mehr ins Lusthaus zu gehen, wenn da nur weiße Röcke sind, er verlangt wollene Unterröcke."

VI.

Spät am Abend saßen Mercedes und Ida Sofie allein zusammen im Wohnzimmer auf Rygensholm.

Lachen, muntere Reden, Gutenachtrufen klangen immer schwächer die Treppe draußen hinauf. Schließlich verlor sich das Lärmen in den Fremdenzimmern oben.

Fußtritte durch das Zimmer, das Geräusch eines Fensters, das geschlossen wird. Das Scharren eines Stuhles — —

Dann wurde alles still.

Der Flügel stand offen, die Lichter waren angezündet. Auf dem Tische standen leere Weingläser, leere Karaffen und Obstschalen. Man hatte, nachdem man aus Meilgaard zurückgekommen war, gespielt und gesungen. Niemand hatte Lust gehabt, aufzubrechen. Es war spät geworden, ehe man sich zurückzog.

Die Bornholmer-Uhr im Wintergarten sandte drei tiefe, dröhnende Schläge aus.

„Jetzt müssen wir aber sehen, daß wir zur Ruhe kommen!" Entschlossen legte Mercedes die Zigarette hin.

„Ich kann doch nicht schlafen. Ich bin gar nicht zum Zubettgehen aufgelegt. Denke dir, ich könnte die ganze Nacht hindurch tanzen!"

„Ich bin todmüde. Gott weiß, wie ich morgen zur Jagd ausgeschlafen haben soll."

Mercedes lehnte sich in den Stuhl zurück. Sie legte den Kopf hinten über und schloß die Augen.

„Du hast den ganzen Tag so angegriffen ausgesehen," sagte Ida Sofie. „Ich habe es schon bei Tische bemerkt."

„War Fabricius lebhaft?"

„Ja; er ist ein vorzüglicher Gesellschafter."

Ida Sofie fühlte, daß sie errötete. Gott sei Dank, daß Mercedes die Augen geschlossen hatte.

„Hast du ihn schon früher, vor dem Karneval getroffen?"

„Nein!"

„Er geht auch eigentlich jetzt erst so recht aus sich heraus. Nach Beate Orholms Tode lebte er ganz still. Er hat sich das sehr zu Herzen genommen. — Es war auch ganz sonderbar, daß sie so kurz vor der

Hochzeit sterben mußte. Ja, jetzt ist er wohl darüber hinweg. Er holt wenigstens nach, was er in den stillen Jahren versäumt hat!"

Mercedes erhob sich. Sie setzte Gläser und Teller zusammen, löschte die Lichter aus und schloß langsam den Flügel.

„Ich will nur noch zu Vater hinein."

Aber sie setzte sich wieder hin und blieb sitzen. Sie spielte mit dem Fuß, barg ihn im Teppich, streckte ihn aus. Der rosettenbesetzte Lackschuh glänzte im Lampenschein.

„Du hast dich wohl sehr gut amüsiert, Ida Sofie?" sagte sie plötzlich.
Sie fuhr fort, mit dem Fuß zu spielen, ohne aufzusehen.
„Wundervoll!"
„Wie gefällt dir Meilgaard eigentlich?"
„Es ist wunderschön! Wie ein Paradies!"
„Nimmst du die Einladung der Geheimrätin an?"
„Ich denke!"

Mercedes sandte einen blitzschnellen, forschenden Seitenblick zu Ida Sofie hinüber.

Sie saß da und sah mit einer Welt voll lächelnder Unruhe im Blick vor sich hin. Die Hände waren über dem einen Knie gefaltet. Der Hals stieg und sank unter dem Brustausschnitt des hellen Kleides.

„Es wird gewiß amüsant werden. Es sind immer so viele Gäste auf Meilgaard, jetzt zur Jagdzeit. Und Fabricius sprach ja davon, daß er dir beim Einüben einer Rolle behilflich sein wolle."

„Ja, denke nur, wie hübsch von ihm! Wenn wir fertig sind, gehe ich zum Theater und lege eine Probe ab. Ich soll die Titelrolle in Frou-Frou spielen. Er hat das Stück kürzlich in Paris gesehen."

„Gute Nacht!" sagte Mercedes ruhig.

„Dirne!" rief sie, als die Tür sich hinter Ida Sofie geschlossen hatte.

Sie erhob sich und begann, unruhig im Zimmer auf und nieder zu gehen.

Sie gab Fabricius nicht frei. Sie wollte ihn nicht verlieren. Großer Gott, sie hatte ihn immer geliebt. Seit Beate Oxholms Tod — und schon vorher.

Und jetzt waren sie im Grunde verlobt, obwohl das letzte, entscheidende Wort nicht gesprochen war. Sie waren durch schweigendes Übereinkommen gebunden.

Die Geheimrätin hatte mehrmals geradezu darauf angespielt.

Und die Leute in der Gegend wußten, daß sie und Fabricius ein Paar werden würden. Es war kein Wunder, daß über sie geredet wurde. Er war ja fast jeden Tag auf Rygensholm. Er ging dort aus und ein, als sei er zu Hause.

Wenn Ida Sofie noch nichts wußte, würde sie es bald erfahren.

Fabricius dachte sich nichts bei seiner Huldigung. Er war aufmerksam gegen sie, weil sie so gut aussah.

Ida Sofie war hübsch.

Aber das war sie, Mercedes, auch. Und dann hatte sie Geld.

Fabricius war verschuldet. Sie war die Erbin von Agensholm. Ihn verlieren! Wie hatte sie das nur denken können!

Aber diese übereilte Einladung!

Großer Gott, wie erregt sie heute abend war. Es läutete und klingelte ihr in den Ohren. Das Blut prickelte ihr in den Fingerspitzen.

Sie setzte sich an den Tisch, schob die Gläser zur Seite und stützte die Stirn in die Hände.

Sie wollte Fabricius nicht verlieren! Sie wollte alles daran setzen, ihn zu behalten. Der harte Kampf schreckte sie nicht ab.

Jetzt lächelte sie. Es war ja im Grunde die natürlichste Sache von der Welt, daß sie Ida Sofie drüben auf Meilgaard Aufmerksamkeit erwiesen.

Sie war ja ihre beste Freundin.

Wenn Fabricius sich eingehender mit Ida Sofie beschäftigte, so hatte sie sich das selber zu verdanken. Am Tage vor dem Karneval, als er auf Agensholm frühstückte, hatte sie ihm so viel von Blaases erzählt.

Und es lag in seiner Natur, zu geben, zu helfen, zu erfreuen.

Mercedes ging, eine Melodie summend, hinauf.

Ida Sofie aber saß die ganze Nacht wach in dem großen, tiefen Giebelfenster, das nach dem Wäldchen hinaus lag.

Die bleiche Ampel in der Fenstervertiefung brannte einen leuchtend roten Fleck in das dunkle Gesträuch.

Und sie fühlte die ganze Zeit hindurch seinen Blick. Sie hörte fortwährend den verborgenen Klang, der in seiner Stimme gelegen hatte.

Es war, als ständen sie wieder allein zusammen in dem regenschweren Garten.

Ihre Hand glitt über das Fensterbrett. Da lag ein Brief. Sie sah sofort, daß er von Hause war. Sie erbrach ihn und las ihn bei dem schwachen Lampenlicht.

Die eine Seite war mit der flotten Geschäftshand des Vaters geschrieben. Die übrigen mit Schwester Ellens steiler Schrift.

Jeder Tüttel war Ernst, jede Linie erdrückend. Der ganze Brief hoffnungslos.

Ida Sofie las, ohne zu lesen. Der Sinn des Briefes blieb ihr dunkel.

Sein Blick war eine Liebkosung gewesen — — —

Sie verbrannte den Brief über der Lampe und zerschnitt damit, wie sie meinte, das Band, das sie von dem Glück zurückhielt.

Seine Stimme hatte Verheißungen auf alle Wonnen der Erde in sich geschlossen — —

Wie wohl das Wetter jetzt sein mochte?

Sie öffnete das Fenster ein wenig und streckte den entblößten Arm hinaus.

Er war betaut von dichten kleinen Tropfen.

Es regnete noch.

VII.

„Hansen, zünden Sie hier im Gartensaal an!" rief Fabricius in den Gang hinaus.

Hansen erschien, fast ehe sein Name genannt war. Eine brennende Wachskerze in der Hand, tauchte er als blitzendes Irrlicht am Ende des breiten Korridors auf.

„Alle Lichter!" sagte Fabricius fieberhaft erregt.

Er zündete selber mit ungeduldiger Hast ein Streichholz nach dem andern an, um die Lampen an den beiden Spiegelkonsolen zu beiden Seiten der Haupttür anzustecken.

Die blauen, mit Silber eingelegten, emaillierten Lampen trugen dunkel= gelbe Schirme. Sie warfen einen weichen Schimmer über die großen Ge= mälde. Sie streiften die krepprote Atlaschaiselongue der Geheimrätin und erhellten den schwarzen Marmortisch mit den goldenen Posaunenengeln unter der Kristallkrone.

Fabricius öffnete seinen Violinkasten und nahm die Cremoneser Geige mit vorsichtigen, liebkosenden Bewegungen heraus.

„Sie können gehen! Ich werde die ganze Nacht spielen!" sagte er zu Hansen, der an der Tür stehen geblieben war.

In dem Zimmer über dem Saal schlief die Geheimrätin fest nach dem Souper.

Fräulein Hagenstedt saß oben in dem Zimmer der Masseuse. Die beiden Damen hatten angefangen, die Abende zusammen zu verbringen, jetzt, wo die Tage so kurz waren. Sie vertrieben sich die Zeit mit einem Whist zu zweien und einem gemütlichen kleinen Grog.

„Grand!"

„Ich passe!"

Fräulein Ringholm nahm die Stiche ein. Sie lehnte sich in den Stuhl zurück, streckte die Beine von sich und drehte die Daumen schnell umeinander.

„Worüber sprachen wir doch eben noch? Ach so, über den Herrn und Fräulein Blaase. Das wird mit jedem Tage ärger."

„Ja, es ist eine schlimme Geschichte. Die kann nur mit einem Skandal enden. Und die Gnädige ist blind. Sie geht mit geschlossenen

Augen einher. Bei Gott im hohen Himmel, sie wird in letzter Zeit so stumpf."

Fräulein Hagenstedt trank einen Schluck Grog.

„Glauben Sie, daß sie sich küssen, Fräulein Ringholm?" fragte sie flüsternd.

Die Daumen der Masseuse drehten sich nicht, sie wirbelten umeinander.

„Meine Liebe, man soll nichts verschwören. Heut morgen bin ich den beiden unten im Garten splitterallein begegnet wie Adam und Eva, den einen Gang hinauf, den andern hinunter, bei der verdeckten Stelle der Pappelwiese. Er redete auf sie ein. Sie hielt sich mehr passiv und schwieg baumstill. Sie kennen ihn ja, wenn er geistreich sein will und mit seinen großen Mannsarmen um sich schlägt. Fräulein Hagenstedt, ich lüge nicht, wenn ich sage, so sah er sie an, und dabei mit Augen!"

„Wie so?"

„So!"

„Herr du meines Lebens! Ja, dann hab' ich nichts gesagt!"

Fräulein Hagenstedt tauchte einen Bausch Watte in eine Unterschale mit Kartoffelmehl und puderte damit ihre Wangen. Der starke Herbstwind und der Toddy der letzten Abende hatten die Krankheit in dem fetten Gesicht aufflammen lassen.

„Ja, was für Zeiten!" seufzte sie. „Es ist, weiß Gott, unmoralischer denn je. Die unehelichen Kinder überschwemmen die ganze Welt."

Fräulein Ringholm nickte und gab von neuem Karten. Dann stießen sie mit den Gläsern an und tranken.

„Gott mag wissen, ob es dann was wird mit dem Herrn und dem Fräulein auf Rygensholm?"

Die Masseuse dämpfte unwillkürlich die Stimme.

„Ja, wenn er sich nur zusammennehmen wollte. Aber das kann er nicht, der Mensch. Er muß hinter den Mädchen herlaufen. Jetzt ist er in die kleine Blaase vergafft. Und ehe sie kam, tat er nichts als auf der braunen Stute nach Rygensholm hinüberreiten. Er ist wohl heimlich mit dem Fräulein verlobt. Er sollte sich aber doch in acht nehmen. Sie könnte ihm leicht aus den Fingern gleiten. Der Hofjägermeister kann ihn nicht leiden. Ich bitte den lieben Gott, daß sie sich doch kriegen möchten. Sonst endet es noch damit, daß er die Gnädige mit seinen Exzessen ganz ruiniert, so daß wir von Haus und Hof müssen."

„Man muß ja hoffen, daß das Fräulein da drüben ihn zu halten versteht. Unbegreiflich, wie sie in diesen Don Juan verliebt ist! Und was für eine Stimme sie hat, — wie?"

„Ja, bei Gott! Wenn sie anfängt zu singen, vergesse ich, wer ich bin."

„Sie müssen ausspielen!"

„Ach ja!"

Das Spiel ging eine Weile schweigend seinen Gang. Dann begannen sie wieder zu klatschen.

Um elf Uhr waren sie fertig, und dann begaben sie sich zusammen in das Fremdenzimmer nebenan zu Ida Sofie.

Sie saß am Fenster. Das Zimmer war dunkel. Sie sahen das Gesicht nicht, nur den bleichen Nacken und das Haar, das im Schein der offenen Tür, in der sie standen, von Lichttropfen schimmerte.

„Haben Sie noch irgend einen Wunsch? Wollen Sie auch noch Wasser haben? Wie können Sie nur so im Dunkeln dasitzen und Grillen fangen?"

„Ich habe ein wenig Kopfschmerzen, es hat nichts auf sich."

Die beiden Damen in der Türöffnung stießen sich an. Sie glaubten beide, an der Stimme hören zu können, daß sie geweint haben mußte.

„Nehmen Sie irgend ein Pulver und versuchen Sie, ob es nicht hilft, wenn Sie das Fenster öffnen."

Sie sagten Gute Nacht und schickten sich an zu gehen.

„Na, da haben wir ja das Konzert!" rief Fräulein Hagenstedt aus, als die zarten Töne einer leisen Musik plötzlich durch die Luft zitterten.

„Liebes Fräulein Ringholm, wie es ihm ähnlich sieht, so zu nachtschlafender Zeit zu spielen!"

„Aber schön ist es doch wohl eigentlich," flüsterte die Masseuse schmachtend, ohne jedoch die lichte Mädchengestalt am Fenster aus den Augen zu lassen.

„Kommen Sie, Fräulein Hagenstedt! Frau Geheimrat hat geschellt. Ich habe es ganz deutlich gehört."

„Dann wollen wir nur machen, daß wir fortkommen. Entweder kann die Gnädige selber oder Süßling sich nicht umkehren. Herzenskind! Sie dürfen nicht länger aufsitzen!"

Endlich schlossen sie die Tür und schlichen über den Gang zurück.

Ida Sofie blieb am Fenster sitzen. Die Musik aus dem Gartensaal tönte fort. Es war, als würde das Locken der Melodie in der Dunkelheit lebendig. Sie fühlte es als etwas, das man greifen und festhalten konnte. Das schöne Instrument seufzte vor Sehnsucht.

Ein wenig schwindelig erhob sie sich, suchte nach dem Verveine-Flacon und zündete die Lichter vor dem Mahagonispiegel an. Dann warf sie sich in den Lehnstuhl am Fenster und badete ihre Schläfen.

Der Schwindel nahm aber zu. Das Herz hämmerte.

Sie riß das Fenster auf, legte den Kopf auf die Arme und lauschte mit geschlossenen Augen dem lockenden Spiel.

Von Duft gesättigt strich die Nachtluft in das Zimmer. Draußen im Garten raschelten die Blätter. — — —

Keine Sekunde schwieg die Violine.

Sie rief bald laut, bald gedämpft. Sie rief ein Echo in jedem Winkel des großen Zimmers, überall in dem großen Hause wach.

Es war so still, daß ein knirschendes Knacken in dem wurmstichigen Holzwerk den Eindruck eines starken Geräusches machte.

„Fabricius!" flüsterte sie. „Ich liebe dich. Es gibt so wenig Freude hier im Leben. Ich bin noch so jung. — — — Ich bin noch so jung, Fabricius. — — Ich liebe dich."

„Ach Gott!" rief sie im selben Augenblick ganz entsetzt aus. Sie hatte das Verveine-Flacon umgestoßen. Es fiel an die Erde und zerbrach.

Dann war da jemand, der mit leisen, schleichenden Bewegungen an der Tür nach dem Gange rührte.

„Wer ist da?" fragte sie ängstlich.

„Was machen Sie nur einmal, Kind?" rief die Stimme der Masseuse durch das Schlüsselloch. „Was machen Sie nur einmal? Es ist schon spät!"

„Ich habe Ihren Rat befolgt und das Fenster geöffnet. Jetzt schließe ich es wieder."

„Hu, wie Sie frieren müssen!" sagte die Masseuse schaudernd und trottelte wieder in ihr Zimmer zurück.

Einen Augenblick später fing das Bett an, unter dem knochigen Korpus der Dame zu ächzen und zu stöhnen.

Ida Sofie blieb ganz still mitten im Zimmer stehen; sie wagte kaum zu atmen.

Als Fräulein Ringholm endlich angefangen hatte zu schnarchen, schlich sie leise an den Spiegel. Sie blies in den Florbesatz des Kleides und heftete ihren feinsten Schmuck, eine kleine Diamantschleife auf die Brust. Mit einem nervösen Lächeln fuhr sie [mit der Puderquaste über Arme und Hände.

Im Spiegel sah sie, daß sie leichenblaß war.

Sie löschte die Lichter auf der Konsole aus. Das Stearin tropfte ihr an den Fingern herab. Sie merkte es nicht. Sie folgte mit dem Blick den roten, qualmenden Dochten. Wenn der letzte erlosch, wollte sie gehen.

Sie erloschen einer nach dem andern, ganz langsam. — —

Da schlich sie leise aus dem Zimmer. Die Tür knarrte. Sie blieb stehen und preßte die Hände gegen das Herz, das beinahe zu schlagen aufgehört hatte.

Nebenan fuhr aber Fräulein Ringholm fort zu schnarchen.

Die Treppe lag ganz hinten am Ende des Korridors. Sie mußte an allen Fremdenzimmern vorüber.

Die vorletzte Stufe knarrte. Sie war einer Ohnmacht nahe.

Sie kam unten auf die Diele. Die Rouleaux waren nur halb herabgelassen. Ein schwacher Mondschein lag träumend über dem Hofplatz mit der großen Laterne in der Mitte.

Ein aufgescheuchter Vogel flog aus einem der Bäume vor dem Fenster auf. Er kreiste in der Luft und verschwand.

Es war ihr plötzlich, als käme jemand. Aber es war nur ihr eigenes Kleid, das raschelte.

Sie war so bange geworden, daß sie sich gegen das Fensterbrett stützen mußte, um nicht zu fallen.

Die Violine rief.

Durch die Kabinette und den Gobelinsaal gelangte sie in das Wohnzimmer der Geheimrätin.

Auf dem Piedestal hämmerte die Alabasteruhr unter der Glaskuppel.

Sie streckte tastend den Fuß vor, ehe sie einen Schritt tat. Mit Schaudern malte sie sich das Unglück aus, was daraus entstehen würde, wenn sie einen der schweren, vergoldeten Stühle umwarf.

Die Tür zum Gartensaal war nur angelehnt. Wie eine himmlische Offenbarung sah sie einen dunkelgelben Lichtstreifen von da drinnen herausbringen.

Er saß auf dem Rande des Marmortisches, die Violine in der Hand.

„Fabricius!" rief sie aus.

„Ich wußte, daß du kommen würdest," sagte er und ging ihr lächelnd entgegen.

Bleich wie eine Nachtwandlerin reichte sie ihm beide Hände. Ein unausgesprochenes Flehen um Hülfe auf diesem letzten Teil ihrer langen, gefahrvollen Wanderung.

VIII.

Es war natürlich über alle Maßen traurig, daß ein ganzes Schiff mit Mann und Maus irgendwo an der nördlichen Küste Rußlands untergehen mußte. Sollte aber das Unglück doch einmal geschehen, so konnte es zu keinem günstigeren Zeitpunkt eintreffen als gerade jetzt, mitten in dem langweiligen Herbst, ehe die eigentliche Saison anfing.

Die Spitzen der Kopenhagener Beaumonde bildeten sofort ein Komitee unter dem Protektorat einer königlichen Hoheit.

Eine ganze Woche lang ward in der Stadt von nichts als von der großen musikalischen Soirée geredet, die im Konzertpalast zugunsten der Witwen der Ertrunkenen abgehalten werden sollte. Die besten Kräfte des königlichen Theaters hatten ihre Mitwirkung zugesagt. Fräulein Mercedes Willemoes von Rygensholm würde von der Strandung singen. Der bekannte Violinist, Gutsbesitzer Fabricius, würde für den guten Zweck spielen. Eine Gräfin würde deklamieren. Eine Baronesse wollte einen bisher unbekannten Trauermarsch vortragen. Zwei adlige kleine Mädchen sollten zum Besten der Witwen und Waisen tanzen.

Die Zeitungen sagten, die Soirée würde der Clou der Saison werden. Und das Komitee setzte die Billetts zu schwindelerregenden Preisen an.

Das Wetter war rauh und feucht.

Ida Sofie hatte bei Fabricius in der Amaliegade gefrühstückt, in dem großen weißen Hause am St. Annaplatz, der Winterwohnung der Geheimrätin.

Der Nebel kam ganz plötzlich auf. Dicht und bläulich stand er vor den Fenstern.

„Wollen wir einen Spaziergang machen?"

„Ach ja! Einen ganz langen Spaziergang!"

„Dieser köstliche Nebel wird immer dichter. Das ist so recht etwas für zwei Liebende wie wir."

Sie gingen zusammen ganz über die lange Linie und die Mole bis an den Leuchtturm und wieder nach der Stadt zurück. Sie begegneten nur wenigen Menschen. Und diese wenigen glitten undeutlich im Nebel vorüber.

„Dann mußt du mich also am Donnerstag zum Konzert nicht erwarten," sagte Ida Sofie.

„Das ist das dritte Mal, daß du mir das erzählst. Natürlich mußt du kommen. Ich habe die Billetts so gewählt, daß wir uns die ganze Zeit sehen können. Du sitzest in der ersten Reihe oben in einer der Logen der Bühne gerade gegenüber und du weißt, daß ich nur für dich allein spiele!"

Sie setzten sich auf eine nebelumhüllte Bank oben auf dem alten Kastellwall. Die Krähen schrieen in den schwarzen Bäumen und fielen im Nebel wie dumpfe Klumpen zur Erde.

„Sage mir doch wenigstens den Grund, weshalb du nicht kommen kannst!"

Er sah sie lächelnd an. Das Blut brannte ihr in den Wangen. Sie ritzte nervös den Erdboden mit ihrem Regenschirm. Das Haar perlte von kleinen, klaren Tropfen.

„Nur heraus damit!"

„Mutter ist wieder krank."

„Du hast einen anderen Grund."

„Ich muß doch furchtbar fein zu diesem Konzert sein. Mein Monatsgeld ist verbraucht, ich möchte Vater nicht gern um mehr bitten."

Er nahm ihr Gesicht in beide Hände, lachte und küßte sie auf die kalten Lippen.

„So haben wir noch einen Berührungspunkt durch unsere derangierten Geldangelegenheiten! Du bist natürlich durch deine vielfältigen Jungmädchenbedürfnisse auf den breiten Weg geraten. Jetzt kenne ich dich und diese Bänder, Spitzen, Spangen. Und Blumen kannst du auch nicht entbehren. Aber ich kann dich am Donnerstag nicht entbehren. Natürlich mußt du kommen! Mache mir doch die Freude. Nimm ein kleines Geschenk von mir an. Kaufe dir, was du nötig hast, um wirklich fein zu werden."

„Das geht nicht an, Fabricius. Ich kann es nicht. Bitte mich nicht darum."

Von der Uhr der englischen Kirche ertönten drei schallende Schläge.

„Jetzt muß ich machen, daß ich nach Hause komme, Fabricius. Sonst werde ich vermißt."

Sie gingen durch die Amaliegade. An der Haustür nahmen sie Abschied.

„Morgen sehen wir uns also, Ida Sofie. Komme, wenn es dir paßt. Ich erwarte dich den ganzen Vormittag. Am Morgen nach dem Konzert fahre ich wieder nach Meilgaard. Wir bekommen Einquartierung. Laß uns glücklich sein, solange wir zusammen sein können."

„Und meine Rolle?" fragte sie. „Die vergißt der Herr Regisseur wohl ganz?"

„Das Buch ist bei mir gut aufgehoben."

Sie fingen beide an zu lachen. Weiter als bis zum ersten Akt kamen sie nie.

„Adieu, Fabricius!" Sie reichte ihm die Hand. Mit der anderen nahm sie das Kleid in die Höhe.

Er blieb in der Tür stehen und sah ihr nach, bis der Nebel die schmächtige Gestalt seinen Blicken entzog.

Während Ida Sofie nach Kristianshavn hinausging, durchlebt sie in Gedanken noch einmal das große Glück der letzten Zeit: Sie befand sich im Garten auf Meilgaard, in den laubgedeckten Gängen und den großen Alleen. Der Garten war wie mit ihrer Liebe verschmolzen. Der Garten war ein Paradies auf Erden. Dieser große Friede, diese tiefe Stille, und der Resedenduft, der überall in der Luft lag. — —

In dem Rokokozimmer des Pavillons, von wo das Auge über Seen und große Wälder schweifte, hatte er ihr zum ersten Mal gesagt, daß er sie liebe.

Auf der Anhöhe mit der Steinbank hatte er vor ihr gekniet, hatte er seinen Kopf in ihren Schoß gelegt.

Die Luft war schwer, von Regen gesättigt. Auf der Rücklehne der Bank saß ein Vogel und sah ihnen mit freundlichen Augen zu.'

Ida Sofie legte Hut und Mantel ab und ging in die Wohnstube.

„Ich glaubte, du wärest auf dem Kontor," rief sie aus, als sie ihren Vater in der Tür sah, eine Zeitung in der Hand.

„Nein, mein Kind, hier bin ich, wie du siehst. Komme ein wenig zu mir in mein Zimmer und leiste mir Gesellschaft. Ich habe dich den ganzen Tag ja kaum gesehen."

„Ich muß wohl zu Mutter hinein."

„Deine Mutter schläft, die Ärmste! Sie hat ja die letzten Nächte kein Auge geschlossen; jetzt hat sie endlich etwas Ruhe gefunden. Daß es auch nie ein klein wenig besser werden will!" seufzte er und ging in sein Zimmer.

Er setzte sich an den Schreibtisch und stützte den Kopf in die Hände.

„Mutter ist ja im Herbst immer krank," sagte Ida Sofie vom Fenster her.

Sobald sie die Worte gesagt hatte, hörte sie den müden, ungeduldigen Klang, der in ihrer Stimme lag. Sie setzte sich auf den Rand des Stuhles, auf dem ihr Vater saß, und schlang die Arme um seinen Hals.

Er nahm ihren Kopf in seine beiden Hände und sah sie halb scherzend, halb inquisitorisch an.

„Und wo hat sich Is denn den ganzen Tag herumgetrieben? Wo ist sie gewesen, wenn man fragen darf? Niemand hat sie gesehen, seit sie heute morgen die Schwestern nach der Schule begleitete. Wir haben vergebens mit dem Frühstück auf sie gewartet."

Ida Sofie lächelte ausweichend, stand auf und trat an das Fenster.

Da unten fing eine Laterne nach der andern an, zu beiden Seiten des Kanals schläfrig durch den Nebel zu schimmern. Ein Omnibus rasselte schwerfällig über die Brücke.

„Ich liebe es übrigens durchaus nicht, dich so viel auf eigene Hand außer Hause zu wissen; ich wünsche es nicht, Ida Sofie! Herr Gott, du bist ja doch erst zwanzig Jahre alt!

Die Sache ist die, daß hier niemand ist, der sich euerer ordentlich annehmen könnte. Oktavie will es ja so gern, aber sie versteht es nur nicht. Ich habe mein Geschäft. — Ihr treibt euch alle fünf ohne Aufsicht herum. —

Wenn ich nur Geld hätte, sollte es schon anders werden. Ihr solltet etwas lernen, so daß eure Zukunft dadurch gesichert wäre. Was kannst du, wenn es darauf ankommt? Ein wenig Sprachen, ein wenig Musik, genau so viel wie die jungen Mädchen in deinem Alter durchschnittlich können. Nein, du solltest mehr sehen, mehr lernen, auf Reisen gehen. Du sagst, du hast Talent zur Schauspielerin. Das mag sein, mein Kind, aber solange ich lebe, kannst du nicht ins Theater. Unter uns gesagt, ich finde, wir haben Unheil genug vom Theater gehabt. Hätte ich nur Geld! Aber wo soll ich es hernehmen? Geld gehört an allen Ecken und Kanten dazu. Ich hab' das Ganze halb satt, diese ewige Unruhe und Geldverlegenheit. Ehe man sich's versieht, ist der Termin vor der Tür."

Er hatte angefangen, rastlos im Zimmer auf und nieder zu gehen. Er gestikulierte eifrig und redete sich allmählich in eine solche Bitterkeit hinein, daß er die Tochter, die mit traurigem Blick beobachtete, fast vergaß.

„Ein Korngeschäft nach dem andern tut sich auf. Wie die Pilze schießen sie hervor. Ich rechne und zähle, mache mich zur Rechenmaschine, setze mein Leben für Spekulationen ein und — es hilft doch alles nicht. Das Vertrauen schwindet, der Kredit nimmt ab. Ich merke das täglich an der Börse. — Ein Verlust über den andern! Überall, wohin man sieht, geht es zurück."

Er blieb am Fenster stehen und sah Ida Sofie an. Ein schwaches Lächeln kämpfte sich Bahn auf seinem Gesicht.

„Und dann hat man eine zwanzigjährige Tochter, eine kleine Mamsell If, die so jung und putzsüchtig ist. Sie liebt alles, was fein ist." Er strich ihr mit zarter Hand über Haar und Wangen. „Und man sagt ja ungern nein, so lange man es nur verantworten zu können glaubt. Das Kleid soll sitzen, und die Jacke und der große Hut, und dann muß das Ganze von Seide rascheln. If kauft ein, ohne an die Folgen zu denken. Sie ist herzensgut und herzensleichtsinnig. Aber die Rechnungen, die schickt sie zwischen zwei und drei auf das Kontor, wenn Papa auf der Börse ist und der Prokurist Greensted das Szepter führt. Sie verdreht Greensted den Kopf mit einem kleinen Lächeln, so daß er die Kasse öffnet und mit geschlossenen Augen bezahlt. Wenn ich an seiner Stelle wäre, ich machte es, weiß Gott, ebenso.

Aber jetzt mußt du sparsam werden, und das müssen wir alle. Denn ich bin müde und alt. Ich bin beinahe verbraucht. If muß acht geben auf das alte häßliche Geld. Nicht extravagant sein!"

Er machte ein paar Wanderungen durch das Zimmer, blieb von neuem vor Ida Sofie stehen, legte die Hand schwer auf ihre Schulter und sah sie mit ernsten Augen an.

„Nun, das alles ist Nebensache. Aber da ist noch etwas, worüber ich mit dir sprechen muß; ich bin vorhin davon abgekommen, als ich dich bat, ein wenig häuslicher zu sein. Schwester Oktavie erzählt mir oft sonderbare Dinge von dir, Dinge, die mir das Herz im Leibe brechen müßten, wenn ich sie glaubte. Aber ich verlasse mich auf dich. Ich weiß, du bist ein wenig unbesonnen, aber ich habe das unerschütterlichste Zutrauen zu dir. Deswegen habe ich dir auch so viel Freiheit gewährt. Ich fürchtete, die Zustände hier im Hause könnten deiner lebensfrohen Natur zu viel werden. Carsten und ich haben gerade neulich darüber gesprochen. Ich weiß, du würdest es nicht übers Herz bringen, mich zu täuschen, der nach seiner besten, armseligen Überzeugung handelt."

Er schwieg plötzlich. Ida Sofie war am Schreibtisch in einen Stuhl gesunken. Sie weinte, die Hände vor dem Gesicht. Sie wußte, daß sie sich weit von ihrem Vater entfernt hatte. Sie hatte die Wahl zwischen ihm und Fabricius getroffen, zwischen den beiden Menschen auf der Welt, die sie am innigsten liebte.

„Du versuchst nicht einmal, dich zu verteidigen. Du kennst meine Heftigkeit und weinst nur. Aber du brauchst mich nicht durch Tränen zu überzeugen. Ich glaube dir ja!"

Er stand über den Stuhl gebeugt, in dem sie saß. Von Zeit zu Zeit strich er ihr über das Haar.

„Nie, auch nicht einen einzigen Augenblick, habe ich Oktaviens Redereien Glauben geschenkt. Frage sie, dann wirst du hören, was ich ihr ant=

wortete. Arme kleine If, höre doch auf mit dem Weinen! Sei wieder fröhlich und denke nicht mehr an diese langweilige Geschichte. Hebe dein Gesicht in die Höhe und sieh mir in die Augen. Sieh, ob da noch der leiseste Zweifel zurückgeblieben ist. Kein Wort will ich hören, nicht ein einziges! Ich verbiete dir, auf die Sache zurückzukommen. — Und jetzt wirst du vernünftig sein, um Vater Freude zu machen, — und ein wenig sparen, — nicht so sehr viel! Zu einer neuen Bluse für das Konzert reicht es noch. Natürlich sollst du hin! Heute abend gehe ich aus und laufe für dich ein. Ich will nicht, daß du dich Donnerstag abend zu genieren brauchst. Schlinge die Arme nicht so fest um meinen Hals! Trockne die Augen!"

(Schluß folgt.)

Emile Combes.

Von

Hans Lindau.
— Berlin. —

> „Die Religionen müssen alle toleriert werden, und muß nur der Fiskal das Auge darauf haben, daß keine der andern Abbruch tue . . ."
> Friedrich der Große.

Emile Combes hat für seine Aufnahme in den Olymp literarisch-geschichtlichen Ruhmes einen mächtigen Fürsprecher.

Anatole France, den das Urteil des Auslandes, der Nachwelt vorgreifend, für den ersten französischen Schriftsteller, den würdigsten Erben Voltaires und Renans, zu halten geneigt ist, Anatole France hat den gesammelten Reden des früheren Ministerpräsidenten mit einer Vorrede das Ehrengeleite gegeben.

Hat er hierdurch auch nicht ihren eigentlichen Wert erhöht, so spielt dies Vorwort doch gleichsam wie eine voraufziehende Musiktruppe dem Leser Mut und Freudigkeit in die Seele. Das Werk führt den Titel „Ein Laienfeldzug" (Une Campagne laïque). Ehe die Gedanken Emile Combes' in Reih und Glied aufmarschieren, schreitet mit klingendem Spiele eine bunter gekleidete Bande voran. Es sind die Einleitungsgedanken von Anatole France.

Gewonnen von dem altvertrauten Wohllaut dieser Klänge zog wohl auch mancher nichtfranzösische Leser mit hinaus, sozusagen als Schlachtenbummler, als Berichterstatter. — Auch ich bin den Klängen gefolgt, und als längst nicht mehr die verlockende Marschmusik mein Ohr bezauberte, als ich fern im Staube der Landstraße dahintrottete, habe ich mich herzlich bemüht, unbefangen das Rechte herauszufinden. An meiner Seite schlich als unentfernbarer Gefährte der Zweifel. Er hieß mich manchen Umweg gehen, er raunte mir beständig böse Dinge zu. Und da erschien mir das Lebenswerk von Emile Combes der tieferen geschichtlichen Besonnenheit zu ermangeln. Wie eine Sphinx mit dem geheimnisvollen Zauberlächeln der Monalisa erblickte ich im Geiste die große Welterzieherin, die christliche Kirche, und auf alle Fragen und Anklagen hatte sie ihr ewiges unerforschliches Lächeln zur Antwort . . .

— Ma vie a son secret, mon âme a son mystère.

Und der Zweifel sprach: In jeder Menschenseele gibt es, da sie einen Mikrokosmos darstellt, auch ein Abbild des Parlaments im kleinen. Du fühlst in dir einen Aufruf zu revolutionärem Fortschritt, zum Sieg über die trägen rückwärtsströmenden Phantasiegebilde, die nur mit der Erfahrung, dem Gewesenen rechnen wollen. Auf deiner Linken klopft das Herz den Takt zur Melodie aller Vorwärts- und Aufwärtsbewegung. Aber hüte dich, wenn der Verstand, statt das Gleichgewicht bei der Bewegung zu sichern, auch ins Rollen kommt! Eine Regierung hat mehr zu tun als auf die leidenschaftliche Schönheit einer zwar menschlich wohlmeinenden, sicherlich aber doch nicht göttlich weisen, sicherlich doch mit Unzulänglichkeit, mit dem Fluch der Unwissenheit behafteten Zukunftsmusik zu horchen. Lauschte Combes nicht allzusehr der Linken? Vielleicht war er scharfsinnig und rechtschaffen, vielleicht energisch und tapfer, aber engen Wesens, nicht für höchste Regierungsarbeit geschaffen . . .

So sprach der Zweifel, und ich sah das geheimnisvolle, unzerstörbare Lächeln im Antlitz der großen, der alles überdauern wollenden Sphinx der Kirche.

Rastlos bin ich weiter gewandert. Die entschiedene Sicherheit und Festigkeit der Parteimeinungen hüben und drüben flößte mir ein geheimes Grauen ein. Ich hatte Gelegenheit, in Frankreich durch Gespräch und Lektüre die verschiedensten Anschauungen kennen zu lernen. Es war mir dabei in meiner Unsicherheit traurig zumute.

Da, eines Morgens, hörte ich eine schöne, mir tief ins Herz bringende alte Weise; sie tauchte in meiner Erinnerung auf wie ein paar vergessene Takte von Beethoven. Ich erkannte ein uraltes Mutmotiv in diesen Tönen, etwas wie die Walkürenformel, die den Helden in längst verflossenen Tagen mahnte und warnte: Entspringe Haftbanden, entlaufe den Feinden! Und mir war, als ob ich wieder zu einem befreundeten Heere gestoßen wäre.

Der wolkenhafte Zweifel wich überlegenen, hellen Mächten der Überzeugung.

Ich erkannte, daß es Mephisto ist, der den Menschen rät, Vernunft und Wissenschaft — die allerbeste Kraft — zu verachten. Ich erkannte, daß es nichts Besseres gibt, als Licht und Klarheit, einen ernsten, unerschütterlichen Willen zur Wahrheit.

Die Lostrennung der Kirche vom Staate erschien mir als etwas moralisch Gerechtfertigtes und politisch Gebotenes. Politisch geboten, weil, wenn die Kirche eine Machtstellung erstrebt, die sich der des Staates gegenüber feindlich verhält und diesen zu unterjochen bestrebt ist, wenn sie nach weltlicher Macht trachtet, es das Recht, ja die Pflicht des Staates ist, sich gegen ihre Eingriffe zu verteidigen; denn der Staat — nicht die Kirche, die sich ein überirdisches Ziel setzt — will doch in erster Linie dem Volke alles erreichbare Gute auf Erden verschaffen. — Es scheint aber auch moralisch gerechtfertigt, nicht eine besondere Kirche, nur weil sie augenblicklich die stärkste ist, vor allen anderen geistigen Vereinigungen aus den Geldmitteln der steuerzahlenden Volksmasse zu stärken. Die Vereinigungen von Protestanten, Juden, Mohammedanern, Philosophen dürften dieselben Ansprüche auf Unterstützung durch den Staat erheben wie die Vertreter der katholischen Kirche.

In Frankreich ist dies durch einen Beschluß der großen Mehrheit der Volksvertreter anerkannt worden — hoffentlich endgültig. Die ungeheuren Summen, die bisher in die Kirchenkassen flossen, werden, im Laufe der Zeit, den Schulen zugute kommen.

Es ist ein Ehrentitel für Frankreich, daß das Volk durch seine Vertreter die Befreiung der Geister von dem römischen Joch beschlossen hat, wie es vor 120 Jahren die Menschenrechte zur allgemeinen Anerkennung brachte. Es ist bei diesen Gelegenheiten viel Schlechtes verbrochen worden, aber die Taten der Befreiung von der kirchlichen wie von der weltlichen Tyrannei bleiben Großtaten, und Frankreich, indem es sie wagte, stellt sich dadurch wiederum an die Spitze der Nationen.

Combes hat sich zur Höhe einer geschichtlichen Persönlichkeit erhoben. Die Geschichte des geistigen Fortschritts wird nicht geschrieben werden, ohne daß man seiner gedächte. — So klang die frohe Weise . . .

* *

Am 6. September 1835 wurde Emile-Justin Louis Combes in Roquecourbe (Departement Tarne) geboren.

Roquecourbe, eine kleine Stadt von ungefähr 1600 Einwohnern, ist nahe bei Castres in lieblicher Gegend gelegen. Auf dem Wege von Castres nach Roquecourbe kommt man an dem alten Sitz der Familie Jaurès vorüber. Jaurès äußerte einmal scherzhaft, als Combes eine von der ganzen republikanischen Partei sehr geschätzte Rede gehalten hatte: „Und da soll einer noch sagen, daß der Mann aus Roquecourbe ist! . . ." Roquecourbe hat den Ruf des alten Böotien.

Combes' Heimat ist seit alters von einer Bevölkerung heißer Glaubensleidenschaft bewohnt. Katholiken und Protestanten haben dort ihre Überzeugungen immer sehr ernst genommen, und infolge dessen war nicht bloß das öffentliche Leben parteizerklüftet, die religiöse Zerklüftung erstreckte sich bis tief hinein in alle Beziehungen der Menschen untereinander.

Die neue Stadt liegt am Ufer des Agoût am Fuße eines Hügels, von dem aus ein starker Felsblock ins Tal hineinragt, daher der Name Roquecourbe. Wer auf dem Hügel steht, kann die Trümmer der alten in den Religionskriegen zerstörten Stadt erblicken. Einst hatten die Bürger mit Ausnahme von drei oder vier Familien auf seiten der Reformation gestanden. Damals war Roquecourbe befestigt. Mit den Wällen der alten Festung ist der Protestantismus allmählich zusammengebrochen.

Das Bürgermeisteramt ist die frühere protestantische Kirche. Die Bestimmung für den Gottesdienst sieht man ihr noch an. — Habent sua fata libelli. Aber nicht nur die Büchlein haben ihre Schicksale. —

Daß ein Gebäude sich aus der überlieferten Form des Gottesdienstes in einen Gottesdienst anderer Art, den der Pflichterfüllung in der Befolgung von Gemeinschaftszwecken, begeben könne, stand also dem jungen Combes wie ein sichtbares Sinnbild für sein eigenes Dasein vor Augen. Man sagt, daß dies geistlich-weltliche Bürgermeisteramt in Frankreich nicht seinesgleichen habe.

Emiles Vater Jean Combes hatte sich im Jahre 1822, also dreizehn Jahre vor der Geburt des berühmten Sohnes, mit Marie-Rose Banes vermählt. Er verfertigte Mützen und Strümpfe, die er auf dem Markt zu Rochefort verkaufte. Eine Zeitlang hatte er eine kleine Gastwirtschaft. Er gab sie auf. Der Beruf eines Gastwirts schloß vielleicht Gefahren für das Seelenheil ein, und ein naher Anverwandter war Priester.

Emile war das sechste Kind unter zehn Geschwistern. Die Familie lernte bittere Armut kennen. Bei der Renanfeier in Tréguier mußte der damalige Ministerpräsident Emile Combes, wie er Renans Haus sah, lebhaft an sein armseliges Vaterhaus denken.

Das Kind bekundete vielversprechende Anlagen. Es erbaute, wenn man dem Berichte der ihm feindseligen Presse Glauben schenken darf, seine Mitbürger durch die Glut seines frühreifen Glaubens. Er schloß sich in die Kirche ein und zog den Blick der Geistlichkeit auf seine kleine Person. Er erwies sich als ein aufgeweckter, arbeitsamer, lernbegieriger Knabe. Sein Vater und der Apotheker Alibert wußten ihn in den Anfangsgründen des Lateinischen zu unterrichten. Von diesem Vater spricht Combes mit inniger Liebe.

„Je l'associe à mes plus chers souvenirs. Son abord était rude et ses propos sentencieux. Toute sa vie ne fut que de labeur tenace et de patience résignée. Si quelques joies me peuvent venir à la fin de ma carrière, je les dois à cet homme de bien, à ce petit paysan des Cévonnes on qui furent la bonté, la droiture et l'amour du travail."

Es scheint, daß die Mutter und François Combes, der Großvater väterlicherseits, des Schreibens unkundig gewesen sind, da der alte Heiratsvertrag nicht ihre Unterschriften trägt.*) Ein Vetter des Vaters, Pate von Emile, namens Jean Gaubert, war von Jean Combes unterstützt worden und half diesem nun seinerseits, so daß im Jahre 1848 der Knabe seine Schulbildung im kleinen Seminar zu Castres erhalten konnte. Er verließ diese Anstalt als bachelier-ès-lettres im Jahre 1851, also sechzehnjährig, nachdem er seine Zeit zwischen Gebet und Arbeit fleißig ausgenutzt und immer den ersten Schülerpreis eingeheimst hatte. Die Familie bestimmte ihn zum Priesterberufe. Gern ergriff der von einer warmherzig gläubigen Mutter erzogene Jüngling den für ihn gewählten Beruf.

In seiner unbezwinglichen Lernbegier wollte er sich aber nicht auf das theologische Wissen beschränken. Die Gegner erzählen von seiner frühentwickelten Propagandasucht, seinen Eroberungsgelüsten. Er soll geäußert haben: „Die Revolution fing mit der Erklärung der Menschenrechte an, sie soll mit der Erklärung der Rechte Gottes enden".**) Sein Erzbischof, der zu freundlichem Urteil geneigt war und ihn für eine der Seelen hielt, die, zum Kreuzzuge kampfbereit, die Gewissen der Gläubigen aufrütteln, schickte ihn in die Karmeliterschule der Rue de Vaugirard nach Paris. Dort konnte der junge Mann Vorlesungen an der Sorbonne hören und die Universitätswürde des Licencié ès lettres erwerben.

Die Erläuterungen der Sophokleïschen Tragödien von Professor Egger, der die neugriechische Aussprache pflegte, fesselten den späteren Unterrichtsminister ganz besonders. Er hat wenigstens nachher in dieser Eigenschaft den Versuch gemacht, die moderne Aussprache des klassischen Griechisch einzuführen.

In dem Schuljahre 1853/54 gab Emile Combes im Seminar zu Castres Unterricht.

Mit zwanzig Jahren trat er in das große Seminar zu Albi ein. Dort war seines Bleibens indessen nicht allzu lange. Die Philosophie begann in seinem Herzen die Theologie zu verdrängen. Den scharfen Augen des erziehungskundigen Geistlichen, des Abbé Bourbarie, entging nicht der Gesinnungswandel des Zöglings. Ein Umstand namentlich war verhängnisvoll geworden. Die Bibliothek des großen Seminars, die für Kandidaten des geistlichen Standes berechnet war, hatte dem strebsamen Licenciaten der Geisteswissenschaften nicht genügt. Er war um die Erlaubnis eingekommen, die ihm auch bewilligt wurde, Bücher der Stadt-

---

*) Gérand-Bastet, Monsieur Combes et les siens, p. 5. Das Buch ist mit kritischer Vorsicht zu Rate gezogen worden. Die Veröffentlichungen der Liberté (27. Oktober 1904) zeigen, daß der Verfasser zum Teil durch Combes selbst unterstützt, indessen doch nicht überall gleichmäßig mit Urkunden versehen wurde. Wo meine Angaben abweichen, beruhen sie auf späterer Erkundigung.

**) Le Correspondant, 25 février 1905, p. 695 ff.

bibliothek im Seminar zu benutzen. Auf diese Weise kamen ketzerische Anschauungen in die Seele des wissensdurstigen Theologen. Er las Dinge, vor denen die Kirche ihre Schützlinge sonst sorgfältig bewahrt. Vielleicht lernte er damals seine Lieblinge Lamartine und Michelet bereits kennen und schätzen.

Emile fühlte den Priesterberuf nicht in sich. Schon nach zwei Jahren verließ er das Seminar, um am Collège de l'Assomption in Nîmes als Professor der Philosophie drei Jahre hindurch (1857—60) Unterricht zu erteilen. Jeden Morgen aber, bevor er am Schulpult erschien, waltete er noch des Meßamts bei seinem Direktor, dem späteren Bischofe von Montpellier, Monseigneur de Cabrières.

Inzwischen wurde er mit der Ausarbeitung seiner Doktorthesen im Jahre 1860 fertig. Die lateinische Abhandlung, die er aus Dankbarkeit seinem Paten Gaubert widmete, behandelt den Prädestinationsstreit im Sinne des heiligen Bernard. Da der Examinator in Montpellier erkrankte, übergab Combes die Dissertation der geisteswissenschaftlichen Fakultät zu Rennes. De sancti Bernardi adversus Abaelardum contentione, dissertationem proponebat facultati litterarum Redonensi Just. Aemilius Combes, licenciatus, logicae professor. Die französische Abhandlung hat den Titel: La Psychologie de saint Thomas d'Aquin par Just.-Emile Combes, docteur ès lettres, ancien élève à l'école des Carmes, professeur à l'Institut de Pons. Das über 500 Seiten starke Buch enthält mancherlei rechtgläubige Erörterungen, die die klerikalen Blätter dem abtrünnigen Sohn der Kirche später aufzutischen beliebten, ebenso das vier Jahre später erschienene Werk De la littérature des Pères et de son rôle dans l'éducation de la jeunesse. (Montpellier 1864). Uns dürfte mehr fesseln, was in diesen Schriften bereits den künftigen Kirchengegner verrät, als das, was in polemischer Absicht hervorgehoben werden könnte. Daß es sich hier um keinen offenkundigen Feldzug gegen die herrschende Macht handeln konnte, versteht sich bei derartigen höheren Schulaufgaben eines unreifen, noch nicht zur Selbständigkeit des Urteils gelangten jungen Theologen wohl von selbst. „Sunt bona, sunt mala, sunt mediocra multa" lautete der Richtspruch eines prüfenden Meisters.

Es war also wohl meistenteils Mittelgut in den Augen der Leute, für die die Arbeit bestimmt war. Wer die französischen Abhandlungen heute liest — die lateinische Thesie, auf die sich die angeführte Kritik wohl bezieht, ist schwer aufzutreiben —, der kann sich doch an manchen Lichtblicken erfreuen. Besonnen und klar sagt Combes in seiner „Psychologie des heiligen Thomas", daß die Psychologie anderer Philosophen, wie er sich ausdrückt, „weder mehr noch weniger katholisch" sei als die des Thomas Aquinas. Hüten wir uns vor einseitiger Bevorzugung einer Menschenlehre! Halten wir uns von der boshaften Anfeindung und der unmäßigen Lobhudelei gleich fern! Wir lieben, wir bewundern den heiligen Thomas, aber mit dem heiligen Thomas ist die Welt nicht zu Ende. Und Combes nennt Descartes, Malebranche, Fénelon, Bossuet, Arnauld und Leibniz mit gleicher Achtung. „La science et le génie n'ont pas été le privilège exclusif de saint Thomas, et, grâce au ciel, l'humanité est riche en grands philosophes." Noch etwas weiter in dieser Richtung fortgefahren, und die Kirchenfeder wird bei solchen Sätzen spalten. Die Hand ist ein wenig zu schwer für gefährliche Federführung.

In der Abhandlung über die pädagogische Frage, welchen Wert die Väter der Kirche als Lesestoff für die Jugend besitzen, fällt der lebhafte Schönheitssinn des den Zierraten des Lebens eigentlich abholden stoischen Republikaners auf. Es fällt aber auch auf, wie freimütig er die Schädlichkeit der ungeeigneten Dinge für das Kindergemüt brandmarkt; er findet die Lektüre allerdings für das schon herangewachsene Geschlecht von Nutzen. Er meint, daß man den Kirchenvätern und auch den „heiligen Rednern" des siebzehnten Jahrhunderts, den Meistern der christlichen Beredsamkeit, getrost die jungen Seelen, ehe sie ins Leben hinaustreten, anvertrauen dürfe.

Aus dergleichen im ganzen natürlich kirchentreu gehaltenen Äußerungen haben ihm die Gegner später Vorwürfe bereitet.*)

Im Dezember 1860 war Combes nunmehr Docteur ès lettres geworden. Ein befreundeter Mitschüler aus dem Seminar von Albi hatte ihm mitgeteilt, daß in dem zwischen Nîmes, wo Combes geweilt, und Rennes, wo er seinen Doktor machte, gelegenen Orte Pons (Charente Inférieure) eine Lehrerstelle frei wäre. Die dortige Schule stand unter der Leitung des Abbé Hube, eines freisinnigen Mannes. Es war für Combe ein erwünschter Posten. Er wurde also in Pons mit einem Jahresgehalte von 3000 Frank Professor der Rhetorik.

Da gedachte er nicht länger als ein Jahr zu bleiben; denn er wünschte sich eine Universitätsstellung. Aber niemand entläuft seinem Schicksal. Combes lernte in Pons eine junge Dame kennen, und Fräulein Maria Dussand ward das Glück seines Lebens. Um dies Glück zu erlangen, mußte der junge Lehrer seine Professur aufgeben. Die Mutter der Geliebten willigte nur unter der Bedingung in die Heirat ein, daß ihr künftiger Schwiegersohn Medizin studierte und sich als Arzt in Pons niederließe.

---

*) Le Soleil. Une distribution de prix en 1864. (24 Juillet 1903). La Presse. Sous la robe. (25 Juillet 1902). La Croix (12 Juin 1902) u. s. w. Die Behauptung, daß Combes, um seine Prüfer günstig zu stimmen, im Priestergewande erschienen sei, gehört zu den parteigefärbten Aussagen, die mit den ausdrücklichen Erklärungen des so vielfach angefeindeten Mannes nicht übereinstimmen. In das Reich der Fabel gehört der Besuch seiner Mutter beim Geistlichen von Ars und die Weissagungen des Priesters von den künftigen hohen Schicksalen des Kindes, seinen Kämpfen gegen die katholische Kirche und seiner schließlichen Bekehrung.

Emile Combes zögerte nicht.

Am 16. Juni 1862 fand die Hochzeit statt. Noch ein Jahr unterrichtete er Rhetorik, um seinem freundlichen Direktor Zeit zu lassen, sich nach einem Stellvertreter umzusehen. Im Oktober 1864 zog der ehemalige Karmeliterschüler, nunmehr als Familienvater, wieder nach Paris. Der Sohn Edgar war am 10. August geboren. In der Rue des Tournelles 52 fand die kleine Familie ihr bescheidenes Unterkommen. Es begann für den bewundernswert fleißigen Mann eine Zeit angestrengter, rastloser Arbeit.

Er hörte die Professoren Lasègue, Broca, Richer, Bouchardat an der Universität und war selber als Lehrer in den Anstalten Jauffret und Verbeau tätig, die damals in Blüte standen. Er mußte es sich sauer werden lassen, sein Brot zu verdienen. Bis spät in die Nacht hinein saß er am Arbeitstisch und war früh wieder auf den Beinen. Dank der zähen Beharrlichkeit seines von Kindheit an erprobten unverdrossenen Fleißes erreichte er alles, was er wollte. Es gelang ihm, sich so viel zu erwerben, daß er auch noch seinen armen Eltern und einigen Brüdern helfen konnte. Zu seinem Schmerze verlor er die Eltern bald.

Die Schwiegermutter starb im Jahre 1866. Ihr Tod änderte nichts an den nun einmal gefaßten Lebensplänen.

Während eines Ferienaufenthaltes in Pons wurde der frühere Gläubige Freimaurer. Er äußerte einmal, daß sich in einer Zeit, wo die alten Glaubensvorstellungen zu verblassen beginnen, die wahre Moral in die Logen geflüchtet habe.

Es ist offenbar ein Zustand innerer Umwälzungen, in dem sich der zum Medizinstudenten gewordene Doktor befindet. Von den Geisteswissenschaften ist er in das Lager der Naturwissenschaft hinübergewandert, aber die Liebe zum klassischen Studium ist ihm gleichwohl geblieben. Auch deutet manches darauf hin, daß er niemals zum Materialismus neigte, sondern jetzt und später als ein spiritualistischer Freidenker philosophierte.

Eines Tages konnte er in der Bibliothek de l'Institut ein Buch nicht finden. Sein Nachbar merkte die Verlegenheit und fragte ihn, was er zu wissen begehre. Darauf gab er ihm mit der erstaunlichsten Wissensfülle bessere Auskunft, als das gesuchte Buch hätte geben können. Combes war aufs äußerste verblüfft. Er vergaß, den unheimlichen Mann um Angabe seines Namens zu bitten.

Später trat Paulin Maury an den noch immer Verdutzten heran. „Wissen Sie, wer das war? Der Herr, mit dem Sie da eben gesprochen haben?"

„Keine Ahnung!" —

„Es war Ernest Renan."

Die Bekanntschaft mit Renan, die Combes mit Verehrung pflegte, seine Mitgliedschaft in der Loge „Die vereinigten Freunde" zu Pons, die zunehmende Vertiefung in naturwissenschaftliche Studien — hier haben wir einige still fortwirkende Kräfte, die wohl unablässig an der Umschmelzung kirchenfrommer Gesinnung gearbeitet haben.

Im Jahre 1868 erschien Combes' medizinische Doktorschrift über die Erblichkeit der Krankheiten. Dreiunddreißigjährig bezog er das schmale (es ist nur 5m breit), 2 Stockwerke hohe Haus in Pons, das er von nun an als sein ständiges Heim betrachten sollte. Noch jetzt erblickt man an der Haustür mit dem altmodischen versilberten Klopfer, zu dem sich neuerdings eine Klingel gesellt hat, das alte Metallschild mit der Aufschrift: „Mr. Combes, docteur-médecin".

Ehe die Politik in sein Leben eintrat, widmete er sich mit Hingebung seiner ärztlichen Tätigkeit und paläontologischen Arbeiten. Die Schriften von Boucher de Perthes (1788—1868) fesselten ihn besonders. Er benutzte seine ärztlichen Besuche, um zugleich in der Umgegend prähistorische Funde zu machen, die dem Museum Fleurian von La Rochelle zugute kamen.

Im Jahre 1869 geschah es, daß der junge Arzt sich um die Vorgänge des öffentlichen Lebens mit tätiger Anteilnahme zu kümmern begann. Er unterstützte lebhaft den Kandidaten, der gegen die damalige Regierung auftrat. Bei der Volksabstimmung vom 8. Mai 1870 ließ er gegen Napoleon III. stimmen. Der damalige Bürgermeister von Pons, Herr Rigaud, war ein schüchterner Mann. Combes konnte keine öffentlichen Versammlungen abhalten. In seinem kleinen Hause wußte er aber 250 Wähler zu vereinigen. Am Wahltage fanden sich unter den 900 Stimmen 240 „Nein", was einen ungeheuren Fortschritt gegen früher bedeutete. Géraud-Bastet, der dies erzählt hat, fügt hinzu: Wenn Herr Combes ein größeres Haus gehabt hätte, so wäre vielleicht kein „Ja" bei der Abstimmung in Pons herausgekommen.

Combes war nunmehr bekannt als Freigeist und als Republikaner. Seine demokratische Gesinnung suchte er darin an den Tag zu legen, daß er die reichen Kranken keineswegs bevorzugte. Seine Vorzüglichkeit als Arzt war allgemein anerkannt. Auch die politischen Gegner holten sich bei ihm Gesundheitshilfe.

Er wurde in den Gemeinderat gewählt, wurde 1876 Bürgermeister und 1879 Mitglied des Bezirksrats. Seit 1878 hat er die Schärpe des Bürgermeisters ohne Unterbrechung besessen.

Und nun geht es aufwärts mit Riesenschritten.

Der erste Sieg ist eine Niederlage, aber eine derartig ruhmvolle Niederlage, daß sie eben nicht mit Unrecht als der erste größere politische Erfolg von Combes bezeichnet werden kann. Er stellt sich 1881 gegen den Führer der Bonapartisten Jolibois auf. „Le Grand Electeur" wurde

Jolibois bei den Wahlen genannt. Jolibois errang mit knapper Not — 500 Stimmen-Mehrheit gegen 2000 Stimmen-Mehrheit sonst — den Sieg. Die Republikaner begannen Mut zu fassen.

Im Jahre 1885 wurde Combes in den Senat gewählt. Dort, im Palais de Luxembourg, tat er sich in den Verhandlungen über das Unterrichtswesen hervor. Er verfaßte 1889 einen vorbereitenden Bericht und verteidigte das Gesetz, das über die laufenden Ausgaben des Elementarunterrichts ausgearbeitet wurde, ebenso das Gesetz von 1893, das das vorausgehende ergänzte.

Er war Mitglied der Untersuchungsbehörden für Algier unter Jules Ferrys Leitung, dessen warmer Freund er wurde, da er die Energie und republikanische Gesinnung des Mannes schätzen lernte. Aus dieser Zeit der Algierfahrt rühren zwei große Berichte von Combes her: der über den Elementarunterricht der Eingeborenen und über den höheren Unterricht der Mohammedaner. Kürzlich feierte ihn der Generalgouverneur von Algier Jounart, bei der Einweihung einer sogenannten Medersa (islamitischen Hochschule), als den Begründer dieser beiden Unterrichtszweige.

Bei jeder Gelegenheit zeigte er sich als ein entschlossener Anhänger des modernen Systems im höheren Unterrichtswesen. Combes und Bourgeois muß hauptsächlich die Beförderung des Sieges zugeschrieben werden, den dieses System im Parlament davontrug. — Er wurde 1894 Vizepräsident des Senats und im darauf folgenden Jahre Unterrichts- und Kultusminister in dem radikalen Ministerium Bourgeois.

Es wird erzählt, daß ihn Lockroy des Nachts besucht und ihm mit aufgeregter Miene mitgeteilt habe, Bourgeois sei Ministerpräsident geworden und wollte ihn zum Kolonialminister. Combes weigerte sich: Er fühle sich zu einer solchen Stellung, wenn er auch einmal in Algier gearbeitet habe, durchaus nicht hinlänglich vorbereitet. Lockroy bestand darauf, daß Combes ihm zu Bourgeois sogleich folgen möge. Dort wiederholte sich derselbe Auftritt. Combes sträubte sich anfangs auch noch, als ihm das Ministerium des öffentlichen Unterrichts angeboten wurde, da er vor der Verantwortung zurückschreckte.

Als Unterrichtsminister bekundete er die Anschauungen über das moderne System, die er als Senator verteidigt hatte, und als Kultusminister offenbarte er den festen Willen, den Übergriffen der kirchlichen Macht Einhalt zu gebieten und sich streng an die durch das Konkordat vorgesehenen gesetzlichen Grenzen zu halten. Er hatte schon damals eingesehen, daß die strikte Innehaltung dieser seit einem Jahrhundert zwischen dem französischen Staat und der römischen Kirche bestehenden Festsetzungen das notwendige Vorspiel der künftigen Trennung sei. Seine hierauf bezügliche Rede wurde auf den Wunsch des Senats öffentlich bekannt gemacht.

Nach dem Fall des Ministeriums Bourgeois bekämpfte er lebhaft im Senat und im Lande das reaktionäre Ministerium Méline. Als Vorsitzender des Bezirksrats von der Charente Inférieure vollendete er die Niederlage der Reaktion in diesem Departement, das auch zur Zeit noch durch Abgeordnete der Linken in der Kammer vertreten wird.

Der Arzt in ihm hatte sich nicht verleugnet, als er Schulvorschriften für die Gesundheit, der Philosoph nicht, als er für die Bücherwahl in den Schulen seine maßgebenden Winke erteilt hatte. (Molière, Voltaire, Rousseau, Viktor Hugo, Chateaubriand, Lamartine.) Auch Reformen noch minder welterschütternder Art sollen hier nicht unerwähnt bleiben, da sie ein gewisses Licht auf den Menschen werfen. Er schickte die Tänzerinnen früher ins Bett und „moralisierte die Klaque", wie sich Le Correspondant spöttisch ausdrückt. „Ihm war zu Ohren gekommen, daß gewisse Künstler sich gegen Zahlung schmeichelhafte Huldigungen zu sichern wußten, die sich die minder begüterten nicht verschaffen konnten, er traf seine Maßnahmen, um einer so empörenden Ungleichheit ein Ende zu setzen. Die ‚Römer' sollten mit unparteiischer Uneigennützigkeit klatschen und etwas von dem Geiste Catos sich in ihnen offenbaren".

Es wurden Denkmäler enthüllt (Augier, Thomas), und Combes hielt geschätzte Reden. Auch im Senat. Man dürfe nicht das Vertrauen auf die Wissenschaft untergraben. In unserer skeptischen Zeit sollten sich alle gebildeten und ernsthaften Menschen einmütig um die Wissenschaft scharen und die der Menschheit unentbehrlichen Moralideen aus dem Schiffbruche zu retten suchen. Es heißt der Jugend den schlechtesten Dienst leisten, wenn man sich gegen die Wissenschaft erhebt und in ihrer Seele die Verehrung der Wahrheit erschüttert, weil diese Wahrheit angeblich noch nicht sonnenhell genug das Dunkel durchbrochen habe.

Am Denkmal Augiers erklärte er, sich „auf den tiefsten Denker des achtzehnten Jahrhunderts" (nämlich Montesquieu) berufend, die Tugend als die Grundlage der republikanischen Staatsform.

Combes' Stellung im Senat befestigte sich mehr und mehr. Er wurde die sicherste Stütze von Waldeck-Rousseau.

Ein Vergleich der beiden Staatsmänner liegt nahe.

Waldeck-Rousseau war der geschickte Advokat. Es ist eine bezaubernde Eleganz in seiner höflichen, fast herzlichen Behandlung der Gegenredner. Er stimmt mit ihnen gern in allem Grundsätzlichen überein, er wagt sich weit hinaus auf die dünne Eisfläche —, sicher in seiner Leichtigkeit. So viel liebenswürdige Schönheit ist bisweilen in seinen Wendungen, daß man ihm auch da recht gibt, wo man sich es vorher vielleicht anders überdacht hatte. Er erobert sich auf der Rednerbühne durch das Wort, in der Ausdrucksgebärde des Gedankens, die Meinung seiner Hörer.

Combes dagegen ist der gediegene Parteifachmann. Er hat sich vorher der Anschauungen seiner Mehrheit versichert und will seinen Willen mit mehr Energie und Ernst als Glanz und Prunkentfaltung durchsetzen. Er ist mehr Mann der Tat und des sorgfältigen Einzelwissens.

Als Präsident des Senatsausschusses für das Gesetz der Assoziationen (Juli 1901) tat Combes mehr als irgend ein anderer, um es durchzubringen, ohne dabei zu verbergen, welchen Vorteil die Republikaner daraus ziehen müßten, um den Unterricht der Kongregationen zu unterdrücken. So kam es, daß Waldeck-Rousseau bei seinem Rücktritt am 3. Juni 1902 dem Präsidenten Loubet nachdrücklich Combes als den fähigsten Mann, das Gesetz anzuwenden, bezeichnete.

Beschränkung der religiösen Vereinigungen unter möglichster Freiheitsgewährung gegenüber allen sonstigen Vereinigungen, das war Waldeck-Rousseaus Leitfaden gewesen. Aus dem höchsten Maß der Zugeständnisse an die religiösen Vereinigungen, genannt Kongregationen, mußte man das Mindestmaß der den Vereinigungen überhaupt zu gewährenden gesetzlichen Freiheit gewinnen. Die religiösen Vereinigungen sind staatsgefährlich, weil sie die Persönlichkeit nicht entwickeln, sondern unterdrücken. „Tant vaut l'homme, tant vaut l'État" hatte der Individualist Waldeck-Rousseau geäußert. Er war ein lebhafter Fürsprecher für das natürliche Menschenrecht, sich mit seinesgleichen zusammenzutun, sich durch Assoziation mächtig zu machen. Aber die Assoziationen dürfen nicht jene höhere Assoziation, die wir Staat nennen, gefährden. Wer sich in eine Kongregation begibt, verändert seinen staatsbürgerlichen Charakter. Er legt Gelübde ab, die ihn dem Pflichtenkreise seines Vaterlands entziehen. Das Gelübde der Armut enthebt ihn der als niedrig betrachteten Sorge um den Gütererwerb, es entzieht seine Kraft der Arbeit für die allgemeine Wohlfahrt. Das Gelübde der Keuschheit befreit ihn von der als irdische Bürde aufgefaßten Hingabe an eine Familie. Das Gelübde des Gehorsams endlich, wodurch der Gläubige seine Seele Gott zum Geschenke darzubringen glaubt, tötet den eigenen Willen. Was bleibt nun noch von der Persönlichkeit, dem höchsten Glück der Erdenkinder, übrig?*)

Ist es nun wünschenswert, daß die Erziehung und der Unterricht in die Hände derer gelegt wird, die die künftigen Bürger zu entpersönlichen trachten?

Wer auf den eigenen Willen verzichtet, macht sich unfähig, den jungen Willen eines gesellschaftlichen Wesens zu formen. Mönchen und Nonnen durfte man nicht die Zukunft Frankreichs anvertrauen. Man braucht nicht Leibniz gelesen zu haben, um zu wissen, daß dem die Zukunft gehört, der der Erziehung Herr ist.

---

*) Waldeck-Rousseau, Associations et Congrégations. Paris, 1902. Vgl. besonders S. 8 und 125, ferner 11 und 78, 79; die am 6. März 1883 gehaltene Senatsrede und die Kammerrede vom 21. Januar 1901; allgemeine Gesichtspunkte siehe S. 25, 54, 91 in Übereinstimmung. Eine vorzügliche Studie über die mannigfachen Spiegelungen der Geistlichkeit in der französischen Literatur liefert neuerdings Gustave Kahn, der erste französische Dichter des sog. „freien Verses", „De Tartuffe à Ces Messieurs". Paris, Sansot 1905.

Combes dachte vielleicht an die alte diktatorische Machtformel aus alter Römerzeit: Videant consules, ne quid respublica detrimenti capiat! Er fühlte sich als Diktator. Die Ausrottung des Kongregationsunterrichts schien ihm von besonderer Wichtigkeit; aber es war nicht seine einzige Sorge.*)

Jedenfalls mußte er hier zuerst einschreiten. Es war die höchste Zeit. 1371 Kongregationen hatten sich in Frankreich häuslich niedergelassen. Combes hat in einer Tischrede (Sept. 1904, a. a. O., p. 305) über seine Herkulesarbeit als Säuberer sich etwa folgendermaßen geäußert (ungefähr ebenso der am 7. Mai 1905 in „La Prensa" erschienene von Combes verfaßte Aufsatz):

Am 7. Juni 1902, als ich Ministerpräsident wurde, gab es in Frankreich 914 Kongregationen mit Erlaubnis der Regierung, und 457 noch nicht erlaubte. Von den 914 erlaubten waren nur fünf männlich, diese fünf aber besaßen 1410 Anstalten, die 909 weiblichen dazu 15915; die noch nicht erlaubten hatten ferner noch 1964 von Männern und 1534 von Frauen verwaltete Anstalten begründet, macht also im ganzen 20823 kongreganistische Anstalten, unter denen sich 16904 Unterricht erteilende Institute befanden.

Von diesen hat der leitende Staatsmann in der zweijährigen Tätigkeit, auf die er zurückblicken konnte, an 1400 beseitigt.

Er hat fest zugegriffen, schmerzhaft fest. Einen Henker nennen ihn seine Feinde.

Wie aber urteilen die, die ihm persönlich näher traten?

Stéphane Lauzanne erzählt (Le Matin, 19. Jan. 1905), wie so heiter und friedlich er aus seinem Amte geschieden sei, wie so sorgenvoll dagegen er es seinerzeit angetreten habe. Damals habe er geäußert: Waldeck hat mich in ein Wespennest gesteckt!

Es ist nicht zu leugnen, daß Combes die alte Warnung und Mahnung gut befolgt hat:

Greif nicht leicht in ein Wespennest,
Doch wenn du greifst, so stehe fest!

Und Combes äußerte sich über seine Auffassung von den Aufgaben eines modernen politischen Machthabers: Sein Blick muß erspähen, was die Mehrheit wünscht. Der Wille des Landes soll herrschen. Die Re-

---

*) In der letzten seiner veröffentlichten Reden heißt es: (Une deuxième Campagne laïque vers la Séparation, 2 février 1905, discours à la Gauche Démocratique du Sénat, p. 529): „Ce n'est pas à dire néanmoins, mes chers collègues, que les autres réformes: impôt sur le revenu, retraites ouvrières et agricoles, assistance obligatoire aux vieillards et aux infirmes, sans compter la réduction du service militaire (zweijährige Dienstzeit für jedermann!), qui sera bientôt acquise, (sie ist es bekanntlich inzwischen), nous tiennent moins à cœur." In gleichem Sinne p. 283 f. 315 f.

gierung liegt in den Händen der Minister, aber die ausführende soll sich mit der gesetzgebenden Gewalt verständigen. Wohl trägt der Ministerpräsident die volle Verantwortlichkeit für seine Taten. — Combes bekennt sich mit Stolz zu allen seinen „Henker"-Befehlen. —

Was er taktisch erreichen wollte und lange durchzuhalten verstand, das war die Mäßigung des äußersten (rechten) Flügels seines treuen Heeres, — nämlich der Vereinigung von den vier Gruppen der Linken (Sozialisten, Radikal-Soziale, Radikale und demokratische Union) — zu gemeinsamem Feldzuge. Nur die Sozialisten und Radikal-Sozialen haben bis zum Ende sich ihm unerschütterlich ergeben erwiesen. Es war nicht seine Schuld, daß die vereinigte Mehrheit schließlich nicht mehr zusammenmarschieren wollte. Er war unablässig bedacht, sich aller versprengten Schäflein anzunehmen. Wie ein Schäferhund umkreiste er in der Kammer getreulich seine Herde.

Nun, da sie ihm genommen, ist er keineswegs mißmutig. Er will weiter kämpfen für das, was er als das Rechte erkannt hat.

Eine gewisse philosophische Würde ist dem rührigen, kleinen, alten Herrn, trotz äußerer Beweglichkeit, offenbar zu eigen. „Ruhiger Gleichmut", schreibt Fritz Trensch*), „ist doch wohl der Grundzug seines Wesens." Combes selbst sagte: „Das höchste Gut eines Mannes, der am Staatsruder steht, ist Gleichmut und das sicherste Mittel, ihn zu wahren, die Beherzigung des alten Spruches: Tu, was du sollst, komme, was kommen mag!" Kantisches Pflichtbewußtsein erfüllte seine Seele in den schweren Tagen.

Nachdenklich setzt er beim Sprechen seine Worte. Der gerade Blick seiner hellblauen Augen verrät bei dem freundlichen Gesichtsausdruck einen starken Willen unter liebenswürdig verbindlichen Formen. Er sieht gutmütig und vertrauenerweckend aus. Die leutselige Urbanität seines Wesens erinnert an die feinen, alten Bürger von Paris. Gern schmückt er seine Unterhaltung mit einem Horazverse oder einem Juvenalworte. Die Liebe zu den schönen Wissenschaften ist ihm geblieben.

Tallemant (Le Matin, 29. Juni 1902) macht eine gute Beobachtung: Zum ersten Male schienen mir die Worte „Gleichheit", „Brüderlichkeit" und „Einigkeit", die der Senator Combes im Munde führte, einen ganz bestimmten Ideengehalt auszudrücken. Es würde diesem Manne widerstreben, sie als leeren Putz der Rede zu benützen. Er gibt ihnen eine philosophische, jedesmal mit löblicher Sorgfalt erfaßte Bedeutung. Unzweifelhaft rührt das daher, daß er ein Denker ist, der seit langen Jahren

---

*) Münchener Neueste Nachrichten, Sonntag, 22. Januar 1905. Die beste deutsche Charakteristik von Combes, die ich gelesen habe.

an den wohlüberlegten Gebrauch von Allgemeinbegriffen gewöhnt ist, und namentlich als Lehrer der Dialektik, als Logiker von Fach gewirkt hat.

Er hebt den Zeigefinger der priesterlich weichen Hand und scheint seine Sätze dem Hörer ins Gedächtnis zu nageln. Gelegentlich schlägt er leise auf die Stuhllehne, wie um anzudeuten, daß diese Aussage ohne Widerrede bleiben soll.

Wenn er sich Zeit läßt nachzusinnen — seine Worte sind stets gewichtig — spielt er mit der Uhrkette, die er sanft wie Kinderlocken streichelt.

Er ist heiter und gesprächig. Seine großväterliche Gutherzigkeit wird oft gerühmt. Kinderlärm stört ihn nicht. Man erzählt allerhand lustige Geschichten über seine außerordentliche Geduld und Nachsicht.

Der ernste Mann hat auch die harmlosesten Kindergedichtchen verfaßt, die in Pons, dem ihm lieben Orte, gesungen werden.

Sein Tag in Pons wird von Géraud-Bastet beschrieben. Um 7 Uhr — im Sommer zu noch früherer Stunde — steht er auf. Das erste Frühstück besteht aus Milch und Brot. Bis 10 Uhr widmet er sich Sprachstudien. Die außerordentliche Arbeitsfreudigkeit des Mannes zeigt sich auch darin, daß er, nachdem er, außer den mit besonderer Freude gepflegten klassischen Sprachen, Englisch, Deutsch, Italienisch und Spanisch*) sprechen gelernt hat, augenblicklich noch Russisch treibt. Bonus vir semper tiro .. Um 10 Uhr begibt er sich auf das Bürgermeisteramt, um sich in den Angelegenheiten der Gemeinde zu beschäftigen, gibt dem Sekretär Anweisungen und hält Sprechstunde ab. Um 12 Uhr nimmt er zu Hause ein einfaches Frühstück ein. Er ist kein wählerischer Feinschmecker, ißt alles, was man ihm vorsetzt, ohne ein Wort darüber zu verlieren; seit zwanzig Jahren trinkt er so gut wie keinen Tropfen Wein mehr. Nach dem Frühstück nimmt man im Sommer draußen im Hofraume den Kaffee. Von diesem Hofe führt ein Gang in den blumenprächtigen, länglich schmalen Garten. An der Gartentür, die ins Feld hinausführt, lehnen ein paar Zweiräder. Combes hat noch mit 60 Jahren, um eine Tochter und den ältesten Enkel zu begleiten, das Radeln erlernt und ist davon sehr begeistert. Ist das Wetter schlecht oder verhindern sonstige Umstände die Radfahrt, so wird wiederum Geschäftliches erledigt. Von 4 bis 6 Uhr sind regelmäßige Arbeitsstunden. Combes pflegt einen ziemlich umfangreichen Briefwechsel. Dann besucht er ein paar Freunde. Unterwegs wird er von aller Welt gegrüßt, spricht mit vielen, denn „er ist nicht stolz", sagen die Leute. Er ist so wenig stolz, daß er sich einmal von einem alten, guter Lebensart unkundigen Bauern über einen großen Platz heranwinken ließ, ohne sich

---

*) In den ausländischen Blättern erschienen letzthin Aufsätze von Combes im Märzheft der National Review in London, in den Nummern vom 23. April und 30. Juli der Neuen Freien Presse in Wien und in der Zeitung La Prensa vom 8. Mai in Domingo.

darüber zu erbosen. Kommt es gelegentlich vor, daß er gegen einen Freund heftig wurde, so empfindet er danach das lebhafteste Versöhnungsbedürfnis. Anderseits hat er aber auch Proben großer persönlicher Unerschrockenheit abgegeben. — Zwischen ihm und seinen Wählern herrscht ein wahrhaft herzliches Verhältnis. Man kennt sein schlichtes, ehrenhaftes Leben. Man hat ihn lieb. Auf dem Gipfel der Macht ist er immer der einfache M. Combes geblieben, der Spaß versteht. — Um $1/_28$ Uhr wird gegessen, und nach dem Genuß des einfachen Mahles bleibt er zu Hause. Vor dem Schlafengehen — gegen 11 Uhr — liest er noch ein paar Seiten aus einem seiner Lieblingsschriftsteller, unter denen sich auch Thucydides, Tacitus und Horaz befinden. So lebt er in Pons, und das ist seine schönste Zeit; denn in Paris ist er nicht Herr seiner Stunden. Auch klagt die Familie, daß sie dort nichts von ihm habe. In Paris trägt er, als sichtbares Zeichen der Ungemütlichkeit seines Zustandes, einen Zylinder, auf dem Lande einen bequemen Schlapphut.

Da er sehr arm gewesen ist, schätzt er, ohne geizig zu sein, mit ordnungsliebender Sparsamkeit den Wert des Geldes. Er ist beinahe kleinlich gewissenhaft in manchen Dingen. So läßt er es sich nicht nehmen, seine Briefe selbst zu frankieren.

Er ist das Gegenteil eines feschen Parisers. „Aus dem Theater mache ich mir nichts," sagt er; „als ich jung war, habe ich nicht hingehen können, und jetzt bin ich zu alt. Es ist damit wie mit dem Kartenspiel und Kaffeehausbesuch. Meine Mittel erlaubten mir früher nicht, dergleichen mir anzugewöhnen."

Einmal wurde ihm im Parlament zugerufen, „Ich bin in einem Gymnasium erzogen worden, Sie in einem Seminar!" Das sollte heißen: Vergessen Sie nicht, daß Sie der Kirche Ihre Bildung verdanken! Da antwortete Combes: „Monsieur le Provost de Launay, ich erkenne Ihnen nicht das Recht zu, mir diese Bemerkung zu machen, und ich will Ihnen sagen, weshalb nicht. Ich bin der Sohn eines Arbeiters. Ich habe nicht das Glück gehabt, als ich zur Welt kam, mich wie Sie in ein gemachtes Nest setzen zu können. Ich mußte mir meine Erziehung suchen, wo ich sie finden konnte. — Aber ich habe sie bezahlt, und ich schulde niemandem etwas." —

Mit leicht vorgebeugtem Haupt geht er in schnellen, kleinen Schritten, dabei den rechten Arm etwas schlenkernd. Alle Tuerei ist ihm fremd. Seine elastische Beweglichkeit hat zu einigermaßen respektlosen, aber gut gemeinten Tiervergleichen (Ratte, Affe) herausgefordert.

So wird er uns, wie er leibt und lebt, geschildert.

Über seine Weltanschauung geben die zahlreichen Reden Auskunft. Den tiefsten Blick in sein Inneres gestatten die schönen Worte über den Glauben an den Fortschritt. Er zitiert Bossuets Wort vom „Zufall". Der Zufall dient nur, unsere Unwissenheit zu verdecken. Combes glaubt an eine erhabene Weltordnung, in der der Zufall keinen Raum hat. — In milder Weise läßt er die Frage nach der Unsterblichkeit der Seele offen. In goldenen Buchstaben auf schwarzem Marmorstein liest man an der Erbbegräbnisstätte der Familie Combes diesen Spruch: „Im Tode wie im Leben sagt uns unser Herz, daß es keine ewige Trennung gibt. Wir scheiden voneinander im Ungewissen, wir werden uns wiederfinden in der Wahrheit."

Der vermeintliche Atheismus des Herrn Combes ist also jedenfalls ein sehr sanftmütiger Atheismus.

Es hat in seinem großen, reichen Leben einen tragisch anmutenden Augenblick gegeben, tragisch insofern, als die welthistorischen Ideen sich ihm einmal wundersam verrückten. Das war, als er in der Kammer, zum unsagbaren Erstaunen seiner Parteianhänger mit geschichtlichem Tiefblick von der so lange, lange eingewurzelten Seelenkultur durch die christliche Kirche sprach. „Vierzehn Jahrhunderte," rief er aus, „lassen sich nicht durch einen Federstrich beseitigen!" Und da geschah etwas Unheimliches. Seine Gegner auf der rechten Seite des Hauses, sie, die ihm sonst wie eine Meute Hunde zusetzten und beständig das Fell zerzausten, sie riefen ihm stürmisch Beifall zu, und Combes, wie ein geistesabwesender Seher, der seine Jugendträume wieder träumt, fuhr fort, als sei er von dem Medusenhaupte der Kirche wiederum in Zauberbann gefangen, Dinge zu äußern, die seine Freunde links empörten.

André Hallays hat im Journal des Débats des Rätsels Lösung gesucht. Er meint, Combes habe mitten im Kampfe gegen Rom begriffen plötzlich die Stimme seiner alten Lehrer gehört, car on revient toujours ...

Wenige Tage darauf aber hat Combes seine Äußerungen unter ungeheurem Jubel der Linken berichtigt.

* *

Dreimal ist dem Manne, dem die starke Durchführung einer starken Idee auf der Seele lag, ein Genius mit bedeutungsvoller Gebärde begegnet.

Der erste, ein kirchlich erzogener Gelehrter wie Combes, saß neben ihm, wie er als Student der Medizin, ein unbekannter junger Mensch in der großen Weltstadt, pflichthingegeben unter Büchern hantierte und nicht finden konnte, was er suchte. Da hat ihn Renan angesprochen, und Combes lernte den großen Zeitgenossen kennen und verehren. Zum engen Kirchenglauben ist der frühere Theologe nie wieder zurückgekehrt.

Dann, als er schon viel höher emporgestiegen war auf der Leiter gesellschaftlicher Ehren und Würden, kam der zweite. Das war ein Machthaber, der ein schneidiges Schwert gegen die Kirche geschliffen hatte. Er legte es in Combes' Hände, und Combes ward der Vollstrecker des Gesetzes von Waldeck-Rousseau.

Und da sich nun die ins Herz getroffene Kirche wie ein Lindwurm feuerspeiend gegen ihn erhob, Verderben schnaubend, da trat der dritte zwischen ihn und die Flammen und stellte sich neben ihn, der große Erbe Voltaires und Renans, — Anatole France.

Auf Voltaire geht die kirchenfeindliche Bewegung im wesentlichen zurück. Voltaires Wirkung erstreckt sich über die Revolution des 18. Jahrhunderts hinaus bis weit in die Gegenwart, ja vielleicht auch noch sehr weit hinein in die Zukunft. Möge diese Wirkung zum Frieden führen, wie Voltaire selbst es wünschen mußte, wenn wir uns seine unsterbliche Seele in verklärter Schönheit vergegenwärtigen, wenn wir, aus seinem irdischen Lebensbilde die Flecken tilgend, ihn uns vorstellen, den ewig rastlosen, tief lebendigen Großmeister des französischen Geistes, etwa wie er dem Kardinal Querini schrieb (17. agosto 1745) . . . e tutti i miei voti sono per la pace!

Rasse und Individualismus.

Von

Kurt Walter Goldschmidt.

— Charlottenburg. —

ine Rasse und eine soziologisch-philosophische Zeitströmung in ihrem Verhältnis zueinander zu prüfen, scheint ein gewagtes Unterfangen zu sein. Freilich liebt ja gerade die neuere Forschung, in großen Gesamtheiten und Gruppenbildungen die eigentlichen Träger des Zeitgeistes zu suchen. Ist man nicht eine Zeitlang bemüht gewesen, uns die großen Individuen aus der Weltgeschichte als selbständige Täter ihrer Taten vor den erstaunten Blicken wegzueskamotieren und sie zu unfreien Vollstreckern des Massenwillens herabzudrücken? Die ganze sogenannte materialistische Geschichtsauffassung, die man besser die ökonomistische nennen würde, ist durch dies Bestreben charakterisiert. Und in gewissem Sinne muß man ihr recht geben. Nicht zufällig hat diese Theorie auch bei sonst gar nicht materialistisch gesinnten Historikern strengen Stils Anklang und Nacheiferung gefunden. In der Tat sehen diese Herren ganz richtig die eine Seite der Sache, aber auch eben nur die eine. Von spezifisch-wissenschaftlichem Standpunkt, von der Warte des reinen Logikers aus, sind Menschen und Dinge, sind auch der „Held" und der „Genius" in eine einzige große Kette von Ursachen und Wirkungen eingesponnen. Alle Romantik eines enthusiastischen Heroenkultus zerstiebt vor der nüchternen und unwiderleglichen Erwägung, daß am letzten Ende das pathetische Gebaren der Menschheit sich in ein blindes Spiel übermächtiger Naturkräfte auflöst. Indessen, so paradox es klingen mag, alle Wissenschaft, die weiter nichts sein will als Wissenschaft, die sich ausschließlich an den Verstand wendet, sich nicht mit gewissen Gefühlselementen durchsetzt, ist gar keine echte Wissenschaft, sondern unfruchtbare Stuben- und Akademie-Gelehrsamkeit.

Laßt die Zünftler immerhin schreien, daß die Wissenschaft aufhört, wo das Gefühl beginnt! Für uns beginnt sie vielmehr selbst erst da. Und die Gelehrsamkeit als „Selbstzweck", die uns zu geistigen Eunuchen, die den Menschen zu jenem Automatenideal des französischen Materialismus, dem homme-machine, zu entwürdigen sucht, — die soll der Teufel holen! Herz zu Herzen schaffen: wie sollte das jemals die Wissenschaft, wenn es ihr nicht von Herzen ginge, wenn sie nicht mit Gefühls- und Persönlichkeitswerten ganz durchtränkt ist! Die Bewunderung ist der Menschheit notwendig wie das liebe Brot, und den Trieb der Verehrung, der sie nach oben leitet, weil er sie zum Großen aufschauen macht, sollte man ihr nicht verkümmern lassen. Ist denn auch schließlich das Große weniger groß, weil es kein Wunder ist, weil es nicht aus dem allgemeinen Laufe der Natur herausfällt! Man begreift jetzt wohl den großen Erfolg der materialistischen Geschichtsauffassung in der Wissenschaft: es war eine echte und rechte Gelehrtentheorie, unfruchtbar und verstandesdürr, und mußte daher zumeist auf die Gelehrten wirken. Der richtige Kern dieser ganzen Anschauung soll keineswegs verkannt werden; nur vor ihrer rationalen Einseitigkeit und Dürftigkeit sollte man auf der Hut sein. Schließlich ist und bleibt es doch das einzelne Individuum, das in unendlicher Summierung erst die Gruppe bildet; schließlich ist es doch die bedeutende Persönlichkeit, in höchster Steigerung also der vielverlästerte „Held" und „Genius", der aus der Summe einen lebendigen Organismus mit qualitativen Gliederungen und Abstufungen schafft, der die Gruppe und die größte aller Gruppen, die Menschheit, in der Entwickelung vorwärts bringt. Hier berühren wir recht eigentlich den Punkt, in dem sich kollektivistische und individualistische Weltanschauung scheiden. Die Gruppe, die Individuum! schallt der Schlachtruf. Sollten sich, wie die Theorien, nicht auch die Objekte selbst feindlich gegenüberstehen? Sind Gesamtheit und Einzelmensch nicht natürliche und geborene Gegner? Ihrem Begriffe nach schon einander widerstrebend, im Wesen unvereinbar, in der Tat nicht zusammenzufügen? Kann man so grundverschiedene Dinge überhaupt unter einen Hut bringen? Damit steht und fällt das wichtigste soziale Grundproblem unserer Tage. Ein Ausgleich scheint jedenfalls nur vom Standpunkte einer sehr hohen, kaum noch praktisch wirksamen Betrachtung möglich. Aber muß denn das Individuum durchaus gruppenfeindlich sein? Kann es nicht im Gegenteil, wie ich schon zeigte, innerhalb der Gruppe differenzierend, abstufend, also rassebildend und rasseveredelnd wirken? Und ist andererseits, wie die kollektivistische Lehre mit Recht betont, das Individuum nicht tausendfältig geheimnisvoll durch die Rasse bedingt? Ich meine doch. Und auf diese Weise rechtfertigt sich auch die scheinbare Paradoxie, Rasse und Individualismus in einem Atem zu nennen, eine Rasse auf ihr Verhältnis zum Individualismus zu prüfen. Eine bestimmte Rasse wohlgemerkt: das kompliziert das Problem. Sofort drängt sich die Frage auf, was früher war: diese Rasse oder diese Geistesrichtung? Ob diese vielleicht ein Produkt der Rasse ist oder ob die Rasse sich ihr nachträglich schmiegsam anzupassen verstanden hat? Man wird im vorliegenden Falle beides vorwegnehmend bejahen dürfen. Schwerer, als es die liebe dilettantische Einfalt glaubt, ist es freilich in der Seele eines Volkes zu lesen. Jeder völkerpsychologischen Deutung kann man so ziemlich mit gleicher Leichtigkeit und gleichem Recht eine andere entgegensetzen. Daher denn auch die Fülle scheinwissenschaftlicher Willkür, die sich gerade auf diesem Gebiet großtuerisch zu spreizen pflegt. Wo die Beweismöglichkeit von vornherein ausgeschlossen ist, da ist der seichten Feuilletonistenphantastik natürlich Tür und Tor geöffnet. Daß ich der letzte bin, der Phantasie und Gefühl aus dem wissenschaftlichen Betriebe ausschließen möchte, ist durch das früher Gesagte gründlich erhärtet. In aller sammelnden und beschreibenden Erfahrungswissenschaft, die lediglich auf Tatsachenfeststellung ausgeht und mehr dem Objekt als den eigenen subjektiven Bedürfnissen dient, werden jene beiden geistigen Grundmächte freilich keine allzu gewichtige Rolle spielen dürfen. Doch dies ist auch die Wissenschaft der Geister zweiten Ranges, der untergeordneten Kärrnernaturen, die wohl auch ihren Wert und ihre Notwendigkeit haben, aber doch immer noch im Vorhof der eigentlichen Wissenschaft bleiben. Die königliche Wissenschaft der Begriffe aber, die Gesetzmäßigkeiten aufdeckt, Zusammenhänge knüpft, kühne Kuppelbauten des Gedankens wölbt - diese Wissenschaft ist immer kombinatorisch, konstruktiv, gestaltend und dem schöpferischen Bemühen der Kunst engverschwistert. Und in dieser Wissenschaft kommt man allerdings ohne warmes, belebendes, höchstpersönliches Gefühl und ohne vorwegnehmende, ergänzende, ausdeutende und gestaltende Phantasie nicht aus. Doch ein Unterschied ist zwischen der starken, umfassenden, durch tiefe Entwickelungen hindurch geläuterten Subjektivität und der ärmlich um einen einzigen dünnen Gedanken kreisenden Dutzendpersönlichkeit; ein Unterschied zwischen dem reichen, durch einen weiten Intellekt geklärten Gefühl und den im Grunde noch aus dunklen Triebsphären stammenden Regungen ererbten Vorurteils; ein Unterschied endlich zwischen der blitzgleich leuchtenden mystischen Ahnungskraft echter Phantasie und den trüben Augenblicksblasen einer kläglichen Phantastik. Und gerade auf dem Gebiet der Völkerpsychologie erleben wir es heut, daß man die kombinatorische Kraft begrifflicher Forschung mißbraucht und nicht um Subjektivität, Gefühl, Phantasie, sondern eben um ihr Gegenteil und Zerrbild weltgeschichtliche Systeme herumbaut. Schopenhauer hat einmal gesagt, daß nur diejenigen Werke bleiben, in die man ganz sich selbst hineingelegt hat. Aber freilich man muß was hineinzulegen haben! Die Philosophie eines Schopenhauer oder Nietzsche ist im Grunde nur die Spiegelung ihres persönlichsten

Wesens und doch zugleich ein Weltbild von unendlicher Weite und Tiefe. Kann man das Gleiche etwa von d'Annunzio oder Houston Stewart Chamberlain sagen? Die Zusammenstellung des südländisch-brünstigen Rhetorikers mit dem englisch-deutschen Germanenapostel scheint zunächst befremdlich und paradox. Doch hier kommt es mir ja nur auf das eine gemeinsame Moment an, daß beide Rassenfanatiker sind, beide einen einseitig-ausschließlichen Kultus ihrer Rasse auf Kosten aller anderen Völker des Erdballs treiben. Ja, wenn ich's frei gestehen soll, so scheint mir der Vergleich zwischen beiden sogar zugunsten d'Annunzios auszufallen, der seine Sache jedenfalls nobler und geschmackvoller versicht. Er hat jedenfalls gewichtige Tatsachen ins Feld zu führen: die alte Kulturtradition, die edle Formenklarheit, in der die lateinische Rasse wohl wirklich einzig ist, seit das begnadete Volk der Hellenen im Reigen der Völker fehlt. Auch verschließt er sich am Ende doch nicht ganz den Verdiensten anderer Völker: wie hymnische Töne findet er etwa für die gewaltige „Barbarenkunst" eines Richard Wagner! Mit welchen Mitteln aber der edle Deutschbrite operiert, hat mich, neben manchen Stellen in den „Grundlagen des 19. Jahrhunderts", vor allem die schöne Äußerung gelehrt — daß der germanische Monotheismus aus dem Reichtum an Gemüt, der jüdische Monotheismus aber aus dem Mangel an Gemüt stamme. Und die krampfhaften Bemühungen, Jesus, diesen echtesten Juden, der je gelebt, zum „Arier" stempeln zu wollen — soll man sie lächerlich oder traurig finden? Geistes- und Gefühlsroheiten dieser Art werden heut als Wissenschaft ausgegeben und gläubig hingenommen. Freilich, wirkliche Wissenschaft mag von ihnen nichts wissen: ein selbst für germanische Art glühend begeisterter Historiker bezeichnete mir neulich Chamberlain mit skeptischer Miene als „Feuilletonisten". — Im übrigen ist es hier von mir nicht auf eine Polemik gegen Chamberlain abgesehen; die müßte einmal viel gründlicher und in viel größerem Stile besorgt werden. Nur als warnendes und abschreckendes Beispiel wollte ich hier seinen Namen nennen — wie unvorsichtig heute auf dem unendlich heißen Gebiete der Völkerpsychologie operiert wird und wie man gerade hier nicht vorsichtig genug sein kann. Wir werden hier auch nicht mit mathematischer Präzision entscheiden können, ob eine ursprüngliche oder nachträgliche Beziehung zwischen Judentum und Individualismus bestanden hat. Zumal man über das Wesen des Individualismus selbst noch keineswegs völlig im klaren ist. Wenn irgendwo, so warnt hier das trügerische Doppelantlitz der Abstraktion. Glauben wir doch ja nicht die Dinge im Innersten zu fassen, wenn wir sie spekulierend zu Begrifflichkeiten entsinnlichen! Man „abstrahiert" nur, wie der Name schon sagt, indem man die ganze Fülle blutvoll strotzenden Lebens in Abzug bringt! Andererseits ist wissenschaftliche Betrachtungsweise fast schon mit abstrahierender identisch: man begreift die Erscheinung nur dadurch, daß man sie tötet, das heißt analysiert. Die simple Erfahrung geht auf das Einzelne, Individuelle, sinnlich Scheinende und gefällig zu den Sinnen Sprechende, die Wissenschaft geht auf die verknüpfenden Zusammenhänge, Gemeinsamkeiten und Gesetzmäßigkeiten, wie sie sich im trennenden und zusammenfügenden Geiste spiegeln. Und hierin ist sie groß, einzig, unentbehrlich. Aber doch schließlich auch nur einseitig und relativ. Eine abstrakte Analyse, der die Seiten- und Gegenkraft sinnlicher Synthese fehlt, bleibt ebenso unfruchtbar, als bloße Erfahrung ohne Abstraktion. Beide bedingen und erfordern sich gegenseitig. — Auch der begrifflichen Scheidung von **individualistischen** und **sozialistischen** Instinkten ist absolute Bedeutung nicht beizumessen. Auch hier sind die Dinge in der Wirklichkeit unendlich verflochtener und zusammengesetzter als in der Abstraktion. Wer will uns mit Sicherheit sagen, wo der Individualismus aufhört und der Sozialismus beginnt? Können nicht beiderlei Instinkte in derselben Volks- und Einzelseele nebeneinander wohnen? Kann ein Volk oder Individuum nicht auf dem einen Gebiete individualistisch, auf anderen sozialistisch veranlagt sein? Gibt es nicht die verschiedensten Spielarten des Individualismus und Sozialismus, den politischen, religiösen, moralischen? Ist nicht endlich eine glückliche Synthese beider Strömungen innerhalb eines bevorzugten Volkstums denkbar? Aus der Familie als der Urzelle sozialer Verbände läßt Aristoteles alles Staats- und Gesellschaftsleben hervorgehen. Familiensinn, sozialer Zusammenhalt und in höchster Steigerung nationaler Gemeinschaftssinn, staatenbildende Fähigkeit — wo wären sie stärker ausgebildet als im alten Judentum, das diesen Instinkten seine Ewigkeitsdauer und seine welthistorische Machtstellung verdankt. „Vater und Mutter ehren und bis in die Wurzel der Seele hinein ihnen zu Willen sein": diese Tafel der Überwindung hängte ein anderes Volk über sich auf und wurde mächtig und ewig damit.' („Also sprach Zarathustra.") Und doch trotz dieser beispiellosen Stärke des sozialen Triebes zugleich welche Pracht und Fülle der individuellen Entwickelung! Nur das welterobernde Römertum bietet vielleicht, mutatis mutandis, ein annäherndes Analogon solchen Ineinandergehens von Persönlichkeits- und Gemeinschaftstrieb — während im Griechentum, von der kurzen Blütezeit der Polis abgesehen, von vornherein eine Tendenz zur Individualisierung und Differenzierung bestand. — Welche Galerie königlich ragender Erscheinungen: diese Patriarchengestalten des alten Testaments! Man kann es begreifen, daß der Enthusiast großen Menschentums, Friedrich Nietzsche, sich aus der „dumpfen Betstubenatmosphäre" des neuen Testaments zu dieser patriarchalisch-primitiven Größe gezogen fühlte. Dem glorreichen Geistesaufschwung der letzten Jahre und insbesondere Herrn Professor Delitzsch erst blieb es vorbehalten zu konstatieren, daß alles Heil nicht von Judäa, sondern von Babylon kommt. . . . Hier, im sozialen Leben des alten Judentums, halten sich also Persönlichkeits- und Gemeinschaftsinstinkt so ziemlich das Gleichgewicht. Das soziale Moment, zumal in der berühmt gewordenen spezifisch-jüdischen Form des „Familiensinnes", ist freilich Dominante, der Individualismus nur stark mitschwingender Begleitton. Mehr noch als auf politisch-sozialem bestätigt sich uns dies auf religiösem Gebiet. Von prometheischem Titanismus, der sich in wilder Eigenkraft gegen die Gottheit bäumt, von jenem himmelstürmenden Atheistentrotz, wie er alle großen religiösen Individualisten charakterisiert, ist im reinen Judentum nichts zu spüren. Im Gegenteil: in diesem typischen Volk der Theokratie lebt eine Tendenz zur Selbsterniedrigung der Individualität vor dem Göttlichen, eine leidenschaftliche Inbrunst zerknirschter Unterwerfung unter eine außer- und überweltliche Potenz, eine Art „religiöser Genialität", die an prachtvoll elementarer Naturkraft, an ästhetisch imposanter Auswirkung, dem Titanismus der heidnischen Antike nichts nachgibt. Atheisten und Pessimisten, wie der große, aber eben in seiner Größe einseitige und ungerechte Schopenhauer, dessen romantisch-tragische Grundstimmung sich am buddhistisch-christlichen Geiste nährte, haben diese ekstatische Religiosität des jüdischen Volkstums skeptisch beurteilt, und umgekehrt hat ein Kraftanbeter und heroischer Optimist wie Nietzsche das Christentum und seinen Haß gegen die Individualität als Folge jüdischer Sklavenmoral betrachtet. Doch beide Auffassungen dringen nicht in die letzten Tiefen und Zusammenhänge.

Zunächst ist es ganz verfehlt, dem Judentum jenen „ruchlosen Optimismus", jene schönfärbende, idyllensüchtige Ideologie, anzudichten, die Schopenhauer darin argwöhnt. Der Gott des alten Testaments: das ist wahrlich kein naiv-anthropomorph gedachter Menschheitsschirmer, sondern der weltumfassende, majestätisch-eifervolle Donnergott, der in Gewittern redet. Einem solchen Gotte sich zu unterwerfen aber ist auch des stärksten, stolzesten und freiesten Individuums nicht unwürdig.

Hebbel spricht einmal in einer „Tagebuch"-Selbstkritik seiner „Judith" von dem ewigen Dualismus im Wesen der Menschheit, wie er in der Theokratie des Judentums einerseits, in der Selbstvergottung des Heidentums andererseits seinen drastischen Ausdruck findet. Hier ist ein für allemal der richtige Standpunkt zur Beurteilung der jüdischen Religiosität gewonnen. Ob dies nun mehr Individualismus oder Sozialismus sei — wer wollte es pedantisch-formelhaft entscheiden? Es ist eine Auflösung hochgespannten Persönlichkeitsgefühles in religiösen Ekstasen, ein Zerrinnen des Individuums in Gott.

Und das Christentum? Kann man es überhaupt mit dem Judentum in einem Atem nennen? Hat es, wie die einen erklären, gar nichts

mit ihm zu tun, oder ist es, wie die anderen behaupten, gerade die
feinste Quintessenz und Blüte des Judentums? Schwer ist es, in der
jahrtausendalten Seele eines Volkes, in langen Generationsreihen und
Entwickelungsphasen deutlich zu lesen. Ob in den großen historischen
Abwandlungen eine erkennbare Einheit überhaupt gewahrt bleibt, das
ist das große Problem. Wo ist das verknüpfende Band etwa zwischen
dem Römertum der Anfänge, des klassischen Zeitalters und der Verfall-
zeit? Wo der Zusammenhang zwischen Hellenentum und Hellenismus?
Oder zwischen dem Germanentum der Urwälder und des zwanzigsten
Jahrhunderts? Um auf das Juden- und Christentum zurückzukommen:
hat nicht Nietzsche in paradox-geistreicher psychologischer Intuition das
Christentum gerade aus dem Wechsel und der Verschiedenheit der jüdischen
Generationen zu begreifen gesucht? In den dekadenten, kulturmüden
und den plebejisch-kommunistischen Schichten des Judentums sieht er
die eigentlichen Träger des heraufkommenden christlichen Geistes. . . .
Doch diese Schwierigkeit darf die volkspsychologische Betrachtung nicht irre
machen. Haben wir doch in der Entwickelung des Individuums ein
sehr bezeichnendes Analogon! Der junge, der reife, der alternde Mensch:
wie verschieden sind sie in Bewußtseins- und Empfindungslage; wie
scheint jeder von ihnen eine besondere „Seele" in sich zu tragen! Und
trotzdem zweifeln wir keinen Augenblick an einem kontinuierlichen Ich-
bewußtsein, einer einheitlichen Individualseele, die uns nur in den einzelnen Phasen abgewandelt und verschleiert entgegentritt. Und die
elementarste Selbstbeobachtung bestätigt die Existenz dieses „Ichbewußt-
seins". Wenn wir aber überhaupt einmal zu der gefährlichen und dunkel-
deutigen Abstraktion eines Volksindividuums fortschreiten — und mit
dieser Abstraktion beginnt recht eigentlich erst die volkspsychologische
Wissenschaft oder auch besser nur Hypothetik — so werden wir nicht umhin
können, dieser Gesamtpersönlichkeit auch eine einheitliche Psyche beizulegen. Ein Gipfel der Pedanterie aber wäre es nach alledem, die
Seele eines Volkes auf eine engherzige Formel ein für allemal festlegen
zu wollen. Dunkel und unergründlich gerade in ihrer schöpferischen
Tiefe ist, wie die individuelle, so auch die soziale Psyche. Und vor
allen Dingen natürlich die begabte, geniale Psyche eines bedeutenden
Einzelnen oder Volkes mit ihren tausend schlummernden unersorschten
Möglichkeiten. Jedes reiche Volkstum schließt in der Tat die entferntesten
Extreme in sich, und eine auf den Höhepunkt gelangte Entwickelung
schlägt nach der mit Unrecht zum alten Eisen geworfenen Hegelschen
Formel nur zu leicht in ihr Gegenteil um. So gipfelte und überwand
sich zugleich das Griechentum in Plato, dem zugleich griechischsten und
ungriechischsten aller großen Denker, der aus der spezifisch hellenischen
Sphäre des Sinnenscheins, der Anschauung, der künstlerisch-ästhetischen
Weltspiegelung, in die Welt des Abstrakten, Übersinnlichen, ins Reich der

Ideen hinübertrachtete. Und wohnte nicht von jeher im Griechentum neben verklärender Lebensheiterkeit und dionysisch-trunkener Lebensbejahung stets ein herber, düsterer, pessimistisch-fatalistischer, sich in den Erschütterungen der Tragödie entladender Drang? Es ist Jakob Burckhardts und vor allem Nietzsches großes Verdienst, uns von jener seicht-süßlichen Auffassung der Griechen befreit zu haben, die in ihnen nur die rosaroten, epikureischen Heiterlinge sah. . . . Und auch im Schoße des Judentums hausen die Extreme beieinander, durch den Wechsel des Zeitalters und der Generationen natürlich verschoben und verwandelt: die patriarchalische Streitbarkeit, festgegründete Lebenskraft und Diesseitsliebe des alten Bundes, und die Sanftmut, Weltflucht und kommunistische Verbrüderung des neuen. Gemeinsam sind beiden Entwicklungsstufen die ekstatische Glaubensinbrunst und der stark ausgeprägte soziale Instinkt — dort freilich mehr ein Sozialismus der Starken, Stolzen, hier der Armen, Schwachen, Entrechteten. Aber man braucht nur dieser Gemeinsamkeiten zu gedenken, um sich bewußt zu bleiben, daß es eine einzige große Seele ist, die hier von einem Pole des Empfindens zum anderen wandert. . . .

Jedoch die ganze Betrachtung verschiebt sich gegenüber dem jüdischen Volkstum **vor** und **nach** der Diaspora, der unseligen Zerstreuung vereinzelter Volksreste in alle Himmelsrichtungen. Hier war eine so stark in nationalen Traditionen wurzelnde Rasse zur Rolle des Weltbürgertums verdammt. In diesem kosmopolitischen Rahmen hat sich jedenfalls das Bild des **modernen Juden** gestaltet, wie wir es heute kennen. Überwiegen nun in ihm die individualistischen oder die sozialen Instinkte? Der alte historische Jude zeigte ein deutliches Übergewicht des Gemeinschaftsinnes, dort im streng-patriarchalischen Gefüge, hier im engen Zusammenschluß der Schwachen, immer aber im bald machtvollen, bald zerknirschten Gehorsam gegen das theokratische Prinzip. Nun, der jüdische Familiensinn und selbst noch ein gewisses, freilich in manchen Schichten schon abbröckelndes nationales Solidaritätsgefühl bestehen noch heut im Wesentlichen unerschüttert; andererseits ist gerade das moderne Judentum von einer zweifellos sehr starken **individualistischen** Grundströmung durchzogen. Und hier erhebt sich vor uns wieder in erneuter Kraft das alte Problem: Ist dieser Individualismus von außen hineingetragen, vielleicht durch die eigentümliche historische Entwickelung erzeugt und verschärft, oder ist er etwas dem jüdischen Volkscharakter Ursprüngliches, Angeborenes? Einen gewissen latenten und nicht nur latenten Individualismus in inniger Verflechtung mit sozialen Instinkten fanden wir ja freilich schon im alten Judentum. Mindestens eine **Disposition** zum Individualismus, eine schlummernde individualistische Funktion gleichsam, müssen wir also von Anfang an in ihm annehmen. Diese Anlage bedurfte nur der günstigen Zeitumstände, um geweckt zu werden und sich in vollem Maße zu entfalten. Solange noch das unendlich zähe religiös-soziale Solidaritätsgefühl wie ein eherner Reif um die jüdische Volksgemeinschaft lag, war an eine individualistische Entwickelung nicht zu denken. Das jüdische Volkstum war nur so lange stark, als es eben ein wirkliches, national geschlossenes und lokalisiertes Volkstum war. Mit der Diaspora aber, der Aufhebung der nationalen Einheit und Selbständigkeit, werden auch die sozialen Instinkte schwächer, und mit Macht erhebt sich die freigewordene Gegenkraft. Etwas Ähnliches finden wir ja gerade bei den begabtesten Völkern der Geschichte: bei den Griechen etwa, die nach einer verhältnismäßig kurzen Periode hochgespannten Staatssinnes ganz der individualistischen Entwickelung verfallen. Und ist nicht der Partikularismus, wie er Jahrhunderte der deutschen Geschichte beherrscht, ebenfalls ein Ausfluß stark betonten Persönlichkeitsgefühls?! Das große politisch-soziale Band zerreißt, und Gruppen, Grüppchen und Individuen klammern sich an ihr Eigenrecht. Und auf der anderen Seite sehe man so eminent praktische, welttaugliche Völker wie Römer, Engländer, Amerikaner: welche zähe Kraft des Zusammenschlusses, welche nachhaltige staatenbildende Fähigkeit — aber auch welcher Mangel an gegenseitiger Abgrenzung der Individuen, an starker Persönlichkeitsentfaltung, an differenzierendem Sinn! Es sind augenscheinlich also die intellektuell höher stehenden Nationen, die eigentlichen Träger feinerer Geisteskultur, die im Kern ein bißchen weltfremden und unpraktischen Philosophen- und Künstlervölker, in denen der regste Trieb zur Individualisierung waltet. Daß die Juden aber ein philosophisch und künstlerisch hochveranlagtes Volk sind, darüber braucht hier nicht erst des längeren gesprochen zu werden. Der Monotheismus — im Grunde doch nur eine religiös-metaphorische Vorstufe des Monismus — ist vielleicht die überhaupt gewaltigste Tat philosophischer Abstraktion, und der jüdischen Kunst fehlt es vielleicht zum Teil an scharfsinnlicher Bildlichkeit der Anschauung und unmittelbarer Naivität des Gefühls, keineswegs aber an großen und grundlegenden Eigenschaften überhaupt: es ist nur eine mehr phantastisch-intellektuelle Kunst, in die sich der Uneingeweihte erst einfühlen muß. Doch darüber bald noch wenige Worte. . . . Jedenfalls hat das Judentum dem modernen Individualismus mit die berufensten und zähesten Kämpfer gestellt. Jene günstige Zeitlage, die den individualistischen Aufschwung befördern mußte, ist ja in unseren Tagen eingetreten, und die angeborene Disposition der Rasse kreuzt sich so seltsam-bezeichnend mit der vielleicht wichtigsten geistigen Grundströmung unserer Zeit. Heut kann man die Juden, in guter und übler Meinung, das typische Volk des Individualismus nennen hören. Nicht umsonst macht man ihnen den Vorwurf der ätzenden, auflösenden Kritik, die die Bande der Gemeinschaft lockert und das Individuum auf sich selber stellt. In der Tat wohnt mindestens dem modernen jüdischen Volkscharakter eine Neigung und Fähigkeit zur Kritik inne, die selbst wieder in einem gewissen Intellektualismus, einer hochentwickelten Dialektik und einer ausgeprägten nervösen Sensibilität begründet ist — beide Erscheinungen Erbstücke einer uralt-hohen, aristokratischen Kultur, die noch vom letzten Gluthauch orientalischer Phantastik berührt erscheint. Wieder befremdet der frappante Einklang zwischen der modernen Zeitseele und der modernen jüdischen Rassenseele; hat man doch nicht mit Unrecht Intellektualismus und Sensibilität als Erscheinungen der „Reizsamkeit" bezeichnet, die unser ganzes modernes Geistesleben charakterisiert. Hier aber schlägt sich leicht die Brücke zum Subjektivismus und Individualismus, denn Intellekt und Nerven sondern ab und verpersönlichen, während das Gefühl zusammenschließt und entpersönlicht. — Aber sind nicht Juden zugleich die Begründer des modernen Sozialismus gewesen? Scheint dies nicht ein neuer Beweis dafür zu sein, daß in dieser wunderbar umfassenden, unerschöpflichen und undeutbaren Volksseele, die nach einem Worte Goethes „das Höchste und das Niedrigste" zugleich beherbergen soll, die großen Extreme eng beieinander wohnen, die man mit groben Schlagworten: Individualismus und Sozialismus zu nennen pflegt?!

Feldmarschall-Leutnant Moriz Ritter v. Brunner.
Ein Gedenkblatt
von
W. Stavenhagen.
— Berlin. —

Ein Jahr ist dahingeeilt, seit der Genius seine Fackel gesenkt hat und kurz nach Mitternacht zum 25. Oktober 1904 ein österreichisch-ungarischer Genie-General in die Ewigkeit eingegangen ist, der eine auch weite Kreise der Gebildeten aller Länder angehende Bedeutung gehabt. In ihm schied zwar ein echter, alter Österreicher, der sein Vaterland über alles liebte, und dessen Namen wir nicht aussprechen können, ohne daß uns das schöne Wien, seine Hauptwirkungsstätte, vor dem inneren Blick erscheint, mit der „blauen" Donau, seinen Waldbergen, dem Stephansdom und den hübschen feschen Frauen und Mädeln, die auch Brunner, ein Frauenkenner, in sein Herz geschlossen hatte. Der Genius loci verkörperte sich auch in diesem Soldaten, dessen Leitmotiv alles Fühlens, Denkens und Handelns die Größe seiner Armee, der Ruhm seiner Geniewaffe, die Liebe zu seiner Heimat, vor allem zu seiner Vaterstadt Wien war, bei dem jeder Blutstropfen sich als „schwarzgelb" erwiesen hätte! Aber trotz dieser zahlreichen spezifisch österreichischen Seiten seines Wesens, die ihn zum Beispiel von seinem berühmten Fachgenossen Brialmont unterscheiden, der trotz seines Patriotismus viel mehr vom Kosmopoliten hatte und von jener Schlangenklugheit im guten Sinne des Wortes, die für jede weltmännische Laufbahn unentbehrlich ist, um ohne erheblichen Anstoß sein Ziel zu erreichen, war Brunner doch ein Mann, der uns alle interessiert dank der Kraft der Überzeugung seines Wollens und des Künstlerischen seines Wesens, welche die Gewalt seiner Persönlichkeit ausmachten, sowie des großen vorbildlichen Einflusses, den er in militärischer, wissenschaftlicher und kriegstechnischer, namentlich fortifikatorischer Hinsicht auf die Armeen aller Staaten Europas ausgeübt hat. Fragen, die uns Soldaten in Deutschland noch heute aufs höchste beschäftigen, und von denen manche, wie die so dringliche Neuordnung der technischen Waffen sowie die Verbreitung des allgemeinen Verständnisses für den so wichtigen Festungskrieg, seit einem Menschenalter bei uns noch der Lösung harren, hat er einen erfolgreichen Teil seiner Lebensarbeit gewidmet! Daher verdient dieser Mann gelegentlich der ersten Wiederkehr seines Todestages auch einen kurzen Nachruf in dieser der gesamten Kulturwelt in Nord und Süd gewidmeten Zeitschrift. Mehr als eine kleine Skizze kann ich freilich auf so beschränktem Raum nicht geben, und daher auch leider nur einzelne Züge aus diesem Leben herausgreifen, was freilich stets mißlich ist, denn die gesamte Tätigkeit eines Menschen ist ein organisches Ganze, dessen Harmonie leicht auf diese Weise gestört, dessen wesentlicher Eindruck beeinträchtigt werden kann. Hinzu kommt, daß ich nur in dem letzten Jahrzehnt seines Lebens das Glück gehabt, Feldmarschall-Leutnant von Brunner näher treten zu dürfen, und daher nur einige, freilich mit die w i c h t i g s t e n Seiten seines Wesens und Wirkens persönlich kennen gelernt habe. Aber ich bin auch in den Stand gesetzt, dank der Liebenswürdigkeit seiner jüngsten Tochter Maria und einer trefflichen fachmännischen Skizze eines seiner jüngsten Waffengenossen, des Geniemajors Stowasser, manches Charakteristische wie Tatsächliche der eigenen Weisheit hinzufügen zu können.

Für mich fällt um so mehr die s c h r i f t s t e l l e r i s c h e Tätigkeit des österreichischen Generals zunächst ins Auge, als ich auf diesem Wege, als jüngerer Kollege in litteris, seine erste Bekanntschaft gemacht habe. Wenn es einen hohen Beruf gibt in unserem Staatsleben, so ist es der des M i l i t ä r s c h r i f t s t e l l e r s, der sein Fach voller Wissenschaftlichkeit, Würde und Unabhängigkeit pflegt, etwa in der Auffassung, die Fichte vom Gelehrtenberuf hatte, die auch frei von jeder Einseitigkeit und Fachsimpelei macht, freilich s e l t e n ist! Solche Züge finden wir bei Brunner! Als Fachgelehrten fesselten ihn, der „Genist" mit Leib und Seele war, natürlich vor allem f o r t i f i k a t o r i s c h e Probleme! Und gerade diese sind auch ein so allgemein interessantes Gebiet! Die Tragik des Festungskrieges — jeder feste Platz ist schließlich das Opfer der ihn immer enger umkreisenden, umschlingenden und schließlich erwürgenden Riesenschlange der Einschließungstruppen — umgibt seit uralten Zeiten eine heroische Poesie, sie reizt daher auch den künstlerischen Sinn jedes Menschen! Alle großen Kriegskünstler haben das auch empfunden,

Alexander und Cäsar, Friedrich der Große und Napoleon, Moltke und Oyama! Brunner kam nun, außer einer bedeutenden Sachverständigkeit, die durch akademische Lehrtätigkeit noch gehoben und geklärt wurde, einem vorzüglichen Gedächtnis, großer Belesenheit und vollständiger Beherrschung der militärischen und technischen Literatur, selbst alter Werke, auf deren Nutzen für das Studium er wiederholt hingewiesen hat, eine erhebliche literarische Begabung und Darstellungsfähigkeit zugute. Er wurde auf fortifikatorischem Gebiet eine europäische Autorität, nicht nur, weil er durch seine Schriften seine eigene Armee förderte und ihre Kriegstätigkeit vorbereitete, sondern weil er Grundsätze aufstellte, die auf den Kriegserfahrungen aller Zeiten und Nationen fußten und deshalb auch für alle Armeen Gültigkeit haben mußten, so sehr auch die Fortifikation im einzelnen eine nationale Kunst ist. Viele seiner Werke sind klassische Lehrbücher, die in mehrere Hauptsprachen übersetzt wurden, hierdurch, sowie durch eine seltene amtliche Förderung sechs bis acht Auflagen erlebt haben und sich heute noch allgemeiner Geltung erfreuen. Sie sind teilweise grundlegend für Österreich-Ungarn geworden, wo sie als offizielle Lehrmittel in den Militärbildungsanstalten eingeführt wurden, und dank dem Wohlwollen und der Einsicht des Reichskriegsministeriums von dem dazu völlig berufenen Sohne des Verstorbenen in seinem Geiste fortgesetzt werden. Namentlich manche Lehren des heutigen Festungsangriffs, die Betonung des entscheidenden Wertes der **Infanterie** als der Hauptwaffe wie schon des Feld-, so auch des Festungskrieges — im Gegensatz zu der einseitig artilleristischen Auffassung —, die Hervorhebung der Schwierigkeit des gegen jeden großen Waffenplatz unvermeidlichen **Nahangriffs** und der wichtigen Aufgaben, die auch heute noch **Sappe und Mine** haben, wie dies alles neuerdings Port Arthur wieder schlagend bewiesen hat, sind einige charakteristische Eigenschaften dieser Schriften. Schon Brunners kleines, äußerst gelungenes Erstlingswerk von 1861 war ein „Praktisches Hilfsbuch für den Mineur", und gerade auf diesem Gebiet beherrschte er die gesamte Literatur seit Vauban. Aber auch seine Arbeiten über **Feld-** oder **flüchtige** Befestigung sind von **ausschlaggebender Bedeutung**. Und da er auch in seinen Vorschlägen auf dem Gebiet der **beständigen** Befestigungskunst gar manches von bleibendem Wert geschaffen hat, kann er für Österreich-Ungarn als der **Vater** der heutigen Bauweisen wohl angesehen werden, so Treffliches natürlich auch der Mitarbeit anderer Offiziere, nicht zuletzt des Technischen Militär-Komitees, zu danken ist und so sehr schon einiges bei der rastlosen Entwickelung der Technik seitdem in der Umwandlung begriffen ist. Niemand hat jedenfalls in seinem Vaterlande klarer als er das **Wesen** und die **Bedeutung** der Festungen für die Kriegsführung erkannt und theoretisch und praktisch über ein Menschenalter vertreten, dabei trotz allem Schwanken der Meinungen selbst anerkannter

Fachleute an alten bewährten Anschauungen festgehalten, ohne sich wirklichen Fortschritten zu verschließen. Brunner war kein Sezessionist und Originalitätshascher in seiner Kunst, sondern wie alle großen Fortifikateure mehr konservativ, strebte eine allmähliche, methodische, keine sprunghafte und modische Fortbildung der edlen Kunst des Militäringenieurs an. Überaus groß ist auch die Zahl der einzelnen Abhandlungen dieses Schriftstellers, in denen er zu wichtigen militärischen und kriegstechnischen Zeitfragen Stellung nahm. So hat er 1873 schon den heute wieder auf der Tagesordnung stehenden Gebrauch von Panzern gegen Gewehrfeuer im Festungskriege angeregt, so sich 1878 über die Anwendung des Infanteriespatens geäußert, indem er ihn als eine nicht minder wichtige Waffe wie das Gewehr betrachtete, so gegen gewisse Festungsverächter 1881 die Streitschrift verfaßt: „Sind Festungen erstürmbar", deren Beherzigung den Japanern vor Port Arthur viel Blut erspart hätte. Für uns Reichsdeutsche von besonderem Interesse ist auch seine Arbeit: „Über die Verteidigung von Straßburg 1870", welche ihre Entstehung der auszeichnenden Entsendung des damals noch jungen Genieoffiziers durch das Reichskriegsministerium in die noch rauchende Trümmerstätte der alten deutschen Feste verdankt, um der eigenen Armee die damals neuesten Erfahrungen des Festungskrieges nutzbar zu machen. Auch seine kritischen Besprechungen der Arbeiten von Fachgenossen sind von hohem Wert, weil sie produktive Kritik eines reicherfahrenen Mannes lieferten, die sowohl der Allgemeinheit wie den Verfassern großen Nutzen brachten. Auch ich hatte mich mehrfach solcher Auszeichnungen zu erfreuen und rechne diese Beurteilungen mit denen Brialmonts zu den liebsten, die ich über meine fachwissenschaftlichen Werke besitze. Sehr bedeutend war ferner die etwa vierzehn Jahre währende Redaktionstätigkeit Brunners an „Streffleurs militärischer Zeitschrift", die er dadurch nicht nur zum ersten Fachblatt dieser Art in Österreich machte, sondern auch weit über die Landesgrenzen hinaus angesehen, ein Aufschwung, dem nach seinem Rücktritt bald ein Niedergang folgte, von dem sich die Zeitschrift erst neuerdings wieder zu erholen beginnt. Der Schriftleiter selbst war auch einer seiner besten Mitarbeiter, mancher Aufsatz bleibenden Werts erschien aus seiner geschickten Feder, einer „Die Feldbefestigung in ihren Beziehungen zur Taktik und die Geschütze der Neuzeit" (1865), hatte sogar auf dem Schlachtfelde von Königgrätz praktische Folgen. Endlich ist noch eines merkwürdigen Zuges zu gedenken, nämlich daß von Brunner, der bei seiner dienstlichen Beanspruchung nur wenig Zeit der schöngeistigen Literatur widmen konnte, in seinen letzten Lebensjahren eine dichterische Ader in sich spürte und so produktiv wurde, daß er seit seinem zweiunddreißigsten Jahre, wo er das erste Gedicht niederschrieb, in rascher Folge bis zu seinem Tode Weihnachten jedes Jahres auch ein

Bändchen seiner „Späten Lieder" im Freundeskreise erscheinen lassen konnte, von denen viele auch in Musik gesetzt wurden. Eins der schönsten: „O, könnt' ich durch die Welt dich tragen," im 2. Bande das erste, ist von zwei Komponisten vertont worden. Diese Lieder waren im wesentlichen seiner Familie, vor allem seiner heißgeliebten und hochverehrten Frau, einer wahrhaft idealen Gattin und Mutter, sowie Freunden und Bekannten und eigenen Erlebnissen gewidmet und sind warm empfundene, anmutende Arbeiten.

Es leuchtet wohl ein, daß ein so gearteter Schriftsteller viele dieser ausgezeichneten Eigenschaften auch seiner Lehrtätigkeit verdankt, denn jeder gute akademische Lehrer von pädagogischer Begabung und klarer Mitteilungsfähigkeit muß, sobald er will, nach Fichtes wahrem Wort, auch ein tüchtiger Schriftsteller werden können. von Brunner war aber ein solcher und zwar von 1879 bis 1886 Lehrer der Befestigungskunst und des Festungskrieges, später Studienleiter der Genieabteilung an der Technischen Militär-Akademie in Wien, wobei er gleichzeitig auch Seiner kaiserlichen Hoheit Erzherzog Eugen, dem heutigen Teutschmeister und kommandierenden General des Innsbrucker Armeekorps, sowie an den Stabsoffizierkursen des Heeres und der Landwehr Vorträge über diese Fächer in einer Weise hielt, die ihm Verehrer und Anhänger schuf. Denn er verstand es, die Hörer nicht nur gründlich in den Gegenstand einzuweihen und seine Grundsätze applikatorisch nutzbar zu machen, sondern auch durch ungewöhnliche Kenntnis der Kriegsgeschichte und Erweckung der Liebe zur Armee und zur eigenen Waffe fortzureißen. Gerade die Geschichte der österreichisch-ungarischen Geniewaffe bietet aber Anlässe der Fülle, sich an ihnen zu erheben und zu begeistern.

Von hervorragendster, weil in das Heeresleben praktisch tief eingreifender Bedeutung war von Brunners Tätigkeit in leitender dienstlicher Stellung, sowohl als Organisator wie als Festungserbauer. Zwar hat er nur verhältnismäßig kurze Zeit Frontdienst getan, nämlich in der goldenen Leutnantszeit, und eigene Kriegserfahrungen größerer Art blieben ihm versagt, wenn er auch 1866 bei der Verteidigungs-Instandsetzung der Festung Olmütz Gelegenheit fand, sich bei dem etwa zwei Monate währenden, für einen jüngeren Offizier schwierigen Bau des großen provisorischen Werks Nimlau infolge seines praktischen Geschicks auszuzeichnen. Auch sammelte er bei Anlage des Floridsdorfer Brückenkopfes vor Wien Erfahrungen. Im wesentlichen aber hat sich doch sein dienstliches Leben am Schreibtisch, im Geniekomitee, als Lehrer, im Ministerium abgewickelt. Dennoch ist er stets frei von jedem Bureaukratismus geblieben, hat sich einen klaren Blick für das Kriegsmäßige und der Armee Notwendige, einen echten militärischen und allgemein gebildeten Geist, nicht zuletzt durch Selbstzucht, zu bewahren gewußt, und dabei eine unermüdliche Tatkraft bis zur Aufreibung bei Lösung der ihm obliegenden schwierigen Aufgaben entwickelt, bis er schließlich „in den Sielen" gestorben ist, bis zum letzten Hauch für die Armee tätig. Den Mangel eigener Kriegserfahrung ersetzte er eben durch unaufhörliches Studium der **Kriegsgeschichte** bis zur kleinsten Regimentsgeschichte, sowie das unaufhörliche Verfolgen aller Fortschritte wie der Tätigkeit aller Heere, besonders des eigenen. Jede Gelegenheit benutzte der rastlose Mann zur eigenen Vervollkommnung, auf den Spaziergängen schärfte er seinen Blick für das Gelände, stellte sich dabei Aufgaben, studierte in Ausführung begriffene Bauten, auch der Ziviltechnik, reiste auf die Schlachtfelder, verkehrte viel mit Offizieren anderer Waffen, um sich vor Einseitigkeit zu bewahren, suchte in jüngeren Jahren namentlich den geselligen Verkehr mit Zivilisten, Ärzten, Lehrern, Schriftstellern, Fabrikanten ꝛc., um seinen Gesichtskreis zu erweitern und am öffentlichen Leben teilzunehmen, wobei er oft den Nutzen des „Wirtshauses" in geistiger Hinsicht und als Stätte gegenseitiger Anregung pries, stand sein Leben lang mit vielen in- und ausländischen Militärschriftstellern und Fortifikatoren in persönlichem und schriftlichem Verkehr, so daß er über alles für ihn Wichtige dauernd unterrichtet war. So erwarb sich von Brunner jenen weiten Blick und eine Praxis, die der Routinier des Frontdienstes vergeblich zu erreichen sucht, — es ist eben im Leben wesentlich Sache der Persönlichkeit, was jemand kann und leistet, wie er etwas anpackt und durchführt, auch ohne in einer Schule dafür gewesen zu sein. So erklärt es sich, daß der Kaiser diesen Mann früh in leitende Stellungen brachte, zuletzt, seit 1895, in die entscheidende eines **Sektionschefs im Reichskriegsministerium**, wo ihm der gesamte Genie- und Festungsdienst der Monarchie, das Pionier-, Waffen- und Munitions-, sowie das Militär-Erziehungs- und Bildungswesen unterstellt wurden. Die Organisation der Kriegstechnik war unter dieser Fülle von Aufgaben die wichtigste! Schon von 1868 bis 1879, wo er zuerst im Reichskriegsministerium in der wichtigen achten Abteilung arbeitete, deren Chef er dann von 1893 bis 1895 wurde, (ehe er in die nach dem Minister höchste Stellung einrückte), war er für die Genietruppe tätig. Ihm ist deren frühere Neuordnung und endlich die **Durchführung der gegenwärtigen Gliederung** zu danken. Er errichtete einen für militärische und fortifikatorische Zwecke bestimmten **Geniestab**, verwandelte die Genisten in **Pioniere**, also wirkliche Feldtruppen, von denen jede Truppendivision eine Kompagnie erhielt, stellte **Reserve-Pionier-Kompagnien** auf und vermehrte die Friedenskadres für neue Formationen im Kriegsfalle, wo auch jedes Oberkommando einen Geniechef erhalten sollte, bildete **Schanzzeugkolonnen** und rüstete, namentlich auch auf Grund der Erfahrungen des Okkupationsfeldzuges, die Infanterie mit tragbaren „Linnemannschen" Spaten aus. Er stellte ferner **Flußminen-, Minen-,**

Eiselbrücken- und Flußschifferabteilungen als Spezialisten der Pioniere auf und entlastete die Genieoffiziere, indem er den reinen Fachbaudienst einem eigenen **Bauingenieurkorps** übertrug, sowie **Militärbauwerkführern**. Eine erhöhte Aufmerksamkeit widmete er der **Feldbefestigung** und dem **Behelfs- oder Notbrückenbau**, die er als Übungsgegenstände einführte, ebenso wirkte er für das gesamte **Landesverteidigungssystem** der Monarchie, den Ausbau der Festungen, ihre Ausrüstung und Verteidigungsfähigkeit. Auch die **Festungsartillerie** verdankt ihm ihre kriegsmäßige Ausbildung und Weiterentwickelung. Nicht minder das Militärbildungswesen, für das er neue, würdige Heimstätten und gute Vorschriften und Lehranweisungen schuf. Aber auch seiner eigenen hervorragenden Tätigkeit als **Festungserbauer** ist hier zu gedenken, da er wirklich schöpferisch war, seinen Ideen in einer Reihe mustergültiger Bauwerke Ausdruck verlieh und die gerade damals infolge der großen Fortschritte der Artillerie nötigen Umwälzungen in der Ingenieurtechnik sowohl als Geniedirektor in Trebinje (1886 bis 1889) wie als Befestigungsbaudirektor in Przemyśl (1889 bis 1894) sorgfältig bei seinen Anlagen beobachtete. Bei dieser großartigen und schwierigen Bautätigkeit trat sein praktisches Geschick in vollendeter Weise zutage.

Und nun das Beste an von Brunner zuletzt: der **Mensch**, der Gatte, Vater und Freund! Es gibt Männer, deren Wesen beim ersten Zusammentreffen derart gefangen nimmt, daß man ihnen von ganzer Seele gut sein muß, ohne vorher Gelegenheit zu haben, sie näher zu beobachten und kennen zu lernen. Sie strahlen Herzensgüte und Freundlichkeit aus, so daß wir nur das Gefühl sprechen lassen, das uns aber weit seltener täuscht, als der kühle und prüfende Verstand, zumal uns das innerste Wesen eines Menschen doch ein unergründliches Geheimnis bleiben muß! von Brunner war ein solcher Mann, nur daß er auch bei näherer Erforschung noch gewann und sich in allen Wechselfällen bewährte. „Warm schlug sein Herz für fremdes Leid, und wo er konnte, half er. Ohne Scheu und Zagen durfte jeder wie einem Freunde ihm nahen und seinen Kummer ausschütten; er fand ein offenes Ohr. Mancher, dessen Anliegen nicht Erfüllung gefunden, ahnte oft gar nicht, wie sehr sich Feldmarschall-Leutnant Ritter von Brunner seiner Sache angenommen und wie gerade diesem des Fremden Weh' naheging." schreibt Major Stowasser, was ich nur aus vollem Herzen bestätigen kann. War er so als Kamerad und Freund, wie als Vorgesetzter, stets zuverlässig, wohlwollend, gerecht, hilfsbereit, so war er es ganz besonders als treuer Gatte und Vater, der sich für seine Familie aufopferte, alles, was in seinen Kräften stand, für seine freilich auch trefflich geratenen Kinder und seine auf den Händen getragene edle Gemahlin tat, die ihn auch in schwersten Stunden mit stets gleichbleibender Liebe und Sanftmit umgab. Dabei war seine eigene Kindheit recht trübe gewesen! Noch nicht vier Jahre alt, verlor der am 30. April 1839 zu Wien Geborene den Vater, der im Hofdienst gestanden, ein bedeutsames Sprach-, Mal- und Zeichentalent besessen hatte, so daß der in dürftigen Verhältnissen zurückgelassenen Mutter, einer lebhaften und klugen Frau, die fernere schwere Sorge der Erziehung blieb. Ein Onkel nahm sie ihr für ihren Sohn Moriz ab, indem er seinen Neffen in das Regimentserziehungs- haus Frhr. v. Heß Nr. 19 brachte, aus dem er dann in das Ober- erziehungshaus kam, Institute, die eigentlich nur der Heranbildung von **Unteroffizieren** dienten. Die vorzüglichen Eigenschaften des jungen Zöglings führten dazu, ihm die Offizierslaufbahn zu erschließen, er kam in die Pionierschule in Tulln, von da in die Genieakademie nach Klosterbruck bei Znaim. Es war eine äußerst harte und strenge Zucht, Unterkunft und Verpflegung so bescheiden als möglich, die praktischen Übungen überaus anstrengend, die Theorie mehr das Gedächtnis be- lastend als den Geist bildend. Ein anders Gearteter wäre durch solche Jugendeindrücke verhärtet worden, bei Brunner waren sie nur das läu- ternde Feuer für das Gold seines Charakters, sie stählten seine Energie und Tatkraft. Sein Gemüt blieb reich, sein Humor war der echt goldige der alten Wiener Art. Er liebte besonders in jüngeren Jahren, wo ihn die Sorgen des Amts noch nicht so drückten, einen regen und fröhlichen geselligen Verkehr, ohne Zwang und lästige Etikette. Sein Haus blieb stets eine Stätte schöner und vornehmer Gastlichkeit, wo einem das Herz aufging! Dazu besaß er eine große Liebe für die Natur, kannte Weg und Steg im schönen Wiener Walde, im lieben Karlsbad, das ihm oft Heilung gebracht, reiste und wanderte gern in den herrlichen Alpen und besuchte in jüngeren Jahren Deutschland, Italien und die Schweiz. Ebenso wandte er seit 1894 der baulichen und Verkehrsentwickelung seiner Heimatstadt Wien, auch in dienstlicher Eigenschaft, hohes Interesse zu. Sein Kaiser schätzte ihn hoch, ebenso die Erzherzöge, namentlich Rainer. Von seinen vielen Auszeichnungen, darunter der erbliche Adel, ist mir immer als eine der schönsten und für einen Soldaten seltenste die große goldene Medaille für Kunst und Wissenschaft erschienen. Im goldenen Buch der österreichisch-ungarischen Armee ist Brunners Name für immer an einer der besten Stellen eingetragen, in weiten Gelehrten- und In- genieurkreisen lebt er fort und wird nie vergessen werden von seinen Freunden! Es war ein edler Mann, aufrichtig, hilfreich und gut!

> „Guten kann man nicht vergelten,
> Schön ist's, ihnen nah' zu sein.
> Schön, den Tag, den sie erhellten,
> Ihrer Glorie zu weih'n!"

An eine sehnsüchtige Palme.
Von
Erika Reinsch.
— Wien. —

Da es Abend wurde, ging ich in den Garten, der das hohe Palmenhaus umschließt. Und wandelte dahin unter duftenden Platanen, von denen Süßigkeit in Strömen triefte, und unter tiefgeneigten flutenden Trauerweiden, bis das seltsame gläserne Haus aus der Dunkelheit trat. Und ich dachte an Schneewittchens gläsernen Sarg, und meine Gedanken verloren sich in den Palmenwald meiner Kinderzeit ....

Und ich trat ein in den weiten dämmerdunklen Raum, in dem gestaltlose Formen über meinem Haupte ragten. Eine schwere, feuchte, duftgefüllte Luft floß um mich her wie laues Wasser. Und ich atmete tief und öffnete meine Sinne weit für eine fremde Welt.

Da war es, als ob eine rotflammende Hand mir schnell über die Augen führe: die elektrischen Lampen in der Höhe des Hauses wurden entzündet. Und die Lichter drangen ein in die Dunkelheiten und flatterten schwankend herab von Blatt zu Blatt gleich einer Wolke sonnenweißer Tauben.

Und ich schritt über brennendrote Kieswege durch Lauben dichtverflochtener Schlinggewächse, an denen schlanke weiße Lilienblüten hingen gleich einem chinesischen Glockenspiel aus durchsichtigem milchweißen Porzellan. Weiches bläuliches Moos bedeckte die Erde. Bunte Blumen, von denen man kaum den Stengel sah, schauten daraus hervor und sahen mich an mit brennenden Augen voll schlafloser Sehnsucht und voll schwerer, rätseltiefer Klagen und Fragen. Und mein Herz fröstelte und wußte keine Antwort. . . .

Mir zur Seite aber und hoch über mir brachen aus runden schlanken Stämmen die starren Palmenzweige und die mächtigen feuchten Farrenwedel. Und mein Auge berauschte sich an den edlen ruhevollen Linien und an dem grüngoldenen Glanz durchleuchteter Fiederblätter.

Und ich sah eine hohe Fächerpalme, die trug eine breite runde stolze Krone von Blättern auf einem starken gedrungenen Stamm. Dieser Stamm aber starrte von oben bis unten von den verdorrten Stielen all der Hunderte von Blättern, welche die Palme im Laufe vieler Jahre getrieben hatte. Hart und scharf und rundgebogen waren sie wie krumme Messer, und dunkelrot wie von altem vertrockneten Blut. Gleich kostbaren alten Dolchen staken sie in dem Leib der Palme — jeder einzelne die Trophäe eines Sieges, den sie dem Leben abgerungen hatte.

Und ich wandte mich und suchte die höchste und edelste der Palmen, die mit ihrer ungebeugten Krone das Glasgewölbe zu tragen schien, und umschlang deinen Stamm, o sehnsüchtiger Baum, mit beiden Armen, und sann über dein Schicksal. Ich sah deinen Stolz und deine Größe und deine königliche Gestalt, und mein Herz beschlich eine Ahnung, daß du Leid tragen müssest . . .

Draußen im weiten, abendlichen Garten aber erhoben Flöten und Violinen ihre Stimmen. Und ich lehnte mich inniger an dich, und wir lauschten dem verdeckten Gesang.

Da kamen Töne, so dunkel und tief, wie ich sie noch nie gehört. Es war, als wenn aus ungeheuren schweren Meerestiefen ein mitternächtiger Choral erwache. Es war, als höben die Glocken einer meerversunkenen Stadt in haltlosem Schmerze und irrem Jubel zu läuten an. Es läutete, es dröhnte, es klagte und sang! Und ein neuer Gesang stand auf und überflutete das Glockengeläute, ein Gesang wie von vielen hunderttausend Stimmen. Ein Gesang von unendlicher, wilder Sehnsucht, von unsagbarer flehender Gewalt: das Urweltschweigen zerbrach: die Fische fingen zu singen an. Aus todesbanger Stummheit, aus den untersten Tiefen ihres Kerkers und ihrer Qual rang sich ihr Lied. O, es zerbrach mir das Herz, es preßte mir die Brust zusammen, es zerschlug mich ganz und gar. Ein Lied war es, dem Meere abgelernt in urzeitlangem, starrem Lauschen. Es dröhnte, es qualmte, es leuchtete, es schrie!! Und wieder wallte es zurück in das Stammeln lächelnder Genesung und tieferlöster Ermattung. Und wurde zum Flüstern und zum langgezogenen Traumgesang.

Plötzlich erhebt sich ein süßer klarer Ton, als liefe der goldene Morgenwind klingend über durchsichtige glatte Meerestiefen, wie eine Möwe mit ausgebreiteten Flügeln über die Wasser läuft. Da schweigt der Gesang der Unterirdischen und versinkt in zitternde Lautlosigkeit. Da stehen alle Glocken still, da schweigen alle Fische und starren mit stummen Augen in den nahenden irdischen Tag hinauf. Auf der großen

Stille tanzt der Morgenwind wie auf einer zitternden Glasdecke. Süß und klar klirrt er das Meer entlang, süß und hell verhallt es in der Luft.

Da fühlte ich, wie dein Stamm, o Palme, erbebte, wie wenn ein Mann mit Tränen kämpft. Und hob den Blick deinen sehnsüchtigen Stamm entlang zu deinen Wipfeln, die in Schmerz erstarrt schienen. Und meine Liebe zu dir sagte mir dein Leid.

Und ich sah dich, o Palme, vor vielen Jahren, da dein Stamm jung und biegsam und deine Blätter zart und glänzend waren. Ich sah dich, wie du dich dehntest und im Jubel hinaufwuchsest und alle deine Schwestern unter dir ließest. Und wie deine Arme das Dach berührten und sich stark genug fühlten, es aufzuheben und zu tragen. Und wie ein Blatt hervorschoß gleich einem goldenen Speer, von einer starken und furchtlosen Faust geschleudert, und das Glasdach durchstieß, daß die dicken Scheiben klirrend in den Garten fielen.

Und die Gärtner hatten Geduld mit dir und freuten sich deiner unbändigen Kraft und wölbten das Dach höher über deinem Haupte, gleich einem Baldachin über der königlichen Krone.

Aber deine Sehnsucht ermüdete nicht, und deine Jugend kannte keine Rast. Und ein neues Blatt schoß hervor gleich einem goldenen Speer, kräftiger noch und sieghafter, als das erste gewesen war — und abermal zerbarst das Dach.

Und dann mußtest du sterben.

Und sie kamen und nahmen dir das Herzblatt, und schnitten dir den Lebensnerv entzwei.

Da wurden deine Blätter grau und scharf wie Schwerter, und dein biegsamer Leib wandelte sich in Eisen. Da spannen sich harte Fasern um deinen Stamm, gleich todbereiten Trauerfloren. Da schütteltest du die Schlingpflanzen von dir ab, die du zum Lichte emporgehoben hattest, und tränktest sie nimmer mit deinem Herzblut und ließest sie in die grüne Nacht hinuntersinken.

Und du stehst und trauerst und welkst dem Tode entgegen. Und sinnest Tag und Nacht und kannst es nicht finden, warum du sterben mußt.

Einsam leidest du, und niemand tröstet dich; kein Vogel dringt zu dir durch das unerbittliche Dach.

Und niemand erzählt dir von all den Blumen und Menschen, denen das Herz aus der Brust gerissen wird, weil sie über Schranken und Glasdächer hinauswuchsen, und die um ihrer Sehnsucht willen sterben müssen.

August von Platen.
Eine pathologische Studie
von
J. Sadger.
— Wien. —

(Schluß.)

II.

Auf dem Boden dieser Belastung wächst aber nun das, was Platens Leben eine so charakteristische Färbung gibt, sein homosexuelles, gleichgeschlechtliches Liebesempfinden. Denn daß es Liebe und nicht Freundschaft war, was Platen für fünfzehn Männer empfand, ist nicht mehr zu leugnen, seitdem das Tagebuch ungekürzt vorliegt. Wohl hat sich der Dichter gegen diese Erkenntnis lange gesträubt, sich lieber von Perglas vorwerfen lassen, er nehme die Freundschaft immer zu hoch, und später von Issel, er wisse gar nicht, was Freundschaft sei, er könne sich überhaupt für niemand erwärmen aus Gründen seiner besonderen Eigenart. Ja, selbst noch von seinem Schwärmen für Hornstein versetzt er tändelnd: „Wie soll ich es nennen? Liebe, Freundschaft, Verwirrtheit? Eine Mischung ist es von Liebe und Freundschaft, beständiger als jene, süßer denn diese." Aber erst als sich in dem 21jährigen die Sinnlichkeit regt, fühlt Platen sich zu dem Geständnis gedrängt: „Ich stehe in einem Alter, das Liebe fordert und sich nicht mehr mit Freundschaft begnügen kann."

Was gab nun dem Dichter zu diesem Versteckenspiel eigentlich Anlaß? Die Furcht, von der Welt verurteilt zu werden, war es wohl kaum, zumindest nicht anfangs. Denn abgesehen davon, daß er in dieser fast gar nicht zu Hause war, hat er bis zu seinem Verhältnis mit Schmidtlein nie etwas getan, was auch der allerstrengste Moralist als sträflich zu bezeichnen imstande wäre. Ja, im Gegenteil wird Platen zu versichern nie müde, nur die Neigung zum eigenen Geschlechte sei rein, sei edel und zum Guten führend, hingegen die Liebe zum Weibe stets mit Begierde, mit Sinnlichkeit unrein vermischt. Daß Platen so denken, aufrichtig und ehrlich so empfinden konnte, hat seine bestimmten, natürlichen Gründe. Auf des Dichters Erziehung ist diese hysterische Reinlichkeitsucht wohl kaum zu beziehen. Allerdings, er war „in strengen Pflichten aufgewachsen", er hatte noch im 17. Lebensjahre „von unplatonischer Liebe keinen Begriff", und glaubt sich „in ein Gomorrha versetzt", als er seine Kameraden „alle Laster der Unzucht zur Schau tragen sieht". Freund Perglas hält er einst mahnend vor, daß „nur ein Tier dem Instinkte folge, der Mensch aber diesen durch Vernunft beherrsche; die Scham sei das Zarteste und Liebenswürdigste an jedem, und die Selbstbezwingung weitaus das Höchste." Und als Fugger ihm rät, mehr sinnlich zu werden und die Weiber vertrauter kennen zu lernen, erwidert er stolz: „Ich halte die sinnliche Liebe von der geistigen getrennt und dem Menschen nicht geziemend." Ja, er braucht bei dem heißgeliebtesten Freund nur etwas zu sehen, das der Dezenz widerspricht, und er fühlt sich stracks bis zum Bruche erkältet. So geschehen bei Issel, bei Hornstein und Adrast. Nun darf man dies nicht die natürliche Empfindung eines keusch erzogenen Jünglings wähnen. Wie hat nur „der ungezogene Liebling der Grazien" einmal gesagt? „So sind die Menschen! Es wird ihnen sehr leicht, in Eifer zu geraten, wenn sie über Sünden sprechen, die ihnen kein Vergnügen machen würden." Ein Mann, welcher seinem verlobten Freund mit Bitterkeit klagt: „Ich habe nie geliebt!", hat leicht über jene Triebe zu schmälen. Im Verkehre mit Männern war Platen nicht um ein Haar gescheiter. Auf der Höhe seiner Neigung zu Federigo zum Beispiel ergreift ihn „kindische Raserei", so daß er seine eigenen, an der Wand hängenden Kleider heftig umarmt, um nur irgend etwas ans Herz zu drücken. Und bald darauf wieder gräbt er sich des geliebten Brandenstein Namen mit großen lateinischen Lettern in den Arm und empfindet darob trotz aller Schmerzen nur süßeste Wonne. Ja, nicht einmal den Vorwurf der Unzucht vermag er mit Fug und Billigkeit zu erheben; denn was er von Schmidtlein wollte, ist zwar infolge herausgeschnittener Tagebuchblätter nicht sicher zu sagen, doch daß es besonders moralisch gewesen, scheint mir zu bezweifeln. Wie hätte er sich sonst als „Verruchten" bezeichnet, „dem vor sich selber graute," wie hätte er den letzten verhängnisvollen Brief „die größte Schmach und die größte Sünde seines Lebens" genannt, wie hätte er endlich stets sein „Verbrechen" im Munde geführt, „das Abscheu einflöße". Man mag über Platens Verhalten denken, wie immer man will, verdammen oder begreifend verzeihen, daß ihn die Begierde am Ende zu einem Verlangen trieb, das die Welt verurteilt, ist nimmer zu leugnen.

Auf einmal freilich kam seine „Reinheit" nicht zu Fall. Die erste

Bresche schlug, wie mich dünkt, jener Traum im November 1815, der Platen erst Hornstein näher brachte. Aber selbst auf der Höhe seiner großen Leidenschaft kann er Gott Amor noch apostrophieren: „Zwitterhafte Gefühle nährst du in meinem Busen, vor denen mancher schaudern würde; aber Gott weiß es, meine Neigung ist rein und gut." Das nächste Jahr bringt ein Neuaufflammen der Liebe zu Brandenstein und damit neue seelische Kämpfe: „Oft fühl' ich mein Inneres in stürmischem Aufruhr! Dann entdecke ich den Keim aller Laster in meiner Brust: ich lästere die Gottheit selbst; ich hasse die Menschen;. ich verachte mich selbst." .... „Ohne alle Sinnlichkeit kann keine Liebe sein. Aber niemals und auf keine Weise hat mir Federigo gemein-sinnliche Triebe erweckt. Aber wenn es bei anderen soweit mit mir kommen sollte! O, dann verschlinge mich eher der Abgrund! Ich würde verloren sein. Ich würde mich elend in mir selbst verzehren, ich würde nie zu meinem Zwecke gelangen und würde auch schaudern, ihn zu erreichen." Nicht anders läßt sich der Beginn seiner Neigung für Schmidtlein an. Trotz aller „Abgründe seiner Leidenschaft" glaubt er doch ehrlich versichern zu können: „In die Hand der Tugend zugleich würde ich schwören, wenn in Adrasts Hand." Doch mit der Steigerung der Leidenschaft nimmt diese stets sinnlichere Färbung an. „Mein Alter, mein ganzes Wesen bedarf Liebe." „Ein wenig Liebe, nur ohne Leidenschaft, wie ich sie jetzt fühle, ist nötige Würze des Lebens." „Immer unglücklich zu lieben, ist, ich sehe es wohl, mein unabänderliches Schicksal." Von der Hand des Freundes erhofft er die Heilung: „O mein Adrast! Du sollst ja mein Retter werden; du sollst ja meine Tugend wahren; die Nebel der Sinnlichkeit sollst du zerstreuen durch deiner Blicke heiteres Sonnenlicht!" Ja, wäre Adrast nur ein anderer gewesen, nicht selber ein Konträrsexualer mit starken Trieben und obendrein noch ein wenig ehrlicher Charakter! So steuerte Platen allmählich seinem Verhängnis entgegen, wobei man ihm freilich zubilligen muß, daß er in jener dunklen Affäre der Verführte und Betrogene war.

Wir stehen jetzt direkt der Frage gegenüber: Haben wir ein Recht, natürlichen, begründeten Anspruch darauf, den Dichter zu verdammen ob seines für uns perversen Empfindens? Seit den 20er Jahren, seit Platen mit den ersten Gedichten hervortrat, die schon die Männerneigung besingen, bis zum heutigen Tag ist jene Anklage niemals verstummt, eine Anklage, welcher das nunmehr voll publizierte Tagebuch mit seinen so wundersam zeichnenden Stimmungen nur neue Nahrung zuführen dürfte. Der genialste Gegner unseres Poeten, Heinrich Heine, der mit dem Auge gereizten Hasses all das durchschaute, was Platens Seele tief innerlich drückt, der um alle intimsten Zusammenhänge wußte zwischen dessen Fühlen und dessen Poesien, just dieser Mann hat in einer noch heute klassischen Weise zusammengetragen und zusammengeahnt, was wider Platen nur einzuwenden. Sein Urteil über ihn ist so infernalisch zutreffend und richtig, daß selbst Franz Kern von jener Kritik einräumen muß, so vernichtend sie sei, so habe sie doch dem Dichter Platen „nicht unrecht getan". Bloß einzig dessen moralischen Charakter, den habe der Gegner in einer nichtswürdigen Weise verleumdet, aber auch nur was Platens „Sittlichkeit" betrifft. Könnte Kern das Tagebuch heute lesen, er müßte als ehrlich urteilender Mann selbst jene Einschränkung fast völlig zurückziehen. Denn sachlich hat Heine weit über Erwartung recht behalten und höchstens in geringen Details ein wenig über das Ziel geschossen. Lagen seinem Angriff auch nicht die edelsten Motive unter, wobei man freilich in Rechnung stellen muß, daß Heine aufs schwerste von Platen gereizt war, so läßt sich zur Stunde doch nimmer bestreiten, daß er bis in die meisten Einzelheiten den Nagel auf den Kopf getroffen.

Schon dies ist verblüffend, daß Heine zu einer Zeit, die selbst nicht das Wort „konträre Sexualempfindung" noch kannte, das Wesen derselben so rasch an seinem Feinde erfaßt, ja selbst durchschaut, daß dieser all die verletzende Abweisung, über welche er klagt, tatsächlich erfahren, und daß er sich endlich „gegen die Sitte überhaupt weit löblicher betrug, als ihm selber lieb war". Wir wissen heute, daß Platen ein geborener Homosexualer war mit einem geringen Ansatz höchstens von Neigung zum Weibe. Denn das einzige Mal, daß ihn der schönsten Hofdame gegenüber ein Etwas wie Liebe zu überkommen schien, war es im Grunde doch auch nur Strohfeuer. Zwar zitiert er in einem noch erhaltenen Kalender, wann er das erste Wort mit ihr sprach, daß er ferner ein Ordensband von ihr erhalten und was dergleichen Nichtigkeiten mehr noch sind, die nur für den Liebenden Wert besitzen. Aber leider entstammen der nämlichen Zeit auch Notizen über seine Liebe zu Meren, die jenes kümmerliche Neigungsflämmchen sehr rasch erstickte. Und endlich schlägt das Tagebuch vollends den letzten Zweifel durch Platens Bekenntnis: „Mein Herz war öde und suchte sich wieder zu bevölkern. Das ist vielleicht der Grund dieser Neigung." Nun hat aber Heine unseren Dichter nicht bloß konträrer Sexualempfindung beschuldigt, vielmehr ihn noch weiter einen „Troubadour des Jammers", „einen tristen Freudenjungen" gescholten, dem der Name „Mann" überhaupt nicht gebühre. Seine Liebe habe einen passiv pythagoräischen Charakter, und in den Gedichten sei er ein Pathikos, d. h. ein Weib, und zwar ein solches, das sich an gleich Weibischem ergötze, also gleichsam eine männliche Tribade. Auch in diesem Punkte schoß Heinrich Heine nicht ganz vorbei, denn Platen ist wirklich ein Stück von einem Weibe, und zwar nach seinem eigenen Geständnis. „Am meisten gefiel mir die Zartheit der Weiber," bekennt er schon als Page mit 16 Jahren, „aber ich sah sie nicht als etwas Auswärtiges, sondern als etwas auch meinem Wesen

Innewohnendes an." „Ich bin schüchtern von Natur aus," heißt es dann weiter, „aber am wenigsten bin ich's in ganz ungemischter Gesellschaft von Weibern, am meisten in ungemischter Männergesellschaft." Und endlich, als er Merch liebt: „Ich gewöhnte mich, die Frauen mehr zu verehren als zu lieben (wie seine Mutter), die Männer mehr zu lieben als zu verehren." Es sind also Anfänge, Spuren und Zeichen von psychischer Effemination vorhanden, von einer Verweiblichung seines Charakters.

Wenn wir aber Heine auch recht geben müssen in seiner Feststellung der blanken Tatsachen, so denken wir heute doch wesentlich anders von ihrer Bewertung. Wir wissen, daß es Unglückliche gibt, wie den Grafen von Platen, die infolge besonderer Gehirnanlage zu Konträr-Sexualen geboren sind. Da diese Anlage schon fertig mit auf die Welt gebracht wird und **platterdings unabänderlich bleibt**, da ferner die spezifischen Kindheitserlebnisse, von welchen gleich später die Rede sein wird, nicht im Belieben des einzelnen stehen, so sieht die moderne Wissenschaft in jenen homosexuellen Menschen nicht mehr Verbrecher, sondern nur Unglückliche. Ein solcher Unglücklicher war auch unser Dichter. „Wie ist dieser Widerspruch in mein Wesen gekommen?" jammert er einmal. „Wenn die Natur diese Liebe verbeut, warum hat sie mich also gebildet?" Und ein andermal wieder in heller Verzweiflung: „O Gott, nimm mein Leben von mir, das du mir unter fürchterlichen Bedingungen gegeben hast." Selbst die jahrelange Neigung zu Federigo nennt er am Ende „nova insania", und Hornstein beschwört er:

„O Wilhelm, Wilhelm, mußt' es dahin kommen,
Daß ich so tief, so tief entwürdigt sank;
Denn wer von solchem eiteln Wunsch entglommen,
Der ist entwürdigt, der ist seelenkrank."

So schreibt nur ein wahrhaft unglücklicher Mensch, der, wie er sagt, „zum Leben verdammt ist". Fürwahr, es trifft geradewegs ins Schwarze, wenn Platen ausruft: „Alles kann ich vor der Vorsicht ausfechten, die mir diese Neigung eingepflanzt hat seit meiner frühesten Jugend, von den anderen verdiente ich statt der Scheltworte eher Mitleiden!"

„Wie ist dieser Widerspruch in sein Wesen gekommen?" Diese Frage des Dichters schwebt wohl auch jedem von uns auf der Zunge. Die landläufige Ansicht der Wissenschaftler geht heute dahin, daß zur Erzeugung konträrer Sexualempfindung zweierlei nötig sei: eine prädisponierende Gehirnanlage und frühe Beziehung der Geschlechtserregung auf eine Person des nämlichen genus. Bekanntlich ist es infolge gesellschaftlicher und pädagogischer Einrichtungen überaus häufig, daß unser erstes noch undifferenziertes Sexualempfinden sich dem eigenen Geschlechte, den Spielkameraden oder Schulfreunden zuwendet. Und wie Platen an Inlander eine Reihe von Gedichten richtet, welche dieser aber niemals zu lesen bekommt, so schreibt auch sehr häufig der später normal empfindende Jüngling an Freunde und Genossen Gedichte und Briefe, die sich von echter Liebesergießung zum andern Geschlechte in gar nichts unterscheiden. Und doch werden weitaus die meisten Menschen heterosexual, und homosexual nur jene Unglücklichen, die dazu förmlich geboren wurden. Nun sind aber viele selbst schwerster Belastung in ihrem Verhalten zum Weibe normal, so daß die Belastung allein es nicht tut. Nur wenn die besondere Gehirnanlage noch spezifisch homosexual infiziert wird, d. h. wenn die ersten, besonders bedeutsamen und für alle Zeit wirksamen Sexualerregungen mit Personen des eigenen Geschlechts sich verknüpfen, entstehe das Phänomen der mannmännlichen Liebe.

In dieses Schema scheint sich nun Platen vortrefflich einzufügen. Daß er ein schwer Belasteter gewesen, noch mehr, daß der Knabe durch seine Mutter besonders prädisponiert erscheint, ist wohl nach allem, was ich früher anführte, nicht mehr zu bezweifeln. Und auch die spezifischen Geschlechtseindrücke werden vermeldet bei Inlander, Merch und Federigo. Mit dem Erstgenannten lebt er drei Jahre als Kadett zusammen, ohne daß sie sich näher kennen lernen. Erst als Platen 13½ Jahre zählt, bringt sie, was besonders zu unterstreichen, „ein gegenseitig sympathischer Zug plötzlich näher". „Wir waren einander alles. Wir genossen einige Monate lang das reinste, höchste Glück, das die Freundschaft zu gewähren instande ist. Nur war unser Bund zu schwärmerisch und kam zu sehr der Liebe gleich," so schildert Platen diese erste Neigung. Drei Jahre später fällt die Merch-Episode, die ebenso wie jene mit Federigo von Platens Geschlechtshunger scheinbar ihren Ausgang nimmt. „Mein Herz fing an, das Bedürfnis inniger Mitgefühle zu empfinden. Ich wollte Liebe; aber ich hatte bisher nur die Sehnsucht nach Freundschaft gefühlt. Weiber sah ich keine, als jene affektierte Klasse, die nach Hof kam. Sie konnte mich nicht anziehen. So mag es gekommen sein, daß meine erste wärmere Neigung einem Manne galt." Und endlich urteilt der 18jährige, weil er in Liebe verlangender Stimmung keinen Freund besessen, darum habe er sich einem „jeden Eindruck begierig hingegeben, die Öde seines Herzens mit Träumen zu bevölkern". Das habe der Liebe zu Federigo die Tiefe und lange Dauer gegeben.[*]

---

[*] Besonders der herrschenden Lehre entsprechend scheint folgende Stelle: „Was mich am meisten zittern machen sollte, ist, daß meine Neigungen bei weitem mehr nach meinem eigenen Geschlechte gerichtet sind, als nach dem weiblichen. Kann ich ändern, was nicht mein Werk ist? Ich fühlte zuerst den Drang der Liebe zu einer Zeit, als ich mich ein-

Es liegt auf der Hand, daß diese Erklärung, wenn sie auch vielleicht nicht völlig verfehlt ist, doch bei weitem nicht sämtliche Gründe ausschöpft. Man dürfte bloß fragen, weshalb zum Exempel nur die Liebe zu Merch den Jüngling so urgewaltig packt, nicht aber, was doch ganz gleichzeitig fällt, die Neigung zu jenem schönen Hoffräulein. Wenn es wirklich nur Assoziationshunger wäre, warum ist sein Gehirn nicht ebensogut oder vielmehr noch besser durch das Weib zu befriedigen, und warum macht dies soviel weniger Eindruck, als ein Mann, mit welchem er noch keine einzige Silbe gewechselt? Und wie soll dieser Assoziationshunger endlich all' die vielen Sonderbarkeiten erklären, die Platens Liebe so verwunderlich machen? Warum wecken bloß Personen bestimmter Art seine Liebe, zum Beispiel Adrast, aber niemals andere noch so schöne Jünglinge, trotzdem „sein Herz die Beute jeder anziehenden Physiognomie ist"? Welcher Dämon zwingt Platen ganz regelmäßig bei längerem Verkehr zu Zwistigkeiten, welcher Widerspruch treibt ihn, seinem besten Freunde wehe zu tun, oft bis zum Bruche zu opponieren, trotzdem er im Grunde doch selber beistimmt, welche Ursache endlich, sich selber Hindernisse aufzutürmen, die ihm den Weg zum Geliebten versperren? Man sieht auf der Stelle, die hergebrachte Ätiologie gibt für diese Rätsel keine Erklärung, denn das einzige, was sie noch halbwegs erklärt, ist die Liebe des Mannes zu einem Mann. Jene Bizarrerien der Liebe aber, die bei Platen so überaus reichlich vorhanden, sind nach wie vor ganz unlösbare Rätsel.

Oder sind es mindestens insolange, als wir über die herrschende Lehre nicht hinausgehen. Nun hat Freud bei Hysterie und Zwangsneurose durch seine scharfsinnigen Psychoanalysen verblüffende Beziehungen aufgedeckt zwischen jenen Neurosen und Sexualerlebnissen frühester Kindheit. Und heute besteht kein Zweifel darüber, daß auch sämtliche Perversitäten des Geschlechtstriebs von solchen allerfrühesten Eindrücken ausgehen, die nur dem Bewußtsein längst schon entschwunden sind. Dies ist auch bei August von Platen der Fall, und bezeichnenderweise bricht trotz aller Hemmung das Unbewußte mitunter hindurch, dem Verstehenden Deutung und Aufklärung bringend. „Wie meine Erinnerung aus den Kinderjahren, so süß lächelt dein Bild mich an," apostrophiert der Dichter einst Federigo, von welchem er kurz vorher ähnlich geschwärmt: „il réveille dans mon âme, je ne sais quel souvenir d'amour et de félicité." „Längst wäre diese Neigung er-

---

zig unter Knaben befand und nie ein Mädchen zu Gesichte bekam. Wie konnte es anders sein, als daß mich die Neigung an einen Freund fesselte? Xylander war der erste Gegenstand dieser jugendlichen Empfindung. Derselbe Trieb erwachte aufs neue im Pagenhause, nicht gegen einen Kameraden, sondern für den Grafen von M. Vielleicht würden meine Neigungen, als ich in die Welt trat, eine andere Richtung erhalten haben, wäre mir nicht Federigos Bild entgegengekommen und hätte mich jahrelang der alten Torheit zurückgegeben."

loschen oder verdrängt worden, wenn es eine gewöhnliche wäre," erklärt er dann näher noch. Und als einmal im Traum das Unbewußte die Herrschaft erringt, phantasiert er im Tagebuch von Wilhelm Hornstein:

> „Je sens revenir
> Hélas! je sens renaitre
> Un ancien souvenir;
> La passion ancienne
> Et les anciens souhaits
> Avec l'ancienne peine
> Tout ce que j'oubliais.
> Ton image chérie
> Réveillait dans mon coeur
> Une aimable folie,
> Un désir enchanteur.
> La passion s'enflamme
> Par un secret penchant,
> Par une humeur de l'âme . . .

während der Schluß dem Dichter so verfänglich schien, daß er ihn später lieber herausschnitt.

Schon da wird Platen des Unbewußten doch manchmal inne. Es gibt aber weiters eine Reihe von Dingen, welche halbbewußt ihn allzeit umschweben. So führt er an zahlreichen Stellen im Munde, einen Freund zu finden, wäre sein Ideal seit der Kindheit gewesen. Und doch weiß er häufig, selbst auf dem Gipfel seiner Leidenschaft noch, daß dieses Ideal bloß in seiner Einbildung existiere: „Federigo ist nur ein Phantom, eine Geburt meiner Phantasie; denn, wie ich mir ihn dachte, lebt er nicht, ich trug seine Züge bloß auf mein Ideal über." Trotz all seiner Leidenschaft wird er nicht selten doch so weit nüchtern, den Geliebten zu durchschauen, als das, was er wirklich fast immer ist, als einen gewöhnlichen Dutzendmenschen, der eigentlich wenig Anlockendes habe. „Dies zeigt, wie sehr meine Liebe in der Phantasie wurzelt, und wie ich ihn nicht selbst, sondern nur jenes Ideal liebe, das ich seit meinem Knabenalter unter soviel Gestalten aufsuchte, nie aber finden werde."

„Seit meinem Knabenalter!" Hier wird schon wieder ein Punkt aus der Tiefe des Unbewußten ins Helle gehoben. Schon im Knaben demnach ward der Grund zur mannmännlichen Liebe gelegt, und der Erstüberlieferte, Josef Xylander, ist also nicht Urbild aller Geliebten, sondern schon die erste Reproduktion. Ihm trat ja auch Platen nicht früher als im 14. Jahre näher, also viel zu spät zur Psycho-Infektion, weshalb er dem Dichter auch niemals vorschwebt. Existieren nun weitere Anhaltspunkte, jenes unbekannte Knabenideal bestimmter zu fassen? Wir wollen doch sehen. Vor allem muß Platens Geliebter stets gewisse geistige Vorzüge haben, was aber noch immer als Allgemeinforderung hingehen möchte. Präziser ist schon der Ausspruch des Jünglings, ihn könnten nur solche Personen interessieren, die sich gerne mit Literatur abgäben. Sein heißester Wunsch bleibt immer und stets, mit dem Freunde zusammen seine Lieblingsdichter lesen zu können, ja dieser Wunsch beherrscht ihn so stark, daß er selbst nach einem Bruche oft mindestens doch das gemeinsame Lesen zu retten trachtet.

„C'est l'amitié, qui fait le charme de la vie,
C'est l'amitié, unie avec la poésie."

Auch körperlich ist uns das Knabenideal ein wenig bekannt. Zunächst fällt auf, daß jene drei geliebten Personen, die Platens Herz am mächtigsten rührten, Mercy, German und Federigo eine entfernte Ähnlichkeit der Gesichtszüge hatten, und daß sie auch alle drei blond gewesen. Die „edlen Züge, der edle Blick, das holde Lächeln und das blonde Haar" und obendrein noch ein gewisser Stolz, sie kehren als Merkzeichen immer wieder, sooft der Dichter den Geliebten besingt, sooft er im Tagtraum Wunscherfüllung sucht. „Was begreifen die meisten Menschen von dem erzwungenen Tribut, den oft unser Herz zahlt?" heißt eine Stelle des Tagebuchs. „Ist nicht die Sympathie ein Erfordernis der wahren Freundschaft und besteht sie nicht auch in einer Anziehungskraft, die schon durch das Äußere, durch Mienen, Gebärden, Blicke rege gemacht wird? Wie viele Freunde mag es nicht gegeben haben, deren erste Vereinigung durch die Betrachtung ihrer reinen Gesichtszüge entsprang?"

So ungefähr also, von jenen vorstehenden körperlich-geistigen Qualitäten war der erste geliebte Freund seiner Kindheit, den wiederzufinden in einem der vielen späteren Freunde, der Inhalt seines Lebens wird. Der wahre Gehalt und die große Enttäuschung, die Platen schließlich aus Deutschland trieb, wo die blonden Haare doch gar so häufig. Ihm sagte einst Schnitzlein: „Ich weiß wohl, was du wünschest. Du hast bisher alles gefunden, was du von der Freundschaft verlangst; allein du fandest es einzeln und möchtest es gern in einer Person vereinigt wissen." Und Platen bemerkt nur: „Er mag wohl recht haben." In jedem seiner geliebten Freunde fand er noch Details, die jenem ersehnten Urbild auch eigen. Weil aber zwei Menschen nie völlig gleich sind, darum kann es sich ihm zum Schlusse entringen: „Ich werde vielleicht ewig jenen Freund suchen, dessen Bild ich vergöttere, ohne es eigentlich zu kennen." Ja, mich dünkt der Zweifel, ob jener Rechte zu finden wäre, im Unbewußten immer lebendig. Zum mindesten scheint er mir einer der Gründe, warum Platen solange als möglich trachtet, die Geliebten nicht näher kennen zu lernen. Schon von dem schönen Hoffräulein sagt er: „Würde ich ihre Bekanntschaft nicht gemacht haben, so wäre ich vielleicht heute noch in sie verliebt." Wallerstein und Mercy hat er im Leben niemals gesprochen, und selbst Federigo so gut wie gar nicht. Auch den anderen gegenüber besteht erst lange Zeit starke Hemmung, ja Schmidtlein umsiebelt er Monde hindurch, ohne daß er auch nur dessen Vornamen wüßte. Also Hemmung und Erkenntnisscheu bei sämtlichen Freunden, was noch auf besondere Gründe hinweist.

Man hat aus dem Vorstehenden wohl schon ersehen, welch außerordentliche, beinahe ausschlaggebende Bedeutung ich allem beilege, was Platen wie unwillkürlich produziert, was seiner Feder gleichsam im Unbewachten entschlüpft, und was ihm endlich als neuer Impuls sich aufzudrängen scheint, ohne daß es doch irgend ein anderes wäre, als Wiederholung früherer Impulse. Von manchen Zügen läßt sich dies unzweideutig erweisen, ja wurde es von Platen selbst schon erkannt. So führt der Dichter sein stetes Bedürfnis gemeinsamer Lektüre darauf zurück, daß er im 11. oder 12. Jahre mit Jakobs Schillersche Gedichte las, und auf den nämlichen Jugendfreund ferner seine außerordentliche Abschreibelust, „die Gewohnheit, aus gelesenen Schriften Auszüge zu machen und schöne Gedichte, die er nicht gedruckt hatte, abzuschreiben." Und doch ist die mächtige Abschreibelust wie überhaupt die ganze Vielschreiberei, die er einen seiner Hauptfehler nennt, in letztem Grunde wiederholte Erinnerung an seine Mutter, die ebenso tat und obendrein noch ihrem Knaben häufig Gedichte vorlas, die er mit lechzender Seele einsog. Schon hier bestehen bei dem erwachsenen Poeten demnach erhebliche, tiefe Gedächtnislücken, die notwendig zu Konjekturen drängen. Nun dünkt mich hier aber noch eine zweite Lücke zu bestehen, die ich freilich erst später nachweisen kann. Ich glaube nämlich, um es kurz zu sagen, daß gemeinsames Lesen und reges Abschreiben besonders in jenen Tagen geübt ward, da sich Platen die Liebe zum wirklich ersten Male erschloß.

Es gibt eine Form, in der sich seine Wünsche, sowie die frühen Kindererlebnisse stets wiederholen: ich meine die Nacht- und noch mehr die Tagträume. Im Schlaftraume rückt ihm durch Wiederbelebung erster Eindrücke Hornstein näher, dort sieht er sein Sehnen bei jedem Geliebten stets prompt erfüllt, dort kann er den Freund aufs innigste bewundern im lebhaften Spiel seiner Einbildungskraft. Und was die Nacht an Wonne geboren, das setzt sich im Lichte des Tages nur fort, wenn Platen im Spazierengehen lustvoll dahinwebt. „Ich habe nie dies gewöhnliche Leben ertragen können, ohne daß ich es mit phantastischen Träumen durchflocht." Darum baut er im Seelenbinnenleben sich Luftschlösser auf, in welchen es keine Hemmung mehr gibt, keine Rücksicht auf andere und keine Abweisung. Dort kann er des Geliebten Sprödigkeit leicht durch Verse von glühender Überzeugungskraft brechen, dort schreibt er sich selbst die ersehnte Gewährung, dort schlingt er selig den Arm um den Freund, dessen Hand er aus Herz drückt, liebend, geliebt. „Meine einzige Lust ist ein kurzer Spaziergang, auf dem ich träume," das ist buchstäblich zu nehmende Wahrheit.

Wenn Platen auch einmal von Brandenstein sagt: „Er ist, er war mein ewiges Ideal!", so hat doch kein zweiter so mächtig gewirkt, wie einst Graf Merch. Der 10. Februar erschien dem Dichter stets als das „merkwürdigste" Datum im Jahr, „der Tag meiner ersten, wahren, reinsten, unvergeßlichen Liebe, wo ich zum ersten Male den Grafen von M. sah, den ich nicht, wie später, liebte aus Nachahmung, aus Bedürfnis des Herzens und im Laufe der Zeit und Gewohnheit, sondern plötzlich auf den ersten Blick, im ersten Momente so warm als im letzten." Hier hätten wir also die vielberufene „Liebe auf den ersten Blick", die freilich in Romanen weit häufiger zu finden, als im wirklichen Leben. Doch kommt sie, wie Platens Beispiel erweist, tatsächlich vor, muß also, wie jedes Ding, Ursachen haben. Ich glaube, um bündig zu präzisieren, es gibt eine Liebe auf den ersten Blick, doch ist sie niemals die erste Liebe. Man liebt ein Weib oder einen Mann nur deshalb so prompt, so augenblicklich und so rapid, weil man ein ähnliches Wesen schon einmal lieben gelernt hat. Die Liebe auf den ersten Blick ist also nichts anderes als eingeübte Liebe. Und jetzt wird mit einem Male Platens Beziehung zu Merch durchsichtig, verständlich, wie der Dichter auf der Stelle gepackt wird, sobald er jenen zum ersten Male schaut. „Noch begreife ich kaum, welche plötzlichen Eindrücke sein Bild in mir zurückließ. Er war nicht schön, auch nicht sehr groß, blond und sehr schmächtig. In ihm hatte ich plötzlich ein Ideal gefunden, auf das ich die edelsten Eigenschaften der menschlichen Seele übertrug." Weil Platens Kinderliebschaft nicht schön, nicht groß, aber blond und schmächtig gewesen und Merch derselben am meisten gleichkam, viel mehr als irgend ein späterer Freund, darum wirkt der Graf am tiefsten von allen. Darum genügt auch die größte Schönheit nicht, um Platens Seele dauernd zu fesseln, so sehr ihn jene auch immer frappiert. Und je nach dem Grade der Ähnlichkeit zu dem Kinderideal fühlt Platen für jeden Freund mehr oder minder. Nicht umsonst zitiert er nach Knigge immer: „Keine Freundschaften pflegen dauerhafter zu sein, als die, welche in früher Jugend geknüpft werden!" Und dann nach Jean Paul: „Die Erinnerung ist das einzige Paradies, aus dem wir nicht getrieben werden können."

War jenes supponierte Merch-Ideal nun aber das einzige? Man darf wohl rundheraus antworten: „Nein!" Denn dem Grafen fehlen ja manche Züge, zum Beispiel der Stolz, und mit ihm konnte Platen nicht einmal sprechen, noch weniger also Lektüre treiben oder dessen Bildung anderswie fördern. Bedenkt man ferner, welch mächtige Glut Adrast entfachte, der sich doch so gar nicht ins Merch-Schema einfügen will, und endlich, daß Platen stets mehrere Freunde gleichzeitig hat, wenn auch immer nur einer aufs höchste geliebt wird, so weist dies alles auf mehrfache Freundschaftsverknüpfungen hin in der kritischen Zeit seiner ersten Liebe. Und fast beweisend dünken mich da die Tagtraumwünsche des jungen Poeten, die nach dem früheren nichts anderes sind, als reproduziertes Kindererlebnis. „Oft steigt der Wunsch in mir auf, einen Freund ausschließlich zu besitzen, dem ich mich gänzlich hingeben könnte, der gleiche Neigungen mit mir teilte. Noch eine andere Sehnsucht empfinde ich, die Sehnsucht nach einem Lehrer, dem ich vertrauen könnte, der in alle dem Meister wäre, was ich zu meinem Studium zähle, den ich bei jedem Anstoß um Rat fragen, dem ich meine Pläne und Arbeiten vorlegen könnte, und der mild, klar, väterlich darüber entschiede. Welch ein schönes Verhältnis würde dies sein! Aber auch nur einen Freund zu haben, mit dem man dieselben Studien gemein hat, müßte herrlich sein. Wie schön würde sich alles wechselsweise fördern."

Was bedeutet diese ganze Wunschphantasie? Ich glaube, nichts anderes, als daß unser Platen zusammen mit einem oder viel wahrscheinlicher mit mehreren Freunden von einem Hofmeister unterrichtet wurde. Es bedeutet dann ferner, daß er zumindest einen der Studiengenossen geliebt, vielleicht auch mehrere, und daß ihm mit der Zeit selbst jener Hofmeister noch etwas mehr geworden war, als bloß nur ein Lehrer. Unter dieser Annahme begreift man sofort die lebhafte Neigung unseres Poeten, den Geliebten in seiner Bildung zu fördern, mit ihm gemeinsam Lektüre zu treiben und Studien zu frönen. Ist all dies doch nur die Reproduktion einer allerersten frühen Gewohnheit. Nun brauchen wir bloß den einen wahrscheinlichen Fall zu setzen, daß der Knabe nicht vollste Gegenglut fand, und daß seine Liebe nicht ebenso mächtig erwidert wurde, um alsbald noch andere Symptome zu verstehen. Mich dünkt, es gab in des Dichters Kindheit sehr häufig Eifersuchtsexplosionen, und zwar weit stärker als jene späteren Bülow gegenüber.

„Ein allzu zärtlich, leicht verletzlich Herz
Ward mir gegeben, ward's zu meiner Qual."

Ich glaube, daß ferner die Flut von Tränen, in welche der Erwachsene sooft sich ergießt, ihre Wurzel in kindlichen Szenen hat, ganz so wie Platens spontanes Erröten beim Eintritt des geliebten Rotenhan dann. Und endlich fürchtet auch der Erwachsene, dem Freund und Geliebten nichts sein zu können, sowie sich einst auch der Knabe gesorgt (beiläufig bemerkt: auch eine Wurzel seiner Selbstunterschätzung). „Toute affection vive, quelque favorisée qu'elle soit, est toujours accompagnée de je ne sais quelle douleur secrète, quelle crainte continuelle, qui s'attachent à l'avenir."

Wenn Platen in späteren Jahren liebt, sind zwei Momente charakteristisch. Vorerst eine stete, nie fehlende Hemmung, und ist diese glücklich schon übertaucht, der unfehlbare Streit und Zwist nach kurzer Vertrautheit. „Sollte ich je lieben, so wird es gewiß mit unübersteiglichen Hindernissen verbunden sein und in eine Art von Verzweiflung ausarten. Ich kenne zu sehr meine unglückliche Gemütsart!" schreibt Platen ins Tagebuch und handelt auch demgemäß. Denn sind auch die äußeren Umstände ihm mitunter entgegen, am meisten steht er sich selbst doch im Wege, gleichsam als wäre sein Hemmen und Zögern heimliche Absicht. Wenn sich zum Beispiel die oft ersehnte Gelegenheit beut, den Geliebten zu sprechen, unser Dichter versäumt den Moment gewiß. Ein andermal macht es nur wenig Mühe, den langentbehrten Freund zu sehen, doch lieber gaukelt sich Platen vor, jener Anblick brächte ihm „tödliche Raserei", um auch den Versuch unterlassen zu dürfen. Und endlich wagt er dem Geliebten seine Neigung nicht einmal schriftlich zu gestehen, es könnte der Brief ja Stadtgespräch werden. Mich dünkt die Lösung dieses Phänomens darin zu suchen, daß in Platens ersten Liebesaffären Hemmungen bestanden, äußerer Natur oder, was nicht undenkbar, selbstgewollte. Mag sein, es waltete wirklich einmal ein unüberwindliches Hindernis ob, das den Knaben fast zur Verzweiflung brachte. Doch auch die Ansicht läßt sich verfechten, daß der sooft im Heiligsten verletzte Platen sich vorgesetzt habe, der Liebe nicht mehr in die Falle zu gehen, sich fürderhin nicht mehr enttäuschen zu lassen. Schreibt er doch später einst trotz aller Leidenschaft: „Seltsam ist es, daß alle meine Bekannten Adrast kennen, daß ich ihnen also nur zu sagen brauchte: macht mich mit diesem bekannt. Aber die Scheu, daß ich mich zu sehr in ihm betrügen möchte, hält mich ab."

„Mich zu sehr in ihm betrügen!", das ist die heimliche Furcht des Dichters bei all den vielen schönen Gesellen, die er mit seiner Liebe umflicht. Weil ein schöner Knabe ihn einst getäuscht, darum wird er auch später, zum Beispiel bei D. A., jene Angst nimmer los. „Er ist einer von denen, welchen ich mich voll Vertrauen in die Arme werfen möchte. Aber sein Äußeres ist sehr vorteilhaft, und er scheint mir eitel zu sein. Ich mag diese Leute nicht. Sie lieben nichts als sich selbst." Und trotzdem er jenen schon zu lieben beginnt und gerne mit ihm vertrauter würde, fühlt er doch den unwiderstehlichen Zwang, sich zurückzuziehen. „Das größte Rätsel ist, warum ich gerade zur Zeit, wo mir seine nähere Bekanntschaft wünschenswert schien, mein Betragen auf solche Art veränderte. Was mich unbewußt dazu antrieb, war vielleicht die Erinnerung, daß ich oft hintergangen worden sei und daher die Wärme des Herzens nicht genug verbergen könnte." Und noch ein weiterer Zug macht sich geltend, der direkt ins Allergeheimste führt. „Ich muß gestehen, daß ich eine Art gehässigen Gefühls nicht unterdrücken kann gegen ihn, was vom Neide herstammen mag, wenn ich mich, den traurigen, mürrischen Menschen, neben ihn, den artigen und hübschen stelle." Ja, bei Schön-Rotenhan meint er sogar: „Es würde schwer zu sagen sein, ob ich ihn hasse oder liebe." Das mindeste aber, wenn's auch nicht immer zum Hassen kam, war binnen kurzem in jeglicher Liebschaft ein heftiger Zwist, den Platen fast grundlos vom Zaune brach.

„Grundlos" ist eigentlich zu viel gesagt. Denn ganz ohne Grund zürnte Platen wohl nie, nur ohne eigentlich aktuellen. Der wahre Grund nämlich lag zeitlich um viele Jahre zurück in jenen schlimmen Erfahrungen verborgen, die einst der liebende Knabe machte. Ich glaube, er hat nicht bloß das Mercy-Ideal geliebt, sondern mindestens noch einen schönen Gefährten vom Schlage Adrafts oder Germans etwa. Nur daß er da leider so überaus traurige Erfahrungen machte, daß sie fortab für jedes weitere Freundschaftsverhältnis bestimmend wurden. Vergessen wir nicht, daß Platen schon als Knabe ein arger Hereditarier war, und daß ihm als schweres Belastungssymptom jener „gewisse eigensinnige Dépit" anklebte, „den er sich nicht zu erklären weiß, und leider auch nicht immer zu besiegen, so häßlich er ist." Des Knaben stärkste Untugend war ja störrischer Eigensinn. Und nun denke man sich ihn, dessen heißester Wunsch es allzeit ist, einen Freund ausschließlich zu besitzen, an der Liebe eben dieses Freundes zweifeln. Vielleicht darum zweifeln, weil er um eines schöneren Kameraden willen sich zurückgesetzt fühlt. Mußte da nicht etwas wie neidgeborener Haß aufsteigen in der Seele des also grausam Gefolterten? Wen wird es da wundern, daß Platen dem Geliebten mit Vorwürfen kam, den Treulosen irgend zu strafen suchte, und wenn es schon gar nicht anders ging, einen Streit gewaltsam vom Zaune brach — ganz wie in späteren Liebesverhältnissen? Was tut nun der Beschuldigte in solch einem Falle? Den Zweifler zu begütigen, wird er seine Neigung erst recht versichern, seine unentwegte Liebe betonen und jenem mit doppelter Freundlichkeit nahen. Und er wird damit bei Naturen wie Platen nur das erzielen, daß die Erbitterung doppelt geschärft wird. „Mir Teilnahme und Inneigung zu bezeugen, ist oft das sicherste Mittel, mich von sich abzuwenden. Wenn ich nicht irre, so kommt das von einem gewissen Geiste des Widerspruches, der zuweilen Gewalt über mein Herz hat." „Es ist ein Trieb in mir, jedem, der besonderen Anteil an mir zu nehmen scheint, durch eine Unfreundlichkeit wehe zu tun. Wen ich lieb haben soll, der darf mir nicht oft sagen, daß er mich liebe, sonst treibt mich der Geist des Widerspruchs, mich ihm von der unvorteilhaftesten Seite zu zeigen, und sollte es auch durch eine mir selbst schädliche Verstellung sein." Und endlich am schlagendsten: „Ein gewisser Eigensinn hängt mir seit meiner Jugend unzertrennlich an und strebt allem entgegen, was meinem Herzen angenehm ist, um sich gleichsam das Recht zu erkaufen, mißmutig zu sein und zu klagen." Das ist echt kindliche Weise und Trotz und wiederum Beweis eines frühen Ursprungs.

Nun gibt meine vorgetragene Hypothese die Kindererlebnisse bloß in den allergröbsten Umrissen, macht aber selbstredend keinen Anspruch darauf, erschöpfend zu sein oder jegliche Einzelheit wiederzugeben. Doch wenn sie auch nur von den vielen Rätseln, die das Tagebuch aufgibt, einige erhellt, die sonst unlösbar dunkel geblieben, so wäre damit schon manches erzielt. Auch glaube ich, daß unser Dichter als Kind so manches Perverse gewußt und gesehen hat, wenn auch mit ganz unschuldigen Augen. Und jetzt begreift man auch Platens ewiges Reinheitsbedürfnis bei aller späteren mannmännlichen Liebe. Die Reinheit der letzteren war ja zugleich auch ihre Rechtfertigung, gewissermaßen die einzige Bedingung, unter der sie gestattet war, und welche in den Augen des keusch Erzogenen einen Vorzug gab vor aller unreinen Weiberliebe. Sowie ihr Sinnlichkeit beigemengt wurde, war's mit der Lebenslüge vorbei, die erst sein Unglück erträglich machte. Das ist der wahre, wirkliche Grund, weshalb sich Platen solange sträubt, statt Freundschaft ehrlich Liebe zu sagen.*)

Ein Punkt verdient noch, ausdrücklich hervorgehoben zu werden, der mindestens teilweise mit seinem Liebesempfinden zusammenhängt: der Zahlenaberglaube des Dichters. Unser Platen hielt nämlich gewisse Tage für besonders günstig, weil ihm an denselben einmal etwas Gutes begegnet war, ja er hatte sich sogar einen eigenen Kalender angefertigt, den er häufig konsultierte, und in welchem jene Tage auffällig angezeichnet waren. Nachweisbar sind noch der 4., 9., 10. und 24. jeglichen Monats. Warum er den 9. besonders liebte, ist nicht zu eruieren, der 10. Februar war ihm bedeutsam als jener Tag, der ihn Graf Mercy zum ersten Male schauen ließ, am 24. Oktober endlich ist er selber geboren. Weit höheres Gewicht jedoch als jedweder anderen legt er der „heiligen Vierzahl" bei. Er weckt den Freund just um 4 Uhr morgens, er bleibt genau vier Tage weg und rechnet zum Beispiel: Morgen ist der 4. Juli, da sind es vier Monate, daß wir uns kennen lernten, die Zahl 4 hielt mir also bis zum Schlusse Wort. Ja, als vier Monate der Liebe zu Adrast verflossen sind, ist er überzeugt, daß jetzt ihr Bund sich lösen müsse. „Wahrscheinlich," variiert er zu wiederholten Malen, „sollte unsere Verbindung nicht länger dauern." „Il n'est que trop clair, qu'on ne peut rien entreprendre contre la destinée. Notre amitié ne devait durer que quatre mois. Je persistais de la prolonger au delà du quatre juillet, mais en vain." Woher nun der übergroße Wert dieser heiligen Vierzahl? Das 18. Buch seiner Memorabilien beginnt unser Dichter folgendermaßen: „Von Kindheit an hegte ich, ich weiß nicht, wie es kam, die Idee, daß das 22. Jahr das schönste und blühendste von allen sein müßte, als müßte ich in ihm mein Glück

---

*) (Ein Andenken von dem Freund zu besitzen, auch wenn es gar nicht zur Liebe kam, war ihm stetes Bedürfnis und ohne Zweifel der Kindheit entnommen. Auch die beiden Aussprüche: „Unser Herz läßt sich nicht zwingen, es hängt oft an unbedeutenden Kleinigkeiten" und „Soviel ist gewiß, daß man aus Kleinigkeiten mehr auf manchen Charakter schließen kann, als aus entscheidenden Handlungen," weisen auf die nämliche Quelle zurück.

finden." Und begründet dies damit: „Ist es nicht die wahre Zahl der Freundschaft und ist ihre Summe nicht 4?" Hier stünden wir also vor der Brücke zwischen dem Aberglauben und seiner psychosexualen Wurzel. Mit jedem seiner Freunde präsentiert sich Platen zu zwei und zwei, darum ist das 22. Jahr von Haus aus bedeutsam. Und weil dessen Ziffersumme das Symbol der doppelten Freundschaft ist, darum zieht er diese heilige Zahl jeder anderen vor. Ich verhehle mir nicht, daß trotz aller Deutung noch Zahlenverknüpfungen dunkel bleiben. So weiß ich zum Beispiel nicht recht zu sagen, warum Platens „Glück sein 24. Lebensjahr nicht überdauern sollte" (oder liegt es an den Ziffern 2 und 4?), warum er in Rom, „das seine erste und letzte Sehnsucht ist," just am 30. Geburtstag einziehen mußte, und warum er endlich das 30. Jahr als das Alter der dramatischen Mündigkeit ansieht. Mir bleibt nur der magere und schlechte Trost, daß hier wie so vielfach in Platens Leben die Lücken einfach unausfüllbar sind, dieweil bei einem Toten eine Psychoanalyse nicht nachzutragen ist. Wenn mir nur wenigstens das gelang, auf den Spuren des Tagebuchs einiges zu hellen, sowie die Motive für Platens Besonderheiten zu klären, dann ward meine Arbeit nicht nutzlos getan.

Die Camorra.

Von

* * *

Neapel ist unstreitig noch immer die bei weitem interessanteste Stadt Italiens. Freilich bietet es an Altertümern weniger als zum Beispiel Rom, und der mit der Landessprache nicht vertraute Fremde wird den Aufenthalt hier bald langweilig finden, wenn er das Museum und San Martino besucht und die üblichen Ausflüge nach den phlegräischen Feldern, auf den Vesuv und nach der Insel Capri, sowie die Rundfahrt über Sorrent-Amalfi-Pompei gemacht hat. Wer aber an der Hand eines mit Sitten und Gebräuchen bekannten Landsmannes einen Spaziergang durch die engen Stadtviertel der Altstadt unternimmt, wo sich ihm das neapolitanische Volksleben in seiner ganzen Eigentümlichkeit und als so grundverschieden von dem der anderen Städte Italiens darstellt, wo auf offener Straße gekocht, gebraten, gearbeitet, gehandelt, gespielt, gezankt, gerauft wird, wo sich überhaupt auf der Straße das ganze intime Familienleben abwickelt, der wird bald finden, daß Neapel sehenswerter ist als Rom, Florenz, Venedig. Dort sieht man nichts als römische Altertümer, Kirchen, Gemäldegalerien; Neapel fügt allen diesen Sachen noch sein eigenartiges Volksleben hinzu und gibt dem Fremden überdies Einblick in das Leben und Treiben einer mittelalterlichen Verbrechergesellschaft, deren Mitglieder unter den Augen der Polizei und oft mit ihr in stillschweigendem Einverständnis stehlen, rauben und alle denkbaren Erpressungen zum Schaden der ehrlichen Leute verüben, ja, sich gegenseitig bekämpfen; alles Tatsachen, die beim denkenden Beobachter ein hohes Interesse erwecken, da sie ein scharfes Licht auf das Seelenleben unserer niederen Volksschichten werfen.

Diese Verbrechergenossenschaft nun, die sich selbst Camorra nennt, soll uns im Nachfolgenden beschäftigen. Wir wollen ihren Ursprung, ihre Organisation sowie die Art und Weise ihrer Tätigkeit kennen zu lernen suchen; wir werden endlich auch erfahren, daß die Polizei ihr gegenüber fast immer machtlos ist, ja, sich ihrer oft bedient, wo es gilt, zum Beispiel bei Streiken oder Volkserhebungen auf die rohen Massen einen moralischen Druck auszuüben.

Was bedeutet das Wort „Camorra"?

Camorra bedeutet im allgemeinen: jede Vergewaltigung des freien Rechtes irgend eines Individuums von seiten eines anderen; im engeren Sinne ist sie die Vereinigung einer großen Anzahl arbeitsscheuer Menschen, die durch Raub, Diebstahl und allerlei Erpressungen ihr Leben durchbringen. Diese Gesellschaft ist innerlich regelrecht organisiert; sie besitzt ihre Häupter und ihre verschiedenen Rangstufen, und sie hat ihre eigenen Gesetze, über deren gewissenhafte Befolgung ein jedes der Mitglieder im eigenen Interesse wacht; wehe dem Abtrünnigen, wehe dem Verräter! Er ist, sei es auch erst nach Jahren, eines Messerstiches oder einer Revolverkugel gewiß, und keine noch so aufmerksame und verschmitzte Polizei könnte ihn davor schützen.

Der Ertrag der Diebereien und Erpressungen kommt zum dritten Teile dem Camorrahäuptling zugute; einen anderen Teil erhält der betreffende Gauner selbst; das letzte Drittel wird teils unter die anderen Mitglieder verteilt, teils dient es zu mannigfachen Zwecken, zum Beispiel zu Festgelagen, zu Bestechungen, zur Unterhaltung der Spione, endlich zur Unterstützung der kranken und „arbeitsunfähigen" Mitglieder, sowie derjenigen, die hinter Schloß und Riegel sitzen.

Zur Camorra zu gehören, das heißt in ihr aufgenommen zu werden und ihre verschiedenen Rangstufen bis zur höchsten zu durchlaufen, das rechnet sich jeder „tüchtige" Spitzbube in Neapel zur Ehre an. Der Ausdruck Camorrista (Bezeichnung der zur Camorra Gehörenden) hat nur bei ehrlichen Leuten eine üble Bedeutung; der Camorrista selbst ist stolz darauf, und er beansprucht diesen Titel auch gelegenheitsweise, denn derselbe kennzeichnet ihn in den Augen des gemeinen Volkes als einen unerschrockenen und mutigen (will sagen gewalttätigen) Menschen, und die ungebundene Stärke übt ja immer einen großen Einfluß auf die rohe Menge aus. Der gemeine Mann, und überhaupt ein jeder in Neapel, der häufig oder zeitweise durch irgendwelche Umstände gezwungen ist, mit einem Camorrista geschäftlich oder sonstwie zu verkehren, wird daher stets darauf bedacht sein, sich mit ihm in ein gutes Einvernehmen zu setzen, sei es durch freiwillige Geschenke oder Überlassen eines Vorteils, sei es auch nur durch höfliches und zuvorkommendes Benehmen ihm gegenüber, oder sei es gar, indem er der Polizei „nicht" behülflich ist, wo es gilt, einen Camorrista zu fangen. Daher kommt es auch, daß hier so viele Diebstähle unentdeckt bleiben: man sieht, daß etwas gestohlen wird aus einem Laden; man bemerkt, daß zehn Schritte entfernt jemandem die Uhr stibitzt oder die Brieftasche herausgeschnitten wird, aber man läßt es wohl bleiben, den Geschädigten, der selbst gewöhnlich nichts merkt, zu rechter Zeit zu benachrichtigen, denn wer würde einem garantieren, daß man nicht die ganze Bande auf den Hals kriegt? — Übrigens hat die Camorra selbst schon solche Fälle vorgesehen: ein Dieb geht selten allein, er hat gewöhnlich einen oder zwei Begleiter bei sich, die „Wache gehen" und auf das das Opfer zufällig umgebende Publikum acht geben; und sollte ja mal einer dazwischen sein, der die Geschichte merkt und anfangen will zu krakeelen, so nähert sich ihm sofort ein „Begleiter" und raunt ihm ins Ohr: „Bekümmere dich um deine eigenen Angelegenheiten!", worauf der Vorlaute nichts Eiligeres zu tun findet, als seinerseits so schnell wie möglich zu verduften, sonst kann es ihm leicht passieren, daß er von seiten der Diebsgenossen verantwortlich gehalten wird, wenn durch einen unvorhergesehenen Zufall der Coup mißlingen sollte.

Wie ist nun die Camorra entstanden?

Die Abstammung des Wortes selbst bringt uns am besten auf den Weg, den wir erkennen wollen, wo der Anfang dieser schlimmen Einrichtung zu suchen ist.

Die Camorra ist spanischen Ursprungs; ein des Italienischen vollkommen Kundiger hört es dem Klange des Wortes schon an, daß derselbe nichts Italienisches an sich hat. In den unteren Volksschichten Spaniens bedeutet Camorra „eine Streitigkeit", ein Camorrista will im Spanischen sagen „ein händelsüchtiger Mensch". Endlich ist der spanische Ausdruck g u a p o (im neapolitanischen Dialekt dasselbe wie Camorrista) gleichbedeutend mit „mutig, tapfer, entschlossen, schneidig", oder als Hauptwort mit „Raufbold, Eisenfresser". — Es ist daher unschwer zu erraten, daß die Mißwirtschaft der langen spanischen Herrschaft in Neapel unter anderen schlimmen Folgen auch diese erzeugt hat.

Spanien hat, wie bekannt, Sizilien und Unteritalien, das sogenannte Königreich beider Sizilien, von 1503 bis 1713, also über 200 Jahre, in Besitz gehabt und durch Vizekönige regieren lassen. Letztere waren von der spanischen Krone fast unabhängig; sie schalteten und walteten nach eigenem Belieben und waren mit Ausnahme einiger weniger, wie zum Beispiel Consalvo de Córdova und Don Pedro de Toledo, gewissenlose Schurken, die, um sich in kürzester Zeit maßlos zu bereichern, willkürlich auf alles, auch auf die allernotwendigsten Lebensbedürfnisse unerschwingliche Steuern erhoben und das neapolitanische Volk überhaupt auf alle mögliche Weise aussaugten und tyrannisierten. Von Gerechtigkeit gab es keine Spur, sie war nur dem Reichen zugänglich, der sie kaufen konnte; das unbemittelte Volk fand nirgends Hülfe gegen seine Unterdrücker; die sprichwörtlich gewordene Bestechlichkeit der spanischen Beamten, die fortwährend wachsenden Steuern, deren Ertrag teils die Taschen der nimmersatten Spanier füllte, teils zum Zwecke der unaufhörlichen kriegerischen Unternehmungen Spaniens in dessen Kriegskassen floß, ließen das neapolitanische Volk immer mehr verarmen und körperlich und geistig herunterkommen. Wiederholte Volkserhebungen geben Zeugnis von diesen bösen Zuständen; in Aller Andenken geblieben ist die des Jahres 1647 unter der Regierung des Vizekönigs Duca de Arcos, wo der Fischer Tommaso Aniello (gewöhnlich Masaniello genannt) sechs Tage lang König von Neapel war, um dann freilich von seinen eigenen Freunden verraten und an die Spanier ausgeliefert zu werden, die ihn auf dem Mercatoplatz hinrichten ließen. Sein Name und seine Taten leben noch jetzt im Munde eines jeden guten Neapolitaners. — Die Zähigkeit und beispiellose Geduld des Volkes hatte aber inzwischen schon einen anderen Ausweg gefunden, um sich seiner Aussauger zu erwehren: den der geheimen Verschwörung, Camorra genannt.

Das spiegelt sich auch noch deutlich in den Formeln wieder, die der Neuaufzunehmende herzusagen hat, wenn er sich der Versammlung der Camorra das erste Mal vorstellt. Da heißt es zum Beispiel vom Camorrahäuptling, „er sei ein höchst ehrenwerter Mann, ausgewählt von der Gesellschaft (der Camorra), dem zu seinem Rechte zu verhelfen, der es wert sei, und dem Unrecht zu geben, der es verdiene"; die Camorristen nennen die Camorra „die schöne reformierte Gesellschaft", oft auch „die Gesellschaft der Demut" und so weiter.

So ist die Camorra zweifelsohne im Anfange nichts anderes gewesen, als ein Schutz- und Trutzbündnis der niederen Volksschichten gegen die spanische Obrigkeit; sie hat sich dann weiter ausgebildet, hat immer neue Elemente aufgenommen und ist so allmählich von der Verteidigung zum Angriff übergegangen. Wenn sie zuerst einfach darin bestanden haben mag, dem Unbemittelten die ihm durch die Bestechlichkeit seiner spanischen Richter versagte Gerechtigkeit durch einen guten Messerstich oder eine mit bewaffneter Hand ausgeführte Ausraubung selbst zu verschaffen, ließen es die während der Jahrhunderte neu hinzugekommenen Elemente nicht dabei bewenden; sie machten das Stehlen und Rauben vielmehr zu ihrer ausschließlichen Beschäftigung, eine Tatsache, die man mit der stetig zunehmenden Verarmung der Bevölkerung wenn nicht entschuldigen, so doch zur Genüge erklären kann.

Eine ähnlich organisierte Genossenschaft von Verbrechern aller Art gab es übrigens in Spanien schon viel früher. Sie hatte den Namen Guarduna und besaß seit 1420 ihr eigenes geschriebenes Gesetzbuch. Zu ihr gehörten zeitweise höchst einflußreiche Persönlichkeiten, wie Inquisitionsrichter, Priester, Mönche, sogar Bischöfe. Einer ihrer Großmeister, der den Titel Hermano manor (Bruder Oberer) führte, war der berühmte Calderon, späterer Geheimsekretär Philipps III. Wenn man die Statuten unserer Camorra mit denen der Guarduna vergleicht, findet man eine so auffallende Ähnlichkeit zwischen beiden, daß man nicht umhin kann, den Spaniern einen direkten Einfluß bei der Gründung der Camorra zuzuschreiben. Und wie viel Abenteurer, Gauner und niedriges Gesindel im Gefolge der spanischen Admiräle und Feldherren hierher gekommen sein mag, das geht am besten aus dem neapolitanischen Dialekt hervor, der von spanischen und katalonischen Wörtern, Wortendungen und Redensarten wimmelt. Auch spanische Sitten und Gebräuche sind vielfach ins Volk gedrungen.

Aber noch ein anderer Faktor hat in nicht geringem Grade zur Entwickelung der Camorra beigetragen, das ist der wirkliche Mangel an Arbeit, der hier immer geherrscht hat.

Wer Neapel kennt, den wird das nicht wunder nehmen; es ist dies vielleicht die unglücklichste Stadt in ganz Europa. Die Laster von ziemlich einem Dutzend Völker haben darin gehaust und ihre Spuren darin zurückgelassen, aber wem hat Neapel etwas zu verdanken? Niemandem! Nur seiner wunderschönen Lage, die nur durch die Konstantinopels und vielleicht Lissabons übertroffen wird, sowie der üppigen Fruchtbarkeit seiner Umgebung kann Neapel es zuschreiben, daß es noch existiert. Von den Griechen, die es begründeten, bis zu den erst im Jahre 1860 entthronten Bourbonen hat es fast nur als Milchkuh seiner Besitzer oder Eroberer gedient, und abgesehen von einigen römischen Kaisern, wie Augustus, Tiberius, Nero, Hadrian, kann man wohl nur der Hohenstaufendynastie rühmliche Erwähnung tun, deren Kaiser Friedrich II. zum Beispiel unsere Hochschule (1224) gründete. Noch jetzt gibt es fast gar keine Industrie hier, wenn man nicht die paar kleinen Makkaronifabriken und die Korallen- und Lavabearbeitung dahin rechnen wollte, die aber keine Beachtung verdienen. Der Handel ist trotz des schönen Hafens unbedeutend, mit einer so großen Bevölkerung (550 000) verglichen, geradezu gleich Null; keines der hier herrschenden Königshäuser hat es sich angelegen sein lassen, die Stadt in einer dieser Richtungen zu heben. Den fast alleinigen Broterwerb gewähren daher nur Ackerbau und Fischerei; nach einer anderen Seite hat sich Neapel nie entwickeln können. Das Handwerk dient hier nur dazu, die Eingeborenen selbst zu versorgen, an Handel mit neapolitanischen Erzeugnissen dachte und denkt noch heute fast niemand. Daher der Mangel an stetiger Beschäftigung, der die armen Leute dem Laster und dem unerlaubten Broterwerb in die Hände treibt.

Was Wunder also, daß das neapolitanische Volk gar nicht an eine selbstbewußte, regelmäßige, segenbringende Arbeit gewöhnt ist? Man denkt nicht an das „morgen", sondern ist nur darauf bedacht, sich für den heutigen Tag genug zum Leben zu verschaffen, gleich viel auf welche Art, möglichst aber nicht durch Arbeit. Und weil die in der Tat fehlt, verlegt man sich aufs Stehlen, und dabei geht es natürlich nicht immer glatt ab; man kommt öfter, als es einem lieb ist, mit den Dienern der Gerechtigkeit in unangenehme Berührung, und um sich nun gewissermaßen zu schützen und eingedenk des Spruches, daß Einigkeit stark macht, wird man Camorrista. So ist es noch heute, und so war es schon vor 300 Jahren.

Da die Camorra schon so lange besteht, so ist es klar, daß sich von selbst während der Jahrhunderte eine Rangfolge unter den Mitgliedern, eine Art Hierarchie herausbilden mußte, und das ist auch in der Tat der Fall. Und wie in der ersten primitiven menschlichen Gesellschaft der Stärkste sich das Recht anmaßte, den Schwächeren zu beherrschen, zu tyrannisieren, mit dessen Eigentum nach Willkür zu schalten, ja, ihn aus dem Wege zu schaffen, wenn er ihm hinderlich war, so ist es noch heute in der Camorra; derjenige, der hier das Messer oder den Revolver am besten zu handhaben versteht, derjenige, für den das Leben eines Menschen denselben Wert besitzt, wie für uns das einer Fliege, der ist am meisten gefürchtet, dem beugen sich die anderen ohne Widerrede. Handelt es sich um die Teilung einer Beute oder um die Schlichtung einer Streitigkeit, so behält der immer recht, der den anderen durch seine Gewalttätigkeit am meisten imponiert.

Diese nun schon Jahrhunderte dauernde Verrohung ist in gewissen niederen Schichten des Volkes erblich geworden. Man sieht in den Straßen Neapels oft sechs- bis zehnjährige Jungen, die sich vor anderen durch ihr eigenartiges Gebaren auszeichnen. Aus ihren Augen blickt eine frühreife Lasterhaftigkeit und Verworfenheit; bei dem geringsten Anlasse fluchen sie in schamlosester Weise; ihre Altersgenossen tyrannisieren sie auf alle Art; jede ihrer Bewegungen überhaupt kennzeichnet den geborenen Verbrecher. Oft sind es Kinder zwischen Camorristen und Freudenmädchen, doch stellen alle niederen Volksklassen Neapels ihr Kontingent dazu. Die Ehen hier sind meistens sehr kinderreich und zwar desto mehr, je ärmer die Familie ist. Wenn aber der Vater nicht mehr als 1½ oder 2 Franken den Tag verdient, kann er eine zahlreiche Kinderschar nicht anständig aufziehen. Übrigens glauben solche Eltern keine andere Pflicht zu haben, als die, die Kinder in die Welt zu setzen, für das übrige sorgt die „Madonna" schon, sagen sie. Wenn, wie es sehr häufig vorkommt, acht oder zehn Kinder vorhanden sind, so treiben sich diese alle pflichtschuldigst den lieben langen Tag auf der Straße herum und versammeln sich nur höchstens einmal täglich, und zwar des Abends, um den Tisch, wenn etwas zu beißen da ist. Der Schulzwang steht in Italien nur als Gesetz auf dem Papier, gehandhabt wird er nicht; infolgedessen sind die Kinder der armen Leute sich selbst überlassen. Und wie könnte der Vater mit seinem kargen Verdienst, der oft auch ganz ausbleibt, für Kleider und Schuhe sorgen? Die Rangen laufen also barfuß und

17*

zerlumpt und schließlich halbnackt herum. An dem, was sie tagsüber auf der Straße machen, daran haben die Eltern das wenigste Interesse. Gehen sie zur Mutter, um Brot zu betteln, so werden sie oft mit Fußtritten von ihr traktiert. Um ihren Hunger zu stillen, fangen sie nun an, den Fruchthändlern Früchte aus den Körben zu stehlen und den Bäckern Brot von den Läden abzuhaken; die am frühen Morgen zur Stadt kommenden Bauern werden um Äpfel oder Grünzeug erleichtert; später gibt es auch wohl Gelegenheit, einem Schulmädchen das Frühstück aus der Hand zu reißen und damit zu verschwinden. Endlich bieten hauptsächlich im Winter die zahlreichen Fremden eine vorzügliche Einnahmequelle, indem man ihnen Bocksprünge vormacht und sie dann, noch ermutigt durch das gutmütige Lächeln der nichtsahnenden Opfer, möglichst aufdringlich anbettelt. Und dabei fällt fast immer etwas ab, denn der Fremde bekommt bald Wind davon, daß er nicht bloß einen Jungen vor sich hat, sondern daß ihn vielmehr eine ganze zerlumpte und halbnackte Schar umschwärmt, er beeilt sich also, ihnen einen Soldo (5 Cent. gleich 4 Pfennig) hinzuwerfen, über den nun der ganze Haufe wie eine Meute hungriger Wölfe herfällt. Bei der dann folgenden Balgerei geht es natürlich nicht ohne Püffe ab, und oft kommt es zwischen zwei oder drei Konkurrenten, den stärksten, zu einer ergötzlichen Prügelei, die damit endet, daß der kräftigste die anderen übel zurichtet und sich den Soldo erobert. Während dessen hat der Fremde Zeit gehabt, sich zu entfernen, aber wenn er einen Augenblick der falschen Hoffnung gelebt hat, er sei die Bande los, so hat er sich schwer geirrt; alle mit Einschluß des Siegers laufen ihm wieder nach und werden so dreist und unverschämt, daß er sich ihrer kaum mehr erwehren kann. Ist er nun schon durch die Erfahrung gewitzigt, so rückt er mit nichts mehr heraus, sondern beschleunigt seine Schritte, um womöglich sein Hotel zu erreichen; ist er aber noch ein Neuling in solchen Sachen, dann gibt er noch ein paar Soldi und damit ist er rettungslos verloren. Der Soldohunger um ihn herum wächst im Verhältnis zur Anzahl der hingeworfenen Münzen, und meist bleibt ihm dann nichts weiteres übrig, als sich in den ersten besten Kaufladen zu flüchten, wo er jedoch oft eine regelrechte Belagerung auszuhalten hat, die so lange zu dauern pflegt, bis zufällig ein anderes Opfer des Weges kommt, dem sich nun die Aufmerksamkeit der Belagernden zuwendet.

So wachsen die Jungen heran. Manche sind schon längst von ihren Eltern verlassen, verleugnet oder einfach weggejagt worden; andere haben ihre Eltern gar nicht richtig kennen gelernt; alle schlafen schon jahrelang des Nachts im Schutz irgend einer Hoftür oder in einem verlassenen Hausbau oder sonst in irgend einem Loche, wo der Wind etwas weniger pfeift als auf der offenen Straße. Übrigens geht es mit diesen Rangen so wie mit den Fliegen; am Tage, wenn die Sonne lacht, sind die

Straßen Neapels voll von beiden; sobald es aber Nacht wird, sind die einen und die anderen plötzlich verschwunden, und es wäre vergeblich, sie zu suchen, man würde sie doch nicht finden.

Ist so ein Junge acht oder neun Jahre alt geworden, so hat er es dank seines traurigen Vagabundenlebens schon zu einer solchen geistigen und körperlichen Entwickelung gebracht, daß ihn mancher gutererzogene sechzehnjährige Bengel darum beneiden würde. Seine harte Existenz hat seine Sinne ungemein geschärft und ihn im höchsten Grade schlau und verschlagen gemacht; dabei hört er mit Andacht und Ergötzen auf die Reden seiner älteren Genossen, und da das neapolitanische Wörterbuch eine Unmasse der gräßlichsten Flüche aufweist, so flucht er schon mit acht Jahren, daß es eine wahre Freude ist, tut es beim Stehlen den alten Dieben womöglich zuvor und bereitet sich so auf seine künftige Verbrecherlaufbahn würdig vor. Natürlich hat er nie eine Schule gesehen, ja, er weiß nicht einmal genau, wie alt er ist; dafür aber kann er das Messer schon wunderbar gut handhaben und ist in den meisten Diebskünsten schon erfahren.

Mit den Jahren wächst seine ungebändigte Kraft, seine Unverfrorenheit und sein Mut kennen keine Grenzen mehr. Er ist jetzt mit vielen Dieben und Einbrechern bekannt geworden; letztere bedienen sich seiner oft, wo es heißt, durch ein enges Loch zu kriechen, um Waren oder dergleichen zu stehlen. Zwar ist sein Anteil an der Beute äußerst gering, aber mit seiner „Erziehung" geht es rasch vorwärts: er hat auch schon gelernt, des Nachts Wache zu stehen, während die Einbrecher irgendwo zu tun haben; mit einem besonderen Pfiff benachrichtigt er sie dann, wenn die Karabinieri (Gendarmen; sie gehen immer zu zweien) vorbeikommen, damit sie so lange in ihrer Beschäftigung einhalten und sich nicht durch den Lärm verraten.

Mit der Stadtpolizei ist er schon öfter zusammengeraten, der eine oder der andere Polizist hat ihn auch schon erwischt, wenn er einem Fremden ein Taschentuch stahl oder versuchte, einen Schinken vor einem Laden abzuhaken, aber da er eine für sein Alter verhältnismäßig bedeutende Körperkraft besitzt, hat er sich immer losreißen und in einer engen Gasse verschwinden können. Das hat natürlich seinen Mut gestählt, und sobald er zwölf oder dreizehn Jahre alt ist, denkt er endlich daran, ein Mitglied der unteren Camorra zu werden. Seiner Ansicht nach hat er genug „Verdienste", um aufgenommen zu werden. Es kann nicht fehlen, er kennt alle Schlupfwinkel der Diebe und Diebeshehler so gut wie einer, ihm sind alle Diebskniffe bekannt, er hat auch nicht unterlassen, die Diebsschulen mit Erfolg zu besuchen, und ist stets der Tüchtigste gewesen, wenn es galt, der mit kleinen Glöckchen behängten Puppe mit Gaunergeschwindigkeit die Taschen zu entleeren, ohne daß auch nur ein Glöckchen sich bewegt hätte. Auch mit dem Rasiermesser kann er sehr gut „zeichnen"; Peppino o Stuorto (der Schiefe) und Totonno o lavandaro (Anton der Wäscher; beides Spitznamen) können es bezeugen, denn sie laufen seit einem Jahre mit gezeichneter Wange umher, und nur seiner Wachsamkeit hat er es bisher zu danken gehabt, daß sie ihm noch nicht mit Gleichem vergolten haben, denn sie haben ihm blutige Rache geschworen.

Unsere Mitglieder der unteren und oberen Camorra sind Meister im „Zeichnen mit dem Rasiermesser"; ist einer von einem anderen beleidigt worden, so entscheidet das „Ehrengericht der Camorra" darüber, wie die Beleidigung wettgemacht werden soll, und die Wahl der Waffe fällt oft aufs Rasiermesser. Auch die noch nicht zur Camorra Gehörenden wissen diese Waffe gut zu benutzen, bei ihren nie fehlenden Balgereien spielt es eine große Rolle, und fast ein jeder ist damit versehen. Jeder der Kämpfenden sucht den anderen damit zu verwunden, mit Vorliebe an der Wange. Man wundert sich oft, daß man in Neapel so viele Leute mit Schmissen auf der Wange antrifft, und kommt in Verlegenheit, ob man sie nicht für Studenten halten soll. Aber damit hat es keine Not, die guten Leute können ihren eigenen Namen nicht schreiben, sie haben sich die zerfetzten Wangen im Rasiermesserkampfe mit einem anderen ihres Schlages geholt.

Unser kleiner Verbrecher hat auch auf diesem Gebiete seine Erfahrungen, und er tut nun einem Genossen, der bereits zur Camorra gehört, den Wunsch kund, in deren niedrigste Rangstufe, d. h. als giovinotto onorato (ehrenhafter junger Mann) einzutreten, indem er prahlerisch seine vielen Heldentaten aufzählt. Leider aber bemerkt der andere eine tiefe Lagune: der Aspirant hat noch nicht hinter Nummer Sicher gesessen, und ohne dies kann er kein Mitglied der „Schönen Reformierten Gesellschaft" werden; er ist noch nicht vollwichtig, alle seine anderen Ehrentitel nützen ihm nichts, wenn er noch nicht im Gefängnis war; die Camorra erkennt niemand als ehrenwert an, der sich noch nicht hinter Schloß und Riegel befunden hat. Unser junger Spitzbube muß sich daher wohl oder übel gedulden, bis sich eine solche Gelegenheit bietet, und die wird ja nicht lange auf sich warten lassen; ein Streit mit einem Altersgenossen ist leicht herbeigeführt, und im schlimmsten Falle kann er sich ja auch aus Ungeschicklichkeit von der Polizei abfangen lassen, die ihn dann für ein paar Monate versorgt. Und dann wird er ja um so rascher Karriere machen; schon jetzt ist er weit und breit bei den anderen jungen Dieben gefürchtet, weil er ein Messerheld ersten Ranges ist und sich bei Teilung einer Beute immer das meiste nimmt, ohne belästigt zu werden. Wie wird das erst werden, wenn er zur Camorra gehört! Schnell wird er seiner „Verdienste" halber die nächsten Rangstufen überspringen und wirklicher Camorrista werden, und dann, ja dann wird ihm auch das schöne Geschlecht nicht fehlen, denn er wird viel Geld haben und fein gekleidet gehen; dann wird er die anderen Camorristi unterjochen und von allen gefürchtet werden, gerade wie Pasquale o Schiavutiello, der der Schrecken aller Camorristi ist. Er fühlt schon jetzt einen glühenden Haß gegen diesen Menschen, nicht etwa weil ihm dieser je etwas zuleide getan hätte; er kennt ihn nicht einmal persönlich, sondern hat nur viel von ihm gehört; nein, er haßt ihn, weil er berühmt ist, weil er tüchtiger ist als er selbst, er haßt ihn als künftigen Nebenbuhler.

Während nun unser angehender Galeerensträfling eine Gelegenheit sucht, hinter die schwedischen Gardinen zu kommen, verlassen wir ihn in seinen goldenen Träumen von „Glück und Ruhm" und sehen uns einmal die Rangordnung der Camorra genauer an.

Die Camorra teilt sich in eine untere, genannt die Società minore d' umirtà, und in eine obere, die einfach als La bella Società riformata bekannt ist.

Die untere Camorra hat wiederum zwei Rangstufen, die des giovinotto onorato (ehrenhafter Jüngling) und die des picciuotto. Zu übersetzen sind diese Wörter oft nicht; sie gehören alle dem neapolitanischen Dialekt an und können auch im Italienischen nicht wiedergegeben werden. Ich werde mich in der Folge bemühen, sie so getreu wie möglich zu verdolmetschen.

Die obere und eigentliche Camorra besteht nur aus Camorristi (Mehrzahl von camorrista); sie besitzt außerdem 14 Contajuoli (Mehrzahl von contajuolo = Rechnungsführer), 14 Caposocietà und einen Capintesta. — Die meisten unserer Gauner, Diebe und Einbrecher gehören zu den einfachen Camorristi: das ist für sie schon ein Ehrentitel, und die meisten bleiben es ihr Leben lang, nicht, weil sie vielleicht nicht Caposocietà werden könnten, sondern weil es ihnen gewisser Umstände halber besser paßt, Camorrista zu bleiben: einige sind mehr gefürchtet als die Caposocietà und drehen diesen oft ungestraft eine Nase.

Besondere Förmlichkeiten werden beobachtet, wenn ein Mitglied vom Giovinotto onorato zum Picciuotto und weiter zum Camorrista fortschreitet; wer keine besonderen „Verdienste" hat, kommt nicht weiter und kann ewig auf seiner Stufe bleiben.

Caposocietà (= Haupt der Gesellschaft) gibt es, wie gesagt, 14, den 14 Stadtvierteln Neapels entsprechend. Sie werden aus den Camorristi gewählt und haben den Versammlungen und Ehrengerichten vorzusitzen, sowie über Streitfragen zu entscheiden.

Sie alle unterstehen wiederum dem Capintesta (= das oberste Haupt, vom italienischen capo = das erste, oberste, und testa = Haupt, Kopf), der wie ein großer Herr gekleidet ist, goldene Uhrketten trägt und

Diamantringe an den Fingern hat. Wer ihn nicht näher kennt, würde ihn von einem eleganten Herrn nicht unterscheiden, wenn er nur öfter seine freche und grobe Ausdrucksweise verleugnen könnte.

Jedes Jahr einmal, wenn nicht besondere Umstände mitwirken, schreiten die Camorristi zur Wahl des Capintesta, der Caposocietà (auch Capintrite genannt) und der Contajuoli. Die Mitglieder der unteren Camorra, die nur aus Giovinotti onorati und Piccinotti besteht, werden dabei nicht zugelassen; sie sind noch „Lehrlinge", haben keine Stimme und dürfen sich nur einen Schriftführer (Contajuolo) wählen, der ihre inneren Angelegenheiten regelt.

Der Capintesta muß nach dem Gesetz der Camorra „ein Mann von großer Kühnheit" (un uomo di grande ardire) sein. Bis vor wenigen Jahren wurde er nur aus den Camorristi der Porta capuana (Capuaner Tor) gewählt; jetzt genießt auch das Stadtviertel Pendino das Vorrecht, Capintesti aus seinem Schoße hervorgehen zu lassen, „denn," so wurde in einer Camorristaversammlung festgesetzt, „es ist bekannt, daß in diesem Viertel der Camorrista seine Pflicht zu tun weiß." Bei seiner Wahl können alle wirklichen Camorristi (also die obere Gesellschaft) zugegen sein, aber Stimme haben nur die Caposocietà. Gegenwärtig ist der Capintesta Neapels ein gewisser Schiavutiello (der Braune*). Geschäft hat er keines und braucht es auch nicht, denn er bekommt von allen Erträgnissen der Camorra einen so ausgiebigen Anteil, daß er nicht weniger als 10 bis 15 000 Franks das Jahr „verdient". Er lebt mit seiner zahlreichen Familie auf großem Fuße, ohne auch nur einen Finger zu rühren.

Seine Stellung beruht auf dem Schrecken, den er den Camorristen eingeflößt hat; wehe demjenigen, der ihm seinen Anteil an einem Diebstahl oder einer Erpressung nicht gewissenhaft abliefert! Einem Messerstiche oder einer Revolverkugel entginge er nicht, denn Schiavutiello macht nicht viel Federlesens, seine Zuträger benachrichtigen ihn von allem, und überhaupt kann nichts in der Camorra vorgehen, was er nicht sofort wüßte, denn er bringt ja sein Leben in den Diebes- und Hehlerkneipen zu, wo alles zusammengetragen wird. Wenn ein Gauner „seine Pflicht nicht getan," das heißt dem Camorrahäuptling nicht den demselben zukommenden Anteil abgeliefert hat, so sucht ihn dieser einfach auf und sagt ohne weiteres zu ihm: „Nun, was wollen wir tun?" Das bedeutet „gib mir sofort, was mir gehört". In den meisten Fällen rückt dann

---

*) Beim niederen Volke Neapels ist es Sitte, einem jeden einen Spitznamen zu geben, unter dem er besser bekannt ist als unter seinem wirklichen. Alle Camorristi haben einen solchen Spitznamen, der seinen Ursprung aus einer Gewohnheit, einem Laster, einem körperlichen Gebrechen und so weiter herleitet.

der Angeredete ohne weiteres mit dem Anteil heraus, und damit hat die Sache ein Ende. Es kommt jedoch auch vor, daß der betreffende Camorrista „sich nicht fürchtet" und einfach antwortet: „Ich will dir nichts geben." Dann kann von einem Verhandeln keine Rede sein, denn jeder friedliche Schritt von seiten des Capintesta würde seine Autorität verletzen; nein, das gibt es nicht; er zieht vielmehr einen Revolver und fängt an, auf den anderen zu schießen, der seinerseits darauf schon vorbereitet war und die Schüsse aufs beste erwidert. Es ist durchaus ein Kampf auf Leben und Tod; diese Menschen sind so wenig um ihr eigenes Leben besorgt, wie um das ihrer Mitmenschen, und oft fällt der eine oder der andere schwer verwundet oder tot nieder. Sind noch andere Camorristi zugegen, so legen diese sich nicht etwa ins Mittel, nein, sie sehen ruhig zu, wie die Geschichte abläuft. Wird einer der Kämpfenden schwer verwundet, so schaffen ihn die Umstehenden schnell fort und verbergen ihn irgendwo, nachdem sie ihn verbunden haben. — Solche Schießereien finden hier sehr häufig statt und zwar fast immer in einem der engen Stadtviertel, wo die Stadtpolizei selten oder nie hinkommt. Sie weiß meistens auch gar nichts davon, und wenn sie ja einmal dazukommt, so verduften alle, die nicht schwer verwundet sind, augenblicklich, und sie zu verfolgen, wäre in dem Gassenlabyrinth völlig zwecklos, desto mehr, als niemand etwas gesehen haben will, wenn er auch dicht dabei stand. Wird ein bei einer solchen Balgerei schwer Verletzter ins Spital geschafft, so antwortet er auf die Frage, wer ihn verwundet habe, allemal: er kenne den betreffenden gar nicht, er sei dort nur vorbeigegangen und sei zufällig getroffen worden; oder er sagt, daß er als Friedensstifter aufgetreten und dabei durch einen der Schießenden verwundet worden sei.

Der Capintesta braucht übrigens nicht jedes Jahr gewählt zu werden; seine Stellung hängt einzig und allein von seiner Unerschrockenheit und seinem Mute, sowie von dem Schrecken ab, den er den anderen einzuflößen versteht. Will er auf seinem Posten verbleiben, so darf er beileibe niemals nachgeben; würde er zum Beispiel nur einmal nicht fordern, was ihm nach dem Gesetze der Camorra zukommt, oder sich mit einem geringeren Anteil begnügen, so würde sofort eine Versammlung der Capisocietà und der hauptsächlichsten Camorristi einberufen werden, um ihn für abgesetzt zu erklären. Ist er dagegen „tüchtig", so kann er mehrere Jahre „im Amt" bleiben, wie das zum Beispiel beim gegenwärtigen Capintesta der Fall ist.

Wie schon gesagt, hat der Capintesta 14 Caposocietà (Capintriti) unter sich, die von ihm direkt abhängig sind. Ein jeder derselben steht einem der 14 Stadtteile Neapels vor. Sie werden durch Stimmenmehrheit aus den Camorristi gewählt. Ein Capintrite ist „ein höchst ehrenvoller Mann, von der Gesellschaft erwählt, um dem zu seinem Rechte zu verhelfen, der es wert ist, und dem Unrecht zu geben, der es verdient".

— Er gibt dem Capintesta von Zeit zu Zeit, meist alle acht Tage, Bericht über das, was in seinem Rechtsgebiet vorgeht, vorzüglich wenn es ungewöhnliche Vorfälle betrifft. Der Capintrite seinerseits empfängt jeden Abend durch den „diensthabenden Camorrista" und in Gegenwart des Contajuolo den Tagesbericht, soweit er ihm noch nicht bekannt ist. Letzterer betrifft die stattgehabten oder noch auszuführenden Diebstähle, Einbrüche und so weiter, sowie etwaige Keilereien oder Schießereien, die die ehrenwerten Vereinsangehörigen veranstaltet haben. Bei dieser Gelegenheit händigt man ihm auch seinen Anteil an den Erlösen der Diebereien ein.

Was vom Capintesta gesagt ist, läßt sich auch auf die Capintriti anwenden. Der eine und die anderen sind immer alte ausgediente Zuchthausbrüder, die sich vor niemandem und vor nichts, am wenigsten vor dem Revolver und dem Messer fürchten. Übrigens bringen ihnen ihre Ämter weiter nichts ein, denn ein Gehalt beziehen sie nicht; sie sind überhaupt nur da, weil man notwendigerweise auch in der Camorra, der ein wirklicher Staat im Staate ist, jemand haben muß, der den Versammlungen vorsitzt, die „Ehrengerichte" führt und die Streitigkeiten der Mitglieder schlichtet, sowie über die Aufnahme in die untere und obere Camorra entscheidet. Wie ich schon sagte, gibt es unter den einfachen Camorristi manche, die längst Capintrite und auch Capintesta hätten werden können, die die Wahl jedoch beharrlich ablehnen, weil sie nichts mit den „Schrebereien" zu tun haben wollen, und wohl auch besser „verdienen", als selbst ein Capintrite.

Was endlich den Contajuolo angeht, so verlangt man billigerweise von ihm, daß er lesen und schreiben könne, um seinen Titel mit dem Amt, welches er bekleidet, in Einklang zu bringen. Das „Gesetz" verlangt, daß er jedes Jahr neu erwählt werden soll, aber da es zu den Seltenheiten gehört, daß unsere Spitzbuben lesen und schreiben können, so hat er gewöhnlich das Vergnügen, mehrere Jahre im Amte zu verbleiben. — Jedes Stadtviertel Neapels hat einen Contajuolo für die obere und einen für die untere Camorra. Er empfängt jeden Abend in Gegenwart des Capintrite den diensthabenden Camorrista und kennt infolgedessen alle inneren Vorgänge in der Camorra aufs genaueste. Er ist der Vermittler zwischen Camorristi und Capintrite, und ohne seinen Rat wird nichts ins Werk gesetzt. Bei den Gerichtssitzungen vertritt er die Stelle des Staatsanwalts.

Suchen wir jetzt unsern jungen Gauner wieder auf, den wir auf einige Zeit verlassen hatten, um ihm Gelegenheit zu geben, sich mit dem Innern eines Gefängnisses bekannt zu machen, und nehmen wir an, daß ihm dies gelungen sei. Er ist also nun würdig, ein Mitglied vorerst der unteren Camorra zu werden. Der Freund spricht zu dem Zwecke mit seinem Contajuolo, der seinerseits den Contajuolo der oberen Camorra des betreffenden Stadtviertels davon verständigt. Letzterer nun unterbreitet den Fall seinem Capintrite. Es versteht sich, daß von keiner dieser Mittelpersonen etwas unterlassen wird, was dazu dienen kann, den Capintrite günstig zu beeinflussen; der Aspirant wird auf alle Weise herausgestrichen und als möglichst fähig und verdienstvoll geschildert, so daß der Capintrite nicht umhin kann, zu dem Ende eine Versammlung anzuberaumen. Dieselbe findet meistens im Hause eines Camorrista statt und besteht aus dem Capintrite, den Contajuoli der oberen und unteren Schönen Reformierten Gesellschaft des betreffenden Viertels, sowie aus vier Camorristi. Der Aspirant wird durch seinen Contajuolo von Ort, Tag und Stunde benachrichtigt.

Das nun folgende Zeremoniell ist vom Gesetz der Camorra genau vorgeschrieben; es hat so und nicht anders vor sich zu gehen; der Neuaufzunehmende hat die zu gebenden Antworten schon vorher Wort für Wort auswendig gelernt.

Zur bestimmten Stunde versammeln sich die oben erwähnten Häupter der Camorra und nehmen in folgender Rangordnung Platz: in der Mitte der Capo (Abkürzung für Capintrite), zu seiner Rechten die beiden ältesten Camorristi und ihr Contajuolo, zu seiner Linken die beiden jüngeren Camorristi nebst dem Contajuolo der unteren Gesellschaft; im ganzen sieben Personen, alle bedeckten Hauptes. Die Tür ist nicht geschlossen, sondern nur angelehnt.

Nach einer Weile hört man klopfen, und eine Stimme fragt draußen: „Ist es erlaubt?" Es ist der Aspirant.

Das Gespräch, das nun zwischen dem Capintrite und dem Aspiranten stattfindet, habe ich so buchstäblich wie möglich übersetzt, um den Sinn nicht zu beeinträchtigen; die Anrede geschieht in der zweiten Person Mehrzahl, wie es hier im Volke üblich ist.

Capo: „Ihr könnt eintreten."

Der Junge (der den Hut in der Hand hat und auf der Schwelle stehen geblieben ist): „Ich wünsche zu wissen, wer hier der Capo ist."

Capo: „Der Capo bin ich, Euer Vorgesetzter (wobei er seinen Namen nennt); habt deshalb keine Furcht, denn Ihr tretet auf dem geraden Wege in die Gesellschaft ein."

Junge (tritt herein mit gesenktem Kopf und die Hände über der Brust gekreuzt): „Ich möchte gern wissen, aus Gefälligkeit und Gnade, ob diese Gesellschaft (er meint die Camorra) einen Capintesta und Capintriti besitzt und ob sich in dieser ehrenwerten Versammlung Genossen, und an ihrer Spitze Vorgesetzte befinden."

Capo: „Die Gesellschaft hat einen Capintesta und Capintriti; und hier haben sich noch sechs Vorgesetzte eingefunden, nämlich zwei Contajuoli und vier Camorristi."

Junge: „Dann grüße ich Euch, die Contajuoli und die vier Camorristi, sowie die ganze Gesellschaft."

Capo: „Bedeckt Euch!" (Jetzt erst darf der Junge den Hut aufsetzen.)

Junge: „Ich finde keine Worte, um dem Capintrite, den Contajuoli und den vier Vorgesetzten zu danken, daß sie sich herablassen, mir zu erlauben, mit bedecktem Haupte zu sprechen."

Capo: „Sagt mir, warum habt Ihr Euch erlaubt, uns zusammenzuberufen? Was wünscht Ihr?"

Junge: „Capo, mein Herz drängt mich, zu Euch zu kommen, um Euch zu fragen, ob in der Schönen Reformierten Gesellschaft ein Platz frei sei, den ich einnehmen könnte; ich bitte Euch und diese meine Vorgesetzten, die Störung zu verzeihen."

Capo: „Mit Erlaubnis der vier Camorristi und der Contajuoli bemerke ich Euch, daß, wenn Ihr Euch fähig haltet, in unsere Gesellschaft einzutreten, wir alle das Gegenteil glauben, indem wir Euch dessen vielmehr für unwürdig halten."

Junge: „Ich verstehe, weshalb mich die Gesellschaft für unwürdig hält, denn sie kennt meine Gedanken nicht; aber wenn Ihr, die Contajuoli und die vier Vorgesetzten mich der hohen Ehre würdig halten werden, der Schönen Reformierten Gesellschaft anzugehören, werde ich Euch beweisen, daß ich allein Mut genug besitze, einen ganzen Trupp Polizisten in die Flucht zu jagen!" (sic.)

Capo: „Mit Erlaubnis der Contajuoli und der vier Vorgesetzten bemerke ich Euch, daß ich Euch für zwei angegriffen habe und Ihr habt Euch für drei verteidigt (das heißt: Ihr habt gut geantwortet und seid hiermit aufgenommen). — Was wünscht Ihr sonst von unserer Gesellschaft?"

Junge: „Ich wünsche die Rechte und die Linke des Capo zu küssen." (Damit küßt er die rechte Hand des Capintrite und der demselben zur Rechten sitzenden, dann die linke Hand des Capintrite und die rechte der demselben zur Linken sitzenden „Vorgesetzten".)

Capo: „Mit Erlaubnis der Contajuoli und der vier Vorgesetzten wünsche ich zu wissen, warum Ihr mich zweimal geküßt habt; haltet Ihr mich vielleicht für eine Frau?"

Junge: „Ich habe Euch zweimal geküßt, weil Ihr zwei Berufungen habt, eine an der rechten Seite und die andere an der linken Seite, und weil Ihr ein höchst ehrenwerter Mann seid, erwählt von der Gesellschaft, um dem zu Recht zu verhelfen, der es wert ist, und dem Unrecht zu geben, der es verdient!"

Capo: „Was wünscht Ihr sonst von unserer Gesellschaft?"

Junge: „Ich wünsche zu wissen, aus Freundlichkeit und Gnade, wie viele unsere Genossen wir sind, und ob sich unter diesen welche befinden, die spazieren gehen (von der Gesellschaft bestraft sind) oder unter Schloß und Riegel sind (der Camorrist sagt: unter Schlüssel)."

Capo: „In diesem Viertel sind so und so viele ‚ehrenwerte junge Leute' (wobei er deren Anzahl angibt); unter Schlüssel gibt es keine, aber zwei gehen spazieren."

Junge: „Capo, weil sich heute die Gesellschaft aus Gnade und nicht aus Gerechtigkeit versammelt hat, bitte ich Euch, die Contajuoli und meine anderen Vorgesetzten, die, welche spazieren gehen, zurückzurufen (das heißt: zu begnadigen)."

Capo: „Gut; die Gesellschaft steht Euch diese Gnade zu und beauftragt den Contajuolo, die zurückzurufen, welche spazieren gehen."

Junge: „Und ich danke von ganzem Herzen Euch, den Contajuoli und den vier Vorgesetzten für die Gnade, die ihr meinen Genossen habt zuteil werden lassen. Jetzt bitte ich Euch, aus Freundlichkeit und Gnade mir das Gesetz (bei den Camorristi frieno, italienisch freno = Bremse) der unteren Gesellschaft mitzuteilen."

Capo: „Von diesem Augenblicke an gehört Ihr zur Klasse der Ehrenwerten jungen Leute und seid der unteren demütigen Gesellschaft einverleibt. Unsere Schöne Reformierte Gesellschaft legt euch jungen Leuten folgendes auf:

1. Euch untereinander zu lieben. (!)

2. Den Alten und den Vorgesetzten gegenüber demütig zu sein und sie zu ehren.

3. Bei den Raufereien eurer Genossen als Friedensstifter aufzutreten.

4. Die Camorra für die Camorristi zu erheben und abzuliefern, ohne etwas für euch zu behalten.

5. Niemandem die Geheimnisse der Gesellschaft zu enthüllen.

Wer dieses Gesetz übertritt, wird nicht nur aus der Gesellschaft ausgestoßen, sondern kann auch, je nach der Bedeutung seines Verbrechens, mit dem Tode bestraft werden. — Habt Ihr verstanden?"

Junge: „Ich danke der Gesellschaft, die mich in sich aufgenommen hat, und erkläre hiermit, daß ich mich jedem Befehl meiner Vorgesetzten ohne Widerrede unterwerfen werde."

Capo: „So ist es recht! — Begrüßt die Versammlung und hebt Euch weg!" (das heißt: Ihr könnt gehen.)

Wie man sieht, geht es auch in unserer ehrenwerten Camorragenossenschaft nicht ohne Förmlichkeiten ab; der ganze eben beschriebene Akt trägt das Gepräge einer gewissen Feierlichkeit, zumal nur der Capintrite spricht und die anderen sechs nicht den Mund auftun. Es ist daher eine Tatsache, daß so ein angehender Spitzbube sich mit nicht geringem Herzklopfen dieser Versammlung vorstellt. Freilich ist kaum daran zu zweifeln, daß er aufgenommen wird, aber die Namen der künftigen gefürchteten „Vorgesetzten", von denen seine nunmehrige Laufbahn abhängt, flößen ihm doch unwillkürlich Achtung und oft Schrecken ein.

Doch ist er nun nicht wenig stolz auf seinen neuen Rang, und seine Freunde vergessen demzufolge nicht, ihn um das obligate Festessen anzugehen, welches in irgend einer weltvergessenen Wirtschaft unterster Ordnung eingenommen und mit viel von unserem abscheulichen Wein hinuntergespült wird.

Der Ertrag seiner Diebereien geht nun in die Hände der Camorra über, die ihm ein weniges davon überläßt. Er steht nicht nur unter dem Picciuotto, der sich seiner als ausführende Hand bedient, wenn er nicht selbst gehen will oder kann, sondern er wird auch oft von einem Camorrista zu solchen Aufträgen abgeschickt. Handelt es sich darum, bei einem geplanten Einbruche Wache zu stehen, so wird gewöhnlich ein Giovinotto onorato dazu bestimmt. Müssen Falschspieler oder Bauernfänger um einen Prozentsatz ihres schmutzigen Verdienstes angezapft werden, so schickt man einen Giovinotto onorato ab. Leicht bietet man ihm somit Gelegenheit, sich durch List und Verschlagenheit auszuzeichnen, so daß, wenn er schlau ist, er sehr bald bei seinen „Vorgesetzten" in ein gewisses Ansehen kommen kann. Natürlich läßt er es seinerseits an nichts fehlen, um das zu erreichen, so daß diese jungen Verbrecher aus unlauterem Ehrgeiz oft zu den gefürchtetsten Übeltätern gehören, da ihnen noch dazu das gesetzte Alter fehlt und sie von Überlegen und Erwägen keine Ahnung haben.

Sobald der „ehrenwerte junge Mann" glaubt, genug Heldentaten auf dem Gewissen zu haben, um die nächste Rangstufe der Camorra zu ersteigen, hat er zu dem Zwecke nichts anderes zu tun, als aus der Klasse der Giovinotti onorati auszutreten und sich beim diensthabenden Picciuotto vorzustellen; dieser legt dann die Sache mit den gewöhnlichen prahlerischen Ausdrücken und unter gewissenhafter Aufzählung der verrichteten Taten dem Contajuolo der Camorristi vor, welch' letzterem es zukommt, Ort und Stunde der zu dem Ende anzuberaumenden Versammlung zu bestimmen.

Dabei kommen ungefähr dieselben Förmlichkeiten vor, die wir schon bei der Wahl zum Giovinotto onorato kennen gelernt haben; doch ist es dem Kandidaten jetzt gestattet, schon von Anfang an in der Versammlung den Hut auf dem Kopfe zu behalten. Folgendes Gespräch findet nun zwischen dem Kandidaten und dem Caposocietà statt:

Capo: „Was wünscht Ihr?"

Giovinotto onorato: „Ich wünsche Picciuotto zu werden."

Capo: „Und was bedeutet Picciuotto?"

Giovinotto onorato: „Picciuotto bedeutet ein kaltblütiger Mann, ein Diener der Camorristi, der Honig auf den Lippen hat und das Messer im Herzen trägt."

Capo: „Warum Honig auf den Lippen und das Messer im Herzen?"

Giovinotto onorato: „Der Honig soll dazu dienen, die Streitigkeiten zu versüßen, und das Messer, die Niederträchtigkeiten zu bestrafen" (das heißt: wenn man mit guten Worten nicht ankommt, greift man zum Messer und verschafft sich Recht durch Gewalt).

Capo: „Und was ist ein Caposocietà?"

Giovinotto onorato: „Ein höchst ehrenwerter Mann, von der Gesellschaft erwählt, um dem zu Recht zu verhelfen, der es wert ist, und dem Unrecht zu geben, der es verdient, und der zwei Berufungen hat, das heißt: eine an der linken Seite des Hauptes und die andere an der rechten Seite des Hauptes." (Die zwei Berufungen beziehen sich eben auf die vorerwähnte unparteiische Rechtsprechung.)

Capo: „Mit Erlaubnis dieser Vorgesetzten wünsche ich von Euch zu erfahren, was Ihr sonst noch von dieser Gesellschaft wollt?"

Giovinotto onorato: „Ich wünsche meine Pflicht zu tun, erst an der rechten Seite und dann an der linken Seite des Hauptes" (wobei Handkuß in derselben Weise wie bei der Wahl zum Giovinotto onorato).

Capo: „Habt Ihr nichts mehr hinzuzufügen?"

Giovinotto onorato: „Capo, es ist wahr, daß uns Picciuotti nichts von dem zukommt, was wir für die Camorra erwerben, aber ich bitte Euch, immer aus Freundlichkeit und Gnade, bei der nächsten Versammlung der Oberen Gesellschaft den Vorgesetzten vorzuschlagen, eine kleine Blume (= Geschenk) zu unserm Besten auszuwerfen."

Capo: „Gut; sobald sich die ganze Gesellschaft versammelt, werde ich den Genossen und Vorgesetzten diesen Euren Wunsch unterbreiten und bin sicher, daß eine kleine Blume aus der Tangende (Erlös aus der Camorra) für Euch abfällt. — Und jetzt, wenn Ihr sonst nichts zu sagen habt, und wenn die hier anwesenden Genossen keine gegenteiligen Bemerkungen zu machen haben, ernenne ich Euch hiermit, im Namen der Unteren Gesellschaft der Demut, zum Picciuotto und erkläre Euch als abgelöst von den Giovinotti onorati."

Giovinotto onorato: „Ich danke der Gesellschaft für die mir erwiesene Ehre und erkläre mich als Euer Diener von Rechts wegen." (Ab.)

Zur Feier des Ereignisses erbitten und erlangen auch die neuerwählten Picciuotti Amnestie für die „Spazierengehenden", das heißt von der Gesellschaft bestraften Genossen.

Die Picciuotti zerfallen wieder in Picciuotti onorati und Picciuotti di sgarra. Die ersteren liefern ihren ganzen Erwerb aus der Camorra an dieselbe ab, die Picciuotti di sgarra, die mit den schwierigen Sachen betraut sind, dürfen ohne weiteres einen Teil des Erlöses für sich behalten.

Wir werden später sehen, woraus der Erwerb der Camorra besteht;

hier sei nur erwähnt, daß sowohl die Picciuotti als auch die wirklichen Camorristi abwechselnd „Tagesdienst" versehen müssen, ob sie nun „in der freien Luft" oder „unter Schlüssel" sind. Im ersten Falle haben sie 1. denen mit Rat und Tat beizustehen, die aus dem Gefängnis entlassen werden; 2. ihre Contajuoli von den Vorkommnissen ihres Viertels zu unterrichten. Befinden sie sich „unter Schlüssel", so haben sie 1. für Ruhe und Ordnung in den Gemeinzellen zu sorgen; 2. zu erkunden, welche von den neuankommenden Verbrechern der Camorra angehören und welche nicht. Wo letzteres der Fall ist, müssen sie suchen, die Betreffenden womöglich für die Camorra zu gewinnen oder sonst Vorteil aus ihnen zu ziehen; im ersten Falle bringen die frischhinzukommenden Camorristi immer Neuigkeiten aus der Außenwelt mit, die sich entweder im Gefängnis selbst und beim Verhör gegenüber dem Untersuchungsrichter, oder auch später nach erlangter Freiheit verwerten lassen.

Wie wir gesehen haben, müssen die den unteren Klassen der Schönen Reformierten Gesellschaft Angehörenden alles oder das meiste ihres Erwerbes abgeben, und daher bleibt ihnen selbst nicht viel übrig, wenn sie nicht etwa sehr schlau und verschlagen sind und der Gesellschaft hin und wieder eine Nase drehen; doch ist das nicht so leicht, und Übertretungen des „Gesetzes" werden schwer geahndet.

Hat ein Picciuotto längere Zeit „gedient", so ist es für ihn die größte Ehre, nun endlich Camorrista zu werden. Zu diesem Zwecke muß er ein vollendeter Gauner und Messerheld sein und sich überhaupt vor nichts fürchten, nur vor seinen „Vorgesetzten". Auch darf er sich nichts gegen die Gesellschaft haben zu schulden kommen lassen. Bis zum Jahre 1857 verweigerte das Gesetz der Camorra den Päderasten den Eintritt in die Obere Reformierte Gesellschaft; jetzt scheint der betreffende Paragraph nicht mehr beachtet zu werden, woraus wir ersehen, daß auch in dieser löblichen Einrichtung ein Fortschritt, wenn auch zum Schlechteren, zu erkennen ist.

Die bei der Wahl des Picciuotto zum Camorristen beobachteten Förmlichkeiten sind die folgenden:

Capojocietà (=Capintrite) zum eintretenden Picciuotto: „Wen sucht Ihr?"

Picciuotto: „Ich suche meine Genossen."

Capo: „Und wer sind Eure Genossen?"

Picciuotto: „Die Camorristi."

Capo: „Und was ist ein Camorrista?"

Picciuotto: „Ein kühner Mann, dem die untere Gesellschaft gehorcht, und der mit einem Fuße in dieser Welt und mit dem anderen im Grabe steht." (!)

Der Capintrite fragt nun den Contajuolo, der vermöge seines Amtes und der erhaltenen Auskünfte den Aufzunehmenden genau kennt, um seine Meinung, und ist diese günstig, so sagt er: „Ich glaube, daß N. N. würdig ist, in die Obere Gesellschaft der Demut aufgenommen zu werden, was mit dem heutigen Tage geschieht; er ist hiermit von uns mündlich als Camorrista anerkannt. Ich gebe euch, liebste Genossen, vierzehn Tage Zeit, während welcher ihr euch für oder gegen ihn entscheiden könnt; ihm selbst mögen diese vierzehn Tage dienen, um sich auf ‚seine Pflicht' vorzubereiten."

Indem er sich dann an den neuen Adepten wendet, läßt er ihn folgenden Schwur nachsprechen: „Ich schwöre zu Gott und vor den Genossen, daß ich allen Gesetzen und Vorschriften der Gesellschaft der Demut treu und ergeben sein und allen Befehlen meiner Vorgesetzten pünktlich und ohne Widerspruch nachkommen werde."

Sind nun innerhalb der angesetzten Frist keine Berufungen gegen die Wahl eingelaufen (was übrigens selten vorkommt, da die Gesellschaft so viele Mitglieder wie möglich zu bekommen sucht), so versammelt sich in irgend einer versteckten Kneipe eine Anzahl Camorristi unter dem Vorsitz des Capintesta (Obersten der Camorra) und in Gegenwart des Caposocietà und des Contajuolo des betreffenden Stadtviertels, um zu sehen, wie der Neuaufzunehmende „seiner Pflicht Genüge leistet". Dieser Akt besteht nicht mehr und nicht weniger als in einem regelrechten Messerduell, das der Adept mit einem alten Camorrista zu bestehen und mittels dessen er durch Tüchtigkeit und Unerschrockenheit zu beweisen hat, daß er würdig ist, die neue Rangstufe zu ersteigen.

Der Caposocietà gibt nun dem mündlich bestätigten Camorrista ein Messer, während ein alter Camorrista ein ähnliches bekommt; darauf läßt der Capintesta, der das Ganze leitet, die beiden Kämpfer Aufstellung nehmen, während die anderen Camorristi im Kreise herumstehen. Das ist ein feierlicher Anblick für alle, hauptsächlich für den neuen, dem oft nicht wohl zumute ist bei dem Gedanken, daß er jetzt mit einem ausgedienten Messerhelden zu kämpfen hat und in Gegenwart so vieler „Vorgesetzter". Ja, wenn er noch beleidigt worden wäre oder wenn es gälte, die „Ehre" seiner Geliebten zu verteidigen, dann wäre es ihm ein Leichtes zu kämpfen, dann hätte er Ursache dazu, sein Blut wäre in Wallung und mit Leichtigkeit würde er seinen Gegner niederstechen; aber so! ohne herausgefordert zu werden und bloß der Form wegen! Denn er darf sein Gegenüber nur leicht verwunden, muß aber doch dem Gesetz Genüge tun und die Regeln eines Zweikampfes zwischen Camorristi beobachten; dabei darf er sich nicht einmal verwunden lassen, wenn er nicht des Rechtes der Aufnahme verlustig gehen und sich noch obendrein von seinen Gefährten hänseln lassen will. Da hat denn auch wohl ein solcher Raufbold ein unangenehmes Gefühl; doch darf er das beileibe nicht merken lassen, denn aller Augen sind auf ihn gerichtet, jede seiner Bewegungen wird bekrittelt, und die „Genossen" sind nicht sehr wählerisch mit ihren Bemerkungen.

Endlich gibt der Capintesta ein Zeichen, und der Contajuolo schreit: Aufgepaßt — los! Die beiden Kämpfer springen mit gezückten Messern aufeinander zu. Nun muß der Adept darauf achten, spätestens beim dritten Gange seinem Gegner eine Wunde beizubringen, doch bemerkt der alte Camorrista sehr bald, wenn sein Mann in der Aufregung nicht imstande sein wird, das zu bewerkstelligen, und teils aus Mitleid, teils auch um das in Aussicht stehende Festessen nicht einzubüßen, läßt er sich nun freiwillig verwunden. Manchmal mag das auch auf einem vorher stattgehabten Übereinkommen beruhen, genug, sobald die ersten Blutstropfen sichtbar werden, hebt der Capintesta die Hand auf und schreit: Halt!, worauf der Sieger seinem Gegner das Blut ableckt (!) und der Zweikampf ein Ende hat. Nunmehr ist aus dem mündlich bestätigten Camorrista ein wirklicher geworden, ein „Pflichtcamorrist", wie die Gaunersprache sagt. Der Neugewählte umarmt und küßt seine neuen Rangbrüder und seine Vorgesetzten, und unter Geschrei und Freudenrufen geht es zum Schmause, der schon vorher vom Neugewählten und auf dessen Kosten bestellt worden ist. Da gibt es die drei obligaten Gänge, die beim niederen Volke Neapels bei keiner festlichen Gelegenheit fehlen dürfen, nämlich Makkaroni mit Öl und Knoblauch, gebratener Stockfisch, gebackener Lammbraten. Wein, so viel man will, und auch für Zigarren sorgt der neue Camorrista. So wird getrunken und geraucht bis tief in die Nacht hinein, während ein jeder unzählige Heldentaten zum besten gibt. — Die Schöne Reformierte Gesellschaft kann zufrieden sein; sie hat wieder einen Verbrecher in sich aufgenommen, der ihren Einfluß und ihr Ansehen nach Kräften befördern wird, wobei ihm jedes Mittel recht ist, wenn es nur zum Ziele führt. Dieser Verbrecher fürchtet nur drei Persönlichkeiten: Gott, seinen Schutzheiligen und seinen „Vorgesetzten", und das auch nur so lange, bis die Vorschriften dieser drei seinen Wünschen nicht zuwiderlaufen. Gott und der Heilige sind ja bekanntlich sehr geduldige Leute, mit denen man sich immer abfinden kann, sie widersprechen einem nie, und wenn man dem Heiligen ein Paar Wachskerzen opfert, so hat man auch seinem Gewissen Genüge getan. Nicht so einfach ist die Sache, wenn man den Caposocietà betrügen will, denn der hält die Augen offen und bekommt alles zu wissen. Da heißt es vorsichtig sein, wenn man keine Lust hat, Bekanntschaft mit einer Messerspitze zu machen. Aber auch das läßt sich machen, und man braucht nur bei irgend einem geringen Anlaß ein paar Genossen niederzustechen, um sich den nötigen Respekt zu verschaffen; dann lassen einen die anderen schon ungeschoren.

Unter den Erwerbsquellen der Camorra nimmt der Diebstahl die erste Stelle ein. Gestohlen kann alles werden, was nicht sehr nagelfest ist. Unsere Lokalzeitungen sind voll von entsprechenden Anzeigen, und die Täter werden unter zehnmal nur einmal bekannt. Einbrüche, Ladendiebstähle und Raub auf offener Straße sind an der Tagesordnung. Die Polizei ist aus manchen Gründen bisher beinahe machtlos dagegen gewesen, schon deshalb, weil die Camorra innerlich so gut organisiert ist und ein abgefangener Dieb fast nie seine Gehülfen verrät. — Einbrüche in einen Laden oder einen Lagerraum werden sehr oft entweder von einem anliegenden, leeren, eigens zu diesem Zweck gemieteten Lokal aus oder durch die Sielleitungen unternommen und meist mit Erfolg ausgeführt. Vor einigen Jahren wurde auf diese Weise ein hiesiges englisches Tuchgeschäft um eine große Menge Seidenwaaren im Werte von 20 000 Lire bestohlen, ohne daß je von den Einbrechern eine Spur entdeckt worden wäre. In diesem Falle hatten die Diebe sich die Gelegenheit zunutze gemacht, daß auf dem naheliegenden Platz eine Umfriedung erbaut worden war, um von da aus das Hauptsiel einer notwendigen Ausbesserung zu unterwerfen; auf diesem bequemen, schon vorgezeichneten Wege waren sie eines Nachts in das Warenlager gedrungen und hatten ihre Arbeit in aller Ruhe ausgeführt. — Oft mieten sie auch, wie gesagt, eine leere Wohnung neben oder über, selbst unter dem Laden oder Lager, welches sie auszuräumen gedenken. Dann wird je nach Lage und Umständen die Nebenwand oder der Fußboden durchbrochen und das Lokal durch die erhaltene Öffnung geleert. Natürlich stehen auf der Straße immer einige Giovinotti onorati oder Picciuotti Wache, um aufzupassen, ob niemand vorbeikommt, der den Lärm hören könnte. Dabei gibt es verschiedene verabredete Zeichen, je nach Tageszeit und Art der Person, deren Herannahen man anzeigen will. Bei Tage wird oft der Ruf dieses oder jenes Straßenverkäufers nachgeahmt, oder der Aufpasser benachrichtigt die Diebe drinnen durch den Ruf „Wasser", wenn ein Zivilschutzmann, durch den Ruf „Feuer", wenn ein Polizist in Uniform vorbeikommt; des Abends verständigen die Wache Stehenden die „Arbeitenden" durch besondere, meist langgezogene und dann plötzlich unterbrochene Pfiffe, des Nachts endlich, wenn alles still ist, genügt ein auf kleine Entfernung geworfener Stein, um anzuzeigen, daß sich eine Runde von Karabinieri, ein Stückchen Glas, daß sich eine solche von Schutzleuten oder ein Privatwächter naht. Die Einbrecher halten dann so lange mit ihrer Arbeit inne, bis die Wächter des Gesetzes vorbei sind, während sich der Aufpasser in eine Ecke drückt. Er hat die Schutzleute schon von weitem gesehen, während sie ruhig an ihm vorbeigehen und keine Ahnung von seinem Dasein haben. Ein neuerdings geworfenes Steinchen setzt dann die Arbeitenden in Kenntnis, daß die Gefahr vorüber ist.

Die Untergrundeinbrecher werden auf andere Art beim Herannahen der Runde gewarnt. Während sie unten vom Siel aus mit Brechstangen in einen Lagerraum einzudringen suchen, sitzt oben auf der Straße, möglichst nahe bei dem Orte, wo die Einbrecher arbeiten, ein Aufpasser mit einem Strick, den er durch eine Effnung ins Siel hinabgelassen hat. Am unteren Ende des Strickes ist ein Säckchen mit Scherben befestigt, mit welchem er, indem er das Seil auf- und abzieht, durch Aufschlagen auf den Grund verschiedene Zeichen geben kann. Naht sich Gefahr, so zieht der Piccinotto oben dreimal an dem Strick, und die in dem Säckchen befindlichen Scherben benachrichtigen durch ihr Geräusch die Diebe, daß sie auf ihrer Hut sein müssen; nach einiger Zeit gibt ein einfacher Aufschlag das Zeichen, daß die Arbeit fortgesetzt werden darf. Da der Aufpasser so mitten auf der Straße hockt, so kommt es wohl vor, daß ihn eine vorbeikommende Runde bemerkt und ihn fragt, was er da zu sitzen habe. Er antwortet dann ganz ruhig, er habe sich infolge eines plötzlichen Unwohlseins genötigt gesehen, schnell ein Bedürfnis zu befriedigen. Dabei hat er den Strick losgelassen und das plötzliche Aufschlagen des Säckchens ist für die Untenstehenden ein Zeichen, daß sie sich schnell aus dem Staube machen müssen, da die Gefahr dringend ist. Geben sich die Schutzleute mit der Antwort des Piccinotto zufrieden, so ist es wohl für dieses Mal zu spät, weiter zu arbeiten, aber es ist doch sonst nichts verloren; manchmal jedoch, und vorzüglich wenn es verkleidete Schutzleute sind, sieht sich der Aufpasser mit einem Male umringt, so daß an keine Flucht zu denken ist. Beim Scheine einer Straßenlaterne untersuchen sie ihn und finden ihn natürlich stets im Besitz von Messer oder Revolver. Auch steht ihm sein Handwerk schon auf der Stirn geschrieben, und einem Schutzmann ist er eine alte Bekanntschaft. Man bindet ihm daher einen Strick um den rechten Arm, einer der Schutzleute behält das andere Ende des Strickes in der Hand, und so von allen begleitet, bringt man ihn auf die erste beste Polizeiwache, wo er gründlich durchsucht und einem ersten Verhör unterworfen wird. In den meisten Fällen bleibt er bei seiner ersten Aussage und gibt die Genossen nicht an, teils um seine „Ehre" nicht zu beflecken, teils auch aus Furcht vor einer exemplarischen Bestrafung durch die Schöne Reformierte Gesellschaft. Hin und wieder jedoch kommt es auch vor, daß er sein eigenes Verbrechen und das seiner Genossen gesteht, und zwar wenn ihm der Polizeikommissär Straflosigkeit zusichert und ihm womöglich noch ein kleines Geschenk verspricht. Einer solchen Versuchung kann der Piccinotto vielleicht nicht widerstehen, zumal er in seiner jetzigen Stellung noch keinen rechten Begriff von den Ehrenpunkten der Camorra hat. Es gibt unter diesen Aufpassern (in der Gaunersprache Pali, Einzahl palo = Pfahl) solche, die es je nach Umständen bald mit der Camorra, bald mit der Polizei halten und das so lange treiben, bis erstere es herausbekommt und sie im gelinderten Falle ausstößt, öfter aber auf wirklich furchtbare Art bestraft.

Raub auf offener Straße und am hellen Tage kommt auch häufig vor, und leider sind es nicht zum geringsten Teil die Fremden, die ihr

Kontingent zu den Opfern stellen, woran übrigens meistens die Nachlässigkeit und Vertrauensseligkeit des Fremden selbst schuld ist. Der wohlgemeinte Rat des Concierge im Hotel, der ihn bittet, die Uhrkette nicht so offen zu tragen, sondern den Rock zuzuknöpfen, oder noch besser alles dem Bureau zur Aufbewahrung zu geben, wird leider oft in den Wind geschlagen; wenn dann dem Fremden die Uhrkette abgerissen ist, läuft er zur Polizei, durch deren Hülfe er den verlorenen Gegenstand wiederzuerlangen hofft, natürlich vergebens. Manche Damen haben die Gewohnheit, die Uhr an einem kurzen Bande auf dem Busen zu tragen; die bringen sie dann selten wieder mit nach Hause. Gelegenheit macht eben allenthalben Diebe und hier gibt es eine Menge solcher Subjekte, die auf nichts anderes Jagd machen, als auf dergleichen Sachen. Auch in den Trams heißt es vorsichtig sein. Es kommt vor, daß sich ein feingekleideter Gauner neben einen Fremden setzt, den er sehr lange vorher mit seinen geübten Augen entdeckt hat. Bei dem Rütteln des Wagens ist es ihm dann ein Leichtes, dem hart neben ihm Sitzenden mit einem haarscharfen Rasiermesser die Brieftasche herauszuschneiden oder ihm die Uhrkette abzukneipen, und dann einfach vom Tram abzuspringen. Aber das kommt in allen anderen Großstädten auch vor; mit der nötigen Wachsamkeit können solche Abenteuer vermieden werden. Ich wohne nun schon seit sechzehn Jahren in Neapel, und nie ist mir etwas gestohlen worden, obgleich ich zu jeder Tages- und Nachtzeit unterwegs bin.

Ein weiteres Einkommen der Camorra liefert die sogenannte Bauernfängerei. Neapel ist der Abgangspunkt vieler Seedampfer, die wöchentlich große Scharen von Landleuten aus den südlichen Provinzen Italiens nach Nord- und Südamerika befördern. Diese Leute, durch die Vorspiegelungen und glänzenden Beschreibungen Amerikas von seiten gewissenloser Auswandereragenten zum Verlassen des heimatlichen Bodens veranlaßt, haben Haus und Hof verkauft und dadurch gewöhnlich gerade so viel Geld zusammengebracht, als nötig ist, um mit Frau und Kindern nach Neapel zu kommen und sich dort nach Amerika einzuschiffen. Wenn sie nun nicht gleich Platz finden oder auch augenblicklich kein Dampfer zur Abfahrt bereit ist, laufen sie in der Stadt umher und fallen dabei leicht den Bauernfängern in die Hände. Diese selbst gehören nicht zur Camorra; sie haben sich in irgend einem engen, von der Polizei selten besuchten Gäßchen versammelt, sind mit falschen oder gezeichneten Karten versehen und erwarten so die Genossen, die auf den Fang ausgeschickt sind. Die auswanderungslustigen Bauern schlendern meistens am Hafen umher, gaffen alles an, stehen vor jeder Sache, die ihre Aufmerksamkeit fesselt, still und geben sich überhaupt bei jedem Schritt Mühe, das zu scheinen, was sie wirklich sind, nämlich „merli" (Amseln), die man mit größter Leichtigkeit leimen kann. Der Gauner, der schon längst auf ihrer Suche war, paßt nun den Augenblick ab, wo einer der Männer hinter dem Trupp zurückgeblieben ist, und redet ihn meistens unter dem Vorwande an, er sei ein Landsmann, sei schon in Amerika gewesen, wolle auch wieder hin usw., usw. Das Gespräch kommt schnell in Gang, der Bauer hört mit offenem Munde zu, der andere bietet ihm Zigarren an, zahlt einen Liter Wein, und die Geschichte endet damit, daß der Gauner den Bauer zu „einem Spielchen bei einem Freunde" einladet. Damit bringt er ihn zu seinen Helfershelfern, die ihn schon erwarten, und verschwindet nach ein paar Partien unter irgend einem Vorwande, um neue Opfer aufzusuchen. Der Bauer gewinnt gewöhnlich am Anfange, hat aber nach ein paar Stunden keinen Pfennig mehr in der Tasche, und es bleibt ihm nichts anderes übrig, als die Polizei aufzusuchen, die ihm dann eine Freikarte gibt, mit der ihn die Bahn wieder in seine Heimat befördert. Gestört werden die Falschspieler sehr selten; übrigens sind an den Ausgängen der Gasse l'uli (Pfähle = Aufpasser) aufgestellt worden, die eine etwa nahende Gefahr sofort durch einen eigentümlichen Pfiff angezeigt hätten, worauf die Gauner schleunigst verschwunden wären. Dem Bauern kommt es übrigens selten in den Sinn, daß er geleimt worden ist; er glaubt meistens, er habe sein Geld im ehrlichen Spiel verloren und verflucht nichts als seine Dummheit, daß er sich durch „den Landsmann" hat zum Spielen verleiten lassen.

Die Spieler müssen nun an die Camorra 20 Prozent ihres „Verdienstes" abgeben. Es gehört mit zum Tagesdienst der Piccinotti und Giovinotti onorati, die Falschspieler aufzuspüren; sobald sich diese entfernen wollen, nähert sich ihnen ein Piccinotto und sagt: „Guten Tag, meine Herren und Kollegen!" — „Was befehlt Ihr?" — „Ist es erlaubt zu fragen, ob man die Tangende erheben kann?" erwidert der „ehrenwerte junge Mann", worauf ihm die Spieler ohne Widerrede die 20 Prozent einhändigen. Betrügen können sie ihn nicht, denn er hat aus nächster Nähe schon alles gesehen; auch sie haben ihn längst bemerkt, halten das aber so gut wie er für ganz selbstverständlich. — Es kommt auch vor, daß dem Piccinotto bereits ein anderer, ihm unbekannter, zuvorgekommen ist; dann verhindert der letztere die Eintreibung der Tangende mit den Worten: „Wenn Ihr erlaubt, so erhebe ich bereits die Camorra für den Vorgesetzten Soundso," indem er den Namen des Camorrista nennt, der ihn abgesandt hat. Kennt der Zuletztgekommene diesen Camorrista, so antwortet er nur: „Es ist in guten Händen," im entgegengesetzten Falle sagt er: „Im Namen der Unteren Gesellschaft der Demut verwehre ich die Erhebung der Camorra, denn ich habe nicht die Ehre, diesen Euren Vorgesetzten zu kennen." Das Geld bleibt dann mit beiderseitiger Genehmigung so lange in den Händen eines anderen Mitgliedes der Schönen Reformierten Gesellschaft, bis sich der betr. „Vorgesetzte" offiziell zu erkennen gegeben hat, das heißt, wenn inzwischen nicht etwa noch ein anderer Fall eingetreten ist, nämlich der, daß sich die beiden Steuereintreiber einfach die Beute wie zwei gute Freunde teilen, ohne daß die beiderseitigen Auftraggeber etwas davon zu wissen bekommen.

Daß auch die Heiligen unter Umständen von der Camorra zur Ader gelassen werden, beweist folgender Vorfall.

Wer schon in Neapel war, wird die unzähligen Madonnen-, Christus- und Heiligenbilder und Statuen bemerkt haben, die sich in allen Straßen, vorzüglich in den älteren Stadtvierteln, befinden. Vor diesen Bildern brennen abends kleine Öllämpchen und am Namensfeste des Heiligen gibt es Beleuchtungen mit venezianischen Laternen, Abbrennen von Feuerwerk und andere Volksbelustigungen. Manche von den Madonnenbildern genießen bei dem Volke hohe Verehrung, da sie als wundertätig gelten, und viel Geld fließt in die Kästchen, die davor aufgestellt sind. Diese Bilder gehören gewöhnlich einem „frommen Manne", der gleich daneben wohnt und sich die einfließenden Gelder zu Gemüte führt, unter dem Vorgeben, Messen zur Erlösung der Seelen aus dem Fegefeuer dafür lesen zu lassen.

Besonders ein solches Bildnis bringt seinem Eigentümer viel Geld ein, das ist die Madonna della Pignasecca, die wegen der angeblich verrichteten Wunder in hohem Ansehen steht. Von den eingelaufenen Geldern hatten die Camorristi des Stadtviertels stets ihren Anteil bekommen, waren jedoch gezwungen, auch andere nicht zum Viertel gehörende Camorristi daran teilnehmen zu lassen. Letztere behaupteten eines Tages, wie es scheint im November 1894, daß die Verteilung ungerecht vor sich gegangen sei, und eines Abends kam es zu einem regelrechten Revolverkampfe zwischen den verschiedenen Parteien, wobei mehrere Personen verwundet wurden. Da der Kampf in einem neuen und belebten Stadtteil stattfand, so wurde die Polizei auf das Schießen aufmerksam und eilte in Menge herbei; die Mehrzahl der Schießer entwischte, aber einige wurden abgefangen. Um der Ursache des Streites auf den Grund zu kommen und das Anklagematerial zusammenzutragen, brauchte der Untersuchungsrichter ein ganzes Jahr, im Verlaufe dessen sich dann herausstellte, daß der Besitzer des Madonnenbildes die Camorristi seines Viertels zwar regelrecht bezahlt, letztere aber die Camorristi eines anderen Stadtteils beschwindelt hatten, worauf die Herausforderung seitens der letzteren stattgefunden hatte. Im Laufe der Untersuchung wurden noch viele andere Mitglieder der Gesellschaft der Demut verhaftet. Alle Beteiligten standen im sogenannten schwarzen Buch der Polizei angeschrieben; alle waren schon vorbestraft wegen unerlaubten Waffentragens, Auflehnung gegen die Staatsgewalt, Verwundungen in Person anderer Genossen, Mord, Totschlag, Diebstahl und Erpressungen. Viele standen unter Polizeiaufsicht, einige waren längere Zeit Insassen der Inseln Nisida und Pentotene (wo sich Zuchthäuser für schwere Verbrecher befinden) gewesen. Die Belastungszeugen, fast nur Polizisten und Polizeikommissare, sagten aus, daß keiner der Angeklagten arbeite, obgleich jeder irgend eine Beschäftigung vorschütze. Alle lebten vielmehr ausschließlich von der Camorra, also auf Kosten der arbeitsamen und ehrlichen Bevölkerung; sie gehörten allen Rangstufen der Schönen Reformierten Gesellschaft an. Eine exemplarische Bestrafung aller Beteiligten, mit Ausnahme einiger, war die Folge. Am 10. Juli 1896 wurde das Urteil gefällt; die Angeklagten wurden zu mehrjähriger Zuchthausstrafe, zur Erlegung einer Geldstrafe von 100 bis 200 Lire und zur Polizeiaufsicht von einem bis drei Jahren verurteilt. Aber der Besitzer der Madonna della Pignajecca bzahlt nach wie vor seinen Anteil zur Erhaltung der Gesellschaft der Demut!

In diesem Falle handelt es sich um Hunderte von Franken, die der Gesellschaft zugute kommen; andere, kleinere Beträge werden von Zeit zu Zeit von anderen Christus- oder Heiligenbesitzern eingetrieben; diese Einnahme ist daher durchaus nicht zu verachten, denn das neapolitanische Volk sorgt dafür, daß die Opferstöcke immer gut gespickt sind. Und da es eine Unmasse solcher Bilder gibt, so kann die Einnahme der Camorra nur in dieser Richtung auf viele Tausende jährlich berechnet werden.

Ein jeder hat gewiß schon von dem italienischen Lottospiel gehört: sie bildet eine Haupteinnahmequelle der Regierung; übrigens ist es auch ein Erbteil aus der Zeit der spanischen Herrschaft. Es gibt wohl kaum einen echten Neapolitaner, der nicht, je nach seinen Vermögensumständen, seinen Beitrag dazu lieferte, lediglich zu dem Zwecke, sich während fünf Tage der Woche der Hoffnung hingeben zu können, am sechsten Tage, dem Sonnabend, reich zu sein. Da das Geschäft sehr rentabel ist, so wird das Lottospiel, trotz der von der Regierung angedrohten hohen Strafen, oft heimlich von Privatpersonen getrieben. Diese beschränken sich darauf, die Beiträge für die Lose einzukassieren, und unter dem Versprechen eines viel höheren Gewinnes warten sie die Ziehung der fünf Nummern des Staatslotto am Sonnabend ab; auf dieselben Nummern zahlen dann auch sie die etwaigen Gewinne aus. Sie brauchen zu diesem Zwecke nur ein paar Bücher zum Verzeichnen der Namen und Einsätze ihrer Kunden. Auch diese Leute werden von der Camorra geschröpft, und zwar beträchtlich, denn sie haben keinerlei Waffe um sich zu schützen; die Weigerung, zu zahlen, würde unbedingt die schwersten Folgen für sie nach sich ziehen, denn die Camorra würde sie augenblicklich der Polizei anzeigen. Befindet sich ein solcher Lottohalter einmal selbst in Geldverlegenheit, oder ist er saumselig, so schickt die Schöne Reformierte Gesellschaft einfach ein paar ihrer Adepten ab, die ohne weiteres die „Geschäftsbücher" mit Beschlag belegen, das heißt mit sich nehmen. Der Geschädigte versäumt dann nicht, die Bücher sofort gegen Erlegung etwa eines Hundert-Lire-Scheines wieder einzulösen.

Aber wer wäre imstande, die zahllosen sonstigen Einnahmequellen unserer Gaunergenossenschaft aufzurechnen? Findet ein öffentlicher Verkauf statt, so ist gewiß eine Anzahl Mitglieder der Gesellschaft der Demut gegenwärtig, um zu verhindern, daß auf diesen oder jenen Gegenstand höher geboten wird, als der Auftraggeber der Camorra es festgesetzt hat, damit die Sache für ihn bleibt. Und dieser Auftraggeber gehört nicht der Camorra, sondern oft den besseren Ständen an. Ein Kaufmann, der von einer Zwangsversteigerung Nachricht bekommt und sich die Ware angesehen hat, findet es sehr bequem, sich derselben zu einem verhältnismäßig niedrigen Preise gleichsam zu versichern, indem er sich an den Caposocietà seines Viertels wendet und ihm den Vorschlag macht, gegen Erlegung einer zu vereinbarenden Summe ihm einige seiner gefürchteten Guappi (Mehrzahl von guappo = Camorrista) zur Verfügung zu stellen. Diese mischen sich dann einfach unter die Bietenden, und wenn unser Kaufmann beim Aufbieten bei seiner Summe angelangt ist und ein anderer Lust hat, höher zu bieten, nähert sich einer der Camorristi diesem letzteren und sagt halblaut zu ihm: „Mio signò, fuciteci fà o' speciale" (wörtlich: „Herr, lassen Sie uns den Apotheker allein machen," das heißt: Mischen Sie sich nicht in unsere Sachen), woraufhin sich der Angeredete, der gleich merkt, mit wem er es zu tun hat, mit einem „scusate" („Entschuldigen Sie!") zurückzieht und die Waren unserem Bieter überläßt. Dergleichen Szenen kommen alle Tage vor, hauptsächlich bei Versteigerung alter Taue und Ketten usw. im Zeughause, beim Verkauf ausrangierter Militärpferde usf. Bekommt die Polizei Wind von der Geschichte, so bringt sie drei oder vier von den Ehrenmännern hinter Schloß und Riegel, aber was hilft das? Wir würden ein ganzes Dutzend Gefängnisse mehr brauchen, wenn die ganze Schöne Reformierte Gesellschaft versorgt werden sollte.

Selbst Droschkenkutscher und Barkenführer müssen einen Anteil von ihrem oft kärglichen Verdienst an die Camorra abgeben, wenn sie nicht etwa selbst zu ihr gehören, was häufig genug der Fall ist.

So hat sich die Camorra in alle Gesellschaftsklassen so vollkommen hineingedrängt, daß sie mit dem neapolitanischen Leben durchaus verwachsen ist. Wer könnte sich Neapel ohne die Gesellschaft der Demut denken? — Und das ist ein offenes Geheimnis, und doch ist alles von einem so dichten Schleier umgeben, daß ich selbst manche geborene Neapolitaner das Dasein dieser Gesellschaft habe leugnen hören. In die tiefen Schichten des Volkes muß man hinabsteigen, um sich zu vergewissern, daß das, was ich jetzt schreibe, keine Erfindung, kein Phantasiegebilde ist, sondern die nackte Wirklichkeit. Es ist Asche, welche glimmt; tritt man achtlos darüber hinweg, so merkt man nichts, rührt man sie aber an, so wird sie zur Flamme.

(Schluß folgt.)

Gedichte von Li-tai-pe.*)
Aus dem Chinesischen übersetzt
von
Otto Hauser.
— Wien. —

I. Trinklieder.

1.

Der Ostwind kommt geweht mit lindem Hauch,
In Frühlingsglanz strahlt Wasser, Baum und Strauch.

Rings auf den grünen Aun liegt Sonnenschein,
Und immer siehst du Blütenblätter schnein.

Nun legt die Wolke an den Bergen fest,
Die Vögel alle fliegen in ihr Nest:

---

*) Li-tai-pe ist Chinas größter Lyriker in der klassischen Tang-Periode, bald sein Anakreon, bald sein Lord Byron genannt, ausschweifend und feinsinnig, der Freund eines Kaisers und von ihm aufs höchste geehrt, dann durch Höflingsränke verbannt und in Armut. Er lebte 698 bis 762 nach Chr. Er soll ertrunken sein, als er auf einer Kahnfahrt nach dem Spiegelbilde des Mondes im Wasser griff; taoistische Genien aber hoben ihn gen Himmel. — Die Übersetzung folgt dem Original so genau wie irgend möglich, bewahrt auch das Versmaß insoweit, als jeder Hebung im deutschen Texte ein chinesisches Zeichen entspricht — das Chinesische als einsilbige Sprache kennt keine Senkungen —, die Reimbindung, im Original die des Ghasels, ist jedoch zu der natürlicheren, paarigen vereinfacht. — Es sei mir gestattet, darauf aufmerksam zu machen, daß ich eine größere Auswahl von Li-tai-pe — die erste selbständige in einer occidentalen Sprache — als drittes Bändchen meiner Sammlung „Aus fremden Gärten" (Verlag von Baumert und Ronge, Leipzig-Großenhain) vorbereite; dort wird man gegen achtzig der bezeichnendsten Gedichte Li-tai-pes beisammen finden.

Was lebt, hat jedes seinen trauten Port.
Doch ich bin einsam hier am fremden Ort.

Der Mond zieht über Felsen durch die Luft.
Ich trink' und sing' noch lang im Blütenduft.

II.

Hier zwischen Blumen steht mein Weinpokal.
Nur muß ich einsam trinken dieses Mal.

So trink' ich denn dem lichten Monde zu.
Als Dritter komm, mein Schatten, auch noch du.

Der Mond zwar ist kein Trinker sicherlich.
Mein Schatten aber tut genau wie ich.

Sie sind Genossen mir zu guter Frist,
Und wir sind fröhlich, weil es Frühling ist.

Sing' ich, so strahlt der Mond mir heller noch,
Tanz' ich, so tanzt mein Schatten schneller noch.

Ja, seid Gefährten mir, solang ich steh'.
Und bin ich hingefallen, dann ade!

Bald werden wir für stets uns wiedersehn
Über den Wolken, wo die Sterne gehn*).

III.

Liebte der Himmel selber nicht den Wein,
Würde kein Weinstern wohl am Himmel sein.

Und liebte ihn die Erde nicht, sagt an,
Wie gäb' es wohl auf ihr ein Weinborn dann?

Himmel und Erde sind dem Weine hold.
Was Grund, daß man des Weins sich schämen sollt'?

Und ist nicht Heiligkeit der klare Wein?
So wird der trübe wohl die Weisheit sein.

Heilig und weise sind wir schon beim Trinken.
Was braucht's, vor Himmelsgeistern hinzusinken?

Drei Becher und man geht den „großen Pfad".
Ein Maßkrug und man ist dem Heil genaht.

Doch was wir in Verzückung dann erschauen,
Wir wollen's nie dem Nüchternen vertrauen.

---

*) Die Legende will, daß dies Li-tai-pes letztes Gedicht gewesen sei.

IV.

Nun fröhlich, Freund, weis' nicht zurück den Wein!
Mit Lachen dringt der Lenzwind auf uns ein.

Pflaume und Pfirsich sehn wie Freunde her,
Nicken uns zu, von offnen Blüten schwer.

Es singt die Nachtigall auf schwankem Ast.
Tief in den Goldpokal fällt Mondesglast.

Gestern mit roten Wangen noch ein Kind.
Heute ein Greis mit weißem Haar und blind.

Die Distel wächst in Schi-hu's Hallenflur.
Auf Ku-su's Söllern äsen Hirsche nur.

Wo Kaiserburgen aufgeragt zuvor.
Sperrt gelbes Erdreich nun das Eingangstor.

Freund, willst du fröhlich nicht Bescheid mir tun.
Sag, all die Herrlichkeit, wo ist sie nun?

2. Frauenlieder.

I. Abends bei der Heimkehr der Raben.

Gelbe Wolken wirbeln drohend
auf dem Wall der Feste;
Raben krächzen, heimgeflogen,
traurig im Geäste.

Goldstoff webend sitzt am Webstuhl
eine edle Frau;
Der Lazurflor dämpft die Rufe
wie ein Nebelgrau.

Und das Schiffchen stockt; des Gatten
denkt sie voller Sehnen —
Einsam ihr Gemach, wie Regen
fallen ihre Tränen.

II. Die Braut des Tatarenfürsten.

Von des Ku-tschu-Berges Gipfel
strahlt der Herbstmond wider.
Auf dem Südhang läßt ein Rebhuhn
sich im Zweiglicht nieder.

Einem Wildschwan aus dem Norden
ist es angetraut;
„Ach, zu den Tataren," seufzt es.
„führt er nun die Braut!"

Bergfasan und Steppenhenne
  sprachen Trost mir ein:
Oft schon mit dem Nordschwan ziehen
  mußt' ein Südvöglein.

Aber Kälte herrscht im Norden
  schwerter-, lanzenscharf;
Ach, daß ich nicht hier mein Nest bauu,
  hier nicht bleiben darf!

„Lieber sterben, als zu folgen
  in das ferne Land!"
Traurig klagt sie so, und Tränen
  netzen ihr Gewand.

III. Frühlingsgedanken
der zurückgebliebenen Frau.

Im fernen Yen ergrünt die Erde kaum.
In Tsin belaubt sich schon der Maulbeerbaum.

Mein Herr, zieht er bald wieder heimatwärts?
Ach, seiner Magd indessen bricht das Herz.

Der Frühlingswind tritt durch den Florhang ein,
Und doch — was soll er mir in meiner Pein?

3. Der fahrende Ritter.

Der Tichao-Held, zottig ist sein Mützenfell.
Das Wu-Schwert blinkt wie Schnee und Reif so hell.

Ein Silbersattel glänzt auf seinem Schimmel.
Er kommt im Flug: so fällt ein Stern vom Himmel.

Zehn Schritte und schon ist ein Feind gespalten.
Auf tausend Li wird keiner mehr ihm halten.

Dann klopft er nur den Staub vom Kleid, und fort!
Doch Ziel und Namen nennt kein Sterbenswort.

Mit Sin-ling*) trinkt er, will er Ruhe pflegen.
(Quer übers Knie gelegt den bloßen Degen.

Auch wohl mit Tschu-hai setzt er sich zum Mahl
Und füllt mit Hou-ying fröhlich den Pokal.

Wenn er drei Becher trank auf ein Versprechen,
Die fünf Gebirge würden eher brechen.

---

*) Ein Prinz von Wei im dritten nachchristlichen Jahrhundert, Beschützer der „fahrenden Ritter", unter denen auch Tschu-hai mit dem vierzigpfündigen Eisenkolben, der Erretter von Han-tan, und Hou-ying waren.

Sieht er dann Blumen, wird das Ohr ihm heiß,
Hebt sich sein Geist zum weißen Wolkenkreis.

Ein solcher, wenn Han-tan schon fast erlag,
Errettet Tschao mit einem Kolbenschlag.

Nach tausend Herbsten wird von den zwei Helden
Die Stadt Ta-liang noch ihre Taten melden.

Im Tod noch bringt man Weihrauch den Gebeinen;
Will unsrer Großen Ruhm dir größer scheinen?

Wer ist der Tor und sitzt nach Yang-hiungs Art
Noch über Büchern selbst im weißen Bart?

4. Vierzeiler.

I. Einsame Rast angesichts des King-ting-Berges.

Alle Vögel hoch hinweggeflogen,
Jede Wolke einsam fortgezogen.

Ich nur und der King-ting blieben stehn,
Nimmer müd, einander anzusehn.

II. Das scheidende Schiff.

Übers Meer, vom Himmelswind umweht,
Zieht dein Schiff, wohin die Reise geht.

Wie ein Vogel, der in Wolken treibt:
Einsam fliegt er, keine Spur verbleibt.

III. In stiller Nacht.

Vor meinem Bett ein lichter Mondenstreif,
Als wär' der Boden ganz bedeckt von Reif.

Ich heb' mein Haupt, zum lichten Mond gewandt,
Senk' es und denke an mein Heimatland.

IV. Die Betrübte.

Das schöne Mädchen zieht den Perlhang fort,
Tief mit gekransten Brauen sitzt sie dort.

Ich seh' die Tränen fließen heiß und stumm,
Seh' fließen sie und weiß es nicht, warum?

V. Vor dem Spiegel.

Ein langes Seil wohl gäb' mein weißes Haar,
Ermäße doch mein Leiden nimmerdar.

Wie kommt's, daß ich im hellen Spiegel hier
Schon Herbstesnebel brauen seh' vor mir?

Der 70. Geburtstag.*)

Von

Dagobert von Gerhardt-Amyntor.

— Potsdam. —

Irgend ein Spaßvogel erzählt von einem Landpfarrer, der sehr reich mit Kindern gesegnet war und eine Art sympathetisches Vorbeugungsmittel gegen ferneren Nachwuchs darin finden wollte, daß er seinem zwölften Kinde, einem Töchterlein, den Namen Finis in der Taufe beilegte. Als ihm nun aber doch noch ein Knabe und schließlich gar noch ein Mädchenzwillingspaar beschert wurde, nannte er den Knaben Supplementum und die beiden Mägdlein Appendix und Addenda.

Dieser Anekdote muß ich unwillkürlich gedenken, da ich die Feder zum Beginne eines neuen Bandes meiner Selbstbiographie ansetze. Ich hatte geglaubt, daß sich der Inhalt meines bescheidenen Daseins in zwei knappen Bänden würde erledigen lassen; aber der Mensch denkt, und Gott lenkt. Der Allmächtige hat mir noch fernere Jahre geschenkt, und da meinem Lebensbilde vielleicht die wichtigsten Züge fehlen würden, wenn ich gerade diese letzten Jahre mit Stillschweigen überginge, so will ich als gewissenhafter Erzähler noch einen Appendix oder ein Supplementum meinem Werke hinzufügen. Vielleicht wird es dem geeigneten Leser einigen Genuß bereiten, den Autor, den er als jugendlichen Schwärmer kennen gelernt hat, nun auch als Greis wirken und — irren zu sehen. . . . Wie man es nennen will.

Als Greis. Das Wort ist heraus. Anfänglich sträubt man sich dagegen, es von sich selber zu gebrauchen; aber schließlich gewöhnt man sich auch an dieses Epitheton; deutet es doch auf einen Lebensabschnitt,

---

*) Aus dem noch unveröffentlichten III. Teile von „Das Skizzenbuch meines Lebens".

den jeder nur allzu gern erreichen möchte und dessen glückliche Erreichung ich auch jedem meiner Leser von Herzen wünsche. Es war mir wie ein Traum, als meine Gattin mich im Lenze 1901 des öfteren daran erinnerte, daß nun mein siebzigster Geburtstag immer näher und näher heranrückte. Siebzig Jahre! Herr des Himmels! Das war ja ein Alter, das mir in meinen Jugendtagen ganz märchenhaft, ganz unerreichbar erschienen war, und nun auf einmal sollte es wirklich da sein?

Ich erwachte an meinem siebzigsten Geburtstage frisch und gestärkt aus einem ausgiebigen und traumlosen Schlummer, und das erste, was ich tat, — ich schäme mich nicht, dies offen zu berichten — war, die Hände zu falten und meinem Gotte von ganzem Herzen zu danken, daß er mich durch allerlei Licht und Schatten, durch frohe und schwere Stunden, gnädig bis hierher geführt hatte. Daß seine Wege oft recht unerforschlich sind, daß wir seine Fügungen und Gerichte oft gar nicht begreifen können, das war mir in den letzten Monden des eben zurückgelegten Jahres wieder einmal am eigenen Leibe klar gemacht worden. Im Sommer vorher war eine Bankleitung mit dem Antrage an mich herangetreten, eine Stelle im Aufsichtsrate der Bank annehmen zu wollen. Der Antrag war mir in hohem Grade überraschend gekommen; ich hatte ihn weder erbeten, noch je an ihn gedacht. Ich war auch mit der Banktechnik so wenig vertraut, daß ich mich zur sofortigen Annahme solcher Stellung nicht zu entschließen vermochte, sondern mir Bedenkzeit erbat. Ich zog allerlei Erkundigungen ein, und diese hatten ausnahmslos ein durchaus günstiges Ergebnis. Von allen Seiten wurde mir zugeredet, eine so günstige Gelegenheit zur Aufbesserung meiner knappen Verhältnisse gerade in meinen alten Tagen, wo doch die Erträge meiner dichterischen Tätigkeit naturgemäß geringer werden würden, nicht ungenützt vorüber gehen zu lassen. Auf meine Einwendung, daß ich eine Sinekure anzunehmen zu stolz wäre und andererseits doch nur ungenügende Vorkenntnisse für eine Aufsichtsratsstellung besäße, wurde mir erwidert, daß ich bei meiner Befähigung mich in kurzer Zeit mit den Pflichten meines Amtes schon vertraut machen würde. Ich sollte dem Schicksal danken, das so liebevoll für mich in meinen alten Tagen sorgte, und meine schrullenhaften Bedenken fahren lassen. So verschaffte ich mir denn das Handelsgesetzbuch und die übrige einschlägige Literatur, vertiefte mich in deren Studium und bereitete mich gewissenhaft für mein neues Amt vor. Der Bankleitung erklärte ich meine Bereitwilligkeit, eine Stelle im Aufsichtsrate, falls die Wahl auf mich fallen sollte, anzunehmen und nach bestem Wissen und Gewissen zu verwalten.

Die Wahl hatte nun vor kurzem stattgefunden. Ich war einstimmig gewählt worden und hatte dankend angenommen. Aber schon wenige Wochen später, bevor ich noch irgend welche Tätigkeit in meiner neuen

Stellung hatte ausüben können, begann der Bau der Bank zu knistern, und ich machte die schmerzliche und mich in hohem Grade erschreckende Entdeckung, daß man mich in ein morsches, auf völlig unterminierten Fundamenten stehendes Gebäude hineingelockt hatte. Ich war nicht willens, mich in eine Katastrophe verwickeln zu lassen, die in weit vor meiner Wahl zurückliegenden Zeiten vorbereitet worden war, von der ich selbstverständlich nichts hatte ahnen können und für die ich auch keinerlei Verantwortung zu tragen hatte, da unmittelbar vor meiner Wahl der Bankleitung von den Aktionären volle Decharge erteilt worden war. Ich wirkte daher nur noch bei der Ernennung zweier Herren mit, die beauftragt wurden, eine gründliche Untersuchung des knisternden Gebäudes vorzunehmen, und nachdem ich so den Stein ins Rollen bringen geholfen hatte, legte ich mein Amt nieder und erklärte meinen Austritt. Ich konnte dies mit um so unverletzterem Gewissen tun, als ich in der kurzen Zeit meiner Mitgliedschaft im Aufsichtsrate weder irgendwie hatte tätig sein können, noch irgend welche Remunerationen von der Bank bezogen hatte. Mit reiner Hand und reinem Gewissen schied ich aus; aber ich war innerlich empört, daß man mein Vertrauen so schnöde gemißbraucht und mich in Beziehungen zu einem so unsauberen Institute hineinzulocken gewagt hatte. Wie viel Arglist und Tücke belauern doch jeden Schritt, den wir oft so ahnungslos auf unserem Lebenswege zurücklegen! Wie vorsichtig und mißtrauisch muß doch der Mensch gegen jeden seiner Mitmenschen sein, mit dem er noch keinen Scheffel Salz gemeinsam verzehrt hat!

In bitterer Enttäuschung hatte ich die letzten Monate durchlebt. Eine freundliche Hoffnung war mir in Scherben gegangen: das mir für meine Tätigkeit in Aussicht gestellte Honorar von jährlich einigen tausend Mark war nichts als eine arglistige Täuschung gewesen. Und damit nicht genug: mein Name war als der eines Aufsichtsratsmitgliedes mit in der Presse genannt worden, und ich mußte, um einer Schädigung meines Rufes bei solchen, die mit den Verhältnissen nicht näher bekannt waren, energisch vorzubeugen, rückhaltlos in die Öffentlichkeit flüchten und in den Tagesblättern urbi et orbi bekannt geben, wie die Dinge eigentlich lagen und wie ich von den Machenschaften der Bankleitung weder je etwas gewußt hatte, noch nach Lage der Dinge jemals hätte etwas wissen können.

Dieses widerliche Erlebnis hatte mir die letzten Monate schwer getrübt, mein Nervensystem war in argen Aufruhr gekommen, ich litt wieder mehr als je an meinem alten Übel, an Kongestionen nach dem Gehirn und an qualvollen Neuralgien. Warum hatte mir wohl das Schicksal diese unerträgliche Lage bereitet? Warum mir erst eine unverhoffte Besserung meiner Verhältnisse vorgegaukelt, nur um mich dann um so grausamer zu enttäuschen? Warum mich zur Annahme einer

Stellung verführt, die mir statt der wünschenswerten Erleichterung nur eine Überbürdung mit Sorgen und Widerwärtigkeiten bringen sollte? Hörte ich wirklich das Hohngelächter des Fatums, dem es gelungen war, mich so teuflisch anzuführen? Oder war es nur das fiebernde Blut, das so heftig in meinen Ohren pulsierte?

Es war ein Segen für mich, daß ich mich in jener schweren Zeit durch Religion und Philosophie wieder aufzurichten vermochte. Die philosophische Betrachtung der Dinge gab mir die erwünschte Ruhe wieder, und der Glaube an Gott, der uns in seinen Schickungen oft so unbegreiflich erscheint, aber sicher alles, was er verhängt, schließlich für uns zum wahren Heile wendet, verscheuchte die Niedergeschlagenheit, die sich meiner schon bemächtigen wollte, und erfüllte mich nach und nach wieder mit Ruhe und neuer Lebenshoffnung. Ja, es gelang mir endlich, selbst denen, die mich getäuscht und meinen Glauben an Treue und Verläßlichkeit so schwer erschüttert hatten, im Herzen zu verzeihen und jede Regung des Hasses und der Rachsucht in mir zu ersticken. Vielleicht war die Erfahrung, die mir nicht erspart worden war, doch ein Segen für mich gewesen; ein Charakter wird nur fest geschmiedet unter den Hammerschlägen schwerer Schicksale, und die Kunst, nur das Hoffenswürdige zu erhoffen, wird nur gelehrt in der Schule der Enttäuschung. Und ist es schließlich nicht genug, gehofft, wenn auch vergeblich gehofft zu haben?

„Du hast gehofft, dein Lohn ist abgetragen,
Dein Glaube war dein angewognes Glück."

Ich schrieb das Erlebte endlich in einem kleinen Romane mir gänzlich von der Seele herunter; wer zufällig mein Büchlein „Zwiefache Krisis" in die Hand nehmen sollte, der wird unschwer entdecken, daß ich darin dem Helden, einem Maler, manches Selbsterlebte angedichtet habe.

So war denn mein siebzigster Geburtstag herangekommen, und die Wunde, die mir kurz vorher geschlagen worden war, war schon leidlich vernarbt. Ich habe den Tag mit den Meinen still verlebt und bin jeder größeren Festlichkeit ausgewichen. Es ist mir nicht gegeben, an irgend einem Gedenktage mich feiern zu lassen und bei einem zeremoniellen Mahle den Toasten zu lauschen, die für meinen Geschmack immer etwas von einem gutgemeinten Nekrologe haben. Gegen verschiedene Versuche, mich zu einem solchen ostentativen Festessen einzufangen, hatte ich mich auch erfolgreich gewehrt, und ich habe keine Ursache gehabt, mein Verhalten zu bereuen. Der siebzigste Geburtstag ist meiner Ansicht nach ein Tag, der uns zu stiller Einkehr in uns selbst veranlaßt und den wir am passendsten im Kreise der Familie verbringen. Ich empfing die üblichen Glückwunschschreiben von Freunden, Bekannten und Vereinen; die Zeitungen sandten mir Exemplare mit kürzeren oder längeren

Artikeln, die dem Jubilare gewidmet waren; mehrere illustrierte Journale brachten mein Konterfei, und am Vormittage kam die Klingel an meiner Wohnung nicht zur Ruhe, da eine Schar von Verwandten und Bekannten mich persönlich begrüßen wollte. Ich ließ diese Ehrungen still und gelassen über mich ergehen, wie einen Platzregen, dem man nicht ausweichen kann. Mehr wie je empfand ich die Bedeutungslosigkeit solcher traditionellen Freundlichkeiten, die keinen Maßstab bieten für das, was man etwa geleistet hat, noch für die wahre Würdigung unserer Leistungen seitens des Publikums. Ich wußte und weiß es heute besser wie je, daß mir auf dem literarischen Kampfplan immer eine Gegnerschaft gegenüber gestanden hat; ich habe nie zu irgend einer Clique gehört, mich nie einer bestimmten Schule mit Haut und Haar verkauft, habe nie mit den Schwächen irgend welcher Kreise geliebäugelt, sondern bin immer meinen eigenen Weg gegangen; so hat es mich auch nie verwundert, daß ich hier und da angestoßen und Ablehnung erfahren habe. Es ist mir aber auch eine Freude und ein Trost gewesen, daß mir edle und urteilsfähige Männer laut und rückhaltlos zugestimmt haben, und daß der Kreis, den ich mir eroberte, wenn auch nicht groß, so doch stets ein vornehmer gewesen war. Zu einer sogenannten Tagesgröße, zu einem Allerweltslieblinge habe ich nie das Zeug gehabt; es hat mich auch nie gelüstet, die Anerkennung der breiten Massen zu gewinnen, wenngleich ich ehrlich gestrebt habe, in der eigentlichen Volksseele, die für mich nicht identisch mit der breiten Masse ist, ein Echo zu wecken.

Als die Schar der Glückwünschenden vorübergezogen war, blieb ich ein Stündlein allein, um nochmals einen Blick auf die vergangenen Jahre zurückzuwerfen. Und da machte ich eine Entdeckung, die mich erst beunruhigen wollte, nach schärferem Nachdenken aber mit Genugtuung und Zufriedenheit erfüllte. Ich fand nämlich, daß ich gegen öffentliches Lob oder Tadel durch berufene und unberufene Kritiker im Laufe der Zeit gänzlich unempfindlich geworden war. Bei meinem ersten literarischen Auftreten hatte ich, ach, wie gespannt und zaghaft auf die Stimme der Kritik gelauscht; jetzt, da ich die Siebzig erreicht hatte, war das, was andere über meine Leistungen dachten, für mich völlig gleichgültig geworden, und ich las kaum noch irgend eine Besprechung eines meiner neueren Werke. Nicht daß ich abgestumpft geworden war; — erst fürchtete ich, dies als eine Alterserscheinung in den Kauf nehmen zu müssen, aber ich fühlte, daß ich für Lob und Tadel meiner sonstigen Handlungen durchaus noch recht empfindlich sein konnte. Nur die Beurteilung meiner dichterischen Erzeugnisse durch die öffentliche Kritik hatte für mich jedes Interesse verloren, und ich glaube, dies ist ein Standpunkt, den jeder Dichter mit der Zeit erreicht und erreichen muß. Mit siebzig Jahren lernt man nicht mehr; dem siebzigjährigen Lyriker, Epiker oder Dramatiker predigt ein Kritiker vergeblich. Das, was man in hohen Jahren produziert, kann durch fernere Leistungen nicht mehr übertroffen werden; man hat den Höhepunkt seiner Leistungskurve erreicht, man kann sich auf ihm vielleicht noch eine Zeitlang behaupten, wenn aber später noch eine Niveaudifferenz eintritt, so wird sie unfehlbar nicht mehr höher, sondern tiefer liegen. Das ist der Grund, warum man mit siebzig Jahren nicht mehr die Tageszeitungen in die Hand nimmt, um nach Rezensionen der eigenen Werke zu forschen; selbst das ehrlichste Lob läßt uns kalt, das mich übrigens schon in jüngeren Jahren auch nicht wesentlich erfreuen konnte. Kein Autor verdient Lob; Lob verdient zutreffenden Falles nur sein Werk. Hat er etwas Lobenswertes geschaffen, so soll er sich still und bescheiden in seine Werkstätte zurückziehen, denn nicht s e i n Verdienst ist es, wenn ihm die Befähigung zu erfolgreichem Schaffen angeboren wurde. Nichts ist widerlicher, nichts unmännlicher und abstoßender, als das Gebaren mancher dichterischen Tagesgröße, die sich in den Salons durch eitle oder mannstolle Weiber feiern läßt und gnädig lächelnd den Weihrauch einatmet, den ihr Albernheit und Sensationsbedürfnis anzünden. Werde alt, und du wirst nicht mehr auf fremde Urteile, sondern auf die Stimme in deiner eigenen Brust lauschen, die der strengste und unerbittlichste Richter ist.

Als ich mich wieder ins Familienzimmer zurückbegeben hatte, tönte noch einmal die Flurglocke. Ein verspäteter Gratulant wurde angemeldet. Stöhnend empfing ich ihn: genug der konventionellen Höflichkeiten hatte ich schon erfahren, ich sehnte mich nach Wahrheit und nach häuslichem Frieden. Aber eine komische Enttäuschung sollte ich erfahren. Der Gratulant war nur gekommen, um mich zu einem Beitrage zu einer von ihm eifrig betriebenen Geldsammlung aufzufordern. Ich zahlte meinen Obolus und freute mich im stillen über die unerschöpfliche Spürkraft erwerbsmäßiger Wohltäter. Der Mann hatte offenbar zwei Fliegen mit einer Klappe treffen wollen; utile cum dulci! Er erfüllte eine Höflichkeitspflicht und vermehrte dadurch das Kapital seiner Sammlung, denn er hatte ganz richtig gerechnet, daß man an seinem Jubelfeste besonders gebefreudig gestimmt ist und es nicht so leicht übers Herz bringt, vor einem uns hingehaltenen Klingelbeutel nur mit dem Kopfe zu nicken. Diese originelle Form einer Beglückwünschung hat mir noch lange hinterher Spaß gemacht.

Am Abend vor meinem Jubeltage hatte ich die nachfolgenden Verse niedergeschrieben:

Erfüllung.

Der Zwanzigjährige.	Möcht' alle pflücken
Es blühen viel Blumen	Und mich bekränzen
Auf Frühlingsauen,	Und mich berauschen
Durch bunten Schimmer	An Duft und Farben.
Und Duft betrickend.	Es blühen viel Mädchen

Im Erdengarten;
Der Zauber wandelt
Auf ihren Spuren.
Doch eine einz'ge
Nur möcht' ich pflücken,
An ihrem Herzen
Selig vergehen.

Der Siebzigjährige.

Mein Auge freut sich
Der Blumen im Felde;
Doch andere mögen
Zum Strauß sie pflücken;
Das tiefe Bücken
Macht kaum noch Spaß mir.
Mein Auge freut sich

Der holden Mägdlein:
Gott mag sie segnen!
Doch Schmachten und Sehnen,
Heut dünkte mir's kindisch.
Die einst ich küßte,
Die Maid im Schmuck
Ihrer achtzehn Lenze,
Geht heut mir zur Seite
Als reife Matrone.
Wir sehen einander
Still in die Augen,
Von einem Wunsch nur
Beseelt: Der Gro'ge
Vergönn' uns, zusammen
Den Rest des Weges
Zurückzulegen. —

Beim Nachmittagskaffee las ich die Dichtung meiner Gattin vor. Sie lauschte bewegt, dann fiel sie mir, Tränen im Auge, um den Hals. Das war der schönste Moment meines Festes.

Am andern Morgen nahm ich die haufenweise eingegangenen Zeitungen und Journale zur Hand, um einen Blick in die mich betreffenden Artikel zu werfen. Mit voller Gemütsruhe und ohne jede Spannung unterzog ich mich dieser Sichtung, die mir aber schließlich doch einiges Interesse abnötigte und mir gelegentlich ein humorvolles Lächeln auf die Lippen lockte. Es freute mich, daß manche Zeitung aus einem mir feindlichen Lager so viel Objektivität gefunden hatte, um mir einige Artigkeiten zu sagen und noch fernere ungetrübte Lebensjahre zu wünschen, und es bereitete mir Spaß, daß auch aus Brasilien, Argentinien, den Vereinigten Staaten und Australien Tagesblätter angekommen waren, die meiner freundlich gedachten und dabei alle jene von mir verfaßten Romane erwähnten, die sie in ihren Spalten ihren Lesern schon vorgesetzt hatten. Da ich niemals an diese Blätter Manuskripte abgegeben und auch niemals von ihnen irgend welches Honorar bezogen hatte, so mußte ich mich mit dem angenehmen Bewußtsein trösten, daß ich viele Jahre lang ihr unfreiwilliger und ahnungsloser Mitarbeiter gewesen war und so meinen lieben Landsleuten im Auslande recht oft einen billigen Genuß hatte verschaffen dürfen. Wann wird die Zeit kommen, wo der deutsche Dichter gegen unberechtigten Nachdruck auch in fremden Erdteilen durch seine Behörden eifrig und erfolgreich geschützt werden wird? Wehe dem Nachahmer einer patentierten Schuhwichse oder Sicherheitsnadel! Er wird zugunsten des Patentinhabers bedroht und verfolgt; nur das geistige Produkt eines deutschen Dichters ist vielfach noch gänzlich schutzlos und allerlei gierigen Freibeutern preisgegeben.

Mit ehrlicher Dankesempfindung gegen alle, die meiner gedacht hatten, legte ich schließlich den ganzen Stoß Zeitungen und Telegramme zu den Akten. Auch mein siebzigster Geburtstag gehörte nun der Vergangenheit an ... eheu, fugaces! Gnädig hatte mich mein Schicksal bis hierher geführt; ich gab mich der Hoffnung hin, daß mir nun auch für den kurzen Rest meiner Tage freundliche Sterne leuchten würden, da ja das, was man in der Jugend entbehrt, einem im Alter in Fülle zuteil werden soll. Ich sah das Fragezeichen nicht, das das Schicksal für mich hinter diesen Satz malte.

Literarischer Monatsbericht.

Von

August Friedrich Krause (Breslau).

Lyrik.

Oskar Wiener: Das hat die liebe Liebe getan — Paul Leppin: Glocken, die im Dunkeln rufen — Hans Müller: Der Garten des Lebens — Rudolf Presber: Dreiklang — Heinrich Vierordt: Ausgewählte Gedichte — Adolf Schafheitlin: Ausgewählte Gedichte — Wilhelm v. Polenz: Erntezeit — Adolf Grabowsky: Das Zeugende — Ada Negri: Mutterschaft.

Es ist eine alte, abgegriffene Wahrheit, die aber, obgleich sie so abgegriffen ist, von ihrem Kurswert noch nichts verloren hat, die Wahrheit nämlich, daß die Lyrik Wesentliches in ihrer Erscheinung von ihrer Mutter, der Musik, überkommen hat. Nun ist sie eine reife und stolze Tochter ihrer schönen Mutter geworden und eine Persönlichkeit, die noch immer zwar den Ähnlichkeitszug im Gesicht trägt, aber dennoch aus ihres Wesens Eigenart heraus verstanden und geliebt und nicht mit ihrer Mutter verwechselt sein will. Man hat das mitunter, und nicht zum wenigsten in der letzten Zeit, vergessen, und es will mir als ein Zeichen von Dekadence erscheinen, wenn bei manchem Dichter sich die Grenzen, die von der Entwicklung zwischen Mutter- und Tochterkunst gezogen sind, verwischen.

Es ist nicht Zufall, daß der musikalische Charakter der Lyrik heute am stärksten bei den Wiener und Prager Dichtern ausgeprägt erscheint: von jeher hatte die süddeutsche Lyrik im Gegensatz zur norddeutschen ausgesprochen weichen, leichten, musikalischen Grundton. Unsere sangbarsten Lieder stammen zum größten Teil von Dichtern, deren Wiege im Süden unseres Vaterlandes gestanden hat, und unser größter Lyriker, Goethe, ist in Frankfurt am Main geboren. Aber es ist ein Unterschied, ob das Musikalische ein charakteristischer Zug, ob es das einzig Wesentliche einer Lyrik ist. Uhland und Mörike und Eichendorff und alle die andern, die unsern deutschen Liederschatz bereicherten, dichteten Lieder, die nach Vertonung verlangten, deren Melodie dem Ohre schon mitklang, wenn es gelesen wurde. Nicht mehr sangbar aber ist das Lied jener Gruppe österreichischer Dichter, die wir in Wien und Prag ansässig wissen — es würde einem Komponisten schwer werden, sie so in Musik zu setzen, daß Wort und Ton ein organisches Ganzes sind — ihr Lied ist selbst ein Singen und Klingen, ist selbst Musik und bedarf keiner Töne mehr. Diese Entwicklung der Lyrik will mir nicht mehr als natürlich, aus den Gesetzen ihres Wesens steigend erscheinen; es ist ein bewußtes „Ins Extrem treiben", das äußerliche, sinnfällige Wirkungen sucht und inneren Gehaltes und verinnerlichter Kraft entbehrt. Man findet darum unter diesen Dichtern nicht selten lyrische Jongleure und unter ihren Dichtungen Blender, die wohl für den Augenblick gefangen nehmen, aber keine Dauerwirkungen auszulösen vermögen. Wenn die Worte verhallt sind, vergißt man das Gedicht schnell, kaum daß ein weich-verworrenes süßes Tönen noch im Ohre bleibt. So erweist sich die Kunst dieser Poeten als reine Formenkunst, Virtuosenkunst, der wenig am

Gefühlsgehalt und alles am Klang liegt: sie gibt sich raffiniert einfach, weil nur so die Worte vollen Ton bekommen, und ist, obgleich sie viel vom Volkslied angenommen hat, durchaus unnaiv. Sie wertet die Worte nicht nach ihrem inneren Gehalt, nur nach ihrem Klang.

Dieser Dichter einer ist Oskar Wiener, der bei J. C. C. Bruns in Minden i. W. ein Liederbuch: „Das hat die liebe Liebe getan" hat erscheinen lassen. Ich kenne weder die 1899 erschienenen „Gedichte" Wieners, noch das im vorigen Jahre herausgegebene Balladenbuch; aber mir will scheinen, daß damit nicht allzuviel für die Beurteilung dieses Lyrikers versäumt ist. Denn es ist auffällig und an sich schon Kritik, daß diese Dichter fast gar keine Entwicklung aufweisen. Das macht, weil ihre Kunst sich ausschließlich mit formalen Werten begnügt, nur virtuose Formenkunst, keine die Seele durchrüttelnde und erhebende Gefühlslyrik ist. Darum gleicht ein Lyrikbuch dem anderen, und wenn es um und an kommt, hat man nach kurzer Zeit alle miteinander vergessen. Wiener müht sich in nicht wenigen seiner Gedichte ab, den Volksliedton zu treffen; äußerlich gelingt ihm das, denn er ist wie viele seiner österreichischen Sangesgenossen ein trefflicher Einfühler und Nachempfinder, der ein feines Ohr für Klangwerte und Klangfarben besitzt; aber er ist ganz unnaiv und weiß die köstliche natürliche Schlichtheit der Volksweise nicht zu finden, weil alles in ihm Bewußtheit ist. Die Einfachheit des Volksliedes sucht Wiener nicht allein im Ton, auch im Gefühl und Stoff zu kopieren. Da ihm aber die Naivität fehlt, wirkt seine Weise manieriert und verführt ihn zu banalen und albernen Versen.

Größerer Virtuose mit feineren Wirkungen als der wenig bedeutende Oskar Wiener ist der Prager Dichter Paul Leppin, der schon vor längerer Zeit ein Gedichtbuch: „Glocken, die im Dunkeln rufen" veröffentlichte, dem Hugo Steiner prächtigen, vornehm wirkenden Buchschmuck zeichnete. (Verlag von Schaffstein u. Co. in Köln.) Der Titel dieses Buches ist charakteristisch für Leppins Kunst sowohl, wie für die Kunst der Prager und Wiener überhaupt. Wie Glockenrufe im Dunkeln sind seine Lieder, sehnsuchtdurchzittert, verhalten bebend, süß-verworren und schwermutbange. Aus dem Dunkel klingen sie auf, ins Dunkel verschweben sie wieder und lassen im Herzen nur ihren seltsam dunkeln Sehnsuchtston zurück, der es schwer und bange macht. Eine raffinierte feine, sorgfältig geschliffene Formenkunst ist Leppin eigen, und eine Seele, die ganz Sehnsucht und Suchen ist. Es ist eine romantische Wollust der Schmerzen in ihm, die ihn krank und müde und lebensuntüchtig macht. Keine fröhliche Lebensbejahung, kein frisches „Mit dem Leben aufnehmen" glüht in diesen Versen auf, da ist alles Reue, Sehnsucht nach vergangenem, verscherztem Glück, Qual und Wunden und Tränen. Nach dem letzten Gedichte des Bandes könnte es scheinen, als wollte sich in Leppin eine Wandlung vollziehen: er bittet das hohe Leben, von dem er ein paar Seiten zuvor gesagt hat, daß er es seit jeher wie eine Frau geliebt und sich wund und bange nach seinen Wunden gehärmt habe, es möchte aus seinen Gebärden das alte Martyrium nehmen, und sagt, daß er Traum und Trauer hassen und die Liebe verlernen wolle. Aber mir ist, als dürfe man den Dichter nicht beim Wort nehmen, als sei auch das, wie alles andre, nur ein Kokettieren, ein Spiel mit klingenden Worten. Wenn Traum und Trauer und Liebe aus seinem Leben genommen würden, müßte es ganz öde und inhaltlos werden. Wirklich weiß Leppin auch nichts an ihre Stelle zu bitten. Nur Worte klingen, und er redet davon, ein Büßer mit blassen und blutigen Füßen zu werden, mit einem gekränkten und gequälten Herzen. So kommt man leicht auf den Verdacht, daß, wie dieses Gebet ans Leben, auch alles andere weniger erlebt und mehr anempfunden ist.

Dieser Verdacht wird bestärkt, wenn man beachtet, daß Leppin gar kein Verhältnis zur Natur findet, wie er keines zum Leben zu finden weiß. Ich kann mich keines Naturgedichtes und keiner Naturschilderung aus seinem Gedichtbuch entsinnen; aber er weiß zu erspähn, „wenn leise die goldnen Gittertüren im Schloßpark gehn, . . . wenn der Silberteich mit den Schwänen schweigend ruht und die steinernen Löwen am Ufer sich dehnen in der Morgenflut, wenn leise an den goldkiesigen Wegen die Rosen sich im Schlafe regen." Ein Garten ist seine Seele, wo seine weißen Träume mit Chrysanthemen im Haar gehen und von der großen Sehnsucht der Liebe singen. Parkstimmung — Kulturstimmung — aber einer müden, untergehenden Kultur, die alle Frische verlernt hat und der die Freude banal ist: das ist Leppins Kunst, wie es die Kunst aller Jungwiener ist, die ihr Leben in Liebe und Leid verrinnen lassen und weder großer Gedanken noch großer Gefühle mehr fähig sind.

Einer von ihnen aber, Hans Müller, ringt mit großen Problemen und sucht seiner reifen Formenkunst höhere Aufgaben als die andern. Er hat sich gefragt, wie in seiner biblischen Dichtung: „Der Garten des Lebens" (Stuttgart, J. G. Cottasche Buchhandlung Nachfolger) Jehovah seinen Adam fragt:

          „Willst du nur immer durch die Träume schreiten
          Und dich der Zukunft nicht entgegenbreiten?"
Er weiß: „Was blüht, vergeht, was ist, wird wieder sein,
          Und nur, was du errangst, bleibet ewig dein.
          Der Wipfel, der dir jetzt im Laub gefiel,
          Erhöht sich opfernd schon zu edlerm Ziel."

Aus Träumen, süßen, leidenschaftlosen, schreitet Hans Müller zur Tat; so wird er des Lebens froh und baut sich selbst die Wunderwelt des Paradieses, nach dem seine Seele suchen geht. Er hat der Arbeit Zauber verstehen gelernt und des Schaffens Schönheit ausgelebt, er kennt ble Gnabe der Tat und weiß: „Erfüllung ist in Arbeit."

So füllt Hans Müller seine Verse, die wie wundersame Schalen und von kristallener Schönheit sind, mit einem großen Inhalt, und darum freuen wir uns seiner Dichtung.

Gleichfalls virtuoser Formenkünstler ist Rudolf Presber, der seinen dritten Gedichtband: „Dreiklang" genannt hat. (Stuttgart, J. G. Cottasche Buchhandlung Nachfolger.) Seine Verse werden ihm seine Freunde finden, wie die alten viel Freunde gefunden haben; sie schmeicheln sich durch weiche, süße, manchmal wehmütig-verträumte, oft neckisch-heitere Klänge in Ohr und Herz, und künden sie auch nicht große Weisheiten, so bringen sie doch manchen lieben und klugen Gedanken, manches fröhliche oder schmerzliche Erlebnis, daß wir ihrer froh werden und sie gern hören. Presbers Geistreichigkeit gibt sich immer liebenswürdig, sein feiner, manchmal etwas übermütiger Spott immer lachend, sein Tändeln und Spielen wird niemals banal. So hat er ganz das Zeug dazu, breite Wirkungen aus-zuüben. Tiefe Wirkungen bleiben ihm versagt — weil seine Kunst nicht vom starken Erlebnis getragen wird; sie ist ihm selbst nicht in seltenen Offenbarung, in seltenen Sonntagsstunden heimsucht, wie kann sie da andern Offenbarungen bringen? Er kommandiert die Poesie, nicht sie kommandiert ihn, wie es doch trotz Goethes oft falsch zitiertem Ausspruch bei jedem echten Lyriker der Fall ist. Alles wird solchen Talenten wie Presber zu Versen und alles bringen sie in Verse, und wenn es eine Speisekarte wäre. Das aber ist ihre Begrenztheit: sie bestechen für den Augenblick, halten aber nicht stand; sie sind uns gut für fröhliche und manchmal auch für leere Stunden, aber in Zeiten höchster Lebensnot oder Lebenslust, wo ihr Lied uns Befreiung werden soll vom Zwang drängender Gefühle, versagen sie, denn ihr schöner, prächtig verzierter Becher birgt keinen schäumenden Wein.

Es ist charakteristisch, daß reinen Formtalenten wie Presber das kurze Lied versagt ist; sie brauchen Raum, ihre Gedanken und Gefühle vor der Welt auszubreiten. Stellen wir gegen sie echte Lyriker wie Eichendorff oder Heine, oder von den Lebenden Martin Greif, so fühlen wir sofort: bei diesen Reichtum in vier oder acht knappen Zeilen — dort Armut trotz vielen und langen Strophen.

Zu diesen Formtalenten gehören auch zwei Dichter, die uns jetzt, nachdem sie schon eine stattliche Reihe von Gedichtbänden in die Welt geschickt haben, eine Auswahl ihrer Dichtungen vorlegen. Dem einen: Heinrich Vierordt („Ausgewählte Gedichte". Heidelberg, Karl Winters Universitätsbuchhandlung) gab sein 50. Geburtstag Veranlassung dazu; ob Schafheitlin („Ausgewählte Gedichte." S. Rosenbaums Verlag, Berlin) einen anderen Grund dafür hatte als die Hoffnung, dieser Gedichtband werde lieber und eher gekauft werden als seine andern fünf, weiß ich nicht; aber das weiß ich: allzu viel Freunde werden weder er noch Vierordt sich zu den alten noch dazu gewinnen. Ihre Dichtungen haben etwas Marmornes, Kaltes, als wenn kein Blut in ihren Adern wäre; da ist keine Inbrunst, kein Verzweifeln, nicht lodernde Begeisterung und nicht wilder Hohn und eisige Verachtung — eine starre Ruhe, ein Gebändigtsein liegt über ihrer Kraft und Glut, als wäre alles zu ebler, bewußter Schönheit geworden. Was aber edles Maß-halten scheinen will, ist nichts weiter als künstlerische Schwäche . . . sie sind keine Gestalter eigener Empfindungen und Erlebnisse, sie sind Nachdichter, Nachempfinder die Erzählungen und malerische Schilderungen zu geben vermögen, nicht aber Gefühle, kaum Stimmungen: man erlebt ihre Dichtungen nicht, weil sie keine Erlebnisse sind. Es ist manches Schöne in ihnen, vieles, was man gern in einer ruhigen Stunde genießt, aber Größe ist ihnen fremd — trotz all der griechischen und römischen Götter und Heroen, die vom Olymp herab bemüht werden. Das ist die Epigonenkunst der nachklassizistischen Zeit, die in schönen Linien und Formen einfror. Sie ist uns fremd geworden.

Kalt muten auch die Dichtungen eines Dichters an, den wir im lyrischen Reigen zu sehen noch kaum Gelegenheit hatten. Aus dem Nachlaß des für die deutsche Kunst leider zu früh verstorbenen Wilhelm von Polenz hat sein Bruder Gedichte unter dem Titel: „Erntezeit" herausgegeben. (Berlin, Verlag von F. Fontane u. Co.) Es steht gewöhnlich etwas mißlich um Nachlaßschriften, weil die Erben sich selten versagen können, das, was der Dichter in selbstkritischer Erkenntnis in seiner Mappe begraben hat, doch noch zu publizieren. Hier liegt die Sache anders: in dem schmalen Bändchen Gedichte haben wir die Anfänge eines groß angelegten lyrischen Werkes, zu dessen Vollendung der Tod dem Dichter nicht mehr Zeit gelassen hat. Wir erkennen das aus einem Briefe, den der Herausgeber in seinem Vorwort zum Teil zitiert, und aus dem im Anhang beigefügten Grundplan des Werkes aus dem Jahre 1901, das zuerst den Titel „Der Liebe Todesspiegel" tragen sollte und erst wenige Wochen vor dem Tode Wilhelm von Polenz' den Titel „Erntezeit" bekam, wahrscheinlich gleichzeitig mit der Konzeption des ersten Gedichtes: „Ernte".

„Erntezeit" heißt der Band und „Ernte" das erste und beste, vielleicht auch eines der letzten Gedichte. Es ist ein stilles Ahnen in dieser Dichtung, als wüßte der Dichter, daß auch ihn bald des Schnitters Sense mähen werde: So bekommt der Titel tiefere Bedeutung. Als Motto steht dem Bande voran: „Reif ist alles!" Und wahrlich, als ein Reifer erweist sich Polenz. Er ist nicht einer, der vorgibt, Schmerz und Lust der Erde überwunden zu haben; er hat sie aber über sich hingehen lassen wie eine Frucht den Schauer kühler Regen und das warme Licht der Sonne, und hat sie in sich zu süßer Kraft gereift. So wurde er heiligen Lebens voll und fiel vom Lebensbaume, eine selten reife, köstliche Frucht.

Polenz ist kein Lyriker, und auch seine letzte Lebenszeit, in der sich, wie aus den Gedichten und seinem Briefe hervorzugehen scheint, alle dichterischen Kräfte in ihm noch einmal sammelten, hat ihn nicht dazu gemacht. (Er schreibt: „Nun ist es noch einmal über mich gekommen; so ganz anders, als ich sonst dichte. Es ist, als spräche irgend etwas aus mir, eine Gewalt, ein fremdes Wesen, dessen Diener ich nur bin." So ergreifen uns auch seine Dichtungen mit der Gewalt des Erlebnisses. Aber diese Wirkung stellt sich nicht bald ein; wir müssen mit diesen Gedichten lange reden und vertraut mit ihnen werden, ehe sie ihre Schönheit hergeben. Sie sind wie Menschen, die, spröder und verschlossener Natur und vom Leib gehärtet, sich nicht mitteilen können; man muß das Gold ihrer Empfindungen aus ihnen schürfen, wie der Bergmann das Erz aus dem Herzen der Erde. Es fehlt Polenz nicht bloß das Musikalische. Er ist ein Norddeutscher und ein Landmann — verschlossen und stumm, karg gebend dem Fremden gegenüber, doch innerlich reich — auch in seinen Gedichten. Er bleibt Epiker und Charakteristiker wie in seinen Romanen, so auch in seiner Lyrik. Als ich vor Jahren in dieser Zeitschrift über Polenz schrieb, machte ich darauf aufmerksam, daß in seinem Schaffen zwei Perioden zu unterscheiden sind, deren zweite mit der Novelle „Wald" beginnt und sich durch eine tiefere und wärmere Innerlichkeit der Polenzschen Weltbetrachtung auszeichnet. Mit andern Worten: seine Darstellung ist gefühlsmäßiger, lyrischer geworden. Wohl zeigt sich auch in seinen nachgelassenen Gedichten diese Verinnerlichung; sie sind weicher und stimmungsvoller als die Dichtungen des Bandes: „Marline"; aber den rein lyrischen Ton trifft er doch nur einmal, da er in wohl bängster Stunde, als ihn die Ahnung des nahen Hinganges mit unmittelbarster Gewalt packte, das wundervolle Gedicht: „Gedenken" schuf, in dem eine seltsam verhaltene, dunkel tönende Melodik zittert:

   Gedenke mein,
   Wenn du im Abendwinde
   Gehst durch ein reifend Ährenfeld,
   Wenn letzter Himmelsglanz gelinde
   In goldnen Mantel hüllt die Welt.
   Beim holden Abendschein,
   Wie fern ich sei, gedenke mein!"

Auch ein spröder, nur schwer sich gebender Lyriker, mehr Charakteristiker als Melodiker, ist ein Moderner: Adolf Grabowsky, der im Verlag der „Barke", Berlin SW, einen Gedichtband unter dem Titel: „Das Zengende" veröffentlicht hat. Aber er ist kein

Reifer, dessen Seele ein reiner Spiegel der Erde und ihrer Lust und Last ist; er ist noch ein Ringender — weit entfernt von der gewollten Ruhe der Vierordt und Schaskeitlin, weit entfernt aber auch von der Reife und Größe eines Polenz. „Allen Glühenden" widmet er sein Buch, und auch er ist ein Glühender. Seine Seele ist voll einer tiefen und innerlichen Glut; manchmal schleudern eruptive Kräfte blutrote Lohen gegen den Himmel; es fliegt aber auch totes Gestein mit. Etwas Gequältes, Dumpfes, Gedrücktes ist in ihm, das sich nicht lyrisch löst und fast jedes Gedicht trübt. Nur selten gelingt es ihm, schlicht, einfach, klar auszusprechen, was er empfindet. Diese Gequältheit und Zerrissenheit teilt sich auch seiner Form mit, die nicht oft lyrisch, weich und voll Melodie ist. So ist sein Buch mehr ein Versprechen — obgleich es nicht sein erstes Lyrikbuch ist — als eine Erfüllung. Aber es wird gegeben von einem, der eine Welt in sich trägt... Wir wollen warten, bis er sie uns schenkt.

Auch eine Glühende, voll verhaltener Leidenschaft und Kraft, aber reicher und reifer als Grabowsky ist Ada Negri, die italienische Dichterin. Arme Dorfschullehrerin, sang sie in Not und Qual das Lied der Armut, ihrer und ihrer Mitleidenden Armut, und ihre beiden Gedichtbücher „Schicksal" und „Stürme" weckten auch in Deutschland starkes Echo. Nun ist sie in glückliche Lebensumstände gekommen, Frau und Mutter geworden; aber ihre Unglücksgenossen hat sie nicht vergessen. Doch ihre Seele ist um Erfahrungen reicher geworden, um die bittersüßen Erfahrungen der Mutterschaft. Von ihnen singt sie in ihrem neuesten Buche: „Mutterschaft" (Berlin, F. Fontane u. Co.) mit der gleichen lyrischen Kraft und Glut und einer Leidenschaftlichkeit, die schier beispiellos ist und selbst durch die spottschlechte Übersetzung nicht umzubringen war. Man muß es tief bedauern und kann es dem Verlag nicht Dank sagen, daß er dieser Dichterin keine bessere Übersetzerin hat finden können; Ada Negri's rhetorische, Ohr und Auge fesselnde, tief ergreifende Lyrik würde sich auch unter solchen viele Freunde gewonnen haben, die sich durch schlecht gewählte Worte, unbeholfene Satzkonstruktionen, schlechte Reime und falsche Rhythmen nicht erst zum reichen Gehalt dieser Dichtungen hindurchlesen mögen.

Illustrirte Bibliographie.

Das Zinkveilchen (Viola calaminaria).
Aus: „Das Leben der Pflanze" von R. H. Francé.
Stuttgart. Kosmos, Gesellschaft der Naturfreunde. —
Franckh'sche Verlagshandlung.

Das Leben der Pflanze. Von R. H. Francé. — 1. Abteilung: „Das Pflanzenleben Deutschlands und der Nachbarländer", in 26 reichillustrierten Lieferungen à 1 M. — Lieferung 1—6. Stuttgart, Kosmos, Gesellschaft der Naturfreunde, Franckh'sche Verlagshandlung.

Es ist ein großartig angelegtes Werk, von dem die ersten 6 Lieferungen hier vorliegen. Das Werk ist damit am besten charakterisiert, daß es ein gleichartiges Seitenstück zu Brehms klassisch zu nennendem „Tierleben" darstellen soll. Was in diesem letzteren Werke dem Naturfreunde auf dem Gebiete der Tierkunde erschlossen worden ist, das beabsichtigt der Verfasser in gleicher Weise auf dem Gebiete der Pflanzenkunde zu schaffen und dadurch das Wissen über die vielgestaltige Pflanzenwelt jedermann zugänglich zu machen. Das Werk ist eine Botanik, die nicht bloße Systematik bietet, die vielmehr in eingehender Weise das innere Leben der Pflanze schildert und die wissenschaftlichen Grundlagen der angewandten Botanik erläutert. — Der deutsche Urwald bildet den Ausgangspunkt für die hochinteressanten Betrachtungen des Verfassers. Zunächst geleitet er den Leser nach den Ufern des Tegernsees und von da weiter in die dichten Waldungen, in einsame, noch nie besuchte Täler und verlassene Bergeshänge, „in denen sich noch Schöneres birgt, als alle Reisehandbücher preisen". Hier befindet sich als einer der letzten Reste des deutschen Urwaldes „die Söllerbachau", die der bayrische Staat geneigt ist als historische

Stätte ersten Ranges in ihrer Unberührtheit zu belassen. Bei dieser Urwaldwanderung zeigt der Verfasser den Weg zur Erkenntnis wahrer Naturschönheit und zur richtigen Beurteilung der heimischen Natur. Er weist alsbald darauf hin, wie sich die Pflanzennatur von außen her beeinflussen läßt und welches die gesetzmäßigen Beziehungen zwischen Pflanze und Welt sind. In bilderreicher Sprache und gewandter, anziehender, äußerst klarer Darstellung weiß der Verfasser den Leser zu gewinnen und sein Interesse lebhaft anzuregen. — Was einst den Begriff einer „Flora" ausmachte, die alten Register von Pflanzenarten und Namen, das wird jetzt verdrängt durch die Erkenntnis der Gesetze, nach denen sich unter gegebenen Verhältnissen das Pflanzenleben ändern muß. An die Stelle der alten Floristik und Pflanzengeographie ist die neue Wissenschaft „die Ökologie" getreten — die Kunde von den Lebensverhältnissen der Pflanze, die der Verfasser näher erörtert. Aus dem außerordentlich reichhaltigen Material kann hier natürlich nur einiges hervorgehoben werden. Das Studium der gesetzmäßigen Beziehungen zwischen Pflanze und Welt sondert sich in die Betrachtungen über die Anpassung an die Elementareinflüsse und über die Anpassung an das Lebensganze. In ersterer Beziehung ist zunächst die Anpassung an das Wasser zu erwähnen, das als einer der wichtigsten Lebensfaktoren für die Pflanze zu bezeichnen ist. Es sind da zu unterscheiden die Hygrophyten: „Pflanzen, die viel Wasser" und Xerophyten: „Pflanzen, die wenig Wasser aufnehmen". Pflanzen, die je nach der Saison ihre Lebensweise wechseln, bilden eine besondere Kategorie: „Die Tropophyten". Weiterhin wird der Einfluß des Bodens auf die Pflanze erörtert. Neben dem Wasser bildet dieser einen hochwichtigen Faktor für die Ernährung der Pflanze. Der Verfasser sieht sich hier veranlaßt, dem Einfluß des Bodens eine wichtigere Stelle zuzusprechen, als dies in den modernen Lehrbüchern der Ökologie geschieht. Er geht hierbei näher auf die Elemente ein, welche die höheren Pflanzen für ihre normale Entwickelung bedürfen. Es folgen alsdann Besprechungen über die Einflüsse des Kalkes auf die Pflanzenformen, ferner Betrachtungen über die Salzpflanzen (Halophyten), die sich dem starken Salzgehalt des Bodens anpassen, über Humusstoffe, unter denen man im wissenschaftlichen Sinne das Ergebnis der Umwandlung des mineralischen Bodens durch Lebenskräfte zu verstehen hat. Die Rolle, welche die Bodenbakterien spielen, wird in ausführlicher Weise erörtert und dargelegt, wie die Bakterien fast keinen organischen Stoff unverwertet lassen. Freilich gibt es hier noch

Ätherisierter Fliederzweig.
Aus: „Das Leben der Pflanze" von R. H. Francé. Stuttgart. Kosmos, Gesellschaft der Naturfreunde. — Franckh'sche Verlagshandlung.

sehr viele Punkte, in denen die Anschauungen der Forscher nicht unbeträchtlich auseinandergehen. Weiterhin gelangen zur Besprechung die Serpentinpflanzen, die nur auf Serpentinstein vorkommen, und die Zinkpflanzen, die an manchen Stellen Deutschlands, so z. B. in Schlesien, namentlich aber im Rheinland, speziell am Altberge bei Aachen, zu finden sind und die an Kieselzinker und Zinkkarbonat angepaßt sich dadurch entsprechend verändert haben. Eine dieser typischen Zinkpflanzen auf den Schutthalden eines Bergwerks ist das „Galmeiveilchen" Viola calaminaria (s. Abbildung).

Man kann überhaupt annehmen, daß die chemische Zusammensetzung des Bodens ein direkt artenbildender Faktor ist. In weiteren Abschnitten folgen die Darlegungen über den Einfluß des Lichtes und der Wärme auf die Pflanzengestaltung, die recht Interessantes enthalten. Leider verbietet der Raum, hierauf näher einzugehen. Es sei aber aus diesem Kapitel doch eines neuesten Tricks der Gartenkunst Erwähnung getan, der dem dänischen Botaniker Johannsen zu verdanken ist: das sogenannte „Ätherisieren der Pflanzen," womit, um es kurz zu sagen, der Frühjahrszustand der Pflanze künstlich hergestellt wird. In der

Die Schutzmittel des Blütenstaubes.
Aus: „Das Leben der Pflanze" von R. H. France. Stuttgart. Kosmos,
Gesellschaft der Naturfreunde. — Franckh'sche Verlagshandlung.

umstehenden Abbild. ist der linksstehende, noch in Knospenruhe verharrende Fliederzweig= trieb den Ätherdämpfen nicht ausgesetzt worden und daher im Treiben zurückgeblieben. Weiterhin werden behandelt: die Schutzmittel der Pflanzen gegen Witterungsungunst, ferner die Wirkung, welche Schwerkraft, Elektrizität, Röntgen= und Radiumstrahlen, das Höhenleben und schließlich die Tiere auf die Pflanzen selbst und auf ihre Verbreitung aus= üben. Dies alles versteht der Verfasser in außerordentlich klarer Weise zu schildern. Wie sich beispielsweise die Pflanzen gegen die Unbill der Witterung schützen, ist aus beigefügter

Abbild. zu ersehen. Bei der Calceolaria (1) verhindert ein schützender Schirm das Naßwerden des Blütenstaubes, bei Crocus (2) dagegen schließen sich bei trübem Wetter die Blüten. Ein höchst interessantes Kapitel und eine wahre Fundgrube für den Naturforscher bilden die Beziehungen der Tiere zur Pflanzenwelt. Auch hier kann aus dem umfangreichen Gebiet als Beispiel nur ein Punkt herausgegriffen werden — die Einwirkung von gewissen Blüten der Ophrysarten auf Insekten. Es liegt hier eine Art Schutzmimikri der Blüten vor, infolgedessen von ihnen „unberufene Besucher" ferngehalten werden. So wirken z. B. die Blüten von Ophrys muscifera, wie aus der Abbildung ersichtlich, wie kleine grüne Blüten, in denen sich ein größeres spinnen- oder schmetterlingsartiges Tier befindet, wodurch die Abschreckung erfolgen soll.

Bezüglich der äußeren Anlage des Werkes wäre die Bemerkung zu machen, daß die Unterabschnitte in ihren Überschriften nicht dem Prospekt entsprechen. Im Inhaltsverzeichnis dürfte sich daher empfehlen, zur leichteren Orientierung und zum Nachschlagen auch die Unterabschnitte mit ihren Überschriften und der entsprechenden Seitenzahl aufzuführen. Eine Bezeichnung mit Nummern resp. Buchstaben fehlt leider. Die ganze Darstellung ist, wie bereits erwähnt, sehr klar und anregend, dabei ist das Werk vorzüglich ausgestattet, mit zahlreichen recht guten Abbildungen im Text und auf besonderen Tafeln in Schwarz- und Buntdruck versehen, so daß dasselbe allen Naturfreunden, im speziellen allen Pflanzenfreunden aufs wärmste empfohlen werden kann. K.

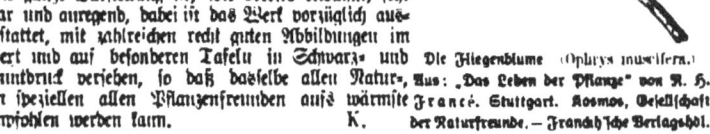

Die Fliegenblume (Ophrys muscifera.)
Aus: „Das Leben der Pflanze" von R. H. France. Stuttgart. Kosmos, Gesellschaft der Naturfreunde. — Franckh'sche Verlagshdl.

Im Reiche Reuters. Neues von und über Fritz Reuter in Wort und Bild. Von Karl Theodor Gaedertz. Leipzig, Wigand 1905. Pr. 2 M., geb. 3 M.

Wer Gaedertz' Bücher über Reuter kennt und in dem vorliegenden Buche ähnlichen reichhaltigen Inhalt zu finden hofft, wie in den früheren, ist wohl etwas enttäuscht, wenn er im ersten Drittel des Buches lediglich Zeitungsberichte über die Reuterausstellung zu Greifswald im Juli 1904 findet, zumal diese Berichte alle im Grunde dasselbe sagen, nur daß der eine mehr diese, der andere mehr jene Seite der Ausstellung hervorhebt. Erst die letzten 92 Seiten bringen eigene Arbeiten des so rühmlich bekannten Reuterforschers. Als solcher zeigt er sich auch hier wieder; denn was er über die Person „Durchleuchtings" bringt, ist für jeden Reuterkenner und für diesen vielleicht noch mehr als für den bloßen Reuterverehrer von hohem Interesse. Die Abschnitte über „Fritz Reuter in Pommern" und „Van Ivenack nach Stemhagen" bringen ebenfalls viel des Neuen und Wertvollen aus Reuters Leben und der ihm nahestehenden Personen. Unter den zwölf Abbildungen und Faksimiles möchte Ref. als wertvollste Beigabe die Silhouette des aus der „Franzosentid" und „Meine Vaterstadt Stavenhagen" bekannten Ratsherrn Herse hervorheben, die Gaedertz mit seinem längst rühmlich bekannten Spürsinne aufgefunden hat. Wer die drei Bände des Verfassers „Aus Reuters jungen und alten Tagen" besitzt, wird nicht umhin können, sie durch den vorliegenden Band zu ergänzen, und wer zunächst nur im Besitze dieses letzten ist, wird hoffentlich dadurch angeregt werden, jene drei dazu zu erwerben.

H. Seh.

Bibliographische Notizen.

Der Stein der Weisen. Illustrierte Halbmonatsschrift für Haus und Familie. 18. Jahrgang 1905. 1. Heft. Wien und Leipzig, A. Hartleben.

Von dieser, aus allen Zweigen des Wissens Unterhaltung und Belehrung darbietenden Zeitschrift liegt das 1. Heft des neuen Jahrgangs vor. Dasselbe enthält wieder recht interessante Aufsätze, sowohl im „Hauptteil" als in der „Kleinen Mappe". Aus ersterem seien die nachstehenden Themata angeführt: „Wärme. — Aus dem Leben einer Feldmaus. — Der Mensch im Kampfe mit den Mikroorganismen. — Ein Apparat zur Messung des Winddrucks. — Hydrovolve und Hydrolokomotive." Aus der kleinen Mappe sind interessante technische Mitteilungen, sowie Notizen für Haus und Hof zu erwähnen. Eine Beilage enthält einen Roman: „Herr der Welt" von Julius Verne und Japanisches Schach mit zwei Tafeln in Farbendruck. Zahlreiche, recht gute Abbildungen dienen zur Erläuterung des Textes der zu empfehlenden Zeitschrift. K.

Über Lesen und Bildung. Von Anton E. Schönbach. 7. Auflage. Graz, Leuschner und Lubensky.

Dramen der Gegenwart. Von Hermann Kienzl. Graz, Leuschner und Lubensky.

Die beiden Bücher nenne ich zusammen, weil sie beide einen kulturellen Kern enthalten. Zwei Optimisten der Kultur, die tief und scharf in die Entwickelung der Menschheit gesehen haben und nun wissen, daß die Sehnsucht nach dem Großen in der Kunst ihre Erfüllung finden kann. Sagt Kienzl: „Wer sich ehrlich sehnt, verfällt nicht dem Pessimismus, der glaubt an Erfüllung," so glaubt Schönbach, daß „die Entwickelung der Menschen eine Maschine ist, die ihren Kraftverbrauch selbst reguliert".

Und aus dieser Grundanschauung heraus schrieben beide ihre Bücher. Ihre Kunstanschauung basiert auf Weltverstehen und Lebenserkenntnis. Und das will viel sagen bei einem Kritiker wie Hermann Kienzl, der das schöne Wort prägt: „Ich habe immer danach gestrebt, das Werk eines Dichters zuerst lieben zu lernen und dann erst zu ergründen, warum ich es lieben muß und warum ich es nicht lieben kann."

Und er prägt nicht nur das Wort, er handelt auch danach in seiner Arbeit. Und trotz diesem subjektiven Verfahren entbehren seine Urteile nicht des großen Maßstabes — ob er über Hauptmann oder Otto Erich Hartleben schreibt, immer merkt man eine starke, gesunde, ehrliche Persönlichkeit dahinter, die nicht nur Urteile fällt, sondern sie auch begründet.

Und Anton E. Schönbach ist seiner Aufgabe, die er sich gestellt hat, weit hinaus gerecht geworden.

Der anspruchslose Titel: „Über Lesen und Bildung" verrät kaum, daß hier ein umfassendes Bild der Gegenwartliteratur gegeben wird. Und der es gibt, ist selbst ein feinfühliger Künstler. Charakteristisch ist sein Schlußwort im „Ausblick": „Zwei große Klassen von Menschen gibt es — vielleicht allzeit, gewiß heute —: solche, deren Woche mit dem Sonntag beginnt, und andere, in deren Woche der Sonntag am Ende steht. Jene nehmen sich die Freude des Lebens vorweg; ermüdet, überkräftigt treten sie in den Montag ein, an dem sie ihre ruhegeeignete heilige Kraft erproben sollen; so schleppen sie sich durch die langen Tage hin, abgespannt, traurig. Wer hingegen am Montag arbeitend anhebt und sich frischen Mutes durch die Woche kämpft, dem erblüht der schließende Sonntag als ein hohes Zeit."

Alles in allem: die zwei Bücher sind gesund und trotzdem modern. Und an den Menschen, die sie geschrieben haben, hat man seine wahrhafte Freude. A. Halbert.

Jugendlehre. Ein Buch für Eltern, Lehrer und Geistliche. Von Dr. Fr. W. Förster. Berlin, Georg Reimer.

Das Buch, unmittelbar aus den Anregungen der „ethischen Bewegung" hervorgegangen, will für moral-pädagogische Bestrebungen auch in Deutschland eintreten, wie sie bereits in Amerika, England, Frankreich und der Schweiz Boden gefunden haben. Der erste Teil des starken Bandes (724 S.) führt in die Theorie der Moralpädagogik ein, der zweite erläutert sie durch Beispiele; ein dritter behandelt die sexuelle Pädagogik. Auf Einzelheiten des Inhalts einzugehen, kann nur Aufgabe eines Fachblattes sein, aber auch wer, wie Ref., die Anschauungen des Verf. nicht überall teilt, wird das Buch nicht ohne Vorteil lesen, sicherlich manche Anregung zum Nachdenken über die wichtige Frage der Erziehung erhalten. H. Sch.

Schiller-Anekdoten. Charakterzüge und Anekdoten, ernste und heitere Bilder aus dem Leben Friedrich Schillers. Herausgegeben von Th. Mauch. Stuttgart, Verlag von K. Lutz.

Der Titel des Buches ist nicht sehr

glücklich gewählt, denn er erweckt eine irrige Vorstellung von dem Inhalte. Der Verf. fühlt das auch selbst und erklärt daher im Vorwort den Begriff der Anekdote, wie er sie für das vorliegende Buch aufgefaßt sehen will, in der Weise, daß es den Lesern „doch vieles vermittelt, das ihnen bis jetzt noch nicht bekannt, also für sie in gewissem Sinne überhaupt noch nicht veröffentlicht war," und daß der Titel deshalb gewählt ist, weil „das Buch bestimmt ist, sich einer Serie von Anekdotenbänden einzugliedern". Ist somit das Buch weder eine Biographie noch auch bestimmt, sie zu ersetzen, so ist immerhin das Geschick anzuerkennen, mit dem der Verf. die Einzelheiten so zusammengestellt hat, daß der Leser einen Überblick über des Dichters Entwickelung und Lebensgang erhält.

H. Sch.

Gesammelte Werke von **Theodor Fontane**. 1. Serie, Band 1. Vor dem Sturm (1. Abtlg). Berlin, F. Fontane u. Co.

Eine Gesamtausgabe der Werke dieses vornehmen Schriftstellers und Dichters kann nicht anders als mit Freuden begrüßt werden. Ein Wort über die Meisterschaft Fontanes zu verlieren, ist vollkommen unnötig. Die Natur hatte ihm eine hohe Dichtergabe verliehen, und er hatte sie durch jede Kunst vervollkommnet. Sein Charakter und seine Lebensauffassung standen auf derselben Höhe wie sein Talent. Daß er außerdem noch ein echt vaterländischer Dichter ist, macht ihn uns nur so teurer. Der erste starke Band der Gesamtausgabe umfaßt die erste Abteilung des Romans: „Vor dem Sturm". Man wird bei ihm im besten Sinne an Walter Scott erinnert. Wissen und Können vereinigen sich in diesem Zeitgemälde.

M. Kr.

Vivat Fridericus! Psychologische Schlachtdichtungen von Karl Bleibtreu. I. Band. Von Lowositz bis Leuthen. Berlin, Alfred Schall. (Verein der Bücherfreunde.)

Dasselbe Verdienst, das dem jüngst heimgegangenen Meister Adolf Menzel nachgerühmt wurde, darf auch K. Bl. zuerkannt werden. Mit großer Wiederherstellungs- und Ergänzungskraft vertieft er sich geschichtsphilosophisch in das Wesen genialer Männer und ihrer Zeit. Aber er schafft nicht wie der Maler stehendes Leben, sondern bewegtes; er stellt den großen Preußenkönig in der Entwickelung und Wandlung dar, zeigt die Einwirkung der Welt auf den Handelnden und die Auswirkung des Handelnden auf die Welt. Seine Malerei enthüllt die geheimen Regungen der Charaktere, die verborgenen Triebfedern der Taten und verwandelt die historische Begebenheit in eine psychologisch und plastisch vollkommene Dichtung. Der vorliegende I. Band behandelt die fünf Schlachten: Lowositz, Prag, Kolin, Roßbach und Leuthen. Die treue, realistische Schilderung dieser Kämpfe hält sich frei von einer bloßen Verherrlichung des Militärischen, sie hat einen tiefen sittlichen Inhalt: Vaterlandsliebe. Das Buch sollte in keiner Schülerbibliothek fehlen.

N.

Das Geheimnis des Dichters. Roman von Antonio Fogazzaro. Aus dem Italienischen von E. Müller-Röder. Berlin—Leipzig—Paris, Hüpeden und Merzyn.

Eine Liebesgeschichte, aber die Geschichte einer Dichterliebe! Zart und duftig, romantisch und rührend. A. F. versteht fein zu idealisieren, d. h. eine Gestalt durch Erhöhung zum Ideale ihrer selbst zu machen. Sein Geheimnis interessiert nicht oberflächlich wie im Extrablatt, sondern zwingt durch die Enthüllung des verborgensten Seelenlebens zur innigen Teilnahme. Welchen Beifall der Roman im Vaterlande des Dichters fand, das beweist die 21. Auflage. Auch diese gute deutsche Übertragung dürfte bald beliebt werden. Spielt doch die Erzählung größtenteils auf deutschem Boden. Nürnberg, Eichstädt, Heidelberg und der Rhein geben ihr ein reizvolles landschaftliches Relief. Durch seine vornehme Schreibart empfiehlt sich das Buch besonders als Geschenk für Damen.

N.

Aus dem Sattel geplaudert. Von Friedrich von Oppeln-Bronikowski. Zweite, völlig umgearbeitete und bedeutend vermehrte Auflage. Berlin—Leipzig—Paris, Hüpeden u. Merzyn.

„Das ist's ja, was den Menschen zieret, und dazu ward ihm der Verstand, daß er in innern Herzen spüret, was er erschafft mit seiner Hand." (Glücklicherweise entspricht dieser Wahlspruch, den der Verfasser dem ersten Teile seines Buches voranstellte, nicht dem Inhalt. Seine anmutigen Plaudereien sind mehr dem Gemüt und der Fantasie als dem Verstande entsprungen: Sie erzählen nicht von interessanten Menschen und Handlungen, sondern schildern die Poesie der Natur und des Soldatenlebens; sie geben scharfe Beobachtungen realistisch wieder oder verwandeln sie in Stimmungsbilder von malerischem und träumerischem Reiz. Nur in der Skizze „Ein Frühlingstraum" wird das rein Menschliche, wird das, was jeden rührt, weil es jeder versteht, zum Mittelpunkt einer kleinen Erzählung. N.

Großvater. Roman von Jonas Lie. 4. Auflage. Berlin W. 10, Richard Taendlers Verlag.

Der weiche seidige Schimmer der Abendsonne liegt über diesem alten Manne, und das Lächeln auf seinem Gesicht ist milde. Die Begebenheiten des Lebens liegen hinter ihm, und ihre Schatten können ihn nicht mehr treffen. Und auch das, was vor seinen Augen geschieht, kann das Licht dieser klaren Augen nicht dunkel machen. Aber darum ist er keiner von den Alten, die die Tür zwischen gestern und heute zumachen und behaglich dem Tode entgegenschläfern. Eine sorgende Wachsamkeit, eine geschäftige und schnelle Liebe ist in seinem Wesen, seine Hände ruhen, aber sein Herz ist immer auf dem Wege, noch etwas zu tun, wenn es auch nur ein Lächeln ist, um ein Kind auf Augenblicksweile glücklich zu machen.

Jonas Lie hat die Ferne zwischen diesem alten Manne und den Ereignissen, die in seiner nächsten Nähe geschehen, fein herausgearbeitet, feiner noch die dünnen, aber festen Fäden, welche ihn durch des Alters Ferne hindurch mit der Gegenwart verbinden, am feinsten die Reflexwirkungen, durch die von dieser Gegenwart wieder in die Vergangenheit des alten Mannes zurückgreifen.

Die Gegenwart ist eine atemlose Handlung von Verführung und einer Art von Gottesgericht, das des Alten Sohn an seiner untreuen Frau ausübt. O. G.

Die Pipelhühner. Von Albrecht Eggebrecht. Berlin, Th. G. Fischer u. Co.

Jedesmal, wenn ein Roman einen starken Erfolg gehabt hat, entsteht eine Reihe anderer, die wissentlich oder unwissentlich ihm ähneln. Götz Kraft, der den Studenten im Anfangssemester zu einem Helden gemacht hat, ist vielen ein Vorbild geworden. Auch „die Pipelhühner" beschäftigen sich mit Studenten, mit werdenden Menschen. Sie tun es in einer humoristisch sein sollenden Art, die gar zu oft an Trivialität streift und des allgemeinen Interesses entbehrt. M. Kr.

Göttliche Liebe. Drama in drei Aufzügen. Von Alfred Nossig. Zweite Auflage. Berlin, Concordia, Deutsche Verlagsanstalt Hermann Ehbok.

Nachdem Alfred Nossig ein Buch über die „Erneuerung des Dramas" geschrieben hat, das, wie man sagt, einem Bedürfnis der Zeit abhelfen will, und das denn auch in weiten Kreisen wohlverdiente Beachtung gefunden hat, wird dieses Drama, das bereits in der zweiten Auflage vorliegt, gewiß besonders interessieren. O. G.

Gedichte von Fritz Müller. Jauer, Oskar Hellmann.

Weniger wäre mehr gewesen! Seinen eigenen Spruch: „Ein einz'ges faules Ei verbirbt den ganzen Brei" sollte der Dichter mehr beachten. Daß er Talent besitzt, beweisen besonders „Berliner Elegien. Das Tal von Chamonix. Der Jura." N.

Sinnen und Sagen. (Gedichte von Wilhelm Boese. Berlin, „Harmonie"-Verlag.

Die Gedichte erheben sich in manchen Strophen über das Durchschnittsmaß der modernen Alltagslyrik, ohne aber neue Wege zu wandeln. Durch häufige Umstellungen und unerlaubte Elisionen verstoßen sie öfters gegen die Verstechnik. M. Kr.

Übersicht der wichtigsten Zeitschriften-Aufsätze.

Alt, Rudolf. (1812–1905). Von Franz Servaes. Kunst und Künstler III, 12 September 1905.
Belgische Dichterplejade, Die. Von Otto Hauser. (Schluss.) Literarische Warte VI, 12 (September 1905).
Bildenden Künste, Die. Rück- und Ausblicke auf das Kunstleben der Gegenwart. Von Walther Gensel. Westermanns Monatshefte 50, 1 Oktober 1905).
Burbage, Richard, und das alte englische Theater. Von Hugo Conrat. Bühne und Welt VII, 21 August 1905.
Busse, Carl. Von August Friedrich Krause. Nord und Süd. Heft 343, Oktober 1905.
Condillac und Buffon. Eine tierpsychologische Studie. Von Christian Ernst. Preussische Jahrbücher 121, 3 September 1905).
Delphi. Von Otto Schröder. Preussische Jahrbücher 121, 3 September 1905).
Deutsche Landschafter d. 19. Jahrhunderts. Von Emil Heilbut. Kunst und Künstler. III, 12 September 1905).
Devrient, Therese. Jugenderinnerungen. Westermanns Monatshefte 50, 1 Oktober 1905).
Fichtes Auffassung von der akademischen Freiheit. Vortrag, gehalten am 5. Juni in der Philosophischen Gesellschaft zu Halle a. S. Von Bruno Bauch. Die Grenzboten 64, 35 (31. August 1905).
Hegels Religionsphilosophie. Die Grenzboten 64, 38 (21. September 1905).
Historisch-dramatisches Figurenkabinett. I. Die Grenzboten 64, 38 (21. Sept. 1905).
Holland und die Holländer. Von Adolf Mayer. Die Grenzboten 64, 36 7. September 1905.
Impressionismus. Von Jules Laforgue. Kunst und Künstler III, 12 (Sept. 1905).

— Bibliographische Notizen. —

Keller, Gottfried. Von Dr. Alois Wurm. (Schluss.) Literarische Warte VI, 12 (Sept. 1905).
Kurz. — Erinnerungen an Hermann Kurz. Von Isolde Kurz. IV. V. Deutsche Rundschau 31, 12 (September 1905).
Lenbachausstellung in München, Die. Von Fritz v. Ostini. Die Kunst VII, 1 (Oktober 1905).
Leo XIII. im Licht der neuesten Forschung. Von J. Sauer. Hochland II, 12 (September 1905).
Pascal. Von C. J. Die Grenzboten 64, 37 (14. September 1905).
Platen, August von. Eine pathologische Studie von J. Sadger. Nord und Süd. Heft 343, Oktober 1905.
Rokoko, Psychologie des. Von Paul Riesenfeld. Nord und Süd. Heft 343, Oktober 1905.
Schuch, Werner. Von Oskar Anwand. Westermanns Monatshefte 50, 1 (Oktober 1905).
Schwäbische Volks- und Dialektdrama, Das. Von Rudolf Krauss. Bühne und Welt VII, 22 (August 1905).
Seherin von Prevorst, Die. Ein Beitrag zur Psychologie „spiritistischer Phänomene". Von Dr. Max Iserlin. Die Umschau IX, 35 u. 36 (26. August u. 2. September 1905).
Thera. Von F. von Duhn. Deutsche Rundschau 31, 12 September 1905).
Wagner, Richard, und die Tanzkunst. Von Erich Kloss. Bühne und Welt VII, 23 (September 1905).
Wandlung religiöser Stimmung im Laufe des 19. Jahrhunderts, Die. Von Johannes Wendland. Preussische Jahrbücher 121, 3 (September 1905).
Whitman, Walt. Von Leopold Weber. Kunstwart. 19, 1 (Oktober 1905).

Eingegangene Bücher. Besprechung nach Auswahl der Redaktion vorbehalten.

Archiv für Kriminal-Anthropologie und Kriminalistik. Herausgegeben von Dr. Hans Gross unter Mitwirkung anderer. 20. Band. Heft 1 und 2. Leipzig, F. C. W. Vogel.
Bollack, Léon, Comment et pour quoi la France doit renoncer à l'Alsace-Lorraine. Paris, A. Tarde.
Braune-Rossla, Rudolph, Der Primaner Michel und andere Pennäler. Humoresken. Leipzig, Verlag „Der Harde".
Busse-Palma, Georg, Brückenlieder. Ein Gedichtbuch. München, Albert Langen.
Dostojewski, Ein Werdender. Roman in drei Büchern in zwei Bänden. Deutsch von Korfiz Holm. München, Albert Langen.
Engel, Dr. Th., und Karl Schlenker, Die Pflanze, Ihr Bau und Ihre Lebensverhältnisse. Gemeinverständlich dargestellt. Lieferung 8—12. Ravensburg, Otto Maier.
Eysell-Kilburger, C., ‚Frau Viktor Blüthgen', Zwischen zwei Eben. Roman. Chemnitz, Alwin Beckers Verlag.
Fontane, Theodor, Gesammelte Werke. I. Serie. (Romane und Novellen.) Band II bis VI. Berlin, F. Fontane u. Co.
Frapié, Léon, Die Kinderschule. Roman. Einzige autorisierte deutsche Übersetzung. Berlin, Egon Fleischel u. Co.
Friedwalt, August, Katholische Studenten. Roman. Stuttgart, Greiner u. Pfeiffer.
Ganghofer, Ludwig, Die Jäger. Stuttgart, Adolf Bonz u. Co.
Germanen-Bibel. Aus heiligen Schriften germanischer Völker. 3. Heftausgabe: Goethe. 2. Auflage 1905. Berlin, Wilhelm Schwaner, Volkserzieher-Verlag.
Gesundes Leben, Familienblatt für Gesundheitspflege und allseitige Lebensreform. Herausgeber: Dr. W. Hotz, Organ des „Naturärztlichen Diakonie-Vereins." II. Jahrgang 1905. No. 6. Langensalza, Verlag Gesundes Leben.
Glaubensbekenntnis eines modernen Theologen. Zürich, Th. Schröter.
Handels-Hochschul-Nachrichten. Zentralblatt für die Handelshochschulen des In- und Auslandes. Herausgeg. in Verbindung mit hervorragenden Fachgelehrten von Dr. Albert Ludwig Stange. 8.-9. 1905. No. 24. München, Verlag der Handels-Hochschul-Nachrichten.
Hashagen, Professor D. Fr., Nefanda — Infanda. Der „moderne" Roman und die Volkserziehung. Ein Protest. Wismar, Hans Bartholdi.
Hellenische Kultur, Die. Dargestellt von Fritz Baumgarten. Franz Poland. Richard Wagner. Leipzig-Berlin, B. G. Teubner.
Heller, O., Die Frau des Virtuosen. Erzählung. Berlin, Albert Goldschmidt.
Henne am Rhyn, Dr. Otto, Aus Loge und Welt. Freimaurerische und kulturgeschichtliche Aufsätze. Mit dem Bildnis des Verfassers. Berlin, Franz Wunder.
Kinderheil. Zeitschrift für Mütter zur leiblichen und geistigen Gesundung und Gesunderhaltung der Kinder. Herausgeber: Johanna Elberskirchen und Max Below. 1. Jahrgang 1905/06. Heft 1. München, Seitz u. Schauer.
Klett, Prof. Dr. Rich., u. Dr. Ludwig Holthof, Unsere Haustiere. Lieferung 1—10. Stuttgart, Deutsche Verlags-Anstalt.
Köhler-Haussen, F. E., Triumph der Liebe. Dresden, E. Piersons Verlag.
Kohut, Dr. Adolph, Die Gesangs-Königinnen in den letzten drei Jahrhunderten. Lieferung 1. Berlin, Hermann Kuhn.
Kremnitz, Mite, Ausgewanderte. Roman. 2. Auflage. Stuttgart, Alfred Kröner Verlag.
Lieres und Wilkau, Gabriele von, Die rote Rose. Leidenschaft. Roman. Berlin, Rich. Eckstein Nachf. (H. Krüger).
Lilienfein, Heinrich, Heinrich Vierordt, das Profil eines deutschen Dichters. Zu seinem 50. Geburtstag. 1. u. 2. Auflage. Heidelberg, Carl Winters Universitätsbuchhandlung.
Lilienthal, Erich, Peter Schüler. Eine Tragi-Groteske. Minden i. W., J. C. C. Bruns Verlag.
Meisel-Hess, Grete, Eine sonderbare Hochzeitsreise. Neue Novellen. Wien, Szelinski u. Co.
Methode Toussaint-Langenscheidt. Italienisch. Von Dr. Heinr. Sabersky und Prof. Sacerdote. Brief 32—34. Berlin-Schöneberg, G. Langenscheidtsche Verlagsbuchhandl.
— Schwedisch. Von Jonas, Tuneld und Morén. Brief 32—34. Berlin-Schöneberg, Langenscheidtsche Verlagsbuchhandlung.
Mitteilungen der Gesellschaft für deutsche Erziehungs- und Schulgeschichte. Begründet von Karl Kehrbach. 15. Jahrgang. Heft 3. Berlin, A. Hofmann u. Co.

Müller, Gustav Adolf, Im Zauber der Wartburg. Roman. Leipzig, G. Müller-Mannsche Verlagsbuchhandlung.
Neumanns Orts- und Verkehrs-Lexikon des Deutschen Reichs. Herausgegeben von Dr. Max Broesike und Direktor Wilhelm Keil. Vierte, neubearbeitete und vermehrte Auflage. Mit 40 Städteplänen, einer politischen Übersichtskarte und einer Verkehrskarte. 2 Bände. Leipzig und Wien, Bibliographisches Institut.
Nietzsche's, Friedrich, Gesammelte Briefe. III. Band. 2. Hälfte. Berlin, Schuster u. Loeffler.
Österreich vor dem Zusammenbruch. Im Lichte der Wahrheit dargestellt. Zürich, Th. Schröter.
Oppel, Prof. Dr. Alwin, Natur und Arbeit. Eine allgemeine Wirtschaftskunde. Zweiter Teil. Mit 119 Abbildungen im Text, 10 Kartenbeilagen und 17 Tafeln in Bunt- u. Schwarzdruck. Leipzig u. Wien, Bibliographisches Institut.
Ortmann, Reinhold, Das höhere Gesetz. Novelle. Zu wohltätigem Zweck. Humoreske. Berlin, Albert Goldschmidt.
Persönlicher Wohlstand. 1. Anlage von „Der praktische Weg zum Wohlstand." Hannover, Gebr. Jänecke.
Reuter, Gabriele, Wunderliche Liebe. Novellen. 3. Aufl. Berlin, S. Fischer Verlag.
Rundschau, Deutsche, für Geographie und Statistik. Unter Mitwirkung hervorragender Fachmänner herausgegeben von Prof. Dr. Friedr. Umlauft. 28. Jahrgang. Heft 1. Wien, A. Hartlebens Verlag.
Sacher, Hans, Zwei Lieder in Volksnotenschrift. 1. Sudetenlied. 2. Erinnerung an Lähn. (Aus der Sammlung: Sudetenklänge.) Preis K. 1,20. Wien I., F. Rörich u. Co.
Schäfer, Wilhelm, Napoleon in Moskau. Drama in einem Aufzuge. Zürich, Juchli u. Beck.
Schaffner, Jakob, Irrfahrten. Roman. 2. Aufl. Berlin, S. Fischer Verlag.
Schaubühne, Die. Herausgeber Siegfried Jacobsohn. 1. Jahrg. No. 3, 4. Berlin, Verlag der „Schaubühne", Hollmannstr. 10.
Schlicht, Freiherr von, Ein Adjutantenritt und andere Militärhumoresken. München, Albert Langen.

Schröder, Helmuth, Holzen Rike. En Vertellen ut de söftiger Johren int vörrig Johrhunnert. Ut Mekelbörger Buerhüser II. Leipzig, Otto Lenz.
Seillière, Ernest, Apollo oder Dionysos? Kritische Studie über Friedrich Nietzsche. Autorisierte Übersetzung von Theodor Schmidt. Berlin, H. Barsdorf.
Stein der Weisen, Der. Illustrierte Halbmonatschrift für Haus u. Familie. 18. Jahrgang. 1905. Heft 14 und 15. Wien, A. Hartlebens Verlag.
Stenglin, Freiherr Felix von, Frauchen. Roman. Dresden, Heinrich Minden.
— Im Wunderland der Liebe. Gedichte. Berlin, Franz Wunder.
Storch, Karl, Stille Wege. Allerlei Unmodernes. Magdeburg, Creutzsche Verlagsbuchhandlung.
Tajaner, Otto, Auf dem Rade von Genf nach Tunis, sowie Schweizer und italienische Reisebriefe. Reiseerlebnisse in humoristischer Fassung. Dresden, E. Piersons Verlag.
Terwin, Johannes, Wanderungen eines Menschen am Berge der Erkenntnis. Philosophische Skizzen. Zürich, Art. Institut Orell Füssli.
Thoma, Ludwig, Andreas Vöst. Bauernroman. München, Albert Langen.
Villinger, Hermine, Mutter und Tochter. Roman. 2. Aufl. Stuttgart, Adolf Bonz u. Co.
Weltall und Menschheit. Geschichte der Erforschung der Natur und der Verwertung der Naturkräfte im Dienste der Menschheit, von Hans Kraemer, mit ca. 3000 Illustrationen, sowie zahlreichen farbigen Kunstblättern, Facsimile-Beilagen u. s. w. Lieferung 91—94. Berlin, Deutsches Verlagshaus Bong & Co.
Weltgeschichte, Illustrierte, in vier Bänden, herausgegeben von Dr. S. Widmann, Dr. P. Fischer, Dr. W. Felten. 1.—5. Liefg., Vollständig in 40 Lieferungen. München, Allgemeine Verlags-Gesellschaft m. b. H.
Wilser, Dr. Ludwig, Die Herkunft der Baiern mit Anhang: Stammbaum der langobardischen Könige. Zur Runenkunde. 2. Abhandlungen. Leipzig und Wien. Akademischer Verlag für Kunst und Wissenschaft.
Wünsche, August, Die Pflanzenfabel in der Weltliteratur. Leipzig u. Wien. Akademischer Verlag für Kunst und Wissenschaft.
Zanthier, Fritz von, Tressen. Humoristischer Roman. Dresden u. Leipzig, Heinrich Minden.

Verantwortlicher Redakteur: Dr. Sylvius Brack in Breslau.
Schlesische Buchdruckerei, Kunst- und Verlags-Anstalt v. S. Schottlaender, Breslau.
Unberechtigter Nachdruck aus dem Inhalt dieser Zeitschrift untersagt. Übersetzungsrecht vorbehalten.

Nord und Süd.

Eine deutsche Monatsschrift.

Begründet

von

Paul Lindau.

CXV. Band. — Dezember 1905. — Heft 345.
(Mit einem Portrait in Radierung: ~~~~~~~~~~)

Breslau
Schlesische Buchdruckerei, Kunst- und Verlags-Anstalt
v. S. Schottlaender.

Nord und Süd.

Eine deutsche Monatsschrift.

Begründet

von

Paul Lindau.

CXV. Band. — Dezember 1905. — Heft 345.

(Mit einem Porträt in Radierung: Mite Kremnitz.)

Breslau
Schlesische Buchdruckerei, Kunst- und Verlags-Anstalt
v. S. Schottlaender.

Ida Sofie.

Roman

von

Johanne Madsen.*)

(Schluß.)

da Sofie war soeben in ihrem schönsten Staat, von Seide raschelnd, nach Parfüm duftend, aus ihrem Zimmer gekommen, bereit, sich in das Konzert zu begeben, sobald Carsten kam, um sie zu holen.

Jetzt stand sie da und sah Inger an, die am Tisch in der Wohnstube saß und, den Kopf in die Hände gestützt, traurig vor sich hinstarrte. Ihr Gesicht war bleich. Die Augen dick und rot.

"Was hast du denn nur einmal? Bist du mit Tante Oktavie aneinander geraten? Ach was, du machst dir doch wohl nichts daraus, was die sagt, wenn sie schlechter Laune ist?"

"Ich werde nie gesund," sagte Inger dumpf und hoffnungslos.

"Natürlich wirst du gesund! Wie kannst du nur auf einen solchen Einfall kommen?" fragte Ida Sofie heftig und küßte Inger.

"Mutter hat es gesagt."

"Du vergißt, daß die arme Mutter geisteskrank ist. Auch liebt sie uns Kinder ja nicht, namentlich uns beide nicht. Du sollst sehen, ich bekomme an einem der nächsten Tage auch meine Portion Schelte. Du solltest nicht mehr gesund werden! Wie kannst du nur so etwas glauben!"

"Ich finde, Mutters Worte sind sicher wie das Schicksal."

"Wenn du nicht so traurig darüber wärst, würdest du das nicht sagen. Welch Glück, daß ich dich hier fand. Ich wollte mich im Spiegel besehen, und da saßest du hier und fingst Grillen! Ich bin in der letzten Zeit so

---

*) Autorisierte Übersetzung aus dem Dänischen von Mathilde Mann.

froh und glücklich gewesen, daß ich ganz vergessen habe, mich um dich zu kümmern."

Ida Sofie zog die Schwester auf die Chaiselongue und lief eifrig umher, um Decken und Tücher zusammenzuholen.

"Ach, laß das nur, es tut wirklich nicht nötig, du könntest dich noch zerknittern, jetzt, wo du so fein bist," flüsterte Inger ganz verschämt, weil plötzlich ein solches Aufheben von ihr gemacht wurde.

"Carsten kann vor einer guten halben Stunde nicht hier sein. Hast du Lust, dir wahrsagen zu lassen, dann will ich die Karten aus Vaters Stube holen."

"Danke, Is!"

"Jetzt lege ich dir eine Sonne und einen Stern," sagte Ida Sofia, vor dem improvisierten Bett knieend. "Du mußt dich aber darein finden, die Wahrheit zu hören. Du mußt mir versprechen, alles zu glauben, was ich sage."

Sie ordnete den Haufen und fing dann an, schnell darauf los zu lügen, ohne die geringsten Gewissensbisse zu empfinden.

"Es sieht sehr hell für dich aus, mein Kind. Siehst du, es fallen nur rote Karten, lauter Herzen! Die Herzen bedeuten Liebe, das weißt du doch. Da ist einer, den du liebst! Ich glaube, er ist mit dir verwandt. Er ist dein Vetter. Ja, Inger, dann kann es niemand anders sein als Carsten. Du bekommst ihn, aber nicht gleich. Augenblicklich denkt er an eine andere. Aber darüber mußt du dich nicht grämen. Da ist etwas mit einem großen, feinen, brünetten Mann in den Karos, das ist mir nicht ganz klar. Da liegt Carsten für dich mit Pfarrer und dem Segen der Kirche. Da hast du Gesundheit im As, viel Freude in den Treffs, eine Reise in Pik. Der Glücksbube ist in allen Figuren Flügelmann, weiß Gott, du hast allen Grund, zufrieden zu sein!"

Ingers müde Augen fielen nach und nach unmerklich zu. Endlich war sie eingeschlafen.

Ida Sofie stand auf und schlich leise durch das Zimmer. Bei der Tür blieb sie stehen, um zu sehen, ob das Rascheln des Kleides Inger auch gestört hatte. Inger aber schlief ruhig, die Hände über der Brust gefaltet.

Ida Sofie ging in das Plättzimmer, um ein wenig mit Mamsell Lemtoft zu plaudern, die eine große Rednergabe besaß und infolge jahrelanger Übung eine vorzügliche Kenntnis der Steifwäsche und des Elends der Familie Blaase erlangt hatte.

"Na, Fräulein If, hier geht ja wohl alles seinen eigenen, schiefen Gang," begann die Lemtoft und fuhr mit dem glühenden Eisen über die Faltensäumchen der nassen Wäsche.

"Ja, das sagen Sie nur! Inger liegt auf der Chaiselongue im Wohnzimmer und ist elend, Mutter ist den letzten Monat nicht aus dem Bett gekommen. Tante Oktavie ist verstimmt."

Unter den tüchtigen Händen der Lemtoft entstieg der heiße Dampf der Wäsche.

„Alte Jungfern sind auch immer so mürrisch. Sie glauben, daß das zum Stande mit dazu gehört, — ich sage das, obgleich ich selbst eine alte Jungfer bin, wenigstens gewissermaßen, denn auf der anderen Seite hab' ich ja das ‚Wurm'!"

„Wie geht es dem Kleinen? Ist er munter, Mamsell Lemtoft?"

„Ja, ich danke, ihm fehlt gottlob nichts. Ich hab' ihn übrigens in das Kinderheim geschickt. Auf Arbeit muß ich ja, ich muß ja allein für uns sorgen. Man hätt' sich zweimal besinnen sollen, jetzt sitzt man mit der Bescherung da!"

Die Lemtoft riß mit einem Ritsch, Ratsch das Stück Wäsche vom Plättbrett. „So was kommt auch bei feinen Leuten vor," fuhr sie fort und schlürfte den Kaffee von der Untertasse. „Aber die feinen Damen, die haben es gut. Ein bißchen Empire, eine Reise ins Ausland, und damit ist die Sache in Ordnung. Herr du meines Lebens, Fräulein If, Liebe ist nun doch mal das Schönste in dieser Welt. Mir ist die Sache mit Larsen auch nicht leid, — ich hab' bloß Mitleid mit dem kleinen Wurm. — Sie glauben gar nicht, wie er gewachsen ist. Wenn bloß die Beine in Ordnung kommen wollten, wär' er ein Prachtkerl."

„Ich finde wirklich gar nicht, daß es so schlimm ist mit den Beinen. Ich finde ihn ganz süß mit den Augen und dem Haar und der hohen Stirn. Er sieht so nachdenklich aus, Mamsell Lemtoft!"

„An Verstand fehlt es ihm auch nicht. Er ist gerade so gerissen wie sein Vater."

„Und dann ziehen Sie ihn so reizend an. Er ist ja so fein, wenn er des Abends herkommt und Sie abholt. Das letzte Mal war er in schwarzem Sammet mit goldenen Knöpfen und weißen Spitzen. Er wagte kaum, sich zu rühren."

Im selben Augenblick ertönten von der Treppe her geschäftige Schritte.

„Ach, Mamsell Lemtoft," rief Ida Sofie aus, „wo soll ich mich nur einmal verstecken? Wir dürfen Sie doch nicht bei der Arbeit stören!"

Die Lemtoft stellte die Kaffeetasse hin, griff nach einem Eisen und fing an zu plätten. Als Fräulein Oktavie in der Tür erschien, war die ganze Plättstube voll Dampf.

„Und wie geht es denn mit Frau Blaase?" fragte die Lemtoft, um Ida Sofie Gelegenheit zu geben, zu entschlüpfen, aber es nützte nicht.

„Dein Vetter sitzt in deines Vaters Stube und wartet auf dich. Wenn du noch zu diesem Konzert willst, so geh! Mit all den Spitzen und

Volants hättest du besser getan, du wärest in deinem Zimmer geblieben, statt im ganzen Haus herumzutoben! — Sie erkundigten sich nach meiner Schwägerin, Mamsell Lemtoft? Sie ist in diesen Tagen so still. Wenn ich mich recht auf sie verstehe, so sinnt sie auf irgend etwas."

„Warum bist du nicht früher gekommen, Carsten?" sagte Ida Sofie, sobald sie den Vetter sah. „Mein Abendmantel hängt auf dem Flur und das Opernglas mußt du nehmen."

Sie kamen in die Droschke. Ida Sofie war aufgeregt. Sie kroch in einer Ecke zusammen, lehnte sich hintenüber und schloß die Augen. Carsten blieb nichts übrig, als zu schweigen.

Als sie aber ihre Plätze eingenommen hatten, überkam Ida Sofie plötzlich eine überraschende Lebhaftigkeit. Sie hatte die Geheimrätin und Fräulein Hagenstedt unten in einer der ersten Reihen gesehen.

Der Saal schwamm in einem Meer von Licht. Man hörte ein ununterbrochenes Summen, Lärmen und Knittern steifer Programme. Da waren Grafen und Etatsräte. Der adelige Spitzbart, der bürgerliche Vollbart saßen nebeneinander. Da waren Lachen und Flirten und das, was die Blätter am nächsten Tage als Stimmung bezeichneten.

Ein vergötterter Sänger machte die Luft erzittern. Die Baroneß mit dem Trauermarsch ließ die Finger mit einer solchen Geschwindigkeit über die Tasten gleiten, daß einem ganz trocken im Halse wurde vor Angst, daß sie sich vergreifen könne. Der spanische Trauermarsch war lang und schwierig und zeichnete sich durch ein überraschend gemütliches Gepräge aus.

Gutsbesitzer Fabricius trat vor, groß, schlank, gleichgültig. Er nahm Platz auf einem Stuhl der Bühne gerade gegenüber und fing an zu spielen. Er sah in die Höhe, über das Publikum hinweg, mit leicht verschleiertem Blick. Die Töne der fein singenden Komposition wurden immer zitternder, einschmeichelnder. Schließlich wurden die Bogenbewegungen der Hand größer, und er beugte sich tief über die Violine, fuhr mit geschlossenen Augen über die Saiten und erhob sich.

Einen Augenblick herrschte Totenstille im Saal. Dann brach der Beifall los.

Es schwoll zu einem Rufen an. Fabricius wurde gezwungen zu erscheinen. Er trug eine gelangweilte Miene zur Schau.

Ida Sofie lächelte glückselig, verständnisvoll.

Die beiden adeligen kleinen Mädchen, die für die gute Sache tanzen sollten, schwebten jetzt von rechts und von links herein. Sie begannen einen Tanz, in dem viel mit den Füßen gestampft wurde. In dem Programm stand er aus unerklärlichen Gründen als Schlittschuhtanz aufgeführt.

Er endete damit, daß eine der Komtessen, die in Rot war, hinter der anderen, die in Blau war, herlief und sie einfing, sie bildeten zu-

sammen eine schwierige Gruppe und schwenkten ein Stück Tarlatan in der
Luft herum.

„Nun, Ida Sofie, amüsierst du dich?"

„Vorzüglich!"

„Herr Fabricius hat seine Sache wirklich gut gemacht!"

„Still, Carsten, jetzt mußt du nicht mit mir sprechen."

Fabricius setzte sich auf einen Platz in einer der ersten Reihen, in
demselben Augenblick, als Mercedes auf der Bühne erschien.

Sie war offenbar ängstlich. Das Notenblatt, das sie in der Hand
hielt, zitterte leise. Aber dann, auf einmal, richtete sie den Blick auf
jemand unten im Saal. Ein Lächeln erhellte ihr Gesicht, der Kopf machte
eine fast unmerkliche Bewegung.

Ida Sofie lehnte sich unwillkürlich vor.

Mercedes hatte Fabricius angesehen, ihn grüßte sie.

Auf einmal verstand Ida Sofia die Anfälle von Bitterkeit, die Mercedes auf Nygensholm gehabt hatte. Sie liebte Fabricius.

Ida Sofie lehnte sich in ihren Sessel zurück; sie war blaß geworden,
lächelte aber gleich wieder.

Jeder Ton in Fabricius' Spiel war ja für sie gewesen. —

„Wann soll eigentlich die Verlobung veröffentlicht werden?" flüsterte
plötzlich eine Stimme dicht neben ihr.

„Rosenvinge meint, im Laufe des Frühlings. Er verkehrt ja in
beiden Familien, daher ist er gut unterrichtet."

„Welch eine Menge Geld Fabricius mit ihr bekommt!"

„Ja, da hast du recht."

„Ida Sofie, bist du krank?" fragte Carsten und beugte sich über die
Cousine.

Das Gesicht war leichenblaß, die Augen hatten allen Glanz verloren.

„Du kannst die starke Hitze nicht vertragen. — Komm, laß uns
gehen."

Er erhob sich und führte sie auf den Korridor hinaus. Die kühle
Luft tat ihr gut. Carsten gab ihr den Abendmantel um, half ihr die
Galoschen anziehen und lief, einen Wagen zu holen. Das Ganze währte
nur ein paar Minuten.

Drinnen im Saal sang Mercedes.

Carsten fuhr mit der schweigenden Ida Sofie nach Hause. Er begleitete sie die Treppe hinauf, erst an der Entreetür verabschiedete er sich.

Ellen, die öffnete, war still und ernsthaft.

Ida Sofie ahnte Schlimmes.

„Was ist geschehen?" fragte sie, „ist Mutter etwas zugestoßen?"

„Nein. Inger ist krank. Ich weiß nicht recht, — sie ist so seltsam schlaff. Willst du nicht zu ihr hineingehen, Jda Sofie? Ich bin so müde."

Es war ganz still im Zimmer der Schwestern. Die beiden Kleinen kleideten sich geräuschlos aus. Als Jda Sofie hereinkam, nickten sie ihr nur zu. Die Gesichter waren so traurig, daß ihr das Herz weh tat.

Inger lag in dem Bett, dem Fenster zunächst. Die Hände ruhten schlaff auf der Bettdecke. Dunkel wölbten sich die Augen unter den Lidern.

„Du bist ja nahe daran, ohnmächtig zu werden!" flüsterte Jda Sofie und beugte sich über sie. „Liebste Inger, du mußt dich zusammennehmen!"

Sie ließ ihre vielen silbernen Armbänder rasseln und klirren.

In der stillen Stube klang das in ihren Ohren wie läutende Totenglocken.

„Inger, du sagst immer, daß du mich so lieb hast. Wenn du mich wirklich lieb hast, dann wirst du nicht ohnmächtig."

Inger öffnete die Augen. Die Pupillen waren groß und gespannt. Die Lider fielen ganz allmählich zu.

„Kinder, tanzt, springt, macht Lärm! Ach Gott, Kinder, so tanzt doch!"

Mit traurigen Augen und todesernsten Gesichtern klatschten Karen und Ellinor mit den bloßen Füßen auf dem Fußboden herum.

„Weiter, weiter! Um Gottes willen, tanzt!"

Die Kleinen hüpften und sprangen.

„Tanzt!"

Inger lag still da, ohne sich zu rühren. Sie stöhnte röchelnd. In den Mundwinkeln stand Schaum.

„Wie geht es ihr?" fragte Ellen in der Tür.

„Inger muß gebadet werden. Rufe Tante Oktavie!"

„Tante und Vater sitzen bei Mutter." sagten die Kleinen.

Ellen und das Mädchen schleppten Eimer und Wanne herein. Als Inger gebadet und gerieben wurde, kam sie endlich wieder zu sich.

„Du wußtest, daß du krank warst? Du hast uns reden hören?" fragte Jda Sofie ängstlich.

Nichts war so gefährlich, als wenn Inger den Anfall nicht hatte kommen fühlen. „Du hast uns gesehen? Du sahst die beiden Kleinen in ihren Nachthemden tanzen?"

„Ich habe sie nicht gesehen!" flüsterte sie mit schwerer Zunge und schuldbewußt.

Ihr Mund war voll Blut.

„Du wirst wieder besser!" rief Jda Sofie aus, der die Worte der Schwester vom Nachmittag einfielen.

Vorsichtig hob sie Ingers Kopf in die Höhe und trocknete ihre Lippen ab. Die Kleinen kauerten im Bett und sahen mit einer ernsten Miene zu, die weit über ihr Alter hinausging.

„Jetzt bringen wir dich mit deinem ganzen Bett in mein Zimmer, damit wir über Nacht zusammen sein können," selbst unbewußt erleichtert in dem Gedanken, nicht allein sein zu müssen. „Kommen Sie, Birthe, dann tragen wir die kleine Madam hinüber. Schwer ist sie nicht."

Inger erholte sich allmählich ein wenig. Sie wollte sogar eine Unterhaltung anfangen, während die Schwester sich entkleidete.

„Du bist immer so gut und lieb gegen uns, If, so herzensgut. Du solltest nur wissen, wie entzückend du bist, wie du da in deiner feinen Frisierjacke stehst," sagte sie, als Ida Sofie vor der Spiegelkommode mit den weißen Armen durch das Haar fuhr, um es für die Nacht zu ordnen.

Herab sank erst der eine flatternde Ärmel, dann der andere. Herab sank Ida Sofie vor Ingers Bett.

„Weinst du?"

„Ich bin ganz verzweifelt!" entfuhr es Ida Sofie. Dann hob sie das Gesicht von den Kissen und trocknete die Augen, damit der Anblick ihres Schmerzes keinen Eindruck auf Inger machen sollte.

„Was meinst du zu etwas Musik? Soll ich die Spieluhr aufziehen?"

Sie suchte in allen sechs Kommodenschubladen danach und fand sie in der untersten, wo Bänder, Nadeln und Handschuhe in buntem Wirrwarr durcheinander lagen. Sie riß eine Bluse aus dem Schrank und deckte sie über die Spieluhr, damit die Musik die Mutter nebenan nicht stören sollte.

„Welch herrlicher Duft hier plötzlich ist!" rief Inger aus, als Ida Sofie die Spieluhr auf ihr Bett setzte.

„Ja, denk nur, es haftet wirklich noch etwas von dem Honysuckle der Geheimrätin an meinen Kleidern."

„Die Bluse riecht auch nach Zigaretten," sagte Inger schnüffelnd.

„Ja, die stammen nicht von der Geheimrätin. Gute Nacht!"

Ida Sofie löschte das Licht aus und ging zu Bett.

Sie schliefen ein bei den dünnen Tönen der Schmerzenspolka, die klirrend der Spieluhr entstiegen. Von außen war sie mit dem Bilde eines weißen Pudels verziert, der einen versiegelten Brief im Munde hielt.

„Knad!" sagte die Uhr.

Die Schmerzenspolka ging in einen flotten Jubelhopser über.

IX.

Ida Sofie erwachte mit einem furchtbaren Schrecken.

Das ganze Zimmer war voll Rauch, und sie hörte ein schwaches Knistern von Feuer, das sich durch trockenes Holzwerk frißt.

„Inger!" rief sie. „Um Gotteswillen, steh' auf!"

Sie sprang aus dem Bett und lief zu der Schwester hinüber.

Es war finster wie in einem Grabe.

„Inger!"

„Ja!" lautete die schlaftrunkene Antwort.

„Es brennt hier ganz in der Nähe. Es ist Feuer bei uns."

Inger richtete sich im Bett auf. Iba Sofie zog schnell das Rouleau in die Höhe und öffnete das Fenster.

„Es brennt bei Mutter!" schrie sie entsetzt, als plötzlich aus dem Zimmer nebenan ein halberstickter Schrei ertönte.

„Ach Gott! Hülfe!" schrie Inger. Sie wiegte sich im Bett hin und her und rang die Hände.

Iba Sofie riß die Tür auf. Die Stube war plötzlich ganz hell. Der Gang draußen erstrahlte in einem roten Schein.

Und die ganze Zeit hindurch hörte man dies sonderbare Knistern.

Unbewußt jammernd lief sie den Korridor hinab. Der Rauch biß ihr in die Augen. Die Haut wurde trocken und brannte. Die Füße unter ihr waren kalt.

Sie kam in das Eßzimmer. Der rote Schein wurde stärker, der Rauch erstickender.

Sie stand vor der Schlafstubentür der Mutter und starrte entsetzt in das Zimmer.

Das Feuer flammte in den Gardinen, knisterte in dem Holzwerke der Fenster, leckte mit langen Zungen über die Tapete. Die Fensterscheiben sprangen. Mit klirrendem Laut sprangen die Glassplitter in den Hof hinunter. Der Wind brauste herein und schlug die Flammen und den Rauch Iba Sofie entgegen.

Die Mutter lag regungslos im Bett. Das Gesicht war aschgrau. Die Augen waren schwarz.

„Die Stunde der Erlösung!" flüsterte sie. „Die Stunde, nach der ich mich gesehnt und gebangt habe. Die Posaunen des Gerichts!"

Sie schrie plötzlich wild auf, warf sich auf die Seite und begrub ihr Antlitz in den Händen.

Ein dröhnender Knall ertönte. Die schwere Gardinenstange war durchgebrannt. Zerbrochen stürzte sie herab.

„Mutter!" rief Iba Sofie und schlug die Arme um sie. „Hier darfst du nicht bleiben. Steh auf!"

Die Kranke befreite sich mit einem Ruck. Iba Sofie stürzte zu dem Vater hinein. Sie begegnete ihm im Wohnzimmer.

„Mutter hat das Haus in Brand gesteckt! Jetzt verbrennt sie!"

„Rufe die Tante und die Mädchen. Wecke deine Schwestern!" sagte er schnell.

Im Küchengang begegnete Iba Sofie Ellen und den beiden Kleinen. Sie waren von selber erwacht und trugen Wasser in Tassen herbei.

„Birthe und Agnes!" rief Iba Sofie klagend, während sie an die verschlossene Mädchenstubentür polterte.

Es währte eine Ewigkeit, ehe man den leisesten Laut von da drinnen hörte.

„Birthe und Agnes!" wiederholte Ida Sofie unablässig.

Die Tür wurde plötzlich aufgerissen. Die Mädchen kamen zum Vorschein.

„Es brennt bei Mutter!"

Agnes sank weinend auf einen Stuhl. Birthe lief mit Ida Sofie in die Schlafstube. Fräulein Oktavie kam im selben Augenblick herzu. Die Kranke war von plötzlicher Angst wie gelähmt. Sie hoben sie aus dem Bett und trugen sie auf das Sofa im Wohnzimmer.

Das Feuer flammte immer heller auf. Es umspannte das ganze Schlafzimmer.

In einem Nu war Ida Sofie in das Entree hinaus. Dort stand sie und rang die Hände. Da erblickte sie den Abendmantel, der an einem der Haken hing. Sie warf ihn um sich und rannte die Treppe hinab. Im ersten Stockwerk wurde sie von einer weißen Gestalt angehalten.

„Ich bin die Kammerjunkerin Juel aus dem Erdgeschoß," jammerte die Gestalt. „Was ist hier denn eigentlich los?"

„Bei uns ist Feuer!"

Die Kammerjunkerin stieß einen Schrei aus. Ida Sofie riß sich los und lief weiter in den Hof hinab. Der Lagerknecht Jensen schlief in dem Zimmer neben der Haustür. Sie wickelte einen Mantelzipfel um die Hand und schlug die Fensterscheibe bei ihm ein.

„Zum Teufel auch!" brummte er.

Zwei Minuten später klapperte Jensen, die bloßen Füße in Holzpantoffeln, nach der Feuermeldestelle.

Es kamen Feuerwehrleute mit Handspritzen. Die Kammerjunkerin hatte in allen Etagen des Hauses geschellt. Die Leute drangen bei Blaases ein und halfen löschen.

Doktor Muus von der Mansarde saß bei Frau Blaase. Sie war sehr schwach. Ihr Puls schlug matt.

„Sie bleiben wohl bei Ihrer Mutter, während ich hinaufgehe und Äther hole," sagte er zu Ida Sofie, die am Wohnstubenfenster stand.

Sie nickte und setzte sich auf seinen Platz neben dem Sofa.

„Ich habe nach dem Stadtkrankenhaus geschickt. Der Wagen muß gleich hier sein!" fügte der Doktor flüsternd hinzu.

Dann ging er.

Ida Sofie saß mit geschlossenen Augen, zurückgelehnt auf dem Stuhl. Plötzlich fühlte sie einen Atemhauch auf ihrer Wange.

Die Mutter hatte sich halbaufgerichtet. Sie lehnte sich vornüber und näherte flüsternd ihr Gesicht der Tochter.

„Ich habe längst gewußt, daß du dich Herrn Fabricius hingegeben hast. Jetzt im Sommer heiratet er Fräulein Mercedes, deine Busenfreundin!"

„Mutter!" rief Ida Sofie flehend und streckte abwehrend die Arme vor sich aus.

„Frau Nielsen hat sie tagaus, tagein auf Rygensholm zusammen gesehen, im Sommer, als sie den Hofjägermeister pflegte. Der hat selbst darüber gesprochen. Alle Leute wissen es. Du kannst es morgen nicht als geisteskrankes Gerede abschütteln. Erkundige dich nur, dann wirst du es hören!"

Als Doktor Muus zurückkam, fand er Ida Sofie zusammengesunken an der Erde vor der Mutter, die in höchster Erregung von der babylonischen Hure und von aller Widerlichkeit der Welt sprach.

„Sie sollten sich ein wenig ausruhen, Fräulein Blaase," sagte er freundlich. „Sie sind nicht ganz wohl. Versuchen Sie, ein paar Stunden zu schlafen."

„Ja," antwortete Ida Sofie mit einem sinnlosen Lächeln. Sie stand da und betrachtete die vielen kleinen Falten, die die Augen des Doktors umgaben.

Die Mutter auf dem Sofa fuhr fort zu reden.

Ida Sofie ging in ihr Zimmer. Sie blieb dicht neben der Tür stehen und starrte vor sich hin, die Arme hingen ihr schlaff am Körper herab.

„Fabricius!" flüsterte sie. „Wie ich dich liebe!"

Sie warf sich auf das Bett. Aber das Bewußtsein des Urteils, das über ihre Liebe gesprochen war, wich nicht von ihr.

Sie erhob sich, wiegte sich hin und her und rang die Hände in tränenloser Verzweiflung.

„Fabricius, du mein Ein und Alles!"

Sie hörte plötzlich einen schlürfenden Laut. Er kam und ging in dem dunklen Zimmer. Es war Inger, die weinte.

„Weshalb weinst du, Inger?"

Ida Sofie ließ die Hand über das Kopfkissen der Schwester gleiten, bis sie den Nacken und das aufgelöste Haar fand. Dann legte sie die Wange gegen die tränenfeuchte der Schwester, und ohne Worte löste sich ihr Schmerz in Tränen auf, die sich mit denen Ingers vermischten. Es lag gleichsam ein Trost hierin.

Lange lagen sie so.

Dann versiegten Ingers Tränen allmählich, und der Schlaf kam zu ihr.

Ida Sofie kehrte in ihr eigenes Bett zurück, und nach einer Weile verfiel sie in einen schmerzbewußten Halbschlummer.

Die Nacht wich einem regnerischen Morgen.

„Es ist schon spät. Eure Mutter ist weggeschafft. Das Haus sieht aus wie ein Schlachtfeld. Da ist Arbeit genug für uns alle."

Es war die Tante, die in das Zimmer gestürzt kam.

„Du solltest doch wenigstens sehen, daß du in die Kleider kommst, Ida Sofie!"

„Warum antwortet ihr denn nicht?"

„Ach, schweig still," sagte Ida Sofie und richtete sich auf dem Ellenbogen auf. „Geh — ich bitte dich inständig, geh."

„Du mußt ja von Sinnen sein," sagte die Tante, als Ida Sofie schwer in die Kissen zurücksank.

„Geh, liebe Tante, so geh doch —"

Fräulein Oktavie wurde plötzlich ganz sanft.

„Du sollst sehen, deine Mutter wird sich schon erholen," flüsterte sie und schloß leise die Tür hinter sich.

Ida Sofie lag still da, das Antlitz der Wand zugekehrt.

Da küßte sie jemand auf die Wange.

Sie sah auf. Ellen stand mit der halbangekleideten Inger vor ihrem Bett.

„Was fehlt dir, If?"

Ellen legte den Kopf auf das Kissen neben Ida-Sofiens und glättete ihr Haar, das feucht von Tränen war.

„Willst du mir und Inger nicht erzählen, warum du so traurig bist?"

„Es nützt nichts. Ihr würdet es nicht verstehen," lautete die matte, klanglose Antwort. Aber sie schmiegte sich trotzdem fest an Ellen und begann schnell und leise zu sprechen.

„Wenn du einen Menschen liebtest und glaubtest, daß er dich wieder liebte — wenn diese deine Liebe das wäre, wofür du lebtest — — aber dann, eines Tages käme jemand und erzählte dir, dein Glück sei auf einer Lüge erbaut." — Es klang wie ein unterdrückter Schrei. „Du wüßtest ohne zu wissen. Es läge in der Luft. —"

„Du sollst sehen, es wird noch alles gut, If. Willst du nicht ein wenig aufstehen? Ich will dir helfen."

„Ja, ich muß aufstehen. Ich habe viel zu tun, — ich muß einen Brief schreiben."

„Da sind deine Kleidungsstücke. Hier sind deine Strümpfe."

„Danke, Ellen, geht aber lieber hinaus, du und Inger, dann seid ihr lieb!"

Ida Sofie schloß die Tür hinter den Schwestern ab, sie setzte sich an den Gartentisch und schrieb an Fabricius, Seite für Seite, einen verzweifelten Brief, eine Bitte, ihr Zweifeln an ihm ihr zu vergeben.

Sie fing an zu frieren, wie sie da saß, sie war noch im Nachthemd.

Als sie den Brief in den Umschlag stecken wollte, war dieser zu klein. Sie mußte ihn aber doch gebrauchen, einen anderen hatte sie nicht; sie weinte darüber.

Dann zog sie sich an und eilte aus dem Zimmer. Ihre Knie waren so sonderbar schwach. Die Wangen und die Augen brannten. Es hämmerte in beiden Schläfen; sie kannte das Gefühl von damals, als sie als Kind zuerst nach den Masern aufgestanden war.

Eine Abteilung Feuerwehrleute schwankten im Hause herum.

Sie tranken Bier am Feuerherd und nannten die Mädchen Schnuckelchen.

Im Eßzimmer schimpfte ein unliebenswürdiger Versicherungsagent.

Ida Sofie saß den ganzen Tag in ihrem Zimmer; sie sagte, sie sei krank, und erhielt Besuch von dem Vater, der Tante und den Schwestern. Die ganze Zeit klang ihr Fabricius' Stimme in den Ohren, sie fühlte den Blick aus seinem bleichen Gesicht so sonderbar scharf und deutlich.

Am nächsten Abend kam die Antwort. Ida Sofie nahm den Brief selbst in Empfang.

„Du kleine Närrin," stand da. „Ich gehe hier herum und spiele meine Violine in tausend Stücke vor Sehnsucht nach dir. Wir haben das Haus voll von Offizieren. Montag ist Erntefest und ein fürchterlicher Trubel, dann erwarte ich dich hier draußen."

Das war das Ganze.

Aber es half.

X.

Die Einquartierung fühlte sich wohl auf Meilgaard. Die Offiziere, sowohl der General als die ihm Attachierten, hatten die alte Geheimrätin und ihren Stab im Sturm erobert; sie waren aimable und zuvorkommend, wenn sie am frühen Morgen ins Manöver auszogen, und wenn sie wieder heimkehrten, bis sie sich spät am Abend unter Beistand des Dieners Hansen auf ihr Zimmer begaben.

Fabricius hatte seine Zimmer dem General abtreten müssen. Er sagte: „Alles fürs Vaterland!" und ging jeden Abend in einem der Fremdenzimmer zu Bett.

Die Mädchen spielten bis spät in die Nacht hinein Haschen mit den gemeinen Soldaten, ohne daß die natürliche Hüterin ihrer Tugend, Mamsell Nörregaard, Einwendungen dagegen erhob; sie hatte an anderes zu denken. Wenn die Offiziere sich zurückgezogen hatten, spielte sie oben im Turmzimmer Billard mit den Korporalen. Sie half in der Schreibstube die Bleistifte schärfen und die Tintenkleckse aus den Rapports wegradieren. Ihre Nähe verriet sich in der Regel durch ein sonderbares Sausen gesteifter Unterröcke. Die Nörregaard war jung und schön und von äußerst lebensfroher Gemütsart, sie liebte blanke Knöpfe und tanzte gern.

Die Geheimrätin sagte, es sei eine sehr amüsante Zeit gewesen. Als der letzte Abend kam, erklärte sie deswegen, sie könne sich das Erntefest nicht vorstellen, ohne daß die Offiziere dazu wiederkämen.

„Ich weiß, der Herr General bringt es nicht übers Herz, der Jugend dies Vergnügen zu stören."

„Frau Geheimrätin überwältigen uns. Wir wechseln das Quartier, und die Wege sind schlecht."

„Sagen Sie nicht nein — seien Sie nicht hartherzig," bat Fräulein Hagenstedt.

Der General betrachtete die Gläser, die vor seinem Couvert in Reih und Glied standen. Er lächelte und gab zu, daß er nicht hartherzig sei.

„Wir nehmen Frau Geheimrätins freundliche Einladung an. Im übrigen aber müssen die Herren Offiziere selbst für die Beförderung sorgen."

Die Herren Offiziere erhoben sich, schlugen die Hacken zusammen und verneigten sich.

„Das kann man, weiß Gott, Humanität nennen."

„Allerdings, Fräulein Hagenstedt," räumte die Gnädige ein. „Und dann müssen wir uns die kleine Ida Sofie kommen lassen, sie hat ein wenig Aufheiterung nötig nach dem Schrecken. Mercedes läßt sich in letzter Zeit gar nicht blicken. Ist etwas zwischen euch nicht in Ordnung, mein Junge? Nun, ich will mich nicht in diese Angelegenheit hineinmischen — so etwas muß die Jugend unter sich abmachen."

• • •

Das eigentliche Erntefest wurde auf einem Speicherboden abgehalten. Dort war alles mit Tannenzweigen, Flaggen und weißroten Kokarden geschmückt.

Die Luft war schwer und heiß. Die Lichter brannten matt. Häusler mit ihren Frauen, Knechte und Mägde schwenkten sich links herum mit mürrischen, ernsten Gesichtern. Eine Flöte, eine Violine und eine Handharmonika kreischten eine falsche Gassenhauermelodie nach der anderen. Das Orchester bestand aus dem Schneider, dem Rademacher und dem Bäcker des Kirchspiels.

„Die Herrschaft soll hochleben!" wurde gerufen, ohne daß man den dröhnenden Tanz unterbrach, als die Geheimrätin, die Offiziere und die übrigen Gäste einer nach dem anderen die steile Speichertreppe erklommen.

Es ging da oben auf dem Boden her, als seien alle Mädchen mit allen Knechten verlobt und umgekehrt.

Die amerikanische Hühner-Josephine, die einmal von einem Auswandererschiff weggelaufen war, zankte sich mit der von einem Zahngeschwür geplagten Meierin. Sie wollten beide mit dem Häusler Lars tanzen, der eine erstaunliche Geschicklichkeit besaß, unter dröhnendem Klappen mit den Absätzen von einem Ende des Bodens nach dem anderen zu sausen. Die Hühner-Josephine, die in pflaumenfarbenem eigengemachten Kleide erschienen war, trug den Sieg davon; sie versetzte der Meierin eine gewaltige Ohrfeige und schwenkte dann den Häusler Lars herum, bis ihm die Augen starr aus dem Kopfe standen und jede Ader in dem blutroten, aufgebunsenen Gesicht zu springen drohte.

Die Hausmädchen mit geschwollenen Händen und mit Griffeln gebranntem Stirnhaar standen eng verschlungen in einer Ecke und kreischten über die Witze des Kutschers, der den Hof machte und rauchte und in weitem Bogen ausspie.

Der Diener Hansen und die Kammerjungfer Eilertsen hatten sich gefunden. Hansen war, wie er sich ausdrückte, nicht betrunken, aber selig. Flott sah er aus mit dem pomadisierten Haar, der gestreiften Weste und den walzenden Dienerbeinen.

„Herr Jemine!" schrie die Eilertsen.

Als Hansen sie an ihren Platz führte, gab er ihr einen schallenden Kuß.

„Der schmeckte nach mehr, wenn ich Sie bemühen darf, Fräulein," sagte Hansen und gab ihr noch einen.

Die Eilertsen, deren schwache Seite es war, von dem Parfüm der Geheimrätin zu stehlen, schlug ausgelassen mit ihrem rotbunten Taschentuch nach ihm und forderte ihn zum Freitanz auf.

„Ja, Hansen, der hat es immer verstanden, sich zu machen," sagte der Stallknecht des Pächters und steckte bedächtig die Pfeife in den anderen Mundwinkel.

Ein dicker kleiner Junge mit blanken Schaftstiefeln drehte sich auf eigene Hand vor der Musik herum.

Auf den Bänken saßen die Paare nebeneinander, Hand in Hand.

In der Nähe des Fensters hielt der General einen Vortrag über die Schlacht bei Idsted. Die Geheimrätin und ihre Damen hörten andächtig zu.

„So hätte ich es nun nicht gemacht," sagte der General. Der General war ein großer Mann.

Die Jungen waren unten an der Tür zusammengerückt. Da war ein Reden und ein Lachen. Der Reservearzt mußte herhalten. Am Vormittag war er vom Feinde überrumpelt worden, gerade als er in der Marketenderei saß und Kaffee trank. Er war in gestreckter Karriere um den Kronprinzen herum gefahren und hatte Suppe über die Beine des Generals verschüttet.

Adjutant Sommer hatte sich in Ida Sofie verliebt.

Er nahm Fabricius in eine Ecke und schüttete ihm sein Herz aus.

„Lieber Herr Fabricius, diese Augen und dies Haar! Und die Hände und die Füße — wie bei einer Puppe!"

Der Adjutant schnalzte.

Fabricius hätte ihm ins Gesicht schlagen können. Er ging zu Ida

Sofie hinüber und war ihr behilflich, den Kragen des Abendmantels über die Ohren aufzuschlagen; sie empfand das als die zarteste Liebkosung.

„Kleiner, süßer Schatz!" flüsterte Fabricius.

Bei dem General flohen die Schleswig-Holsteiner.

Der Punsch wurde in dampfenden, kranzumwundenen Eimern heraufgebracht. Mamsell Nörregaard schenkte ein. Die Mädchen gingen mit Apfelkuchen herum, die schwer und hart waren und kalt wie Eis.

Jetzt begann eine unendliche Reihenfolge von Toasten auf die Geheimrätin, den Gutsherrn, den Pächter. Die ganze Leiter bis zur Mamsell herunter. Während dieser langweiligen Prozedur amüsierte die Jugend sich auf dem obersten Teil des Bodens. Die Offiziere fochten miteinander und spießten Apfelkuchen auf die Spitze ihrer Säbel.

Dann einigte man sich dahin, daß es zweckmäßig sei, sich in den Salon zurückzuziehen, und schlich auf Zehenspitzen die Speichertreppe hinab. Am Ausgang zum Hofe wurde einen Augenblick Halt gemacht.

Oben auf dem Boden hatte der alte deutsche Nachtwächter Didrich seinen langen Abendgesang begonnen, seine Stimme drang dünn zu ihnen herab:

> Hört ihr Herrn und laßt euch
> Sagen,
> Die Glocke, die hat zehn
> Geschlagen.
> Zehn Gebote hat der Mensch.
> Mensch, bedenk' die Ewigkeit — —

Die Ersten von der Gesellschaft verschwanden auf dem Ho .

„Welch ein Schmutz!" riefen sie zurück.

In dem Gang war ein eifriges Schlagen mit nassen Regenschirmen. Die Damen seufzten und hoben die Kleider in die Höhe.

„Nur frisch drauf los," meinten sie und patschten mit den hohen Absätzen in den tiefen Schlamm.

Die Offiziere zündeten ihre Zigarren an und gingen tapfer Arm in Arm in die Dunkelheit hinein.

„Nur vorsichtig!"

„Das Vaterland soll leben!"

„Jetzt sind wir bald im Hafen!"

Ida Sofie und Fabricius waren die Letzten in der Reihe, sie blieben auf dem Gang zurück. Er legte den Arm um sie und zog sie an sich.

„Wie konntest du nur so schlecht von mir denken?" flüsterte er.

Die Lichter auf der Treppe wehten und flackerten im Zugwind vom Hofe her. Es roch stark nach brennenden Tannenzapfen.

Ida Sofie setzte sich auf eine der Stufen, sie war sehr blaß. Ihre Augen ließen nicht von ihm.

„Es ist eine ganz schreckliche Zeit für mich gewesen. Ich war nahe daran, den Glauben an dich und an alles zu verlieren. Wäre dein Brief nicht gekommen, so weiß ich nicht, was ich getan hätte. — Ich hatte kein Recht, an dir zu zweifeln, ich weiß es. — Sei mir nicht böse."

Er fühlte ihre Hand in der seinen zittern.

„Du, die du meinem Herzen so nahe stehst!" wiederholte er einmal über das andere und strich beruhigend über ihren gesenkten Kopf.

Ida Sofie weinte. Fabricius fuhr fort ihren Kopf zu streicheln.

„Mercedes und ich haben uns ja seit vielen Jahren gekannt. Wir sind nie ineinander verliebt gewesen. Gestern ist sie mit ihrem Vater nach Rom gereist. Sie war sehr ungnädig an jenem Abend nach dem Konzert, als wir mit den übrigen Mitwirkenden im Hotel d'Angleterre soupierten. Sie sprach keine zwei Worte mit mir, sondern saß da und lächelte kühl und vornehm. Durch irgend etwas muß ich sie wohl beleidigt haben, denn sie hat uns nicht Adieu gesagt. Heute morgen hörte ich, daß sie ab= gereist sei."

„Nun," sagte er mit einem Lachen in der Stimme, indem er sich tief über Ida Sofie beugte. „Bist du jetzt beruhigt?"

Sie erhob sich und schlang die Arme um seinen Hals und schmiegte den Kopf an seine Schulter. Er fuhr fort zu reden. Sie fand, daß seine Stimme so sonderbar fern kam und ging. Er gab ihr einen Kuß. Dann spannte er ihr den Regenschirm auf.

„Kommen Sie denn noch nicht?" rief man ihnen von Hofe her, ganz nahe vom Wohnhaus, zu.

„Hier sind wir!"

„Den Teufel auch!" rief einer der Offiziere.

„Verdammt und verflucht!" Zwei von ihnen hatten sich eng ver= schlungen in den Morast niedergesetzt.

„Ich fahre übermorgen zur Stadt," flüsterte Fabricius, während er und Ida Sofie Arm in Arm über den großen, dunklen Hofplatz gingen. „Um zwölf Uhr erwarte ich dich in der Amaliegade. Daß du aber präzise da bist! Sonst gehe ich in quälender Unruhe umher, hebe die Vorhänge in die Höhe, öffne die Fenster, sehe die Straße hinab. Ich kenne dies Warten in den leeren Stuben, wo die Möbel unter den ge= blümten Überzügen schlafen und die Kronleuchter in rosa Flor gehüllt sind. Ich spiele, höre auf, beginne von neuem, gehe zum zehntenmal an die Entreetür. — — — Und dann endlich höre ich deine Schritte ganz unten auf der Treppe. Ich sehe dich Zoll für Zoll hinaufsteigen, den Hut, die Boa, die stramme Jacke. — — — Und dann habe ich dich endlich."

Sie kamen zu den andern hinüber.

Die Offiziere waren unter lautem Gelächter den beiden Verunglückten behilflich.

„Der Zweck ist jedenfalls erreicht," sagte die Geheimrätin beim Souper. „Es scheint, daß die Jugend sich gut amüsiert hat. Jetzt hat die kleine Ida Sofie rote Wangen, wie es sich für so ein niedliches kleines Röschen geziemt."

Und dann kam der Befehl des Generals, dem mußte pariert werden. Man sollte ins Quartier. Die Geheimrätin ließ ihre Silberhochzeits-Karosse für den General und seinen Adjutanten vorfahren. Für die andern Offiziere war da ein vierspänniger Train-Wagen.

Als der General von bannen fuhr, stand Fräulein Hagenstedt ganz unten auf der Treppe und winkte.

„Jetzt ist er fort, der herrliche Mann!" sagte sie mit einem Seufzer und trocknete eine Träne aus ihrem Auge. Dann holte sie den „Schatz" und nahm ihn mit in die Küche hinunter, wo er Schokoladeneis lecken sollte.

Auf der Diele aber herrschte plötzlich reges Leben. Während die Offiziere dem General „Glückliche Reise!" nachriefen, hatten sich die jungen Mädchen dahin geeinigt, daß sie auf dem Trainwagen fahren wollten. Es mußte zu amüsant sein, so eine Dame zwischen zwei Herren auf jedem Sitz. Die Wagen der Damen erhielten Befehl, in dem Dorf zu halten, wo die Offiziere im Quartier lagen.

„Aber unsere kleine Ida Sofie bleibt hier," sagte die Geheimrätin.

„Ich übernehme die Verantwortung für Fräulein Blaase morgen früh. Großmama kann ganz ruhig sein!" Fabricius küßte der Geheim-rätin die Hände, erst die eine, dann die andere.

Die Gnädige versetzte ihm einen leichten Schlag auf die Wange und wandte sich dann lächelnd nach Ida Sofie um.

„Er ist so gut, wie der Tag lang ist!" flüsterte sie.

Die Gesellschaft saß auf dem Wagen. Die Zigarren leuchteten wie rote Funken in der tiefen Dunkelheit des Herbstabends. Und jedesmal ahnte man etwas Helles, Daunen, Federn und Volants.

„Hurra!" wurde vom Boden des Speichers herabgerufen, als der schwere Trainwagen in die Dunkelheit hineinfuhr.

„Diese glückliche Jugend!" sagte die Geheimrätin, indem sie die Dielentür schloß.

„Ja, weiß Gott!" meinte Fräulein Hagenstedt, die halb schlafend auf der Diele saß, Süßling unter sich im „Lusthaus".

Die glückliche Jugend hatte die Regenschirme aufgespannt. Sie saßen geschützt da, obwohl es nicht regnete.

XI.

Das Osterfest war diesmal nicht mit Nebel und Regen gekommen, wie es das in den letzten Jahren für gut befunden hatte. Es lag Reif auf allen Straßen und Reif auf allen Bäumen. Der Schnee fiel und fiel, sternen-flockig und schimmernd weiß. Im Walde bildete er große Schanzen, in benen der Hase auf seiner hüpfenden Flucht tiefe Spuren, winzigkleine, kohlschwarze Löcher hinterließ.

Und Onkel und Tante Konsul und Vetter Carsten hatten die Schwestern Blaase eingeladen, das Osterfest bei ihnen zu verbringen. Die Schwestern kamen. Die großen Zimmer mit ihrem geschweiften Mahagoni und alten Reichtum hallten wider von ihrem Lachen und Schwatzen und Lärmen. Sie waren, wie die alte Franziska sagte, überall, draußen und drinnen. Sie hielten sie in Ehren als die einzige, die es verstanden hatte, sich bei der unbeugsamen Tante Konsulin Respekt zu verschaffen. Franziska war außerdem nicht abgeneigt, muntere Lieder zu singen oder die Jugend mit Krummkuchen zu traktieren, den sie einer dickbauchigen Terrine entnahm, auf deren Boden eine gemütliche Königsfamilie segelte.

Inger und die Kleinen gingen aus einer provinziellen Feriengesellschaft in die andere und schwelgten in beunruhigenden Mengen Kranzkuchen und Punsch.

Ida Sofie und Ellen machten Furore auf den Bällen und veranstalteten kleine, amüsante Morgenpromenaden nach dem Brückenkopf hinaus mit Carsten und dessen Freunden. Zum Frühstück kehrten sie dann in der Regel über den sogenannten Hahnenhügel zurück, von wo aus sie eine weite Aussicht hatten.

Unten hoben sich die schneebedeckten Wälder schimmernd weiß von dem grauen Horizont ab. Da stand Torf in bepuderten Haufen die Kreuz und die Quer über den wild zerrissenen Moorboden. Ein vereinzeltes Haus, eine einsam aufragende Mühle waren die einzigen schwarzen Punkte auf dem weiten, gefrorenen Schneefelde.

Auf der anderen Seite lag die Stadt in Vogelperspektive. Rotgedeckte Häuser in Scharen um Kirche und Rathaus. Nach allen Seiten hin das Meer als dunkler, schaumverzierter Hintergrund.

Von Carstens Freunden ist besonders zu erwähnen ein gewisser Premierleutnant Hoppe, Sohn des dänischen Großkaufmanns in Hamburg, denn dieser junge Herr, der in dem Städtchen in Garnison lag, verliebte sich sofort sterblich in Fräulein Ellen.

Wenn man von dem Hain in die schmale Walballee bog, die nach der Stadt führte, lag immer ein naseweiser Wind auf der Lauer. Dieser Wind fuhr sausend auf Ida Sofie ein, die mit dem Vetter gezogen kam. Er zerrte an dem Hut, dem Kleid und der Jacke und wehte ihr das Haar in das Gesicht. Carsten mußte ihr behilflich sein, es wieder in Ordnung zu bringen.

Dabei entdeckten sie, daß sie weit vor der übrigen Gesellschaft vorausgeeilt waren, die aus Ellen, Premierleutnant Hoppe und dem Konsul bestand. Dieser letztere war ein kleiner bekorierter Freimaurer, der viel Sauce mit dem Löffel aß, alle Frauen im Städtchen bei ihrem Vornamen nannte, im Sommer Waldpartien und im Winter Schlittenfeste für sie arrangierte.

"Wie schön es hier ist!" sagte Ida Sofie, wie sie da standen und warteten. "Über uns ist der Himmel so blau wie das Gewand einer heiligen Madonna, und da drüben über den Bäumen glüht die rote Wintersonne in strahlendem Brand, so daß man nicht imstande ist, hineinzusehen. Die Welt ist doch schön, Carsten!"

Ihr Antlitz war ein helles Lächeln. Im Laufe des Winters war etwas gewisses Wonnevolles über sie gekommen. Carsten sah es, aber er konnte sich den Grund dazu nicht erklären; die Mutter war noch immer krank, die Häuslichkeit lastete wie ein Alp auf allen. Ihre Theaterpläne waren fehlgeschlagen.

Aber irgend etwas war da. Er hörte das an dem Klang ihrer Stimme, es lag in der Elastizität ihrer Figur.

Die anderen holten sie wieder ein; sie gingen weiter, vorbei an der Kirchhofstür, dessen eisernes Kreuz eckig aus der dichten Schneeschicht aufragte, und bogen um die Ecke, dort wo das niedrige, rote Haus des Konsuls lag.

"Woran dachtest du eigentlich da draußen in der Allee?" fragte Carsten, als sie bei Tische saßen. "Daß es etwas ganz Besonderes war, konnte ich gleich sehen. Sag mir doch, was für einen Leichtsinn dein allzeit erfinderischer Kopf in diesem Augenblick aushechte?"

"Das weiß ich wirklich nicht mehr. Aber was meinst du zu einem Danse macabre heute abend auf dem Platz vor dem Kirchhof? Nachdem er geschlossen, kommt doch nie ein Mensch dahin. Ich sehe uns schon mit Bettlaken drapiert, mit rasselnden Klötzen an Hand und Armgelenken und Gesichtern, die von Phosphor leuchten. Wir tanzen zu Leutnant Hoppes melancholischer Bratsche."

"Die Idee ist deiner würdig. Wir können uns draußen vor dem Kirchhof treffen, sobald die Alten zu Postmeisters zum Whist gegangen sind."

Ida Sofie erhob das Glas, um mit dem Vetter anzustoßen, der da saß und sie ansah, begierig, ihre weiteren Wünsche zu erraten. Ihr wurde ganz warm ums Herz.

"Hab' Dank für all deine Güte diesen ganzen Winter, lieber, alter Carsten, du bist mir und uns allen so viel gewesen."

"Nicht das, was ich gern sein möchte, If. Du weißt recht gut, daß —"

"Carsten!" sagte Ida Sofie schnell. "Du mußt der Hahn sein, der kräht, wenn die Gespenster verschwinden sollen."

Die Kleinen, die ihnen gerade gegenüber saßen und in Schichttorte schwelgten und unbescheiden in bezug auf Schlagsahne waren, stießen sich an.

Franziska, die aufgewartet hatte, stand unter dem „Übergang über die Beresina" und verfolgte mit Interesse den Gang der Begebenheiten; sie hatte mit dem Raisonnement, daß kleine Ursachen große Wirkungen haben, lauter Vielliebchennüsse auf die Konfektschale unten an Carstens Tischende gelegt. Wohlwollend, wie Franziska Ida Sofie gegenüber immer gesonnen war, entfaltete sie späterhin am Abend ein eifriges Zuschneiden, Haken, Schnüren und tummelte sich nach Leibeskräften, um ihre Gespenster fertig zu bekommen.

„Darf ich nicht einen Augenblick hereinkommen?" fragte Carsten vom Plättzimmer aus, als die jungen Mädchen gerade dabei waren, sich im Fremdenzimmer umzuziehen.

„Nein, weiß Gott, das geht nicht an!" rief Franziska ganz entsetzt durch das Schlüsselloch. „Gehen Sie nur zu den Gästen." Ihre Gespenster huschten hin und her wie aufgescheuchte Fliegen. Sie verloren die Kastagnetten und fielen über die langen Schleppen.

„Ich muß mit Ida Sofie reden. Es ist etwas Wichtiges. Aus unserem Danse macabre wird nichts. Ich habe die anderen nach Hause geschickt."

„Aber was sagst du nur einmal!" rief Ida Sofie aus, die auf dem Bettrande gesessen hatte und sich vor Lachen ausschütteln wollte. Sie kam im Handumdrehen in die Kleider und drehte ihren Haarknoten auf. Ellen war beleidigt. Nektors Marie wollte tanzen. Zollkontrolleurs Julie war dem Weinen nahe.

Franziska wußte recht gut, daß Julie ein Auge auf Carsten geworfen hatte.

„Darf ich dann hören, was es gibt? Du hast mich ganz bange gemacht," sagte Ida Sofie, als sie zu dem Vetter in die Wohn kommen war. Sie setzte sich ihm gegenüber auf das Sofa und legte ihre Armbänder an.

„Es ist ein Telegramm von deinem Vater gekommen."

„Vom Vater?"

„Ja. Deine Mutter ist an Lungenentzündung erkrankt. Lies selber."

Carsten stand auf und trat mit dem Telegramm an Ida Sofie heran. Er blieb am Sofa stehen und beobachtete sie, während sie las.

Sie saß da und stützte den Kopf in beide Hände. Das Gesicht war von dem weißen Licht unter dem Lampenschirm stark beschienen.

„Arme Mutter!" flüsterte sie betrübt und lehnte sich mit geschlossenen Augen zurück.

Carsten setzte sich auf den Rand des Sofas. Er nahm ihre Hand und behielt sie in der seinen.

„Du sollst sehen, es wird noch alles gut."

„Ja!"

„Alles!"

Ida Sofie blieb mit geschlossenen Augen sitzen.

„Es wird schrecklich, wenn Mutter stirbt. Zu wissen, daß sie in den letzten sieben, acht Jahren kaum eine frohe Stunde gehabt hat! Ich kann mich darein finden, daß die glücklichen Menschen heimgehen, aber die Betrübten — — Ja, du verstehst es freilich nicht, daß ich über Mutters Tod trauern würde," sagte sie heftig, zu dem Vetter gewandt. „Ihr habt sie nie geliebt, sie ist ja von unserer respektablen, unbarmherzigen Familie immer in Acht und Bann getan."

Ida Sofie sprang auf, sie entzog ihm ihre Hand.

„Jetzt bist du ungerecht, Ida Sofie, das tut mir leid, du weißt, wie lieb ich dich habe."

Carsten folgte ihr bis an die Tür.

„Ja, du hast mich lieb. Das beweist du bei jeder Gelegenheit. Ich weiß auch im Grunde nicht, weshalb ich vorhin heftig wurde. Aber nun muß ich zu Ellen hinein. Wir können ja wohl noch heute abend nach Hause kommen, nicht wahr?"

„Ich habe dich so von Herzen lieb," sagte Carsten.

„Als Vetter!" entfuhr es Ida Sofie warnend.

„Nicht als Vetter!"

„Als Freund."

„Nicht anders?"

„Niemals!"

Ida Sofie öffnete die Tür. Es war ihr, als höre sie ihren Namen nennen, sie wandte sich um, aber sie mußte sich geirrt haben. Der Vetter stand still und regungslos auf demselben Fleck. Er sah ihr nur nach.

XII.

Spät am Nachmittag kehrte Ida Sofie, das Kleid gegen Tauschnee und Straßenschmutz hoch in die Höhe gehoben, betrübten Herzens aus dem Hospital zurück. Die Antwort, die sie dort erhalten, hatte niedergeschlagen gelautet wie am Morgen. Keine Veränderung, keine Aussicht auf Besserung.

„Wäre Fabricius doch nur hier!" dachte sie.

Plötzlich fiel ihr ein, durch die Amaliegade zu gehen, um sich zu erkundigen, ob er nicht möglicherweise in der Stadt sei. Er wußte noch nicht, daß sie nach Hause gekommen war, aber sie hatte allen Grund anzunehmen, daß er sich in dieser stillen Osterzeit auf Meilgaard langweilte und jetzt einen kleinen Abstecher in die Stadt machen würde. Am Abend fand außerdem ein Passionskonzert von einem französischen Violinvirtuosen statt. Und Fabricius ließ niemals eine Gelegenheit vorübergehen, gute Musik zu hören.

Dort lag das Haus, hell und breit mit seinem Gepräge unnahbarer

Patrizierwürde. Eine lange Reihe weißgetreibeter Fenster im ersten und zweiten Stockwerk zeigten, wo die Wohnung der Geheimrätin lag.

Aber während Iba Sofie jetzt da stand und sehnsuchtsvoll hinauf starrte, überkam sie ein bestimmtes Gefühl, daß Fabricius nicht da sei. Die Fensterscheiben starrten sie kalt und höhnisch an. Sie wandte sich langsam um.

Er lebte gewiß in einem Wirbel von Geselligkeit auf seinem Gut.

Aber die Sehnsucht, ihn zu sehen, seine Stimme zu hören, sich trösten zu lassen in ihrem Leid, überwand die Zweifel. Sie kehrte entschlossen wieder um, ging quer über die Straße und zog an der Türglocke. Sie antwortete mit einem schrillen Läuten, das an ein schallendes Gelächter erinnerte.

„Wohin will die Dame, wenn ich fragen darf?" rief ihr der kleine Portier zu, der plötzlich zur Rechten aus dem Keller auftauchte. Sein Gesicht war rot und blank und merkwürdig flach gedrückt.

Iba Sofie wurde verlegen.

„Hier wohnt doch die Geheimrätin Fabricius?" rief sie mit glühenden Wangen aus.

„Ja, aber die Gnädige ist auf dem Gut. Wenn die Dame aber eine Karte hierlassen will, kann ich sie ja dem Herrn Gutsbesitzer geben, wenn der nach Hause kommt."

„Der ist also in der Stadt?" entfuhr es Iba Sofie atemlos.

„Der Herr Gutsbesitzer ist nach dem Phönix hinübergegangen, um zu speisen. Wir erwarten ihn in einer halben Stunde zurück. Wenn Sie mit ihm sprechen wollen, kleine Dame, so können Sie ja in die Wohnung hinaufgehen, die Tür steht offen. Meine Frau begießt die Blumen im Salon."

Ein wiedererkennendes, über alle Maßen seliges Lächeln verbreitete sich über das blanke Gesicht des Portiers. Die Augen standen verschmitzt vor, der Mund erweiterte sich.

Iba Sofie blieb in der Porte cochère stehen, nachdem er schon längst die Kellertür geöffnet und wieder geschlossen hatte. Sie dachte nicht, sie war wie vernichtet von dem lächelnden Hohn, dessen Gegenstand sie gewesen war.

Die Stube des Portiers hatte sich ihr in das Bewußtsein eingebrannt. Der weißgescheuerte Fußboden, die Erhöhung am Fenster, die Pelargonien in dem Blumentisch.

Sie ging die Treppe hinauf und setzte sich auf eine der teppichbelegten Stufen, die zum Hochparterre führten. Dort blieb sie, in tiefe Gedanken versunken, sitzen, die Muffe gegen die Wange gepreßt.

Die dunkelroten, fransenbesetzten Plüschgardinen verschwammen in der Dunkelheit.

Auf jeder Treppenstufe standen Aspedistren, deren breite Blätter kleine, steife Schatten über die weißlackierten Wände warfen.

Alle diese kleinen Lügen und Betrügereien, die das Verhältnis im Gefolge hatte. Ida Sofie fühlte sich plötzlich von dem Ganzen angeekelt.

Im Erdgeschoß bellte ein Hund laut und wütend. Er kam immer näher. Schließlich schnüffelte er an der Entreetür. Er wurde von einem schimpfenden Mädchen weggejagt.

„Was willst du nur, du dummes Tier, da ist ja niemand!"

Ida Sofie wußte, daß das Mädchen schmale Lippen und gelblichblasse Wangen hatte. Wie sie so dasaß, überkam sie nach und nach eine eigenartige wohltuende Ruhe. Ein dankbares Lächeln erhellte ihr Gesicht.

„Du bist hier, Fabricius, du kommst!" flüsterte sie.

Dann lief sie nach der Wohnung im ersten Stock hinauf.

Die Tür öffnete sich bei dem leisesten Druck. Sie trat aus dem Entree in den Saal. An der Portiere blieb sie stehen und genoß einen Augenblick die Stille des großen Zimmers.

Auf dem Kamingesims träumte die Marmoruhr. Die Zeiger standen auf zwölf. Auf den Tisch war ein Aufsatz aus sächsischem Porzellan gestellt. Eine Fülle verschossener Stoffblumen quoll daraus hervor. Die Rouleaux waren herabgelassen. Über dem blanken, perlgrauen Fußboden lagen die Kreuz und die Quer Läufer.

Irgendwo in der Wohnung ertönten plötzlich schwere, schleppende Schritte.

Ida Sofie eilte in das Entree zurück und fand den Eingang zu Fabricius' türkischem Rauchzimmer mit den niedrigen Ruhebänken und den geschnitzten Stühlen. Schwere bunte Perlvorhänge verdeckten die Fenster. An der Decke brannte eine einsame, glutrote Lampe. In den Kissen und Draperien haftete der Duft von Rosenöl.

Das anstoßende Wohnzimmer war hell und lustig. Es barg Erinnerungen an Ida Sofies Glück, sie liebte jeden Gegenstand darinnen, jedes Möbel, den Flügel, der mit einer himmelblauen seidenen Decke bedeckt war, die vielen Schnurrpfeifereien, die darauf gestellt waren, Elfenbeintempel, Hirten und Hirtinnen in niedlichen Gärten, schaukelnde goldene Götter und zwei schöne Kristallgläser, deren Rosen aus Mangel an Wasser einen langsamen Tod starben.

Die Wände waren von der Decke bis zum Fußboden mit Gemälden, Kupferstichen und Radierungen bedeckt. Lundsiebs Gewitter, eine Mater dolorosa, drei lachende Kinder, Kopien aus dem Louvre.

Zwischen lächelnden Ballettänzerinnen in sehr wenig Tarlatan hing ein lebensgroßes Gemälde des verstorbenen Geheimen Kabinettssekretärs Fabricius. Er sandte einen frommen Blick zu der am tiefsten dekolletierten Schönheit empor.

Die Farben in dem großen Zimmer gingen wie die eines herbstlichen

Waldes in vielen Schattierungen von Gelb zu Braun über. Mitten in dem Raum stand ein niedriges Ruhebett, auf dem eine bandumwundene Mandoline zwischen Zeitungen und Zigarrenkasten lag.

Die Schatulle an dem einen Fenster brach fast zusammen unter Notenheften. Auf dem Rande des dreiflügeligen Paravents saß der kleine tropische Vogel, den Ida Sofie auf dem Karneval auf Rygensholm getragen hatte.

Ida Sofie zog ihre Jacke aus, sie rückte den Hut vor dem Spiegel zurecht und ordnete das Haar mit denselben kleinen geschickten Kunstgriffen, die ein Vogel anwendet, wenn er sein Gefieder glättet.

„Es ist gar nicht lange her, seit du hier warst, mein lieber Fabricius, der Zigarrenrauch hängt noch in der Luft," dachte sie lächelnd, während sie langsam auf dem Rande des Teppichs auf und nieder zu gehen begann, die Hände in die Seiten gestemmt, leise balancierend.

Ida Sofiens spielende Wanderung wurde länger und länger, bis sie endlich durch das ganze Zimmer ging, von der Schatulle bis zur Perlenportiere des türkischen Rauchkabinetts.

„Bald kommt die Dunkelheit," flüsterte sie, „sie liegt da draußen unter dem regenschweren Himmel und wartet. Wo bist du nur, Geliebter? Warum kommst du nicht? Du sagst, ich bin deine Liebe. Du nennst mich deine kleine Freundin, und du läßt mich doch allein sitzen! In meinem Herzen sind tausend milde Worte für dich. — Warum kommst du nicht?"

Sie setzte sich an die Schatulle, stemmte die Ellenbogen auf die filzbezogene Klappe und vergrub verdrießlich die Finger im Haar.

„Spielen und komponieren, ganze Ladungen großer Bogen mit unserer kleinen, geistreichen, schiefen Schrift vollschreiben, ja, das können wir, aber nicht kommen. Noten und Noten und Musik und Krimskrams."

Schmollend schob sie die Notenhefte zur Seite. Bei dieser Bewegung kam ein Brief zum Vorschein. Der hatte sich von selber geöffnet.

„Mercedes' Schrift!" durchzuckte es Ida Sofie.

Unwillkürlich schloß sie die Augen, schob den Stuhl zurück. So blieb sie eine Sekunde stehen, während die alte Angst wieder auf sie einstürmte.

Es lesen, — nie im Leben! —

Sie öffnete die Augen. Da lag der Brief und rief ihr mit seiner deutlichen Schrift entgegen. Vornübergebeugt, die Hände auf die Schatullenklappe gestemmt, las sie erst das Datum, dann die ganze Seite.

                    Hôtel des Pavillons. Champs Elisées. Paris.

Preben!

Du fragst, ob ich die Deine sein will. Du sagst, Du kommst. Das ist gerade, was Du sollst. Preben, ich liebe Dich!

So geschah es also doch. — — In Deinem Brief kam das Glück zu mir, jetzt nach dem langen Winter, wo ich von Ort zu Ort gereist bin, das Herz schwer von Sehnsucht nach Dir. —

Die Champs-Elysées-Allee unter meinem Fenster schwimmt in Sonnenschein. Jetzt ist hier drüben Frühling. Jetzt, wo Du kommst.

Die Kastanien auf den Boulevards blühen. Die Erde ist mit schneeweißen Blättern übersäet, wie mit einem Teppich bedeckt. Man geht mit einem blühenden Saum an Schuhen und Kleid.

Du kommst — ich höre die Worte aus allen den Lauten, die an mein Ohr dringen. Klingelndes Glockenspiel, fein wie ein Kristall, den man anschlägt. Raschelnde seidene Röcke. Trippelnde Pariserinnen-Schuhe. —

Du kommst — ich höre die Worte aus dem Hufschlag und dem Wagengerassel, das von der Allee da unten zu mir heraufdringt. Es klingt jubelnd durch das Rasen der Motoren. — — — —

. . .

Ida Sofie las die Worte wieder und wieder, ohne ihren Sinn zu verstehen.

Sie hatte plötzlich ein Gefühl, als stünde sie auf einem hohen Punkt. Unten unter ihr kamen die Leute in dichten Massen auf sie zugestürmt. Das Zimmer fing an, sich herumzudrehen. Der Fußboden schwankte, sie sah sich nach etwas um, woran sie sich halten könne. Instinktmäßig wandte sie sich von der Schatulle ab, auf der der Brief lag, schleppte sich durch das Zimmer und brach vor der Chaiselongue zusammen. Dort blieb sie liegen, die Arme um die Mandoline geschlungen, die Stirn gegen die eiskalten Metallsaiten gestützt, vernichtet, in apathischer Stumpfheit.

Als Ida Sofie die Augen wieder öffnete, war es so dunkel, daß man die Umrisse der Möbel kaum erkennen konnte. Nur über dem Flügel lag ein dünner Lichtstreif von der brennenden Laterne unten auf der Straße. Der brannte sich fest in einen der Goldfäden der seidenen Decke, so daß er flimmerte und glitzerte.

„Nur fort von hier, nur fort," dachte sie verwirrt. Sie stand auf, suchte die Jacke, zog sie an, knöpfte sie mit fieberhaften Fingern zu. Dann fuhr sie zusammen, von der Treppe her hörte sie ein Geräusch. Das waren Fabricius' elastische Schritte. Sie kamen näher und näher. Ein Schlüssel in einer Tür, das Schurren eines umgeworfenen Stuhls draußen im Entree.

Ida Sofie war wie angenagelt an den Fleck, auf dem sie stand.

Sie hörte Fabricius über den weichen Teppich des türkischen Gemaches waten. Es klang wie Schritte auf sickerndem Moos. — — Er kam ins Wohnzimmer hinein. Er ging so nahe an ihr vorüber, daß sie den Hauch der feuchten Abendluft fühlte, der in seinen Kleidern hing. Er warf den Rock auf einen Stuhl, rieb ein Streichholz an und entzündete eine stechende Gasflamme in dem Kronleuchter unter der Decke.

Er hielt inne, als er sie gewahrte.

„Aber liebste Ida Sofie, bist du noch hier?" sagte er unangenehm berührt bei dem Gedanken, beobachtet zu sein, während er sich allein geglaubt hatte. „Ich verstand von dem Portier, daß du hier gewesen seiest, aber ich dachte, du wärest wieder weggegangen. Es ist ja schon spät. Die Uhr geht auf elf. Ich komme eben aus dem Konzert."

Fabricius setzte sich auf den Stuhl an dem Flügel. Er war im Frack.

„Komm, mein Kind, dann gehen wir hinüber und soupieren. Zuerst mußt du mir aber ordentlich guten Tag sagen und mir erzählen, wie es gekommen ist, daß du nicht bei dem Onkel geblieben bist. Komm! — Du willst nicht?"

Er saß da und lächelte, aber das Lächeln war müde. Die Augen hatten ebenfalls einen müden Ausdruck. Ida Sofie sah, daß er bekümmert war.

„Du kommst nicht?" fragte er und streckte die Arme nach ihr aus. Ida Sofie sah ihn nur an.

Fabricius stand auf, ging durch das Zimmer und schloß sie in seine Arme. Er küßte sie heftig.

„Judaskuß!" flüsterte sie und machte sich frei.

„Ida Sofie, was hast du nur?"

„Ich habe den Brief gelesen, Mercedes' Brief, der dort lag. — — Ich weiß es alles, Fabricius. Ich weiß, daß wir uns trennen müssen — du brauchst mir keine Erklärungen zu geben."

Ida Sofie setzte sich auf die Chaiselongue und starrte vor sich hin.

„Es ist wohl das Geld!" — — sagte sie leise.

„Ruin! — — Ich habe gekämpft und gekämpft —" sagte er.

„Und dann erlagst du der Versuchung."

„Dann erlag ich der Versuchung."

„Mein Herz war wie ein Tempel für dich. Du wußtest es — — und doch konntest du — — jetzt gehe ich".

„Ich kann nicht ohne dich leben! Ich schreibe nach Paris. Verzeihe mir meine Sünde gegen dich, du, die du nie fordertest, nur gabst."

Fabricius kniete vor dem Ruhebett nieder. Er ergriff Ida Sofiens Hände. Sie waren kalt wie Eis.

„Ida Sofie, ich verstehe selber nicht, wie ich dies tun konnte. Ich wollte nur dich. Dich liebe ich."

„Aber jetzt ist es geschehen, Fabricius. Du mußt vor dem Ruin bewahrt bleiben."

Plötzlich kämpften die Tränen sich Bahn bei ihr, sie weinte wild und verzweifelt.

„Fabricius!" flüsterte sie. „Komme hierher. Setze dich neben mich. — — Sprich mit mir! — — Sprich mit mir, Fabricius."

Sie schlang die Arme um seinen Hals. Der Kopf sank auf seine Schulter.

„Sag' mir, daß es nicht wahr ist, so wie du es an jenem Erntefestabend auf Meilgaard draußen tatest. Sag', daß es nicht wahr ist. Bitte mich, es zu vergessen, wie einen bösen Traum."

— — — — — — — —

„Ida Sofie, ich kann es nicht ertragen, dich so zu sehen. Ida Sofie —"

„Reiche mir deine Hand, Fabricius. Laß uns still beieinander sitzen, jetzt, ehe wir scheiden müssen, — — ganz still — — in diesem Zimmer das uns beide lieb hat. — — Gib mir einen Kuß zum Abschied — — dann gehe ich."

„Noch nicht, nicht so. Geh nicht von mir mit dieser Verzweiflung im Herzen."

Sie preßte seine beiden Hände gegen die brennenden Augen.

So blieb sie einen Augenblick sitzen. Dann stand sie auf, ging durch das türkische Zimmer und schloß die Tür hinter sich.

„Ida Sofie!" — — rief Fabricius.

Es kam keine Antwort.

XIII.

Ein schmerzliches Stöhnen, einförmig wie das Fieberweinen eines kranken Kindes, drängte sich zwischen Ida Sofiens Lippen hervor, wenn sie schlief.

Sie lag in wunderlich schweren Träumen da. Sobald sie den Kopf auf das Kissen legte, träumte sie vom Tode und von schwarzen Stoffen. Es geschah nichts Besonderes mit dem schwarzen Stoff. Er war nur da. Er zeigte sich nur. Er umhüllte sie, immer fester, immer höher, bis über den Mund, bis über den Kopf. — — Sie versuchte, ihn sich abzureißen. Aber der schwarze Stoff war glatt und listig. Er wich aus, er glitt zurück mit tausenderlei unerwarteten Bewegungen. Sie strauchelte, sie fiel, sie starb. — —

Ida Sofie starb jede Nacht.

Und sie sah ein Segelschiff über schimmerndes Wasser hintreiben. Sie fühlte die Seeluft, hörte die Dünung der Wellen, sah die glitzernde Furche des Kielwassers, die hinter dem Schiffe herzog.

„Wo willst du hin?" rief sie durch den Sturm hindurch.

„Nach der Sonne!"

Das Meer war dunkelblau. Das Schiff schwarz, mit großen, weißen Segeln. Ein Augenblick, und es war verschwunden über dem Wasser.

Zitternd vor Unbehagen war Ida Sofie in dieser Nacht erwacht. Sie schlief nicht wieder ein, sondern lag ermattet in einem Halbschlummer da.

Plötzlich stand Birthe vor dem Bett in wollenem Unterrock und bunter Nachtjacke. Die Füße mit den grauen Strümpfen steckten in einem Paar Morgenschuhen, die mit Thorwaldsen's Tag und Nacht in hellbraunem Kreuzstich verziert waren.

„Machen Sie, daß Sie aus dem Bett kommen, Fräulein Ida Sofie! Der Herr hat Nachricht aus dem Krankenhaus bekommen, daß Ihre Mutter kurz vor dem Sterben ist!"

Birthe legte den Nachdruck auf das Wort kurz.

„Ihre Mutter ist kurz vor dem Sterben," wiederholte sie.

Ida Sofie stand schnell auf und kleidete sich an, ohne auch nur eine einzige Frage zu tun, während Birthe das Rouleau aufzog, so daß der regnerische Morgen in das Fenster guckte.

„Die andern sind schon fertig. Der Herr wollte erst nicht, daß Sie geweckt würden, weil Sie jetzt ja nicht recht wohl sind."

Ida Sofie kam in das Eßzimmer. Die Tante lief in Hut und Mantel herum. Ellen knöpfte die Stiefel mit einer Haarnadel auf dem Puff unter dem Bilde vom heiligen Abendmahl zu. Der Vater saß da und starrte vor sich hin. Er gähnte unaufhörlich.

Auf dem Tische stand eine schläfrige Küchenlampe mit einem schwarzgeräucherten Zylinder. Sie warf einen kleinen rötlich schimmernden Ring an die Decke und über den Haufen Butterbrot, der auf einem Kuchenteller aufgestapelt dastand.

„Herr Gott im Himmel, hilf uns allen miteinander!" sagte die Tante. Sie sprach mit einer fremden feierlichen Stimme, sie küßte mit kalten Lippen und streichelte mit naßkalten Händen.

Dann ging es endlich von bannen. In dem morgenleeren Stadtviertel war keine Droschke aufzutreiben. Die Straßenbahnen hatten ihre Fahrten noch nicht begonnen, sie mußten den ganzen Weg bis zum Krankenhaus gehen. Der Regen peitschte ihnen in schrägen Streifen ins Gesicht.

Die Tante redete ununterbrochen, sie predigte und betete.

„Dadrinnen ist Jammer und Elend, aber unser Vater im Himmel weiß am besten, wie es werden soll," sagte sie, als das Krankenhaus endlich aus dem Regennebel aufstieg.

„Amen!" fügte sie hinzu und faltete im Gebet die Hände um den Stiel des Regenschirms.

Nach einem hartnäckigen Läuten wurde die Hospitaltür von einer Frau geöffnet, die dadrinnen den Fußboden wusch. Sie machte großen Lärm mit einem klappernden Eimer und platschte so gewaltsam mit dem Schrupper auf der nassen Diele herum, daß die Familie Blaase in die entfernteste Ecke flüchten mußte. Dort krochen sie zu je zweien zusammen.

„Mein Mann ist nicht hier, aber erkundigen kann ich mich ja einmal," sagte die Madame. Sie verschwand auf einer Treppe zur Rechten. Einen Augenblick später kehrte sie zurück.

„Dürfen wir die Kranke denn nicht sehen?" fragte Herr Blaase.

„In zehn Minuten kommt einer von den Assistenzärzten mit Bescheid herunter," antwortete die Frau, indem sie sorgfältig einen jeden ihrer roten, geschwollenen Finger in der kleinkarierten Schürze abtrocknete. „Ich sprach mit Dr. Larsen, und der wußte nichts. Der Oberarzt ist noch nicht gekommen, Herr Dr. Larsen darf ja nicht —"

„Aber dann ist es wohl schon zu spät?" rief Ellen mit tränenerstickter Stimme aus.

„Mag sein!" sagte die Madame, sie steckte die Füße in ein Paar Binsenschuhe, band noch eine Schürze über die andere und fing wieder mit dem Schruppen an.

Ein schwerer Kohlenwagen rasselte durch den Torweg. Nach einiger Zeit erschien Birthe, das Taschentuch in der Hand, das Gesicht vom Weinen angeschwollen, unter einem mächtigen Hut mit smaragdgrüner Feder; sie schluchzte laut und bot fürsorglich Pfefferminzkuchen an.

Herr Blaase stand da und starrte die schwarzen Striche an, die in Würfeln an den Wänden herabliefen und sich in den Ecken zu verwickelten Knoten kreuzten. Er war plötzlich in seine Schulzeit zurückversetzt. Er konnte sich namentlich nicht von den lächerlich kleinen Puppenfüßen des Mathematiklehrers Morten und seinen kreidebeschmutzten Fingern befreien, die dieser immer ableckte. Unwillkürlich mußte er lächeln, ertappte sich aber dabei und sah schuldbewußt auf seine regentriefende Familie herab.

Ida Sofie hatte sich auf eine der Treppenstufen gesetzt, sie war ermattet zusammengesunken. Den Kopf stützte sie in beide Hände.

Es fiel ihrem Vater auf, daß sie etwas Verborgenes mit sich herumtrug, was sie quälte. Er rückte näher zu ihr heran und streichelte ihr die Wange. Sie sah auf, fremd, verständnislos. Dann lächelte sie verächtlich und sank in ihre frühere Stellung zurück.

Die Frau war verschwunden. Es war still im Torweg. Draußen auf dem Hospitalshof zwitscherten ein paar heimgekehrte Staare in dem Efeu, der die Mauer bedeckte. Ganz oben auf der Treppe kam plötzlich jemand schwerfällig und schnell gegangen.

„Da ist Dr. Larsen," meldete die Frau aus ihrem Keller.

Die Familie Blaase erhob sich und starrte ängstlich dem Kommenden entgegen. Es war ein Assistenzarzt im weißen Kittel, sein Gesicht war hübsch und strenge und ernst.

„Herr Blaase, vermute ich! Sie können sich gleich den Totenschein oben im Kontor rechts von der Treppe ausstellen lassen. Ja, es ist vorbei, — — — rate Ihnen davon ab, die Tote zu sehen, die Veränderung tritt schnell ein."

Die andern weinten. Ida Sofie stand tränenlos da und hörte dem

Ärzte zu. Plötzlich stieg das Gesicht der Mutter vor ihr auf, starr und tot. Die Augen waren halb geöffnet, der Blick war gebrochen, der Hals angeschwollen, die Zunge blau und dick. —

„Wasser!" rief der Arzt und hielt inne in seinen Erklärungen über Obduktion und Begräbnis. „Holen Sie eine von den Pflegerinnen, das Fräulein wird ohnmächtig."

* * *

Späterhin am Tage kam die Tante Konsulin, mit hartem Trost und großer Unternehmungslust ausgerüstet.

„Die Trauerkleider!" sagte sie mahnend, „wir müssen an die Trauerkleider denken; schwarze Kleider müßt ihr doch haben, obwohl hier weder Grund zur Klage noch zur Trauer ist. Tot ist tot! Der Armen war die Ruhe zu gönnen, es ist am besten so."

Es war eine wahre Wonne für die Tante Konsulin, Ida Sofie von der Chaiselongue aufzujagen, sie war ihr gram; sie wußte sehr wohl, weshalb Carsten seinen Humor und seinen Appetit verloren hatte.

Die Tante Konsulin trieb die fünf Schwestern vor sich her durch Regen und Schmutz, sie gingen von einem Laden in den andern, sie schwelgten in schwarzen Stoffen. Der schwarze Stoff floß vom Ladentisch auf den Fußboden herab. In Falten gelegt wurde er gegen die Gesichter gehalten und um die Taille gelegt. Tante Konsulin untersuchte ihn beim Lampenschein, sie untersuchte ihn bei Tageslicht, sie wählte und kürte, während die Blicke der fünf Schwestern eingeschüchtert auf ihr ruhten. Daheim in den wunderlich leeren Stuben, wo niemand laut sprach, hörte man fortwährend ihre Ermahnungen das Schweigen gellend unterbrechen.

„Lieber Karl," sagte sie bei Tische. „Lieber Bruder, darf ich dir einen Rat geben? Kein Begräbnis von der Kirche aus. Wenn man so gestellt ist wie ihr, liegt keine Veranlassung dazu vor. Und ein Sarg. Nicht mehr als einer, hörst du! Denn das Ganze geht ja doch den Weg alles Fleisches, bei der lieben Julie wie bei allen anderen Leichen. Die Würmer, mein' ich —"

Das ganze Haus dankte Gott, als die Tante Konsulin sich am nächsten Abend bequemte, nach Hause zu fahren.

„Ida Sofie, der erste Kranz!" flüsterten die beiden Kleinen. Vorsichtig trugen sie etwas zwischen sich.

Es war ein Dornenkranz mit vielen Rosen. Der Regen lag darüber wie Tränen.

Er war von der Geheimrätin Fabricius. An einem der nächsten Tage wollte sie zur Hochzeit nach Paris.

Die Kleinen gingen. Ida Sofie starrte wie versteinert auf die weißen Totenblumen, die vor ihr auf dem Tisch lagen. Da auf einmal blendeten

Tränen ihre Augen. Die Arme ausgestreckt, das Gesicht in den Kranz gepreßt, lag sie da und weinte, schlaff vor Verzweiflung.

Sie wußte jetzt, daß sie nicht mehr leben wollte.

XIV.

Der Frühling war spät, aber plötzlich gekommen.

Von Zeit zu Zeit hatte freilich ein vereinzelter Star geflötet. Es waren Veilchen auf dem Markt gewesen, aber die Stare froren, und die Veilchen dufteten nicht.

Aber dann eines schönen Morgens war der Frühling da. Die Sonne war da. Es entstand eine Bewegung unter der Erde, ein Kribbeln und Krabbeln verschlafener Insekten. Gras sproßte in frühlingshellen Büscheln, Blätterknospen wuchsen, schwollen, barsten. — —

In allen Anlagen wimmelte es von kleinen Kindern. Jetzt, wo es Frühling war, kamen sie mit den Blumen. Die Allerkleinsten lagen still in ihren Wagen und starrten stundenlang zum Himmel empor. Die kleinen Kinder lächelten und plauderten mit sich selbst, als sei der Himmel ihnen etwas ganz Bekanntes. —

Es war eine Zeit der Verlobungen jetzt nach der langen Wintersaison mit ihren Bällen, Schlittschuhlaufen und Theater.

Es war eine Zeit der Überraschungen, denn wenn man auch erraten hatte, war es doch nicht immer richtig ausgefallen.

Daß Gutsbesitzer Preben Fabricius und Fräulein Mercedes Villenwes einander gefunden hatten, war nicht so sonderbar. Aber daß Fräulein Ida Sofie Blaase und ihr Vetter, der Doktor, sich nicht gefunden hatten, war ungleich sonderbarer.

Die Schwester, Fräulein Ellen, hatte sich mit dem Premierleutnant Ammon Hoppe verlobt, dessen Vater, wie man sagte, ebensoviel Tonnen Gold haben sollte, wie Korn. Diese Verbindung war um so erfreulicher, als Herrn Blaases Stellung in der Geschäftswelt gerade von der Seite bedroht gewesen war.

Der Frühling mußte schuld sein an all der vielen Liebe. Und er ertrug es ruhig lächelnd.

* * *

Ellen saß im Wohnzimmer und stickte Namen in die Tischwäsche. Sie summte ganz leise eine Melodie vor sich hin. Von Zeit zu Zeit hielt sie die Arbeit ein wenig von sich ab und bewunderte sie. Dann nähte sie weiter, fleißig den Faden anziehend.

Es war am Nachmittag. Es fing an zu dämmern. Die Fenster standen offen. Der Lenzwind wehte in den weißen Gardinen. Von der Straße drang das Geräusch vieler Fußtritte herauf. Die Leute kamen aus dem Walde mit Kränzen um die Hüte, den Arm voll zarter Buchenzweige.

Ellen hatte nach und nach Ida Sofiens Platz im Hause als aufheiterndes Element ausgefüllt. Sie war schon mit ihrer Aussteuer beschäftigt; sobald das Trauerjahr um war, wollten sie heiraten.

Die meiste Zeit verbrachte Ellen aber doch auf dem Boden. Und wenn sie dann herunter kam, war sie so würdig, so hausmütterlich vernünftig. — —

Oben auf dem Boden stand ein brauner Korb. Darin lagen zwölf feine Fingerkummen.

„Komm her und setze dich ein wenig zu mir," sagte Ellen, als Ida Sofie durch das Wohnzimmer gegangen kam. „Du bist den ganzen Tag nicht ausgewesen. Da sitzest du bei dem schönen Wetter und spinnst dich ein. Laß uns doch miteinander reden, wie in alten Zeiten."

„Ja, ja, mach aber die Fenster zu und laß die Rouleaux herab. Ja, laß uns die Fenster schließen."

„Warum, Ida Sofie? Hier ist es ja gerade so schön. Hör' nur, wie der Star da draußen flötet."

„Man wird so müde von allen den singenden Vögeln und von dem Tageslicht. — Hier sind Rosen im Zimmer, trag sie hinaus. Ich kann den Anblick von Rosen nicht ertragen. Geh aber leise. Laß die Tür nicht knarren, schleiche durch das Zimmer, singe nicht."

Ellen schüttelte betrübt den Kopf, sie empfand eine große mitleidsvolle Liebe für die Schwester. Denn da war etwas außer dem Tode der Mutter, worüber Ida Sofie trauerte, etwas, das in Verbindung mit ihrer Verzweiflung am Morgen nach der Brandnacht stand und mit den Briefen, die sie kürzlich uneröffnet zurückgeschickt hatte.

Ellen hatte Fabricius' Namen auf der Zunge, schwieg aber. Es nützte nicht, in Ida Sofie einzudringen. Tat man das, so war sie entweder forciert gleichgültig, oder auch sie versteckte sich unter bitterem Hohn.

„Jetzt kommen die unglückseligen Geldangelegenheiten bald in Ordnung, If," sagte Ellen ermunternd, „und du bekommst am Ende doch noch Erlaubnis, ans Theater zu gehen, jetzt, wo Vater sieht, daß du es dir nicht aus dem Kopf schlagen kannst. Das ist recht, spiele ein wenig. Ja, ich muß meine Arbeit zusammensuchen. Ich muß hinein und den Tisch decken."

Ida Sofie hatte das Klavier geöffnet. Leise ließ sie die Finger über die Tasten gleiten.

„Nein," flüsterte sie, „ich kann nicht!"

Sie ließ den Klavierdeckel zufallen.

Da lag Leinen und Tischzeug von Ellens Aussteuer in Stapeln über das ganze Zimmer zerstreut, selbst auf dem Klavier, wo ein kleiner Amor aus Alabaster mit einem blutenden Herzen in der Hand weinte.

„Es ist fein und weich im Gewebe," sagte Ida Sofie und glitt liebkosend über das Leinenzeug hin. „Wenn man nun verheiratet wäre und hätte ein kleines Kind, ein kleines Mädchen — welch entzückende Windeln könnte man sich daraus nähen! Es könnten wohl beinahe zwölf aus dem Stück werden, so ein kleines Kind ist ja nicht groß."

Ellen stand da und sah die Schwester ernsthaft an. Dann schlang sie den Arm um ihren Hals, gab ihr einen Kuß und ging hinaus.

Draußen im Entree stieß sie auf Carsten, der zu dem kleinen Familienfest gebeten war, das man feiern wollte, weil der Schwiegervater unerwartet in Geschäften nach Kopenhagen gekommen war.

„Es ist freilich lange her, seit wir dich gesehen haben, Carsten. Du bist seit Ostern nicht hier gewesen. Hast du die letzte Neuigkeit gehört? Wir sind alle fünf nach Hamburg eingeladen. Wenn If nur gesund genug wird, um mitreisen zu können. — Sie ist eigentlich nicht krank, nur so sonderbar. Geh zu ihr ins Wohnzimmer, Carsten!"

Nein, Ida Sofie war nicht gesund. Der Vetter sah das sofort, so wie sie da im Sofa saß mit geschlossenen Augen. Er wußte es, sobald sie den Kopf erhob. Er las es in ihrem müden Blick.

„Du bist krank," sagte er und rückte einen Stuhl neben sie. „Du bist ja gar nicht wiederzuerkennen, ganz hohläugig bist du geworden und schmalwangig."

„Ja, ich bin krank," rief sie mit einem plötzlichen Bedürfnis nach Vertrauen und Mitgefühl aus. „Hier in meinem Kopf sticht und schmerzt es, als säßen tausend Zwerge darin und hämmerten auf mein Gehirn los. Und die Nächte — mir graut vor den Nächten! Du mußt mir ein Rezept für etwas Opium verschreiben, Doktor Hamstrup will es nicht."

„Gib mir Feder und Tinte, dann will ich dir etwas verschreiben. Du hast einen langen, festen Schlaf nötig."

„Sprich, bitte, nicht mit den anderen darüber. Vater hat so viel gegen diese Art Mittel. Komm mit mir in mein Zimmer. Setze dich dahin — dort an den Tisch. Hier hast du Papier, Carsten."

„Du nimmst aber doch nicht zu viel?"

„Aber Carsten!"

Ida Sofie verbarg das Rezept in einer der Kommodenschubladen und zog den Schlüssel ab.

„Mir ist eine Stellung als Kreisarzt drüben in St. Croix angeboten," sagte Carsten plötzlich.

„Nimmst du das Anerbieten an?"

„Das sollst du bestimmen, Ida Sofie."

„Ich?"

„Du weißt ja, worüber wir an jenem Abend sprachen, als das Telegramm kam, kurz ehe du nach Hause fuhrst," sagte er und reichte ihr die Hand.

Sie nahm sie nicht.

„Carsten," flüsterte sie schmerzlich, „dann glaube ich, daß du reisen solltest."

Draußen aus dem Entree ertönten muntere Stimmen. Es war Ellen, die ihren Verlobten und dessen Vater, den Kaufmann Hoppe, empfing.

Es war spät am Abend.

Inger saß an Ida Sofiens Bett, das Gesicht in die Steppdecke gepreßt.

„Was sollte ich wohl machen, wenn ich dich nicht hätte, Ida Sofie, jetzt, wo Carsten weggeht? — Dich hat er geliebt. Das habe ich immer gewußt. Aber ich bin ja auch krank. Ich habe die bösen Anfälle. Aber ich sah ihn doch. — Ich sah ihn fast jeden Tag. Ich bin so bange, daß ich dich auch verlieren soll. Ich könnte mir denken, daß du stürbest. Ich könnte mir denken, daß du dir das Leben nähmest. Ich habe davon geträumt. Du standest in einem dunklen Laden und kauftest eine Pistole, da wurden Waffen und Galons für die Röcke der Offiziere verkauft.

„Inger, sieh mich an. Wir beide wollen für einander leben. Ich will dich niemals verlassen. Inger, das verspreche ich dir. Du und ich. Ich und du, wir beide Betrübten."

Ida Sofie sah die Flügel der Leiden auf Ingers gebeugtem Rücken wachsen.

„Da oben in meinem obersten Schubfach liegt ein Stück weißes Papier. Gib mir das. Hier ist der Schlüssel. Hast du es gefunden, Inger? Ich lege es in deine Hand als Pfand für das, was ich dir versprach. Gib mir einen Kuß. Zerreiße das Papier in ganz kleine Stücke."

Kriegserlebnisse aus der Mandschurei.
Von
J. von Schaeck.*)
Übersetzt von E. von Loewenfels.
— Coburg. —

I.

Zweiter Besuch in Port Arthur. — Ostergottesdienst an Bord des Admiralschiffes. — In den Batterien des Goldberges. — Angriff der japanischen Flotte. — Die Katastrophe des „Petropawlosk."—

Freitag, den 26. März 1904. Ein Tag voll Regen und Wind. Unser Eisenbahnzug, dem man einige zwanzig leere Munitionswagen angehängt hat, bewegt sich auf den vom Wasser beschädigten, wenig sicheren Dämmen nur langsam vorwärts und legt höchstens zehn Werst in der Stunde zurück.

Nachmittags passieren wir bei strömendem Regen die bergige Gegend, welche sich zwischen Ta-Tché-Kiao und Vafandiane hinzieht. Aus den Schluchten stürzen brausende Gießbäche in die Täler, überschwemmen deren tiefgelegene Teile und verwandeln sie in wirkliche Seen. Die aus ihrem Bett getretenen Bäche führen reißende Wassermassen mit sich, die die gebrechlichen Eisenbahnbrücken bedrohen. Bei unserer Ankunft in Vafandiane erfahren wir denn auch, daß die vor kaum einer Viertelstunde von uns mit aller Vorsicht überschrittene Brücke von den Fluten weggerissen worden ist. Es wird mehrerer Tage bedürfen, den unterbrochenen Verkehr wieder herzustellen.

Port Arthur, Sonnabend, 27. März. Während unserer Abwesenheit hat die Flotte des Admiral Togo kein Lebenszeichen von sich gegeben, so daß in Port Arthur völlige Ruhe herrscht. Es ist Osterheilig-

---

*) Herr von Schaeck hat als Privatsekretär des Großfürsten Boris von Rußland denselben auf den Kriegsschauplatz in die Mandschurei begleitet.

abend. Um halb elf Uhr abends begeben wir uns alle an Bord des „Petropawlosk", um der Mitternachtsmesse beizuwohnen. Es ist zu hoffen, daß wenigstens während der Feiertage die Japaner die russischen Seeleute in Frieden lassen. Sollte der Feind sich dennoch zeigen, so sind alle Maßregeln getroffen, ihn abzuweisen. Admiral Makaroff verbringt die Nacht an Bord eines Kreuzers, der auf der äußeren Reede ankert, während mehrere Torpedoboote auf offener See kreuzen, um die Annäherung der japanischen Flotte zu erspähen.

Mächtige elektrische Scheinwerfer lassen ohne Unterbrechung ihre suchenden Lichtstrahlen spielen und beleuchten den Horizont. Man könnte meinen, eine bewegliche, den Eingang zur Reede schützende Lichtmauer vor sich zu sehen.

Der „Petropawlosk" liegt immer noch auf derselben Stelle am Quai befestigt, in der Nähe des „Cäsarewitsch". In der Dunkelheit nehmen diese beiden Kolosse phantastische Formen an.

Bei dem Mangel jeglicher Beleuchtung gewinnen wir nur tastend den Eingang zur Treppe, welche in das Zwischendeck führt. Hier werden wir plötzlich von einem Meer von Licht geblendet. Mehrere Hundert Matrosen stehen in Reihe, jeder von ihnen hält eine brennende Kerze in der Hand. Der Gelegenheit entsprechend hat die Mannschaft ein feiertägliches Aussehen und die Paradeuniform angezogen. Einige unter ihnen tragen stolz das Georgskreuz auf der Brust, welches sie für die bei dem letzten Seegefecht bewiesene Tapferkeit erhalten haben. Sobald der Priester erschienen ist, beginnt der gottesdienstliche Gesang.

Die beiden Großfürsten, der Schiffskommandant und sämtliche Offiziere, alle in großer Uniform, reihen sich um den Altar. Die Luken sind hermetisch verschlossen, um die Aufmerksamkeit des Feindes nicht zu wecken. Nicht lange dauert es, und die Hitze, wie der Mangel an frischer Luft werden so drückend, daß ein gewisses Unwohlsein sich sichtlich mehrerer der Anwesenden bemächtigt.

Mit schöner klangvoller Stimme amtiert der Priester ruhig weiter, und die Matrosen, welche den Dienst der Kirchensänger versehen, wiederholen im Chor: „Kristos Voskress", das will sagen: „Christ ist erstanden". Nachdem der Segen gesprochen ist, begeben wir uns in den Salon des Admirals, woselbst das Ostermahl bereit steht; aber da man voller Besorgnis war, fanden weder der kalte Braten noch die verschiedenen Kuchen starken Zuspruch. Es ist erst ein Uhr morgens, und man muß immer noch darauf gefaßt sein, daß Kanonendonner das Fest unterbricht. So will auch an diesem Abend keine fröhliche Feststimmung aufkommen. Diese Ostermesse hatte etwas Traurig-drückendes, und auf viele unter uns machte sie den Eindruck einer Totenfeier.

Port Arthur, Sonntag, 28. März. Nichts hat die Stille der Nacht unterbrochen. Seit dem Morgen haben die Straßen von Port Arthur ein festliches Aussehen angenommen. Offiziere und Beamte in gestickten Uniformen wollen ihren Vorgesetzten den Ostergruß bieten und ihre Glückwünsche darbringen. Die städtischen Gefährte, wie die Rickschas und die paar vorhandenen Jswostchiks (niedrige Kaleschen) werden heute gute Geschäfte machen.

Am Nachmittage durcheilen fröhliche Gruppen von Matrosen die Straßen auf der Suche nach Traktirs (Schnapsschenken), wo sie dem Alkohol huldigen und nur schwankend wieder herauskommen. Von den 8000 Matrosen des Geschwaders haben nur einige Hundert die Erlaubnis erhalten, an Land zu gehen. Die Zeiten sind zu ernst, als daß größere Massen der Schiffsbesatzungen hätten ausschwärmen dürfen. .

Admiral Makaroff macht soeben dem Großfürsten seinen Besuch. Auch er ist der Meinung, daß die japanische Flotte wohl bald ein neues Lebenszeichen von sich geben wird.

Port Arthur, Montag, 29. März. In der Frühe verläßt das russische Geschwader Port Arthur, um auf der äußeren Reede zu manövrieren. Da es herrliches Wetter ist, so besteigen wir den „Zolotaia-Gora", oder Goldberg, um die Bewegungen der Kriegsschiffe besser beobachten zu können. Mit dem Feldstecher kann man sehr gut am Horizont die Panzer „Petropawlosk", Sebastopol, „Pobieda" und „Peresswiet", sowie die Kreuzer „Askold", „Nowik" und „Diana", und einige fünfzehn Torpedoboote erkennen. Das ist nicht viel, wenn man mit diesen Kräften die 22 Kampfseinheiten und 60 Torpedoboote der Flotte Togos vergleicht. Der Goldberg erhebt sich mindestens 400 Fuß über dem Meere. Ein wenig unter der oberen Batterie befindet sich die Seetelegraphenstation.

Dank der Klarheit der Luft sieht man die auf den Höhen der Tigerinsel errichteten Forts ganz deutlich, wie die am Eingang zur Reede gestrandeten Brander und zu unseren Füßen nach Osten zu das Hafenbecken und die ganze alte Stadt.

Der die Batterie befehligende Artillerieoffizier erklärte uns die Tragweite der verschiedenen Geschütze und ihre Wirkung für die Verteidigung der Reede. Unterhalb dieser Belagerungsgeschütze, auf halber Höhe des Hügels, befindet sich die bekannte elektrische Batterie, armiert mit gezogenen Geschützen, welche von den japanischen Schiffen außerordentlich gefürchtet werden, tragen doch ihre Geschosse bis zu zehn Werst und noch darüber hinaus. Schon wiederholt hat die japanische Flotte ihr Feuer auf diese Batterie konzentriert, ohne daß es ihr gelungen war, sie zu zerstören. Ringsum sind die Spuren der feindlichen Geschosse zu bemerken. Ehe wir den Berg verlassen, tritt der Großfürst in die von den Offizieren bewohnte Kasematte ein, um daselbst eine Tasse Tee einzunehmen. Die betreffenden Offiziere haben seit zwei Monaten einen sehr harten Dienst, sind sie doch Tag und Nacht auf der Wacht.

Port Arthur, Dienstag, 30. März. Auch diese Nacht ist ohne Alarm verstrichen. Das Wetter ist prachtvoll wie am vergangenen Tage.

Der Kapitän Krone von dem russischen Kanonenboot „Mandschuria", welches in Schanghai festgehalten worden war, ist der Überwachung der Engländer entschlüpft, und nach einer an Abenteuern reichen Reise ist es ihm dank seiner Verkleidung und vollständiger Kenntnis der englischen Sprache gelungen, Port Arthur auf der Bahn von Tientsin und In-Keou zu erreichen. Er erzählt, daß die Deutschen und Österreicher den russischen Matrosen freundlich gesinnt sind, während die Engländer sich öffentlich zugunsten der Japaner aussprechen. Es scheint aber, daß sie dabei doch etwas Scham fühlen, sich mit einem Volke der gelben Rasse verbunden zu haben.

Nach Aussage der Chinesen soll sich die japanische Flotte 60 Meilen von Port Arthur im Schutze der Insel Nan-Chau-Sau-Tao befinden. Das hindert aber nicht, daß die Militärmusik im Stadtparke vor einem zahlreichen Publikum konzertiert.

Um acht Uhr abends suchen wir den Klub der Marineoffiziere auf, wo der Adjutant des Großfürsten Kyrill, Leutnant Coubé, zu Ehren des Großfürsten Boris, mit dem er seit langem gleichfalls befreundet ist, ein Diner veranstaltet hat. Coubé, der wie immer fröhlich und vergnügt ist, gibt uns einige reizende Lieder seines Pariser Repertoires zum besten, wozu ihn Lwoff auf dem Klavier begleitet. Das kleine Fest zieht sich in heiterster Stimmung bis halb zwölf Uhr hin. Um Mitternacht müssen alle Marineoffiziere ohne Ausnahme wieder an Bord ihrer Schiffe sein. — Als wir den Klub verließen, bemerkte ich, daß Coubé darauf bestand, daß ihm die Rechnung zur Begleichung sofort vorgelegt werde. Der Wirt meinte, daß dies durchaus nicht eilig sei und sehr wohl auch morgen noch erledigt werden könnte. „In Kriegszeiten, mein Freund," rief Coubé lachend aus, „gebe ich dir den Rat, keinen Kredit zu geben, denn du kannst nicht wissen, ob wir morgen noch am Leben sind." —

Armer Coubé! Es war in der Tat sein letzter Abend, den er verlebte. Sollten wir ihn doch nicht wiedersehen.

Wir traten in völlige Finsternis hinaus und tasteten uns in der engen Gasse fort, die nach dem Hafen führte. Der Großfürst Kyrill und Coubé begaben sich an Bord des „Petropawlosk". Es ist wohl möglich, daß diesmal die Nacht nicht ohne Kanonendonner vergeht.

Die Offiziere machen die Mitteilung, daß Admiral Makaroff eine Flottille von acht Torpedobooten mit dem Befehle ausgeschickt hat, die feindliche Flotte aufzusuchen und womöglich überraschend anzugreifen.

Port Arthur, Mittwoch, 31. März. Um halb sechs Uhr morgens werden wir durch heftigen Kanonendonner, der vom Meere hertönt,

aufgeweckt. Sollte die gestern abend aus dem Hafen gefahrene Torpedo-
bootsflottille die japanische Flotte gesichtet und angegriffen haben?

Der Großfürst Boris, Prinz Karageorgewitsch, Temidoff und
Lwoff kleiden sich in aller Eile an und haben die Absicht, sich nach der
oberen Batterie des Goldberges zu begeben, um von da aus das Seegefecht zu beobachten.

General Stößel hat versprochen, beim ersten Alarm Reitpferde zu
schicken.

Unterdessen macht sich der Großfürst Boris zu Fuß auf den Weg nach
dem Hafen und erreicht in dem Momente den Quai, als der „Petropawlosk" im Begriff ist, den Anker zu lichten. Prinz Karageorgewitsch
macht dem Großfürsten den Vorschlag, an Bord des Panzers zu gehen;
aber Temidoff bringt ihn wieder davon ab. Im selben Augenblick
kamen die Pferde an, der Großfürst Boris ritt mit seinen Begleitern
im Galopp nach dem Goldberge.

Unser Zugführer, der Ingenieur Besradetsky, benachrichtigt mich,
daß bei dem ersten Geschosse, welches in die Reede fallen würde, er
sich genötigt sehen würde, den Zug auf zwei Werst vom Bahnhofe zurück-
zuführen, da der Platz, wo er sich jetzt befände und der vollständig offen
der engen Einfahrt gegenüberliegt, im Falle eines Bombardements den
Geschossen des Feindes zu sehr ausgesetzt sei.

Unterdessen besteigen wir den Berg, der den Bahnhof beherrscht und
von dessen Gipfel man eine ausgedehnte Aussicht nach dem Meere hat.

Etwa hundert Zuschauer, die von allen Teilen der Stadt herbei-
geeilt sind, beobachten von hier aus den Horizont. Mit dem Fernrohre
kann man die Wechselfälle des Kampfes genau verfolgen. Es geht
das Gerücht, daß ein russisches Torpedoboot, der „Bestrachnyi", in den
Grund gebohrt sei.

In diesem Augenblick ist der Kreuzer „Bayan", der die Reede zuerst
verlassen hat, in einer Entfernung von sechs bis acht Werst auf offener
See im Kampfe mit mehreren japanischen Fahrzeugen. Er verteidigt
sich tapfer, wobei er sich langsam von seinen Gegnern zurückzieht und
der Küste nähert. Nach und nach erblickt man drei, fünf, dann acht
japanische Schiffe. Unterdessen hat das russische Geschwader, bestehend
aus vier Panzern, drei geschützten Kreuzern und einem Dutzend Torpedoboote, die Reede verlassen, um dem Feinde entgegenzugehen. Aber der
japanische Admiral, der seine Schiffe dem Feuer der mächtigen Küsten-
batterien nicht aussetzen will, macht Miene, bei Annäherung der russischen
Flotte sich zurückzuziehen. Da macht der „Bayan" kehrt, und dem Feuer
der feindlichen Schiffe Trotz bietend, geht er seinerseits zur Verfolgung
vor. Es ist ein prachtvolles Bild.

Der „Petropawlosk" nimmt ebenfalls an dem Kampfe tätigen Anteil. Sehr bald nimmt die Kanonade ab. Die japanische Flotte hat

sich entfernt, und das russische Geschwader nähert sich wieder der Küste. Mehrere Torpedoboote und ein Kreuzer haben bereits die schmale Wasserrinne, die der inneren Reede als Eingang dient, passiert. In diesem Momente war es, daß der „Petropawlosk", an dessen Bord sich der Admiral Makaroff, der Großfürst Kyrill und der ganze Stab befanden, anstatt in den Hafen einzufahren, nach Steuerbord wendete und unseren Augen hinter dem Goldberge entschwand.

Da ich das Gefecht für beendet halte, verlasse ich den Berg und begebe mich beruhigt zu unserem Zuge. Es war acht Uhr früh. Nach einer Viertelstunde lassen sich die Kanonen aufs neue hören, aber diesmal scheint das Feuer näher zu sein. Es dauert nicht lange, und die Forts des Goldberges wie der Tigerinsel eröffnen das Feuer. Was geht denn vor? Sollte die japanische Flotte den Angriff erneut haben?

Ich will gerade wieder auf den Berg zurückkehren, als der Diener des Großfürsten, ein Kosake, eilig auf mich zukommt und mir ganz bestürzt mitteilt, daß dem „Petropawlosk" ein Unglück zugestoßen sei. Es liefe das Gerücht um, daß er gesunken. Ich will aber an ein solches Unheil nicht glauben. Im selben Augenblicke kommen unsere Reiter, in eine dichte Staubwolke gehüllt, im scharfen Trabe die Straße herunter. Auf ihren Gesichtern kann ich lesen, daß sich etwas Schreckliches zugetragen hat. Der Großfürst Boris ist ganz verstört, von schmerzlichster Aufregung ergriffen. „Wir sind soeben Zeugen einer gräßlichen Katastrophe gewesen," ruft er mir zu, während er vom Pferde steigt. „Mein armer Bruder ist sicher umgekommen; ich habe keine Hoffnung, daß er sich hat retten können. Ich bin sicher, daß niemand mit dem Leben davongekommen ist, denn das Schiff ist in weniger als zwei Minuten untergegangen." — Demidoff, fahl im Gesicht, befürchtet auch, daß die ganze Besatzung des Panzers von den Wellen verschlungen worden ist.

Der Großfürst zieht sich in seinen Wagenabteil zurück, und wir vermeiden es, ihn in seinem Bedürfnis nach Erholung von der ungeheuren Gemütserregung zu stören. Indessen rollt das Geschützfeuer fürchterlicher denn je. Nach der Explosion und dem Untergang des „Petropawlosk" geht die japanische Flotte, 16 Kampfeinheiten stark, wieder zum Angriff über und richtet, mit vollem Dampfe sich der Küste nähernd, ihr Feuer auf die den Hafen aufsuchenden und nach besten Kräften das Feuer erwidernden russischen Schiffe. Prinz Karageorgewitsch und ich hatten den dem Bahnhofe benachbarten Hügel bestiegen und konnten von hier aus sehr gut beobachten, wie die japanischen Geschosse in der Nähe der russischen Schiffe am Eingang zur Reede einschlugen.

Der Panzer „Pobieda" kehrte stark beschädigt zurück. Auf die Seite geneigt, tauchte er in beängstigender Weise mit dem Vorderteil unter. Auch er war auf eine Mine gestoßen. Mehrere russische Schiffe schossen unausgesetzt auf kurze Entfernung ins Wasser. „Sehen Sie," sagt mir

Prinz Karageorgewitsch, „die glauben an die Gegenwart von japanischen Unterseebooten, und daß sie auf diese Weise vor deren Angriff sich schützen können; aber sie irren sich. Die Japaner haben keine Unterseeboote, und es ist wohl eine Mine, welche dem „Petropawlosk" den Untergang gebracht hat. Es fragt sich nur noch, ob er auf eine russische Mine gestoßen ist, welche, losgerissen durch die Strömung, in das offene Meer getragen worden ist, oder ob er durch eine Mine zerstört wurde, die die Japaner während der Nacht in der Nähe der Küste haben legen können." Nunmehr heißt es, sich auf ein allgemeines Bombardement der Stadt gefaßt machen. Wir steigen zum Bahnhof herab, da sich unser Zug anschickt, eine vor den Geschossen geschütztere Stelle aufzusuchen.

Demidoff gibt mir eine ergreifende Schilderung von dem furchtbaren Vorgange, dessen Zeuge er von den Batterien des Goldberges aus gewesen ist.

Als das Geschwader in den Hafen einlaufen wollte, nahm der „Petropawlosk" ungefähr zwei Werst vom Fuße des Berges uns gegenüber Stellung. Wir verfolgten jede seiner Bewegungen auf das aufmerksamste. Übrigens beobachteten die Offiziere der Batterie dieses Manöver mit einigem Erstaunen, da sie befürchteten, das Schiff könne sich zu sehr den Minen nähern, die in diesen Gewässern gelegt waren. Wenige Augenblicke später machte sich eine Rauchwolke am Vorderteil des „Petropawlosk" bemerkbar. Aller Augen richteten sich auf den Panzer, dessen Bug sich nach und nach in das Wasser senkte. Gleichzeitig legte sich das Schiff auf die rechte Seite. Plötzlich sah man etwas wie eine Explosion an Bord, und eine ungeheure Flammengarbe schoß in die Höhe. Der Koloß verschwand in den Fluten, nur einen schwarzen Fleck und eine Rauchwolke zurücklassend, welche bald vom Winde zerstört wurde. Schäumend hatte sich das Meer über dem ungeheuren Fahrzeuge geschlossen, welches in weniger als zwei Minuten gesunken und gegen siebenhundert Seeleute mit sich in die Tiefe gerissen. Vergeblich hätte man von der Höhe des Berges nur wenige Minuten später nach dem geringsten Merkmale dieses fürchterlichen Ereignisses auf den Wogen des Meeres gesucht.

Der Großfürst Boris befindet sich in einem Zustande schmerzlichster Aufregung. Hätte er nicht mit eigenen Augen das fast unmöglich erscheinende Verschwinden des „Petropawlosk" gesehen, welches so plötzlich und überraschend eintrat, so hätte er noch eine leichte Hoffnung hegen können, daß sein Bruder mit dem Leben davon gekommen ist. — Während dieser Vorgänge kommt Leutnant Stael, ein alter Bekannter des Großfürsten, das Geleise entlang auf unseren Zug zugelaufen. Karageorgewitsch, Demidoff und ich stürzen ihm entgegen. Er sagt uns, daß er glaube, der Großfürst Kyrill habe das Schiff gewechselt und befände sich bei dem Admiral Witheft. Auf uns machte seine Mitteilung den Eindruck einer Erfindung, nur dazu bestimmt, den Großfürsten Boris auf die schmerzliche Wirklichkeit vorzubereiten.

Da kommt aber als zweiter Bote ein Marineaspirant, welcher in aller Hast mitteilt, daß der Großfürst Kyrill von einem Torpedoboote lebend aufgenommen worden ist. Er fügt hinzu, daß der Großfürst Kontusionen davongetragen, und daß ein Marinearzt im Begriff ist, ihm die erste Hilfe zu leisten. Großfürst Boris, der noch durchaus unter dem Eindrucke dessen, was er von der Höhe der Batterie aus gesehen, steht, verlangt von dem Aspiranten das Ehrenwort, daß sein Bruder wirklich gerettet ist. Wir alle danken dem Himmel, daß er das Wunder der Rettung bewirkt hat.

Großfürst Boris wirft sich in einen Wagen, um seinen Bruder vom Torpedoboote abzuholen. In Begleitung des ersten Hafenarztes bringt er ihn bald zurück. Mit seinem geschwärzten Gesicht, verbrannten Augenbrauen und sonstigen Brandwunden im Gesicht macht der Großfürst einen mitleiderregenden Eindruck. Buchstäblich am Ende seiner Kräfte, wird er von seinem Bruder und Demidoff gestützt und erreicht nur mühsam das Lager, das ihm in unserem Waggon bereitet worden ist. Aus seinen entstellten Zügen und dem Ausdruck völliger Erschöpfung kann man ablesen, auf Kosten welcher übermenschlichen Anstrengungen es ihm gelungen ist, sich lebend den alles verschlingenden Wellen zu entreißen.

Der äußersten Anspannung aller Muskelkräfte während seines Kampfes mit dem flüssigen Elemente ist eine völlige physische Erschöpfung gefolgt. Die überreizten Nerven lassen ihn aber kaum Ruhe finden. Beständig stehen ihm die schrecklichen Bilder vor Augen, deren Zeuge er während des letzten Kampfes des „Petropawlosk" gewesen ist. Als die erste Explosion erfolgte, befanden sich der Admiral Makaroff und die Offiziere seines Stabes auf der Kommandobrücke der linken Seite. Der Großfürst Kyrill stand ganz allein mehr rechts nach vorn. Bei der zweiten Explosion war er nahe daran, niedergeworfen zu werden. Die Schornsteine stürzten mit fürchterlichem Getöse auf die Brücke, zerschmetterten in ihrem Sturze die Unglücklichen, die sich daselbst befanden und mit ihrem Blute die Planken netzten.

Nach einem begreiflichen Moment der Betäubung wurde es dem Großfürsten klar, daß die auffliegende Mine sämtliche an Bord befindliche Munition in Brand gesetzt hatte. Er sprang an der linken Seite der Kommandobrücke entlang, stolperte über die Leiche des Admiral Molaß, dessen Kopf gräßlich verstümmelt war, schwang sich über die Brüstung, hing einige Augenblicke in der Luft, und ließ sich ins Wasser fallen. Durch die Strömung in eine große Tiefe niedergezogen, glaubte der Großfürst sein Ende nahe und bekreuzte sich. Alsdann raffte er alle seine Kräfte für den letzten Kampf zusammen und begann, obgleich seine schwere Kleidung ihn sehr behinderte, mit aller Kraft zu schwimmen. Als es ihm geglückt war, an die Oberfläche zu kommen, ließ ihn die Vorsehung ein schwimmendes Trümmerstück finden, an das er sich anklammern konnte.

Der Großfürst kann sich nicht recht entsinnen, wie viel Zeit er so in dem eisigen Wasser zwischen Leben und Tod zugebracht hat. In solchen Augenblicken werden Sekunden zu Minuten. In der Entfernung von einigen hundert Metern fuhr ein Torpedoboot vorbei, ohne seine Hülferufe zu hören. Bald darauf kam ein zweites Torpedoboot an die Unglücksstelle, bemerkte den Schiffbrüchigen und brachte ihm Hülfe. — Betreffs des Admiral Makaroff, so entsinnt sich der Großfürst Kyrill, daß er hörte, wie derselbe von der Höhe der Kommandobrücke den Befehl erteilte, die wasserdichten Querschotte zu schließen. Darauf sieht er ihn noch, sich mit einer Geste der Verzweiflung an den Kopf greifen und sich in aller Hast seines Mantels entledigen.

Der Maler Wereschtschagin, der Kapitän der „Mandschuria", Strone, welcher auf seiner Fahrt von Schanghai so viel Gefahren und Wagnissen entronnen war, der Kommandant des „Cäsarewitsch", alle befanden sich zufällig auf dem „Petropawlosk" und sind zweifellos nicht mehr unter den Lebenden. Bis jetzt weiß man nur, daß der Kommandant Jakowleff, vier Offiziere und einige fünfzig Matrosen gerettet worden sind.

Der Großfürst Kyrill ist untröstlich über den Verlust seines Adjutanten und Kameraden, des Leutnant Coubé. Er vermutet, daß letzterer im Augenblick der Katastrophe sich in der Offizierskabine befunden hat. — In der Stadt ist die Bestürzung nicht weniger groß als in den Kreisen der Marine. Der Admiral Prinz Uchtomsky hat als ältester der überlebenden Admirale den Befehl über das Geschwader bis zur Ankunft des Vizekönigs, dessen Abreise von Mukden aus gemeldet worden, übernommen.

Der Arzt besteht darauf, daß der Großfürst, dessen Zustand nichts weniger als unbedenklich ist, sobald wie möglich Port Arthur verläßt. Es wurde daher beschlossen, daß wir im Laufe des Abends die Rückfahrt nach Liao-Jang antreten. Vorher aber wünschte der Großfürst Kyrill noch diejenigen seiner Kameraden zu sehen, die die Katastrophe überlebten. Mehrere unter ihnen waren schwer verwundet. — Die kräftigsten von ihnen, der Seekadett Jakowleff und Leutnant Baron Knorring erscheinen sofort. In der Eile kleiden sie sich in von ihren Kameraden entliehene Uniformstücke, die ihnen viel zu weit sind. Ihre Unterhaltung mit dem Großfürsten Kyrill nimmt den rührendsten Verlauf. — Der Seekadett Jakowleff, einer der jüngsten Offiziere des „Petropawlosk", ist eine kühne und vor nichts zurückschreckende Natur. Immer heiter, ist er einer jener glücklichen, wenig empfindlichen Menschen, welche selbst durch die tragischesten Ereignisse nicht ihren Gleichmut verlieren. Während des Frühstückes, das er mit bestem Appetit verzehrte, erzählte er uns, wie er sich aus diesem furchtbaren Schiffbruche gerettet habe, obgleich er nicht schwimmen kann!

Wird man wohl je die genaue Ursache des so raschen Unterganges des „Petropawlosk" erfahren? Verschiedene Ansichten sind darüber laut geworden. Es will uns aber scheinen, daß diejenige, welche die Katastrophe dem Eingreifen eines feindlichen Unterseebootes zuschreibt, a priori als höchst unwahrscheinlich auszuschalten ist. Dennoch versichern mehrere Personen auf das bestimmteste, die Glaslinse eines Unterseebootes ganz deutlich an der Oberfläche des Wassers gesehen zu haben.

Ferner ist es unwahrscheinlich, daß das Unglück durch einen Unfall an Bord, wie etwa eine Explosion in der Pulverkammer, durch irgend welche Unvorsichtigkeit seitens der Mannschaft, hervorgerufen worden sei. Vielleicht gelingt es späteren Untersuchungen, die Tatsachen in bestimmter Weise festzustellen. Bis dahin erscheint die Annahme am glaubwürdigsten, daß der „Petropawlosk" auf eine russische — oder japanische — Mine geraten ist, deren Explosion das Vorderteil des Schiffes weggerissen hat. Das hierbei entstandene Feuer hat die Pulverkammer ergriffen und eine zweite Explosion herbeigeführt, welche dem Schiffe die Flanken auseinandergerissen und es sofort zum Sinken gebracht hat.

Es ist bald fünf Uhr nachmittag. Die japanische Flotte hat sich entfernt, und in der Stadt ist die Ruhe wieder eingekehrt. In wenigen Minuten wird unser Zug Port Arthur verlassen. Der Wagenabteil des Malers Wereschtschagin bleibt leer. Die Siegel werden an das Gepäck und Eigentum des Dahingeschiedenen angelegt werden, ehe man seine Sachen nach Rußland befördert. Der Doktor Markoff, ein junger Marinearzt, bleibt beim Großfürsten Kyrill, welcher viel zu überreizt ist, um im Schlafe Erholung finden zu können. Die Schreckensbilder, die er im Moment der Katastrophe durchlebt hat, stehen immer wieder in seiner Erinnerung auf. Der Name Coubé drängt sich ihm ohne Unterlaß auf die Lippen.

Um zehn Uhr abends unterbricht der Zug seine Fahrt auf dem Bahnhof von Pasandiaun, woselbst wir die Nacht bleiben.

II.

Liao-Jang. — Russische Ansiedlung. — Der Transmandschure. — Ein chinesischer Tempel. — Ein Tag in In-Keou. — Dritter Besuch in Port Arthur. — Letzter Versuch der Sperrung des Hafens. — Neuigkeiten vom „Jalu". — Begräbnis japanischer Matrosen. — Einschließung von Port Arthur. — Beschleunigte Abreise nach dem Hauptquartier.

Sonnabend, 10. April. Es ist bereits Nacht, als wir Mukden erreichen. Es wird behauptet, General Ma habe 60 Werst von der Hauptstadt entfernt an 10 000 Mann reguläre chinesische Truppen angesammelt.

Sollten die Chinesen einen günstigen Moment abwarten wollen, um der Armee des General Kuropatkin in die Flanke zu fallen? Diejenigen, welche die Zustände in der chinesischen Armee kennen, behaupten, daß man wenigstens die Hälfte von der Zahl des Korps in Abzug bringen müsse, welches vom General Ma kommandiert wird, da in China die Cadres nur auf dem Papier vollzählig sind. Mag dem sein wie ihm wolle, auf alle Fälle ist General Ma in seinem Lande allmächtig.

Ich selbst habe von einer Persönlichkeit, die sich lange Zeit im äußersten Orient aufgehalten hat, behaupten hören, daß die beste Lösung der mandschurischen Frage darin bestehen würde, Ma zum Herrn der Mandschurei zu ernennen und ihn gleich dem Emir von Buchara zum tributpflichtigen Vasallen Rußlands zu machen. Es ist nur die Frage, ob die chinesische Regierung gutwillig eine so starke Pille hinunterschlucken würde.

Liao-Jang, Sonntag, 11. April. Der Morgen begrüßt uns als Nachbarn des vom General Kuropatkin bewohnten Eisenbahnzuges. Es ist ein heißer Tag. Aber bald erhebt sich ein Wind, der dicke Staubwolken aufwirbelt. Man kann nicht zwei Schritte gehen, ohne buchstäblich geblendet zu werden.

Nachdem der Großfürst Boris mit seinen Adjutanten beim General Kuropatkin das Frühstück eingenommen hat, empfängt er die während der letzten Tage im Hauptquartier eingetroffenen militärischen Vertreter der auswärtigen Mächte. Es sind zwei Engländer, drei Franzosen, zwei Schweizer, zwei Amerikaner, ein Bulgare, ein Italiener, zwei Spanier. Sie bewohnen gemeinsam ein für sie besonders eingerichtetes Haus in der Nähe des Bahnhofes und nehmen ihre Mahlzeiten im Speisewagen ein. Die russische Kolonie in Liao-Jang besteht aus einigen hundert niedrigen Häusern, welche aus grauen Backsteinen erbaut sind. Die größten und räumlichsten unter ihnen sind die Kasernen und die Bureaus des Generalstabes. Überall trifft man unterstützt von chinesischen Kulis russische Arbeiter, die an neuen Bauten arbeiten. In der Nähe der kleinen russischen Kirche, auf einem Platze gegenüber dem Bahnhofe, wird eine Schule erbaut. Was die Straßen anbelangt, so sind sie bei dem Mangel jeglicher Kanalisation und Steinbettung ebenso erbärmlich wie in Charbin. Man muß schon in China gelebt haben, um begreifen zu können, in welchem Maße Staub und Schmutz imstande sind, dem Verkehr Hindernisse zu bieten.

Inmitten dieser einstöckigen und stillosen Gebäude, die einzig zu dem Zwecke errichtet sind, den Offizieren und Beamten als Wohnung zu dienen, erhebt sich stolz auf einer Anhöhe in Gestalt eines Turmes ein altes koreanisches Denkmal. Man stößt allerorten in der Mandschurei auf solche Spuren alter koreanischer Zivilisation, welche der chinesischen in diesem Lande vorangegangen ist.

Liao-Jang, Montag, 12. April. Werden die Feindseligkeiten zu Lande nun bald beginnen? Es geht das Gerücht, daß zwei japanische Regimenter bereits den Jalufluß überschritten haben. Sollte es nur eine einfache Demonstration sein, um den Gegner zu täuschen?

Die Offiziere, welche auf Vorposten gewesen sind, behaupten, daß alle wichtigen Pässe der Nordgrenze von Korea von den Japanern unterminiert worden sind. Sollte daraus der Schluß zu ziehen sein, daß die Japaner sich mit der Besetzung von Korea begnügen und in starken Stellungen hinter aufgeworfenen Verschanzungen den Angriff der russischen Armee abwarten wollen? Es hat jedoch den Anschein, daß General Kuropatkin sich derartigen Illusionen nicht hingibt, sondern darauf gefaßt ist, daß die Japaner in kürzester Frist energisch die Offensive in der Mandschurei ergreifen werden. In Erwartung des Feindes nehmen die Russen eine Verteidigungslinie an den Ufern des Jalu und mehr nach Norden zu ein, die sich über mehr als 100 Werst in einem wilden, bergigen Lande ohne Straßen und ohne Hilfsmittel erstreckt.

Den 120 000 Mann, welche die Japaner bereits in Korea gelandet haben, und die ihre erste Armee bilden, kann General Kuropatkin höchstens eine Armee von 75 000 Mann entgegenstellen, und diese ist noch, um den Anforderungen der Verteidigung entsprechen zu können, in eine größere Anzahl kleinerer Gruppen zerstreut.

Liao-Jang, Dienstag, 13. April. Jeden Tag jagt der Wind die gleichen Staubmassen auf und entführt von einem Ende des Landes zum anderen, in unendlich kleinen Teilen, all den Unrat der Städte und Dörfer in die Lüfte. Glücklich sind diejenigen, welche mit Schutzbrillen versehen ohne Schaden für ihre Augen solchem Staubwirbel begegnen können!

Augenkrankheiten sind daher auch unter den Chinesen sehr verbreitet, und viele von ihnen tragen graue Brillen.

In den letzten Tagen ist kein kriegerischer Vorgang gemeldet worden. Auch in Port Arthur ist alles ruhig. Ich habe mich oft gefragt, welches der Seelenzustand eines gemeinen Soldaten, Rekruten oder Reservisten sein mag, der seinem Dorfe entrissen und von einem Ende der Welt zum anderen befördert wurde, um auf chinesischer Erde einen Krieg gegen einen Feind zu führen, dessen Namen er vielleicht zuvor nie hat nennen hören. Die Ursachen dieses Krieges sind ihm völlig unbekannt, und das Verständnis für die Bedeutung der wirtschaftlichen Eroberung der Mandschurei geht ihm durchaus ab. Für ihn bleibt National- oder Weltpolitik ein totes Wort. Eine einfache und geduldige Natur und im Grunde wenig kampflustig, fragt er nicht danach, wohin man ihn führt. Er weiß nur eines, nämlich daß er sich für „Väterchen" schlägt, und das genügt ihm, um sich dem unbekannten Feinde entgegenzustürzen und sein Leben zu opfern.

Fast jeden Tag sehen wir auf dem Bahnhofe Züge voll Reservisten, die aus Rußland oder Sibirien kommen, durchfahren. Die Leute sind meist noch mit Schafpelzen bekleidet. Sie erhalten die Uniform erst am Orte ihrer Bestimmung. Unter der etwas wilden Ausstaffierung verbergen sich sanfte, von reichem, blondem Barte umrahmte Gesichter, deren gleichgültiger Ausdruck weder Erregung noch Erstaunen beim Anblick des fremden Landes, in dem sie sich befinden, verrät.

Wenn auch die Mandschurei ein chinesisches Land ist, so ist das Eisenbahngebiet bereits ein Teil des großen russischen Vaterlandes geworden. Es ist wohl wahr, daß es von 35 000 Grenzsoldaten bewacht werden muß, und daß bei dem noch lange nicht ausgerotteten Räuberunwesen dieser bewaffnete Schutz noch lange notwendig sein wird, aber die längs des Schienenweges entstehenden Städte und Stapelplätze bezeugen bereits die wirtschaftliche Lebenskraft des Transmandschuren und die kolonisatorische Ausbreitungskraft des russischen Reiches.

Ohne einen immer offenen Zugang zur Südsee ist der Besitz der ungeheuren Gebiete von Sibirien und Transbaikalien nur ein illusorischer.

Die transsibirische Bahn, deren Erbauung 750 Millionen Rubel gekostet hat, hat bereits im ersten Jahre des Betriebes sieben Prozent abgeworfen. Wenn es wahr ist, daß die Amerikaner mehrere Milliarden für die Überlassung der Bahn geboten haben, so geschah es ohne Zweifel, weil sie dabei ein gutes Geschäft witterten.

Will man die fremden Nationen nach der Bedeutung ihrer Interessen in der Mandschurei aufzählen, so muß man an erster Stelle Amerika und alsdann Deutschland und Frankreich nennen. Auch die Japaner unterhielten im äußersten Orient einen bedeutenden Handelsverkehr mit den Russen, nur um von dem Fischdünger zu reden, der vom nördlichen Küstengebiet eingeführt wird, und der eine große Rolle in der intensiven Bewirtschaftung ihres Landes spielt.

Eifersüchtig auf die russische Ausbreitung in der Mandschurei und da sie die wirtschaftliche Eroberung Koreas durch Rußland verhindern wollten, hatten sich die Japaner schon längst auf diesen Krieg vorbereitet.

Es wird behauptet, der Mikado habe den Krieg nicht gewünscht; daß er aber dem Drucke der Militär- und Reformpartei habe nachgeben müssen, welche ihrerseits, um die Mittel zur Ausführung ihres Programms zu erhalten, von der nationalistischen Partei zu dieser Entscheidung gedrängt worden ist.

Ebenso weiß auch alle Welt, daß sowohl der Kaiser von Rußland wie auch seine Regierung den Krieg nicht wünschen, sonst hätte man sich für diesen Fall wohl besser vorbereitet.

Aber wenn man auch an der Newa nicht an einen Krieg glaubte, so war es nicht so im äußersten Orient, wo der Vizekönig wie seine Umgebung einen solchen voraussahen, ja sogar herbeiwünschten.

Gegen Ende 1903 hatte der Admiral Alexejeff vergeblich darum gebeten, eine Armee von 100 000 Mann an die Grenze der Mandschurei zu senden, damit er in der Lage sei, den kommenden Ereignissen die Stirn zu bieten.

Liao-Jang, Mittwoch, 14. April. Auf einem ausgedehnten Übungsplatze, nahe der Eisenbahn, wohnt General Kuropatkin in Begleitung des Großfürsten Boris und des ganzen Generalstabes seit sieben Uhr früh den Übungen der sibirischen Infanterieregimenter bei.

General Trepoff ist am Vormittag angekommen, um die Leitung der Tätigkeit des roten Kreuzes zu übernehmen. Er besucht den Großfürsten, welcher ihn zum Frühstück einladet.

Ein früherer Offizier der Garde zu Pferd, Kapitän Solowieff, ist in einem so beängstigenden Gesundheitszustande vom Jalu zurückgekehrt, daß man für seinen Verstand fürchtet. Man hat ihn in das Hospital des roten Kreuzes gebracht, wo ihn der Großfürst am Nachmittag aufsucht.

Der Bahnhof ist nach wie vor sehr belebt. Jeden Tag laufen jetzt acht Militärzüge ein. Ich bedauere den auf dem Bahnhof stationierten Oberst, dem die Regelung der Militärzüge obliegt. Man merkt ihm wohl an, daß er seit drei Nächten nicht ins Bett gekommen ist. Von Zeit zu Zeit ruht er ganz angekleidet für zwei Stunden auf einem Sofa aus. Ein derartiger Dienst muß auf die Dauer auch die kräftigste Natur untergraben. Übrigens ist es Tatsache, daß in letzter Zeit mehrfach Fälle von Wahnsinn unter den Beamten der Verwaltung und der Eisenbahn festgestellt worden sind.

Die Einsamkeit gewisser Posten, die örtlichen Verhältnisse, die Hitze, das Übermaß von Arbeit, die Unsicherheit der Zustände, alles das ruft andauernde nervöse Überreizung hervor, die nahe an Wahnsinn grenzt.

Es sind erst wenige Tage her, da konnte man auf dem Bahnhofe von Liao-Jang einen nach Petersburg bestimmten Zug bemerken, der angefüllt war von Militär und Zivilbeamten, welche von Geisteskrankheit ergriffen waren.

Liao-Jang, Donnerstag, 15. April. Als Höchstkommandierender der Truppen in der Mandschurei erhält General Kuropatkin ein Gehalt von 160 000 Rubel jährlich. Es befinden sich erst gegen 100 000 Mann in der Mandschurei, und dennoch kostet Rußland der Krieg bereits gegen 2 400 000 Rubel täglich. Das Gehalt eines Reiteroberſten beträgt alles in allem ungefähr 500 Rubel monatlich; der eines Eskadronchef 350 Rubel. Ein Leutnant erhält nur 125 Rubel monatlich, was kaum ausreicht, um seine bescheidensten Lebensbedürfnisse in Liao-Jang oder Charbin zu bestreiten, wo alles unglaublich teuer ist.

Liao-Jang, Freitag, 16. April. Die japanische Armee nähert sich dem Jalu. Mehrere Regimenter haben bereits den Fluß überschritten.

Seitdem diese Nachricht sich im Lande verbreitet hat, macht sich eine gewisse Aufregung unter der eingeborenen Bevölkerung bemerkbar. Man darf sich daher wohl fragen, ob nicht der Fall eintreten könnte, daß die Chinesen sich hinreißen lassen würden, mit den Japanern gemeinsame Sache zu machen, wenn die Russen eine Niederlage erleiden und es ihnen nicht gelingt, den Strom der Eindringlinge aufzuhalten.

Als gestern abend ein russischer Offizier in Begleitung von zwei Kosaken auf dem Rückwege nach Liao-Jang ein Dorf passierte, erhielt er einen Schuß ins Bein. Der Schuß war von einem Chinesen abgegeben worden. Den Kosaken war es nicht möglich, den Täter festzunehmen. Sollte dies vielleicht ein Vorzeichen der Auflehnung gegen die Beherrscher des Landes sein?

In Charbin sind in den letzten Tagen zwei Offiziere der Grenzwache verurteilt worden, weil sie an die Chinesen Pulver verkauft haben. Sie versuchten sich vergeblich damit zu verteidigen, daß sie behaupteten, dem Pulver Kohlenstaub beigemischt zu haben. Aber diese Ausrede verhalf ihnen nicht zu mildernden Umständen, und sie wurden alle beide von dem Kriegsgericht zum Tode durch die Kugel verurteilt.

Nachmittags besuchten wir in Begleitung des Prinzen von Bourbon, des Obersten Lipowetz und des Kriegskorrespondenten Kapitän Agafonoff eine hübsche, in der Nähe der chinesischen Stadt und dem Nordtore der Umfassungsmauer gegenüber gelegene Pagode. Sie enthält unter anderem auch einen großen Buddha, der noch verhältnismäßig gut erhalten ist.

Nach dem Staube, welcher überall in diesem heiligen Orte vorherrscht, und nach dem vernachlässigten Ansehen des verödeten Tempels zu urteilen, scheint es nicht gerade, als ob die Söhne des Himmels häufig hierher kämen, ihre Andacht zu verrichten.

In China gibt es übrigens keine gottesdienstliche Handlung, welche die Gläubigen im Tempel vereinigt. Auf seinem Geschäftsgange betritt der Chinese den Tempel, kauft sich einige brennende Räucherstäbe und wirft sich vor dem Altar nieder, während der Priester die Aufmerksamkeit des Gottes durch Schläge auf ein Tamtam zu erregen sucht.

Am Abend hat der Großfürst die Herren Baron Knorring, den Prinzen Urusoff und den Stabsrittmeister Steinbock, alle drei Adjutanten des Generals Kuropatkin, zum Essen bei sich vereint. Da wir unsere Unterkunft nur wenige Schritte von dem Zuge des Generalissimus haben, so sind wir in der günstigen Lage immer die neuesten Nachrichten vom Kriegsschauplatz, je nachdem solche dem Generalstabe zugehen, aus erster Hand zu erhalten. Doch ist in den letzten Tagen weder von Land- noch von Seekämpfen irgend eine Meldung eingegangen.

Aisanzian, Sonnabend, 17. April. General Kuropatkin hat den Großfürsten beauftragt, die Befestigungen auf der südlichen Halbinsel zu besichtigen und gleichzeitig dem Vizekönig in Port Arthur wichtige Papiere zu überbringen. Somit sind wir in unserem rollenden Hause abermals auf der Fahrt. Es ist ein herrlicher Frühlingstag. Die blühenden Bäume bringen einen fröhlichen Ton in die grünende Landschaft. In China hat der Frühling mehr als anderwärts einen unwiderstehlichen Reiz. Endlich scheint die grünende Vegetation den Sieg über Staub und Schmutz davonzutragen. Zahlreiche Luftspiegelungen lassen uns glauben, am Horizonte ausgedehnte Sümpfe und Seen, umgeben von halb unter Wasser stehenden Bäumen, zu erblicken.

In Aisanzian wird der Großfürst Boris vom General Romanoff und mehreren höheren Offizieren empfangen.

Sobald seine Pferde ausgeladen sind, steigt der Großfürst in den Sattel und reitet mit dem General zur Besichtigung der auf dem Berge angelegten Befestigungswerke, welche zum Schutze dieses äußerst wichtigen Passes angelegt worden sind. Aisanzian kann in der Tat als der Schlüssel zu den Ebenen von Liao-Jang und Mukden angesehen werden.

Nach der Besichtigung ladet der Großfürst den General und seine Offiziere zum Diner ein, welches im Speisewagen stattfindet.

Zum ersten Male seit Beginn des Krieges läuft eine gute Nachricht ein, die viel dazu beiträgt, eine fröhliche Stimmung hervorzurufen. Dem russischen Geschwader von Wladiwostok ist es gelungen, zwei japanische Handelsschiffe zu kapern und ein Transportschiff in den Grund zu bohren. Laut Telegramm sind einige Offiziere und eine größere Anzahl Soldaten als Gefangene an Bord des gepanzerten Kreuzers „Rossia" aufgenommen worden. Der Rest der Truppen, wie die Besatzung, welche sich nicht ergeben wollte, leistete Widerstand und eröffnete das Feuer auf den Kreuzer, worauf dieser antwortete und das Schiff in den Grund bohrte.

Aisanzian, Sonntag, 18. April. Nach dem Frühstück fuhren wir weiter nach Ta-Tche-Kiao. Hier zweigt sich von der nach Port Arthur führenden Hauptstrecke die Linie nach In-Keou und Niu-Tschwang und weiterhin nach Tien-Tsin und Peking ab.

In Ta-Tche-Kiao schließt sich ein Freund des Großfürsten, Kapitän Scalon, uns an. Eine Stunde später erreichen wir den am Ufer des Liaoflusses gelegenen Bahnhof von In-Keou. Von weitem kann man auf dem linken Ufer die ersten Häuser der Stadt und im Hafen die Maste der chinesischen Dschunken sehen, welche zu beiden Seiten des Flusses einen förmlichen Wald von Masten bilden. Nahe dem Bahnhofe befinden sich nur einige Kasernen.

General Kondratowitsch, Kommandeur der neunten sibirischen Schützendivision, welcher in In-Keou in Garnison liegt, empfängt den Großfürsten und geleitet ihn zu den in den nahgelegenen Feldern lagernden Truppen.

Der Großfürst nimmt die Parade über die vor ihren Zelten aufmarschierten Soldaten ab.

Nach dem in einer kleinen und erst kürzlich errichteten orthodoxen Kirche abgehaltenen Tedeum gehen wir, um bei dem General zu dinieren. Zu Ehren der Anwesenheit des Großfürsten hat der General einige dreißig Personen geladen, unter ihnen die russischen Behörden der Stadt und einige Konsuln.

Es geht etwas eng zu in dem kleinen Eßzimmer des Generals, aber die Unterhaltung, welche der Großfürst durch sein freundliches Wesen und seine gewohnte Leutseligkeit aufmuntert, läßt bald alle Befangenheit fallen und nimmt einen lebhaften Charakter an.

In-Keou, Montag, 19. April. Während der Nacht hat es stark geregnet. Zu früher Stunde ist der Großfürst bereits abgeritten, um die Forts in der Nachbarschaft zu besichtigen. Bis zu seiner Rückkehr habe ich die Zeit zu einem Bummel in der Stadt. In-Keou ist der erste Hafen, der in der Mandschurei dem fremden Handel geöffnet wurde. Viele englische, amerikanische und deutsche Händler haben sich daselbst niedergelassen. Ein großer Teil der für die südliche Mandschurei bestimmten Waren wird durch fremde Handelsschiffe nach In-Keou eingeführt. Vor dem Kriege waren die japanischen Schiffe ebenfalls zahlreich am Verkehr im Hafen beteiligt.

Im europäischen Viertel sieht man einige hübsche, meist von Gärten umgebene Häuser. Die französischen Missionare haben daselbst ein Kloster errichtet, in dem sie die ausgesetzten chinesischen Kinder erziehen.

Ein Militärarzt, dessen Bekanntschaft ich tags zuvor gemacht hatte, lud mich auf das liebenswürdigste in sein Haus ein. Ich treffe da den Seekadetten Jakowleff, der auf so wunderbare Weise der Katastrophe auf dem „Petropawlosk" entgangen ist. Er ist auf einige Wochen in In-Keou auf Urlaub, um sich hier zu erholen.

Die Frau des Doktors ist eine reizende Dame. Von deutschen Eltern in In-Keou geboren, spricht sie Deutsch, Englisch, Russisch und Chinesisch gleich gut. Sie liebt die Chinesen und behauptet, daß diese die besten Leute der Welt gewesen seien, ehe die Eisenbahn und die Fremdherrschaft sie beglückten. Es ist bereits das dritte Mal, daß sie in diesem Lande die Schrecken des Krieges schauen muß. Es wird Zeit, daß ich mich zum Frühstück bei General von Grosse, dem Gouverneur der Stadt, begebe. Der General bewohnt ein schönes Haus. Wie in allen europäischen Wohnungen des fernen Ostens, so sind auch hier chinesische Möbel, japanische Porzellanvasen, wie Kunstgegenstände jeder Art reichlich vorhanden.

Der Großfürst Boris kommt bald von seinem Ausfluge zurück, und in kurzer Zeit sind wir alle am Tisch des großen Eßsaales versammelt.

Einige dreißig Gäste, unter ihnen auch zwei Damen, Frau von Groffe und die Frau des Arztes, finden an der Tafel reichlich Platz.

Nach dem sehr abwechselungsreichen Frühstück, bei welchem einige exotische Gänge besonders hervorstachen, begibt sich die ganze Gesellschaft an Bord des im Flusse liegenden russischen Kanonenbootes „Sivutich". Der Kommandant Stratanowitsch, ein richtiger Seebär, sehr originell, der während des Frühstücks nicht aufgehört hatte, die schnurrigsten Geschichten zu erzählen, macht auf seinem Schiff die Honneurs und bietet uns Tee und Champagner an.

Sollte es den Japanern einfallen In-Keou zu okkupieren, so wird das alte Kanonenboot unfehlbar verloren sein.

Unter den begeisterten Hurrarufen der an der Bahn lagernden Truppen verlassen wir In-Keou. Hunderte von Pelzmützen fliegen in die Luft, und die Schnellfüßigsten begleiten, an dem Bahnkörper entlang laufend, den Wagen des Großfürsten.

Port Arthur, Dienstag, 20. April. Es ist gegen fünf Uhr morgens, als der junge Zugführer, welcher seit einigen Tagen an Stelle unseres Ingenieurs Besradetzky getreten ist, den Adjutanten des Großfürsten, Prinz Demidoff aufweckt, um ihn zu fragen, ob die Fahrt fortgesetzt werden soll. Man hört nämlich in der Ferne, in der Richtung nach Port Arthur zu, ein fürchterliches Geschützfeuer. Ohne Zweifel hat die japanische Flotte einen neuen Angriff gemacht, und in diesem Augenblick regnen die Geschosse nur so auf die unglücklichen Bewohner der Stadt.

Demidoff, dem der Wunsch des Großfürsten, einem Bombardement beizuwohnen, bekannt war, schilt den jungen und ängstlichen Beamten ganz gehörig aus, daß er mit dem Aufenthalte so viel Zeit verloren habe, und befiehlt ihm ausdrücklich, die Fahrt des Zuges zu beschleunigen. Als wir aber anderthalb Stunden später angesichts der Reede von Port Arthur angekommen sind, schweigen die Kanonen der Forts und die feindliche Flotte hat sich zurückgezogen.

Wir alle sind sehr begierig zu wissen, was während der Nacht vorgegangen ist. Ohne Zeitverlust begibt sich der Großfürst an Bord des „Sebastopol", um dem Admiral Alexejeff die ihm vom General Kuropatkin anvertrauten Papiere zu überreichen. Die Japaner hatten aufs neue versucht, die an sich schon sehr enge Wasserrinne, welche als Eingang zum Hafen dient, zu versperren. Zu diesem Zwecke benutzten sie den Vorteil einer sehr dunklen Nacht, ließen zehn Brander los und steuerten sie unter dem Feuer der Batterien nach dem Eingang der inneren Reede zu. Währenddessen war die mehr auf offener See gebliebene Flotte damit beschäftigt, die Stadt zu beschießen.

Zum Glück wurden alle diese schwimmenden Phantome in den Grund gebohrt, ehe sie den Eingang des Hafens erreichen konnten; die einen fielen den zum Schutz der Reede gelegten Minen zum Opfer, die andern wurden teils zusammengeschossen, teils durch Torpedoboote vernichtet.

Wiederum hatte die japanische Flotte zahlreiche Matrosen und mehrere Millionen Yen — man kann den Wert eines jeden Branders auf mindestens 200 000 Yen schätzen — geopfert, ohne ihren Zweck zu erreichen, die Reede zu verschließen. Das russische Geschwader ist noch imstande, den Hafen zu verlassen, wobei es allerdings lavieren muß, um die wie Klippen hervorragenden Überreste der gesunkenen Schiffe zu vermeiden.

Nach Aussage der Bewohner von Port Arthur war die Reede mehrere Stunden lang dem Feuer ausgesetzt. Die japanischen Geschosse kreuzten wie Schwärmer den Himmel und schlugen in allen Teilen der Stadt ein. Die Forts feuerten ohne Unterbrechung, während die russischen Soldaten vom Ufer aus Salven auf die feindlichen Schaluppen abgaben, welche versuchten, sich der Küste zu nähern. Kurzum, es war eine höllische Nacht.

Um nach den letzten Vorgängen einen vollständigen Überblick über die äußere Reede zu haben, stiegen wir hinauf in die Batterien des Goldberges. Die See geht hohl, und der Horizont verliert sich im Morgennebel. Oberhalb der Tigerhalbinsel, in der Richtung des Kap Liao-Ti-Chan, dessen Felsen das äußerste südliche Ende der Halbinsel Kwang-Tung bilden, lassen sich Kanonenschüsse vernehmen. Das Feuer kommt von den russischen Forts; denn wahrscheinlich haben sie einige verdächtige Schiffe in der Nähe der Küste bemerkt.

Das Bild, das die Reede bietet, ist wirklich unheimlich. Inmitten eines Waldes von halb unter Wasser stehenden Masten und Schornsteinen sieht man nur schwimmende Trümmer. Die Wogen brechen sich an diesen neugebildeten Klippen, und unter den Trümmerresten, welche sie aus Ufer spülen, fischt man die Körper der tapferen Matrosen auf, die während dieser fürchterlichen Nacht den Tod in den Wellen gefunden haben. Ein kleines, dem Anschein nach ganz unversehrtes Schiff, ist an den Felsen zu Füßen der elektrischen Batterie gescheitert.

Der deutsche Marine-Attaché, Kapitän Hoffmann, den wir auf der Batterie antrafen, ist während der ganzen Nacht Zeuge der furchtbaren Kanonade gewesen.

Die Brander näherten sich in drei Abteilungen heldenmütig unter dem vernichtenden Feuer der Strandbatterien. Niemals bisher waren diese so angestrengt. Es gelang ihnen, ein Torpedoboot, das sich einige Kilometer entfernt auf hoher See befand, zum Sinken zu bringen. Als der erste Brander unterging, brach die kleine Besatzung, die sich nach dem Bug zurückgezogen hatte und jetzt dem sicheren Tod ins Auge sah, in ein lautes „Banzai" (d. h. Hurra) aus!

Unterdessen erschienen die übrigen Brander nacheinander und näherten sich mit erstaunlicher Schnelligkeit. Der zweite Brander verschwand von Geschossen durchbohrt in den Wellen. Die Bemannung rettete sich ins Mastwerk und gab unaufhörlich Feuerzeichen. Nicht lange dauerte es, und die übrigen Brander erlitten dasselbe Schicksal. Matrosen, welche in einer Schaluppe das offene Meer zu gewinnen suchen, werden mit Geschossen überschüttet. Ein bemanntes Boot wird auf den Strand gesetzt. Als die Mannschaft wahrnahm, daß sie in Gefangenschaft geraten würde, so versuchte sie, obgleich zum größeren Teil verwundet, sich zu erdrosseln. Einem japanischen Offizier gelang es, schwimmend das Land zu erreichen. Russische Soldaten, die ihn am Ufer unbeweglich liegen sehen, halten ihn für ertrunken und schicken sich an, ihn aufzuheben. Im selben Augenblick aber zieht der Japaner, obgleich bereits verwundet und vor Schwäche erschöpft, den Revolver und feuert auf die herankommenden Soldaten. Ihrerseits sahen sich nun auch diese genötigt, von ihren Waffen Gebrauch zu machen und den zum Tode Verwundeten ins Jenseits zu befördern.

Als nach beendetem Kampfe russische Boote den Hafen verließen, bemerken sie japanische Matrosen, welche sich an der Spitze eines aus dem Wasser ragenden Mastes angeklammert hatten. Seit mehreren Stunden befanden sich diese Leute in der schrecklichen Lage, von den Wellen zwischen Himmel und Wasser hin und her geschleudert zu werden. Man glaube aber ja nicht, daß sie bereit gewesen wären, sich zu ergeben! Bei der Annäherung der feindlichen Boote verteidigten sie sich noch mit ihren Revolvern und warfen Handgranaten nach den Fahrzeugen. Man mußte darauf verzichten, diese Fanatiker lebend gefangen zu nehmen. Die russischen Matrosen nahmen sie aufs Korn, und wie man Vögel vom Gipfel eines Baumes herunterschießt, so fiel einer nach dem anderen getroffen ins Wasser.

Seit dem Morgen hat man bereits einige dreißig Leichen japanischer Matrosen und die mehrerer Offiziere geborgen.

Der Strand ist weithin mit den traurigen Wahrzeichen dieser schrecklichen Nacht bedeckt. Der Großfürst Boris, der die Batterien verlassen hat, trifft am Strande ein. Im selben Augenblick schifft ein russisches Boot zwei japanische Matrosen aus, die auf dem am Fuße des Goldberges gescheiterten Brander zu Gefangenen gemacht worden sind. Hatten die beiden armen Teufel etwa erwartet, erschossen zu werden? Beinahe möchte man es, dem Erstaunen nach zu urteilen, glauben, das sich auf ihren Gesichtern zeigte, als sie die nötigen Kleidungsstücke erhielten, um ihren Anzug zu vervollständigen. Ohne alle Scheu verbeugten sie sich nach der Sitte ihres Landes, wobei sie ein leises Pfeifen hören ließen, respektvoll vor dem Prinzen Bourbon, der jedem einzelnen ein Paket Zigaretten schenkte. Hierauf machen sie sich, begleitet von zwei

Matrosen mit aufgepflanztem Bajonett, auf den Weg nach dem Gefängnis. Der Kleinere von ihnen hat große Mühe, in den großen Stiefeln vorwärts zu kommen, die man ihm geliehen hat, um seine Füße vor den scharfen Kieselsteinen des steilen Pfades zu schützen, der an dieser Stelle nach der Küste emporklettert. Wenn er in seinen Siebenmeilenstiefeln ausrutscht oder stolpert, so beeilen sich die begleitenden russischen Matrosen, ihm mit einem kräftigen Stoße vorwärts zu helfen. Das geht aber alles in bester Kameradschaft und ohne Böswilligkeit vor sich.

Ist dies nicht ein Beweis für den im Grunde gutmütigen und menschenfreundlichen Charakter des russischen Bauern? Bei keiner Gelegenheit ist mir das Schreckliche und Verwerfliche des Krieges so zum Bewußtsein gelangt, wie gerade in diesem Augenblick.

Im Laufe des Nachmittags empfing der Großfürst den Besuch des Vizekönigs und des Generalstabschefs, General Gilinsky.

Vom Jalu sind schlechte Nachrichten eingetroffen. Die russischen, von General Zassulitsch befehligten Truppen haben eine ernstliche Niederlage erlitten. Von weit überlegenen Kräften angegriffen, sah sich der General unter Preisgabe von zwanzig Geschützen genötigt, den Rückzug anzutreten. Auf russischer Seite wird der Verlust auf 2000 Tote und Verwundete geschätzt.

Bei seiner offenkundigen numerischen Schwäche ist es unbegreiflich, wie sich General Zassulitsch auf eine allgemeine Schlacht einlassen konnte. Er hätte sich doch sagen müssen, daß es ihm mit seinen wenigen Truppen nicht möglich war, der ganzen ersten japanischen Armee gegenüber standzuhalten. Er durfte den Kampf nicht aufnehmen, sondern mußte sich langsam zurückziehen und in der Defensive halten. Von militärischer Seite wird seine Taktik scharf verurteilt, wenn man auch seiner Tapferkeit Gerechtigkeit widerfahren läßt. Natürlich hat der Verlust einer so großen Anzahl von Geschützen schon beim ersten Zusammentreffen mit dem Feinde einen höchst peinlichen Eindruck hervorgerufen.

Es fiel mir bei dieser Gelegenheit der Ausspruch des Großfürsten Kyrill ein: „Gebt nur acht, ihr werdet noch merken, daß die Japaner zu Land ebenso gefährliche Gegner sind, wie zur See."

Port Arthur, Mittwoch, 21. April. Während wir unseren Morgentee einnehmen, marschiert bei den Klängen eines Trauermarsches eine Abteilung russischer Matrosen an unserem Zuge vorbei. Der Abteilung folgt eine lange Reihe von Telegas, einer Art von Karren, auf welche man die Särge und Körper der in der Nacht vom 19. auf den 20. April umgekommenen japanischen Offiziere und Matrosen, deren Leichen am Strande geborgen worden waren, verladen hat.

Der Großfürst verläßt seinen Wagen, und wir folgen dem Trauerzuge nach dem Friedhofe, welcher am Abhange des den Bahnhof beherrschenden Hügels liegt. Zwei große Gruben sind gegraben worden; die eine dient zur Aufnahme der Särge der zwei Offiziere, die andere ist bestimmt für die dreißig in grobe Säcke eingenähten Leichen der Matrosen. Als letztere alle nebeneinander in der Grube niedergelegt worden sind, gibt die Matrosenkompagnie drei Salven ab, und die ersten Schaufeln Erde bedecken die Helden des gestrigen Tages. Die Trauerfeier ist beendet, und wenige Minuten später marschiert die Mannschaft unter den heiteren Klängen eines Marsches wieder an unserem Zuge vorbei. Wir begeben uns an Bord des „Sebastopol" zum Frühstück bei Admiral Alexejeff. Der Panzer ist im östlichen Hafenbassin an derselben Stelle am Quai befestigt, welche vor ihm sein Schwesterschiff, der „Petropawlosk" eingenommen hatte. Unter den Gästen befinden sich der Prinz Bourbon, der General Stössel, der Prinz Uchtomski und der Generalstabschef Smirnoff.

Nach dem Frühstück besucht der Großfürst das in der inneren Reede liegende Hospitalschiff „Mongolia", an dessen Bord sich unter anderen auch der Kommandant des „Petropawlosk", Jakowleff, befindet. Wir sind glücklich, ihn auf dem Wege guter Besserung zu finden, wenn er sich auch infolge seiner schweren Verwundung, die er bei der Katastrophe erhielt, recht verändert hat.

Das Schiff ist vom Roten Kreuz in mustergültiger Weise zum Hospital eingerichtet worden. Unter den fünfzehn daselbst gepflegten Verwundeten befinden sich auch zwei japanische Matrosen, die man tags vorher auf einem der Brander gefunden hatte. Die beiden Kommandanten der Torpedoboote, welche der Großfürst für den Abend zum Essen eingeladen hat, behaupten, daß die Katastrophe des „Petropawlosk" durch japanische Minen herbeigeführt worden ist. Übrigens sind sie überzeugt, daß es den Japanern nie gelingen wird, die Hafeneinfahrt zu sperren.

Während wir noch harmlos plaudernd im Speisewagen sitzen, bringt ein Offizier des Generalstabes dem Großfürsten die Meldung, daß gegen zehn Transportschiffe in der Nähe von Pi-Tze-Wo bemerkt worden sind und man sich daher auf eine baldige Landung japanischer Truppen auf der Halbinsel von Kwang-Tung gefaßt machen dürfte.

Die Verbindung der Eisenbahn mit Liao-Jang ist seit heute unterbrochen. Vom Hauptquartier ist heute morgen kein Zug hier eingetroffen. Als Chinesen verkleidete Japaner haben die Brücke bei Ta-Tche-Kiao zerstört; doch soll der Schaden bald wieder hergestellt sein. Der Großfürst, dessen Auftrag in Port Arthur erfüllt ist, hält sich daher bereit, am nächsten Morgen Port Arthur zu verlassen. Ein mir bekannter Offizier fordert mich auf, ehe wir Port Arthur verlassen, mit ihm das chinesische Stadtviertel zu besuchen. Nie in meinem Leben habe ich etwas

Schmutzigeres und Abstoßenderes gesehen, als die elenden Wohnungen, in die mich die Neugierde geführt.

Bei unserer Rückkehr in die Nähe des Hafens herrschte hier die größte Ruhe.

Es ist nicht wahrscheinlich, daß die japanische Flotte diese Nacht abermals einen Angriff machen wird.

Port Arthur, Donnerstag, 22. April. Am frühen Morgen hat sich die japanische Flotte am Horizont gezeigt, wahrscheinlich um ein Auslaufen des russischen Geschwaders und dessen mögliche Absicht, die Ausschiffung der Truppen bei Bi-Tze-Wo zu stören, zu verhindern. Bereits sind 17 Transportschiffe signalisiert; wenn man annimmt, daß jedes 1000 Soldaten trägt, so kann man rechnen, daß heute schon 17000 Mann auf der Halbinsel landen. Bi-Tze-Wo ist höchstens 30 Werst von der Bahnlinie entfernt.

Will der Großfürst den Generalstab des Generals Kuropatkin noch erreichen, so ist es höchste Zeit, daß er abreist, denn in ein bis zwei Tagen, vielleicht schon diese Nacht, wird die Bahn unterbrochen sein. Es wird behauptet, daß die Japaner eine Armee von 60000 Mann auf Port Arthur in Marsch gesetzt haben. Der Platz ist sehr gut befestigt und besitzt jetzt eine Garnison von 30000 Mann. Zur Zeit des ersten Angriffs der japanischen Flotte bestand die Garnison nur aus 2000 Mann; den neuerbauten Forts fehlt es jedoch an grobem Geschütz. Im Falle einer Belagerung wird man wohl seine Zuflucht zu den Geschützen der Flotte nehmen müssen, um die betreffenden Batterien damit zu armieren. Ist Port Arthur gut mit Munition und Proviant versehen, so kann es auf viele Monate hinaus Widerstand leisten.

Der Vizekönig schickt um sieben Uhr morgens einen Offizier, der uns auf das Kritische unserer Lage aufmerksam macht. Ohne auch nur eine Minute zu verlieren, müssen wir uns auf den Weg machen. — Admiral Alexejeff bereitet sich ebenfalls zur Abreise nach Mukden vor, wird aber erst etwas später als wir Port Arthur verlassen. Die letzten Meldungen bestätigen, daß japanische Patrouillen sich bereits bis auf 10 Werst der Eisenbahn genähert haben.

Werden wir wohl noch ohne Behinderung durchkommen, oder sollten wir aufgehalten werden und vielleicht gar den Rückweg nach Port Arthur einschlagen müssen? Im letzten Falle müßten wir uns darein ergeben, alle Leiden einer langen Belagerung über uns ergehen zu lassen.

Demidoff treibt energisch zur Abfahrt und befiehlt eine möglichst schnelle Fahrt. Bis Ta-Tche-Kiao wird nirgends angehalten, außer an den Stationen, wo die Maschine Wasser nehmen muß. Alles geht gut. Wir fahren mit vollem Dampfe. Mehrmals verursacht uns jedoch der Speisewagen, dessen Achsen heiß zu werden beginnen, einige Besorgnis.

Wir nähern uns jetzt dem Abschnitte, welchen bereits japanische

Patrouillen durchziehen. In Bafandiane hat man wenige Minuten vor unserer Durchfahrt zwei Chinesen dabei ertappt, wie sie eben dabei waren, eine Büchse mit Explosionsmasse auf die Schienen zu legen. Da sind wir noch einmal mit heiler Haut davongekommen und vor einer Luftreise bewahrt geblieben. Endlich kommen wir in La-Tche-Kiao an, woselbst wir erfahren, daß die japanischen Vorposten bis nahe an Bafandiane, nur sechs Werst von der Bahn, vorgeschoben worden sind. Von nun an ist jeder Bahnverkehr nach Port Arthur eingestellt. Heute morgen kreuzten wir die beiden letzten Züge, welche La-Tche-Kiao passiert hatten. Der erste Zug war ein Munitionszug, was gewiß für einen Platz wünschenswert ist, der demnächst belagert werden wird. Der zweite brachte russische Arbeiter, welche für die Werftarbeiten in Port Arthur angeworben waren. Es ist ein herrlicher Frühjahrstag. Überall in der Gegend sieht man die Chinesen friedlich an der Bestellung ihrer Felder arbeiten.

Arme Leute! Sie ahnen noch nichts von dem Unheil, das über sie und ihre Heimat hereinbrechen wird.

Um 9 Uhr abends erreichen wir den Bahnhof von Liao-Jang. General Kuropatkin ist glücklich, daß der Großfürst ohne Unfall die Fahrt zurückgelegt hat. Doch ist er in Sorge wegen des Schicksals des letzten Zuges, der mehrere Wagen mit Kranken und Verwundeten mit sich führt, und welcher zwei Stunden nach der Abfahrt des Vizekönigs Port Arthur verlassen hat. Alle Welt unterhält sich über den Kampf am Yalu, die Ausschiffung der japanischen Truppen bei Pi-Tze-Wo und bei Port Adam, sowie über die Möglichkeit einer Belagerung von Port Arthur. — Es wird behauptet, General Zassulitich habe den Anordnungen des Oberfeldherrn entgegen gehandelt. Kuropatkin hatte ihm befohlen, den Vormarsch des Feindes so viel wie möglich aufzuhalten, aber sich nicht in einen nachhaltigen Kampf einzulassen. — Seit dem Morgen des 13. April haben die Bewegungen der Japaner begonnen. Ohne ernstlichen Widerstand wurden von den Russen die beiden Inseln im Yalu in der Nähe von Whu aufgegeben. Drei Tage später war die oberhalb Whu geschlagene Brücke fertig und diente den Japanern zur Überführung ihrer Artillerie, welche am nächsten Tage die russischen Verschanzungen bei Turentchen unter Feuer nahm. — Die Front der russischen Armee dehnte sich ungefähr zehn Kilometer weit aus und lehnte sich mit ihrem linken Flügel an Turentchen und mit dem rechten an Antung an.

Die japanische Infanterie suchte den linken russischen Flügel zu umfassen und hatte ihn nach kurzer Zeit zurückgedrängt. Mittlerweile waren zahlreiche Kanonenboote bis in die Nähe von Antung den Fluß heraufgefahren und beteiligten sich an dem Kampfe auf dem rechten Flügel. Von Geschossen überschüttet, konnten die russischen Feldbatterien das Feuer der von den Japanern über den Fluß geschafften Belagerungsgeschütze nicht wirkungsvoll erwidern. Mehrere Bataillone des elften Regiments wurden vollständig eingeschlossen. Die Reihen lichteten sich sichtlich. Offiziere und Soldaten kämpften gleich Helden unter einem nicht endenden Kugelregen. Als der Oberst gefallen war, sammelte der Feldpriester des Regiments die Soldaten, setzte sich, das hochgeschwungene Kruzifix in der Hand, an die Spitze der Kämpfer und durchbrach mit ihnen die feindlichen Reihen. Mehr als 26 Offiziere und 800 Mann blieben auf dem Schlachtfelde; auch der Priester wurde verwundet.

Auf dem linken Flügel hatte eine Division der japanischen Garde die russische Stellung überflügelt und drohte sie zu umschließen. Die überlebenden Leute einer russischen Batterie, welche ihren Kommandanten, die Hälfte der Leute und sämtliche Pferde verloren hatte, mühten sich vergeblich ab, die Geschütze mit ihren Armen fortzuschaffen. Die Lage wurde von Moment zu Moment kritischer. General Zassulitsch sah sich genötigt, seine Armee auf Feng-Hoang-Tscheng zurückgehen zu lassen. Zur Fortschaffung der Verwundeten mußten Chinesen requiriert werden. Auf beiden Seiten waren die Verluste bedeutend. Die Russen hatten mehr als 2000 tot und verwundet, beinahe ein Viertel ihrer Gefechtsstärke. Es ist dies ein außerordentlich hohes Verhältnis, welches sich nur auf den blutigsten Seiten der Kriegsgeschichte verzeichnet findet. Was die Japaner anbelangt, so scheint es, daß sie, nach den Depeschen aus Tokio zu schließen, bemüht sind, ihre Verluste zu verheimlichen. Wenn man den Chinesen glauben darf, so hätten sie einen Verlust von mehr als 5000 Toten und Verwundeten gehabt.

Mite Kremnitz.

„Sub specie aeternal."

Eine Betrachtung ihrer Werke und ihrer literarischen Persönlichkeit.
Von
Hermann Kienzl.
— Berlin. —

n den großen Scheunen des Buchhandels und der Leihbibliotheken sucht das Herdentier immer noch sein altes Lesefutter. Einst waren es die Ritter und Räuber erzeugenden Vulpius und Spieß, die den Markt beherrschten, und über Clauren, Spindler, die Marlitt und Ebers bis zum Verfasser des „Götz Krafft" zieht sich auf den Thronen und Thrönchen der Beliebtheit die Reihe ihrer ungezählten Enkel hin. Nichts mehr von Rittern und Räubern! Wir waren pseudo-romantisch, waren pseudo-historisch und pseudo-wissenschaftlich, es blühte der Familien-, nein, der Familienblatt-Roman, und heute sind wir vorwiegend sozial. Die schwielige Faust des Arbeiters und das Firmenschild dieses oder jenes Standes sind die Ex-libris-Zeichen der modernen Universalbibliothek. Den Wechsel im Gewande der Erzählung führten immer die starken Wirkungen starker Geister herbei. Doch s i e wurden selten bei der Masse der Leserschaft Oligarchen. Die Dichter — von einigen, besonders von Zola abgesehen, der seine Herrschaft den nebenbei geweckten niedrigen Instinkten dankt, die die Höhe seines Werkes nicht ahnen — die Dichter überließen das Zepter auf Zeit und Kündigung den Modeschriftstellern, den schlauen Schenken, die den neuen Wein mit dem alten Romanwasser mischten. D i e s e Wassertaufe löscht nicht die Erbsünde, sie macht die großen und kleinen Nabobs der Literaturindustrie, die vielen zeitweiligen Lieblinge des

Publikums, als die echten Sprossen des Clauren- und Marlittgeschlechtes kenntlich. Als ob nicht schon vor nahezu einem Jahrhundert mit Goethes „Wahlverwandtschaften" der Grundstein und das Meistermonument des psychologischen Romanes gesetzt worden wäre; als ob nicht Zola die Kultur eines ganzen Zeitalters vor dem Mumienstaub der Kulturgeschichte bewahrt, die künftige Vergangenheit der Volksschichten in den Leiden, Lastern und Taten ihres Alltags zu einer für immer lebenswahren Gegenwart gemacht hätte; als ob nicht Tolstoi die Gefäße seiner Erzählungen mit zeitloser Erkenntnis, d'Annunzio sie nicht mit der Farbenpracht der Renaissance und den echten Träumen heißen Blutes und zitternder Nerven, die nordischen Dichter Björnson, Geijerstam und Bang sie nicht mit aller Größe unverfälschter seelischer Subtilitäten gefüllt hätten: behagt sich der unabsehbare Troß der vielgelesenen Erzähler bei „Verwicklung" und „Spannung". Noch immer überschwemmt die englische Belletristik mit ihren gedankenlosen Phrasen und ihren hohlen Spuk-Phantasien die deutschen Zeitungen, Zeitschriften und Buchhandlungen mehr noch in Kopien als in Übersetzungen. Die Helden des Tageserfolges haben den üblen Beigeschmack zu verantworten, der den Worten „romanhaft" und „theatralisch" wahrhaftig nicht erst seit heute — anhaftet, Worten, die ihrem Ursprung nach dem Gipfel dichterischen Schaffens, der lauteren Kunst und Wahrheit gelten sollten. Aber für die blendenden Erfolge der Unwahren, ja, für die Existenz der verlogenen Romanliteratur ist allein das Publikum verantwortlich. Bei der großen Mehrheit derer, die schreiben, spielt das innere Müssen eine geringe Rolle; Angebot richtet sich vielmehr nach Nachfrage. Der hergebrachte Erzählstil des konventionellen deutschen Dutzendromans lebt von den deutschen Dutzendlesern. Wie wassersuppig trotz des Kampfes der Geister in einer kleinen Welt der Geschmack in der großen Welt unserer sogenannten Gebildeten ist, beweist die Wucherung so vieler kastrierter Familienblätter. Dennoch ist's ein Gemeinplatz, und ein törichter überdies, so ganz allgemein von der Versumpfung unserer erzählenden Dichtung zu sprechen. Kork schwimmt obenan — heute wie ehedem. Das Bedeutende hatte selten rasche Heeresfolge, doch braucht es auch nicht „seine" kleine Zeit, weite Zeiten empfangen es. Absolut, nicht im Verhältnisse zu den lauten Sensationen der Mode gemessen, ist gerade in unseren Tagen die Zahl der ernst Schaffenden und ernst Genießenden nicht gering, sind die Ackerfurchen, die die deutschen Erzähler ziehen, doch recht tief. Langsam reiften einst die Saaten Jean Pauls, Gottfried Kellers, Theodor Storms, Konrad Ferdinand Meyers, Fontanes, Adalbert Stifters; und wenn auch nicht jeder der gewichtigen Neueren schon heute nach Maßgabe seiner Kraft Nachhall fand, so übergibt doch unsere Gegenwart der Zukunft einen Schatz von deutschen Meisterwerken des Romanes und der Novelle. Wir leben im Zeitalter

Wilhelm Raabes, Bierbaums, Roseggers, Sudermanns, der Ebner-Eschenbach und der Mite Kremnitz.

Als Mite Kremnitz vor 24 Jahren mit ihrem ersten Novellenbande („Fluch der Liebe!") vor die Öffentlichkeit trat — die sehr jugendliche Schriftstellerin hatte schüchtern ein Pseudonym (George Allan) gewählt —, wurde sie von den Kennern mit Hoffnungsfreudigkeit als die Botin einer neuen Kunst der erzählenden Dichtung begrüßt. Damals lag der deutsche Realismus noch sozusagen in den Windeln. Um die Münchener „Gesellschaft" M. G. Conrads und Bleibtreus und im Leipziger Verlage Wilhelm Friedrichs sammelten sich die Rekruten. Mite Kremnitz nahm in ihren ersten Schriften schon die künftige Entwickelung des realistischen Stiles vorweg; denn mit einer scharfen Beobachtung, mit einer aller Phantasterei abholden Wirklichkeitstreue, mit einer vorzüglichen parteilosen Schilderung des Milieus verband sie seelenvolles Streben; aus der Welt, die ihre Feder konterfeite, zog sie ein in eine andere, in die der festen, klaren Erkenntnis und der alles begreifenden, sich und die Leidenschaft überwindenden Liebe. Keine Asketin; nein, eine Vorkämpferin des Herzens und der Vernunft gegen die herzlose Gesellschaft und ihre paragraphierte Moral; aber eine Siegerin auch im Unterliegen. Und ihr Pessimismus ließ sie schon damals die Erwählten ihrer Phantasie meist zerschellen lassen im Kampfe gegen das feindliche Objekt, gegen die „legitimen" Realitäten. Dann starben oder entsagten ihre freieren Menschen. Aber in Gretchens Kerker tönt, während Faust entflieht, die Stimme von oben: „Ist gerettet!"

Die Empfänglichen mußten auf diese merkwürdige Begabung aufmerksam werden; auf die Kraft einer vollkommen gereiften, trotzigen Weltanschauung; auf die seltene Fähigkeit, zartes Fühlen, Gutes und Böses in den Menschen nachzuempfinden und, von der eigenen Persönlichkeit losgelöst, zu objektivieren; auf die erstaunliche technische Fertigkeit, die abgebrauchte Mittel durchaus verschmähte. Niemand mochte annehmen, daß „der Verfasser" der ersten fünf Novellen außer Übersetzungen vorher nie noch schriftstellerische Arbeit geleistet hatte — auch nicht zur Selbstschulung und zum Hausgebrauche. Ein langer Essay im Leipziger „Magazin für die Literatur" hob sogar als selbstverständliche Voraussetzung hervor, „George Allan" müsse, ehe die Reife dieser der Öffentlichkeit übergebenen Produktion erreicht wurde, „Versuche und Vorübungen pfundweise in das läuternde Feuer geworfen" haben, denn „nirgends finde sich auch nur die leiseste Spur des Dilettantischen, des Spielenden und Unberufsmäßigen". In jedem Kunstbereiche ereignet es sich jedoch zuweilen, daß ein Talent die Lehrjahre mit Siebenmeilenschritten zu durcheilen scheint; bei manchem ängstlichen Künstler fallen nämlich die Hemmungen des Betätigungstriebes erst weg, wenn sich der Entwicklungsprozeß, der keinem erspart bleibt, in der Stille der

Gedanken vollzogen hat. Keiner der Propheten des neuen Dichters — darunter Richard Voß, Hermann Heiberg, Paul Dobert, Fritz Mauthner, der Dramatiker Engel — ahnte, daß der männliche Schriftstellername eine junge Frau deckte, denn nur die absoluten Vorzüge des weiblichen psychologischen Spür- und Feinsinns und des Vermeidens gewisser grober Äußerlichkeiten waren der Schriftstellerin eigen, die von den lästigen typischen Zügen schriftstellernder Frauen keinen besaß. Der geschwätzigen Breite und dem Schwelgen in Lyrismen, Eigenschaften des Geschlechtes, stand hier eine zielsichere Knappheit des Ausdruckes entgegen. Der Stil Mite Kremnitz' wäre karg zu nennen, wenn er nicht mühelos zu den Höhen, zu den Tiefen dränge, das Bild lückenlos malte und statt der vielen Worte, die dem Hörenden das Denken überlassen, eine dichte Fülle empfundener Gedanken ohne jede unbescheidene Aufbauschung ausstreute. Mite Kremnitz hat später sogar zwei, sage zwei Romane in einem Bändchen von nur 166 Seiten („Aus der Rumänischen Gesellschaft") veröffentlicht, und es kann heute getrost betont werden, daß sich in ihren dichterischen Schriften, die dreißig große und kleine Bände füllen, nur wenige entbehrliche Druckzeilen finden. Wer viel zu sagen hat, sagt nicht allzuviel.

Die literarische Kritik nannte das Erstlingswerk der Schriftstellerin ein Ereignis. Die Urteile hatten ein gemeinsames Leitmotiv: sie hoben den Gegensatz zwischen der Eigenart „George Allans" und dem Typus der belletristischen Zeitgenossenschaft hervor. Zu Beginn der achtziger Jahre hatte ja der deutsche Roman seinen Tiefstand erreicht. Paul Dobert schrieb im „Frankfurter Journal": „Vielleicht werden künftige Literarhistoriker diesen Autor als einen der ersten Realisten auf deutschem Boden zu bezeichnen haben." Im „Magazin" sprach ein Kritiker von dem allgemeinen Widerwillen gegen die verlogene Literatur und von der Wahrhaftigkeit und dem künstlerischen Realismus George Allans: „Er (Mite Kremnitz) knüpft an die beiden glänzendsten Vorbilder des Romanstils mit Erfolg an; an Goethes ‚Wahlverwandtschaften' und Flauberts ‚Education sentimentale'. In George Allans Novellen wirkt die Selbstbeherrschung, die verhaltene Teilnahme, die wie Teilnahmslosigkeit aussieht, die nur selten erschütterte Objektivität so wohltuend, wie in wenigen Romanen des letzten Jahrzehnts." In der literarischen Beilage des „Berliner Tageblattes" rief der Dichter Georg Engel unsere Schriftstellerin, deren Pseudonym inzwischen gefallen war, als einen deutschen Zola aus, nachdem er den Franzosen als den Erwecker und Schöpfer des „Kulturromanes" gepriesen hatte: „Und wieder hat sich ein Meister dieser Kunst erhoben," schreibt Engel, „und einen Meister verlangt sie, einen starken Geist, der ihren langen, kahlen Pfad mit Scharen rotbäckiger, gesunder Menschen zu beleben weiß: und diesen Meister umflattert diesmal langes Haar und rauschendes

Frauengewand. Nie hat der Zufall beißender gelächelt, als hier, wo er dem französischen Cyniker eine zarte, stark geistige Frau als gleichwertigen Genossen beigesellt, einen Genossen, den sein Geschlecht davor bewahrt, in die Roheiten des Galliers zu verfallen, während sein geschärfter Blick ebenso den schimmernden Tautropfen an der Rose, wie die dunkelsten Wolken am Leben zu durchdringen vermag."

Selbst wenn Mite Kremnitz abgebrauchte Formen wählte (Roman in Briefen), beweist sie, daß der neue Inhalt die Form verjüngt, die Seele den Körper. Deshalb hängt die Wirkung ihrer Schriften nicht vom Geschmack einer bestimmten Zeit ab. Wunderlich ist es dennoch, daß ihre Werke bisher bei weitem nicht die Verbreitung fanden, die immerhin auch ernsten Kunstschöpfungen zuteil wird. Schon nach „Fluch der Liebe" schrieb ein Kritiker, das Buch gehöre zu denen, die nicht für die vielen, sondern für die wenigen geschrieben werden, und populär zu werden verschmähe der Verfasser augenscheinlich. Gleichwohl schiene es mir ungerecht, den besten Teil des deutschen Lesepublikums nach der Zahl der Auflagen zu beurteilen, die Mite Kremnitz' Werke vorläufig erreichten. Da waren auch äußere Umstände bestimmend, die sich aus dem Lebensgange der Dichterin einigermaßen erklären. Ohne daß mit zudringlicher Hand an die Fülle ihres Erlebten gerührt werde, an die außergewöhnlichen und schweren Schicksalsfügungen, die durch den Stoffwechsel in der Seele der Dichterin Dichtung wurden — („und Druck macht die Quelle quellen") —, sollen hier einige Mitteilungen über ihr Wandern und Weilen das Bild der Persönlichkeit ergänzen.

Mite Kremnitz ist eine Tochter des berühmten Chirurgen Adolf von Bardeleben. Ihr Großvater von väterlicher Seite, Heinrich Bardeleben, der Gründer des antinapoleonischen Tugendbundes, hatte einige Romane verfaßt, ihr mütterlicher Großvater war der hervorragende Philologe Zumpt. Teils in ihrer Geburtsstadt Greifswald, teils in Berlin erzogen, verbrachte Mite (Marie Charlotte) eine geraume Zeit in England. Mit universeller Bildung ausgerüstet, des Französischen und Englischen, später auch des Rumänischen fast in gleichem Maße wie der deutschen Muttersprache mächtig, pflegte sie ein hübsches Maltalent und, ohne sich zu altklugem Dilettieren verführen zu lassen, mit kritischer Empfänglichkeit das Studium nicht bloß der schönen Literatur Deutschlands, Frankreichs und Englands, vielmehr auch der Philosophen. Schon in ihren Mädchenjahren und später in allen Lebenslagen drang sie in die Welt Goethes und Schopenhauers ein, die so ganz die ihre wurde, weil ihr eigenes Fühlen und Denken von dort nichts Fremdes übernahm, sich vielmehr im Komplementären entwickelte. Im zweiten Teil der siebziger Jahre folgte die jungvermählte Frau ihrem Gatten, Dr. Wilhelm Kremnitz, nach Bukarest. Die glänzende Position, die der ausgezeichnete Arzt sich und deutschem Wissen, deutscher Vornehmheit

und Güte unter mißgünstigen Volksfremden errang, mußte mit vielen
Kämpfen und Leiden vorausbezahlt werden. Dr. Kremnitz übernahm
die ärztliche Behandlung des Königs, der Königin und des Kronprinzen
von Rumänien, und er und seine Gattin traten zu dem Königspaare in
nahe persönliche Beziehungen. Die vieljährige schriftstellerische Gemeinschaft zwischen der Königin (Carmen Sylva) und Mite Kremnitz, der
eine Reihe von dichterischen Werken entsproß, war die — ich kann nicht
sagen: günstige — Folge dieser Freundschaft. Erst mit dem Überwiegen
des französischen Einflusses (Pierre Loti) auf die Königin und in der
Zeit der tollen Vacarescu-Affäre löste sich Carmen Sylva von ihrer
Vergangenheit los — und das mit selbstloser Hingebung in den Dienst
einer ungleichartigen fremden Begabung gestellte Talent Mite Kremnitz'
wurde frei.

Aber Mite Kremnitz, deren Selbstunterschätzung damals der rechten
Entfaltung ihrer zu Höherem berufenen Kräfte im Wege stand, und der
eine seltene Illusionsfähigkeit und Uneigennützigkeit statt der schöpfe-
rischen eine freiwillig dienende Tätigkeit aufdrang, lieh noch in langen
Jahren ihre Feder und ihre Einsicht dem Könige Carol. **Sie ist die
Verfasserin des Memoirenwerkes des Königs von
Rumänien.** („Aus dem Leben König Karls von Rumänien — Auf-
zeichnungen eines Augenzeugen." Vier große Bände zu 400 bis 500
Seiten. Cotta, Stuttgart, 1894—1900.)

Die unabschätzbare, fast ein Jahrzehnt raubende Mühe bei der
Sichtung, Anordnung, Stilisierung und Verarbeitung des ungeheuren
Dokumenten-, Tagebuchs- und Briefschaften-Materials trug der auch
politisch geschulten Verfasserin nicht einmal jenen Lohn ein, auf den ein
minder Selbstloser nicht verzichtet hätte: bis zu dieser meiner Mitteilung
war nämlich der Öffentlichkeit die Arbeitsleistung der seltenen Frau
unbekannt geblieben. Neben einem Wust von Kleinem und selbst
für den Patriotismus der Rumänen absolut Bedeutungslosem überlieferte das mit taktvoller Gewandtheit von Mite Kremnitz verwertete
Material dem Geschichtsforscher doch auch manche erhebliche Eröffnung,
deren sich nach dem Erscheinen des Buches sofort die internationale Presse
bemächtigte; u. a. ist hier aus Briefen zum ersten Male die Vorgeschichte
des deutsch-französischen Krieges authentisch festgestellt und dabei die
Tatsache, daß Bismarck, entgegen der früheren offiziösen Darstellung,
der Kandidatur des Hohenzollernprinzen für den spanischen Thron persönlich zugestimmt hatte. Auch die Teilnahme Rumäniens am türkisch-
russischen Kriege erscheint urkundlich gegen irrige Darstellungen gesichtet.
Trotz dieser historischen Teilwerte und obwohl es ja Geltung hat, daß ein
reger Geist aus jeder Art von Beschäftigung irgendeinen Nutzen zieht,
muß jeder Aufrichtige, der das Wesen Mite Kremnitz' und ihr dichterisches
Schaffen überblickt, ihre Ablenkung von den Pfaden des angeborenen

Talentes tief beklagen. Der Kraft- und Zeitverlust, diesem archivarischen Vierbänder geopfert, steht in keinem Verhältnisse zu dem kargen idealen Gewinne, und der Gedanke drängt sich auf, daß zu dem Memoirenbuche ein geschickter höfischer Gelehrter am Ende auch tauglich gewesen wäre, während kein König die Macht besitzt, zu ersetzen, was uns in der langen Frist von neun Jahren an allmenschlichen Segnungen eines schöpferischen Genius entzogen wurde.

Die Beziehungen zu König Karl und dessen Gattin übten also zeitweilig einen die dichterische Produktion hemmenden Einfluß auf die schriftstellerische Entwickelung der hochbegabten Frau. Allerdings erzielten die Übersetzungen, sowie die Romane, die Mite Kremnitz gemeinsam mit Carmen Sylva schrieb, ziemlich viele Auflagen. Das Interesse, das den Absatz der königlichen literarischen Versuche beschwingte, konnte man aus der Verwunderung über eine Königin, die dichtet, erklären. Mite Kremnitz hatte schon in ihren ersten, selbständigen Prosadichtungen viel tiefer gegriffen, greifen können, als in den späteren Kompagniearbeiten, wo ihre Intuition durch einen fremden mitschaffenden Willen beengt war. Es scheint mir fraglich, ob echte Kunstwerke überhaupt entstehen können, wenn sie aus mehr als einem Kopfe entspringen; jedenfalls aber müßten die beiden Arbeiter sich im tiefsten Innern wunderbar ergänzen. Das war nun bei diesen Individualitäten trotz des intimen persönlichen Verkehres nicht so. Mite Kremnitz' strenge Psychologie und feine Beobachtung ging mit der unberechenbaren Phantasterei Carmen Sylvas, die, lyrisch begabt, in den Formen des Romanes und der Novelle dilettierte und einen unmöglichen, die Grammatik absolutistisch verleugnenden Prosastil schrieb, eine ungesunde Verbindung ein. Man braucht nur etwa in dem von den beiden Dichterinnen unter der Flagge „Tito und Idem" herausgegebenen Novellenbande „In der Irre" die feingemeißelten Erzählungen Mite Kremnitz' mit Carmen Sylvas dilettantischem Gefabel „In Fesseln" vergleichen, um über die unebenbürtige Kameraderie zu lächeln. Da standen aber doch wenigstens die Novellen von Idem neben denen von Tito. Schädlicher für den literarischen Kredit der Dichterin mußten die Romane wirken, die an einem Webstuhle von den zwei Frauen gewoben worden waren. Allerdings hatten Tito und Idem meist die Rollen verteilt, Carmen Sylva war die eine, Mite Kremnitz die andere Hauptperson der Erzählung, und auf Brief- oder Tagebuchblättern schrieben sie nun mehr gegen, als miteinander los. Carmen Sylva schrieb auch ohne Beihilfe Romane. Da ist einer: „Defizit", der will hochmodern sein, und eine leibhaftige Hexe sauft immerwährend durch die Lüfte und hält Monologe von solchem pathetischen Wirrwarr, wie er bei spiritistischen Séancen im Schwange sein soll.

Ob es ein guter Stern war, der Mite Kremnitz nach dem Orient

führte? So ungleich m e h r das fremde Land ihr, der heute noch allein
in Betracht kommenden deutschen Vermittlerin der rumänischen Literatur,
ihr, der künstlerischen Gestalterin der rumänischen Typen, verdankt, sei
nicht geleugnet, daß die Schriftstellerin dort auch Anregung mancher Art
gefunden hat. Geboten wurde sie ja oft wider Willen, oft mit bösem
Willen, unter Leiden. Doch gerade das Leid, das Mite Kremnitz
wundervoll zu objektivieren verstand, baute ihre Welt immer weiter und
höher. Ihr Wesen konnte sich nicht ändern. Goethe sagt es:

> „Wie an dem Tag, der dich der Welt verliehen,
> Die Sonne stand zum Gruße der Planeten,
> Bist alsobald und fort und fort gediehen
> Nach dem Gesetz, wonach du angetreten.
> So mußt du sein, du kannst dir nicht entfliehen,
> So sagten schon Sibyllen, schon Propheten;
> Und keine Zeit und keine Macht zerstückelt
> Geprägte Form, die lebend sich entwickelt."

Aber nehmen wir Schopenhauers Wort zur Ergänzung („Preis-
schrift über die Freiheit des Willens"): „Immer wird jegliches Wesen,
welcher Art es auch sei, auf Anlaß der einwirkenden Ursachen, seiner eigentümlichen Natur gemäß reagieren. . . . In allen Fällen werden die
äußeren Ursachen mit Notwendigkeit hervorrufen, was in dem Wesen
steckt: denn dieses kann nicht anders reagieren, als nach dem, wie es ist."
— Mite Kremnitz schrieb einmal ein Tagebuchblatt, das diesen Erkennt-
nissatz bestätigt: „Von der Differenz zwischen meinem Innern und der
Welt, die mich umgab, wurde ich zur Schriftstellerei getrieben. Mein
Produzieren war immer voll Angst und Qual, und dennoch eine unerbitt-
lich notwendige Reaktion, ein Protest meines Wollens gegen die Dinge,
wie sie wirklich waren. Den Menschen mußte ich zurufen: ,So würdet
ihr handeln, wenn ihr Seelen hättet!' Im fremden Lande, unter den
bittersten Enttäuschungen, festigte sich meine Innenwelt, wurde ihr
Gegensatz zu meiner Umgebung besonders herausfordernd."

Die reifste Frucht dieses ethischen Kampfes ist der Roman „A u s -
g e w a n d e r t e", nebenbei die wichtigste Kulturschilderung Rumäniens,
deren meisterliche Objektivität das rote Blut verbirgt, das aus dem
Herzen der Dichterin in das Buch geflossen. Die N a t u r hatte Mite
Kremnitz zur Schriftstellerin gemacht, und die äußeren Ursachen weckten
ihre ruhende Begabung zur tätigen R e a k t i o n. Daß ihr vieljähriges
Leben und Wirken in Rumänien allein diese rüttelnde Macht besitzen
konnte, ist natürlich völlig auszuschließen, so sehr das halb orientalische,
halb zivilisierte Land mit seinen wüsten sittlichen Zuständen der Phantasie und der klugen Beobachtung Stoff zuführte. In das Dorado der
sexuellen Verlotterung, der blendenden Scheinwerte des Salons und des

politischen Dilettantismus — von der rumänischen „Gesellschaft", nicht vom rumänischen Volkscharakter ist die Rede — gewann Mite Kremnitz Einblick wie kein anderer deutscher Schriftsteller. Das Attribut „männlich" ist der unbeweglichen Beharrlichkeit im Unparteiischen zu zollen, die sie in ihren Erzählungen bewährte. Nicht strenge Urteile, die Wirklichkeit selbst ließ sie sprechen. Wie die theoretische Ergänzung von Mite Kremnitz' lebendigen Kulturschilderungen liest sich, was ein Rumäne, der ehemalige Unterrichts- und Justizminister Titus Majorescu, in seinem Aufsatze: „Gegen die Richtung der rumänischen Kultur" geschrieben hat. Dort wird ausgeführt, daß die ganze, maßlos großsprecherische rumänische Kultur überhaupt nicht besteht und sich die Ansprüche der höheren Schichten nur auf äußere Formen, vom Auslande erborgt, auf „Gespenster ohne Körper, Trugbilder ohne Wirklichkeit" stützen. Eine derartige Afterkultur sei schlimmer als null und nichtig. „Die einzige reale Klasse unserer Gesellschaft ist der rumänische Bauer, und seine Realität besteht in dem Leiden, das ihn erdrückt. Denn mit dem Schweiße seines Angesichts muß er die materiellen Mittel hergeben für die Aufrechthaltung jenes Schwindelgebäudes, das wir rumänische Kultur nennen." Eine Frau mußte es sein, eine Deutsche, eine Dichterin, die, während sie den echten, noch unverdorbenen Keimen des Volksgeistes mit den Übersetzungen der rumänischen Dichtungen und Märchen Beachtung und Ehre erwarb, heilsam den Finger auf die Wunde legte.

Mite Kremnitz verfolgte bei ihren Erzählungen aus dem Leben Rumäniens nicht mit Absicht kulturhistorische Zwecke. Sie nahm einfach, wie jeder Poet, das Leben, wo es sich ihr bot. Die Erscheinungsformen allgemeiner menschlicher Leidenschaften mußten bei den zügellosen Menschen des halbzivilisierten Landes einen Dichter besonders reizen. In höherem Grade doch wohl als eine gewisse uniformierte deutsche Mittelmäßigkeit, die betet, strebt und nirgends anstößt. Der Ire Bernard Shaw wählte ja auch eines der „interessanten" Balkanfürstentümer (Bulgarien) zum Schauplatz seiner boshaften Satire „Helden". Warum denn? Weil es ihn lockte, die allgemeinen Torheiten und Vorurteile der Menschen in den drastischen Umrissen der Halbkultur vorzuführen.

Mite Kremnitz' Phantasie verliert sich nie im Unrealen; aber aus den Realitäten und über die Realitäten hinaus hebt sich in ihren Dichtungen das Ideelle, und es hebt sich aus dem Zeitlichen ins Ewige. Die Probleme, die sie aufwirft, oft fein und schwierig und meist den letzten Fragen des Seins verwandt, holen ihre Besonderheit — und das gibt ihren gar nicht überspannten Romanen und Novellen die rechte Größe — aus dem Alltäglichen. Den Naturgesetzen spürt sie nach, und indem sie der wilden Erzeugerin und Vernichterin alles Lebens eine auch im Unterliegen siegende Macht der Seele entgegenstellt, ist sie Weltbürgerin im Sinne einer höheren Welt. Von den nationalen Eigentümlichkeiten ihres Darstellungsobjektes kann demzufolge die tiefere Bedeutung ihres Werkes nur in geringem Maße bedingt sein. Die kulturhistorischen Werte ihrer rumänischen Erzählungen sind eine Sache für sich und nicht entscheidend. Dem pikanten Reize eines Spezialistentums im rumänischen Nationalkolorit ist sogar, obwohl ja viele Erzählungen von Mite Kremnitz auf deutscher Erde spielen, eine gewisse Einseitigkeit bei der Wahl der Modelle entgegenzuhalten. Die erstaunlich willfährige dichterische Absorptionsfähigkeit wurde, wenn auch nicht als natürliche Anlage abgeschwächt, so doch lange nicht entsprechend ausgenützt, weil die intimere Fühlungnahme mit den weiten und breiten Schichten des Volkes, die für eine Frau schon überhaupt nicht bequem ist, doch nur in der Heimat erleichtert wird. Mite Kremnitz wurde während des langen rumänischen Aufenthalts in Deutschland ziemlich landfremd und in Rumänien nicht ganz heimisch. So überragend auch, ohne daß ihre bescheidene, scheue Natur es ansprach, der geistige und gesellschaftliche Einfluß der merkwürdigen Frau in der fremden Stadt gewesen, ihr Inneres trug, als sie nach Berlin übersiedelte, mehr bittere Enttäuschung und Vereinsamung als Bereicherung mit. Im Juli 1897 war ihr Gatte, Dr. Wilhelm Kremnitz, während der aufopfernden Behandlung und Pflege des schwerkranken Kronprinzen im Königspalaste von Sinaja eines plötzlichen, unerklärten Todes gestorben ... Einige Zeit später (Mitte 1898) verließ seine Witwe Rumänien.

Man übertreibe nicht den Einfluß des Milieus auf die **innere** Entwickelung eines selbständig denkenden Menschen. Leben lassen oder sterben machen kann uns die Mitwelt, aber sein Wesen, sein eigen Tun trägt der Mensch unter allen Himmelsstrichen in sich. Ganz und gar ist freilich kein Wesen der Influenz seiner Umgebung entzogen. Mite Kremnitz steht auf der Höhe einer freien, vorurteilslosen Erkenntnis; dennoch kann man vielleicht wahrnehmen, daß sich auch in ihr, der ehemaligen Vertrauten von Fürsten und Diplomaten, nicht zwar eine Überschätzung der hochgestellten Kreise, jedoch unwillkürlich die Neigung geltend macht, die Gebilde der Phantasie vorzugsweise in den Dunstkreis der Bevorzugten zu stellen. Die Wahrheit erfordert, sofort beizufügen, daß sich in den Dichtungen von Mite Kremnitz auch nicht **eine** Zeile findet, die ihre Prinzipien verleugnete. Sie wehrt sich gegen das Gottesgnadentum und die religiösen Vorurteile ebenso bestimmt, wie gegen die weltliche Autoritätsanbetung und gegen alle törichte Abwertung der Menschen, die auf andere als die Unterschiede ihrer persönlichen Werte gestützt ist. Erzählungen, deren Vorgänge sich in sogenannten hohen Kreisen abspielen, wie der Roman „Am Hofe von Ragusa", tragen sogar recht deutlich die Warte einer in Form und Wesen dem Schlagworte überlegenen demokratischen Gesinnung. Doch ist es immerhin auffällig, wie häufig Mite Kremnitz just immer den überflüssigen Beweis zu führen scheint, daß die Vorurteilslosigkeit nicht vor den Angehörigen „höherer" Klassen Halt zu machen habe und daß in jeder Klasse wahre Menschen gefunden werden könnten. Dem schreienden Unrechte künstlicher Klassengegensätze wird doch eher, will mich dünken, mit der Fackel als mit solcher Diogeneslaterne heimgeleuchtet! Nun darf freilich Mite Kremnitz wie jeder Dichter das volle Recht beanspruchen, die Objekte ihrer Schilderung aus jener sozialen Gruppe zu wählen, die sie äußerer Schicksalsfügung zufolge gründlich kennen lernte, und überdies ist ihre in allen großen Fragen, im revolutionären Kampfe für die subjektive Moral und gegen die Dogmen der Gesellschaft so kühne Natur im kleinen recht schüchtern; sie wagt, auf die peinlichste Wahrhaftigkeit der dichterischen Spiegelungen bedacht, nicht den Schritt auf ein Terrain, das der Schriftstellerin nicht durchaus vertraut wäre. Der Vollkommenheit ihrer lebendigen Gebilde kommt solche redliche Vorsicht überaus zu statten; und wenn wir auch gerade vor dieser tiefgründigen Schriftstellerin alle Tore geöffnet sehen möchten, die zu den Stätten menschlicher Mühen, Kämpfe und Leiden führen, so ist doch für die Beschränkung in der Materie nicht sie, nur ihr Lebensgang verantwortlich.

Während ihres zwanzigjährigen Aufenthaltes in Bukarest war das Haus der Dichterin und ihres Gatten die Sammelstätte des geistigen Lebens Rumäniens. Die rumänischen Minister und Politiker und die fremden Diplomaten, die deutschen Kolonisten, sowie die Künstler und Gelehrten, die die Hauptstadt besuchten, fanden an diesem Herde Feuer des Geistes, Wärme des Gemütes. Von größerem Belang für den Schaffensweg Mite Kremnitz' war ihr lebhafter Verkehr mit den Dichtern, Literaten und Journalisten Rumäniens. Wie in einem jener alten französischen Salons, in denen Anmut und Genie segensreiche Frauenherrschaft führten, war auch hier die zwanglose Gastlichkeit einer reizvollen Frau die Lichtquelle. Und diese Frau widmete ihre liebevolle Sorge mit gleicher Hingebung der Königin, wie dem verwahrlosten Bohémien; dem armen Bauernsohne, den die Muse gefürstet hatte. Mit leiser Hand nahm sie, deren lichter Sinn nicht unter geistigen Genossen, wie ihr Herz nicht unter redlichen Menschen weltliche Unterschiede anerkannte, manchem Sorgenvollen die Bürde von den Schultern, — und in ihrem vornehm-bescheidenen Empfinden war dabei immer sie die Empfangende. Aus dem engeren Kreise der rumänischen Literaten um Mite Kremnitz seien hier die Dichter Gane, Slavici, Negruzzi, der Dramatiker Caragiale, vor allem aber der Lyriker Eminescu genannt, der, ein hochbegabter, wilder Schößling aus der untersten Volksschicht, den tiefen Klageton Nikolaus Lenaus in den Saiten seiner Laute hatte und einen kühnen Geist, der zu den Sternen drang. Wie Lenau endete auch der jugendliche Eminescu in der Irrenanstalt. Seine Lieder sind das

Bedeutendste, was von der rumänischen Nationalliteratur in fremde Sprachen drang. Eine Reihe ihrer schönsten entstand unter dem Einflusse von Mite Kremnitz, u. a. das unserer Dichterin gewidmete und von ihr übersetzte Gedicht „Dir!"

>„Du gleichst des Kirschbaums weißer Blüte,
>So rein erscheinst du mir, so zart,
>Betratest meines Lebens Pfade
>Nach Engel-, nicht nach Menschenart.
>
>Die Seide rauscht um deine Füße,
>Berührst den weichen Teppich kaum;
>Vom Scheitel bis zum Sohlenrande
>Schwebst du dahin, leicht wie ein Traum.
>
>Aus deines langen Kleides Falten
>Erstehst du einer Statue gleich,
>Und meiner Seele Glück muß hangen
>An deinem Auge tränenreich.
>
>Ein Traum von Glück, ein Traum von Liebe
>Du, süße Märchenfee, mir bist.
>O lächle nur: dein einzig Lächeln
>Zeigt mir, wie süß dein Wesen ist.
>
>Wie deines Zaubers holde Kräfte
>Die bangen Augen mir umdüstern
>Mit deines kühlen Arms Umfangen,
>Mit deines Mundes heißem Flüstern —
>
>Doch plötzlich hüllen die Gedanken
>Wie Schleier deiner Augen Glut:
>Der Schatten ist es des Entsagens,
>In dem das heiße Wünschen ruht.
>
>Du gehst — ich hab' dich wohlverstanden,
>Mich dir zu folgen nie getraut,
>Verloren, ewig mir verloren,
>Du meiner Seele holde Braut!
>
>Daß ich dich sah, ist mein Verschulden,
>Ich büß' es, daß ich dich gekannt
>Und daß du mir aus lichten Höhen
>Vergebens hingestreckt die Hand.
>
>Du gleichst dem hehren Heiligenbilde
>Der ewig jungfräulichen Maid;
>Marias Reif schmückt deine Stirne —
>Entschwandst du mir für alle Zeit?"

Der Umgang mit den rumänischen Dichtern spornte Mite Kremnitz zur schriftstellerischen Arbeit. Sie gab einen stattlichen Band von Prosa-übersetzungen (sehr charakteristisch gewählter Novellen von Slavici, Gane, Negruzzi und Odobescu) unter dem Titel „**Rumänische Skizzen**" heraus, denen sehr bald „**Neue Rumänische Skizzen**" (Leipzig, Wilhelm Friedrich, 1880), später „**Rumänische Märchen**" (ebenda, 1881) und, fast gleichzeitig mit diesen, eigene Übersetzungen, sowie solche von Carmen Sylva in der Liedersammlung „**Rumänische Dichtungen**" (3. Auflage, A. Kröner, Stuttgart 1900) folgten. Mite Kremnitz führte mit ihren Übersetzungen die rumänische Dichtung in die Weltliteratur ein. Vorher hatte nur Wilhelm von Kotzebue (ein Sohn des Lustspieldichters) wenige Proben dieser Volksdichter ins Deutsche übertragen; aber noch nicht einmal Johannes Scherrs Allgemeine Geschichte der Literatur wußte über die Nachtigallen des Balkans zuverlässigen Bescheid. Mite Kremnitz' Übersetzungen der „Rumänischen Dichtungen" schmiegen sich den fremden Gefühlen und Formen innig und doch im natürlichen Flusse der deutschen Sprache an. Besonders ist der heiße Ton des Volksliedes, das andere Grundakkorde hat als das deutsche, glücklich nachempfunden. Die Gedichte verdienten es, aus der Sammlung, deren Gesamteindruck durch schlenderhafte Beigaben leidet, ausgehoben zu werden. Mite Kremnitz hat — es nimmt fast wunder! — unter den vielen Bänden ihrer Schriften kein einziges Bändchen eigener Lyrik herausgegeben und nur wenige, aber schöne Gedichte ihrem verschwiegenen Tagebuche anvertraut. Aus einem dieser Gedichte seien hier Verse wiedergegeben, die unter der Wucht einer Enttäuschung entstanden:

> „Heut' wand're ich einsam durch den Park.
> Kein Sprossen und kein Keimen in den Bäumen.
> Kein licht-verheißungsvoller Nebel mehr . . . .
> Er log, als die Natur im Frühlingsbeben
> Die ersten Boten ihres Mais gesandt;
> Er trog, als blütenreich ihr Segenskleid
> Berauschend sie von Ast zu Ast gebreitet;
> Und er verriet, als Frucht an Frucht gereift
> Im dunklen Grün.
> So Jahr um Jahr."

Die verhaltene Leidenschaft, die in einzelnen Erzählungen der Dichterin brütet, atmet ein kurzes Lied:

> „Kennst du die bange Schwüle nicht,
> Die lähmend wühlt in unserm Blut?
> Kennst du das süße Beben nicht,
> Wenn Aug' im Auge trunken ruht?
> Den unermeßnen Durst des Seins,

Wenn unsre Stimme zitternd stockt,
Wenn die Natur im heiligen Rausch
Uns achtlos spielend zu sich lockt?"

Zwischen den vier Büchern Übersetzungen erschien das erste Dichtwerk: der unter dem unglücklichen Titel „**Fluch der Liebe!**" und unter dem Autordecknamen „George Allan" herausgegebene Novellenband. (Leipzig, Wilhelm Friedrich, 1881; eine Neuauflage wird von Kürschners Verlag, Berlin, unter dem Buchtitel „**Junge Novellen von Mite Kremnitz**" eben vorbereitet.) Ich habe früher schon geschildert, welchen außerordentlichen Eindruck das Buch bei solchen hervorrief, die des innerlich hohlen, „spannenden" Geschichten-Erzählens satt waren. Das **Problem** wurde in die Novelle eingeführt, die **Wahrheit** warf den Talmischmuck ab.

Es ist ärgerlich, daß der Titel „Fluch der Liebe!" so gröblich effektvoll klingt; denn er deutet ein in der Kelter des Lebens erpreßtes Leitmotiv an, das sich auch durch die meisten späteren Werke der Dichterin zieht. Im folgenden werde nun versucht, den Grundgedanken der Kremnitzschen Dichtungen, ohne Rücksicht auf deren chronologische Folge, nachzugehen. So wenig Mite Kremnitz in dem Kampfe der Geschlechter die Parteinahme ihres Lieblingsphilosophen teilt, so heilig ihr jedes Recht der Liebe ist, wenn die Liebe sich selbst im Zeichen des Ewigen heiligt und nicht einem bloß kurzatmigen Rausche furchtbare Opfer der Zerstörung bringt: es begegnet sich doch ihre Erkenntnis mit der Schopenhauers darin, daß die mächtigste aller Leidenschaften den größten Teil menschlicher Leiden und geringen Segen verursacht. Wie ein Erklärsatz zu den Schriften der Dichterin liest sich das Bekenntnis ihres Tagebuchs: „Ich bin mein Leben heute durchgegangen und habe seinen roten Faden gefunden: ewiges Unterliegen im Kampfe für mein Herzensrecht." Das Recht, das mit diesen Worten angesprochen wird, bezieht sich selbstverständlich nicht ausschließlich auf die Liebe von Mann und Weib. Es wäre auch gründlich verfehlt, hinter den lebenswahren Situationen der Dichtungen stets persönlich Erlebtes zu suchen. Gerade Mite Kremnitz objektiviert mit strenger Selbstbändigung, wie wenige. Doch das, **was** sie objektiviert, **das** ist allerdings aus dem eigenen Leben geschöpft. Nur wer das Leben kennt, kann aus der Phantasie mannigfache neue Formen des Lebens, kann Menschen schaffen, die sich, wie fast alle Gestalten in Mite Kremnitz' Erzählungen, naturgemäß verhalten und betätigen. Die richtige Projektion der Erlebnisresultate auf fremde Individualitäten, das ist schöpferische Wahrheit in der Dichtung.

In der Mehrzahl der Romane und Erzählungen von Mite Kremnitz gehen die Menschen, und zwar gerade die wertvollen Menschen, unmittelbar oder mittelbar an der Liebe zugrunde. Unmittelbar, wenn der

Ewigkeitsinhalt ihres Herzens, ihre Größe im Wollen und Lieben, in leidensvollem Konflikt gerät mit der Schwäche und Unbeständigkeit des anderen, — des geliebten Teiles. (In „Fluch der Liebe!" die Erzählungen: „Hedwigs Tagebuch", „Eine alte Geschichte" und „Weißen Schuld"; in „In der Irre": „Margarete"; ferner die Erzählung „Mann und Weib", und in der diesen Namen tragenden Sammlung die Novelle „Die Russin"; schließlich der Roman „Ein Fürstenkind".) — „Liebe ist hoch und heilig," sagt Mite Kremnitz, „solange sie gegenseitig ist; sie ist ein zerstörendes Gift, wirkt direkt unmoralisch, ja gegen die Natur, sowie sie einseitig wird."

Nicht direkt, aber mittelbar ist die Liebe Ursache des Unterganges, wenn zwar beide einander liebende Wesen der Hingebung und Treue fähig sind, doch überstarke Mächte von außen gegen das Schöne und Holde andringen und die Guten vernichten. Unter den dem Liebesglücke feindlichen Mächten kommen zunächst die unzähligen Vorurteile der menschlichen Gesellschaft in Betracht; auch jene Moralgesetze, die ja für eine große Menge von typischen Fällen gültig und nützlich sind, aber in ihrer Anwendung auf einen individuellen Fall zum höchsten sittlichen Unrechte werden können. Mite Kremnitz ist frei von jeder sentimentalen Unterwürfigkeit gegenüber den Dogmen der Gesellschaftsmoral. Sie sieht jeder Situation unbefangen auf den Grund und beurteilt keine menschliche Handlung nach dem toten Buchstaben des Gesetzes. Sie führt, nicht in revolutionären Phrasen und mit dem billigen Elan einer „Destruktion um jeden Preis", vielmehr aus der Inbrunst ihrer hohen Lebensanschauung und ihres Strebens nach innerer Vervollkommnung der Menschen einen kühnen Kampf auch gegen solche Vorurteile, vor denen mancher revolutionäre Haudegen in Ehrfurcht verstummt. Nur Scheinheiligkeit, Herzlosigkeit und kleinliches Reglement — so sagt sie — überschätzen maßlos den körperlichen Liebesakt. Das Martyrium der „Gefallenen" ist die Schande menschlicher Aftermoral; unsere biederen Moralisten erniedrigen sich selbst zum rein tierischen Standpunkt, indem sie ein unbeflecktes Gemüt mißachten, wenn bloß der Körper der Frau ein (nicht legitimes) Schicksal erfahren hat, das an sich ebenso wenig ehrenvoll oder entehrend sein kann, wie jede andere körperliche Funktion. („Mutterrecht.") Die Überstiegenheit Frank Wedekinds, der in „Hidalla" die körperliche Jungfräulichkeit des Mädchens ganz allgemein als ordinäres Spekulationsobjekt verachtet, liegt aber nicht in der Richtung dieser Anschauung. Vielmehr verwirft Mite Kremnitz das Rohe, das Irdische, das Tierische des Sexualismus ohne beiliegende Liebe unbedingt, wenn sie auch ein mildes Begreifen für das Unbewußte im Rausche der Leidenschaft besitzt („Fatum"). Ebenso unbedingt wird die körperliche Hingebung des Weibes durch die selbstlose Liebe geweiht, ja in die Sphäre der sittlichen Pflichten gehoben („Mar-

garete" im Novellenband „In der Irre"; „War es Liebe?" in
„Mann und Weib"; und die Novelle „Sein Brief"). Am mar-
kantesten wird es in der Erzählung „Elina" (Breslau, S. Schottlaender, 1895) ausgesprochen; sie behandelt die Ehe einer höher ver-
anlagten Frau mit einem braven Philister und Gymnasiallehrer. Weil
die Frau, gewitzigt durch erlittenen Verrat, den redlichen Mann liebt,
seiner Vorurteilslosigkeit jedoch nicht vertraut und ihm Leid ersparen
will, verschweigt sie dem Gatten, daß sie eine, wie man zu sagen pflegt,
bemakelte Vergangenheit hat. Der Mann erhält trotzdem Kenntnis von
dem Schicksale Elinas. Es kommt zur Aussprache zwischen den beiden
und knapp vor Glockenschlag zur Heilung des Eheschadens. (Das ist
meines Erachtens eine nicht genug standhafte Lösung des meisterhaft
angelegten Konflikts der Charaktere.) Bei der Auseinandersetzung der
Gatten sagt Elina die goldenen Worte: „Das erschreckt dich? Wie klein
du bist, wie jämmerlich klein! Du hast immer gewußt, daß ich vor dir
einen anderen geliebt, daß ich ihm mein Heiligstes gegeben, daß ich Herz
und Seele ihm geopfert habe — das konntest du ertragen! Aber jetzt,
wo du erfährst, daß ich nicht so erbärmlich war, ihm da noch diesen wert-
losen Leib, diese irdische Hülle vorzuenthalten · jetzt willst du nicht
mehr leben! . . . O, statt schlechter, solltest du besser von mir denken,
weil ich nicht wie die Krämerseelen geteilt und gewogen habe!"

Im Gegensatz zu den Millionen, die jedes ungewöhnliche Erleben
Müssen Zweiter und Dritter nach fixen Katechismussprüchen beurteilen,
geradeso wie ein Kaufmann seine Ware zu „festen Preisen" absetzt,
entrüstet sich Mite Kremnitz nicht über Menschen, die, gerade weil sie
höheren Sinnes und reichen Herzens sind, von der schonungslosen Natur
in eine verhängnisvolle Lage gedrängt wurden. In „Sein Brief"
(Breslau, S. Schottlaender, 1895; zweite Auflage im Novellenband
„Mutterrecht", daselbst 1906) verklärt die Dichterin mit ihrer über-
zeugenden Seelenanalyse eine Frau, die an einen liebevollen, guten
Gatten gebunden und dem Kinde ihrer Ehe eine zärtliche Mutter ist und
dennoch einem zweiten Manne in leidensvoller Liebe (nicht in egoistischer
Leidenschaft) Seele und Leib gibt. „Ich bin," sagt die Heldin der Erzählung, „was das dürre Gesetz eine Ehebrecherin heißt. Mir tut das
Wort so weh, obwohl ich weiß, wie milde der Heiland der Ehebrecherin
begegnete. Jedermann würde mich verurteilen. Wenn ich aber grausam genug wäre, meinem Mann das Herz zu brechen, meinem Vater den
Rest des Lebens zu verbittern und meinem Kinde die Zukunft zu rauben,
wenn ich mich scheiden ließe, um dem anderen meine Hand zu reichen,
dann billigt mich das Gesetz und die Welt, und ich stehe da als eine
korrekte Frau. Ja, aber nur vor der Welt, nicht vor meinem Gewissen! Was verstehen die Menschen, welche die Gesetze machen, vom
Gewissen! Der Herr hat es verschieden in seine verschiedenen Geschöpfe

gelegt." Diese Frau Ellen, die in einer Reisestation tödlich erkrankt, bewußtlos ins Hospital gebracht, dort als eine Unbekannte gepflegt wird, nimmt das Geheimnis ihrer nach allgemeiner Satzung sündigen Liebe mit ins Grab. Der Mann Ellens hatte alle Vorzüge, nur den nicht, von dieser Frau als ein Komplement geliebt werden zu können; der, dem sie das schwerste Opfer bringt, aus seelischer Notwendigkeit bringen muß, dem zuliebe sie den furchtbaren Widerspruch mit der Welt und dem Glücke auf sich nimmt, ist ein Unwürdiger. Die Dichterin lächelt wehmütig: das ist doch nur traurig, wie alle Illusionszerstörung durch die Realität, aber moralisch nicht entscheidend: der sittliche Wert Frau Ellens triumphiert, weil sie alle Leiden der schiefen Lage selbstverständlich sich selbst zumutet, um nur die beiden Menschen, die nach ihrem Glauben auf sie angewiesen sind, vor Unglück zu schützen; dem einen gibt sie ihre barmherzige Liebe, dem anderen die — barmherzige Lüge. Ein so wahrhafter Mensch ist Mite Kremnitz. Ihr Trachten und Dichten gilt dem Kampfe gegen die innere Unwahrheit. Die Dissonanz zwischen den Worten und Stimmungen der Menschen und deren Taten verdammt sie. Und doch gelangt sie unter dem Drucke der grausamen Natur zu dem Ergebnisse, daß es sehr zwingende Voraussetzungen gibt, die vom edlen Gemüte die Lüge verlangen. Räumt dieses nicht auch Ibsen ein? Gregor Werle („Die Wildente") zerstört und verheert, weil er als **doktrinärer** Wahrheitsfanatiker solchen, die das Wahrheit-Wissen nicht ertragen können, das erschüttert, was sie zu ihrem Glücke für Wahrheit hielten.

In der Erzählung „Neun Tage", einer kleinen Novelle von besonderem psychologischem Reichtum, die in der Sammlung „In der Irre" (A. Kröner, Stuttgart, 4. Auflage, 1901) enthalten ist, wirft Mite Kremnitz die Frage nach dem sittlichen Recht von Wahrheit oder Lüge noch einmal sehr drastisch auf. Mann und Frau, einander entfremdet, werden durch gemeinsame Todesankündigung — das brutale Schicksal bedient sich eines tollen Hundes, und die Geschichte spielt offenbar vor der Zeit der Pasteurschen Impfung — einander nahegebracht. Die Liebe des Mannes greift zu einem heroischen Täuschungsmittel. Die letzten Lebenstage seines armen Weibes durch Illusion zu beglücken, bestellt er ein gefälschtes Untersuchungsresultat, wiegt die Frau in den Irrtum ein, daß der Hund, an dessen Biß sie beide sterben müssen, nicht krank gewesen sei, und bezwingt jede Regung eigener Todesfurcht. Diese Lüge trägt doch den Adel wahrhafter Liebe?! Es gibt eben kein Moralgesetz auf Erden, das nicht unter Umständen unmoralisch wäre; nicht einmal das Gesetz absoluter Wahrheit.

In dem Tun und Dulden Ellens („Sein Brief") pulsen die beiden Motive, die am intensivsten das Denken, Fühlen und Schaffen Mite Kremnitz' beherrschen: Gerechtigkeit und Mitleid. „Religion und Liebe," summiert die Dichterin in ihrem Tagebuche, „sind nur Privatsachen, so lange sie im Reiche der Gedanken und Gefühle bleiben; sowie sie sich in Taten umsetzen, verfallen sie dem Recht des anderen und der Allgemeinheit." Kein Rest von Kleinlichkeit und tugendsamer Torheit trübt den Blick unserer Dichterin, wenn sie der Liebe, dem Göttlich-Irdischen, ins Auge blickt; alles Natürliche ist ihr selbstverständlich. Nur der Voreilige nennt die Geschenke der grausamen Natur „unnatürliche" Leidenschaften. Nur ein Dogma anerkennt Mite Kremnitz: „Gut ist, was Leben erhaltend, Böse, was Leben vernichtend wirkt." Daraufhin prüft sie unbefangen alle Handlungen. Si duo faciunt idom, non est idom.

In „Weisse Schuld" („Fluch der Liebe!") gib sich Maily dem Bruder ihres seelenlosen Gatten hin. Mit so kühnem Geiste die Dichterin das Recht des Herzens in diesem verwegenen Verhältnisse aufrecht hält, in der äußersten Konsequenz knickt ihre ungewöhnliche Kraft ein. Es ist ja wahr, daß in der Wirklichkeit hohe Naturen, die ihr Eigenrecht gegen die Sitte (nicht gegen ihre persönliche Sittlichkeit) behaupten, viel häufiger zugrunde gehen, als triumphieren. Aber darf nicht der Dichter, der realistische Dichter, mit wohlbegründeten Ausnahmen erlösende Auswege bahnen? Daß Maily mit ruhiger Selbstverständlichkeit den Tod wählt, nachdem sie sich von dem Empfänger ihres Opfers betrogen sieht, ist nach ihrem Wesen folgerichtig. Aber warum machte die Verfasserin den Mann just zum Schurken? Konnte es nicht mit demselben Fug des Zufalls ein anständiger Mensch mit starkem Herzen sein? Wie schade, daß Mite Kremnitz diese Vereinfachung und Erhöhung des Problems nicht wagte! Ebenso tritt in „Sein Brief" der Typhus, an dem Ellen stirbt, als Deus ex machina vor der Lösung des Problems ein; dieser Tod hat nichts mit der seelischen Kausalität zu schaffen. Hierin und vielleicht auch in einer gewissen Vorliebe, im Streite der Geschlechter den Mann moralisch zu belasten, äußern sich allein noch bei Mite Kremnitz die Imponderabilien ihres Geschlechtes.

Aus dem Kampfe mit der Niedrigkeit der Welt, aus Leid, Enttäuschung und Treulosigkeit, aus Verlust und Erdenjammer rettet die Dichterin den Himmel in der eigenen Brust, den **inneren Besitz**. Das ist die echte Liebe, von der in leuchtenden Zügen geschrieben steht: „Sub specie aeterni".

In der Novelle „Im deutschen Norden" („Fluch der Liebe!") lebt Frau Asta im Kerker einer dumpfen Ehe — sie selbst verdumpft. Die Liebe erwacht. Der spröde, langsam entfaltete Charakter Astas — wieder ein Meisterstück der Dichterin! — hat nichts mit den „Sentiments" der unverstandenen französischen Romangräfin gemein. Ein innerstes Müssen bricht durch. Aber Erziehung und Menschensatzung sind —

glaubhaft — für diese Frau unüberwindliche Hindernisse. Nach dem einzigen Augenblicke des Glückes spricht sie zu dem Geliebten: „Weil wir uns lieben, sind wir unwiderruflich getrennt." Und dann folgen die in der merkwürdigen Knappheit unserer Dichterin ergreifenden Worte: „Und mutig blickte sie vorwärts in das sonnenlose Leben."

Da ist es freilich nur die Außenwelt, nicht die Rücksicht auf das Recht eines anderen, was eine Natur, die stark und zugleich schwach ist, zur Entsagung zwingt. Ebenso auch in der Novelle „Zwischen Kirche und Pastorat" (S. Schottlaender, Breslau, 1895), die sich mit ihren feinen künstlerischen Milieu- und Landschaftsschilderungen den erlesensten Perlen der Dichterin anreiht. Sie wachsen aus der schleswigischen Erde, diese schweren, langsamen, gütigen Menschen. Klaglos ist ihr Scheiden und Meiden, arm ihr Horizont, an dessen Saum nur ein lichter Streif des Meeres wie eine Ahnung des Ewigen schimmert.

Die interessantesten Gestalten Mite Kremnitz' sind Menschen, in denen eine sittliche Kraft latent ist, und die unter einem wechselnden Schicksale schwanken und wanken, bis sie eines Tages unter dem gebietenden Zwange des Unglücks sich emporrecken und ihr Hohes retten — sei es in den Tod, sei es in die Region der Duldung. Die weiter leben können, sind die stärkeren. In „Astra" (Stuttgart, A. Kröner, 1886), einem der in Kompagnie mit Carmen Sylva geschriebenen Romane, der die Liebe zweier Schwestern zu einem Manne behandelt, ist es allerdings wilde Eifersucht und Verzweiflung, die Margot zur Verzichtleistung im Selbstmorde treibt. Viel einheitlicher und straffer durchgeführt ist der Roman „Ein Fürstenkind" (Leipzig, Wilhelm Friedrich, 1883), der schon eine Art Grundriß darstellt zu dem großartigen typischen Panorama der rumänischen Gesellschaft, zu den „Ausgewanderten". Mit sicherer Ruhe führt die Dichterin den Griffel, wenn sie die in aller Bodenlosigkeit sozusagen selbstverständliche Niedertracht Vater Canvalas ausbreitet. Die Schärfe der objektiven Übersicht über die Fülle abenteuerlicher Schlechtigkeit und formglatter Gemütsarmut der rumänischen Gesellschaft hatte sie schon in den beiden Miniaturromanen „Madu" und „Fürst Demeter" bewährt. Im „Fürstenkind" ist das Typische zum Persönlichen verdichtet, und im Mittelpunkte steht eine ergreifende Frauengestalt: Lucie. Die Schmach der Rohen wird in der Demut dieses armen, verwachsenen Mädchens zum Schuldgefühle. Sich selbst klagt sie an, als sich der Gatte, dem man Weib und Mitgift aufgedrungen hatte, am Hochzeitstage erschoß. „Was war sie denn, daß er lieber tot sein als mit ihr leben wollte?" Doch auch sie scheint endlich die Liebe, die uns alle sucht, zu finden. Da erfährt sie von der Untreue ihres zweiten Gatten, und weil sie ihn heiß und selbstlos liebt, macht sie nun ihrem Leben ein Ende. Damit er nach ihrem Tode glücklicher sein könne, als mit ihr! Der feste ethische Wille der Dichterin zeigt sich in einer noch schöneren Selbstentäußerung Lucies: sie widersteht dem sentimentalen Bedürfnisse, die Reue des Gatten an ihren Grabhügel zu rufen, sie stirbt und läßt ihn die wahre Ursache ihres Selbstmordes nicht ahnen. Sie stirbt wahrhaft in Liebe.

Das seelenvolle Werk ist ein Protest gegen die Schopenhauersche Doktrin, wonach die Ehe nur die Aufgabe der menschlichen Fortpflanzung hätte. Gegen die Entwürdigung der Menschen zu Zuchttieren ruft Mite Kremnitz den Bund der Seelen, die innerliche Vervollkommnung jedes Geschlechtes durch die Paarung mit dem anderen Geschlechte auf. Und diese Schriftstellerin, die das Gesetz des Herzens über jedes andere Gesetz stellt und die Schranken der Legitimität im Prinzipe nicht anerkennt; die vor dem hochtrabenden Worte „Ehebruch" nicht fromm erschauert; die es sehr wohl begreift, daß die Natur den Seelen verheirateter Menschen einen Kappzaum nicht anlegt; die zwar die Frivolität haßt und den Egoismus sich rücksichtslos „Auslebender" verachtet, aber unbefangen in alle verworrenen Gänge des Labyrinths der Herzen dringt und auch die Liebe eines Mannes zu zwei Frauen, sowie die einer Frau zu zwei Männern in den Kreis ernst zu würdigender Möglichkeiten zieht: sie hat die höchste Ehrfurcht vor dem Begriffe der wahren Ehe, ja, sie hält die Institution für notwendig und segensreich — trotz der Unvollkommenheit der meisten Ehen, und wohl gerade mit Rücksicht auf die Unvollkommenheit der meisten Menschen, und trotz der tragischen Konflikte, die aus dieser Einrichtung für hochwertige, der Freiheit bedürftige Naturen erwachsen. Die gefährlichsten Gegner der Ehe, meint Mite Kremnitz, ja recht eigentlich die Zertrümmerer der Ehe sind die Prüden und Moralpfaffen, weil sie, albern und banal, den Sexualismus zum Götzen und jede geschlechtliche Entgleisung, jede sympathie d'épiderme zum Ehetode machen. Im Gegensatze zu diesen meint die hochsinnige Schriftstellerin, daß die Ehe, wenn sie im guten Zeichen geschlossen wurde, so stark sein müsse, selbst heftige Leidenschaften, deren Kurven naturgemäß abliefen, zu überdauern, und nur wenn sich der tiefinnere Wunsch einer Frau oder eines Mannes nach einem Wechsel des Lebensgefährten stetig behaupte, sei die Ehe unglücklich, moralisch unhaltbar, innerlich gelöst. In der Novelle „Margarete" („In der Irre") klingen diese Anschauungen zum Teile an, und daß die Dichterin die Wertung eines echten Bundes der Seelen selbstverständlich nicht von der gesetzlichen Formel abhängig macht. Doch scheint ihr der Gesetzesschutz der Ehe als Stütze der Schwachen und Mittelmäßigen von Wichtigkeit. Auch das Schicksal ihrer Margarete will dies erhärten. Margarete ist die Herzensfrau eines Mannes, der seiner Kinder wegen mit einer anderen verheiratet bleibt. Der Mann wird untreu, lernt eine dritte lieben. „Du wirst fühlen," sagt Margarete, „daß unser Verhältnis weit zarter als eine Ehe war, daß ein Treubruch es zerreißen mußte, was bei einer Ehe noch lange nicht der Fall." Nicht die gesellschaftliche Feme, doch der nicht erfüllte (und bei den Durchschnittsmenschen selten erfüllbare) höhere Anspruch der freien Ehe treibt Margarete in den Tod....

Eines schickt sich nicht für alle. Die Überzeugung von der Notwendigkeit der Ehe-Institution im allgemeinen und der in vielen Fällen anerkennenswerten Zweckmäßigkeit der gesetzlichen Form bindet den freien Geist der Dichterin selbstverständlich nicht; weder an das Gesetz, noch an das Ehedogma überhaupt. In der Novelle „Eine Künstlerehe" („Junge Novellen", Kürschner, 1906,) die in Alphonse Daudets psychologischen Skizzen gleichen Namens einen Ehrenplatz einnehmen würde, wird die Ehe zum Verhängnis. Der Künstler, der „unmenschliche Mensch", dessen Seele Mite Kremnitz analysiert, hat nicht etwa irrig gewählt; jede Frau, die ihn zum Ehemanne gewonnen hätte, würde ihn und sich selbst unglücklich gemacht haben. — Als Urbild dieses Musikers Alexander schwebte der Verfasserin der rumänische Dichter Eminescu vor.

Sieghaft leuchtet die große Ehemeinung in dem Roman „Fatum" (S. Schottlaender, Breslau, 1903). Dieser Roman, der wieder im farbenreichen Rumänien handelt und mit der glutprächtigen Beschreibung eines Sonnenunterganges über der Ebene von Bukarest beginnt, hat eine nicht einwandfreie Komposition. Sein zweiter Teil setzt mit neuen Motiven ein und verbindet sich nicht recht organisch dem ersten. Aber die ersten Kapitel — bis zum Ende des Ehedramas des Fürsten Basil und seiner Gattin Adine — gehören zum Vollkommensten, was Mite Kremnitz geschrieben. Adines Gatte hatte in Sorglosigkeit des romantischen Bedürfnisses seiner Frau nicht geachtet. Deshalb fällt sie der Betörung des Verführers in einem verhängnisvollen Augenblicke fast unbewußt und wehrlos zum Opfer. Als sie mit dem fremden Manne entflieht, verabscheut sie ihre Schuld bereits, und sie verläßt heimlich das Haus des Gatten nur, weil ihre Unwürdigkeit sie forttreibt. Und der Gatte? Eine wundervolle Offenbarung kommt im Schmerz über sein verschlossenes Gemüt. Er erkennt seine Schuld. Unendliches Mitleid mit der Verirrten erfaßt ihn. Er beweist, daß wahre Liebe größer ist als das Gesetz. Ich zitiere: „Wenn sie auch in den Augen der konventionellen Welt gefehlt hatte, in den seinen hatte sie es nicht, und vor der Welt würde er sie schützen! Zu ihrer inneren Entwickelung hatte sie vielleicht diese furchtbare Erfahrung nötig gehabt — es gibt seltenherrliche Pflanzen, die nicht auf normalem Boden gedeihen, ihrem Erdreich müssen scharfe Salze zugeführt werden; aus dem Essen saugen sie Duftiges und Schönes! Auch Adine würde sich jetzt nur edler entwickeln. Und außerdem hatte er sie lieb, wie sie war, nicht wie sie hätte sein sollen. Es war doch ein Teil ihrer eigensten Natur, der dies schreckliche Erlebnis hervorgerufen hatte. Er mußte es zu verstehen suchen, nicht mit Verachtung darüber fortgehen. . . . Es war die alte Erbsünde, die nur vom freien Menschengeiste, der die Schuld überwindet, getilgt werden kann!"

In „Fatum" würden zwei Menschen gegen die Macht der Dämonen das Leben erobern, wenn nicht der Pessimismus der Dichterin schließlich noch äußere Gewalten zerstörend eingreifen ließe. Mite Kremnitz bejaht nicht unbedingt das Leben. „Das Wichtigste im L e b e n scheint mir" — so schreibt sie in ihrem Tagebuche — „die Stellung des Menschen zum T o d e. Nur der ist frei, der jeden Augenblick zu sterben bereit ist." Aber auch der Innerlich-freie hat doch nichts Besseres wegzuwerfen als das Leben. Das, was die Menschen Sitte nennen, verdient das Opfer des Lebens nicht. In der Novelle „Margarete" wird dies in Worten gesagt, die inhaltlich mit Grillparzers weisem Aphorisma übereinstimmen: „Wer Sittlichkeit zum alleinigen Zweck der Menschen macht, kommt mir vor wie einer, der die Bestimmung einer Uhr darin fände, daß sie nicht falsch gehe. Das erste bei der Uhr aber ist: daß sie gehe; das Nichtfalschgehen kommt dann erst als regulative Bestimmung hinzu. Wenn das Nichtfehlen das Höchste bei Uhren ist, so möchten die unaufgezogenen die besten sein."

Wußten Maily, Margarete, Lucie keine andere Rettung ihres inneren Besitzes als die Flucht zum Tode, so fand Mite Kremnitz in ihrer größten Dichtung eine schlichte kleine Frau, die in Schmach und Elend tapfer das Leben behauptet, ihr Leid zur Leidesverklärung, ihre betrogene, mit Füßen getretene Liebe zum unentreißbaren Heiligtum ihres Wesens erhebt. Gewöhnlich, wie ihr deutsch-bürgerlicher Name Lisa, schien die lange verschlossene Innenwelt dieser Frau; aber zu welcher Größe entfaltet sich ihre Überwindung! Nicht nur das tiefste Glück hat Dämmerschatten des Leidens, auch das tiefste Unglück hat Kraft des Glückes. . . .

Diese Dichtung ist der Roman „A u s g e w a n d e r t e" (Bonn, Emil Strauß, 1890; 2. Auflage, Stuttgart, A. Kröner, 1905). Wiederholt deutete ich schon an, daß das großzügige Meisterwerk eine Reihe von Kulturromanen und -Novellen aus Rumänien abschließt, die ihm gewissermaßen als Vorstudien gedient haben. Adolf Menzel entwarf, ehe eines seiner historischen Kolossalgemälde entstand, viele Einzelskizzen. Solche Einzelskizzen wären die beiden Erzählungen „J o é s R o m a n" und „W e r a" des nach einer Geschichte Carmen Sylvas getauften Novellenbandes „R a c h e" (Bonn, Emil Strauß, 1889) — die eine eine sehr interessante Schilderung des oberflächlichen rumänischen Frauencharakters und des eigenartigen Klosterlebens in jenem Lande, die andere ein Salonstück in graziöser, von leichtem Humor bewegter französischer Manier; ferner die schon besprochenen Werke „Ein Fürstenkind", „Aïtra" und „Fatum", und schließlich die zwei kleinen Romane, die den gemeinsamen

Titel führen: „Aus der Rumänischen Gesellschaft" (Leipzig, Thiel, 1882; 2. Auflage A. Kröner, 1886). „Fürst Demeter" meißelt den Typus des alten harten Bojaren wie in Erz. „Radu" macht den Eindruck eines Ameisenhaufens, in den eine Hand störend gegriffen hat. Da wimmelt es verwirrend von Lebewesen! Aber zerflattert auch noch die skizzenhafte Fülle und wundern wir uns über den fröhlichen Mangel an Sparsinn, über die sorglose Aussaat von ungezählten Beziehungen und Motiven, so erstaunen wir nicht minder über die angeborene Gabe, mit zwei Strichen eine vorzügliche Silhouette zu zeichnen, mit zwei Worten einen originellen Gedanken zu verschleudern, an dem sich andere Autoren mehrere wortreiche Seiten lang dankbar nähren würden. Einigermaßen blieb die Schriftstellerin dieser Freigebigkeit auch später immer treu. Was aber in „Radu" nur als Skizze flüchtig anregt, bannt uns in den „Ausgewanderten" mit festen, grundtiefen Zügen, mit der straffen, sicheren Komposition: die erschöpfende Milieuschilderung eines ganzen Volkes!

Welch eine Schilderung! Welch ein Volk! Es ist, als hätte sich die glänzende Technik der Schriftstellerin — und Technik im höheren Sinne ist nie anerzogen! — feinfühlig dem Charakter jenes Volksorganismus vermählt: äußerlich immer glatt und fein, nicht von der inneren Leidenschaft bewegt. In einem ruhigen Strome, dessen treue Spiegelbilder nicht die Wogen verzerren, zieht die Dichtung über die furchtbarsten Tiefen des Lasters, der Korruption, der gemütlosen Ich-Sucht. Im Mittelpunkt steht Radu — der Name klingt nicht ohne Bedeutung aus einer früheren Erzählung der Dichterin herüber —, die persönliche Vollkommenheit, wenn das höchst paradoxe Wort erlaubt ist, in der „genialen Mittelmäßigkeit", in der frechen Ich-Sucht mit der mitleidigen Träne im Auge, im liebenswürdigen Blendwerk und im feigen Schurkentum. Dieser halbblütige Rumäne, der es dort unten allerdings zum Minister bringt und der selbstverständlich nach dem Moder der rumänischen Gesellschaft heiratet und sich, sobald es ihm paßt, scheiden läßt, sich scheiden läßt und heiratet, ist der Generaltypus für die gesellschaftlichen Kreise der Balkan-Mischvölker. Man lernt die tagesgeschichtlichen Vorgänge auch in Serbien und Bulgarien erst recht verstehen, wenn man den rumänischen Roman der Mite Kremnitz gelesen hat. In die Klauen jenes Radu fällt Lisa —, ein Mädchen vom guten Durchschnitt der deutschen Frauen: nicht übermäßig interessant mit ihrem klopfenden Backfischherzen, das doch — zum Unheile des armen Geschöpfes! — im Geiste der eingeprägten Erziehung stark genug ist, den ungestümen Liebhaber Saulus zu einem legitimen Paulus zu machen, mit aller Duldergnade des deutschen Hausfrauengemütes Schmach auf Schmach ertragend. Aber was sich in Not und Jammer schön und schöner entfaltet, ist der feste Wert, typisch in seinem deutschen Bürgeradel gegenüber der zynischen

Lotterwelt des Orients, höchste persönliche Kraft in der stillen Apotheose des Leidens. Auch Lisa ist eine Repräsentantin, und zwar jener deutschen Auswanderer, die Kraft, Kapital und Kultur nach dem Oriente tragen und dort allen Unsegen der Fremde, den Haß der Minderwertigen ernten.

Weit hinaus über den bleibenden kulturellen Wert des Romanes ragt sein ethischer Gehalt. „Der Personen sind es fast unzählige," schrieb der „Kunstwart" nach dem ersten Erscheinen des Buches, „und alle sind sie ins Kleinste hinein individualisiert. Auf allen ohne Unterschied ruht mit liebendem Wohlgefallen, mit genialer Unparteilichkeit das Auge des Schöpfers, der regnen läßt über Gute und Böse und seine Sonne scheinen läßt über Gerechte und Ungerechte, die warme Sonne künstlerischer Bildungsfreudigkeit, und dessen ungetrübter, von keinen Nebenabsichten verwirrter Blick auch am Ungerechten die Gerechtigkeit wie am Gerechten die Ungerechtigkeit sieht. Wer halborientalisches Leben kennen lernen, wer wissen will, wie es in Bukarest aussieht, mag dieses Buch lesen; man kann aber in ihm auch lernen, wie es in der eigenen Seele aussieht, und das ist mehr, das ist ein größerer Ruhm für Mite Kremnitz."

„Idealgestalten", nämlich Fleisch gewordene Theoreme, hat die Dichterin nie geschaffen. Ihre Menschen sind gut und böse, wie wir Sterblichen alle, und je nach der Mischung ringt in ihnen das Große empor oder tauchen sie unter im Gewöhnlichen. Wie sagt Konrad Ferdinand Meyer? „Ich bin kein ausgeklügelt Buch — ich bin ein Mensch mit seinem Widerspruch." Aber in jedem ihrer Werke ergeben sich Probleme — ganz wie von selbst. Sogar in der meines Erachtens schwächsten Arbeit der Schriftstellerin, dem Roman „Am Hofe von Ragusa" (Breslau, S. Schottlaender, 1902) findet sich so etwas in dem allerdings nicht sehr bedeutungsvollen Schicksale einer Hofdame, die es wagt, in der Hofatmosphäre Wahrheitsliebe, Redlichkeit und Pflichtgefühl aufrecht zu halten. Man hat diesem Buche unrecht getan, indem man es in die Gattung der pasquillanten „Schlüsselromane" einreihen wollte. Die indirekte Kampfesweise liegt dem vornehmen Charakter der Dichterin ferne. Wie immer, so hat sie auch hier persönliche Erfahrungen verallgemeinert. Die Satire verliert sich nicht im Lokalisierten. Die verwüstende Unbeständigkeit hysterisch-verlogener Fürstinnen, die geistige Schwäche von Fürsten sind Erscheinungen, die nicht erst durch eine Landesgeschichte beglaubigt werden müßten. Die Verfasserin geht in ihrem Wohlwollen sogar so weit, dem schwachen Fürsten ihres Romanes unsere Sympathie aufdrängen zu wollen; aber sie kann nicht lügen, und deshalb läßt sie einfließen, wie hochmütig und beschränkt der Kronenträger ist, der alle Welt mit Geld, Orden oder Liebenswürdigkeit kaufen zu können meint. Eine ausgezeichnete Beobachtung verrät sich in vielen Zügen des Hofbildes, vor allem, wenn der ruhige Humor der Verfasserin schildert, wie die Hysterikerin Worte und Tatsachen verdreht, oder wie der Fürst seine bedrohte Hausehre und Eitelkeit zu schützen pflegt: „Er ist immer darauf bedacht, seine Gemahlin zu zerstreuen, und wirft ihr, wie man einem Löwen Kaninchen oder andere Tierchen zum Zerreißen in den Käfig schiebt, hin und wieder eine Existenz, die Seele eines Menschen hin." Das Buch Mite Kremnitz' will aber ein Protest sein gegen den frevlen Übermut der „Hohen" und will für die Geburtsbrüderlichkeit aller Menschen sprechen. Daß der Roman auf leisen Sohlen, sozusagen im Rokokostil schreitet und tänzelt, wäre seinem Zweck kein Hindernis; wohl aber, daß die Leute und Vorgänge ein allgemeines Interesse nicht aufkommen lassen. Sie interessieren nicht; die besten unter ihnen sind, um mit Mite Kremnitz zu sprechen, „böser als böse — nämlich: nichts". Wer denkt hier nicht an Ibsens „Peer Gynt"!

Auch ein anderes Buch Mite Kremnitz' berührt die Hofkreise, der einst mit Carmen Sylva gemeinsam verfaßte Roman: „Aus zwei Welten" (A. Kröner, Stuttgart, 1884). Die Königin schrieb darin die Briefe einer Prinzessin, Mite Kremnitz die eines sozialistischen Professors. Aus dem Klassengegensatz, den nur die Leidenschaft eine Weile überbrückt, hätte sich schon etwas Tüchtiges machen lassen — etwas Tragisches oder, nach dem hübschen satirischen Talente Mite Kremnitz', das in manchen Briefen sprüht, ein Roman-Lustspiel. Aber das Thema wird zu spielerisch, zu kindlich behandelt.

Die wertvollsten Novellen der Dichterin, jedes ein Prachtstück, das der genießende Leser auf die Zunge legt, vereinigt die Sammlung „Mann und Weib" (Breslau, S. Schottlaender, 1902). Das Buch ist eine Zierde der deutschen Erzählungsliteratur. Das unerschöpfliche Gebiet, die Heimat aller Dichter und Philosophen, wurde nicht oft mit so gutem Pfluge gefurcht. Nur über der Bluette „Ohne Diadem" funkelt der anmutige Humor der Dichterin. Die übrigen vier Novellen erschüttern. In „War es Liebe?" ist es der unerfahrene, „reine" Mann, der einer nervenkranken, koketten Frau zum Opfer fällt. Sie entzündet ihn und stößt ihn dann wie selbstverständlich zurück — mit dem kraß selbstsüchtigen Troste, daß sie neue Lebenskraft aus der Episode gezogen habe — „und auch dem jungen Manne würde es nicht schaden, daß er sie geliebt habe." Ernster und tiefer wird dasselbe Thema in der prachtvollen Novelle „Vorher und nachher" behandelt. Die Frau, tändelnd und verliebt, legt eiserne Reifen um des Mannes Stirne. Eine Prinzessin ist sie, ihr Gatte ein Greis, und vom jungen Arzt verlangt sie — das Mutterglück. Und sie — wird Mutter. Am Krankenbett eines der Kinder, just am Krankenbett, wo dieser Arzt neben der Pflicht ein heiliges Recht erfüllt, vollzieht sich der feige Verrat der Frau, deren

Wünsche befriedigt sind. Die glanzvolle Kennzeichnung eines Typus „Weib" ist der Augenblick in der Erzählung, als die Prinzessin mit glatter Stirne dem Vater ihrer Kinder die ihr unbequeme Tatsache ins Angesicht leugnet und ihn mit höflichen Phrasen für immer verabschiedet... „Vorher und nachher" ist, mit so freundlicher Ruhe das Ungeheuerliche erzählt wird, eine innerlich wahre und geniale Anprangerung weiblicher Nichtswürdigkeit, wie Shakespeares Königin Anna. — Auf dem Friedhofe von Brand, dem Vorarlberger Gebirgsdorfe und Landsitze unserer Dichterin, ist ein bald versunkener Hügel ohne Kreuz und Stein. Die Selbstmörderin, die er deckt, lebt mit ihrer jammervollen, betrogenen Treue in der Erzählung „Die Russin".

Der Mann und das Weib und — das Kind. „Sie wissen nicht, welche Reinheit und Unschuld mit jedem neuen Menschen in die alte Welt kommt" — heißt es in „Mutterrecht" —, und über den Liebling ihrer Dichtungen schüttet Mite Kremnitz unbegrenzte Zärtlichkeit. Ihre Philosophie der welterlösenden Liebe wendet sie auf die Kindererziehung an, aus der sie alle strenge Härte grundsätzlich gebannt wissen will. Bestrickend reizvoll ist diese mütterliche Weisheit mit kinderliebem Realismus und köstlichem Humor in dem Büchlein „Herr Baby" (Breslau, S. Schottlaender, 1900) gepaart, das sich „eine Kindergeschichte" nennt, aber den Eltern gewidmet ist. Die höchste soziale Pflicht spricht die Dichterin bei der Behandlung ihrer Liebes- und Eheprobleme den Vätern und Müttern zu, und in ihren rumänischen Gesellschaftsbildern mißt sie die Verworfenheit an den herzlosen Vätern und Müttern. Am Bette des kranken Kindes („Eine Kindergeschichte" im Bande „In der Irre") erschließt sie unserem Gemüte die Wahrheit, daß die Kleinen mit ihren Freuden und Leiden die Erzieher, die Seelenbildner der Längst-Erwachsenen werden, und Menschen, vor allem Frauen, die Kinder nicht lieben, widernatürlich sind. Wie Konrad Ferdinand Meyer in der Erzählung „Die Leiden eines Knaben", Wildenbruch in seiner Kindergeschichte „Der Letzte" und Gerhart Hauptmann in „Hannele", hat auch Mite Kremnitz die Macht, aus dem Innern eines armen Kinderherzens heraus uns am tiefsten zu erschüttern. Es sei u. a. auf ihre Erzählungen „Jon" (Buchausgabe des „Mutterrechts") und „Demeter" hingewiesen. Der wildherzige Fürst Demeter zwingt seinen kleinen Jungen, den er nie geliebt hat, auf das wilde Pferd. Das Kind stürzt herab. Und: „Der Aufschrei war das letzte Lebenszeichen des Knaben gewesen, jetzt lag er regungslos im Arme des Vaters. Fürst Demeter sah ihn an. Er hatte ihn wohl noch nie angesehen, oder war der Knabe plötzlich so verändert? Wie in Erz gegossen waren die Züge des kleinen Gesichtes, starr und streng, nicht verzerrt, wie versteinert nur. Er fühlte den Körper in seinen Armen ruhen, er fühlte all die Weichheit der kleinen Glieder, und wie in einem Banne hielten sie ihn. Es war ein Zauber, den seines Kindes leichter Körper, den er leblos im Arme hielt, auf ihn, den großen, kräftigen Mann, ausübte, und plötzlich fiel ihm ein, daß er ihn ja noch nie im Arme gehalten, daß dieser Ring, der ihm plötzlich schien um das Herz gelegt zu sein und der ihn beengte, daß er hätte schluchzen mögen, das Vatergefühl sei, über das er so oft gespottet. ‚Du süßes Kind!‘ sagt er leise, kaum die Lippen bewegend, und seine Brust hob und senkte sich, als weinte sein Herz vor wunderbarem Wohlgefühl, das sich von seinen Armen, die das Kind umschlossen hielten, langsam durch seinen ganzen Körper verbreitete. — — Im Rasen aber blühten schon die Veilchen und hatten die Anhöhe vor ihm violett überzogen. Auch das sah er zum ersten Male."

Eine mächtige Symphonie des Muttertums — und das gerade auf den Instrumenten eines rücksichtslosen, fast Zolaschen Realismus — ist Mite Kremnitz' jüngstes Werk, die Erzählung „Mutterrecht" (S. Schottlaender, Breslau, 1906). Sie ist meines Erachtens neben den „Ausgewanderten" ihre bedeutendste Dichtung.

Den Stoff hat die Dichterin diesmal aus der breiten Mitte des Volkes, aus der arbeitenden Klasse genommen, und die Arbeit ist auch ein mächtiger Faktor in dem Seelendrama. Es ist nicht wahr, daß das Innenleben ein Luxus ist, dem sich nur die Satten hingeben können. Der bittere Hunger schnürt allerdings die Herzen zusammen, aber doppelt ergreifend und schauerlich weh ringt sich aus den Tiefen das Leiden und Sehnen empor. Unsere Volkslieder! Wie viele Hungerleider haben sie in Schmerz und Lust gesungen! Und Gorki — und Dickens — und Fritz Reuter — und Gottfried Keller — und Rosegger. Nicht zwar aus dem Proletariate, aber aus dem Stande der kleinen Handwerker stammt die prächtige Frau Berta Huber, die arbeitende Frau im „Mutterrecht". Wie echt und kerngesund ihr Menschliches! Wie wächst sie unter dem Segen der Arbeit zu sittlicher Höhe. Als ihr windiger Mann mit einem anderen Weibe auf und davon geht, da greifen die rührigen Hände der Frau, der zum Verbluten der Seele nicht Zeit bleibt, unermüdlich ein. Sie schützt das Geschäft vor dem drohenden Ruin, sie bringt es zur Blüte. Sollte ihr Herz darum nicht adelig sein? Die Dichterin gibt eine ergreifende Antwort: Die verlassene Frau erfährt, weshalb der Mann, den sie liebte, sie für immer verlassen habe, daß er ihr um einer anderen willen die Treue gebrochen, und: „Berta starrte den Boten an, als könne sie das nicht begreifen. Aber merkwürdig — ein Gedanke legte sich wie Balsam ihr aufs Herz: Johann war nicht allein in der Fremde! Jemand sorgte da draußen für ihn, er irrte nicht verzweifelt mit Selbstmordgedanken herum . . . Gott sei Dank!‘ Das war eigentlich das einzige, was sie aus diesem Bericht behielt." Und es tritt das Schicksal mit einer noch härteren Probe an das gesunde Herz der arbeitenden jungen Frau heran. Zu nachtschlafender Zeit wird die Einsame, wehrlose von dem Bruder ihres Gatten, einem brutalen Gesellen, vergewaltigt. Noch unter dem vollen Eindruck der Roheit, erfährt nun der Leser mit Staunen, dann mit Entzücken, wie diese einfache und zartfühlende Frau sich in Kraft und Würde hoch über den törichten Sexualaberglauben der meisten Menschen erhebt. Zuerst will sie sich die eigene Haut abreißen, dann verbrennt sie die besudelten Gewänder, dann aber macht sie sich klar, daß ihr nichts Unwiederbringliches geraubt worden, daß ihre Seele rein wie zuvor sei. Sie fühlt sich nicht entehrt. Was könnte sie dafür, wenn ein vorüberfahrender Wagen sie mit Straßenschmutz bespritzt oder die Blattern sie befallen hätten? — Sie schreitet an die Tagesarbeit.....

Die Natur, die es am Ende besser mit uns meint, als wir erkennen, setzt nun, im ewigen Triumph über irrenden Menschenwitz, ihren höheren Willen ein — und Berta Huber wird Mutter. Wird Mutter von dem Gewaltakte des Nichtswürdigen! Wie sie es wahrnimmt, droht diese starke Frau zu verzweifeln, zu vergehen. Wochen, Monate qualvollen Erwartens verrinnen, sie flucht dem kommenden Kinde. Da aber tritt mit der Geburt des Kindes die wundervolle Wendung im Sinne der Mutter ein, der Fluch wandelt sich in Segen, die Dichtung wird zu einem erhabenen Gottesdienst vor dem Altar der Natur. In seiner elementaren Größe strahlt Mite Kremnitz' „Mutterrecht" in Gesundheit neben den vielen kranken Phantasieerzeugnissen unserer Zeit. Was das Sinnen und Erkennen der Dichterin dem Leben abgewonnen hat, gibt sie in der lebenstrotzenden Dichtung dem Leben zurück.

Ohne auf erschöpfende Genauigkeit Anspruch zu erheben, haben diese Ausführungen das Wollen und Vollbringen der Dichterin in ihren Romanen und Novellen zu erläutern versucht. Aber Mite Kremnitz hat auch einige Dramen verfaßt, von denen insbesondere die Schauspiele „Tönendes Erz" und „Astra" (mit freier Benützung des gleichnamigen Romanes) Beachtung verdienen. Die dramatische Begabung, die viele ihrer Erzählungen verraten, sollte unsere literarischen Bühnen ermuntern, diesen Stücken näher zu treten. „Tönendes Erz" spielt in der Diplomatenwelt. Die gewandte Beherrschung nicht nur der dramatischen Form, auch der Formen des sogenannten „Grand monde" erinnert an französische Vorbilder, doch ist die Innerlichkeit des ehrlichen Frauenherzens, das am Flirt und Trug und Widerspruch von Wort und Tat schmerzhafte Enttäuschung erlebt, echt deutsch; und auf dem Parkett des Ministersalons ist unter den hohen, höheren, allerhöchsten „Leuten" ein einziger Mensch: eine Frau, die sich nicht zur Ministersgattin eignet. Bemerkenswert ist der ideelle politische Hintergrund des Stückes: ein Gesetzentwurf, der die Religion zur Privatsache machen und statt des Religionsunterrichtes freie ethische Erziehung in den Schulen einführen will. Ein Jugendwerk der Dichterin, das bei

Emil Strauß in Bonn erschienene Trauerspiel „Anna Boleyn", verdient trotz einzelner psychologischer Schönheiten keine weitere Beachtung. Auch die Übersetzung mehrerer Schauspiele des rumänischen Dichters Caragiale („Aug' um Aug", „Der verlorene Brief"), die in Bukarest Bühnenerfolg hatten, sei erwähnt.

Und der Vollständigkeit des literarischen Charakterbildes wegen sei zum Schlusse auch der großen kritisch-biographischen Werke gedacht, die Mite Kremnitz verfaßt hat. „Mein Talent" — bemerkt die Dichterin in ihrem Tagebuche — „hat etwas Unerbittliches. Will meine Phantasie in falsche Richtung galoppieren, steht es wie ein starrer, grauer Fels vor mir, kein Sesam öffnet es." Diese Selbsterkenntnis berührt die unerschütterliche Wahrhaftigkeit aller ihrer Phantasiegebilde. An dem nie versagenden, geheimnisvollen Regulativ ihres Talentes, das ihre Phantasie auf den immer sicheren Schienen des Innerlich-Wahren leitet, muß es liegen, daß die Leser ihrer Erzählungen die absolute Sicherheit des Lebensvollen — in jedem kleinen, in jedem großen Zuge — besitzen. Die Eindrücke des realen Lebens verwandeln sich in der Phantasie der Schriftstellerin zu neuen, vor jeder phantastischen Verwirrung geschützten Realitäten. Sie porträtiert nicht, sie photographiert nicht, aber sie kann nichts anderes dichten, als was leibt und lebt. Und lebt es zufällig nicht in der Wirklichkeit, so könnte es in ihr doch bestehen, — ja so überwältigend wahr sind die Realitäten ihrer Phantasie, daß naive Leser immer wieder die Urbilder ihrer dichterischen Gestalten in der Gesellschaft suchten und der ahnungslosen Dichterin mitunter Anlaß gegeben wurde, gegen solche kleinliche Zumutungen zu protestieren.

Mite Kremnitz ist Dichterin. Das heißt: sie ist Illusionistin, — wenn auch eine streng-realistische Illusionistin. Wenn sie schöpferisch gestaltet, was niemals war, so bewährt sich ihre unvergleichliche Beobachtungsgabe an der typischen Ähnlichkeit ihrer Geschöpfe mit denen der Wirklichkeit. Da hat sie vollkommen freien Willen, Gutes und Böses in die neuen Menschen ihrer Phantasie zu legen. Ein Herz voll Güte, dem die Phantasie hilft, übt diese Umgestaltung auch nur allzu gerne im realen Leben. Im Urteile über die Menschen der Wirklichkeit. Wie viel herbe Enttäuschungen muß die seltene Frau erlebt haben, die einerseits ein so starkes illusionistisches Bedürfnis, so viel liebendes Wohlwollen besitzt, — und die andererseits nach ihrer hohen Lebensphilosophie strenge ethische Ansprüche an die Menschen stellt und im tiefsten Wesen so wahrhaft ist, daß sie, mit scharfer Beobachtung begabt, sich nicht bewußten Selbsttäuschungen und einer laxen Duldsamkeit hingeben kann. Die Ethik und der Pessimismus ihrer Dichtungen bezeugen es.

Die Dichterin Mite Kremnitz hat die Biographien geschrieben.

Sie hat sich, wie es das Recht und der Brauch der Dichter ist, mit den Objekten in hohem Grade identifiziert. Unter diesem Gesichtswinkel — und nicht als bewußte Selbsttäuschung — ist es zu verstehen, daß in dem einen oder anderen dieser Bücher überaus wohlwollende Schlußfolgerungen abgeleitet werden, denen der aufmerksame Betrachter der tatsächlichen Voraussetzungen nicht ganz folgen kann. Es spricht auch nicht Mite Kremnitz aus diesen Büchern, sondern nur das jeweilige Objekt ihrer wohlwollenden Betrachtung, wenn wir hier dynastische und religiöse Interessen in anderes Licht gerückt sehen, als in den von der leidigen Realität unabhängigen Dichtungen der Mite Kremnitz, den echten Kindern ihres Herzens. Aber immer sind es nur idealistische Beweggründe gewesen, die diese hochherzige Frau, allerlei Widerwärtigkeiten zum Trotze, bestimmten, ihre schönere Welt mit der der Realitäten zu vertauschen.

Außer dem früher erwähnten vierbändigen Memoirenwerk des rumänischen Königs hat Mite Kremnitz eine kurze Biographie **König Karols** (Breslau, S. Schottlaender, 1901), die kritische Biographie „**Carmen Sylva**" (Leipzig, Haberland, 1903) und das Buch „**Marie, FürstinMutter zu Wied**" (Leipzig, Haberland, 1904) geschrieben.

Zu der Biographie der **Fürstin Wied** wurden der Verfasserin von der Familie der großherzigen Menschenfreundin die offiziellen Quellen vorenthalten. Trotzdem hat das Buch einen intimen Reiz. Die Gabe der Dichterin, einen Menschen im Innern und im Ganzen zu erkennen, leistete wichtigere Dienste als die Chronik, die überdies ersetzt wurde durch verbürgte charakteristische Mitteilungen berufener Zeugen und durch viele von der verstorbenen Fürstin stammende Briefe, die in ihrer zwanglosen Schöne den reichen Sinn der vorurteilsfreien Frau beleuchten. Das Leid, das über großen Seelen schattet, findet in den Worten der Verfasserin eine treffende Deutung. Dem selbstlosesten Willen gelinge es nicht, der Schmied des Glückes anderer zu sein, die menschliche Ohnmacht zeige sich auf allen Wegen: „Das bleibt die unlösbare Tragik des Lebens, . . . der letzte, tiefste Grund, warum der Tod allen, die bis zur wahren Erkenntnis des Daseins durchgedrungen, eine Erlösung ist."

Sieht man davon ab, daß das Objekt der Betrachtung, die Königin von Rumänien, und dessen Darstellung in Mite Kremnitz' **CarmenSylva**Buche zueinander in dem früher erörterten Verhältnisse von Realität und Idealität stehen, so gewährt gerade diese Biographie künstlerische Freuden, wie sogenannte „literarische" Werke sie nur ganz ausnahmsweise eröffnen. Es finden sich da abstrakte Reflexionen über die Künstlerseele und über deren Beziehungen zum irdischen Dasein, die in ihrer Präzision Bausteine eines philosophischen Werkes zu sein ver-

dienten. — Die ehemalige Mitarbeiterin Carmen Sylvas ist bei ihrem
Übermaß von Wohlwollen, das die Klarheit der Schlußfolgerungen zuweilen trübt, doch nicht blind gegen die unheimlichen Willensschwankungen
und die Ursachen einer — übrigens unkünstlerischen — Sorglosigkeit, die
nach meiner Ansicht aus fast allen dichterischen Produkten Carmen Sylvas
spricht. Ein krankhaftes Selbstgefühl — Mite Kremnitz bezeichnet es
schonender — beweist sich in der Tat darin, daß Carmen Sylva kein Buch
und nur wenige Gedichte veröffentlicht hat, die einen von ärgerlichen
sprachlichen Fehlern unbeeinträchtigten Genuß ermöglichen. Die Biographie sucht das Urteil zu mildern, indem sie darauf hinweist, daß
die Natur dem Talente Carmen Sylvas Selbstkritik und Humor versagt
hat; der Humor würde sie fähig machen, zwischen dem wahren Wesen und
dem Scheine (wenn selbstsüchtige Schmeichler ihrer Rolle Beifall
klatschen) lachend zu unterscheiden. Mite Kremnitz kennzeichnet aus in-
timster Kenntnis die höfischen Lobredner, die Carmen Sylvas Begabung
beeinflussen. Die Verfasserin hätte den Kreis viel weiter ziehen dürfen: auch
ein Teil der deutschen Presse begab sich des Rechtes, über eine dich-
tende Königin aufrichtig zu urteilen, und schädigte die Entwickelung von
Carmen Sylvas Talent. Der in die freie Republik der Geister ein-
gedrungene Byzantinismus macht diese kritische Biographie immerhin
zu einer guten Tat, die nur ein großes Herz von der dichtenden Königin
verlangt, um Segen zu stiften. Denn, — so übertrieben Mite Kremnitz
das Talent ihrer einstigen Mitarbeiterin hochschätzt, so sehr sie beflissen
ist, dort, wo sie im literarischen Urteil oder in der Biographie anklagende
Tatsachen vorbringt, milde und entschuldigende Erklärungen beizufügen:
sie verschweigt und entstellt doch nicht. Briefe und Gedichte der Königin
in Fülle belegen alle maßvollen Feststellungen. Wir erfahren u. a. auch,
wie Carmen Sylva dem Ärger über die Geltung Goethes, Rich. Wagners
und Lenaus Ausdruck gab. Das geistvolle Buch läßt schließlich nur die
Frage antworten, ob denn der Gegenstand seinem Gewichte entsprach?

* * *

„Trotz aller bösen Erfahrungen," schreibt Mite Kremnitz in einem
Briefe, „strebte ich nach absoluter Vorurteilslosigkeit und nach Gerechtigkeit. Nicht meine Schuld war die pessimistische Überzeugung, daß sich
in der menschlichen Gesellschaft nur das Gemeine: Eigennutz, Macht-
ausbeutung, hochmütige Torheit und weltliches Strebertum, erfolgreich
behaupte, daß sich somit das Vornehme und Gute nur durch die Flucht
in die Innerlichkeit retten könne. Das Schmerzliche dieser Erkenntnis
verschuldete meine Phantasie, die so maßlos war, daß mich fast alles,
was ich in der Wirklichkeit kennen lernte, enttäuschen mußte. Vor
allem die weltliche Größe. Um die gekrönten Häupter — alles wie
klein! wie nichtig! Nur eines war mehr, als ich hatte denken und ahnen

können, war furchtbarer und überwältigender: der Liebesschmerz. Und was den Menschen an Leiden zugemessen ist, das sänftigt die Menschenscheu, verwandelt sie in Liebe (Caritas). Wenn ich mich danach sehnte, einmal noch einem Menschen zu begegnen, der sich nicht ausschließlich mit sich selbst beschäftigte, so warnte diese Sehnsucht vor egoistischer Weltflucht. Sie war aber auch die Ursache, daß ich immer wieder jedem, den mir das Leben zuführte, mit illusionistischem Überschwang entgegenkam und ihn für den besseren Menschen hielt — bis zur Stunde der Enttäuschung. Trotzdem glaube ich in meinen Schriften die Menschen im allgemeinen nicht schöner gefärbt zu haben, als sie in der Wirklichkeit sind. Sie sind dort vielmehr das dem realen Leben mit möglichst gewissenhafter Treue entnommene Objekt, gegen das mein Wille wie aus einer anderen Welt kämpft, ohne Hoffnung auf den Preis des Sieges kämpfen muß. Das dritte Reich, wie ich es schaue, wäre eine Welt, in der statt des Vorurteils, der Ungerechtigkeit und der toten Form die lebenerhaltende (nicht die selbstische) Liebe Gesetz sein müßte. Dort würden die Menschen, die bei ihrer Geburt durchaus gleichwertig und gleichberechtigt sind, nur nach ihrem Tun, also nach ihrem Wesen, nicht nach dem Scheine gewürdigt werden."

Das dichterische Gesamtschaffen Mite Kremnitz' ist dieser ehrliche Kampf. Ein Mensch, ein großer Mensch, führt uns mit alles begreifender, aber Vorurteil, Selbstsucht und Scheinwert nicht verzeihender Liebe in seine schöne Welt.

Eine Erscheinung wie Mite Kremnitz, freilich eine Ausnahme ihres Geschlechtes, aber in ihrem Menschlichen und Divinatorischen überhaupt ungewöhnlich, gibt den F r a u e n ein neues Recht, sich gegen Unterschätzung zu wehren. Die Weibesverachtung hat Otto W e i n i n g e r, der hochbegabte, unglückliche Jüngling, in seinem Hauptwerke „Geschlecht und Charakter" systemisiert. Liegt vor uns Mite Kremnitz' gesegnetes Schaffen ausgebreitet, so schaudert uns vor dem Wahn des „Philosophen", der, der schriftstellernden Frau das Weibliche absprechend, über das Weib ohne Gnade der Ausnahme urteilt: „Das Weib ist weder tiefsinnig, noch hochsinnig, weder scharfsinnig, noch geradsinnig, es ist vielmehr von alledem das gerade Gegenteil; es ist, so weit wir bisher sehen, überhaupt nicht ‚sinnig'. . . . Es ist als Ganzes Un sinn, un-sinnig."

Ein Waldidyll.
Märchen.
Von
Frances Külpe.
— Libau. —

Glutender Mittagszauber über dem dunklen Tannenhang.

Auf den bunten, flimmernden Wiesen tief unten summen Bienen wie aus traumhafter Ferne — eine tausendköpfige lärmende Volksversammlung — oben aber ist dämmernde verklärte Waldesstille, heimlicher keuscher Waldesfriede.

Rotbraun und violett stehen die Tannenstämme gegen den Bergabhang hinan, wie mächtige Säulen eines verwitterten Porphyrschlosses. Blaugrün und düster malt sich das Tannengezweig, und die heiße strahlende Mittagssonne streut Bündel und Flecken leuchtenden Lichts auf den schlängelnden Waldpfad, auf goldbraunes Moos und leise flüsterndes Laub. Und durch die hochragenden Tannen blaut sonniger Himmelsglanz, und weit, weit jenseits des Tales, in dem goldene Kornfelder leise auf und nieder wogen, türmen sich über grünen Bergketten in geisterhafter Schönheit schneebedeckte Steinriesen, die, glänzend in der Sonnenbeleuchtung, wie aus reinem Silber gegossen scheinen. Darüber schiffen weiße feierliche Wolken, wie gewaltige brausende Melodien im Mittagssonnenglanz.

Mitten im Waldinnern, von schüchtern goldig tropfenden Sonnenlichtern umflimmert, liegt lang hingestreckt auf weichem Moosboden ein junger Wandersmann. Das lockige blonde Haupt hat er auf einen braunen Rucksack gebettet, und seine blauen Augen wandern den weißen

Wolken nach und folgen träumend ihren Bahnen. Es ist ein blutarmer Gesell, und nichts nennt er sein eigen, als was er bei sich trägt, und sein ganzes junges gesundes Selbst. Mutterseelenallein steht er in der weiten harten Welt, und das Leben und die Menschen haben ihm gar übel mitgespielt. Das Bücken und Schönreden war ihm von jeher nicht nach Sinn, und so zog er seine Straße weiter, und seine Straße führte ihn immer und immer wieder dem grünen Wald in die lockenden Arme.

Hier unter den himmelhohen Tannen klang und blühte seine Seele, denn er war ein Sonntagskind und wußte es nicht. Wildgrüne Zweige und murmelnde Waldbäche erzählten ihm wunderliche Geschichten, und es ward ihm heimlich und innig zumute.

Da schlug in den webenden Waldeszauber ein wunderlich zärtlich gurgelnder Ton.

Braun und sonverbrannt, mit strohgelbem zottigen Haar und Bart, taucht zwischen dem grünen Gezweig auf behaarten Bocksbeinen ein wunderlicher Waldgesell hervor, und an seine Schulter schmiegt sich schmachtend ein schönes weißes Waldweib.

Ihre nackten Glieder von schneeiger Pracht sind von rotgoldenem, schimmerndem Haar umsponnen; das schmale weiße Gesicht hat sie zur Seite geneigt, die Lider sind halb über die rätselhaften hellblauen Augen gesenkt, und ihre Lippen leuchten wie eine köstliche rote Waldfrucht.

An einer munter rauschenden Quelle bleiben sie stehen. Die Waldnixe taucht spielend ein weißes Füßchen um das andere in das flutende Naß — endlich wirft sie sich nieder ins Moos und läßt das funkelnde Wasser über ihre Finger rinnen — und sie schwatzt und lacht und zeigt ihre blinkenden Zähne und spritt in toller Anmut ihrem zottigen Gefährten Hände voll Wasser ins braune Gesicht.

Er wehrt sich und stößt ein lautes meckerndes Gelächter hervor, — sie aber läßt sich's nicht kümmern. Sie heißt ihn niederknien, packt ihn beim strohgelben Ziegenbart und zerrt ihn dicht an den plätschernden Quell.

„Näher. Noch näher!" kreischt sie in unbändiger Lust. „Weckwald — hast du mich lieb?"

„Lieb . . . lieb!" stöhnt er und prustet.

„So? Dann laß dir das Wasser über die Zottelohren strömen! Wie?" ruft sie angewidert, „Du hast dich heut wieder nicht gewaschen! Gleich setz dich her und wäschst dich . . . nun, hast du nicht verstanden?" Demütig läßt der Waldriese den hüpfenden Quell in seine linke Ohrmuschel rinnen. „Ist's recht?" stöhnt er trübselig.

Sie lacht ein silberhelles perlendes Lachen. „Dummer, dummer Weckwald! So — Jetzt bleibst da, bis ich wiederkomm'!"

Und damit schlägt sie das Gesträuch auseinander, windet ihren blütenweißen Körper durch das stachlige Grün und stößt einen jubelnden

Jauchzer aus. Sonnenflecken tanzen auf dem roten Gold ihres Seidenhaares, rieseln über den blendend weißen, duftigen Nixenleib.

„Juchu! Juchu!" schreit sie aus voller Brust.

Jetzt rollt sie wie eine reife Frucht den Wiesenhang hinunter und zerrt, mit beiden Händen um sich greifend, Büschel von wildblauem Enzian, Vergißmeinnicht, Glockenblumen und Ranunkeln aus dem Boden.

Ihr sonniges rotes Haar bläht sich wie ein Segel, schlägt um die weißen Glieder wie eine feurige Lohe und verbreitet einen Sonnenbrand um die herrliche nackte Gestalt!

„Ji-uch-chu!"

Jetzt steht sie wieder auf den schlanken schmalen Füßen und reckt verlangend die Arme in die Himmelsbläue empor. Von einer hohen Tanne bricht sie einen Zweig und setzt sich sittig nieder in den hellen Sonnenschein. Sie strählt ihr goldenes Haar.

Den Wanderburschen sieht sie nicht.

Am Quell kniet noch immer ihr zottiger Genoß und läßt kläglich und betrübt das perlende Waldwasser in sein Muschelohr fließen. Wehmütig schielt er unter gelbweißen Wimpern zu ihr hin. Unbekümmert um ihn läßt sie einen leisen Vogellockruf erschallen, und auf flattert's in den Zweigen — rechts und links kommen die Waldvöglein geflogen.

Da knackt's im Gebüsch. Auf Bocksfüßchen hüpft ein braunes struppiges Waldbürschlein den Hang hinan. In seiner derben kleinen Faust zappelt ein grüner Frosch.

„Mutter, Mutter!" jauchzt das Kind und springt unbändig auf sie zu.

Lachend breitet sie die Arme aus und setzt mit jähem Sprung zur Seite, daß der Waldbub lang hinschlägt. Und nun beginnt ein neues neckisches Spiel von unbändiger anmutiger Wildheit: ein Haschen und Fangen, ein Purzeln und Aufspringen — jubelndes Gekreisch und gellendes Gelächter. Zornrot sucht der kleine Gesell sie an ihrem flammenden Goldhaar zu fassen — immer wieder entschlüpft ihm das nixenhafte Weib, und ein Schauer von Tannenzapfen fliegt über dem Waldbüblein dahin. Mit einem großmächtigen Pilz bewaffnet, dringt es wieder auf die Mutter ein. Jetzt — stößt das Kind einen entsetzten Schrei aus — seine runden goldbraunen Augen starren weit und groß, — der ganze kleine Körper ist von lähmendem Entsetzen gepackt, — das Mäulchen öffnet sich wieder zum Schrei, doch dringt kein Ton hervor, und die nußbraunen Haare sträuben sich langsam aufwärts und legen zwei winzige Bocksbörnchen bloß.

„Bub . . . was hast du?" schreit das Waldweib gellend, doch der Kleine hebt warnend seine Hand und weist mit dem Finger ins Gebüsch auf zwei lachende, sonnige Menschenaugen.

— Ein Waldidyll. — 387

Der Wanderer hat sich leise aufgerichtet und schaut und schaut entzückt . . .

„Ein Tier! Ein neues Tier!" zetert das Kind.

Jäh auf kreischt die Waldnixe — dann greift sie das Kind, wirft es wie ein Bündel über ihre Schultern und stürmt mit schlanken fliegenden Schritten davon — hinein ins wilde Dickicht.

Wo sie verschwunden ist, wird's finster und dunkel. Sie hat den Sonnenschein mitgenommen. Dort aber, wo sie getobt hat, hängt ein rotgoldenes Frauenhaar.

Leise erhebt sich der Wanderer, löst es behutsam vom grünen Busch und windet es zärtlich um seinen kleinen Finger. Da gleißt es wie ein rotgoldener Reif.

„O du mein Waldestraum!" murmelt der junge Bursch in seligem Staunen. „Bin ich denn ein Sonntagskind?"

Und eine heimlich süße Freude ist in sein Gemüt gezogen. Die kann ihm niemand mehr rauben. Er hat den Waldeszauber mit sehenden Augen gesehen, mit hörenden Ohren vernommen, und beseligt weiß er, daß er ein echtes, rechtes Sonntagskind ist, mit Dichtersinnen und Dichteraugen. Laut aufjubelnd breitet er die Arme aus . . .

Weckwald, der trübe Waldgesell, ließ sich noch lange gehorsam das Wasser in die Ohren tropfen. Darum hatte er auch nichts gehört, und als ihm die Zeit gar zu lang wurde, und die schöne Waldnix nicht wiederkehrte — trabte er verdrossen suchend durch den Wald, und sein weißes zottiges Ziegenschwänzchen wackelte unruhig und sehnsüchtig im Winde.

Laut und fröhlich schallt ihm ein Jubelruf nach: „Weckwald, du Wack'rer, — grüß' mir schön Rottraut, die Liebliche!"

Da spitzte er seine Muschelohren — schüttelte sein zottiges Haupt, wackelte fragend mit dem weißen Ziegenschwänzchen — und schritt weiter fürbaß in die Waldtiefe. Das grüne Gezweig schlug über ihm zusammen.

27

Die Camorra.

Von

* * *

(Schluß.)

ie Camorra hat ihr Gesetz, in der Gaunersprache frieno (italienisch freno = Bremse) genannt, dessen Abschnitte ich hier gleich folgen lasse:

§ 1.

Die Gesellschaft der Demut oder Schöne Reformierte Gesellschaft macht es sich zur Aufgabe, alle herzhaften Genossen zu vereinigen, zum Zwecke gegenseitigen moralischen und materiellen Beistandes und Hülfe.

§ 2.

Die Gesellschaft ist unterschieden in eine Obere und in eine Untere. Zur ersten gehören die Genossen Camorristi, zur anderen die Genossen Piccinotti und Giovinotti onorati.

§ 3.

Sowohl die Genossen in Neapel, als auch die außerhalb Neapels, sowohl die, welche sich „unter Schlüssel", als auch die, welche sich „an der freien Luft" befinden, erkennen nur ein Haupt an, welches der Vorgesetzte aller ist und Capintesta heißt; er wird aus den tüchtigsten Camorristi gewählt werden.

§ 4.

Die Gesellschaft hat ihren Hauptsitz in Neapel; abhängige Gesellschaften können sich auch in anderen Orten bilden.

§ 5.

Eine zeitweise Versammlung von mehreren Genossen Camorristi heißt eine paranza und hat zum Vorsitzenden einen Caposocietà.

§ 6.

Eine zeitweise Versammlung von mehreren Genossen Picciuotti oder Giovinotti onorati ist eine chiorma (italienisch ciurma = Mannschaft); auch sie hängt vom Caposocietà der Camorristi ab.

§ 7.

Jedes Stadtviertel muß einen Caposocietà (auch Capintrite genannt) haben; er ist aus den Camorristi des Stadtviertels durch Stimmenmehrheit zu wählen und bleibt ein Jahr im Amt.

§ 8.

Wenn sich in der paranza „ein Mann der Feder" befindet, so soll derselbe nach Vorschlag des Capintesta und unter heiligem Eidschwur (sic) zum Contajuolo ernannt werden.

§ 9.

Wenn sich in der chiorma ein Mann der Feder befindet, so soll er von dem ältesten Picciuotto des Stadtviertels seinem Capintrite vorgestellt werden, um unter heiligem Eidschwur zum Contajuolo der Genossen Picciuotti ernannt zu werden. Wenn keiner mit der Feder umzugehen weiß, so soll der Contajuolo der paranza auch als Schriftführer der chiorma fungieren.

§ 10.

Die Angehörigen der Oberen und der Unteren Gesellschaft erkennen außer Gott, den Heiligen und ihren Häuptlingen keine Obrigkeit an (sic).

§ 11.

Wer die Angelegenheiten der Gesellschaft an die Effentlichkeit bringt, wird vom Gesetz strenge bestraft.

§ 12.

Die alten und die arbeitsunfähigen Genossen, sowie auch die, welche sich auf den Inseln oder „unter Schlüssel" befinden, werden von der Gesellschaft unterstützt.

§ 13.

Die Mütter, die Frauen und Töchter, sowie die Geliebten der Genossen Camorristi, Picciuotti und Giovinotti onorati sind sowohl von den Mitgliedern, als auch von den Fremden (nicht zur Gesellschaft Gehörigen) mit Ehrerbietung und Achtung zu behandeln.

§ 14.

Der Vorgesetzte, der sich unglücklicherweise auf den Inseln oder im Gefängnis befindet, soll auch dort von seinen Genossen geachtet und bedient werden.

§ 15.

Vier Camorristi, die sich miteinander „unter Schlüssel" befinden, können unter sich ein Haupt wählen; dessen Amt hört jedoch von dem Augenblick an, wo er wieder „an die freie Luft" tritt, auf.

§ 16.

Ein Mitglied der Oberen Gesellschaft, welches das Gesetz der Camorra übertreten hat, hat sich der „Großen Mutter" (Gerichtshof der Oberen Gesellschaft) zu stellen. Ein Mitglied der Unteren Gesellschaft soll von der „Kleinen Mutter" (Gerichtshof der Unteren Gesellschaft) abgeurteilt werden. Vorsitzender der „Großen Mutter" ist der Capintesta, Vorsitzender der „Kleinen Mutter" ist der Caposocietà des Stadtviertels, in dem der Angeklagte wohnt.

§ 17.

Wenn ein Zugehöriger der Unteren Gesellschaft ein Mitglied der Oberen Gesellschaft beleidigt hat, so kann letzterer sich ohne weiteres Genugtuung verschaffen, auf welche Art es ihm beliebt; im entgegengesetzten Falle muß der Capintesta davon in Kenntnis gesetzt werden.

§ 18.

Eine Herausforderung kann immer erst dann stattfinden, wenn die Erlaubnis des Capintrite eingeholt ist, wo es sich um Picciuotti oder Giovinotti onorati, und die des Capintesta, wo es sich um Camorristi handelt. — Den Alten, sowie denen, deren Frauen mit anderen leben (!), ist es verboten, sich zu duellieren.

§ 19.

Zum Camorrista kann man durch Rangfolge oder durch Verdienst befördert werden.

§ 20.

Zum Capintrite oder Capintesta kann niemand ernannt werden, der sich an einem Diebstahl beteiligt hat, oder der Päderast ist (!).

§ 21.

Der Capintesta soll immer aus der paranza der Porta Capuana (Capuaner Tor) erwählt werden.

§ 22.

Der Urteilsspruch des Gerichtshofs ist innerhalb des vom betreffenden Vorgesetzten bestimmten Zeitraums zu vollziehen, wobei das Los entscheidet über den, der die Bestrafung des Verurteilten auszuführen hat.

§ 23.

Alle Camorristi und Picciuotti haben abwechselnd Tagesdienst zu versehen.

§ 24.

Diejenigen, die abgesandt werden, um die Taugende einzutreiben, sind gehalten, dieselbe bis auf den letzten Heller an die Vorgesetzten abzuliefern. Ein Viertel der Taugende gehört dem Capintesta; das übrige soll in die Kasse der Gesellschaft kommen, um gewissenhaft unter die tätigen Genossen, die Kranken und die, welche durch die Schuld (sic) der Regierung leiden, verteilt zu werden.

§ 25.

Die Pali (Aufpasser und Spione) sollen bei Teilung der Beute gleichen Anteil bekommen, wie die übrigen Genossen.

§ 26.

Dem vorliegenden Friedo können, sollten die Umstände es fordern, andere Abschnitte zugefügt werden.

Dieses Camorragesetz ist zuerst im Jahre 1842 aufgeschrieben und von einem gewissen Francesco Scorticelli, damaligem Contajuolo, unterzeichnet worden. Im großen ganzen besteht es noch, wenn auch nicht alle darin enthaltenen Artikel immer so gewissenhaft eingehalten werden. Natürlich teilt es das Schicksal aller anderen Gesetze, das heißt, es wird umgangen, wo es der persönliche Vorteil des davon Betroffenen erheischt.

Bemerkenswert ist vor allem der Paragraph 20. Der Camorrista, der sich aktiv an einem Diebstahl beteiligt hat, kann die Rangstufe eines Capintrite oder eines Capintesta nicht einnehmen. Ein echter Zugehöriger zur Schönen Reformierten Gesellschaft wird daher auch, sobald er nicht mehr Piccinotto, sondern wirklicher Camorrista ist, nicht mehr selbst stehlen, sondern sich zu dem Zwecke eines Zugehörigen zur Unteren Gesellschaft bedienen; ihn selbst würde das „entehren". Ebenso ist ihm die höchste Rangstufe der Camorra verschlossen, wenn er dem Laster der Päderastie ergeben ist. Ein Capintrite oder Capintesta, der sich „im Amte" eines der beiden erwähnten Vergehen schuldig macht, wird ohne weiteres abgesetzt. — Man bemerke, daß nach Paragraph 18 die Alten und die, deren Frauen mit anderen in wilder Ehe leben, sich nicht duellieren dürfen, die ersteren, weil ihnen die körperlichen Kräfte dazu fehlen, die letzteren, weil sie für ehrlos angesehen werden. — Beachtenswert ist noch, daß die Mitglieder der Gesellschaft der Tenuti den § 13 streng innehalten; den Familienangehörigen der Camorristi begegnen alle anderen mit großer Achtung, die Ehefrau eines Camorrista darf nicht einmal schief angesehen werden; der einzige, der sie schlecht behandelt, ist vielleicht nur ihr Mann. Übrigens würde sie sich schon selbst Recht zu verschaffen wissen, denn sie weiß gerade so gut mit dem Messer umzugehen, wie ihre „schlechtere Hälfte". Diese Weiber tragen alle eine Art langes Stilet im Rockärmel, wo es in einem besonderen Täschchen festsitzt, und sie wissen es mit einer wunderbaren Fertigkeit zu handhaben. Pantoffelhelden gibt es sonderbarerweise auch in der Camorra; neulich hörte ich, daß einer unserer tüchtigsten Camorristi von seiner Frau nicht mit dem Pantoffel, sondern mit dem Revolver verfolgt wurde; sie hat sechs Schüsse auf ihn abgegeben, freilich ohne ihn zu treffen; dem geängstigten Ehemann sind schließlich die Nachbarn zu Hülfe gekommen.

Die Vergehen, die sich die Mitglieder der Gesellschaft der Demut gegen letztere oder gegen einander zu schulden kommen lassen können, sind natürlich vielfacher Art, wie es bei einer so wild zusammengewürfelten Verbrechergenossenschaft selbstverständlich ist. Bei Verbrechen gegen die Gesellschaft handelt es sich meistens um Unterschlagung der Tangende (erhobene Kontribution); sie wird damit bestraft, daß dem Zuwiderhandelnden zeitweise, im Wiederholungsfalle für immer, untersagt wird, die Tangende einzutreiben. Man überläßt es ihm dann, sich selbst zu helfen, das heißt auf eigene Faust zu stehlen, wobei er indessen wieder gehalten ist, den Ertrag seiner Räubereien der Camorra abzuliefern. Tut er das, so kann er auf baldige Verzeihung hoffen, sonst geht's ihm noch schlechter; er kann nämlich zeitweilig oder dauernd von der Gesellschaft „spazieren geschickt", das heißt ausgestoßen werden. Wir haben bei der Aufnahme des Giovinotto onorato und bei der Beförderung desselben zum Piccinotto gesehen, daß ein solcher bei dieser Gelegenheit die Gesellschaft um Gnade für diese „spazieren gehenden" Genossen angeht. Schwerer wird Verrat an den Genossen geahndet, zum Beispiel durch eine Ohrfeige auf offener Straße, eine Strafe, die für ein Mitglied der Schönen Reformierten Gesellschaft die erniedrigendste ist, da er sich nicht wehren darf und das gemeine Volk, bei dem sich so etwas schnell herumspricht, allen Respekt vor ihm verliert.

Andere im Gesetzbuch der Camorra vorgesehene Strafen sind folgende:

1. Dem Verurteilten die Wange mit einem scharfen Stück Glas „zeichnen";
2. sich zu diesem Zwecke eines scharfen oder
3. eines ausgezackten Rasiermessers bedienen; endlich
4. statt dessen die Wangen des zu „Zeichnenden" mit Schmutz oder Wagenschmiere besudeln.

Ich habe früher schon erwähnt, daß in Neapel so viele Leute aus dem niederen Volke mit Schmissen auf der Wange umherlaufen; manche tragen solche sogar auf beiden Wangen, oft kreuzweise, Zeichen ihrer bewegten Vergangenheit. Die durch ausgezackte Rasiermesser erzeugten Wunden sind besonders scheußlich, und oft schwer zu heilen, ja sie können tödlich werden, da sie die Wange direkt aufreißen und Hauptblutgefäße gefährden können. Auch Glaswunden sind vielfach gefährlich.

Der Camorrista „zeichnet" für sein Leben gern; keinem dieser Ehrenmänner fehlt das Rasiermesser. Beleidigt ihn ein Genosse, so beschließt er, ihn zu „zeichnen", und der Gerichtshof der Camorra gibt ihm in feierlicher Sitzung und bei oft stürmischer Verhandlung das Recht dazu. Dabei wird die Person des Beleidigten und die des Beleidigers in Betracht gezogen. Ist der Beleidigte zum Beispiel ein Camorrista und sein Gegner ein Piccinotto, so rächt sich ersterer nicht selbst, da es unter seiner Würde wäre, Hand an einen Untergebenen zu legen. Er hat vielmehr unter den Piccinotti einen auszuwählen, der dann dem Beleidiger, der mit ihm auf derselben Rangstufe steht, dem gefällten Urteilsspruche zufolge eine Wunde beizubringen hat, wozu das Ehrengericht je nach Art der Beleidigung ein Stück Glas, das scharfe oder das ausgezackte Rasiermesser bestimmt.

Sind beide, Beleidiger und Beleidigter, Camorristi, so machen es die zwei gewöhnlich untereinander ab; das Ehrengericht der Camorra hat aber immer über die Nebenumstände zu bestimmen.

Es kann auch vorkommen, daß der Beleidiger gar nicht zur Schönen Reformierten Gesellschaft gehört; in diesem Falle drängen sich immer die Jüngsten, meist Piccinotti oder Giovinotti onorati dazu, die Beleidigung des „Vorgesetzten" wett zu machen, um sich „Ehre" zu erwerben und beim Vorgesetzten einen Stein im Brett zu haben. Bei mehreren Bewerbern entscheidet dann das Los.

Es ist interessant, wenngleich für Nichtcamorristen sehr schwer, einer solchen Gerichtssitzung beizuwohnen; es geht da meistens stürmisch her, denn das „Publikum" hat das Recht, oder nimmt es sich vielmehr, für Kläger und Beklagten Partei zu nehmen und seine Meinung in gewöhnlich nicht sehr gewählten Ausdrücken kund zu tun, und da von einer Räumung des „Gerichtssaals" durch die Polizei keine Rede sein kann, da Publikum und Polizei e i n s ist, so kommt es nicht selten zu Keilereien, und aus einem Prozeß werden zehn.

Das Gericht wird entweder im Hause eines Camorrista oder öfter noch in einer der zahllosen Wirtschaften in der Umgegend von Neapel, in campagna (auf dem Lande), wie wir sagen, abgehalten. Den Spruch, der an den Wänden unserer Gerichtshöfe zu lesen ist und der da heißt: „la legge è uguale per tutti" („vor dem Gesetz sind alle gleich"), ersetzt die Camorra durch den folgenden, den alle auswendig wissen: Unsere Urteilssprüche sind gerecht, denn wir richten nicht mit der Feder, sondern mit dem Herzen und mit dem Verstande.

Den Vorsitz führt der Caposocietà, in dessen Gerichtssprengel sich der Vorfall zugetragen hat; als Rechtsanwalt fungiert der Contajuolo, doch hat er nichts weiteres zu tun, als das vom Caposocietà gesprochene Urteil anders zu gestalten oder auf das richtige Maß zu bringen; übrigens muß er zum Stadtviertel des Klägers gehören. Aus den „vernünftigsten" Camorristi werden überdies zwei „Rechtsanwälte" gewählt, die die beiderseitige Sache zu vertreten und ihre Klienten zu verteidigen haben.

Nachdem der Contajuolo dem Caposocietà den Fall in allen Einzelheiten vorgetragen hat, schlägt letzterer das Urteil vor; die beiden Advokaten sprechen einer nach dem andern, wobei sie oft vom „Publikum" unterbrochen werden: der Contajuolo bildet das Urteil „nach Recht und Gewissen" um, aber der Caposocietà hat die letzte Instanz, von welcher es keine Berufung mehr gibt, worauf dann entschieden wird, ob das Urteil mittels des Revolvers oder des Rasiermessers ausgeführt werden soll. Gehören die Gegner verschiedenen Rangstufen an, so wird auch zur Wahl des Vollstreckers geschritten, da, wie gesagt, der Beleidigte sich in diesem Falle nicht mit eigener Hand rächen darf.

Hat sich das Gericht versammelt, um über ein Vergehen gegen die Gesellschaft zu urteilen, so hat sich der Angeklagte jedenfalls zu stellen: es kann kein Fall erwähnt werden, wo der Vorgeladene nicht erschienen wäre. Er weiß nur zu gut, daß es ihm nichts nützt, sich zu verstecken, die Camorra würde ihn doch auffinden, selbst wenn er sich aus Neapel entfernen würde; es sind Fälle bekannt, wo die Gesellschaft Abtrünnige nach vielen Jahren und in entfernten Ländern entdeckt und mit dem Tode bestraft hat. Denn die Schöne Reformierte Gesellschaft kehrt sich durchaus nicht daran, daß in Italien die Todesstrafe seit langen Jahren abgeschafft ist; sie hat ihre eigenen Urteilssprüche, und gefährliche Spione, die „Staatsangelegenheiten" an die Polizei verraten, oder solche, die, der Polizei in die Hände geraten, Genossen angezeigt haben, werden kurzerhand aus der Welt geschafft, letztere, sobald sie das Zuchthaus verlassen haben.

Nun kann aber nicht wegen jeder Streitfrage, deren es täglich und stündlich viele zwischen den Mitgliedern gibt, das Ehrengericht zusammenberufen werden. Uneinigkeiten wegen Verteilung einer Tangende, Streitigkeiten beim Spiel, Beleidigungen durch Wort und Tat werden möglicherweise auf friedlichem Wege durch persönliche Vermittelung des Oberhauptes der Camorra, des Capintesta, geschlichtet. Das kann jedoch nur dann geschehen, wenn beide Streitenden Camorristi sind. Dabei wird auf folgende Weise vorgegangen: Der Tagesdienst habende Camorrista berichtet dem Contajnolo seines Viertels von dem Vorfalle; dieser legt ihn dem Caposocietà vor, dessen Gerichtsbarkeit der Kläger untersteht; der Capintrite hat wiederum die Verpflichtung, den Capintesta davon in Kenntnis zu setzen. Letzterer läßt nun die Streitenden nebst deren Zeugen, die übrigens alle gut mit Waffen versehen sind, vor sich kommen und bedient sich seines ganzen Ansehens, um die beiden Gegner durch Vernunftgründe und Ermahnungen zu versöhnen; das gelingt ihm meistens, wenn es sich nur um Streitigkeiten wegen Geld oder um leichte Beleidigungen handelt; die Gegner umarmen und küssen sich dann, und der Friede wird vollends heiter hinter einer Flasche Wein besiegelt.

Anders ist es, wenn ein Camorrista die Geliebte eines anderen Camorrista beleidigt hat; so etwas muß mit Blut abgewaschen werden. Das Ehrengericht tritt unter Vorsitz des Capintrite des Stadtviertels, in dem der Kläger wohnt, in der Weise zusammen, wie wir es schon gesehen haben, und nach vorhergegangener regelrechter Herausforderung, die einige Freunde des Klägers dem Beleidiger überbringen, findet der Zweikampf auf Messer statt, wenn die Beleidigung nur durch Worte geschah, auf Revolver, wenn dieselbe von Tätlichkeiten begleitet war. Der Ort dazu wird gewöhnlich vom Kläger in der Nähe des Wohnortes seiner Geliebten gewählt, damit die beleidigte Jungfrau (oder Nichtjungfrau) Zeuge von der Bravour ihres Verehrers sein kann. Zur festgesetzten Stunde begeben sich die beiden Gegner, jeder begleitet von einer Anzahl Freunde, zum Stelldichein und beginnen, sobald sie einander ansichtig werden, sich mit den schlimmsten Ehrentiteln zu belegen. Alle im Schimpfwörter-Koder des neapolitanischen Dialekts verzeichneten Schmähungen kommen nacheinander an die Reihe; eine Fischfrau oder ein Droschkenkutscher würde helle Freude daran haben. Endlich gibt der „Älteste" unter den Zeugen das Zeichen zum Anfangen mit den Worten: „Nun, auf was wartet ihr? Warum rührt ihr euch nicht? Habt ihr vielleicht Furcht?", worauf beide Duellanten wie ein paar losgelassene Raubtiere aufeinander losfahren. Die ritterlichen Vorschriften werden zwar dabei nicht sonderlich beachtet, jeder Vorteil gilt, wenn man den Gegner nur kampfunfähig macht. Schlägt man sich auf Messer, so spielt die Größe und Form derselben nicht die geringste Rolle; der eine hat ein kurzes Stilet, der andere vielleicht ein langes Schlächtermesser; beim Schießen hat der den Vorteil, der in der kürzesten Zeit die größte Anzahl Schüsse auf den Gegner abzugeben imstande ist, wobei sehr häufig einige der Umstehenden oder gar nichtsahnende Vorübergehende verwundet werden. Übrigens sind die Freunde der Kämpfenden in der Zwischenzeit nicht müßig geblieben; sie haben ebenfalls begonnen, sich nach besten Kräften zu beschimpfen, nach einigen Minuten ziehen sie ihre Waffen ebenfalls, und nun hört man ein ohrenbetäubendes Knallen, untermischt mit Flüchen und Verwünschungen, kurz, es ist ein wahrer Höllenlärm. Was sich von anständigen Leuten zufällig in der Nähe befand, ist schleunigst entflohen, die Gasse ist plötzlich wie ausgestorben, alle Haustüren und Fenster sind wie durch Zauber geschlossen. Doch dauert das Ganze nicht so lange, wie ich brauche, um es niederzuschreiben; nach einigen Augenblicken hört man Schmerzensschreie, zwei oder drei Kämpfer liegen am Boden, unfähig sich zu erheben. Das ist für den Rest das Zeichen, sich aus dem Staube zu machen. Die Polizei hat das Schießen gehört, atemlos kommen aus den Nebenstraßen ein paar Schutzleute herbeigelaufen, aber die Vögel sind entwischt, und die Polizei hat nur die magere Genugtuung, die Schwerverletzten ins Spital zu schaffen; die leichter Verletzten haben sich ebenfalls dünne gemacht. Die ins Spital Gebrachten kennen sich natürlich nicht, wenn man sie auch nebeneinander liegend gefunden hat. Sobald es ihr Zustand erlaubt, werden sie von wachhabenden Polizisten verhört und gefragt, wie sie zu den Wunden gekommen seien. Der Schutzmann hört dann wieder das alte Lied, das

ihm schon so wohl bekannt ist, daß er es auswendig weiß: Mein lieber
Leutnant (so nennen die Camorristi jeden Polizisten, das heißt, wenn sie
mit ihm zu tun haben, sonst haben sie eine weit weniger schmeichelhafte
Bezeichnung für ihn!), mein lieber Leutnant, ich weiß ja selbst nicht,
wie das gekommen ist. Denken Sie sich, ich gehe ganz ruhig meines
Weges, und plötzlich kommt so ein Kerl auf mich zu und schießt mir, ohne
etwas zu sagen, eine Kugel in den Leib; das ist so schnell gegangen,
daß ich nicht einmal einen Schutzmann zu Hilfe rufen konnte (!); der
Kerl ist sofort verschwunden. — Genau dieselben Antworten geben die
anderen. Die Polizei weiß ganz genau, daß das Wind ist, aber im
Augenblick kann sie nichts machen. Nach einiger Zeit werden noch andere
Verwundete ins Spital gebracht, die freiwillig gekommen sind, um sich
verbinden zu lassen, da sie wohl wissen, daß sie zu Hause nicht dieselbe
Pflege und Aufmerksamkeit genießen; denn unsere Krankenhäuser sind
notorisch gut und werden von den besten Wundärzten und nach dem
neuesten Stande der Wissenschaft bedient. Die Neuangekommenen geben
zwar ihre Namen und Adressen, antworten aber ebenso ausweichend wie
die vorigen: keiner übertritt den Artikel 11 des Strafgesetzbuches der
Camorra: Wer die Angelegenheiten der Gesellschaft an die Öffentlichkeit
bringt, wird vom Gesetz strenge bestraft. — Selten nur gelingt es der
Polizei, den wahren Sachverhalt festzustellen, denn auch die Leute, die
unmittelbar an dem Orte wohnen, wo die Schießerei stattgefunden hat,
hüten sich, aus Furcht vor der mächtigen Camorra, der Polizei zur
Hand zu gehen.

Viele unserer Camorristi haben neben ihrer rechtmäßigen Ehehälfte
noch eine Geliebte. Diese gehört fast immer dem ausgebreiteten Stande
der Priesterinnen der Liebesgöttin Venus an und muß für ihren An-
beter „arbeiten", das heißt ihn mit Geld versorgen, ihn im Gefängnis
besuchen und ihm jede Woche drei Liebesdienste erweisen. Es
versteht sich von selbst, daß jeder Giovinotto onorato und jeder Picciuotto,
überhaupt jedes Mitglied der Oberen und Unteren Gesellschaft, das nicht
verheiratet ist, seine Geliebte hat. Manches anständige Mädchen wird
von einem solchen Vagabunden, der sich im Anfange gewöhnlich gar nicht
als solcher zu erkennen gibt, verführt und wählt dann oft notgedrungen
das erwähnte unsaubere Handwerk, schon um der „Wangenzeichnung"
zu entgehen, mit welcher der im Falle später abgewiesene unverschämte
Liebhaber ihr droht. Manche Mitglieder der Schönen Reformierten Gesellschaft leben fast ausschließlich vom Verdienste solcher Mädchen; der
Camorrista hat dagegen die Aufgabe, sie zu beschützen, sowohl gegen die
Gewalttätigkeiten anderer Liebhaber, als auch gegen die ihrer eigenen
Leidensgefährtinnen, woraus sich der Beschützer übrigens die größte Ehre
macht. Hat ein anderes Mädchen seine Geliebte beleidigt, so verabreicht
er dem ersteren erstens eine gehörige Tracht Schläge und stellt sich dann

dessen Beschützer zur Verfügung, worauf das gewöhnliche Messer- oder Revolverduell zwischen den beiden folgt. Kommt eine neue Venuspriesterin in einem derartigen Hause an, so wird ihr von den augenblicklich „freien" Angehörigen der Gesellschaft der Tenuti einer vorgeschlagen. Schlägt sie auch im Anfang seine Bewerbungen aus, so sieht sie doch bald ein, daß er für sie eine Notwendigkeit ist, denn ihre Gefährtinnen ziehen bald Vorteil aus ihrer einsamen Lage und beeinträchtigen und verfolgen sie auf jegliche Weise. So ist sie denn bald gezwungen, sich unter den Schutz eines Mannes zu stellen, und ihr neuer Liebhaber verschafft ihr auch sofort allenthalben Recht, indem er rechts und links mit großer Freigebigkeit Ohrfeigen und Fußtritte austeilt. Dafür ist sie ihm dann in erwähnter Weise dankbar. Sie verpflichtet sich außerdem, ihm alljährlich drei neue Anzüge und zu seinem Namenstage einen goldenen Ring und eine goldene Uhrkette zu schenken und ihre „Treue" ihm gegenüber nicht durch Liebesbezeugungen gegen andere Genossen zu beflecken (widrigenfalls sie nämlich „gezeichnet" wird). Gerät er in die Klauen der Polizei, so bringt sie ihm Früchte, Leckereien, Zigarren und Geld ins Gefängnis.

Die wegen leichterer Verbrechen Bestraften erhalten von der Gefängnisleitung die Erlaubnis, ein- oder einigemal in der Woche die Besuche ihrer Verwandten und Freunde zu empfangen. Jeden Morgen versammelt sich vor den Gefängnistüren eine Menge Menschen beiderlei Geschlechts, von jedem Alter und von fast allen Gesellschaftsgraden, und wartet geduldig stundenlang, bis sich die Türen auftun. Einer nach dem anderen wird dann vorgelassen. An einer Seite des Gefängnishofes befindet sich ein Gitter, hinter das der Verurteilte, dessen Verwandte draußen sind, gerufen wird, um so im Beisein der Wärter mit jenen zu sprechen und deren Geschenke entgegenzunehmen. Mannigfache Szenen sind da zu beobachten. Ein zerlumptes Weib mit einem Kinde auf dem Arm und drei, die sich an ihren Rock klammern, drängt sich an das Gitter, hinter dem ihr Mann, ein wüst aussehendes Verbrechergesicht, steht. Wenig ist es, was sie ihm bringen kann, denn sie selbst darbt zu Hause; trotzdem hat sie Schulden gemacht, um ihm einige Eßwaren und ein paar Zigarren bringen zu können, aber er ist nicht zufrieden damit, und Scheltworte lohnen sie, bis der danebenstehende Gefängniswärter ihn wegjagt. Ein anderer kommt an die Reihe; es ist ein Camorrista. Auch seine Frau ist draußen, aber sie hat mit dem besten Willen nichts für ihn auftreiben können, sie ist zu arm, und der Hauswirt hat ihr sogar das einzige Zimmer, oder vielmehr Loch, das sie mit ihren vier Kindern bewohnt, aufgekündigt, da die Miete schon seit drei Monaten nicht mehr bezahlt ist. Sie ist nur gekommen, um ihren Mann zu sehen und ihm die Kinder zu zeigen, die den Papa sehen wollen. Der Camorrista empfängt seine Familie mit den ärgsten Schimpfwörtern; den Kleinen, die ihn rufen, würde er gern ein paar

Fußtritte verabreichen, wenn es die schwedischen Gardinen nur zuließen. Aber da drängt sich seine Geliebte heran, indem sie die Frau ohne Scheu beiseite schiebt. Sie hat ihm allerlei Eßwaren, Zigarren, Geld gebracht und händigt ihm das alles ein mit verachtungsvollen Seitenblicken auf seine Frau und höhnischen Bemerkungen über deren Kommen mit leeren Händen. „Zu was kommst du denn, wenn du ihm nichts bringen kannst? Geh nach Hause, hier hast du nichts zu suchen; du weißt doch, daß dein Mann dich nicht leiden kann. Da sieh! Wir haben das Herz auf dem rechten Fleck, aber ihr! Ihr seid nichtsnutziges Volk!" — Die Arme geht weinend von dannen; weiß sie doch nicht einmal, womit sie ihren eigenen Hunger und den ihrer Kinder stillen soll. Ihr Mann hat sie nicht eines Blickes gewürdigt, während die andere . . . Es ist besser, auch wir gehen unseres Weges; dieser Abgrund menschlicher Verworfenheit ist schwindelerregend.

Die Mitglieder der Gesellschaft der Demut wissen sich übrigens die Zeit im Gefängnis ganz angenehm zu vertreiben. Solange sie sich in Untersuchungshaft befinden, sind sie in großen Gemeinsälen mit anderen Verbrechern vereinigt. An den Wänden sind lange Pritschen angebracht, wo jeder Platz für seinen Strohsack (eine Art Matratze gefüllt mit Maisstroh) und seine wenigen Habseligkeiten hat. In diesen Sälen befindet sich unter den gewöhnlichen Arrestanten immer eine mehr oder weniger große Anzahl Mitglieder der Schönen Reformierten Gesellschaft. Wie wir schon aus dem Artikel 15 des Camorragesetzes erfahren haben, wählen sich ihre in den Gemeinsälen der Gefängnisse versammelten Mitglieder ein zeitweiliges Oberhaupt, meist den ältesten unter den Camorristi, der für Ruhe und Ordnung zu sorgen hat und die „inneren" Angelegenheiten leitet, vor allem die unausbleiblichen Streitigkeiten schlichten muß. Der zeitweise „Vorgesetzte" wählt nun einen Contajnolo, wenn ein solcher aufzutreiben ist, sowie einen Tagesdienst habenden Piccinotto. Letzterer ist gehalten, dem Vorgesetzten mehrere Male täglich den Strohsack aufzuschütteln und ihm beim An- und Auskleiden zur Hand zu gehen. Die anderen Camorristi liegen, um die Zeit totzuschlagen, verschiedenen Beschäftigungen ob. Einige spielen Karten, die sie sich selbst aus Papierfetzen angefertigt haben, wobei die Figuren (die italienischen Karten sind ganz verschieden von den deutschen und französischen), wenn sie keine Farbe besitzen, mit Blut gemalt werden, zu welchem Zwecke sie einander ganz ungeniert anzapfen; manche zeichnen, bemalen die Wände oder den Fußboden mit einem Stückchen Kohle oder beschreiben die Wände mit unzüchtigen Versen, die sie selbst dichten. Dabei fehlen auch anzügliche Bemerkungen über die Richter, den Staatsanwalt, den Verteidiger nicht. Ferner werden zur Selbstverteidigung an den Vorsitzenden des Gerichtshofes Briefe geschrieben, die sich durch ihren ergötzlichen Stil und die Abwesenheit aller Anwendung der gram-

matikalischen Regeln auszeichnen. — Manche hübsche Arbeiten werden
aus mit Speichel zusammengeklebten Brotkrumen hergestellt, zum Beispiel
die kleine Statue eines Heiligen; nur hat der Künstler den Ausdruck
der Güte und Frömmigkeit durch eine wahrhafte Gaunerphysiognomie
ersetzt. Aus einem Nagel kann durch andauernde mühselige Arbeit ein
Stilet werden, aus einer Gabel ein Messer.

Die Neuigkeiten, die bei den öfteren Besuchen der Familie ins
Gefängnis eindringen, oder die ein Neuhinzugekommener mitbringt,
werden durch sorgfältiges Hin- und Herwägen für die zeitweisen Umstände
verwertet. Trotz aller Wachsamkeit, die die Gefängniswärter ausüben,
stehen die Camorristi „unter Schlüssel" doch immer so gut mit der
Außenwelt in Verbindung, daß sie über alles, was draußen im Schoße
der Gesellschaft vorgeht, genau unterrichtet sind. Gehen die Fenster des
Gemeinsales, wie das in manchen Gefängnissen der Fall ist, auf die
Straße, so hört man oft in einiger Entfernung des Abends spät oder
nach Mitternacht einen eigentümlichen scharfen Pfiff: das Zeichen für
die drinnen Hausenden, daß sich draußen jemand befindet, der ihnen
etwas mitzuteilen hat, was sie angeht. Die Eingeschlummerten erwachen,
alles horcht auf. Jetzt ertönt der Pfiff zum zweiten Male, und viel
näher. Gleich darauf beginnt in nächster Nähe, aus einer der engen
Seitengassen ein eigenartiger, eintöniger, nervenaufregender Gesang.
Von einigen hohen Anfangstönen, deren letzter langgezogen ist, geht er
bald in tiefere über, die, auf gleicher Höhe gehalten, schnell und immer
schneller aneinander folgen und sich zu überstürzen scheinen, um schließlich in ein tiefes, aus der Brust geholtes aaaah zu endigen. Der Sinn
der Worte ist für Nichteingeweihte unverständlich. Die Anfangsstrophe
ist fronna 'e limone (= Zitronenzweig; mit diesen nunmehr bedeutungs-
losen Worten fangen alle dergleichen Gesänge an); dann berichtet der
Sänger den drinnen Horchenden in symbolischen Ausdrücken von der
Gefahr, die ihnen von seiten des Untersuchungsrichters droht; dieser hat
Auskünfte erhalten, die die Inhaftierten bloßstellen: der Sänger draußen
singt: „Vögelchen, Vögelchen, gib acht, der Jäger (der Untersuchungsrichter) kommt, er will dir die Flügel stutzen." — Die Untersuchung hat
viel Belastungsmaterial zusammengetragen, den nächsten Tag wird der
Arrestant vor die Richter geführt werden, viele Belastungszeugen sind
vorgeladen, eine Verurteilung ist sicher: der Sänger hebt wieder an:
„Ich habe erfahren, daß es morgen regnet, daß ein Sturm mit Blitz
und Donner naht; es ist besser, du gehst nach Hause und läßest dich nicht
sehen (das heißt: sprich wenig; leugne; sei auf deiner Hut)." — Die
Camorra hat erfahren, daß der Inhaftierte auf eine der Inseln Nisida
oder Ventotene geschickt werden soll, seine Sachen stehen schlecht, wenig
Hoffnung ist vorhanden: und der Sänger draußen fährt fort zu heulen:
„Armes Vögelchen, du kommst nicht wieder an die freie Luft; Tante

Gerechtigkeit will dich eine Seereise machen lassen." Den letzten Vers hat der Abgesandte der Camorra ganz in der Nähe gesungen; wird er durch die Polizei nicht gestört, so geht es noch eine Weile so fort, andere werden von ihren Sachen unterrichtet und alle möglichen Auskünfte werden singend gegeben, wobei die drinnen oft antworten; manchmal aber kommt die Runde und verscheucht den Sänger oder verhaftet ihn, wenn er nicht schnell genug entwischt.

In früheren Zeiten war dieses Mitteilungssystem viel leichter ins Werk zu setzen als heutzutage, wo die meisten Gefängnisse eigens zu dem Zwecke der Überwachung mit Plätzen umgeben sind und Soldaten aus Oberitalien die Wache haben; früher, vor 1860, als es hier nur süditalienische Soldaten gab, die oft mit der Camorra im Einverständnis waren, war der Verbrecher dank der steten Auskünfte seiner Genossen von draußen beim Verhör so gut vorbereitet, daß Richter und Staatsanwalt fast stets mit leeren Händen wieder abziehen mußten.

Es ist verboten, in der Nähe der Gefängnisse zu singen! Macht nichts, der Camorrist pfeift. Und was? Ein gewöhnliches Volkslied; bis zu einem gewissen Punkte wird es gepfiffen und dann plötzlich abgebrochen; hierauf wird ein anderes begonnen und so fort. Aus diesem Potpourri wird niemand klug, nur der, der da hinter Schloß und Riegel sitzt, der hat es verstanden; jedes Stückchen hat für ihn seine bestimmte Bedeutung, und bei Bedarf weiß er, wie er sich beim Verhör zu verhalten hat.

Übrigens versorgt die Camorra ihre eingelochten Genossen noch auf andere Weise mit Notizen, die sie interessieren; das Essen, das Brot, ja selbst Früchte, die der Arrestant beim Besuche seiner Familie erhält, sind trotz der Wachsamkeit der Wärter bequeme Vehikel zu obigem Zwecke.

Der vorerwähnte Gesang bildet beim niederen Volke Neapels eine Hauptquelle der Unterhaltung. Jeden Abend üben sich die kleinen angehenden Verbrecher, die Neapel zu Tausenden unsicher machen, in diesem anscheinend unschuldigen Vergnügen. In jeder engen Gasse versammeln sich zehn oder zwölf von diesen kleinen Spitzbuben; sie teilen sich in zwei Lager, in dem einen werden die Fragen gesungen, in dem anderen ertönen die Antworten, beide enden stets in ein langgezogenes aaaaah, im tiefsten Brustton gesungen; stundenlang geht es so fort. Oh, wie oft habe ich diese ekelhaften Ruhestörer verflucht, wie oft habe ich ihnen vom sechsten Stock einen Eimer eiskaltes Wasser auf die Köpfe geschüttet, wenn sie mich des Nachts nicht schlafen ließen. Aber das nützte nichts, ich habe keinen andern Vorteil davon gehabt, als den, sie gründlich durchnäßt zu sehen und mich an der Flut von Schimpfreden zu ergötzen, die sie mir hinaufsandten; dann sind sie nur bis an die nächste Ecke gegangen und haben es dort schlimmer als je getrieben.

Man muß bedenken, daß eine möglichste Fähigkeit in diesem Singen mit ihrer späteren Gaunerlaufbahn in unzertrennlicher Verbindung steht. Wem es einfallen sollte, des Nachts einen Spaziergang durch die engen und um die Zeit toten Gassen Neapels zu machen, der würde an einem gewissen Punkte mit einer Anzahl verdächtig aussehender Gestalten zusammentreffen, die, in den Schatten der hohen Häuser gedrückt, gewiß irgend einen schlimmen Plan zum Schaden eines ihrer Mitmenschen aushecken. Ein Flüstern dringt aus dem Haufen, hin und wieder unterbrochen von einem unterdrückten Fluche oder einer halblauten Verwünschung. Augenscheinlich warten sie auf irgend einen palo (Spion). Der Vorübergehende hat kaum etwas von ihnen zu befürchten; sie wissen ganz gut, daß ein solcher Passant sich wohl hütet, viel Geld bei sich zu tragen; übrigens haben sie im Augenblick viel Wichtigeres zu tun. Sie gehen ihn höchstens um ein Glas Wein oder eine Zigarre an und erwidern seinen Gute-Nacht-Gruß höflich. Plötzlich fängt einer aus dem Haufen an, aus voller Kehle einen verabredeten, für Nichtwissende unverständlichen Vers zu singen, und kaum ist er zu Ende, als aus weiter Entfernung die Antwort erschallt; das langgezogene aaaah dringt erschütternd durch die Nacht. Es sind andere Gauner, in einem weiter entfernten Stadtviertel, die mit diesen Signale wechseln. Sie geben sich auf diese Weise Nachricht von einem gelungenen oder mißglückten Plan, oder verständigen sich über ein neues Unternehmen. Mit einem Male ertönt ein schriller, zitternder Pfiff: die Runde, aus zwei gut bewaffneten Karabinieri bestehend, nähert sich; ein palo hat sie schon von weitem bemerkt, und im Nu sind alle Spitzbuben wie durch Zauber verschwunden; Gott allein weiß, wo sie sich so schnell haben verbergen können. —

Soeben bemerke ich jedoch, daß wir von unserer Straße abgewichen sind; der gütige Leser muß mir daher noch einmal ins Gefängnis folgen.

Wie schon gesagt, befinden sich die Mitglieder der Gesellschaft der Tenuti in den Gemeinsälen mit nicht zu ihrer Klasse gehörigen Verbrechern zusammen; für diese nun werden unsere Camorristi zu einer wahren Plage. Sobald die Wärter einen „Neuen" bringen, oder vielmehr zur Tür hineinstoßen, bemerken die Camorristi sofort, daß er keiner der ihrigen ist, da er sie nicht, wie es üblich ist, gegrüßt hat. Sofort tritt nun in einer Ecke des Saales der „Rat" der Camorristi unter dem Vorsitz des zeitweiligen Capintrite zusammen, um zu beschließen, wie dem „Neuen" gegenüberzutreten sei. Das Ergebnis läßt nicht lange auf sich warten, der Tagesdienst habende Piccinotto wird vom „Vorgesetzten" abgesandt, um sich an den pullaste (italienisch pollastro = Huhn) heranzumachen und ihn zu schröpfen. Der Piccinotto erfüllt seine Aufgabe meisterhaft; er fragt den pullaste über alles aus, unterwirft ihn einem bis ins einzelne gehenden Verhör über sein Vergehen, seine Vorbestrafung, seine Familie und hauptsächlich über seine Vermögensverhältnisse; das letztere interessiert ihn am meisten. Nun rückt er mit seinem Anliegen heraus, und indem er ihm seine Zugehörigkeit zur Gesellschaft der Demut kundtut, fordert er Geld von ihm; unter dem Vorwande, daß der „Vorgesetzte" krank sei und sich bessere Nahrung als die schlechte Gefängniskost verschaffen müsse, läßt er sich einhändigen, was der Neue gerade bei sich hat, und dabei muß ihm jener das Versprechen geben, an seine Verwandten um mehr Geld zu schreiben, da „die armen Genossen, die auf den Inseln schmachten, unterstützt werden müssen". Der Unglückliche möchte sich gegen diese Vergewaltigung seines bißchen Freiheit auflehnen, aber nützt ihm das etwas? Nein, im Gegenteil; rückt er mit nichts heraus, so werden seine neuen Kameraden seine größten Feinde, die es an nichts fehlen lassen, ihm den Aufenthalt im Gefängnis zu einer wahren Hölle zu gestalten. Setzt er die Gefängniswärter von dem Vorgefallenen in Kenntnis, so kann er zwar allein eingesperrt werden, aber da das nicht im Augenblick geschehen kann, so bekommt er einstweilen von den Camorristi eine tüchtige Tracht Schläge; dann erhält er freilich eine Zelle für sich, aber das ist im Grunde noch schlimmer, denn für den seiner Freiheit Beraubten gibt es bekanntlich nichts Fürchterlicheres als die Einzelhaft. So fügt er sich also in sein Schicksal und nimmt die Freundschaft seiner Zellgenossen auf seine Kosten an. Er verpflichtet sich, seine Mahlzeiten, seinen Wein, seinen Tabak und was sonst immer seine Angehörigen ihm schicken, mit ihnen zu teilen und täglich Geld herauszurücken, zu dem Zwecke, wie sie zu sagen pflegen, um die Lampe vor dem Madonnenbilde anzünden zu können, obgleich ein solches gar nicht im Gefängnis existiert. Dafür genießt der Pullaite aber auch Vorteile: ein zur unteren Camorra Gehöriger macht ihm das „Bett", so oft er es verlangt, und alle Camorristi stehen ihm mit ihrem Rat zur Verfügung und verteidigen ihn mit „Wort und Tat" gegen etwaige Übergriffe, die sich andere Inhaftierte ihm gegenüber zu schulden kommen lassen könnten. Will er sich vor dem Untersuchungsrichter auf ihr Zeugnis berufen, so kann er sicher sein, daß sie nur das Beste von ihm reden und ihm auch gern behülflich sind, sich ein Alibi zu verschaffen, indem sie schwören, ihn zur Zeit seines Verbrechens an einem ganz anderen Orte gesehen zu haben; leider nur gibt die Gerechtigkeit nicht viel auf ihr Zeugnis, da sie den ganzen Schwindel kennt.

Ganz anders sind die Szenen, wenn der „Neue" selbst zur Camorra gehört. Ein solcher ruft sofort beim Eintritt: „Wir grüßen die Genossen und die anderen Herren von der Gesellschaft." An diesen hochtönenden Worten erkennen die Camorristi, daß der Hinzugekommene einer der ihrigen ist. Kennen sie ihn persönlich, so erheben sich alle ohne Ausnahme und umringen ihn mit den Worten: „Wir grüßen pflichtschuldigst!" Dann geht es ans Fragen über die Ursache seiner Verhaftung und über die Neuigkeiten, die er aus der „freien Luft" mitbringt; diesem oder jenem

kann er Nachricht über Familie und Freunde geben, und für längere
Zeit bleibt eine höchst lebhafte Unterhaltung im Gange. Dann nimmt
der zeitweilige Capintrite den Neuangekommenen beiseite und setzt ihn
von „dem Stande der Angelegenheiten" in Kenntnis, das heißt er sagt
ihm offen und ehrlich, wie viel Geld da ist, sowie was sich an Messern,
Dolchen, Spielkarten usw. in ihrem zeitweisen Besitz befindet; auch unterrichtet er ihn von den Vermögensumständen der Pullasti und stellt ihm
dieselben vor. Dann wird ein Spielchen gemacht, ein wenig geraucht, und
schließlich erhält ein Giovinotto onorato den Befehl, dem neuen Vorgesetzten das Bett zu machen.

Es kann nun auch vorkommen, daß der Neue keinem der Anwesenden
bekannt ist. Statt seinen Gruß dann wie oben zu erwidern, bleiben
alle ruhig sitzen und beschränken sich auf ein kühles: „Wir grüßen mit
Vorbehalt," worauf der „Vorgesetzte" den diensthabenden Picciuotto ab-
schickt mit dem Befehl, den Neuen auszuhorchen. Der Picciuotto macht
nun erst ein paar Rundgänge im Saal, wie von ungefähr, und tritt
dann zu dem Ankömmling mit den Worten: „Verzeiht, durch wen seid
Ihr aufgenommen worden?" Mit der erhaltenen Antwort und noch
einigen anderen einschlägigen Auskünften begibt er sich wieder zu seinem
Vorgesetzten, der die übrigen Camorristi bereits versammelt hat. Nach
der nun folgenden Erklärung über den Neuangekommenen begibt sich
dann der Älteste zu diesem und sagt: „Entschuldigt und verzeiht, wir
hatten nicht die Ehre, Euch zu kennen," worauf der andere ruhig ent-
gegnet: „Ihr habt Eure Pflicht getan, und ich selbst hätte ebenso gehandelt, denn die Gesellschaft will es so," womit die Freundschaft geschlossen ist.

Fast alle Mitglieder der Camorra sind tätowiert; eine ihrer Lieblings-
beschäftigungen im Gefängnis ist, sich selbst oder andere zu tätowieren.
Einige, die sich darin eine besondere Übung erworben haben, haben aus
dieser Kunst ein Handwerk gemacht und werden gut dafür bezahlt.

Die Zeichnungen sind mannigfacher Art; sie können auf allen Körper-
teilen angebracht sein. Die gewöhnlichste Art und Weise, eine Tätowierung auszuführen, besteht in folgendem: Der „Künstler" spannt die
Haut auf der beabsichtigten Stelle mittels des Zeigefingers und Daumens
der linken Hand fest an und sticht dann mit einer feinen Nähnadel die
gewollte Zeichnung ein. Um ein einigermaßen richtiges Bild zu erzielen,
wird oft mit Schwarzstift vorher eine Zeichnung auf die Haut gemacht,
oder die Zeichnung wird erst zu Papier gebracht und dann mittels der
Nadel auf die Haut eingestochen. Ist letzteres geschehen, so reibt man
eine Farblösung darüber, die dann in die kleinen Wunden eindringt und
schwer oder überhaupt nicht wieder zu beseitigende Zeichen auf der Haut
zurückläßt. Ist keine Farbe aufzutreiben, so genügt auch Ruß, Kohlenstaub, selbst die Asche aus verbranntem Papier, die man mit Wasser oder

Essig vermengt; der ewig rege Geist unserer Verbrecher kommt nie in Verlegenheit. Die Tätowierungen sind so vielfacher Art, daß es unmöglich wäre, sie hier alle aufzuzählen. So trägt ein Einbrecher auf dem linken Arm den Taufnamen der Dame seines Herzens, ein anderer auf dem linken inneren Unterschenkel den Namen seines Schutzheiligen, auf dem rechten das Wort Speranza (Hoffnung). — Einem dritten hat ein Freund eine unauslöschliche Beleidigung zugefügt, er läßt sich also auf den rechten Arm die Worte „Ich schlag' dich tot" tätowieren, auf den linken dagegen den Namen seines Beleidigers. — Andere wieder laufen mit zwei nebeneinander gezeichneten brennenden Herzen auf der Brust herum, die durch einen beide durchdringenden Pfeil verbunden sind; darunter noch die Anfangsbuchstaben seines eigenen Namens und den seiner „Flamme"; unzweifelhaft ist letztere ein Freudenmädchen, auf deren Kosten er sein Leben fristet.

Symbolische Zeichen, deren Bedeutung heute von den Tätowierten nicht mehr verstanden wird, sind häufig. Man sieht Blumen in Vasen, sich kreuzende Schlangen, Tierfiguren, sonderbare Ungeheuer usw. Manche tragen das Abbild der Stola eines Priesters, oder eines Räucherfasses, oder einer geweihten brennenden Kerze; das sind die „Frommen"; bei jedem der oben erwähnten Bilder ist noch ein Kreuz oder ein frommer Spruch gezeichnet. Übrigens fehlt auch das Gegenstück nicht, ich meine unanständige Zeichen und Redensarten, sowie Flüche und Verwünschungen, an einen Nebenbuhler gerichtet. Manche sind dermaßen am ganzen Körper mit Zeichnungen bedeckt, daß sie einem Südseeinsulaner ähnlich sehen, wie ein Ei dem anderen, nur daß jene Tätowierungen ja ganz anderer Art sind.

Die Zugehörigen zur Schönen Reformierten Gesellschaft ertragen den Schmerz beim Einstechen ohne die geringste Klage, viele behaupten sogar, daß das Verfahren gar keinen Schmerz verursache. Einige haben später versucht, die Zeichnungen mit ungelöschtem Kalk wieder wegzubringen, andere dagegen bezeugen, daß ein solches Verfahren nicht gefahrlos ist, und weisen an Stelle der ehemaligen Tätowierung ausgedehnte Verbrennungswunden auf.

Was das Religionsgefühl anbetrifft, so sind alle unsere Camorristi gute Katholiken. Sie wohnen jeden Sonntagmorgen der Messe bei, ehren jede Kirche und jedes Heiligenbild beim Vorbeigehen durch Hutabnehmen und haben die tiefste Verehrung für die Madonna. Keinem Mitglied der Gesellschaft der Tennt darf das kleine auf Seide oder Wolle gestickte Bildnis der Madonna del Carmine fehlen; es hängt ihm an einem Bande oder Kettchen am Halse, und er legt es auch beim Schlafengehen nicht ab. Wenn er auf Beute ausgeht, so vergißt er nicht, sich seinem Schutzheiligen und der Madonna zu empfehlen; er verspricht ihnen auch wohl im Falle eines glücklichen Gelingens ein paar Wachskerzen

„von den größten". Während der Familienvater aus ist, um sich an einem viel versprechenden Einbruch zu beteiligen, beten Frau und Kinder zu Hause für den glücklichen Ausgang des Unternehmens: „Madonna, hilf ihm! Madonna, denke an uns!" —

Wird er von einer schweren Krankheit befallen, so ist sein erstes, dem oder jenem Heiligen ein Gelübde zu tun, derart, daß er verspricht, nach erlangter Genesung die Farben desselben zu tragen. Dies besteht darin, daß er sich einen Anzug machen läßt, der aus den dem betreffenden Himmelsbewohner geheiligten Farben zusammengesetzt ist, und sich verpflichtet, diesen Anzug ein Jahr oder überhaupt so lange zu tragen, wie derselbe dauert. So sind zum Beispiel die Farben der heiligen Anna grün mit weißer Borte, die der heiligen Lucia grün mit roter Borte, die des heiligen Vincent weiß mit schwarzem, die der Madonna del Carmine braun mit weißem Einfaßband usw. Inzwischen zündet die Mutter die kleine Öllampe und ein paar Extrakerzen vor dem Bilde des Heiligen im Krankenzimmer an, und die ganze Familie fällt vor dem Bilde nieder und betet und heult und verspricht Gott weiß was. — Aber die Tage vergehen und mit dem Leidenden wird es nicht besser, der Arzt hat ihn bereits aufgegeben; da gelobt er mit schwacher Stimme, wenn er seine Gesundheit wiedererlange, werde er eine „Unglückliche" (ein Freudenmädchen) heiraten. — Aber manchmal haben die Heiligen kein Einsehen; der Kranke stirbt. Dann geht ein Weinen und Heulen an, ein Haarausraufen und ein Wehklagen, daß sich die Straßensteine darob erbarmen möchten. Der Familie gesellen sich die Nachbarn zu, und alle sind einig über die guten Eigenschaften des Verstorbenen, während der schlechten natürlich keine Erwähnung geschieht. Ja, wie schön der arme Totonno war! (er war pockennarbig und hatte ein wahres Verbrechergesicht), und was für ein gutes Herz er hatte, und wie er seine Familie unterstützte! (er prügelte sie mindestens einmal den Tag durch und hielt seine Schwestern zur Prostitution an, um Geld von ihnen erpressen zu können). Nie hat er jemand etwas zuleide getan! (nur drei Verwundungen mit tödlichem Ausgang; sechs Jahre Zuchthaus wegen Raub und Überfall). Ja, es ist wahr, er ließ sich keine Fliege bei der Nase vorbeifliegen (Volksausdruck für jemand, der sich nicht foppen läßt), aber deswegen hatten ihn auch alle so lieb (was jedoch zwei seiner „Freunde" nicht gehindert hat, ihm vor zwei Jahren mehrere gefährliche Wunden mit dem ausgezackten Rasiermesser beizubringen). — Dabei geht es aber auch über den armen Heiligen her, der doch an der ganzen Geschichte nicht die geringste Schuld trägt. Schimpfwörter und Flüche regnet es über ihn, und er kann von Glück sagen, wenn ihm weiter nichts passiert, als daß man ihm die Lampe vor der Nase auslöscht. Wagen einige der Gevattern die schüchterne Bemerkung, daß der Verstorbene vielleicht die „Grazia" (Gnade, Vergebung) nicht verdient habe, so kann es auch noch im Angesicht des Toten zu einer Keilerei kommen. — Das geht so lange fort, bis der Verstorbene noch denselben Tag oder den nächsten Morgen zu Grabe getragen wird (in Neapel müssen die Leichen binnen den ersten 24 Stunden begraben werden), und dann ist er vergessen, und alles geht wieder seinen gewohnten Gang; der Schmerz dieser Leute äußert sich in heftigen Ausbrüchen, läßt aber keine tiefen Spuren zurück.

Hat der Camorrista jedoch seine Gesundheit wiedererlangt, so wird das natürlich dem Heiligen zugeschrieben: „San Vincenzo m' ha fatto la grazia" (der heilige Vincent hat mir die Gnade gewährt), heißt es dann. Sobald seine Kräfte es ihm erlauben, geht er pflichtgetreu an die Ausführung seines Gelübdes und bestellt sich beim Schneider einen Harlekinanzug. Hatte er gelobt, ein Freudenmädchen zu heiraten, so begibt sich seine Mutter, oder in Ermangelung derselben eine „Gevatterin", zu einem Toleranzhause, um „die Sache in Ordnung zu bringen". Die „Hausmutter" sucht dann unter den Mädchen eine aus, die dem Camorrista womöglich schon bekannt ist, und tut ihr dessen Wunsch kund. „Warum nicht, wenn der liebe Gott es so bestimmt hat?" antwortet die „Sünderin" gerührt.

Auch bei allen anderen Fährlichkeiten wenden sich die Mitglieder der Schönen Reformierten Gesellschaft an die Heiligen oder die Madonna: diese spielen überhaupt eine große Rolle bei ihnen.

So lebt der Camorrista zwischen Verbrechen und Gewalttaten aller Art einerseits und dem schlimmsten Bigottismus andererseits. Wird das sogenannte Viatikum über die Straße getragen, so ist er der erste, der niederkniet und sich bekreuzt, wenn er auch zu gleicher Zeit auf einem Raubzug begriffen war. Ein Gottesleugner ist für ihn überhaupt kein Mensch, er bekreuzt sich schon beim bloßen Nennen des Wortes, er glaubt steif und fest, daß ein solcher ohne weiteres in die Hölle kommt, aber in eine wirkliche, mit Feuer, Pech und Schwefel, wie sie an manchen Straßenecken oder Kirchen abgemalt ist. — —

Es gibt unter diesen Leuten Männer, die allen, die sie kennen, eine solche Furcht und einen solchen Respekt einflößen, daß sie bei einer Begegnung auf der Straße unwillkürlich den Hut abnehmen und ihn so lange in der Hand behalten, bis jene vorübergegangen sind. Vor kurzer Zeit starb ein gewisser Tore de Crescenzo, der eine solche Macht auf das niedere Volk ausübte, daß er nur einen Finger zu rühren brauchte, um sich sofort und unter allen Umständen Gehorsam zu verschaffen. Einst wollte es dem Polizeipräfekten auf keine Weise gelingen, einen Streik der Droschkenkutscher, der schon längere Zeit zum Schaden des Verkehrs gedauert hatte, beizulegen. Daher ließ er eines Morgens Tore de Crescenzo rufen und bat ihn in schmeichelhaften Ausdrücken, sich für die Sache zu interessieren. Tore war nicht wenig dadurch geehrt, er gab dem Präfekten die Hand und sein Ehrenwort, daß bis um vier Uhr

nachmittags kein Mietwagen mehr im Stalle sein würde. Und er hielt
sein Versprechen. Er ging einfach in die erste beste Remise und befahl
den Kutschern anzuspannen. Dann machte er selbst den Kutscher auf
dem ersten Wagen und fuhr, mit der Peitsche knallend, durch ganz Neapel,
indem er bei jeder größeren Remise still hielt und die „Genossen" zur
Arbeit aufrief. Und keiner wagte, auch nur mit einem Worte zu widersprechen. Wie ein Lauffeuer verbreitete sich die Nachricht, daß Tore
de Crescenzo selbst die Sache in die Hand genommen habe, und die
kleineren Wagenbesitzer liefen von selbst herbei und spannten an. Um
vier Uhr nachmittags waren alle Wagen in Bewegung und der Streik
vollständig und plötzlich zu Ende, obgleich die Kutscher keinerlei Vorteil
ihren Herren gegenüber erlangt hatten.

Ein gewisser Roberto T., ein Mann von 36 Jahren, einfacher
Camorrista, ist der Schrecken des Stadtviertels Pendino, wo er der wahre
Alleinherrscher ist. Er tut, was ihm gut dünkt, und niemals wagt ihm
jemand zu widerstehen. Er stammt aus einer begüterten Bürgerfamilie
und hat eine gute Erziehung genossen. Er begann seine Camorrista-
laufbahn erst mit 17 Jahren. Als er eines Tages sich einen Wagen
gemietet hatte, um nach dem Posilipo zu fahren, umgaben ihn, wie er
eben einsteigen wollte, vierzehn gleichalterige junge Leute, alle mit Revolvern und Messern bewaffnet, und bedrohten ihn wegen einer Liebes-
affäre. Roberto hatte keine Waffe bei sich, verlor aber deswegen keineswegs den Mut. In der Nähe befand sich zufällig ein Haufen klein-
geschlagener Chausseesteine; mit einem Satze sprang er zu demselben hin
und verteidigte sich nun mit Steinwürfen eine halbe Stunde lang gegen
seine Angreifer. Diese schossen mit Revolvern auf ihn, ohne ihn zu
treffen, er aber richtete sie mit seinen improvisierten Waffen so übel zu,
daß er sie schließlich fast alle kampfunfähig machte, worauf er ruhig in
seinen Wagen stieg und seine unterbrochene Spazierfahrt fortsetzte, als
ob nichts geschehen wäre. Mehrere Jahre später hatte er mit einem
anderen Camorrista eine Auseinandersetzung, die mit der Herausforderung zu einem Messerzweikampf endete. Das Duell fand auf dem
Lande statt. Roberto T. brachte gleich am Anfang seinem Gegner eine
schwere Wunde bei, doch auch er wurde verletzt. Beide wurden von
Freunden ins Spital geschafft, doch noch auf der Treppe desselben ver-
söhnten und küßten sich beide und sind jetzt unzertrennliche Freunde.
Das Gericht verurteilte Roberto zu 6 Jahren Zuchthaus. Während dieser
Zeit hörte sein Einfluß in der Schönen Reformierten Gesellschaft keineswegs auf, im Gegenteil, er genoß vielleicht noch höhere Achtung. Er
hatte im Gefängnis stets einen Picciniotto, der ihm zur Hand ging, er
zog sich nicht einmal allein aus und an, sondern wurde bedient wie ein
großer Herr. Eines Tages bekam er Wind davon, daß man aus Eifersucht wegen seines Einflusses eine Verschwörung gegen ihn angezettelt

hatte und ihn des Nachts ermorden wollte; die Verschwörer waren alle Camorristi. Er beschloß, seinen Gegnern zuvorzukommen. Um sie zu täuschen, legte er sich abends vollständig angekleidet auf seine Pritsche, doch so, daß er schnell aus seinen Kleidern herausschlüpfen konnte; letztere ließ er auf seinem Platz, er selbst aber, beschützt von der im Saale herrschenden Dunkelheit, begab sich geräuschlos unter die Pritsche, des weiteren gewärtig. Die Verschwörer ließen nicht lange auf sich warten; mit ihren Messern näherten sie sich auf den Zehen dem Platz Robertos, zehn, zwölf Messer und Dolche bohrten sich gleichzeitig in die Kleider. Auf diesen Augenblick hatte der unter der Pritsche Versteckte gewartet; wie ein Blitz schoß er hervor, mit seinem Messer bewaffnet, und verwundete acht seiner Gegner schwer, die übrigen leicht. Das Ende war, daß die eingeschüchterten Mitglieder der Gesellschaft der Demut sich ihm zu Füßen warfen und ihn um ihr Leben baten. Sie alle wurden noch zu mehr oder weniger hohen Disziplinarstrafen verurteilt, während Roberto, bei dem das Gericht Selbstverteidigung annahm, frei ausging.

Jetzt besteht seine ganze Arbeit darin, daß er andere Camorristi um seinen Anteil an einer Beute preßt. Er selbst hat nie gestohlen, er würde es für die größte Schande halten, sich etwas ihm nicht Gehöriges anzueignen. Nie hat er die geringste Gewalttat gegen einen Nichtcamorristen begangen, alle Camorristen ohne Ausnahme aber fürchten ihn dermaßen, daß seine Gegenwart genügt, einen Streit zu schlichten, der sonst Blut gekostet hätte, und alle verstummen zu machen.

Vor einiger Zeit erfuhr ich folgende erbauliche Geschichte von einem meiner Bekannten, Herrn Raffaele G., der in einer der von der Camorra besonders frequentierten Straßen ein kleines Geschäft betreibt und im wahren Sinne des Wortes ein Ehrenmann ist. Dieser Raffaele G. befand sich eines Abends im Theater Umberto; neben ihm saß zufällig ein ebenfalls gefürchteter Camorrista, namens Salvatore T. Letzterer ging nach dem ersten Akt ein wenig hinaus und fand beim Zurückkommen zu seiner nicht angenehmen Überraschung den vorerwähnten Roberto T. auf seinem Platz. Salvatore T. bat letzteren in höflicher Weise, ihm doch seinen Platz wieder zu überlassen, für den er ja bezahlt habe. „Warum soll ich dir diesen Platz geben? Geh, es ist lächerlich. Ich sitze jetzt hier und will hier bleiben, weil es mir hier gefällt," antwortete Roberto T. „Geh, reize mich nicht!" fügte er drohend hinzu, als der andere keine Miene machte zu gehen, und legte die Hand an seinen Revolver. So groß ist die Macht dieses Menschen, daß der Salvatore T., obwohl auch nicht zu den Furchtsamen gehörend, es doch für besser hielt, sich lieber aus dem Theater zu entfernen, als dem Roberto gegenüber sein gutes Recht geltend zu machen. - Diese Szene war übrigens von den in den öffentlichen Lokalen in Neapel immer in Menge anwesenden Polizisten beobachtet worden, und ein Polizeileutnant, der den Roberto T. persönlich kannte, wendete sich an einen seiner Untergebenen mit dem Befehl, den Camorrista zu verhaften. Der Schutzmann sah seinen Oberen erst ganz erstaunt an, als ob er ihn nicht verstanden hätte, als jener aber die Aufforderung wiederholte, antwortete er trocken: „Mich wollen Sie schicken, um den da zu verhaften? Mich? Ja, dann müssen Sie mir wenigstens fünfzehn Mann mitgeben, und dann ist es auch noch nicht sicher, ob ich ihn bringe." Roberto T. nahm übrigens gar keine Notiz von dem ganzen Vorfall; er blieb bis zum Ende der Vorstellung und verließ dann unbehelligt, und mitten zwischen den Schutzleuten durchgehend, das Theater. Er war bis an die Zähne bewaffnet, und die Polizei weiß daher ganz gut, daß sie ihm bei seiner ungeheuren Gewandtheit nicht gewachsen ist; um ihn zu fangen, würde erst ein halbes Dutzend der ihrigen ins Gras beißen müssen.

Einst war Roberto T. auf die Polizei gerufen worden. Man hatte ihn einstweilen auf dem Gefängnishof gelassen, und er spazierte nun dort ganz ruhig auf und nieder, der Dinge harrend, die da kommen würden. Einige Zeit vorher war ein neuer Polizeikommissär von der Provinz hierher versetzt worden. Dieser hatte viel von den Taten Robertos gehört, man hatte ihm erzählt, wie furchtbar dieser Mensch sei und wie sehr ihn die anderen Camorristi und selbst die Polizei fürchten. Der Kommissär hatte viel über diese Geschichten gelacht; es schien ihm unmöglich und zum wenigsten sehr übertrieben, daß ein einzelner Mensch einen solchen Einfluß auf viele Tausende ausüben könne. Als man ihm daher berichtete, daß der betreffende in Haft sei, hatte er nichts Eiligeres zu tun, als ihn aufzusuchen. Er fand ihn noch auf dem Hofe. „Bist du der berühmte Roberto T.?" redete er ihn an. „Zu dienen," entgegnete der andere. Der Kommissär maß ihn spöttisch von Kopf bis zu Füßen: „Ich dachte, du wärest ein anderer Kerl," sagte er, „du siehst ja nach nichts aus, ich hätte Wunder geglaubt . . ." Weiter kam er nicht. Roberto hatte in diesem Augenblick zu einigen so vollwichtigen Ohrfeigen ausgeholt, daß der böseangekommene Kommissär zu Boden stürzte. Roberto machte sich nun über ihn her, ohne jedoch von seinen Waffen Gebrauch zu machen, die man ihm zur Zeit noch nicht abgenommen hatte. Aber Püffe und Maulschellen regnete es wie Hagel auf den armen Kommissär nieder; sechs Schutzleute waren nötig, um ihn endlich von seinem Opfer abzubringen, und man mußte ihn in die Zwangsjacke stecken, um ihn endlich zur Ruhe zu bringen.

Das sonderbarste dabei ist vielleicht, daß Roberto T. sich meistens ganz ruhig verhaften läßt und den Schutzleuten keinerlei Widerstand entgegensetzt. Er weiß ganz gut, daß man ihm direkt nichts zur Last legen kann, da es ihm nie einfallen würde, an einem Diebstahl oder Einbruch teilzunehmen; das ist bei ihm ganz ausgeschlossen, er nimmt nur den Dieben einen Teil ihres Erwerbs ab und gebraucht es zu seinem Besten.

Seit einiger Zeit verhaftet man ihn übrigens nicht mehr; kommt etwas vor, wobei man seine Hand im Spiele glaubt, so läßt der Polizeikommissär ihn rufen und ermahnt ihn eindringlich, sich ruhig zu verhalten. Seine Entgegnung ist dann immer die folgende: „Herr Kommissär, das hängt nicht von mir, sondern allein von Ihnen ab; sagen Sie Ihren Leuten, mich ungeschoren zu lassen, denn ich tue nichts Unrechtes und bekümmere mich nur um meine eigenen Sachen. Beunruhigen mich Ihre Schutzleute jedoch, so schicke ich sie Ihnen mit zerschlagenen Köpfen wieder zu." Nach derartigen beiderseitigen Toleranzversicherungen haben diese freundschaftlichen Unterredungen ihr Ende.

Übrigens geht er stets sehr fein gekleidet und beträgt sich auch sonst nicht auffällig. Im Gegenteil, er ist Fremden und überhaupt anständigen Leuten gegenüber außerordentlich fein und höflich. Und hier muß ich eines Zuges Erwähnung tun, der allen Camorristi fast ohne Ausnahme eigen ist: Ein Galantuomo (ehrlicher, anständiger Mensch) übt auf sie immer einen großen Einfluß aus. Es ist, als ob sie sich in der Nähe eines guten Menschen beengt und niedergedrückt fühlten; ein solcher ist ihnen gegenüber ein höherstehendes Wesen, und das kommt ihnen sozusagen unbewußt zu Gewissen. Man braucht nur ein in jeder Hinsicht unbescholtener Mann zu sein, um sofort bei einem Camorrista in hohes Ansehen zu treten. Ich kenne viele von diesen Leuten persönlich und habe mich nie über Mangel an Höflichkeit und Takt bei ihnen zu beklagen gehabt, während doch bekanntlich die Bildung des niederen Volkes in Neapel auf sehr tiefer Stufe steht. Bei manchen habe ich es erst lange nachher erfahren, daß sie Angehörige der Gesellschaft der Tennt waren. Und wird man mir glauben, wenn ich behaupte und beweise, daß ein von allen gefürchteter Camorrista der treueste und beste, und vor allen Dingen der schätzbarste Freund werden kann? Ein Freund, der in manchen Umständen mehr wert ist, als der beste Pariser oder Londoner Polizeipräfekt? Und doch ist das die reine Wahrheit, so sonderbar und unwahrscheinlich es auch klingen mag. Hier in Neapel genügt es, einen Capintrite oder einen „tüchtigen" Camorrista zum Bekannten zu haben, um besser gehütet zu sein, als wenn man von einem Regiment Polizisten umgeben wäre. Dazu braucht man ihm keinerlei Zugeständnisse zu machen oder ihn als Freund zu behandeln, nein, es genügt ihm, daß man als Galantuomo hin und wieder mit ihm verkehrt, ihm die Hand drückt, kurz, ihn nicht verachtet oder von sich weist. Der Camorrista ist ein Verbrecher, der sich wohl des ungeheuren Abstandes bewußt ist, der ihn von den ehrlichen Leuten scheidet; er sucht daher deren Gesellschaft und ist stolz darauf, wenn er ihnen einen Gefallen erweisen kann; ihr leisester Wunsch wird ihm Befehl. Es ist daher kein Wunder, daß man hier Leute aller Gesellschaftsklassen gelegenheitsweise mit Mitgliedern der Camorra verkehren sieht; und das nicht etwa zu dem Zwecke, ihre

Hilfe zu unlauterem Verdienste in Anspruch zu nehmen, sondern vielmehr sich ihres Beistandes zu versichern, um von anderen nicht übervorteilt oder geschädigt zu werden. Folgender Vorfall mag zur Erläuterung des eben Gesagten dienen.

Der Sohn eines hiesigen Ladenbesitzers war in einem Skandalprozesse als Belastungszeuge vorgeladen worden. Da auf sein Zeugnis viel ankam, hatten sich die Angeklagten einiger schlechter Subjekte versichert, die dem jungen Mann Drohbriefe zugehen ließen, die die Weisung enthielten, sich seines Zeugnisses zu enthalten, widrigenfalls es ihm schlecht gehen würde. Der Vater war in Verzweiflung, da ihn dieser Fall zwischen zwei Feuer stellte, einerseits die Polizei, andererseits jene Spitzbuben, die ihre Drohungen gewiß wahr gemacht haben würden, wenn man ihnen nicht zu willen gewesen wäre. Bei den hiesigen Verhältnissen hieße es Öl ins Feuer gießen, wenn man die Polizei davon in Kenntnis gesetzt hätte. Zu seinem Glück hatte unser Mann einen „guten Freund" in der Schönen Reformierten Gesellschaft, an den wendete er sich. Als der Gerichtstag gekommen war, stellten sich einige Stunden vor der Verhandlung in dem Laden unseres Gewährsmannes sechs handfeste Kerle ein. Auf die Frage nach ihrem Begehren antworteten sie: „Wir sind Mitglieder der Gesellschaft der Demut; N. N. hat uns abgeschickt, um Ihren Sohn aufs Gericht zu begleiten und ihn vor den Angriffen jener Ehrenmänner zu schützen. Haben Sie keine Furcht, es wird ihm nicht das mindeste geschehen; wir bürgen für ihn und werden ihn Ihnen hier wieder abliefern." So nahmen sie den jungen Mann in die Mitte, begleiteten ihn aufs Tribunal, wo sie sich unter die Zeugen mischten, um ihn stets bewachen zu können. Als die Gegenpartei einen derartigen Polizeiaufzug sah, dachte sie nicht mehr daran, ihre Drohung zu verwirklichen, sondern machte sich heimlich aus dem Staube. Nach beendigter Verhandlung begleiteten die sechs Mitglieder der Gesellschaft der Demut ihren Schutzbefohlenen wieder zu dessen Vater mit den Worten: „Da bringen wir Ihnen Ihren Sohn wieder, sehen Sie ihn gut an, ob ihm nichts geschehen ist." Eine Belohnung schlugen sie rundweg aus; es bedurfte der ganzen Überredungskunst unseres Kaufmannes, um sie zur Annahme von zwanzig Lire zu bewegen, „um ein Glas Wein zu trinken"; sie ließen sich dabei aber das heilige Versprechen geben, es den „Vorgesetzten" nicht wissen zu lassen!

Auch sonst kann die Camorra hierzulande nützlich werden. Ist Ihnen Ihre Uhr gestohlen worden? Setzen Sie einfach Ihren „Freund" davon in Kenntnis, indem Sie ihm Ort und Stunde des Diebstahls angeben, und keine zwei Stunden werden verfließen, bis Sie Ihre Uhr wieder haben.

Der schon einmal erwähnte Kaufmann Raffaele G. hat keinen treueren und ergebeneren Freund als eben jenen schrecklichen Camorrista

Roberto L.; sie waren Schulkameraden gewesen und hatten als kleine Jungen miteinander gespielt. Raffaele G. hatte einst ein Stück Schiffstau an Bord eines kleinen Schoners zu bringen. Auf dem Schiffe angekommen, rief ihn der Kapitän in die Kajüte hinunter; er ließ das Tau im Werte von zehn Mark auf dem Verdeck liegen. Nach einer halben Stunde kam er wieder herauf: das Tau war verschwunden. Sein Umfragen bei den an Bord beschäftigten Arbeitern war vergeblich, keiner wollte etwas gesehen haben. Traurig geht Raffaele G. ans Land und ruft seinen alten Freund, Roberto L., dem er das Vorgefallene erzählt. „Was, dir, meinem besten Freunde, hat man das getan? Das sollen sie mir büßen," ruft Roberto L. aus und rennt fort wie ein angeschossener Eber. — Nach kaum einer Stunde erscheint vor dem Laden des Raffaele G. ein Mann mit dem Stück Tau auf der Schulter. „Sind Sie der Herr Raffaele G.?" fragt er diesen. „Jawohl!" — Auf dies hin wirft der Mann die Rolle Tau von der Schulter in den Laden hinein mit den Worten: „Da haben Sie Ihr Eigentum wieder." Raffaele G. wollte ihm ein Trinkgeld für die Mühe geben, aber der andere schlug es entschieden aus, indem er sagte: „Da würde ich schön ankommen, wenn das mein ‚Herr' erführe." Es war der Dieb selbst, wie sich nachher herausgestellt hat; Roberto L. hatte ihm kurzerhand befohlen, das Gestohlene selbst dem rechtmäßigen Eigentümer wiederzubringen, der Dieb hatte gehorcht, ohne zu mucksen.

Ein anderes Mal hielt vor dem Laden des Herrn Raffaele G. ein kleiner zweiräderiger Bauernwagen an, worauf die Landleute Früchte und Gemüse in die Stadt bringen; eine Anzahl leerer Körbe und ein großes Bündel, anscheinend Wäsche enthaltend, befanden sich auf demselben. Die Besitzerin des Karrens, eine alte zusammengeschrumpfte Bäuerin, tritt in den Laden ein, um einige Bindfaden und Tauenden zu kaufen. Nun ist es Gewohnheit eines jeden Ladeneigentümers in diesen von Dieben wimmelnden Straßen Neapels, niemals die vor dem Laden aufgespeicherten Waren außer Augen zu lassen. Während die Bäuerin um ihre Taue feilscht, bemerkt Raffaele G., wie ein Vorübergehender das Bündel Wäsche vom Wagen nimmt, es sich gemächlich auf die Schulter gleiten läßt und ruhig seines Weges damit geht. — In jedem anderen Lande wäre er nun sofort hinausgestürzt, hätte „Haltet den Dieb!" geschrieen und alle Leute zur Verfolgung aufgerufen. Raffaele G. tat das keineswegs; er wußte nur zu gut das, was alle Neapolitaner in gleichen Umständen wissen, nämlich, daß ein solches Verfahren hier das verkehrteste von der Welt ist. Skrakeelen hilft nicht nur nichts, sondern kann sogar höchst unangenehme Folgen nach sich ziehen, denn die Diebe gehen nie allein, sondern stets zu zweien oder dreien. Während man dem einen nachläuft, rennen einem die anderen in den Weg, man bekommt plötzlich einen Stoß, daß man zu Boden fällt, und wenn man sich wieder aufgerafft hat, ist die ganze Gesellschaft verschwunden. Nebenbei hat der erste Dieb den gestohlenen Gegenstand meist längst einem seiner Genossen eingehändigt, der damit verschwunden ist, so daß, wenn man den richtigen Dieb auch wirklich erwischt, dieser sich ruhig durchsuchen läßt und dann mit gekränkter Miene alles abstreitet.

Raffaele G. hatte vielmehr einen ganz anderen Plan, den er auszuführen beschloß, sobald es Zeit wäre. Man denke sich aber das Jammern und Wehklagen der Alten, als sie draußen ihr Bündel nicht mehr vorfindet! Die ganze Straße läuft zusammen, bedauernde Ausrufe von einigen Seiten werden laut; manche zucken die Achseln: „Da ist nichts zu machen, was weg ist, ist weg; warum hält die Alte die Augen nicht offen? Soll besser acht geben, es ist eine Lehre für die Zukunft; kommen die dummen Bauern nach Neapel und schlafen dabei; sie wissen noch nicht, daß es auch Diebe auf der Welt gibt; geschieht ihnen schon recht, haben schon manchen guten Neapolitaner mit faulen Salat und schlechten Kartoffeln betrogen." Die Alte sieht die zum großen Teil schadenfrohen Umstehenden mit blöden Augen an und hört dabei nicht auf, zu heulen und zu wehklagen. - Raffaele G. tut die Arme leid, er möchte ihr gern zureden, aber es stehen noch zu viele Menschen herum. Endlich verläuft sich der Haufe, es ist ein zu alltägliches Ereignis, als daß es lange Interesse beanspruchen sollte. Raffaele G. nimmt nun die Bäuerin beiseite: „Laß das Heulen, es hilft doch nicht; geh jetzt nach Hause und komm morgen früh wieder zu mir, ich werde sehen, ob ich etwas für dich tun kann." Mit Mühe beredet er die Alte, wegzufahren. — Kurz darauf kommt Roberto T. vorbei, elegant angezogen, die Zigarre im Munde, in bester Laune. „Hör' mal," sagt Raffaele G. zu ihm, „wenn ihr die Reichen bestehlt, das lasse ich noch hingehen, die fühlen es nicht so, aber daß ihr auch den Armen das Letzte, was sie haben, wegnehmt, das hätte ich nie für möglich gehalten!" „Was gibt es denn?" Als er den Vorfall erfährt, klopft er seinem Freund auf die Schulter und sagt gutmütig: „Du hast recht, das ist eine Schande, ich leide so etwas nicht und habe es nie geduldet; die arme Alte soll ihr Bündel wiederhaben." Spät am Nachmittag wurde dem Raffaele G. das Bündel in unversehrtem Zustande ins Haus gebracht, und die alte Bäuerin holte es sich bei ihm am nächsten Morgen unter den heißesten Danksagungen ab. — Was man nun auch der Camorra Übles, und mit Recht, nachsagen möge, durch die Polizei hätte sie ihre Sachen gewiß nicht wiederbekommen.

Übrigens braucht man keinen „Freund" unter den Angehörigen der Schönen Reformierten Gesellschaft zu haben, um gestohlenes Gut auf dem schnellsten und sichersten Wege wieder zu erlangen; in solchem Falle hat man nichts anderes zu tun, als sich an den Capintrite des Stadtviertels zu wenden, in dem der Diebstahl begangen worden ist. Man gibt ihm so genau wie möglich den Ort und die Stunde an und einigt sich mit ihm über die zu erlegende Tare, die gewöhnlich den vierten Teil des wahren Wertes des betreffenden Gegenstandes beträgt. Hat der Capintrite sein Wort gegeben, so ist daran nicht im geringsten zu zweifeln, und man bekommt das Gestohlene sicher wieder. Es kann aber vorkommen, daß der Dieb zufällig nicht zur Camorra gehört, es ist zum Beispiel ein Gelegenheitsdieb oder ein Fremder. Dann ist die Sache natürlich schwieriger, da die Camorra solche Spitzbuben nicht immer auffinden kann. Geschieht dies aber doch, so wird dem Diebe die Sache einfach abgenommen, und wenn er nicht damit einverstanden ist, bekommt er noch Schläge dazu.

Vor ungefähr sechs Jahren hatte einer meiner Bekannten bei Gelegenheit seines Aufenthaltes in Ägypten eine ansehnliche Anzahl Zigarren und Zigaretten von dort mitgebracht, und um den hohen Zoll zu ersparen, hatte er den unglücklichen Einfall, sie auf dem Schmuggelwege vom Dampfer aus Land schaffen zu lassen. Sofort fand er an Bord einige Leute, die sich bereitwillig zeigten, die Sachen gegen ein kleines Entgelt heimlich in seine Wohnung zu bringen. Sie kamen auch unbehelligt von den Zollbeamten aus Land, zogen es dann aber vor, die Waren in ihre eigene Wohnung zu schaffen. Sie gehörten, ohne daß mein Bekannter eine Ahnung davon gehabt hatte, zur Schönen Reformierten Gesellschaft. Den Tag darauf kam er zu mir und klagte mir sein Leid. Die Geschichte war dumm: die Polizei benachrichtigen konnte er nicht, wenn er nicht in hohe Strafe wegen des umgangenen Zolles fallen wollte; es wäre auch so wie so nutzlos gewesen. Ich riet ihm daher, sich an die Camorra zu wenden. Erst lachte er mich aus, meinem Zureden aber gab er endlich nach, wenngleich ohne Hoffnung auf ein Wiedererlangen seiner Zigaretten. Meine Nachforschungen ergaben, daß die Ware nach Castellammare in Sicherheit gebracht worden war. Es hieß sich nun dort erkundigen, und bei der Gelegenheit erfuhr ich, daß unsere Gesellschaft der Demut auch dort ihre Fäden hat. Wir suchten also den dortigen Capintrite auf und stellten ihm die Sache vor. Gegen Erlegung von 30 Lire (der Zoll würde nicht weniger als 50 betragen haben) erklärte der Ehrenmann in Castellammare, daß uns alles wieder zur Verfügung stände. Mein Bekannter zahlte den Betrag sofort, und am nächsten Nachmittag waren Zigarren und Zigaretten wieder in seinem Besitz; nicht e i n e fehlte.

Vor einiger Zeit verließ des Nachts gegen 1 Uhr eine unserer ersten Tänzerinnen das hiesige Opernhaus S. Carlo. Vor der Tür stieg sie in ihren Wagen, um nach Hause zu fahren. Nach einigen hundert Schritten springt ein Kerl in den offenen, in voller Fahrt begriffenen Wagen und reißt der Dame einen Diamantschmuck im Werte von 11000 Lire vom Halse. Es war ein Geschenk einer sehr hohen neapolitanischen Persönlichkeit, deren Namen ich hier verschweigen muß.

Die Polizei kam wie gewöhnlich zu spät; sie konnte weiter nichts tun, als den Kutscher festsetzen. An diesem ließ sie nun ihren Ärger aus, ohne jedoch etwas zu erreichen, denn entweder wußte er auch nicht mehr als sie, oder er war mit der Camorra unter einer Decke, worauf die Umstände, unter welchen der Raub begangen wurde, übrigens klar genug hinwiesen. Nach acht Tagen wendete man sich an die Camorra, und damit war man auf den rechten Weg geraten; die Gesellschaft der Demut gab den Schmuck gegen Erlegung von 4000 Lire wieder heraus.

Ganze Bände könnte man mit dergleichen Geschichten füllen, ich denke jedoch, daß das Erwähnte schon einen ungefähren Begriff von dem geben wird, was Camorra bedeutet. Man wird aus Vorstehendem auch aburteilen können, ob es in Neapel vorteilhafter ist, die Polizei oder die Gesellschaft der Demut zum Freunde zu haben.

Mancher wird unwillkürlich die Frage aufwerfen, wie man denn einen Verbrecher zum Freunde annehmen könne. Eine solche Frage ist freilich nicht leicht zu beantworten, und vom Standpunkte des deutschen Rechtsgefühls aus wird sie überhaupt wohl offen bleiben.

In Deutschland ist in den Augen der nicht urteilsfähigen Menge schon derjenige ein überwiesener Verbrecher, der auf einen bloßen Verdacht hin oder durch Zufall, weil gerade sonst niemand am Orte der Tat war, verhaftet wurde. Der Unglückliche, der dort das Pech hat, von einem Schutzmann über die Straße geführt zu werden, mag noch so unschuldig sein, die Menge, statt zu fragen, ob der Mann wirklich dieses Verbrechen begangen habe, oder ob nur widrige Umstände ihn zufällig am Tatorte antreffen ließen, zeigt mit Fingern auf ihn, flieht ihn wie die Pest und verdammt ihn, ohne ihn zu kennen und ohne den geringsten Beweis gegen ihn zu besitzen. Die Polizei hat ihn verhaftet, dann muß er gestohlen, geraubt, gemordet haben, daran kann kein Zweifel mehr obwalten.

Der Italiener ist viel toleranter und folgerichtiger. Er sieht in der Polizei kein höheres Wesen, sondern nimmt an, daß sich jeder irren kann, obgleich übrigens die italienische Polizei durchaus nicht öfter Irrtümer begeht, als die Polizei anderer Länder. Der Italiener bestraft seinen Verbrecher, aber er verurteilt ihn nicht ungehört, er hat Mitleid mit ihm und sucht ihn zu bessern; er sieht zuerst den Unglücklichen in ihm und dann den Verbrecher. Es ist daher hier keine so tiefe Kluft zwischen ehrlichen Leuten und Verbrechern, als das in Deutschland der Fall ist. In dieser Hinsicht ist Italien das Land wirklicher menschenfreundlicher Toleranz, in höherem Grade, als man es nach der noch heute nicht gebrochenen Macht der Kirche für möglich halten sollte; Italien ist eines der wenigen Länder, in denen die Todesstrafe nicht mehr besteht.

Wir sehen daher hier oft nicht nur Leute von ganz verschiedenem

Charakter und durchaus zuwiderlaufenden Ansichten freundschaftlich miteinander verkehren, sondern wir sehen auch einen ruhigen Geschäftsmann, der keine Fliege umzubringen imstande ist und der alle seine Staats- und Familienpflichten aufs peinlichste erfüllt, einem bekannten Camorrista die Hand drücken, ohne daß das jemand, der beide kennt, auffallen würde. Sie erweisen sich auch gegenseitig Gefälligkeiten, ersterer soweit das seinen Pflichten als Staatsbürger und Familienvater nicht zuwiderläuft, letzterer soweit es ihm im Rahmen der Vorschriften der Schönen Reformierten Gesellschaft möglich ist. Jenseits jener Pflichten und dieser Vorschriften geht dann jeder seinen eigenen Weg.

Übrigens haben ja auch wir oft noch sehr verworrene Begriffe von dem, was man gern „Gerechtigkeit" nennt. Ich kenne hier eine Anzahl früher armer Leute (darunter leider auch Deutsche), die sich in wenigen Jahren durch gewissenlose Spekulationen aller Art ein großes Vermögen erworben haben. Daß dabei Hunderte zugrunde gegangen sind, das stört uns nicht im mindesten, vor diesen Leuten den Hut abzunehmen und uns durch ihre Freundschaft geehrt zu fühlen, obgleich sie der Gesamtheit unendlich mehr Schaden zugefügt haben, als ein Dieb, der stiehlt, um zu leben; sie haben gestohlen, um reich zu werden, aber das macht uns nichts aus, wir ehren sie, weil sie reich sind, denn wenn die Höhe erklommen ist, wird ja die Leiter weggezogen. Handschuhe muß man anziehen, wenn man stehlen will, dann sieht man die Hand nicht. —

Ich habe vorher von Gefälligkeiten gesprochen, die man dem „Freunde Camorrista" erweisen kann, ohne dem Gesetze zu nahe zu treten. Nun, der letztere steht zum Beispiel unter Polizeiaufsicht, man wirkt ihm also bei einem befreundeten Polizeikommissär gelegenheitsweise eine Erlaubnis aus, mit welcher der Camorrista sich bis zu vorgerückter Nachtstunde außer dem Hause aufhalten darf (die unter Polizeiaufsicht Stehenden sind gehalten, beim Dunkelwerden zu Hause zu sein, bei Strafe augenblicklicher Verhaftung). Der Camorrista wird dann bestrebt sein, seinem Freunde keine Unannehmlichkeiten zu verursachen; sollten bei einem solchen Ausflug Meinungsverschiedenheiten entstehen, so wird er nie zulassen, daß es zu Balgereien komme, denn in diesem Falle könnte die Polizei einschreiten und sein Freund könnte mit darin verwickelt werden. Überhaupt hält er sein Wort so gewissenhaft, daß man ihm darauf ruhig Tausende anvertrauen könnte; sein Wort ist ihm unter allen Umständen heilig; hat er jemandem etwas versprochen, so kann man unbesorgt sein, er wird es halten, und sollte er sein Leben dabei verlieren. Welch sonderbare Gegensätze in einem rohen Verbrecher!

Nun darf aber nicht vergessen werden, daß die überaus größere Mehrzahl der achtbaren Leute der Camorra vielmehr feindlich als freundlich gegenübersteht. Man verachtet sie, und „Camorrista" ist ein Schimpfwort, das gewiß kein anständiger Mensch auf sich sitzen läßt. Der Oberitaliener übrigens, der von ganz anderen Völkerrassen abstammt und mit unseren Sitten und Gebräuchen ebensowenig vertraut ist wie ein Ausländer, ist in seinem Urteil über die Camorra noch viel strenger.

Der Fremde und überhaupt jeder, der sich nicht mit der Camorra abgibt, hat durchaus nichts von ihr zu befürchten, ausgenommen natürlich, daß sie stets gern bereit ist, ihn um seine Geldtasche oder seine Uhr zu erleichtern. Weiter geht es nicht; Gewalttaten kommen höchst selten vor, seltener als in anderen Ländern. Die Bluttaten, deren man so viel in unseren Lokalzeitungen liest, wickeln sich unter den Mitgliedern der Camorra selbst ab; sie haben, wie wir schon gesehen haben, fast immer ihren Grund in Eifersüchteleien, Beleidigungen oder Übervorteilungen, die die einen von den anderen erleiden. Nie hört man zum Beispiel von gewaltsamen Überfällen Fremder; der Camorrista beschränkt sich darauf, seine Hände in fremder Leute Taschen spazieren zu führen, um sich auf diese Weise zu nehmen, was man ihm nicht freiwillig geben würde. Mit derselben Wachsamkeit, die in allen Großstädten geboten ist, muß man daher auch hier sich auf der Straße bewegen. Der Fremde lasse sich also nicht abhalten, nach wie vor unser so schönes und interessantes Neapel zu besuchen; viele Tausende kommen und gehen täglich, sie sind Hunderten der gefürchtetsten Mitglieder der Schönen Reformierten Gesellschaft auf der Straße begegnet und haben noch heute keine Ahnung davon.

Wie lange wird die Camorra in Neapel noch herrschen? Das ist schwer zu sagen; so viel ist gewiß, daß ihr Untergang dekretiert ist, aber wann derselbe statthaben wird, das liegt jedenfalls noch in weiter Ferne. Polizeiliche Maßregeln helfen da nicht. Reichstagsabgeordnete, unter anderen hauptsächlich Enrico Ferri, haben viel dagegen gesprochen, aber um die Camorra auszurotten, dazu dient auch ein ganzes Polizeiheer nicht; dieses Übel muß an der Wurzel angegriffen werden, und zwar vor allem durch die Schule und in zweiter Reihe durch die Arbeit. Solange der Schulzwang in Neapel ein toter Buchstabe bleibt, solange jeglicher Mangel an Industrie die nachwachsenden Generationen zwingt, sich ihr Leben lang, ohne das Bedürfnis der Arbeit kennen gelernt zu haben, auf der Straße umherzutreiben, so lange kann von Ordnung und Rechtsgefühl hier keine Rede sein, so lange wird die Gesellschaft der Demut immer neue Angehörige rekrutieren können. Man zwinge die Eltern durch alle Rechtsmittel, ihre Kinder regelmäßig zur Schule zu schicken, man erbaue Fabriken und erweitere Handel und Verkehr, und die Jahrhunderte alte Arbeitsscheu der niederen Volksklassen wird von selbst verschwinden, anders jedoch nicht.

Manche in Neapel anwesenden Fremden haben meinen Auseinandersetzungen über die Camorra und deren Verzweigung mit mitleidigem

Lächeln angehört. „Ja, da braucht es nur 50 oder 60 von unseren Gendarmen, die würden schon Ruhe schaffen." Nur gänzliche Unkenntnis unserer Verhältnisse und infolgedessen einseitiges und oberflächliches Urteilen darüber sind die Ursachen solcher ganz verkehrten Anschauungen. Ein in Messer und Revolver geübter Camorrista ist dem ausgedientesten Polizisten jedes Landes bei weitem überlegen, die Schutzleute würden in den engen Gassen und den Tausenden von Schlupfwinkeln Neapels dezimiert werden, und sie würden schließlich einen so ungeheuren Respekt vor der Camorra bekommen, daß sie keinen Camorrista mehr behelligen würden. In diesem Kampfe auf Leben und Tod würde die Polizei, augenblicklich wenigstens, unbedingt den kürzeren ziehen. — Unsere Polizei gehört durchaus nicht zu den schlechtesten; man hört und sieht vielmehr jeden Tag, daß einzelne trotz ihrer elenden Bezahlung ihr Leben wagen, um Ungerechtigkeiten zu steuern, und viele finden durch die Messer der Verbrecher ein frühzeitiges Grab.

So hat sich denn mit der Zeit eine Art gegenseitiger Duldsamkeit zwischen guten und schlechten Elementen herausgebildet. Man klopft ihnen mal tüchtig auf die Finger und schickt mal vierzig oder fünfzig der Ehrenmänner auf eine Strafinsel, wenn sie es gar zu bunt treiben; gutbewaffnete Abteilungen verkleideter Schutzleute durchstreifen jeden Abend die engen Quartiere und durchsuchen jeden Verdächtigen nach breiten Messern und sonstigen unerlaubten Waffen, kurz man tut alles mögliche, um die Camorra im Zaume zu halten, aber hin und wieder ist man gezwungen, ein Äuglein zuzudrücken, indem man die Geschädigten anhält, das nächste Mal beide Augen groß aufzumachen.

Übrigens lebt man hier sehr gut, frei und glücklich; die bekannte Liebenswürdigkeit der Italiener hilft auch über manche ihrer weniger guten Eigenschaften hinweg, und endlich: „Wer ohne Sünde ist, hebe den ersten Stein auf."

Viel Boden hat die Camorra schon durch den 1884 begonnenen Umbau vieler enger Stadtviertel verloren, unzählige Gäßchen sind verschwunden, zahlreiche Schlupfwinkel sind beseitigt worden, aber von anderer Seite bleibt noch so ungeheuer viel zu tun, daß man sich verzweifelt fragt: Wann wird das letzte Mitglied der Gesellschaft der Demut begraben werden?

Gedichte
von
Albert Sergel.
— Rostock. —

Mondnacht.

Traumvoll schlummernde Felderbreiten . .
Mondnacht harft mit wiegender Hand
leis ein Lied aus Wunderweiten:

Urweltnacht
reift Segens Fülle.

Urweltnacht
hielt das Leben eng umschlossen,
das nun flutend ausgegossen.

Die da sind und die da kamen:
alles Frucht und alles Samen.

Leises Leben
baut an Welten.
In der Stille
gärt und schwillt,
was die Zukunft spät enthüllt.

Leises Leben . .
        In der Stille
baue du dir deine Welt,
und dein Wille sei die Sonne,
die sie hält!

Immer wieder . . .

Immer wieder steigt es auf:
Wunsch und Leidenschaft und Klage . .
und so gehen deine Tage,
deine Jahre ruhlos hin.

Herz, du töricht-übervolles
und bedeckt mit tausend Wunden,
wann wirst du aus tiefstem Fühlen
endlich sagen: heimgefunden . .?

Einsam . .

Was nützt mein Rufen, mein Schrein nach dir?
Was hilft mein Rütteln, das kraftlos sinkt
an den Gitterstäben, die zwischen uns sind?

Es gibt kein Hinüber
von Mensch zu Mensch,
von mir zu dir.

Im letzten Grunde
sind wir einsam. Mit blutendem Munde
ruft die Sehnsucht und ruft und schreit
vergebens durch die Ewigkeit.

Und eins der kleinen Mädchen spricht:

Ich bin ein unscheinbares Ding
und habe dich lieb ohne Kranz und Ring.

Muß untertags in Arbeit stehn,
und erst der Abend macht mich schön.

Da blüht mein Mund wie Rosen rot,
mein Blut dir heiß entgegen loht . .

Bin nicht wie deine Schwestern fein,
mich schmückt kein Gold und Edelstein.

Mein Herz ist alles, was ich hab;
das gab ich dir, du lieber Knab.

Dein Glück sehnt einzig es herbei . .
Und einmal trittst du's doch entzwei . . .

Grillparzer als Mensch nach seinem Tagebuch und seinen Briefen.

Von

Hans Benzmann.

— Berlin-Wilmersdorf. —

Die Spanne Zeit ist verstrichen, während welcher die Werke Grillparzers geschützt vor Nachdruck waren. Jetzt können sie von jedermann nachgedruckt werden. Und in der Tat, Neuausgaben sind gerade in den letzten Jahren mehrfach veranstaltet worden. Ich erwähne die preiswerte Ausgabe des Klassikerverlages von Max Hesse, Leipzig, die als die erste auch die Tagebücher Grillparzers enthält und die sich vor anderen dadurch auszeichnet, daß sie nicht nur durch eine Biographie des Dichters eingeleitet wird, sondern auch mit besonderen Einleitungen für jede bedeutendere Dichtung versehen ist. Der Verlag Cotta, der einzig bisher das Recht hatte, die Werke des Dichters zu drucken, veröffentlichte eine neue handliche und billige Ausgabe ausgewählter Werke. Neuerdings ließ er derselben die „Briefe und Tagebücher" (gesammelt und mit Anmerkungen herausgegeben von Carl Glossy und August Sauer) in der bekannten soliden Ausstattung der Bibliothek der Weltliteratur (2 Bände à 1 Mk.) folgen.

Ich möchte einmal versuchen, den Menschen Grillparzer nach diesen Briefen und Tagebuchblättern zu schildern. Beide Publikationen zusammen geben erst ein vollkommenes Bild von diesem so komplizierten und doch so einseitigen und einheitlichen Charakter, von diesem so melancholischen, weichen und doch energischen, zielbewußten Menschen. Insofern gehören die Briefe und Tagebücher zusammen. Offenbaren uns diese vorzugsweise die Seele des Dichters, den Charakter, sein innerstes Wesen, so lassen uns jene vorzugsweise den Menschen, wie er lebte, sich nach außen zeigte, seine vielen charakteristischen Gepflogenheiten und Gewohnheiten deutlich erkennen. Um eine Persönlichkeit gewissermaßen in sich selbst wieder lebendig werden zu lassen, muß man diese beiden Sphären ihres Wesens, die ich die psychische und die körperliche oder reale nennen möchte, klar erkennen. Charakteristisch ist es übrigens für den Menschen Grillparzer, daß wir so wenig über sein Inneres aus seinen Briefen entnehmen können, daß diese gewissermaßen nur das äußerlich bestätigen, was an innerem Leben und Wesen die Tagebuchblätter verraten. Grillparzer liebte es nicht, sich anderen direkt zu offenbaren. Er wollte allein sein, für sich leben, er hatte nicht das Bedürfnis, sein schweres Leid einem anderen anzuvertrauen. Das spricht er so oft in seiner Lyrik aus, das lehren uns direkt die Briefe, die zur einen Hälfte amtliche und halbamtliche Schreiben in persönlichen Angelegenheiten, zur anderen Beurteilungen von dem Dichter vorgelegten Dichtungen, Antworten auf Einladungen und kurze, sachliche Mitteilungen aus der Fremde an die dem Dichter am nächsten stehenden Schwestern Fröhlich sind. In letzteren fällt nicht nur der rein sachliche Ton auf, sondern auch ein bald höflich kühler, bald neckisch, bald ironisch humoristischer, aber nie eigentlich ungemütlicher.

Der französische Biograph des Dichters August Ehrhard (Professor an der Universität in Clermont-Ferrand) gibt in seinem vortrefflichen Werke „Franz Grillparzer, sein Leben und seine Werke", — eine deutsche Ausgabe wurde von Moritz Necker besorgt (München, C. H. Becksche Verlagsbuchhandlung) — im ersten Kapitel („Grillparzers Leben und Persönlichkeit") eine geistvolle Analysis des menschlichen Wesens Grillparzers. Das Verhältnis zu Kathi Fröhlich — bekanntlich wurde das Verlöbnis später wieder gelöst, weil die Charaktere zu verschieden waren, und doch konnte er nicht ohne sie leben und sie nicht ohne ihn — hatte nichts Befreiendes für den Dichter, im Gegenteil, er mag oft schwer darunter gelitten haben. In bezug auf seine Mutter sagt Grillparzer einmal in seiner Selbstbiographie — Ehrhard weist auf diese Stelle hin —: „Aus unserem Zusammenleben konnte ich annehmen, daß ein eheliches Verhältnis meinem Wesen gar nicht entgegengesetzt war, obwohl ein solches Verhältnis sich nicht gefunden hat. Es liegt etwas Rekonzilantes und Nachgiebiges in mir, der sich nur gar zu gern selbst der Leitung anderer überläßt, aber immerwährende Störungen oder Eingriffe in mein Inneres dulde ich nicht, kann ich nicht ertragen, wenn ich auch wollte. Ich hätte müssen allein sein können in einer Ehe, indem ich vergessen hätte, daß meine Frau ein anderes sei, meinen Anteil an dem wechselseitigen Aufgeben des Störenden hätte ich herzlich gern beigetragen. Aber eigentlich zu zweien zu sein, verbot mir das Einsame meines Wesens. Einmal schien ein solches Verhältnis sich gestalten zu wollen, es ward aber gestört, weiß Gott, ohne meine Schuld."
Ehrhard schreibt weiter über dieses Verhältnis: „Ebenso unfähig, eine

dauernde Verbindung einzugehen, als aufeinander zu verzichten, gerieten die beiden Verlobten in eine schiefe und traurige Stellung. Kathi wurde ernstlich krank, als sie sah, daß sich ihr Bräutigam zurückzuziehen begann, und er kehrte alsbald zurück, weil er sein Gewissen nicht mit einem Mord belasten wollte. Er war überzeugt, daß das Mädchen an einer Absage von seiner Seite sterben würde. Schwachherzigkeit, sagte er sich, ist ein Fehler, Hartherzigkeit aber keine Tugend (Grillp. Jahrb. III, 180). Langsam verwandelte sich seine Leidenschaft in Mitleid, die wahre, große Liebe nahm ab. Aus diesem gezwungenen Verkehr, in welchem sich die Seele nicht mehr ganz hingab, entstand etwas Ungesundes und Unreines." Lange Jahre hindurch war dieses Verhältnis für den Dichter ein Born der Verstimmungen und Besorgnisse, bis die Zeit diese tiefen immer wieder aufbrechenden Wunden geheilt hatte und des Dichters Gemüt bei der liebevollen Pflege, die er von seiten seiner Kathi und ihrer Schwestern genoß, wenigstens nach dieser Richtung hin Frieden fand. Ich kann dieses Verhältnis hier nur in dieser Kürze schildern. Es wurde bereits öfter in eingehenden selbständigen Abhandlungen dargestellt. Nicht ohne tiefe Rührung wird man insbesondere August Sauers Darstellung desselben lesen (vergl. den Vortrag „Grillparzer und Katharina Fröhlich" in dem Buche „Gesammelte Reden und Aufsätze zur Geschichte der Literatur in Österreich und Deutschland" von August Sauer. Wien und Leipzig, Verlag von Karl Fromme). Auch Otto Berdrow charakterisiert dasselbe in seinem Buche: „Frauenbilder aus der neuen deutschen Literaturgeschichte" (Verlag Greiner und Pfeiffer, Stuttgart).

Nur wenige Stellen in den Tagebüchern sagen uns direkt etwas von Grillparzers Empfindungen für oder gegen Kathi Fröhlich. Desto mehr aber spiegelt sich in ihnen des Dichters tiefe Melancholie, die wenigstens in den Jahren 1824—1830 auch in seinem merkwürdigen, unbestimmten Verhältnis zu Kathi ihren Grund hatte. Aber wir lernen gerade aus diesen Tagebuchblättern erkennen, daß des Dichters reizbares, launisches und schwer zugängliches, ja im gewissen Sinne egoistisches Wesen, welches sich so recht der Freundin gegenüber offenbarte, an sich in erster Linie ihm den Leidensweg seines Lebens bestimmte. Mag seine Verstimmung auch aus seinem Verhältnis zu Kathi, aus den Mißerfolgen, die seine späteren Dramen hatten, aus dem Ärger, den er mit der Zensur und den ihm vorgesetzten Behörden hatte, fortwährend gleichsam neue Nahrung gezogen haben, im Grunde war das Unglück seines Lebens — ein unglücklich angelegter Charakter.

Diesen Charakter, wie er an sich war und wurde und eigentlich derselbe immer blieb, möchte ich an der Hand der Tagebuchblätter zu schildern versuchen.

Grillparzer sucht bereits als Jüngling fortwährend sich selbst zu ergründen. Er war wahrscheinlich schon als Kind ein unverbesserlicher Grübler.

Im Jahre 1808 — er war 17 Jahre alt — schrieb er in sein Tagebuch:

„Ich bin unter einem unglücklichen Stern geboren; ich kann keinen Freund finden. — Es sagt irgendwo jemand, ich weiß nicht wer, der, der ein für Freundschaft empfängliches Herz habe, werde leicht einen Freund finden; ich glaube dies nicht. Ich weinigstens bilde mir ein, daß mein Herz für die Gefühle der wärmsten innigsten Freundschaft geschaffen sei, und dennoch finde ich keinen wahren Freund ... Beinahe verzweifle ich, je einen wahren Freund zu finden."

Bereits in jenen Jahren hat er sehr intensiv in sich empfunden, daß er ein Dichter sei. In seiner grüblerischen, schon damals allzu verstandesmäßigen Weise äußerte er sich hierüber folgendermaßen:

„Werde ich je ein mehr als mittelmäßiger Dichter werden, oder nicht? Dies ist eine Frage, an deren richtiger Beantwortung ich beinahe verzweifle. Für beide entgegengesetzte Behauptungen lassen sich wichtige Gründe anführen! Oft fühle ich innig, daß ich Dichter bin, oft zürne ich auf mich selbst, daß ich mich bei mir selbst eines Vorzuges freue, der doch wirklich nur in meinem Kopfe Realität haben kann. Es ist wahr, ich habe eine lebhafte, eine glühende Einbildungskraft, viele glückliche, viele traurige Stunden meines Lebens, die Zerrüttung meiner körperlichen Gesundheit, und meine näheren Bekannten bezeugen dies, ich habe heftige Leidenschaften, was zwar mit dem vorigen alles eins ist, und gewiß das muß ein Mensch besitzen, der nur einigermaßen Anspruch auf den Namen eines Dichters machen will. Aber qualifizieren sie auch allein zu einem Poeten, sind nicht andere Eigenschaften, die ich weder kenne, noch besitze, notwendig, um sich in die Zahl der Priester der Muse zu stellen? Gehört hierzu auch vielleicht der furor poeticus, der alles an einem Dichter, und den ich, wenn ich anders ehrlich reden will, — nicht habe. Andere Dichter macht das Dichten warm, mich macht es kalt. Das Haschen nach Worten, Silben, Reimen, ermüdet mich, und das Feuer meiner inneren Phantasie muß den höchsten Gipfel erstiegen haben, wenn ich imstande sein soll, ein Gedicht an einem Tage zu vollenden, wie ich es mit der Ballade: „Das Grab im Walde" tat. Damals, erinnere ich mich, waren meine Gefühle bis zum Ende in Bewegung, die Verse und Reime flossen leicht aus meiner Feder, so wie dies auch bei dem Gedichte „Der wahre Glaube" der Fall war, und beim „Mädchen im Frühling".

Alle übrigen, auch noch so kleinen Gedichte flickte ich mühsam und stückweise zusammen, und ich kann mit Recht sagen, daß ich sie im Schweiße meines Angesichts „gearbeitet" habe. — Ich will aufhören, denn meine Eitelkeit regt sich!"

Und aus demselben Jahre (1808) stammt eine dritte Aufzeichnung, in der sich der Dichter sehr klar über die Art seiner Liebesempfindungen ausspricht:

„Es ist doch eine sonderbare Sache um das menschliche Herz. Ich liebte A. nie, oder wenn ich sie liebte, so waren es höchstens zwei Tage; sie ward mir mit jeder Stunde gleichgültiger, und die Liebe erstarb mir wie eine erlöschende Lampe. Sie hatte mir öfter, ich ihr manchmal Bücher geliehen, und jedes, das ich von ihrer Hand erhielt, hatte den Duft eines Parfüms an sich, dessen sie sich zu bedienen pflegt. Nun sind es allbereits vier oder fünf Monate, daß wir einander ganz gleichgültig sind, und nun erst schickt sie mir Schillers „Don Carlos", den ich ihr einst in jenen frohen Stunden geliehen. Kaum kommt mir der Duft des Buches entgegen, so kommt mein Herz in Bewegung, ich denke nur an sie, überall schwebt sie mir vor, und es hätte wahrlich in den ersten Momenten nur ihrer Anwesenheit bedurft, um meine Leidenschaft (zwar vermutlich nicht auf längere Zeit), aber gewiß flammender als je, anzufachen. Jetzt, da ich dies schreibe, ist zwar das Phantom schon halb und halb verschwunden, aber seltsam ist es doch, beim Himmel!"

Derartige Bemerkungen, die von einer ehrlichen Selbsterkenntnis und steten, lauernden Selbstbeobachtung zeugen, wie sie derartigen Naturen, die nicht unter einem guten Stern geboren sind, eigen ist, findet man also schon in den Tagebuchaufzeichnungen des kaum Jüngling gewordenen Dichters, und in ähnlicher Art wiederholen sie sich bis in das Greisenalter hinein. Im Jahre 1810 klagt er, an seiner dichterischen Begabung zweifelnd:

„Ich fange seit einiger Zeit an zu bemerken, daß die Heftigkeit meines Gefühls beträchtlich nachläßt, eine Sache, von der ich mich sehr ungern überzeuge und deren Wahrheit mir doch unwiderleglich einleuchtet. Wie eines Traumes erinnere ich mich nur noch der Zeit, wo ich in mondhellen Nächten die ganze Welt vergessen und mich zu einer Stufe der Schwärmerei erheben konnte, bei deren Anblick ich nun beinahe schwindle. Ich bin nicht mehr imstande, ein nur mittelmäßiges Gedicht zu machen, und wenn bei der Dichtung Blankas mir immer eine Fülle von Gedanken zuströmte, so weiß ich nun, da ich mir doch einen Stoff gewählt habe, an dem einst meine ganze Seele hing, nicht was ich schreiben soll, und das alltäglichst platteste Geschwätz, das ein gewisses, gesuchtes, geschraubtes Wesen noch unerträglicher macht, läßt mich beinahe das Versiegen meiner poetischen Ader befürchten. Überhaupt bin ich gar nicht mehr imstande, mich für etwas so lebhaft zu interessieren als einst! Ich lasse ruhig meine Blanka bei der Theaterdirektion liegen, ohne mich seit einem halben Jahre nur im geringsten um sie zu bekümmern, ich, der einst kein hübsches Mädchen sehen konnte, ohne sich zu verlieben, sehe nun mit gleichgültigen Augen weit schönere vor meinem Auge, ohne daß mir ein verliebter Gedanke nur einkäme, ja sogar mein Ideal von einer Geliebten, das sonst immer so lebhaft meiner Seele vorschwebte, beginnt sich in blässeren Farben zu zeigen; zugleich nimmt meine üble Laune, deren Grund ich nicht einsehe, meine Schwermut, deren Quelle ich nicht begreife, von Tag zu Tag zu, ich werde meinen Freunden unangenehm, denen, die mit mir umgehen, unausstehlich und mir selbst verhaßt, ohne daß ich weiß, warum, ohne daß ich Stärke genug besäße, mich aus diesem ertötenden Gewühle von marternden Bildern, die mir jede Freude vergällen, herauszureißen. Mit einem Wort, ich bin ein unglücklicher Mensch, und wenn mich das Schicksal nicht bald aus dieser quälenden Lage reißt, so schieße ich mir eine Kugel durch den Kopf."

Ähnliche düstere Stimmungen peinigen ihn in jenen Jahren oft.

Man vergleiche hiermit jene bekanntere Stelle aus den Aufzeichnungen aus dem Jahre 1821 (Brief an Altmütter, einen Jugendfreund des Dichters):

„Du verlangst von mir, ich soll sie Dir beschreiben, die ich liebe? Vor allem: die ich liebe, sagst Du? Wollte Gott, ich könnte sagen: ja! Wollte Gott, mein Wesen wäre fähig dieses rücksichtslosen Hingebens, dieses Selbstvergessens, dieses Aufschließens, dieses Untergehens in einen geliebten Gegenstand! Aber — ich weiß nicht, soll ich es höchste Selbstheit nennen, wenn nicht noch schlimmer, oder ist es bloß die Folge eines unbegrenzten Strebens nach Kunst und was zur Kunst gehört, was mir alle andere Dinge aus dem Auge rückt, daß ich wohl auf Augenblicke ergreifen, nie aber lange festhalten kann. — Mit einem Worte: ich bin der Liebe nicht fähig. So sehr mich ein wertes Wesen anziehen mag, so steht doch immer noch etwas höher, und die Bewegungen dieses Etwas verschlingen alle andere so ganz, daß nach einem „Heute" voll der glühendsten Zärtlichkeit leicht — ohne Zwischenraum, ohne besondere Ursache — ein „Morgen" denkbar ist der fremdesten Kälte, des Vergessens, der Feindseligkeit, möchte ich sagen. Ich glaube bemerkt zu haben, daß ich in der Geliebten nur das Bild liebe, das sich meine Phantasie von ihr gemacht hat, so daß mir das Wirkliche zu einem Kunstgebilde wird, das mich durch seine Übereinstimmung mit meinen Gedanken entzückt, bei der kleinsten Abweichung aber nur um so heftiger zurückstößt. Kann man das Liebe nennen? Bedaure mich und sie, die es wahrlich verdiente, wahrhaft und um ihrer selbst willen geliebt zu werden."

„Es wäre ungerecht, wollte man Grillparzer einen Egoisten nennen," bemerkt Ehrhard (S. 25). „Eher war er eine verschlossene Natur, die sich gern in sich selbst zurückzog. Auf ihn läßt sich anwenden, was er von Beethoven gesagt hat: ‚Weil er von der Welt sich abschloß, nannten sie ihn feindselig, und weil er der Empfindung aus dem Wege ging, gefühllos. Ach, wer sich hart weiß, der flieht nicht, die feinsten Spitzen sind es, die am leichtesten sich abstumpfen und biegen oder brechen. Das Übermaß der Empfindung weicht der Empfindung aus!' Diese so leicht reizbare Empfindsamkeit verbarg Grillparzer vor der Welt. Ein Wort, das er öfter wiederholte, einmal sogar zu Kathi selbst, lautet: ‚So wie es Leute gibt, die ein ins Übertriebene gehendes körperliches Schamgefühl haben, so wohnt mir ein gewisses Schamgefühl der Empfindung bei, ich mag meinen inneren Menschen nicht nackt zeigen . . .'"

Jene Stellen genügen vielleicht zur Erkenntnis des Menschen Grillparzer, der sein Heil und sein Weh in sich selbst suchte. So war er von Anfang, und so blieb er. Mag vieles von außen her ihn verletzt, geärgert und verstimmt haben, er wußte sich auch nicht darüber wegzusetzen oder nur in seiner Weise, indem er sich mehr und mehr von der Welt zurückzog. Es liegt im Wesen derartiger unglücklich veranlagter Naturen, daß sie trotz aller Charakterstärke, trotz allem angeborenen Stolz und aller Selbstachtung aufs empfindlichste von der Außenwelt gekränkt werden können. Man fühlt es fast in jeder späteren Zeile (Tagebuch- oder Briefzeile), wie bitter es der Dichter, dessen Verstand sich bereits seit langem mit der Lage der Dinge abgefunden hatte, doch immer wieder und wieder empfindet, daß sein Volk nicht seine Werke verstand und zu würdigen wußte, daß insbesondere die Gebildeten, der Hof, der Kaiser ihm nicht ein unbegrenztes Vertrauen und die höchste Anerkennung entgegenbrachten. „Ein ungetrübter Beifall hätte mich sicher zum großen Dichter gesteigert; das ewige Markten und Quärgeln der Kritik aber läßt meiner Hypochondrie einen großen Spielraum und führt mich wieder zum neuen einer mit Mühe bekämpften Neigung zum passiven Geistesgenuß in die Arme," schreibt er im Jahre 1828. Interessant ist auch folgende Notiz aus dem Jahre 1836:

„Es ist etwas vom Tasso in mir, nicht vom Goetheschen, sondern vom wirklichen. Man hätte mich hätscheln müssen, als Dichter nämlich. Als Mensch weiß ich mit jeder Lage fertig zu werden, und man wird mich nie mir selber untreu finden. Aber der Dichter in mir braucht ein warmes Element, sonst zieht sich das Innere zusammen und versagt den Dienst. Ich habe wohl versucht, das zu überwinden, aber mir dabei nur Schaden getan, ohne das Pflanzenartige meiner Natur umändern zu können.

Ich bin ziemlich wandelbar in meinen Entschlüssen, meine Meinungen sind aber so eisern mit meiner innersten Natur verflochten, daß, solange ich lebe, ich meines Wissens keine geändert habe. Wer mir die Unrichtigkeit einer derselben bewiese, könnte mich höchstens bedauern machen, sie zu haben; sie gegen eine andere zu vertauschen, wäre mir ebenso unmöglich, als einen Teil meines Leibes verbessern, er möchte so schlecht sein, als er wollte. Mein Denken ist immer nur ein Suchen von Gründen, das Resultat war lange vor der Untersuchung da."

Derartige Notizen werden jedoch in den an sich spärlichen Tagebuchblättern der späteren Jahre seltener. Aus dem Jahre 1855 stammt die letzte Notiz des Tagebuches.

Ich habe nur den Menschen, ohne ausführlich auf seine Erlebnisse einzugehen, charakterisieren wollen, gleichsam ihn so darstellen wollen, wie er von Natur ist. Mit Recht betonen Ehrhard und Sauer, daß in solchem Wesen sich in potenzierter Form der Nationalcharakter des Österreichers, speziell des Wieners offenbare. Sauer sagt hierzu folgendes — in diesem Citat werden auch genugsam die heiteren Wesenszüge des Dichters hervorgehoben —: „Alle guten, wie alle verhängnisvollen Eigenschaften des Wieners wurden dem größten Sohne Wiens in die Wiege gelegt. Die heitere Lebenslust der lebensvollen Stadt, die naive Hingabe an die Sinnenwelt wurde durch einige schwere Tropfen in seinem Blut gedämpft und getrübt. Das sehnsüchtige Begehren nach musikalischem Genuß verstärkte den Hang zur Träumerei, die sich wie Gift in seine Adern senkte und einen schlaffen Zug seines Charakters manchmal bis zur Willenlosigkeit schwächte. Er klagte über sein Zaudern, sein Aufschieben und das mit Konsequenz darauf folgende Übereilen. Fleiß und Ausdauer halten nicht Schritt mit der Kühnheit und Großartigkeit seiner Phantasie; die Zahl seiner ausgeführten Werke steht zu der Überfülle seiner Pläne und Entwürfe in keinem Verhältnis, ein bedauerlicher Gegensatz zwischen seinen Jünglings- und Mannesjahren macht sich geltend. Rasche Erregungsfähigkeit wechselt bei ihm mit entschlußloser Trägheit, weibliche Hingebung mit herbem Eigensinn, die köstlichen Stunden der Weihestimmung ragen wie Inseln hervor aus der Flut der toten Wochen und Jahre."

Offenbart sich der innere Mensch in den Tagebuchblättern, so geben uns die Briefe, wie schon bemerkt, Auskunft über den äußeren Menschen, d. h. über seine Gewohnheiten, über sein Verhältnis zur Außenwelt. Bedenkt man, daß Grillparzer über 80 Jahre alt wurde, und daß der Briefwechsel nur etwa 300 Druckseiten einnimmt, so wird man hieran wiederum erkennen, ein wie geringes Bedürfnis der Dichter hatte, sich anderen mitzuteilen. Auch selbst diese verhältnismäßig geringe Zahl von Briefen besteht, wie ich ebenfalls schon betonte, zur Hauptsache aus amtlichen bezw. halbamtlichen Schreiben, Bittgesuchen an die Vorgesetzten zuerst des Konzeptpraktikanten Grillparzer, dann des Direktors der k. k. allg. Hofkammer. Gerade diese Schreiben aber sind, wie in der Vorrede der Cottaschen Ausgabe (von Carl Glossy und August Sauer) mit Recht hervorgehoben wird, die persönlichsten Bekenntnisse der ganzen Briefsammlung „und in ihrer Mischung von widerwilliger Unterwürfigkeit und starkem Selbstbewußtsein, von demütiger Bitte und breister Forderung, die sich fast zur Drohung steigert, einzig dastehende Dokumente des grellen Widerspruches zwischen dem Hochflug des unsterblichen Genius und den schweren Fesseln, mit denen er an das elende Dasein geschmiedet war". Wegen nicht autorisierten

Wegbleibens von Geschäft und Amt hat er sich einmal seinem Vorgesetzten, dem Grafen Chorinsky gegenüber zu entschuldigen (am 23. 6. 1821). In diesem Schreiben heißt es unter anderem: „Ich bin kein Müßiggänger, kein fahrlässiger Bureauflüchtling, der die Stunden, die er dem Dienste stiehlt, in Vergnügungen und Unterhaltungen zubringt ... Hat mich irgend einer einmal lachen oder spazieren gehen und reiten und fahren gesehen, so sah er nicht einen übermütigen Bruder Lustig, sondern einen gepeinigten Gemütskranken, der sich auf Geheiß des Arztes und nach schwer gefaßtem Entschluß nötigte, seinen Zustand auf Augenblicke zu vergessen und im Vergessen zu erleichtern. Ganz Deutschland weiß, daß und wie ich mich beschäftige. Ich habe mir Ehre gemacht und meinem Vaterlande, und meine Arbeiten sind nicht von der Art derjenigen, die ein glücklicher Augenblick unvorbereitet gebiert, sie tragen die Spuren der Wehen oft nur zu deutlich an sich und zeugen von anhaltenden Studien und Vorarbeiten. Man kann nicht zwei Herren dienen, sagt schon die Bibel, und die allgemeine Hofkammer hat mir durch oftmalige Verwerfung bei Dienstverleihungen nur zu oft gezeigt, daß sie sich nicht für den Herrn halte, dem mit Glück zu dienen ich imstande wäre." Derartige Stellen, welche beweisen, wie sehr der Dichter stets gesonnen war, bei aller Bescheidenheit, ja Demütigkeit, seine Mannes- und Dichterwürde zu verteidigen und in das rechte Licht zu setzen, gibt es in den Briefen gar viele. Freilich, sowenig man vielleicht in jener Zeit seitens des Hofes und der Regierung ein dichterisches Lebenswerk wie das Grillparzers zu werten wußte, so sehr nun immerhin auch mit kleinlichen Schikanen — ich erinnere nur an die unverständige Beurteilung, die das Gedicht „Die Ruinen des Campo vaccino in Rom" fand—und Zurücksetzungen den Dichter kränkte und verbitterte, man hat ihn andrerseits auch mit Schonung behandelt. Man darf nicht übersehen, daß Grillparzers pedantisch angelegte Natur von vornherein durchaus nicht unqualifiziert für die Verwaltung eines Amtes war, und daß die ruhige, gleichförmige Tätigkeit eines Beamten seinem Wesen und seinem Drange, für sich zu leben und in steter Sammlung seine seelischen und künstlerischen Anlagen zu vertiefen, durchaus entsprach. Es ist vielmehr für mich eine psychologische Tatsache, daß nichts so sehr den Dichter gehindert hat, als Künstler aus sich herauszugehen und schöpferisch tätig zu sein, als sein eigentümliches, der Ruhe und dem Behagen oder, wie der Dichter selbst sagt, dem passiven künstlerischen Genusse — ich möchte sagen: Selbstgenusse — wie der Selbstqual zugeneigtes Wesen.

Ich kann hier natürlich die verschiedenen Kategorien seiner Briefe nur berühren. Im allgemeinen, wie schon gesagt, lassen sie für denjenigen, der den inneren Menschen aus den Tagebuchblättern kennen gelernt hat, diesen wie auch besonders den äußeren Menschen und seine Lebensgewohnheiten und Ansichten deutlich erkennen. Hervorgehoben seien die Briefe an Kathi Fröhlich. Sauer sagt von diesen a. a. O.: „Die erhaltenen Briefe an sie bewegen sich entweder in scherzhaften, oft gezwungenen Wendungen, oder sie starren in unheimlicher Dürre. Man hat das Gefühl, als seien sie absichtlich kühl gehaltene, offizielle Schreiben, zur Täuschung eines anderen bestimmt, neben denen andere, leidenschaftlicher abgefaßte, vertrauliche Briefe einhergingen, was keineswegs der Fall ist."

Die Briefe bilden also neben den Tagebuchblättern die tiefste und reinste Quelle für denjenigen, der den Menschen Grillparzer ganz erkennen und liebgewinnen will. Es gehört nicht in diesen Aufsatz, diese Lebensgewohnheiten des Dichters, seine Reisen u. s. w. zu schildern, über die man aus den Briefen Auskunft erhält. Die Briefe sind deshalb allerdings noch in besonderer Weise interessant. Eines aber möchte ich noch hervorheben zum Schluß, daß jeder empfindende Mensch beides — die Tagebücher und die Briefe — mit tiefster Ergriffenheit und Rührung lesen wird, daß er vieles von seinem eigenen Wesen vielleicht, von seiner Seele in diesem Schicksal erblicken wird, in dem Wesen eines Dichters, der die Ruhe liebte und doch das eigentliche Glück nicht fand, weil sein Herz voll unstillbarer und unbestimmter Sehnsucht war.

Literarischer Monatsbericht.

Von
August Friedrich Krause (Breslau).
Geschenk- und Jugendliteratur.

Seitdem die demokratischen Tendenzen im modernen politischen und sozialen Leben zur Herrschaft gelangt sind, gibt es in der Kunstpolitik sogenannte Popularisierungsbestrebungen, die dem Volke — unter diesem Sammelnamen versteht man in diesem Falle seltener die Nichtbesitzenden, meist die weniger Gebildeten — beste Kunst für wenig Geld zugänglich machen wollen. Auch der wenig Gebildete, der Mann aus dem Volke, hat ästhetische Bedürfnisse und drängt zu den Quellen der Kunst, seine Seele zu verjüngen und zu erfrischen. Wenn es trübe und vergiftete Quellen sind, die er aufsucht, soll niemand ihm, dem Unwissenden, einen Vorwurf machen. Schablonenerziehung und harter Daseinskampf tragen zu gleichen Teilen die Hauptschuld.

Nun will man, was das Leben an ihm versäumte, wieder gut machen und ihm die Quellen echter, großer Kunst erschließen, übersieht dabei aber, daß das heutige Geschlecht fertig, daß seine Entwicklungsmöglichkeit erschöpft ist. Wo es bis jetzt seinen Hunger nach Kunst stillte, bei den Hintertreppenromanen, der schlechten Unterhaltungslektüre von Pseudo-Volksschriftstellern, bei den unkünstlerischen, schlecht reproduzierten Illustrationen minderwertiger Unterhaltungsblätter, wird es bleiben, trotz diesen und jenen Versuchen. Aber ein Wertvolles, das nicht gering angeschlagen werden darf, haben alle Bestrebungen, die Kunst zu popularisieren: sie geben dem kunsthungrigen Unbemittelten — und deren ist eine große Zahl — Gelegenheit, sein Kunstbedürfnis zu befriedigen, sich billige Klassikerlektüre, Bilder alter und neuer Meister für wenig Geld zu verschaffen. So tragen diese Bestrebungen in die Seelen, in denen noch nicht alle grünspitzigen Keime ästhetischer Kultur zertreten sind, die lebenweckende Sonne großer Kunst und wirken tausendfältigen Segen.

Mir liegen die Ergebnisse einiger Unternehmungen vor, die sich als solche Popularisierungsversuche charakterisieren, von denen ich gesprochen habe. Den stärksten äußeren wie inneren Erfolg scheint mir das Meisterbilderunternehmen des Kunstwart davongetragen zu haben. (Verlag von Georg D. W. Callwey, München.) Durch die Spende eines Kunstfreundes war Avenarius, der Herausgeber des Kunstwart, in die Lage versetzt worden, dieses verdienstvolle Unternehmen gründen zu können, das „gute und ausreichend große Wiedergaben von echten Meisterwerken der bildenden Kunst für billiges Geld ins Haus zu bringen" bestrebt ist. Die schönsten Bilder alter Meister! Wenn ich die schon über 100 Nummern zählende Sammlung, die ein kleines Museum darstellt, durchblättere, freue ich mich immer wieder über die Fülle von Schönheit, die hier dargeboten wird. Und immer wieder nehme ich mir meine Lieblinge zur Hand: Rembrandts „Landschaft mit den drei Bäumen", Rethels Holzschnitte: „Der Tod als Würger" und „Der Tod als Freund",

und noch so viele andere Blätter. Wir begegnen Namen wie: Tizian, Peter Cornelius, Raphael, Dürer, Holbein, Schwind; ich nenne die Namen, wie sie mir gerade einfallen. In diskreter Weise, immer das Wesentliche betonend, gibt Avenarius auf den Umschlägen Einführungen in das Betrachten und Genießen der dargebotenen Kunstwerke, eine Beigabe, für die ihm alle herzlich danken werden, die wenig Übung darin besitzen. Auch sonst teilt der Herausgeber des Wissenswerten und Interessanten noch genug mit: biographische Notizen über die Künstler, von den Schicksalen der Gemälde, über die verschiedenen Reproduktionsverfahren, über das Kunstdruckpapier, über die Einrahmungen u. v. a. Die Meisterbilder der „Neuen Folge", die mit Blatt 109 beginnt, übertrifft das bisher Gebotene noch bedeutend. Durch Abmachung mit der „Gesellschaft zur Verbreitung klassischer Kunst" ist der Verlag instand gesetzt, die schönsten und besten Originalnegative zu benützen und nach ihnen Bilder herzustellen, die von erstaunlicher Schönheit sind. Jede Feinheit der Linie ist bei dieser neuen Folge gewahrt, durch eine wundervolle Abtönung von Schatten und Licht ist es sogar manchmal gelungen, vergessen zu machen, daß den Reproduktionen die Farbe fehlt. Als schönste Blätter möchte ich erwähnen: das „Konzert" von Giorgione, die Milletschen „Ährenleserinnen", die „Madonna della Sedia" von Raphael.

Für Rahmungen sind in verschiedenen Techniken Vorzugsdrucke in größerem Format erschienen, die einen prächtigen Wandschmuck bilden. Da finden wir Rethels „Tod als Freund" in Strichätzung, Dürers bekanntes Selbstbildnis aus der Münchener Pinakothek als große Autotypie mit Tonunterdruck, seinen wunderbaren Christuskopf in zweifarbigem Holzschnitt. Als Heliogravüre erschien das reizende „Bildnis der Gräfin Potocka", das in der „Meisterbilder-" Sammlung leider nicht enthalten ist. In Rembrandttotypie ist das Mittelstück der „Sixtinischen Madonna" zu haben. Nicht unerwähnt möchte ich zwei kleine, hübsch gelungene Farbendrucke Richterscher Aquarelle lassen: „Frühling" und „Auf dem Berge", zwei kleine Bildchen voll inniger Schönheit.

Unabhängig von den „Meisterbildern" hat der Kunstwart-Verlag ein Mappenwerk erscheinen lassen, das gleichfalls Beachtung verdient. Außer einer „Böcklin-Mappe", die als weniger gelungen bezeichnet werden muß, weil die Holzschnittreproduktion die Stimmungsfülle Böcklinscher Bilder nur mangelhaft wiedergibt, sind Dürer, Holbein, Rembrandt, Richter, Schwind, Rethel, der ältere und der jüngere Friedrich Preller erschienen. Auch dieses Mappenwerk zeichnet sich durch beispiellos billigen Preis und vortreffliche Reproduktion aus. Wenn ich auf einzelnes aufmerksam machen darf, möchte ich vor allem auf Richter und Schwind hinweisen. Die deutsche Innigkeit und Herzlichkeit der beiden Maler hat sie längst mit Recht zu Lieblingen ihres Volkes gemacht, und diese vortrefflichen Ausgaben werden ihnen zu den alten immer neue Freunde gewinnen.

Dieses Mappenwerk bietet freilich nur wenige, die besten Werke der Meister dar. Die Deutsche Verlagsanstalt in Stuttgart hat das Verdienst, in meist guten Autotypien zum ersten Male alle Bilder eines Meisters zu bringen und damit jedem einen Überblick über das gewaltige Lebenswerk Raphaels, Rembrandts, Tizians, Dürers und Rubens' zu ermöglichen. „Klassiker der Kunst in Gesamtausgaben" heißt das Werk und erscheint in 70 Lieferungen; doch sind die fünf Bände, von denen jeder einem Meister gewidmet ist, schon vollständig und bilden ein prächtiges, jedem Kunstfreunde liebes und wertvolles Geschenk. Jetzt ist es auch dem Minderbemittelten möglich, neben den Klassikern der Literatur auch die Klassiker der Kunst im Hause zu haben und in stillen Sonntagsstunden, wenn der Lärm und die Last der Werkeltage verbraust sind, im Reich der Schönheit Kraft und Mut zu holen für das Schaffen der folgenden Tage. Es ist etwas Eigenes, diese Bände durchzublättern; die Fülle der Formen und Gestalten berauscht uns, wir freuen uns des unermeßlich Schönen, das an uns vorbeizieht; aber auch unser Kunstwissen wird dabei in unaufdringlicher Weise bereichert. Diese Bände bieten einen Anschauungsunterricht in Kunstgeschichte, wie er vollkommener bisher kaum geboten worden ist. Wer hat bisher Gelegenheit gehabt, die über die halbe Erde verstreuten Bilder Raphaels, Rembrandts, Tizians, Dürers, Rubens' alle kennen zu lernen, wer hätte nicht den Wunsch gehabt, von einem oder dem anderen Gemälde mehr zu wissen, als was in den Kunstgeschichten darüber zu lesen ist! Hier ist ihm Gelegenheit geboten! Dazu kommt noch, daß die Anordnung, die Angabe der Entstehungszeit und ein chronologisches Verzeichnis der Werke es ermöglichen, die aufsteigende Entwicklungslinie im Schaffen der Meister genau zu verfolgen und gleichsam auf diese Weise ihr ganzes Lebenswerk zu erleben. Erleichtert wird es uns durch die vortrefflichen Einleitungen, die jedem Bande beigegeben sind und die nicht nur den äußeren Lebensgang des Künstlers darstellen, sondern uns in ihr Wachsen und Reisen und in das Wesen ihrer Kunst an der Hand der Abbildungen einführen. Neben diesen großen Vorzügen haften dem bedeutenden Verlagsunternehmen auch Mängel an, Mängel freilich, die in der Billigkeit und in der Fülle des Gebotenen begründet liegen. Viele Abbildungen sind zu klein gegeben, daß es manchmal wirklich schwer wird, sich hineinzusehen, und manchem mangelt es an der nötigen Feinheit und Schärfe. Aber wer die Schwierigkeiten dieses Unternehmens bedenkt, wird solche Fehler mit in den Kauf nehmen.

Nicht bei allen, aber doch bei einigen Gemälden, die sie längst lieb gewonnen haben, werden manche Kunstfreunde sowohl bei dem Meisterbilderunternehmen, als auch bei den „Klassikern der Kunst" die Farbe vermissen, die lebendig macht und alle Wirkungen verfeinert und vertieft. Dem will ein anderes, von dem Verlage E. A. Seemann in Leipzig herausgegebenes Sammelwerk abhelfen: „Die Malerei alter Meister". Wie wesentlich die Farbe unsere Freude am Kunstwerk erhöht, können wir an Bildern beobachten, die in einem der beiden erstbesprochenen Sammelwerke und auch in der „Malerei alter Meister" erschienen sind. Man vergleiche z. B. die Reproduktion des 1507 entstandenen Werkes Raphaels: „Die schöne Gärtnerin" in den „Klassikern" mit der farbigen in der „Malerei". So ergänzen sich die drei Sammelwerke in idealer Weise. Nach dem Vorbilde des Kunstwart-Unternehmens hat auch der Seemannsche Verlag jedem Blatt eine von Berufenen geschriebene Einführung beigegeben, die nicht nur Wissenswertes über den Künstler und sein Werk bietet, sondern auch auf die Weseneigentümlichkeiten und die besonderen Schönheiten des Bildes aufmerksam macht. Als treffliche Ergänzung zu der „Malerei alter Meister" erscheint das von demselben Verlage herausgegebene periodische Sammelwerk: „Meister der Farbe", das in Monatsheften über 70 farbige Reproduktionen von Bildern moderner Künstler Deutschlands und des Auslandes in buntem Wechsel bringt. Ich kenne kein Werk, das so vorzüglich geeignet ist, mit der modernen Malerei bekannt zu machen, als dieses. Durch ein schwieriges, aber außerordentlich empfindliches Verfahren ist die Firma imstande, auch feinere Nuancierungen der Farbe wiederzugeben, so daß dem Original wirklich treue Reproduktionen entstehen. Auch diesen Bildern sind Einleitungen, meist von Kunstschriftstellern der Länder geschrieben, denen die Meister entstammen, beigegeben, die den Wert der Sammlung noch wesentlich erhöhen. Jedes Heft bringt außerdem noch zwei oder drei interessante Kunstartikel und kleinere Kunstnachrichten, so daß dieses vorzügliche Sammelwerk fast eine Kunstzeitschrift ersetzt.

Ich sprach am Eingang dieser Arbeit die Ansicht aus, daß man das fertige Geschlecht schwerlich noch zum Kunstgenuß werde erziehen können. Bei den Erwachsenen ist die Entwicklung so abgeschlossen, daß ihr Wesen und Leben nicht mehr sonderlich beeinflußt werden kann. Wenn wir das Volk zum Kunstgenuß erziehen wollen, müssen wir bei der Jugend einsetzen, in der noch alle Entwicklungsmöglichkeiten schlummern, deren Werden wir noch — in gewissem Umfange wenigstens — beeinflussen können. Darum sind die Bestrebungen der deutschen Lehrerschaft auf dem Gebiete der Jugendliteratur, die sich von dem Grundsatz leiten lassen: „Die Jugendschrift in dichterischem Gewande muß ein Kunstwerk sein", mit Freuden zu begrüßen. Über 450 Nummern zählt das „Verzeichnis empfehlenswerter Jugendschriften", das von den Vereinigten deutschen Prüfungsausschüssen herausgegeben wird. Eine Fülle künstlerischer Jugendbücher wird von einsichtigen, kunstverständigen Verlegern auf den Markt gebracht, und daß die Fülle von Jahr zu Jahr größer wird, ist nicht nur ein Beweis dafür, daß diese treibenden Ideen richtig sind, sondern auch, daß sie ständig an Boden gewinnen und im Publikum wirklich ein Bedürfnis vorhanden ist nach künstlerisch wertvollen Jugendbüchern.

Auch die deutschen Künstler haben den großen sozialpädagogischen Wert der von der Hamburger Lehrerschaft ausgegangenen Bestrebungen erkannt und haben freudig ihre Kunst in den Dienst der Erziehung gestellt. Die Folge ist, daß eine Flut künstlerisch wertvoller Bilderbücher über uns hereingebrochen ist und ein Unkundiger kaum weiß, wonach er zuerst greifen soll. So bietet z. B. der Verlag von P. Stankiewicz in Berlin ein vorzüglich ausgestattetes Bilderbuch für unsere Kleinsten, in festem Leinenband, ein unzerreißbares Bilderbuch, an dem nichts auszusetzen ist, als daß die Verse recht unkünstlerisch sind. Es heißt: „Familie Langschwanz", eine Mäusegeschichte von Ida T. Bebber. In 14 Bildern erzählt uns die junge Wiener Malerin eine kleine Mäusegeschichte. Nicht was, sondern wie sie erzählt, gibt dem Buche seinen Wert. In schlichter, herzlicher, oft schalkhafter Formensprache weiß sie zu plaudern, daß auch das Auge des Erwachsenen mit Wohlgefallen auf den edlen Linien und zarten Farben ruht. In dieser Schlichtheit der Vortragsweise, in der leichten Verständlichkeit aller Bilder, in den ungebrochenen Farbentönen liegt das Kindliche, das dieses Bilderbuch vor manchem anderen auszeichnet.

Noch einen Fehler hat das eben besprochene Bilderbuch, der die Kasse der Eltern angeht: es ist zu teuer. 6 Mark geben wenige für ein Bilderbuch aus. Der Verlag Josef Scholz in Mainz dagegen hat es sich zur Aufgabe gemacht, künstlerisch wertvolle Bilderbücher für äußerst billigen Preis auf den Markt zu bringen, und ich glaube, die Firma wird eher auf ihre Rechnung kommen, als andere, die hohe Preise stellen. Unter dem niedrigen Preise haben Gediegenheit und künstlerischer Wert keineswegs Einbuße erlitten. Sein „Deutsches Bilderbuch", das eine Reihe von Grimmschen Märchen bringt, ist von bedeutenden Künstlern in vollendeter Weise illustriert — ich nenne: Julius Diez, H. Lefler, J. Urban, Adolf Münzer, Arpad Schmidhammer, Richard Scholz, Franz Jüttner, Fritz Kunz, — und wird doch für den niedrigen Preis von 1 Mark pro Band geliefert. In dem „Deutschen Malbuch" bietet der Verlag eine Reihe Kolorierbücher, für die außer Scholz und Schmidhammer kein Geringerer als Hans Thoma seine Kunst zur Verfügung gestellt hat. Und doch kostet jedes der hübsch ausgestatteten Heftchen nur 40 Pfg. Man sieht: es geht! Hans Thoma zeichnete auch zu einem ABC-Buch, dessen Text Mathilde Conster-Cassel zusammenstellte, zum Teil auch selbst schrieb, sehr hübsche, bunte Bilder, die unseren Lernbeflissenen viel Freude bereiten werden.

Arpad Schmidhammer, der sich als Bilderbuchzeichner schon eines guten Rufes erfreut, läßt einen kleinen Buben, „Mucki", in dem gleichnamigen Bilderbuch eine wunderliche Weltreise machen und erzählt die Erlebnisse des kleinen Prahlhans in humorvollen Reimen und Bildern, die voll köstlicher Naivität und Frische sind. Das Kind möchte ich sehen, das vor diesem Bilderbuch, es ist für das Alter bis zu acht Jahren gedacht, nicht in hellen Jubel ausbricht.

Wohl die ganze Welt feierte am 2. April d. J. den hundertsten Geburtstag eines Dichters, der mit seinen köstlichen Märchen nicht bloß unsere Jugend durchfunkt hat, der unseren Kindern und Kindeskindern noch ein freundlich herzlicher Wanderer, ein Bringer vieler Freuden sein wird. Ich meine Hans Christian Andersen. Wer sich aus Lebensstürmen und Kampf und Leid ein stilles, frohes Herz, ein Kindergemüt zu bewahren gewußt hat, wird nicht mit 14 Jahren schon eben gar eher die köstlichen Märchen des dänischen Dichters aus der Hand gelegt haben, er wird noch heute Sonne und Lachen, Wehmut und stilles Glück in ihnen finden und eines noch dazu, für das dem Kinde alles Verständnis fehlte: eine abgeklärte Lebensweisheit, die ihm gut tun wird in manchen Lagen des Lebens. Andersen hat nicht bloß für Kinder geschrieben, wie aus Oberflächlichkeit oder Unkenntnis häufig angenommen wird. Er selbst hat die meisten seiner Märchendichtungen für Erwachsene gedacht. Wer das weiß und ihn lieb hat, wird darum noch im grauen Haar gern zu diesen reizvollen Erzählungen greifen. Solche möchte ich auf eine Ausgabe Andersenscher Märchen aufmerksam machen, die mehr für Erwachsene gedacht ist und jedem Andersen-Verehrer große Freude bereiten wird. Der rühmlichst bekannte Verlag Paul Neff in Stuttgart hat eine Auswahl von „Andersens Märchen" herausgegeben, von Pauline Klaiber übersetzt und mit Bildern von Professor Hans Tegner in Kopenhagen geschmückt, die schönste illustrierte Ausgabe der Märchen des dänischen Dichters. Das Werk bringt 44 Vollbilder und 167 Abbildungen im Text, von einem Künstler aus dem Lande des Dichters gezeichnet. Diese Prachtausgabe ist in allen Ländern der gebildeten Welt gleichzeitig erschienen. Zehn Jahre hat Tegner mit unermüdlichem Fleiß an den Illustrationen gearbeitet, und es ist etwas Ganzes geworden. Seine Bilder sind in Zeitstimmung und landschaftlicher Szenerie dieselben, die der Dichter gesehen hat, knapp und klar weiß er darzustellen, und in voller Lebensfrische stehen sie vor uns da, eine prächtige Ergänzung der Märchen.

Durch hohen künstlerischen Wert der Illustrationen zeichnen sich zwei Sammlungen aus, die ich ganz besonders warm empfehlen möchte; die eine ist der von Ernst Weber herausgegebene, von ersten deutschen Künstlern geschmückte „Deutsche Spielmann" (Georg D. W. Callwey und Carl Haushalter, München). Von diesem prächtigen Werk, das eine Auswahl des Besten der deutschen Literatur von Walther v. d. Vogelweide bis zu unseren Modernen bieten will, soweit die Stoffgebiete dem jugendlichen und dem volkstümlichen Verständnisse zugänglich sind, liegen 15 Bändchen vor, die im Inhalt recht verschieden, eins aber sind im Wert dessen, was sie bieten. Die Bändchen heißen: Kindheit, Wanderer, Wald, Hochland, Meer, Helden, Schalk, Legenden, Arbeiter, Soldaten, Sänger, Frühling, Sommer, Herbst und Winter. Das andere Unternehmen ist „Gerlachs Jugendbücherei" (Gerlach und Wiedling, Wien), die von Hans Fraungruber besorgt wird. Eine ähnliche, in Ausstattung und Illustration gleich hoch stehende Jugendbücherei kenne ich nicht. Jedes Bändchen ist vom Vorsatzpapier bis zur Schlußvignette ein Kunstwerk modernsten Stils und geeignet, der Jugend durch die Anschauung einen Begriff von moderner Buchausstattung beizubringen. Es sind ausgegeben: 4 Bändchen Grimmscher Märchen, 2 Bändchen Bechsteinscher, eins Andersenscher Märchen, eine Auswahl der Schwänke Till Eulenspiegels, eine Auswahl der Erzählungen J. P. Hebels, „Bergkristall" von Stifter, für die Jugend ausgewählte Gedichte von Lenau, Eichendorff, Storm und „Aus des Knaben Wunderhorn", Goethes „Reinecke Fuchs" und eine kleine Anthologie: „Die Blume im Lied".

Auch die belehrende Jugendliteratur ist auf dem Büchermarkt in guter Ausstattung vertreten. Noch werden unsere alten deutschen Heldensagen der Jugend zu wenig geboten. Die jüdischen Stammessagen müssen unsere Schüler lernen, griechische und römische Heldensagen werden in den höheren Schulen gelesen — um die deutschen Heldensagen kümmert sich kaum einer. Hier muß die Privatlektüre einsetzen. Da kommt ein Werk zur rechten Zeit, das wärmstens für diesen Zweck empfohlen werden kann: Dr. Br. Busse hat Heinrich Mecks „Deutsche Heldensagen" neu bearbeitet in 2 Bändchen herausgegeben, deren einer die „Gudrun- und Nibelungensage", der andere die Sage vom „Dietrich von Bern" bringt. Beide Bände sind von dem Verlage B. G. Teubner in Leipzig vornehm ausgestattet und von Robert Engels mit 12 Original-Lithographien geschmückt worden. Ein gleichfalls recht empfehlenswertes Buch ist A. Beckers: „Auf der Wildbahn. Ferienabenteuer in deutschen Jagdgründen." (Berlin, Trowitzsch und Sohn.) Ein Buch, das geeignet ist, die Jugend für die Natur zu interessieren, und seiner frischen und lustigen Art wegen gern gelesen werden wird. Den gleichen Zweck verfolgt die „Naturwissenschaftliche Volks- und Jugendbibliothek" (Verlagsanstalt von G. J. Manz in Regensburg). Lebendig und frisch geschrieben, ist sie wohl geeignet, in den Kindern Liebe für die Natur zu wecken. Es liegen mir die Bändchen 10—22 vor: „Wanderungen der Pflanzen" von Neureuter, „Blumenlese aus meinem biologischen Herbar" von Niessen, „Krieg und Frieden im Tierreich" von Pals, „Unsere Nahrungsmittel vor Gericht" von Tiertz, „Aus dem Wunderreich der Elektrizität" von Engeln, „Vogelpolizei" von Bendel, „In der Feuerluft" von Ilsamer, „Auf der Fuchsjagd" von Neureuter, „Das Mikroflor" von Handmann, „Unschuldig Verurteilte" von Ilsamer, „Gewerkfleiß im Insektenstaat" von Bendel, „Lichtscheues Gesindel" von Borgmann, „Leuchtende Pflanzen und Tiere" von Millermann. Eine manchmal etwas aufdringliche christliche Tendenz wird nicht Jedermanns Sache sein.

Allen Landratten, kleinen wie großen, sind Meer und Marine Gegenstände lebhaftesten Interesses. Dieses wollen zwei Publikationen befriedigen, die sich beide durch gute Ausstattung und überaus reiches Illustrationsmaterial auszeichnen. Das eine: A. G. Heims „Auf blauem Wasser" ist im plaudernden Erzählerton geschrieben und mehr für die Jugend gedacht. Der Verlag Georg Westermann in Braunschweig hat das schöne Werk mit 180 Textbildern und 6 farbigen Kunstblättern geschmückt. Das andere: „Deutschlands Kriegsflotte" von Viktor Laverrenz wendet sich an die Erwachsenen, die der Entwicklung, der Organisation, dem Material und der Bemannung der Reichsmarine Interesse entgegenbringen. (Verlag Friedrich Kirchner, Erfurt und Leipzig.) Das auf Kunstdruckpapier hergestellte Werk enthält eine Flottentabelle des Kaisers, sein Porträt, eine farbige Reproduktion des Gemäldes von Professor Hans Bohrdt: „S. M. Linienschiff Braunschweig im Feuer", fünf Seeschlachtenbilder von C. Schön und über 300 Illustrationen nach Originalaufnahmen. Sein Hauptstreben: Frische des Tons, flüssige Schilderung des Dargestellten und bunte Vielseitigkeit hat der rühmlichst bekannte Verfasser, nach den vorliegenden Lieferungen zu urteilen, völlig erreicht, und sein Werk wird gewiß nicht verfehlen, den interessierten Leser zu fesseln.

Illustrirte Bibliographie.

Unsere Haustiere. Unter Mitwirkung hervorragender Fachmänner und Tierfreunde herausgegeben von Prof. Dr. Richard Klett von der tierärztlichen Hochschule in Stuttgart und Dr. Ludwig Holthof. Stuttgart, Deutsche Verlagsanstalt.

Als ein Ergänzungsband zu dem Marshallschen Werke „Die Tiere der Erde", das die zweite Abteilung des großen von der Deutschen Verlagsanstalt in Stuttgart herausgegebenen Unternehmens „Die Erde in Einzeldarstellungen" bildet, erscheint jetzt ein Werk, das sich ausschließlich mit den intimen Freunden und Dienern des Menschen in der Tierwelt beschäftigt. Die Sonderstellung, die die Haustiere in der Fauna einnehmen, rechtfertigt nicht nur, sondern fordert sogar eine besondere Behandlung; denn die Gerechtigkeit, die man nach Schopenhauer dem Tiere schuldet, wäre hier verletzt, wenn man nicht der Ausnahmestellung der Haustiere, deren inniges Verhältnis zum Menschen nicht nur für diesen eine Existenzbedingung, sondern auch eine Quelle reichen seelischen Genusses und moralischer Erhebung ist, Rechnung tragen wollte. In dem Rahmen des großen, der Gesamtheit gewidmeten Werkes konnte das Verhältnis zwischen Tier und Mensch in seiner

materiellen und ideellen, man kann auch sagen ethischen Bedeutung nicht genügend berücksichtigt werden; in dem jetzt erscheinenden erfährt es die gebührende Beleuchtung und Würdigung, und die bereits vorliegenden 10 Lieferungen ermöglichen ein Urteil darüber, wie die Herausgeber ihre Aufgabe aufgefaßt und gelöst haben.

Wie billig, beginnt das Werk mit der „schönsten Eroberung", die der Mensch gemacht hat: mit dem Hunde. Da wird zunächst das Freundschaftsverhältnis zwischen dem Menschen und seinem treuesten Diener und Kameraden in seiner Entstehung und Bedeutung behandelt und — während die lange Geschichte der Hunderassen uns erspart bleibt — dafür die Rolle, die der Hund im Wandel der Zeiten gespielt, die Wertschätzung, deren er sich von den Tagen der alten

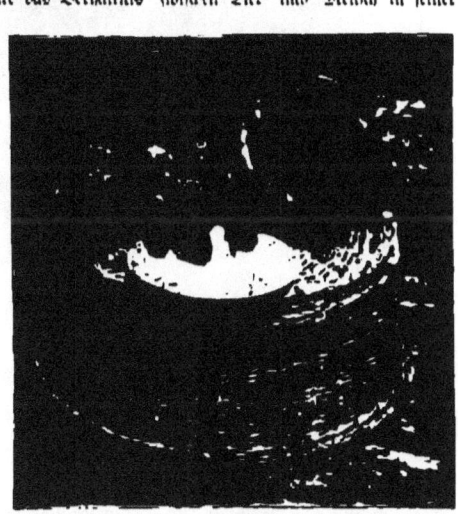

Junge Teckel.

Aus: „Unsere Haustiere." Herausgegeben von Prof. Dr. Rich. Klett und Dr. Ludwig Holthof. Stuttgart, Deutsche Verlags-Anstalt.

Ägypter und des Vater Homer an bis zu Richard Wagner, Zola und Ohnet erfreut, beleuchtet. Häufig begegnet uns da eine Gleichstellung des Hundes mit dem Menschen, in welcher Schopenhauer mehr eine Schmeichelei für den letzteren als für den ersteren sehen würde, „denn es beschämt zu oft leider den Menschen der Hund", wie es in einem Epigramm des grimmen Weisen von Frankfurt heißt. Da lesen wir von Jakob II., daß er, als das Schiff, auf dem er sich befand, in Gefahr geriet, den Matrosen zugerufen habe: „Kinder, rettet mir meine Hunde und den Marlborough", eine immerhin für den letzteren annehmbarere Schätzung, als sie bekanntlich den wissenschaft=

Mausgraue (blaue) persische Katze.
Aus: „Unsere Haustiere." Herausgegeben von Prof. Dr. Rich. Klett und Dr. Ludwig Holthof.
Stuttgart, Deutsche Verlags-Anstalt.

lichen Teilnehmern der ägyptischen Expedition Bonapartes widerfuhr mit dem im Falle der Karreebildung ertönenden Kommando: „Die Esel und die Gelehrten in die Mitte!" In den Niederlanden behandelte man früher die Hunde auch in der Art „menschlich", daß man sie bei ungehörigem Verhalten gleich gewöhnlichen zweibeinigen Übeltätern der peinlichen Gerichtsbarkeit unterwarf. So wurde der dem Patrizier van der Poel gehörige Hund Provetie von der Stadt Leiden dazu verurteilt, von dem Henker auf dem Platze, wo man die Verbrecher zu richten pflegte, gehängt zu werden; seine Güter wurden mit dem ganzen Ernste, der einem derartigen Strafvollzuge zukam, eingezogen. Der Vorfall

— Illustrirte Bibliographie. — 437

brachte den guten Leidenern den Spitznamen der „Hundehenker" oder „Hundetöter" ein. — Des weiteren wird der Hund in seinem inneren und äußeren Bau geschildert, in seinen allgemeinen Eigenschaften und einzelnen Besonderheiten, unter Einflechten interessanten

Aus: „Unsere Haustiere." Herausgegeben von Prof. Dr. Rich. Mieß und Dr. Ludwig Holthof. Stuttgart, Deutsche Verlags-Anstalt.

Norwegische Pferdeweide.

historischen Anekdotenmaterials charakterisiert und sodann über „Aufzucht der Hunde", über die zweckmäßigste Einrichtung und Ausstattung des Hundestalles, über Pflege und Nahrung des Tieres, über seine Behandlung bei der Geburt und von der ersten Jugend an bis zum Alter und Tode beim Züchter wie jedem Besitzer und Freunde des Hundes eine Fülle be-

30*

herzigenswerter praktischer Winke gegeben. Ohne den Zwang einer systematischen Einteilung, die bei den zahllosen Hunderassen recht problematisch erscheint, werden dann die hauptsächlichsten Hundefamilien besprochen, der Nutzen und damit die verschiedenartige Verwendbarkeit, daran anschließend die Dressur des Hundes behandelt und ein Abschnitt den Ausstellungen und Wettbewerben gewidmet. Eine Betrachtung über die hauptsächlichsten Krankheiten des Hundes, für deren Behandlung der als Dozent der kgl. tierärztlichen Hochschule in Stuttgart gewiß kompetente Herausgeber beachtenswerte Ratschläge gibt, und über seinen Tod, für dessen möglichst schmerzlose Herbeiführung der Mensch zu sorgen hat und hier die besten Mittel angegeben werden, schließt das Kapitel über den Hund ab. In ähnlicher Weise werden dann in den vorliegenden Heften behandelt: die Katze, deren schwankendes, von der Parteien Haß und Gunst verwirrtes Charakterbild hier eine vorurteilslose, klärende Darstellung erfährt und als deren Freund und künstlerischer Verherrlicher der Verfasser neben dem Schweizer Katzenraffael Gottfried Mind und der Niederländerin Frau Ronner-Knipp noch den Münchener Katzenmaler Julius Adam, der seinen Rivalen zu

Das kleinste Pferd der Welt.
Aus: „Unsere Haustiere." Herausgegeben von Prof. Dr. Rich. Klett und Dr. Ludwig Holthof.
Stuttgart, Deutsche Verlags-Anstalt.

scheuen hat, hätte nennen können; sodann in einer dem Maße seiner Bedeutung entsprechenden Ausführlichkeit das Pferd, dessen Zucht in Europa im Verlaufe der Zeit manche Wandlungen durchgemacht und auch — wie beim Hunde — zu spielerischen Experimenten sich herbeigelassen hat, deren Resultate dann nur den Wert einer Kuriosität haben. So ist man dazu gekommen, Pferde von der Größe eines Haushundes zu erzielen. Ein derartiges Zwergpferd, das in dem Alter von 2½ Jahren eine Höhe von nur 58 Zentimetern hatte, wurde 1901 in New York gezeigt. Norwegen, wo die Pferdeliebhaberei, abgesehen von den namentlich im südöstlichen Teile des Landes sehr beliebten Wettrennen, nicht sehr groß ist, zählt zu seinen Eigentümlichkeiten die eingefriedigten oder in natürlichen Grenzen liegenden, dem Staat, einer Provinz oder einer Vereinigung von Privatleuten angehörenden Bergweiden, auf denen ein Hengst mit vierzig bis fünfzig Stuten sich selbst überlassen wird. —

Nach einer kurzen Würdigung der bescheidenen Verwandten des Pferdes: des Esels, des Maultiers, des jetzt fast nur noch in Spanien gezüchteten Maulesels und des Zebroids, zu deſſen Hervorbringung ſich Zebra, Pferd und Eſel haben bemühen müſſen, wendet ſich das Werk dem wahrſcheinlich älteſten Haustiere, dem Schafe zu, deſſen urſprüngliche Wildheit der Menſch in eine ſo unbedingte Unterwürfigkeit und Abhängigkeit verwandelt hat, daß das Tier ohne ihn nicht mehr exiſtieren kann und bei der Bewahrung vor jeder Gefahr eine ſolche Einbuße an der Schärfe ſeiner Sinne erlitten hat und ſo ſtumpfſinnig und blöde geworden iſt, daß es ſich zu alledem eine ſprichwörtliche Diskreditierung hat gefallen laſſen müſſen. —

In den noch ausſtehenden Lieferungen werden ſich anreihen: Ziege, Kuh, Huhn, Mäuschen, unſere Stubenvögel uſw. — Alles Doktrinäre, rein Theoretiſche iſt in dieſem Werke vermieden, wiſſenſchaftliche Probleme ſind nur geſtreift worden, ſoweit ſie eine praktiſche Bedeutung erlangt haben und ſich mit dem Charakter eines populären Werkes, eines Hausbuches, dem auch der ungezwungene, mitunter burſchikos humoriſtiſche Ton der Darſtellung entſpricht, vertragen. Die Erfahrung des Fachmannes, das warme Gefühl und das liebevolle Verſtändnis des Tierfreundes, die behagliche Mitteilſamkeit eines von ſeinem Gegenſtande erfüllten und freudig und freigebig aus den Schätzen ſeines Vielwiſſens ſpendenden Cauſeurs geben vereint dem Buche ſein anziehendes Gepräge und ſeinen wertvollen Gehalt. Und dieſe Dreiheit finden wir auch in der reichen Illuſtration, die — wenn man ſo ſagen darf — ins volle Tierleben, wo es mir irgend intereſſant iſt, gegriffen hat und nicht nur an das ſchauluſtige und wißbegierige Auge und an den lerneifrigen Verſtand, ſondern auch an das Gemüt ſich wendet und in einer Fülle reizvoller Genrebilder die Tiere in den verſchiedenſten Situationen zeigt, in denen ihr mannigfaches Gebaren charakteriſtiſch zu Tage tritt und mitunter zugleich ein Einblick in ihre Pſyche dem verſtändnisvollen Betrachter ſich öffnet.

Das Werk wird vollſtändig 20 Lieferungen mit 650 Abbildungen und 13 farbigen Tafeln umfaſſen; der Preis der Lieferung beträgt 60 Pfg.

O. W.

Karl Hilm:
Kain. Ein Drama in 3 Aufzügen.
Giordano Bruno. Ein Drama in 5 Aufzügen. 2. Aufl.
Der Sklavenkrieg. Ein Trauerſpiel in 5 Aufzügen. Neue Aufl.
Hypatia. Ein Drama in 5 Aufzügen und einem Nachſpiel.
Verl. Renaiſſance (Otto Lehmann), Schmargendorf-Berlin.

K. H. gehört zu den Dichtern, die dem Lichtgedanken ihr volles Herz, ihr ganzes Sein geweiht haben. Mit Vorliebe wählt er zum Mittelpunkt ſeiner Dramen Perſönlichkeiten aus der Vergangenheit, welche als Träger eines modernen Gedankens noch für die Gegenwart intereſſant ſind. Kain iſt das kürzeſte und ſchwächſte der vier Stücke. Hilm hält ſich an die bibliſche Erzählung, ſtellt den Brudermörder als Gottesverächter dar und läßt den Engel des Herrn ein verſöhnliches Schlußwort ſprechen. Selbſt die feurige Erſcheinung des Erdgeiſtes Temingos gibt dem Drama kein wärmeres Leben. — Giordano Bruno fand bereits in dem 321. Heft dieſer Zeitſchrift eine kurze Würdigung. Der Sklavenkrieg ſchildert den erſten gewaltſamen Verſuch, die Idee der Freiheit und Gleichheit zur Tat zu laſſen. In dem Helden Spartacus, ſeinem Weibe, der Seherin Domiris, und dem Schwärmer Phaeton verkörpert ſich der ideale Weltbefreiungswunſch. Die Tragödie wird den hiſtoriſchen Tatſachen und den verſchiedenen Charakteren in bewegter Handlung und echt leidenſchaftlicher Sprache gerecht. Der Aufſtand ſcheitert an den niedrigen Leidenſchaften der Empörer. Das durch Zügelloſigkeit und Uneinigkeit geſchwächte Sklavenheer wird von den Legionen des Craſſus vernichtet. Die Führer fallen im Kampfe. In tiefſchmerzlicher Erkenntnis des nahenden Unterganges ruft Spartacus aus: „Wer dieſe Welt vom Übel wollt' erlöſen, müßt' aus den Tieren ſich erſt Menſchen bilden ... Wir wollten auf zur hohen Sonne fliegen mit Weſen, die im Schlamm nur kriechen können." — Hypatia, die Märtyrerin von Alexandria, der Wilhelm Herz das Stenotaphion widmete: „Schön war deine Geſtalt, doch ſchöner war noch die Seele, einmal lehrte noch dir freundlich die Charis zurück. Scheidend krönte dein Haupt der Stern platoniſcher Weisheit, ſelber der Göttliche ſprach dir im begeiſterten Mund," — wird hier zum Symbol einer Vereinigung des Geiſtes der Antike mit der Ethik des Chriſtentums erhoben. Der Dichter leiht auf S. 94 ſeiner Heldin die Worte:

Nichts trennet Religion und Wissenschaft,
Die beide nach der letzten Wahrheit strebend
Und redlich zweifelnd, unermüdlich prüfend,
Zum einen Licht mit allen Kräften drängen.
Doch ewig feindlich gegen beide sieht
Der finstre Glaube an das starre Wort.

Dieser Lichtgestalt ist in der Person des fanatischen Thaumaturgos der blinde Glaubenshaß gegenüber gestellt. — Die Tramen Hilms enthalten nicht nur schöne Worte, sondern nahrhafte Speise für Geist und Gemüt.   N.

Bibliographische Notizen.

Lebendige Kräfte. Sieben Vorträge aus dem Gebiet der Technik, von Max Euth. — Mit in den Text gedruckten Abbildungen. — Berlin, Julius Springer.

Der Verfasser hat seine, an verschiedenen Orten (Frankfurt a. M., Göttingen, München, Ulm und Stuttgart) während der Jahre 1893—1904 in technischen resp. naturwissenschaftlichen Vereinen gehaltenen Vorträge in dem vorliegenden Buche zusammengestellt und dieselben dadurch, was sehr anerkennenswert, einem großen Leserkreise zugänglich gemacht. In den Vorträgen werden die nachstehenden Themata behandelt: „Poesie und Technik, das Wasser im alten und neuen Ägypten, die Entwickelung des landwirtschaftlichen Maschinenwesens in Deutschland, England und Amerika, Mathematik und Naturwissenschaft der Cheopspyramide, Binnenschiffahrt und Landwirtschaft, ein Pharao im Jahrhundert des Dampfes, zur Philosophie des Erfindens."

Schon hieraus ist die Mannigfaltigkeit des Inhalts des Buchs zu erkennen. Wie der Verfasser in der Vorrede bemerkt, sind „die Abhandlungen auf dem Boden der Arbeit entstanden und erzählen von Werken, bei denen er das Glück und die Ehre hatte, in der einen oder anderen Weise beteiligt gewesen zu sein." Die ganze Art der Darstellung des Verfassers ist sehr anziehend, anregend und gewandt und nicht nur für den Fachmann, sondern auch für jeden Gebildeten sehr interessant. — Gleich im ersten Vortrage mit dem schwierigen Thema: „Poesie und Technik" dokumentiert der Verfasser seine gewandte Feder. Das Kapitel „Binnenschiffahrt und Landwirtschaft" beansprucht gerade in der Gegenwart besonderes Interesse. (Einzelne recht gute Abbildungen, so in den Vorträgen: „Das Wasser im alten und neuen Ägypten" und „Mathematik und Naturwissenschaft der Cheopspyramide", dienen zur Erläuterung des Textes.   K.

Aus der zweiten Heimat. Reisen und Eindrücke eines Buren in Deutschland, von J. P. Jooste, ehem. Burenkommandant in Pretoria. — Berlin, Vaterländ. Verlags- und Kunstanstalt.

In einem, in afrikanischem Deutsch geschriebenen, Vorwort gibt der Verfasser zunächst eine Aufklärung darüber, was ihn zur Herausgabe des vorliegenden Buches veranlaßt hat. Nachdem er während eines fast dreijährigen Aufenthaltes in Deutschland die Sympathie des deutschen Volkes für die Buren beobachtet und miterlebt hat, soll hiervon jeder Bur in Südafrika Kenntnis erhalten und dadurch eine Brücke zwischen Deutschland und den Herzen der niederdeutschen Buren in Südafrika gebaut werden. Wie weiterhin am Schluß des Buches ein Aufruf an die „geehrten Geschäftsfreunde" des Verfassers besagt, beabsichtigt der Verfasser ferner, zur Erleichterung der Einfuhr der deutschen Fabrikate ein weiteres Buch herzustellen, das sich wohl mit dem vorliegenden Buch inhaltlich decken, jedoch durch Aufnahme von Inseraten und Annoncen den deutschen Geschäftsmann in Südafrika bekannt machen soll. Die Verteilung eines solchen Buches, das aus den Einnahmen der Inserate aufgebracht werden müßte, würde für Transvaal, den Oranjefreistaat, Natal und die Kapkolonie geplant sein. — Der eigentliche Text des Buches ist holländisch geschrieben und ins Deutsche übersetzt worden. Der Verfasser schildert darin die Eindrücke seiner Reise in Deutschland und den angrenzenden Ländern: Österreich, Schweden, Norwegen und Rußland. An den verschiedensten Orten hat er Vorträge gehalten, und hatte er sich überall einer überaus freundlichen Aufnahme zu erfreuen. Seine Schilderungen sind einfach und schlicht, aber wahr empfunden, oft nicht ohne Humor, namentlich wenn er durch Nichtbeherrschung der deutschen

Sprache, wie bei den Fahrten auf der Eisenbahn, manchmal ins Dilemma geriet. Manche Bemerkungen des Verfassers, so z. B. über den englischen Krieg in Afrika, sowie auch über die jetzigen Vorgänge im deutschen Südwestafrika, beanspruchen besonderes Interesse. Das ganze, mit vielen Abbildungen versehene Buch gewährt überhaupt eine interessante Lektüre und verdient, schon mit Rücksicht auf seinen guten Zweck, weite Verbreitung. K.

Der Krieg zwischen Rußland und Japan. Auf Grund zuverlässiger Quellen bearbeitet von Walter von Malinowski, Königl. Preuß. Hauptmann a. D. — 5. Heft mit Karten und Skizzen. Berlin, Liebel.

Das vorliegende 5. Heft ist mit dem 14. Januar b. J. abgeschlossen und mit diesem Zeitpunkt gleichsam der erste Teil des sich in Ostasien abspielenden Kriegsdramas beendet. Es enthält die nachstehenden Kapitel: „Der Feldzug in der Mandschurei (Fortsetzung), die große russische Offensive, die Schlachten am Tumönlin-Paß, bei Jantai und am Schili-ho, die Schlacht am Scha-ho, Betrachtungen, Fortsetzung der Mobilmachung, Bildung neuer Armeen, Wirkung der Niederlagen auf das russische Volk, die Ausreise des baltischen Geschwaders, Abenteuer an der Doggerbank, der Fall Port Arthurs, Betrachtungen über die Belagerung Port Arthurs, seine Bedeutung für die kriegführenden Staaten, Beurteilung der durch den Fall eingetretenen Kriegslage." — Drei Skizzen. Von diesen Kapiteln sind besonders die Betrachtungen allgemeiner Art, sowie speziell über Port Arthur hervorzuheben. Was bereits über die früher erschienenen Hefte gesagt worden ist, muß auch bezgl. des vorliegenden Heftes voll und ganz aufrecht erhalten werden. In demselben ist wiederum die klare, objektiv gehaltene Darstellung anzuerkennen. K.

Der Stein der Weisen. Illustrierte Halbmonatsschrift für Haus und Familie. 18. Jahrg. Heft 2—5. Wien und Leipzig, A. Hartleben.

Die vorliegenden Hefte 2—5 enthalten wiederum eine Menge interessanter, mit vielen guten Abbildungen versehener Aufsätze aus allen Gebieten des Wissens. Zur Orientierung seien einzelne Themata hier angeführt: Griechische Philosophie, die Sonnenflecken, Fortschritte in der Verwendung von Elektromagneten als Hebezeuge und Transportmittel, Glasmalerei, Entstehung der großen Meeresströmungen, Entwickelung der Staats- und Rechtswissenschaft im 19. Jahrhundert, das Ozon, Bahn und Phasen des Mondes, deutsche Arbeit im Auslande" u. s. w. Auch auf den Inhalt der „kleinen Mappe", sowie auf „die naturwissenschaftliche Rundschau" sei in der zu empfehlenden Zeitschrift im besonderen hingewiesen. K.

Baruch de Spinoza: Ethik. übersetzt und mit einer Einleitung und einem Register versehen von Dr. Otto Baensch. (Philosophische Bibliothek Band 92.) Leipzig, Dürrsche Buchhandlung.

Die Übersetzung Baenschs stellt gegenüber der bisher in der „Philosophischen Bibliothek" verlegten von Stirckmann einen erfreulichen Fortschritt dar. Eine gute Einleitung führt in den Gedankenbau Spinozas ein und gibt das literarisch Wissenswerte. Sie enthält u. a. auch die persönlichen Bekenntnisse des Philosophen, die er seinem „Traktat" vorangestellt hat. Die knappen Anmerkungen wollen eine Kritik des Systems nicht geben, wir können deshalb hier gleichfalls darauf verzichten. Denen, die sich nicht scheuen, in die schwierige mathematische Art der Darstellung Spinozas einzubringen, kann Baenschs Arbeit empfohlen werden.

Dr. F. Lüdtke.

Kants Kritik der reinen Vernunft, abgekürzt auf Grund ihrer Entstehungsgeschichte. Von Dr. Heinrich Romundt. Gotha, E. F. Thienemann.

Romundt, der schon eine ganze Anzahl Bücher über den Königsberger Großen geschrieben hat, erweist sich als rechter Kant-Epigone. In seinem Bestreben, allein dem Meister den Preis zuzuerkennen, verkleinert er unbillig andere Philosophen, so auch Hume. Er berichtet Ausführliches über Kants Verhältnis zu Hume, besonders zu Humes Auffassung der Kausalität, und erklärt, daß Kant mit seiner Einführung des „reinen Verstandes" gegen Humes „Erfahrung" nicht eine Ergänzung und Fortsetzung Humes, sondern ein fundamental Neues geschaffen habe. — Man sollte m. E. heute über Diskussionen wie die, ob Verstand früher sei als Erfahrung, doch schon hinaus sein! Bei dem uns Menschen Gegebenen kommt, wenn wir jene Teilung schon acceptieren wollen, beides zugleich in Betracht. — Unangenehm fällt bei dem Verfasser häufiges Selbstlob und ein fortwährendes Zitieren seiner eigenen Bücher auf. Seine unglaublich schwerfällige Sprache, die das, was der Autor eigentlich will, meist verdeckt, mag er wohl auch an Kant geschult haben. Leider!

Dr. F. Lüdtke.

Gustav Theodor Fechner und die Weltanschauung der Alleinslehre. Von Willy Pastor. Vorträge und Aufsätze aus der Comenius-Gesellschaft 13,1. Berlin, Weidmann.

In knappen, schönen Worten entrollt Pastor uns die Wesenheit des Fechnerschen Monismus. Er schließt sich der imposanten philosophischen Dichtung an, die wohl jeden in ihren Bann zieht, jener Dichtung, daß alles eines sei, daß Mensch und Tier, Pflanze und Stein, Stern und Erde Leben und Seele habe. So schön das klingt, so dürfen wir doch nicht vergessen, daß dieses Erschauen eben Dichtung ist. Den Zusammenhang zwischen Geistigem und Materiellen können wir Menschen nur an uns selbst wissenschaftlich feststellen, und jede Andeutung darüber hinaus überschreitet schon die Grenzen exakter Wissenschaft. Trotzdem sind Fechners Lehren dankbar zu begrüßen. Man kann zu ähnlichen Ergebnissen oder ähnlichen auch von einem anderen Standpunkte gelangen. Wir teilen den Monismus, der alles als eines ansieht, in Körperliches, Materielles und Geistiges, Seelisches; wir überwinden diesen Dualismus dann, indem wir (nach Analogie des „Menschen") einen stetigen Wirkungszusammenhang zwischen beiden feststellen, in dem dann — in höherer Monismus! — das Wirkliche, die „Welt", gefunden wird.

Dr. F. Lüdtke.

Germanenbibel. Aus heiligen Schriften germanischer Völker. 1. Heftausgabe: Luther — Klopstock. 5. Heftausgabe: Schiller. Berlin, Volkserzieher-Verlag.

Daß von dem Buche bereits die zweite Auflage erscheint, spricht dafür, daß der leitende Gedanke, den Deutschen in einem Buche zu zeigen, welche Schätze von ihren Propheten hinterlassen wurden, Anklang gefunden hat. Die Germanenbibel sammelt Aussprüche, Gedichte, Abhandlungen von Luther bis auf Nietzsche. Die Auswahl ist, soweit es sich aus den vorliegenden beiden Heften entnehmen läßt, geschickt getroffen. Das Buch wird gewiß auch ferner seine Freunde finden.

H. Sch.

Eduard Mörike. Gesammelte Schriften, in 4 Bänden. Volksausgabe. (Göschensche Verlagshandlung, Leipzig.

Eduard Mörikes sämtliche Werke in 6 Bänden. Herausgegeben von Rudolf Krauß. Max Hesses Verlag, Leipzig.

Manchem Dichter hilft der Tod; manchen macht der Geburtstag berühmt. Mancher wird nach 30 Jahren „populär".

Diese Popularität hat etwas Demütigendes an sich: nicht nur für den Bücherfreund, auch für den toten Dichter.

Die Zeit entscheidet, meint man: nicht der Wert.

Drum ist es bei einem Dichter wie Eduard Mörike doppelt notwendig zu betonen: daß sein tiefster, innerer Mensch, mit seiner fein empfindenden Güte, seiner stimmungsvollen Seele zu uns in seinen Dichtungen spricht; und wenn wir ihn bis jetzt nur selten hörten, so liegt es an uns und nicht an ihm.

Die Zeit hat ihn uns äußerlich näher gebracht; vielleicht nehmen wir seine Kunst ganz in uns auf; sie ist ganz dazu geschaffen, intime Wirkungen auf Mensch und Familie auszuüben, Herzen warm und freudig zu stimmen.

Die beiden Ausgaben von Göschen und Hesse werden ihr Teil dazu beitragen.

A. H.

Fragmente von Novalis. Ausgewählt von Heinrich Simon. München, A. Langen.

Der Titel des Buches könnte zu der Meinung veranlassen, als handle es sich um eine rein literargeschichtliche Arbeit. Daß dies nicht der Fall ist, sondern daß der Herausgeber bezweckt, ein Bild typisch-romantischer Welt- und Lebensanschauung zu geben, erfährt man erst, wenn man das Buch aufschlägt. Der anspruchslose Titel ist somit nicht ganz zutreffend — leider! Denn so wird es mancher vielleicht unbeachtet lassen, und das verdient das Buch nicht. Wer in der Abkehr von der regierenden Philosophie unserer Zeit sich der allmählich wieder mehr erwachenden Geistesrichtung der Romantiker zuwendet, wird es sicherlich befriedigt aus der Hand legen.

H. Sch.

Reuters Werke. Mit Reuters Leben, Bildnis und Faksimile, Einleitungen und erläuternden Anmerkungen herausgegeben von Prof. Dr. Wilhelm Seelmann. 5 Bände in Leinen gebunden 10 Mark. (Meyers Klassiker-Ausgaben.) Verlag des Bibliographischen Instituts in Leipzig und Wien.

Die von Seelmann, dem bekannten Herausgeber des Niederdeutschen Jahrbuchs, veranstaltete Ausgabe der Reuterschen Werke bietet in dem vorliegenden ersten Bande die Läuschen un Rimels. Die Einleitung, Reuters Leben und Werke behandelnd, bringt in knapper Fassung, recht sachgemäßer und übersichtlicher Einteilung das Wesentlichste aus dem Leben des Dichters, am Schluß ein sehr interessantes Kapitel: Reuter und die Mundart. Wertvoller als die allgemeine Einleitung ist die zu den Läuschen un Rimels, die eine ansprechende literarische Würdigung dieser Dichtungsgattung gibt, wie sie bisher noch nicht zur Darstellung gebracht ist; ergänzt wird sie durch Anmerkungen am Schluß des Bandes, die nicht bloß für den wertvoll sind, der dem Dichter ein besonderes Studium widmet. Ob das angehängte Wörterverzeichnis allen Ansprüchen genügt, läßt sich bezweifeln; beispielsweise wird der des Plattdeutschen unkundige Leser kaum erraten können, daß in I. Nr. 38 V. 158 „barschen ſteî" einen „kräftigen Schlag" bedeutet, denn im Verzeichnis fehlt „barſch" und bei „ſtei'" findet sich bloß die Übersetzung „Käſe". Ein abschließendes Urteil über die Ausgabe ist natürlich erst möglich, wenn alle fünf Bände vorliegen; darf man jedoch aus dem vorliegenden ersten Bande auf die folgenden schließen, so lassen sie das Beste erwarten und werden sich den rühmlich bekannten Klassiker-Ausgaben des Bibliographischen Instituts in würdiger Weise anreihen. H. Sch.

Fritz Reuters Meisterwerke. Hochdeutsch von Dr. Conrad. I. Aus der Franzosenzeit. II. Aus meiner Festungszeit. Stuttgart, Robert Lutz.

Ref. muß sich von vornherein als Gegner einer hochdeutschen Übertragung Reuters bekennen und kann sich auch durch die Rechtfertigung des Verfassers in der Vorrede nicht völlig überzeugen lassen. Der Verfasser führt, um eins zu erwähnen, u. a. die Süddeutschen ins Feld, denen er die Kenntnis Reuters vermitteln möchte; — sehr löblich und billigenswert! Aber wenn ein Süddeutscher die Norddeutschen mit den dramatischen Werken Anzengrubers, des süddeutschen Reuters, wie man ihn genannt hat, dadurch bekannt machen wollte, daß er sie ins Schriftdeutsch überträgt, so würde jeder Süddeutsche, und mit Recht, Einspruch dagegen erheben, daß die Übersetzung annähernd dem Original gleichwertig sei. Wenn auch Moriz Haupt mit der Äußerung zu weit geht, das Übersetzen sei der Tod des Verständnisses, so hat doch W. von Humboldt nicht ganz unrecht, wenn er sagt: „Alles Übersetzen scheint mir schlechterdings ein Versuch zur Lösung einer unmöglichen Aufgabe; denn jeder Übersetzer muß immer an der einen der beiden Klippen scheitern, sich entweder auf Kosten des Geschmackes und der Sprache seiner Nation zu genau an das Original oder auf Kosten des Originals zu sehr an die Eigentümlichkeit seiner Nation zu halten." Doch ist hier nicht der Ort, sich erschöpfend über diese Streitfrage zu verbreiten, hier kann es sich nur um den Wert der Übertragung handeln. Diese verdient Anerkennung, doch ist zu berücksichtigen, daß die vorliegenden beiden Erzählungen nur geringe Schwierigkeiten bieten, namentlich die „Festungstid"; was der Verfasser zu leisten weiß, kann erst die Übertragung der „Stromtid" zeigen. Wenn die Mühe zu groß ist, sich mit dem plattdeutschen Idiom vertraut zu machen, dann ist die Übertragung der beiden erwähnten Erzählungen immerhin zu empfehlen.
H. Sch.

Schillers Stellung in der Entwicklungsgeschichte des Humanismus. Von Dr. Ludwig Keller. Berlin, Weidmann.

Nichts ist erfreulicher, als wenn man in der Fülle der Literatur, die das Schillerjahr mit sich gebracht hat, auf eine Schrift stößt, die wirklich etwas Neues bringt. Viel sind's nicht, aber zu den wenigen wertvollen gehört die vorliegende. Sie stellt sich die Aufgabe, den Quellen nachzuforschen, aus denen Schiller seine Lebensanschauungen geschöpft hat. Dabei kommt der Verf. zu höchst überraschenden Ergebnissen, deren einzelne Teile aber so folgerichtig ineinander greifen, daß an der Richtigkeit nicht gezweifelt werden kann. Insbesondere weist der Verf. als falsch nach, daß Schiller als Kantianer bezeichnet wird und seine philosophischen Überzeugungen von Kant entnommen habe; vielmehr sind es fast überall Mitglieder des Maurerbundes gewesen, die auf die entscheidenden Perioden der Entwicklung des Dichters eingewirkt haben. Jeder Freund humanistischer Ideen wird die Abhandlung mit hohem Interesse lesen.
H. Sch.

Friedrich Schiller, der Realist und Realpolitiker. Von Wolfgang Kirchbach. [Verlag „Renaissance".]

Wer in Schiller bisher nur den Idealisten sah, wie ihn die meisten Literaturgeschichten darstellen, den belehrt Kirchbachs Schrift zu anderer Ansicht. Eine Fülle feiner, geistvoller Beobachtungen des auch sonst rühmlich bekannten Verf. zeigen uns den Dichter in ganz neuem Lichte. Das Büchlein verdient die weiteste Verbreitung nicht zum wenigsten auch in den Kreisen, die sich berufsmäßig mit der Lektüre Schillerscher Dramen zu beschäftigen haben.
H. Sch.

Friedrich Schiller in seinen Beziehungen zur Musik und zu den Musikern. Von Dr. Adolf Kohut. Stuttgart, Nationaler Verlag, Curt Grold.

Was der Verfasser in seinem Vorworte sagt, daß die Veröffentlichungen, die der 100. Todestag Schillers zeitigte, im allgemeinen nur wenig neue Tatsachen und neue Gesichtspunkte bringen, und daß bei den meisten das Neue nicht gut und das Gute nicht neu ist, entspricht leider der Wahrheit. Um so anerkennenswerter ist es, wenn wirklich neue Gesichtspunkte gefunden werden, nach denen das Leben und Wirken unserer Geistesheroen beurteilt wird. In Kohuts vorliegendem Buche, das uns den Dichter in seinen Beziehungen zur Musik und zu Musikern mit gründlicher Erschöpfung der Quellen darstellt, ist dies der Fall. Man würde jedoch irren, wenn man glaubte, daß die Schrift nur für den Musiker oder Freunde der Tonkunst von Interesse wäre, vielmehr reicht ihre Bedeutung viel weiter über das Gebiet der Musik hinaus, nicht nur in literargeschichtlicher, sondern vor allem auch in kulturgeschichtlicher Hinsicht; kein Leser wird das Buch ohne Gewinn aus der Hand legen. H. Sch.

Don Quijote und sein Dichter. Von Dr. Benno Diederich. Stuttgart, R. Lutz.

Das Büchlein, ursprünglich ein Vortrag, würdigt mit Sachkenntnis und liebevollem Eingehen den unsterblichen Roman; es ist durchaus geeignet, in das Verständnis des Don Quijote einzuführen oder es zu vertiefen, wozu besonders das erste Kapitel (die Ritterromane) das letzte (Art, Bedeutung und Schwierigkeiten des Don Quijote) beitragen. H. Sch.

Bruch. Roman von Theodor Duimchen. Berlin-Leipzig-Paris, Hüpeden & Merzyn.

Th. D. ist als Romanschreiber bereits bekannt. Er besitzt die anerkennenswerten Gaben der gefälligen und treffenden Schilderung, des kräftigen und lebendig beweglichen Stils und der klaren und sicheren Entwickelung der Begebenheiten. Auch sein neues Buch fesselt und befriedigt. Der Name seines Helden, eines jungen Kaufmanns, gab ihm den Titel Bruch. Vielleicht soll der Name symbolisch aufgefaßt werden. Die dem Titel beigefügte Raubbemerkung, die einst Multatuli seinem „Max Havelaar" voranstellte, deutet an, daß dieser Roman die Einleitung einer Reihe zusammenhängender Erzählungen, also gleichsam ein erster Band ist. Die während der siebziger Jahre in den kaufmännischen Kreisen Dres-

dens sich abspielende Handlung gewinnt um so mehr an Interesse, als sie ein Bild der Entstehung des modernen deutschen Handels gibt. N.

Novellen, die ein Spielmann schrieb. Von Dr. Julius Siber. — dem Komponisten des „Hexentanz". München, Seitz & Schauer.

Der Titel „Novellen" verspricht mehr, als das Buch hält. Vielleicht hätte die Bezeichnung „Skizzen" dem bunt durcheinandergewürfelten Inhalt besser entsprochen. Die Novelle erfordert straffe Komposition, feine Abrundung und eine den geschilderten Charakteren entsprechende Lösung; die Skizze darf in reicher Abwechslung kleine Ausschnitte aus einem Menschenleben oder irgend ein Miniaturbild bieten und kann ernst und humoristisch, ironisch und satirisch, phantastisch und symbolisch sein. Nur die beiden Erzählungen „Die Armenhäuslerin" und „Totentanz" können als Novellen gelten, die anderen vier sind flott hingeworfene Studien und Phantasien, bei denen der Verfasser selbst hinzusetzt: Eine Satire. Ein Capriccio. Gibt auch das Buch keine tiefere Anregung, keinen längeren Nachhall, so besitzt es doch guter Eigenschaften genug, den bösen Geist der Langweiligkeit zu bannen. N.

Glücksklee! Vier Sommergeschichten von Käthe van Beeker. Wismar, Hinstorffsche Hofbuchhandlung Verlagskonto.

Es sind vier harmlose Geschichten (Das Kleeblatt; Eine Episode; Der neue Kurs; Gertruds Reise-Erfahrung), harmlos, trotz der modernen Menschen, die vereinzelt darin vorkommen. Denn gegenüber der „Moderne" trägt die alte, in Wahrheit gute Zeit, mit ihren richtigen und vernünftigen Anschauungen über Sitte und Anstand, über des Lebens Ziele und Zwecke, den Sieg davon. Nur hin und wieder wird die Darstellung ein wenig zu gedehnt, so daß sich das Interesse des Lesers etwas abschwächt; im großen und ganzen aber verfolgt man mit Teilnahme die auftretenden Personen und ihre Schicksale, zumal eine Reihe gut gezeichneter Charaktere begegnen. Namentlich „Eine Episode" ist von fein-psychologischer Ausgestaltung. S. B.

Querköpfe. Hamburger Novellen von Ilse Frapan-Alkunian. Berlin, Gebrüder Paetel.

Daß dieses Buch erst in zweiter Auflage vorliegt, beweist besser noch als alle Leihbibliothek-Statistiken, wie sehr das Lesepublikum nur Tagesgrößen und Modebüchern nachläuft und sich nicht kümmert um stille Schaffende, denen alles Marktgeschrei zuwider ist. Vier prächtige, teils kürzere, teils längere Novellen bringt das Büchlein, alle aus dem Hamburger Leben und Treiben, und die beste davon ist die dritte und längste: „Ilsche Queren macht es anders." Menschen, im Innersten erfaßt, von Fleisch und Blut, in ihrer spröden, harten, stillen norddeutschen Eigenart dargestellt, — ein Stil, knapp, klar, kräftig, plastisch — das bringen Ilse Frapans Novellen. Keine Problemdichtungen — aber Leben, und groß und tief und erschütternd und heiter wie dieses — ohne Sentimentalität — so ist es! Ilse Frapan gehört zu unseren stärksten Gestalterinnen des Lebens. A. F. K.

Aus meiner Wandermappe. Verspieltes Glück. Die Glashütte am Fjord. Von Robert Tralle. Stuttgart, Strecker u. Schröder.

Die beiden Erzählungen zeichnen sich weder durch kunstvollen Stil noch durch psychologische Vertiefung aus, sondern machen den Eindruck des Geschauten und Erlebten. Besonders gilt dies von der „Glashütte am Fjord". R. Tr. erdichtet nicht, er berichtet nur, er sagt auf S. 71: „Wasser und Feuer — Wind und Sturm haben mir ihre Geschichten erzählt, als ich noch wandernd die Welt durchzog; Geschichten von allerhand Land und Leuten; von harter Arbeit und von starkem Hoffen, vom stummen Verzagen und lauter Freude beglückter und bedrückter Menschenkinder." N.

Mumukscha. Von Kurt Kamlah. Mit 28 Bildern und Umschlagzeichnung von Otto Boyer. Leipzig-Berlin, Curt Wigand.

Die glänzende Ausstattung des Buches erweckt große Ansprüche an den Inhalt. Unter dem Sanskrit-Titel, der mit „Verlangen nach Befreiung" übersetzt wird, sind 28 Skizzen vereinigt. Einige sind Perlen und verdienen die Goldfassung, aber auch ein paar Kiesel sind in die Sammlung hineingeschmuggelt. „Es war am 10. Oktober" dagegen ist eine tief ergreifende Erzählung von der großen Lüge, mit der so viele Tausende braver Leute durchs Kulturleben gehen müssen. M. Kr.

Björnstjerne Björnson. Gesammelte Erzählungen. Band 2. Albert Langen, München.

Sollten diese kleinen Geschichten nicht ein wenig nach der Gartenlaube schmecken? — Sicher zunächst im Stoffe . . . (die Art ist: wie sich der Hans zur Grete find't, in diesem Falle ein ländlicher Hans zu einer bäuerlichen Grete, ein Habenichts zu einer Hoferbin, was ohne einige Schwierigkeiten nicht abgeht) — aber man wird jung mit diesen Stoffen. Könnte man's mit den ähnlichen der Gartenlaube werden, die einem mit dreizehn Jahren die Wangen heiß machten? — Nein, sie würden sich heut als ärmlich aufgeputzte Larven entdecken. Bleibt also nur dies zu sagen: Welch ein reiner Dichter ist Björnson! Wie schlicht und wahrhaftig setzt er seine Menschen hin, und wie lebt alles, was er hinsetzt! Björnson ist der geborene Geschichtenerzähler; er gibt sich routiniert, in allem Sachlichen und Kommentatorischen salopp, unbeherrscht, unausstehlich lässig und stillos, aber er geht aufs Ganze. Ein Synthetiker, der mit einem Blick alles umfängt, und zwei er nur eines andeutet, die Illusion des Ganzen erzeugt. Ein naiver Dichter. Ihm gelingt es, sichtbar zu machen, was andere nur zu erklären vermögen, man sieht in den entzauberten Welt, als wäre die Vermittelung des Buches nicht vorhanden. Kann man dies von vielen Büchern sagen? Es gibt einige, von denen noch mehr gesagt werden darf. Die vollkommene Illusion allein erschöpft den ästhetischen Genuß nicht. Immerhin ist sie ein Vorzug, der aus Björnson, diesem ganz schlechten Skribenten, einen Dichter europäischen Ranges zu machen vermag. A. K. M.

Diana vom Kreuzweg. Von George Meredith. Ein Roman. Deutsch von Felix Paul Greve. Minden, J. C. C. Bruns Verlag.

G. Meredith ist ein ganz hervorragender englischer Schriftsteller des 19. Jahrhunderts. Die Feinheit seiner Seelenmalerei und die Kunst der Darstellung, besonders weiblicher Charaktere, ist groß. Ob aber viele deutsche Leser Zeit und Geduld haben, die außerordentliche Breite seiner Schreibweise voll zu würdigen, scheint zu bezweifeln. Es ereignet sich gar wenig im Leben der Heldin Diana, die Katastrophe wird außerdem durch einen unbegreiflichen Verrat einer seelenvollen Frau herbeigeführt. Diesen Verrat zu motivieren, ist dem Autor nicht gelungen. Meiner hält es für möglich, daß eine seit Jahren im politischen Leben sich bewegende vornehme Frau ein ihr von ihrem Verlobten mitgeteiltes Staatsgeheimnis zu verkaufen imstande ist. Und an dieser Unmöglichkeit krankt der ganze, hochinteressante Roman, in dem lauter lebende Menschen sich greifbar bewegen, der ein Stück verklärter Wirklichkeit im übrigen darstellt. Die Übersetzung ist durchaus nicht fehlerfrei; „Kossier" anstatt „Sarg" zu sagen, ist schon merkwürdig, ist aber nicht einmal das Auffallendste in dieser „Übertragung". M. Kr.

Der Immoralist. Roman von André Gide. Autorisierte Übertragung von Felix Paul Greve. Minden i. W., J. C. C. Bruns Verlag.

Der Immoralist ist ein Buch, in dem alles krank oder krankhaft ist. Der Inhalt ist dabei ernst und wirkt dadurch vielleicht noch abstoßender. Das Krankhafte an und für sich ist ja nicht interessant, und selbst die Kunst des Autors, den Leser in einiger Spannung zu halten, als käme nun etwas, was nicht kommt, versagt schließlich. Gewiß ist der Verfasser talentvoll; aber wenn dies Buch nicht übersetzt worden wäre, hätte das deutsche Publikum keinen Verlust erlitten. Die Übertragung ist so gut, daß man nirgends die Übersetzung merkt. M. Kr.

Die Oberle. Von René Bazin. Autorisierte Übersetzung von Ernest Oberle. Verlag von C. G. Naumann, Leipzig.

Ein ehrliches Buch, das gerade in Deutschland gelesen werden sollte, wenn es auch auf eine Verherrlichung französischer Kultur hinausläuft. Die Wärme, mit der der Verfasser die Verhältnisse in den Reichslanden, die inneren Konflikte seiner Bewohner zwischen dem neuen deutschen Wesen und französischer Tradition schildert, muß auch auf deutscher Seite dankbar empfunden werden. Denn ein tieferes Verständnis gerade für diese inneren Konflikte kann nur dazu beitragen, unser nationales Empfinden auf eine versöhnliche Milde zu stimmen.

O. G.

Familienväter. Tragische Komödie in drei Aufzügen von Dietrich Eckart. Leipzig-Berlin, Modernes Verlagsbureau Curt Wigand.

Warum dieses Stück den Namen „Familienväter" führt, ist nicht recht ersichtlich. Beabsichtigt der Verfasser eine satirische Grimasse, wenn er solches als Überschrift über die großen Schurkereien eines Verlegers und die kleinen Schwächen seiner Redakteure setzt!? Oder vielleicht ein mitleidiges Achselzucken — eine gutmütige Entschuldigung?!. Daß Familienväter, will sagen, arme Teufel, die um des lieben Brotes willen alles und jedes tun, ihre persönliche Überzeugung täglich mehr als einmal beiseite setzen müssen, daß ein kapitalkräftiges Unternehmen solche kapitalschwachen Familienväter täglich mehr als einmal übers Ohr haut, darf doch als bekannt vorausgesetzt werden, und es bedarf dieses Dramas nicht, um solches zu verkünden. Ebenso ist die Mitteilung, daß der Held des Stückes der Sohn einer gelähmten Witwe ist, durchaus nicht nötig. Denn die Helden solcher Stücke sind immer Söhne gelähmter Witwen.

Übrigens ist das nervöse Redaktionsmilieu gut getroffen, aber die Zeichnung der Charaktere kommt über die Schablone nicht hinaus, und wo sie es versucht, mutet sie nur als Karikatur an. O. G.

Spiegel neudeutscher Dichtung. Eine Auswahl aus den Werken lebender Dichter. Herausgegeben von Johannes Meyer. Leipzig. Dürr'scher Verlag.

Man glaubt's dem Verf. gern, daß seine Zusammenstellung „gewissenhaft und vorurteilsfrei" ist, nur an den Zukunftswert der Kunst gemessen. Denn er verrät feinen, künstlerischen Geschmack in Auswahl und Anordnung.

Alle, alle sind sie da: Hauptmann und Wildenbruch, Dehmel und Ricarda Huch, Gustav Frenssen und Emil Strauß ...

Daß er Wassermann ausließ und Schnitzler und Mann, wer will mit ihm rechten?

Er wollte neuen und neuesten Schöpfungen gerecht werden. Doch — Schöpfungen sind's nicht. Nur Teile sind's; aus Dramen die „dramatischten" Szenen, aus Romanen die stillsten, feinsten Erlebnisse (wie die Großmütter-Szene von Paul Ernst) — aber es sind eben nur Teile. Das ist der einzige Vorwurf, der dieser Sammlung zu machen. Aber immerhin: es bleibt noch des Guten genug, abgeschlossene Skizzen und wirklich wertvolle Gedichte.

Die Einleitung, fürchte ich, ist doch zu „literarisch" ausgefallen, zu großzügig meinetwegen. A. H.

Übersicht der wichtigsten Zeitschriften-Aufsätze.

Allegorie, Von der. Von Alexander von Gleichen-Russwurm. Das literarische Echo. VIII, 2 (Oktober 1905).
Andersen, H. C. Von Sophus Bauditz. Die Grenzboten 64, 40 u. 41 5. u. 12. Okt. 1905.
Biedermeierstil? Von Paul Schultze-Naumburg. Kunstwart, 19, 3 November 1905.
Boehle, Der Radierer. Von Emil Heilbut. Kunst und Künstler. IV, 1 Oktober 1905.

Brunner, Feldmarschall-Leutnant Moriz Ritter von. Ein Gedenkblatt von W. Stavenhagen. Nord und Süd. Heft 344, November 1905.
Combes, Emile. Von Hans Lindau. Nord und Süd. Heft 344, November 1905.
Courbet, Gustave. Von Emil Hannover. Kunst und Künstler IV, 1 (Oktober 1905).

Bibliographische Notizen.

Gleichen-Rußwurm, Freiherr Ludwig von. Ein Künstlerleben und -schaffen. Von Otto Eggeling. Westermanns Monatshefte 50, 2 (November 1905).
Griechenland. — Das alte Griechenland im neuen. Von Karl Dieterich. Die Grenzboten 64, 41 und 42 (12. u. 19. Oktober 1905).
Historisch-dramatisches Figurenkabinett. II. Die Grenzboten 64, 42 (19. Oktober 1905).
Holland und die Holländer. Von Adolf Mayer. (Schluss.) Die Grenzboten 64, 39 (28. September 1905).
Iffland. — Briefe Ifflands. Mitgeteilt von Ludwig Geiger. Bühne und Welt VIII, 1 (Oktober 1905).
Keller, Gottfried. Ein literarisches Charakterbild von Wilhelm Rosenfeld. Westermanns Monatshefte 50, 2 (November 1905).
Kinkel. — Briefe von Johanna Kinkel an Willibald Beyschlag. Mitgeteilt von Prof. Fahncke. Preussische Jahrbücher 122, 1 (Oktober 1905).
Kunst, Religion und Philosophie. Von Ferdinand Jakob Schmidt. Preussische Jahrbücher 122, 1 (Oktober 1905).
Lebensschicksale, Die, eines geisteskranken Fürsten zur Zeit des Dreissigjährigen Krieges. Die Grenzboten 64, 43 (26. Oktober 1905).
Mathieu de Noailles, Komtesse. Von Oskar Levertin. Das literarische Echo. VIII, 1 (Oktober 1905).

(Nietzsche.) Aus der Werkstatt des Übermenschen. Von Julius Kaftan. Deutsche Rundschau 32, 1 (Oktober 1905).
Phillips, Stephen. Von Max Meyerfeld. Das literarische Echo. VIII, 3 (November 1905).
Platen, August von. Eine pathologische Studie von J. Sadger. (Schluss.) Nord und Süd. Heft 344, November 1905.
Rasse und Individualismus. Von Kurt Walter Goldschmidt. Nord und Süd. Heft 344, November 1905.
Ruth. Von Hermann Gunkel. Deutsche Rundschau 32, 1 (Oktober 1905).
Salzburg und die Tauernpässe. Von Otto Kaemmel. I. Die Grenzboten 64, 43 (26. Oktober 1905).
Scheffel, Victor von, und Anton von Werner. Von Heinrich von Poschinger. Deutsche Revue. 30, Oktober 1905.
Stifter, Adalbert. Zu seinem hundertsten Geburtstage. Von Rudolf Fürst. Westermanns Monatshefte 50, 2 (November 1905).
Technik, Die, der alten Meister aus der klassischen Zeit, beurteilt nach mikroskopischen Untersuchungen von Bruchstücken ihrer Gemälde. Von Prof. Dr. E. Roehlmann. Die Umschau IX, 44 (28. Oktober 1905).
Weltgeschichte. — Über den Begriff der Weltgeschichte. Von Prof. Dr. Franz Rühl. Deutsche Revue 30, Oktober 1905.

Eingegangene Bücher. Besprechung nach Auswahl der Redaktion vorbehalten.

Achleitner, Arthur, Exzellenz Pokrok. Roman. Berlin, Gebrüder Paetel.
Ammon, D., Gesichtsausdruckskunde. Anleitung zum Studium des Charakters, der Leidenschaften und Tugenden, Fähigkeiten und Fehler, sowie der Krankheiten aus der Gesichts-, Kopf- und Körperform. Mit zahlreichen Abbildungen. Stuttgart, Schwabachersche Verlagsbuchhandlung.
Archiv für Kriminal-Anthropologie und Kriminalistik. Herausgegeben von Dr. Hans Gross und anderen. 20. Band. Heft 3 und 4. Leipzig, F. C. W. Vogel.
Asmussen, G., Eine Idee. Erzählung. 3. Aufl. Basel, Friedrich Reinhardt.
Berlepsch, Goswina von, An Sonnengeländen. Schweizer Novellen. Zürich, Art. Institut Orell Füssli.
Bern, Maximilian, Es sagen die Leute. Fremdländische Sinnsprüche National-Sprichwörtern nachgebildet. Berlin, Concordia, Deutsche Verlagsanstalt, Hermann Ehbock.
Bismarck, Otto Fürst von, Gedanken und Erinnerungen. Volks-Ausgabe. Zwei Bände. Stuttgart und Berlin, J. G. Cottasche Buchh.
Blomberg, Hans Hermann v., Gedanken der Stille. Altenburg, S.-A., Stephan Geibel Verlag.
Butti, E. A., Der Automat. Roman. Autorisierte Übersetzung aus dem Italienischen von Hans Jank. Berlin, Dr. Franz Ledermann.
Dahn, Felix, Die Germanen. Volkstümliche Darstellungen aus Geschichte, Recht, Wirtschaft und Kultur. Leipzig, Breitkopf und Härtel.
Der Tag Anderer. Von der Verfasserin der „Briefe, die ihn nicht erreichten". Elfte Aufl. Berlin, Gebrüder Paetel.
Devrient, Therese, Jugenderinnerungen. Mit 12 Text- und 8 Vollbildern. Stuttgart, Karl Krabbe Verlag, Erich Gussmann.
Duncker, Dora, Die heilige Frau. Berliner Theater-Roman. Berlin, Gebrüder Paetel.

Dungern, Dr. jur. Otto Freiherr v., Das Problem der Ebenbürtigkeit. Eine rechtsgeschichtliche und genealogische Studie. München, R. Piper & Co.
Eelbo, Bruno, Alsrich. Drama in fünf Aufzügen. Leipzig, Breitkopf u. Härtel.
Erler, Otto, Zar Peter. Drama in vier Aufzügen. München, Georg D. W. Callwey.
Feuchtersleben, Ernst Freiherr von, Aphorismen. Zusammengestellt von C. Schroeder. Hannover, Otto Tobies.
Fliegel, Alice, Klasse 1b. Lustiges von der Schulbank. Illustriert von Tony Sarg. Berlin, Verlagsgesellschaft „Harmonie".
Franzos, Karl Emil, Der Pojaz. Eine Geschichte aus dem Osten. Mit einem Porträt. Stuttgart, J. G. Cottasche Buchhandlung Nachfolger.
Frenssen, Gustav, Hilligenlei. Roman. Berlin, G. Grotesche Verlagsbuchh.
Fuchs, Eduard, Die Frau in der Karikatur. Mit 450 Textillustrationen und 60 meist doppelseitigen farbigen und schwarzen Beilagen, bestehend aus den seltensten und schönsten Karikaturen auf die Frauen, die seit der Mitte des 15. Jahrhunderts erschienen sind. Umschlagzeichnung von F. von Resnicek. Lieferung 1. München, Albert Langen.
Germanen-Bibel. Aus heiligen Schriften germanischer Völker. 8. Heftausgabe: Rückert, Eichendorff, Grillparzer, Hebbel. 2. Auflage. 1905. Berlin, Volkserzieher-Verlag.
Göller, Adolf, Das ästhetische Gefühl. Eine Erklärung der Schönheit und Zergliederung ihres Erfassens auf psychologischer Grundlage. 1. und 2. Buch. Mit einer Figurentafel. Stuttgart, Zeller und Schmidt, vorm. E. Kupfer Kgl. Hofbuchdr.
Griesebach, Eduard, Der neue Tannhäuser. 22. Auflage. Mit dem Porträt des Verfassers nach Max Liebermanns Pastellgemälde. Stuttgart, J. G. Cottasche Buchhandlung Nachfg. G. m. b. H.

Gruenstein, Josef, Gott Zufall. Dem Leben nacherzählt. Berlin, Karl Siegismund.

Hanfstaengls Maler-Klassiker. Die Meisterwerke der bedeutendsten Galerien Europas, Band I: „Die Meisterwerke der Kgl. Älteren Pinakothek zu München". 263 Kunstwerke nach den Originalgemälden. Mit einleitend. Text von Dr. Karl Voll. Zweite Auflage. München, Franz Hanfstaengel.

Herczeg, Franz, Die Scholle. Roman. Einzig autorisierte Übertragung aus dem Ungarischen von Leo Lázar. Wien, Verlagsbuchhandlung Carl Konegen (Ernst Stülpnagel).

Hevesi, Ludwig. Die fünfte Dimension. Humore der Zeit, des Lebens, der Kunst. Wien, Verlagsbuchhandlung Carl Konegen (Ernst Stülpnagel).

Hoffensthal, Hans v., Maria-Himmelfahrt. Roman. Berlin, Egon Fleischel u. Co.

Hoffmann, C., Instruktive Malübungen für Kinder. Neue methodische Malhefte. Ravensburg, Otto Maier.

Hübner, Otto, Geographisch-statistische Tabellen aller Länder der Erde für 1905. 54. Ausgabe. Herausg. v. Prof. Fr. v. Juraschek. Frankfurt a. M., Heinrich Keller.

Illustrierte Weltgeschichte. Herausg. von Dr. S. Widmann, Dr. P. Fischer und Dr. W. Felten. Lieferung 6—8. München, Allgemeine Verlags-Gesellsch. m. b. H.

Jost, Henry Edward, Der Magnetismus in Wissenschaft und Kirche. Berlin, Modern-Pädagogischer und Psychologischer Verlag.

Kind und Kunst. Monatsschrift für die Pflege der Kunst im Leben des Kindes. II. Jahrg. Heft 1. Darmstadt, Alexander Koch.

Kirchbach, Wolfgang, Der Leiermann von Berlin. Heitere Romane aus dem Volksgeist. Dresden, E. Piersons Verlag.

Kirchner, Dr. Raphael Eugen, Geistiges Training. Berlin, Modern-Pädagogischer und Psychologischer Verlag.

Klipp, Julius, Raffe dich auf! Ein Appell in neuer Form an Nervöse, Pessimisten, Mutlose etc. Stuttgart, Schwabachersche Verlagsbuchhandlung.

Klob, Karl M., Karl Eugen. Schauspiel in fünf Aufzügen. (Mit Benützung eines Romans von A. E. Brachvogel.) Wien, Verlag „Neue Bahnen".

Kröger, Timm, Um den Wegzoll. Zweites Tausend. Hamburg, Alfred Janssen.
— Der Einzige und seine Liebe. Hamburg, Alfred Janssen.

Kunstschatz, Der, Die Geschichte der Kunst in ihren Meisterwerken. Lieferung 13. 14. 15. 16. Stuttgart, Wilh. Spemann.

Lasswitz, Kurd, Aspira. Der Roman einer Wolke. Leipzig, B. Elischer Nachf.

Lauff, Joseph, Frau Aleit. Roman. Groteske Sammlung von Werken zeitgenössischer Schriftsteller, 85. Band. Berlin, G. Grotesche Verlagsbuchhandlung.

Lessing, Rudolf. Wie werde ich Schriftsteller? Praktische Winke und Ratschläge. Berlin, H. Rau.

Mengs, Georg (Gertrud Büstorff), Wen du nicht verlässest, Genius! Roman. Berlin, Otto Janke.

Meyers grosses Konversations-Lexikon. Sechste Auflage. Elfter Band. (Kimpolung bis Kyzikos.) Leipzig und Wien, Bibliographisches Institut.

Meyers historisch-geographischer Kalender für 1906. Leipzig, Bibliographisches Institut.

Mirau, Leo, Lieder aus weiter Ferne. 2. Aufl. Leipzig, Karl Kaupisch.

Mommert, Dr. theol, Carl. Menschenopfer bei den alten Hebräern. Leipzig, E. Haberland.

Moser, Paul, Notizkalender als Schreibunterlage für das Jahr 1906. 30. Jahrgang. Berlin, Berliner Lithogr.-Institut Julius Moser.

Musik-Mappe, Die. Mit vier Gratis-Notenbeilagen. I. Band. Heft 7, 9, 11, 12. Berlin, W. Vobach & Co.

Nabl, Franz, Weihe. In drei Handlungen. Wien, Verlagsbuchhandlung Carl Konegen (Ernst Stülpnagel).

Neue Kunstblätter: Beethoven und Wagner. Zwei Künstlersteinzeichnungen von Karl Bauer. Herausg. von F. A. Ackermanns Kunstverlag, München. Brustbilder in Lebensgrösse. Bildfläche 45 × 60 cm.

Nordau, Max. Von Kunst und Künstlern. Beiträge zur Kunstgeschichte. Leipzig, B. Elischer Nachf.

Ompteda, Georg Freiherr von, Herzeloide. Roman. Berlin, Egon Fleischel & Co.

Photographische Korrespondenz. Herausgegeben von Dr. Ad. Hesekiel in Berlin. Oktober 1905. Wien und Leipzig, Verlag der Photographischen Gesellschaft.

Pompecki, Bruno, Weichselrauschen. Lieder eines Westpreussen. Stuttgart, W. Kohlhammer.

Presber, Rudolf, Von Leutchen, die ich liebgewann. Ein Skizzenbuch. Berlin, Concordia, Deutsche Verlagsanstalt, Hermann Ehbock.

Rechts und links der Eisenbahn. Heft 55 und 60. Gotha, Verlag von Justus Perthes.

Rosabach, Frau Baurat Dr. Th., Haus- und landwirtschaftliche Frauenschule Arwedshof in Eilsbach, Tautenhain-Leipzig. Leipzig, C. G. Naumann.

Rundschau, Deutsche, für Geographie und Statistik. Unter Mitwirkung hervorragender Fachmänner herausgegeben von Prof. Dr. Friedr. Umlauft in Wien. Wien, A. Hartlebens Verlag.

Sahr, Prof. Dr. Julius, Das deutsche Volkslied. Ausgewählt und erläutert. 2. vermehrte und verbesserte Auflage. Leipzig, G. J. Göschensche Verlagsbuchh.

Schalek, Alice (Paul Michaely), Auf dem Touristendampfer. Novellen. Wien, Verlagsbuchhandlung Carl Konegen. (Ernst Stülpnagel.)

Schaubühne, Die. Wochenschrift von Siegfried Jacobsohn. I. J. Heft 5. Berlin, Verlag der „Schaubühne", G. m. b. H.

Schur, Ernst, Die steinerne Stadt. Berlin, Selbstverlag.

Schwebel, Oskar, Die Sagen der Hohenzollern. 3. Aufl. Mit einer Abbildung der Burg Hohenzollern. Berlin W., Verlag der Liebelschen Buchhdlg.

Sieveking, Dr. F., Die Hamburger Universität. Ein Wort der Anregung. Hamburg, Otto Meissners Verlag.

Stauf v. d. March, Ottokar, Zensur, Theater und Kritik. Polemisches. Dresden, H. L. Diegmann.

Stavenhagen, W., Verkehrs-, Beobachtungs- und Nachrichten-Mittel in militärischer Beleuchtung. Für Offiziere aller Waffen des Heeres und der Marine. 2. bedeutend vermehrte Auflage. Göttingen, Hermann Peters.

Stein der Weisen, Der. Illustrierte Halbmonatsschrift für Haus u. Familie. 18. Jahrgang. 1905. Heft 16, 17, 18, 19. Wien, A. Hartlebens Verlag.

— Bibliographische Notizen. — 449

Stern, Prof. Dr., Adolf. Grundriss der Allgemeinen Literaturgeschichte. Vierte, vermehrte und verbesserte Auflage. Leipzig, J. J. Weber.

Stern, Adolf, Maria vom Schiffchen. Römische Novelle. Hamburg, Im Gutenberg-Verlag, Dr. Ernst Schultze.

Sterne, Carus, Werden und Vergehen. Eine Entwicklungsgeschichte des Naturganzen in gemeinverständlicher Fassung. Sechste, neubearbeitete Aufl. herausgegeben von Wilhelm Bölsche. Mit zahlreichen Abbildungen im Text, vielen Tafeln u. s. w. In zwei Leinenbänden. Berlin, Gebrüder Borntraeger.

Suttner, Bertha v., Die Waffen nieder! Eine Lebensgeschichte. Volksausgabe. Dresden, E. Pierson.

Szmula, Handbuch für die Offiziere, Sanitätsoffiziere, oberen Militärbeamten und die Offiziersaspiranten des Beurlaubtenstandes über die allgemeinen Dienst- und Standespflichten. Berlin, Liebelsche Buchhandlung.

Tante, Die schwarze. Märchen und Geschichten für Kinder. Mit Bildern von Ludwig Richter. 6. Aufl. Leipzig, Breitkopf und Härtel.

Verne, Julius, Der Einbruch des Meeres. Autorisierte, rechtmässige Ausgabe. (Collektion Verne. Band 87.) Wien, A. Hartlebens Verlag.

Vierordt, Heinrich, Ausgewählte Dichtungen. Mit einem Vorwort von Ludwig Fulda. Heidelberg, Carl Winters Universitätsbuchh.

— Das Profil eines deutschen Dichters. Gezeichnet zu seinem 50. Geburtstag von Heinrich Lilienfein. 1. u. 2. Aufl. Heidelberg, Carl Winters Universitätsbuchh.

Volger, Bruno, Vom Lehrling zum Lehrherrn, Ratgeber für junge Kaufleute. Stuttgart, Schwabachersche Verlagsbuchh.

Warte, Die Monatsschrift für Literatur und Kunst. Herausg. Dr. Jos. Popp. VII. Jahrg. Okt. 1905. Heft 1. München, Allgemeine Verlags-Gesellschaft, m. b. H.

Wedekind, Frank, Totentanz. Drei Szenen. München, Albert Langen.

Wildenbruch, Ernst von, Das schwarze Holz. Roman. Berlin, G. Grotesche Verlagsbuchhandlung.

Witt, Prof. C., Griechische Götter- und Heldengeschichten. Für die Jugend erzählt. 7. Aufl. Stuttgart, Max Waag.

Woermann, Karl, Geschichte der Kunst aller Zeiten und Völker. Zweiter Band: Die Kunst der christlichen Völker bis zum Ende des 15. Jahrhunderts. Mit 418 Abb. im Text, 15 Tafeln in Farbendruck und 39 Tafeln in Holzschnitt und Tonätzung. Leipzig und Wien. Bibliographisches Institut.

Zabel, Rudolf, Im muhammedanischen Abendlande. Tagebuch einer Reise durch Marokko. Mit 5 Karten bezw. Kartenskizzen und 146 Abbildungen. Altenburg, S.-A., Stephan Geibel Verlag.

Zahn, Ernst, Helden des Alltags. Ein Novellenbuch. Erstes bis sechstes Tausend. Stuttgart, Deutsche Verlags-Anstalt.

Zeitz, Karl, Kriegserinnerungen eines Feldzugfreiwilligen aus den Jahren 1870 und 1871. Mit 110 Illustrationen von Richard Starcke-Weimar und einer Übersichtskarte des Kriegsschauplatzes. Jugend- (kleine) Ausgabe, bearbeitet von Dr. R. Horn. 1. bis 5. Auflage. Altenburg, S.-A., Stephan Geibel Verlag.

Zenker, Ernst Viktor, Soziale Ethik. Leipzig, Georg H. Wigands Verlag.

Verantwortlicher Redakteur: Dr. Sylvius Benck in Breslau.
Schlesische Buchdruckerei, Kunst- und Verlags-Anstalt v. S. Schottlaender, Breslau.
Unberechtigter Nachdruck aus dem Inhalt dieser Zeitschrift untersagt.   Übersetzungsrecht vorbehalten.

Inseraten=Beilage zu „Nord und Süd".
Band 115. — Dezember 1905. — Heft 345.

Insertionspreis
für die 2gespaltene Nonpareillezeile oder deren Raum 50 Pfg. = 60 h öſterr. Währ. = 66 Centimes.
Für den Inhalt der Inseraten=Beilage verantwortlich: Gebhard Wagner in Breslau.

Guten Verdienst ers. Damen und Herren
durch Verkauf von besseren Kleiderstoffen! Neueste Muster frei! Reste zu Kleidern, Blusen, Röcken — gute Stoffe — besond. billig z. Auswahl!
☞ Vorteilhaft für Wiederverkäufer! ☜
Gute Ware kann nicht billiger geliefert werden! Versuch lohnt!
Johannes Schulze, Greiz.

BADEN-BADEN
Weltberühmtes Bad. In gesunder herrlicher Lage am Eingang des **Schwarzwaldes** gelegen, durch dichtbewald. Berge vor rauh. Winden geschützt. Durch seine „**heissen Quellen**" v. 45—69b °C. u. seine grossartigen **Badeanstalten** ein in jeder Beziehung auf der Höhe der Zeit stehender **Badeort allerersten Ranges**. Alle modern. sanitär. Einrichtung.
— Im **Herbst Traubenkur**. — Prospekt durch das Städtische Kur-Comité.

Schlesische Verlags-Anstalt v. S. Schottlaender in Breslau

Soeben erschien das vierte Heft der neuen Monatsschrift:

Kritik der Kritik

Monatsschrift für Künstler u. Kunstfreunde.
Herausgeber: A. Halbert - Leo Horwitz.
Preis pro Quartal **(3 Hefte) 75** Pfg., Einzelheft **30** Pfg.

Heft 4 ist eine **Wiener Nummer** und bringt ausser Beiträgen von
Rudolf Lothar: Die Wiener Kritik.
A. Halbert: Der Theaterdirektor als Kritiker.
Prof. v. Feldegg: Mein Benedek-Drama und die Kritik.
Stauf v. d. March: Zensur, Theater und Kritik.
Maler **Fidus:** Offner Brief an einen Kritiker.
Briefe zur modernen Kritik von folgenden Autoren:
Paul Wertheimer, Maurice v. Stern, Rudolf Kraus, Karl Hufnagel, E. Arnold Mayer, Emil Lucka, Stauf v. d. March, Maria Stona, K. M. Klob, Rudolf Lothar, Karl Bienenstein u. a.

Bestellungen nehmen alle Buchhandlungen, Postanstalten, sowie die Schlesische Verlags-Anstalt v. S. Schottlaender, Breslau III, entgegen.

www.ingramcontent.com/pod-product-compliance
Lightning Source LLC
Chambersburg PA
CBHW022100300426
44117CB00007B/531